Tilman Nagel
Die Festung des Glaubens

TILMAN NAGEL

Die Festung des Glaubens

Triumph und Scheitern
des islamischen Rationalismus
im 11. Jahrhundert

VERLAG C.H. BECK MÜNCHEN

Gedruckt mit Unterstützung des
Förderungs- und Beihilfefonds Wissenschaft
der VG Wort

CIP-Titelaufnahme der Deutschen Bibliothek

Nagel, Tilman:
Die Festung des Glaubens : Triumph und Scheitern
des islamischen Rationalismus im 11. Jahrhundert/
Tilman Nagel. – München : Beck, 1988
ISBN 3 406 33280 3

ISBN 3 406 33280 3

Satz und Druck: Hieronymus Mühlberger GmbH, Augsburg
Printed in Germany

Inhalt

Schluß

Einführung

Niemand weiß, wer zum ersten Mal den Gedanken äußerte, im Islam sei zu einem bestimmten Zeitpunkt das „Tor der selbständigen Suche[1] geschlossen" worden. Die Bekenner der von Muḥammad gestifteten Religion hätten sich gleichsam in eine Festung des Glaubens zurückgezogen und sie nie mehr verlassen, um den Unwägbarkeiten und Anfechtungen einer sich wandelnden Welt die Stirn zu bieten. Im 19. Jahrhundert jedenfalls mußten die Muslime erkennen, wie sehr sie, die sich doch stets im Besitz der endgültigen Heilsbotschaft und der einzig wahren Deutung des Weltgeschehens gewußt hatten, den europäischen Mächten unterlegen waren, und nun schien jenes Bild die Lage treffend zu schildern. Die „Schließung des Tores" der eigenen Urteilsfindung – im engeren Sinn auf dem Gebiet des Rechts, im weiteren auch auf anderen Feldern geistiger Tätigkeit – wurde zur Metapher für islamische Rückständigkeit und Borniertheit, für den ins Auge springenden Niedergang einer einst blühenden Kultur. Muslimische Reformbewegungen des ausgehenden 19. Jahrhunderts bestritten, daß jenes Ereignis je stattgefunden habe[2] oder forderten, daß das Tor endlich wieder aufzustoßen sei und nahmen für sich das Recht in Anspruch, in einer neuen geschichtlichen Lage auch zu neuen, eigenständigen Entscheidungen vorzudringen.[3]

Wenn die Herkunft jener Metapher auch im dunkeln bleibt und moderne Muslime ihre Berechtigung rundweg abstreiten mögen, so ist es doch eine belegbare Tatsache, daß schon im 10. Jahrhundert die Mehrzahl der islamischen Rechtsgelehrten meinte, alle wichtigen Fragen seien endgültig geklärt. Im 11. Jahrhundert trifft man auf die Ansicht, eigenständiges Suchen nach Lösungen juristischer Probleme gehöre der Vergangenheit an[4]; es gelte nur noch, Streitfälle nach Maßgabe vorliegender Urteile zu entscheiden. Der Imām al-Ḥaramain ʿAbd al-Malik al-Ǧuwainī (gest. 1085) verfocht diese These in einer seiner Schriften, in denen er Theologie, Recht und Politik des Islams als ein geschlossenes, in sich stimmiges System von Aussagen darzustellen sucht, deren Inhalt und Verbindlichkeit mit absoluter Gewißheit verbürgt sind: Der Islam ist vollendet. Dem Werk dieses Mannes, seinen Bestrebungen und Zielen ist dieses Buch gewidmet, und auch den unbeabsichtigten Folgen, die al-Ǧuwainīs und seiner Gefährten Art zu denken zeitigte.

François Bernier (gest. 1688), ein Arzt, der zwölf Jahre in den Diensten des Mogulkaisers Aurangzeb (reg. 1658–1707) verbrachte, war der erste

Europäer, der in einer umfassenden Theorie den Zustand des Verfalls, in welchem er die islamische Welt angetroffen hatte, zu erklären hoffte. Über Elend und Unwissenheit der Muslime hatten schon vor ihm Reisende berichtet. Bernier glaubte, alle Übel auf eine politische Ursache zurückführen zu können: Es gebe nahezu keinen privaten Landbesitz; daher sei die Bevölkerung der Willkür der Herrscher ausgeliefert. Die Furcht vor ihnen lähme alle Wißbegierde, jeglichen Unternehmergeist. Den verrottenen politischen Institutionen schrieben europäische Autoren bis ins 19. Jahrhundert hinein die Hauptschuld am Niedergang der islamischen Welt zu; ändere man die Institutionen, werde sich vieles zum Besseren wenden. Hinzu kamen weitere Erklärungsversuche, die unter anderem auf der Rassenlehre des Grafen Gobineau (gest. 1882) fußten. Ernest Renan (gest. 1892) war es schließlich vorbehalten, den Islam selber als die Wurzel aller orientalischen Rückständigkeit zu bestimmen; die Kultur, die von dieser Religion geprägt sei, habe ihre geschichtliche Aufgabe, die antike Wissenschaft an Europa weiterzureichen, längst erfüllt und müsse die Bühne des Weltgeschehens verlassen.[5]

Vor mehr als einhundert Jahren nahm an europäischen Universitäten die wissenschaftliche Beschäftigung mit dem Islam einen raschen Aufschwung. Die Vertreter dieses aus der orientalischen Philologie herausgewachsenen Forschungszweiges hoben zwar den Niedergang der islamischen Kultur hervor, der schon im 12. Jahrhundert eingesetzt hatte. Aber eine Untersuchung der hiermit verknüpften Fragen unterblieb zunächst weitgehend; die Faszination, die vom Aufstieg des Islams zu geistiger und politischer Weltgeltung ausging, verdrängte die Suche nach den Gründen des späteren Stillstandes. Erst in den letzten Jahrzehnten erkannte man die Notwendigkeit, auch von dieser Tatsache ein tieferes Verständnis zu gewinnen.[6] Schließlich sind doch Aufblühen und Erstarren die Entwicklungsrichtungen ein und desselben Gebildes, nämlich der Völkergemeinschaft, die durch die islamische Kultur geeint wird. Es gilt also, den Blick für die islamische Geschichte in ihrer Gesamtheit zu weiten.

Vielleicht lag es nahe, zunächst in der europäischen Geschichte nach einem Muster zu suchen, das für eine Auslegung als analog empfundener Phänomene der islamischen Welt brauchbar zu sein versprach. Im Begriff des „Klassizismus" glaubte man, den Schlüssel gefunden zu haben. Unter dem Thema „Klassizismus und Kulturverfall in der Geschichte des Islams" fand 1956 in Bordeaux ein Symposium statt, auf dem Entfaltung und Erstarrung der wichtigsten Zweige der islamischen Kultur – vom Recht bis zur bildenden Kunst – erörtert wurden. Der theoretische Rahmen wurde wie folgt abgesteckt: Klassizismus als Leitmotiv, an dem sich die Träger einer Kultur ausrichten, läßt sich in vier Sachverhalte untergliedern: 1. Man entdeckt eine vergangene, womöglich dem eigenen Herkommen fremde Art der menschlichen Selbstverwirklichung als vollkommen; 2. man eignet sich jene Überlieferung wie ein Erbgut oder einen rechtmäßigen Besitz an; 3. man macht sich den Modellcharakter der Überlieferung bewußt und erkennt ihn 4. als verbindlich an. Laut von Grunebaum, der diese Theorie vorgeschlagen hat, dient ein solcher Klassizismus nicht nur der Selbststilisierung im weitesten Sinn, sondern bisweilen auch der Rechtfertigung einer tiefgreifenden Veränderung der Weltanschauung, wie sie etwa im Europa der Renaissance beobachtet werden könne, oder als Rahmen für eine Deutung gegebener Verhältnisse, die mit den „eigenen" Mitteln nicht zu bewerkstelligen wäre; als Beispiel hierfür wird die deutsche Klassik des 18. Jahrhunderts angeführt. Die empfangende Kultur könne der als Vorbild aufgefaßten eine allgemeine Verbindlichkeit zuerkennen, sie könne sich aber auch mit der Auswahl einiger Bereiche begnügen. Das letztere kennzeichne etwa die französische China-Begeisterung des 18. Jahrhunderts, die in dem fernen Land den Hort der Tugend entdeckt zu haben glaubte; was man hier so schmerzlich vermißt habe, sei dort als Wirklichkeit erschienen. Je nach dem „genetischen" Verhältnis zwischen aufgenommener und aufnehmender Kultur unterscheidet von Grunebaum zwischen einer „orthogenetischen" Verbindung – belegt etwa in der Idealisierung des Zeitalters der „Vier Rechtgeleiteten Kalifen" durch den späteren Islam oder in der italienischen Renaissance – und einer „heterogenetischen", wofür man die Aneignung der persischen Kultur durch die Türken anführen könne.

Von Grunebaum verwendet, wie die von ihm gewählten Beispiele aufdecken, den Begriff „Klassizismus" als bloße Worthülse, die er beliebigen Formen von Begegnungen von Kulturen überstülpt. Denn kann man wirklich das Faible französischer Intellektueller für China mit dem geschichtsmächtigen normativen Zwang in Beziehung bringen, den die gepriesenen „Vier Rechtgeleiteten" seit mehr als einem Jahrtausend auf Denken und Handeln der Muslime ausüben?[7] Dieser vage „Klassizismus" taugt nicht dazu, die zum Teil sehr erhellenden Referate des Bordeleser Symposiums zu einem Ganzen zu verknüpfen. Trägt er überhaupt etwas zur Deutung des Niedergangs der islamischen Kultur bei? Gegen Schluß seiner Ausführungen scheint sich von Grunebaum der Fragwürdigkeit seiner Konstruktion bewußt zu werden. Jeder Klassizismus, offenbare er sich nun vor allem als Prinzip der Wertfindung oder der Ordnung oder als eine Triebfeder der Neuerung, müsse stets von den allgemeinen Bestrebungen der ihn tragenden Kultur her verstanden werden.[8] Hiermit aber sind wir auf den Islam selber zurückverwiesen; die Kräfte und Möglichkeiten seiner Entwicklung trägt er in sich, und die Art und Weise, mit der er sich z. B. des antiken Erbes bemächtigt hat, liegt in seinen Wesenszügen beschlossen und mag diese dem Scharfsichtigen enthüllen. Überspitzt gesagt: Der Islam ist nicht deshalb in Stagnation geraten, weil sein ,,Klassizismus" mangelhaft oder falsch war, so daß beispielsweise der Sinn der antiken Tragödie nicht erfaßt wurde; richtig ist vielmehr, daß diese seinem Wesen vollkommen fremd war – und folglich außerhalb seines Gesichtskreises blieb und überhaupt nicht rezipiert werden konnte. Schauen wir also auf den Islam selber, wenn wir seinen Aufstieg und Niedergang verstehen wollen!

Von modernen muslimischen Autoren ist zur Erhellung dieses Problems bislang wenig beigetragen worden. Es überwiegen plumpe Geschichtsklitterungen, deren Ziel es ist, die Muslime von aller Schuld daran freizusprechen, daß der Islam hinter seinen erhabenen Idealen so weit zurückgeblieben ist. Die Verantwortung wird fremden Mächten zugeschrieben: den Persern, die den Islam mit dem schädlichen Erbgut ihres ehemaligen dualistischen Glaubens verseucht hätten; den Türken, deren Reichsgründungen auf islamischem Boden zu einer Zerstörung der kulturellen Blüte geführt hätten; schließlich den Kreuzfahrern, den Imperialisten, den Zionisten.[9] – Zu beachtenswerten Einsichten gelangt demgegenüber der Pakistaner Fazlur Rahman, der die gesamte islamische Geschichte unter dem Leitmotiv der ,,Prägung durch normsetzende Überlieferung"[10] interpretieren möchte. Er hält mithin eine im Islam selber wurzelnde Triebkraft für entscheidend. Den Wunsch, alles Handeln an einer durch das Vorbild der Altvorderen geheiligten, von der erdrückenden Mehrheit als verbindlich anerkannten Tradition auszurichten, hätten schon die vorislamischen Araber gehegt. Nach Muḥammads Berufung zum Propheten sei ihm die Rolle des unumstrittenen Vorbildes zugefallen, und in den ersten beiden Jahrhunderten nach seinem Tod seien die Nachrichten über sein Reden und Tun (sunna) bzw. vieles von dem, was man in seinem Namen überlieferte, zu einer allgemeinen islamischen Verhaltensnorm zusammengewachsen.

Die Folge solcher Prägung ist laut Fazlur Rahman ein ,,Durchschnittsglaube"; mehr und mehr wird jede eigenständige Auffassung eingeschränkt, alles soll sich in eine diffuse ,,Mitte" einfügen lassen, die man als die verbindliche Meinung des Propheten oder seiner Genossen annimmt und aus dem Inhalt der Überlieferungen ableitet, welche seit dem 9. Jahrhundert in autoritativen Sammlungen vorlagen. Dem ständigen Ausbalancieren winzigster Abweichungen von den ,,mittleren" Ansichten des Glaubens entspreche im Politischen ein Opportunismus[11] – dessen Antrieb, wie hinzugefügt werden kann, nicht so sehr das Streben nach dem eigenen Glück ist, sondern die Erkenntnis, daß letzten Endes doch nichts zu ändern ist. Verstärkt wurde, so Fazlur Rahman, der Zug zur Gleichgültigkeit in Fragen der Moral, der sich hier andeutet, durch die Betonung des pantheistischen Elements, das in der islamischen Frömmigkeit etwa seit dem 13. Jahrhundert Gewicht bekommt:[12] Wenn alles in seinem letzten Grund eine Manifestation des Göttlichen ist, weshalb sollte man dann an Verderblichem Anstoß nehmen, es gar abzuwenden suchen? Eine Gesellschaft, die einer solchen Überzeugung huldigt, kann kein günstiger Nährboden für eine rationale Meisterung des Diesseits, für ein Streben nach Verbesserung im weitesten Sinne sein.[13] Nicht die Rückkehr zu den idealisierten Verhältnissen „am Anfang“ ist für Fazlur Rahman das Mittel, mit dem die Muslime die gegenwärtige, schon so lange andauernde Krise des Glaubens, der Gesellschaft und der Kultur überwinden werden. Dies eben sei der Fehlschluß der islamischen Reformbewegungen, die seit dem 19. Jahrhundert von sich reden machten. Erforderlich sei vielmehr, in Koran und Sunna nicht mehr Quellen von unverrückbar festgelegten Einzelanweisungen zu erkennen, sondern die religiöse und ethische Grundlage für eine schöpferische Auseinandersetzung mit den stets wechselnden Gegebenheiten des Daseins.[14] Fazlur Rahman wendet sich deshalb dem Begriff der „selbständigen Suche“ zu, zeigt, daß muslimische Gelehrte auch nach der „Schließung des Tores“ sie nicht gänzlich verwarfen und erörtert, wie in der islamischen Frühzeit sozialer Wandel und Entstehung der normativen Überlieferung einander durchdrangen und sich gegenseitig bedingten. Hieraus schöpft er die Hoffnung, daß auch heute der Islam sich als ein biegsames Prinzip der Formung des Lebens, nicht aber als starre Fessel erweisen möge.

Diese letzten Erwägungen Fazlur Rahmans gehen schon weit über das Ziel hinaus, das wir uns in der vorliegenden Untersuchung gesteckt haben; ob sich der Islam erneuern und ob man den ausgetretenen Pfad verlassen kann, wird die Zukunft zeigen. Uns geht es jetzt darum zu verstehen, wie und warum jener Pfad eingeschlagen wurde. Unsere Frage lautet: „Wie konnte im Sunnitentum des 11. Jahrhunderts die Vorstellung aufkommen, der Islam sei in das Zeitalter seiner Vollendung eingetreten, habe einen Grad der Reife erlangt, der jegliche Art von Weiterentwicklung nur noch als Verlust, als Minderung des Erreichten erscheinen ließ?“ Wir beschäftigen uns mit der Selbstauslegung des – damaligen – sunnitischen Islams, mit ihren Voraussetzungen, Bedingungen und Zielen und mit ihren die spätere Geschichte prägenden Folgen. Wenn wir diese Selbstauslegung begreifen, werden wir eine wichtige Teilantwort auf die Frage nach dem Grund für die „Erstarrung“ der islamischen Kultur finden.

Es liegt auf der Hand, daß die Auslegung der Botschaft eines Religionsstifters eine Verengung eben dieser Botschaft mit sich bringt. Das gilt auch für die sunnitische Sinndeutung des Korans und des Lebens Muḥammads, die überragende Geschichtsmächtigkeit erlangte, weil sie diejenige der großen Mehrheit wurde. Solche Sinndeutung zielt darauf ab, aus der Mehrdeutigkeit und Systemlosigkeit der Botschaft ein System zu schaffen, das eindeutig, also nicht mehr weiter interpretierbar sein soll; der harmonische Zusammenklang seiner Elemente gewährleistet seine unumstößliche Wahrheit, und für den Gläubigen liegt in dieser Wahrheit zugleich die Gewißheit seines Glaubens begründet.

Wenn das in sich stimmige, vollendete System stets nur einen Teil der ursprünglichen Botschaft entfaltet, dann folgt daraus, daß auch andere Formen der Vollendung denkbar sind; die „sunnitische" Vollendung des Islams muß nicht für immer Bestand haben, und es könnte einen anderen Islam geben, der der Offenbarung und dem Werk des Propheten ebenfalls gerecht wird. Auf diese Einsicht gründet Fazlur Rahman seine Hoffnung. Aber die Diskussion um den Inhalt des Glaubens könnte nur unter der Voraussetzung wiedereröffnet werden, daß die für gewiß gehaltenen Grundpfeiler der vor achthundert Jahren geschaffenen Vollendung in Frage gestellt, vielleicht sogar preisgegeben werden.[15] Die Ideologie des sogenannten islamischen Fundamentalismus in all seinen Abarten täuscht die Muslime im Augenblick noch über diese bittere Notwendigkeit hinweg.

Der Zeitraum, in dem die vielen Möglichkeiten, die die prophetische Botschaft in sich birgt, gegeneinander ausgespielt wurden, war von einer verhältnismäßig großen Eigenständigkeit des Denkens gekennzeichnet. Ein Blick in die islamische Häresiographie zeigt die bunte Fülle von Meinungen und Richtungen, die sich im 8. und 9. Jahrhundert zu Gehör bringen konnten. Auch das Recht wurde damals noch nicht nach Schulen gesondert betrieben; noch war keine Methode, einen Fall zu lösen, die allein gültige geworden. Dies aber geschah im 10. und 11. Jahrhundert, und auch die Mannigfaltigkeit der Glaubensrichtungen schwand in jener Epoche, in der der riesige, etwas ungefüge Block des Sunnitentums zusammengeschweißt wurde. Er blieb nicht frei von inneren Spannungen, aber die stark formalistische Ausrichtung sunnitischen Denkens[16] ermöglichte immer aufs neue die Verschleierung von Widersprüchen. Im übrigen wurden alle Ausbruchsversuche dadurch erschwert, daß das Sunnitentum nunmehr die gesamte Geschichte der frühen Jahrhunderte – zu Unrecht – für sich in Anspruch nahm.[17] In einer Gesellschaft, in der Einsichten und Erkenntnisse als Lehren der Altvorderen gerechtfertigt werden müssen,[18] wenn sie der Beachtung wert sein sollen, wurden auf diese Weise schöpferische Gedanken, die über das Bestehende hinauswiesen, leicht zur Unwirksamkeit verdammt. Denn wer wollte schon dastehen wie einer jener Sonderlinge, als die die religiösen Denker der Frühzeit jetzt gelten mußten, sofern ihnen kein Einlaß in die sunnitische Ahnengalerie gewährt worden war?

Die Entwicklung weg von der Eigenständigkeit in der Phase der Eröffnung der Systembildung, hin zur Knebelung des Geistes in der Zeit der Vollendung läßt sich gut am Wandel der Rolle ablesen, die in der Theologie den Geschöpfen, insonderheit dem Menschen, zugebilligt wird. Im 8. Jahrhundert stehen sich die Auffassungen von der Willensfreiheit und die Lehre von der Vorherbestimmung, die beide aus dem Koran begründet werden können, noch schroff gegenüber. Das wichtigste Thema der damaligen theologischen Diskussion ist der Erweis der absoluten Einheit und „Einsheit" Gottes. In der Auseinandersetzung mit dem Christentum und verschiedenen Formen des Dualismus mußte dieses Kernstück der islamischen Botschaft behauptet werden. Dies leistete die rationalistische Gottesgelehrsamkeit, deren Vertreter man unter dem Namen Muʿtaziliten[19] zusammenfaßt. Sie schufen, eben um die „Einsheit" des Schöpfers verfechten zu können, ein von aller menschlichen Begrifflichkeit entblößtes, allein die Transzendenz betonendes Gottesbild, dem, wie unter dieser Annahme logisch, ein frei handelnder Mensch gegenübergestellt wurde: Gott hat die Welt geschaffen, aber er ist gänzlich jenseits ihrer, und folglich muß dem Menschen eigene Verantwortung zufallen, denn eine Prädestination durch Gott legt den Gedanken an ständige Eingriffe Gottes in den Weltenlauf nahe[20] und damit eine Form von Immanenz. Die muʿtazilitische Lösung des Problems der „Einsheit" Gottes läßt dem Menschen seine Eigenständigkeit, gerät damit aber in einen krassen Gegensatz zu einem anderen Kernstück der Botschaft des Propheten: der Allmacht und dem Allwissen Gottes, die sich in seiner ununterbrochenen fürsorglichen Lenkung der Schöpfung offenbaren.[21] Ist angesichts dieser Glaubenswahrheit ein eigenverantwortliches Handeln des Menschen anzunehmen, ein Handeln zudem, das nicht nur im Diesseits, sondern auch im Jenseits nach den menschlichen Kategorien „gut" und „böse" beurteilt wird, wie die Muʿtaziliten lehrten?

In der Muʿtazila des 10. Jahrhunderts scheint man diese Schwierigkeit gespürt zu haben. Viele ihrer Vertreter waren sich nicht mehr sicher, ob die Urteilskategorien des Menschen auch wirklich die eines allmächtigen Richters am Jüngsten Tag sein können. War es vielleicht vernünftiger, die menschlichen Kategorien nur „hier" gelten zu lassen und zu bekennen, daß wir über Gottes Maßstab im ungewissen seien?[22] Wer sich zu dieser Ansicht durchrang, befand sich zwar in Übereinstimmung mit zahlreichen koranischen Belegen; dennoch war seine Lage unbefriedigend. Denn Diesseits und Jenseits sind einander zugeordnet; Gottes Urteil am Jüngsten Tag nimmt auf das irdische Dasein des Menschen Bezug. Es mußte ein System ersonnen werden, das einerseits die „Einsheit" Gottes, des Jenseitigen, verbürgte, ihn andererseits soweit immanent sein ließ, daß sich seine Allmacht in der ständigen Steuerung des gesamten Weltenlaufs enthüllen konnte. Die Willensfreiheit des Menschen – und auch die Freiheit, seinen Verstand zu gebrauchen, wie der Koran es viele Male fordert – durfte gleichfalls nicht einfach geleugnet werden; schließlich hatte Gott den Menschen ein Gesetz auferlegt, das von ihnen erfüllt werden sollte. Man gab deshalb der Willensfreiheit eine andere Bedeutung: Die einzig gerechtfertigte Regung menschlichen Wollens ist es, sich gänzlich dem Walten Gottes zu unterwerfen – je bedingungsloser man sich die göttliche Bestimmung zu eigen machte, desto „richtiger" nutzte man den Eigenwillen. Hierin zeigte sich nun das selbstverantwortete Handeln, nicht mehr in der Wahl zwischen „gut" und „böse". Es ist begreiflich, daß diese Auffassung, die in der intellektuellen Elite des Sunnitentums im 10. und 11. Jahrhundert verbreitet wurde, für die Masse, der es am feinen Unterscheidungsvermögen fehlte, wie ein Glaube an die Prädestination aussah. Die sunnitische Metaphysik, wie al-Ǧuwainī sie darstellte, leistete dieser Deutung ungewollt weiteren Vorschub.

Die sunnitische Theologie des 10. und 11. Jahrhunderts überwindet zwar einen grundlegenden Widerspruch zwischen der muʿtazilitischen Lehre und dem Koran, aber sie zahlt dafür mit einer beklemmenden Beschneidung der Möglichkeiten, menschliches Handeln zu deuten – ähnlich wie schon vorher im muʿtazilitischen Gottesbild die Möglichkeiten, über den Einen zu reden, entscheidend verringert worden waren.[23] Nunmehr war in einer bestimmten Weise den koranischen Botschaften von der „Einsheit" und von der Allmacht des Schöpfers Genüge getan, und der Mensch war auf ein fest umrissenes Verhältnis zu Gott verwiesen. Die einander ausschließenden Lehren von der Willensfreiheit und von der starren Prädestination waren überholte Randpositionen geworden.

Neben dieser Entwicklung der Theologie lief ein politischer und gesellschaftlicher Prozeß ab, der ebenfalls auf eine Vollendung sowie auf eine Verbürgung von Heilsgewißheit für alle Muslime zielte, zugleich aber die allumfassende, einheitliche Ordnung unter dem Kalifat auflöste. In der Offenbarung wurden die Gläubigen aufgerufen, als Untertanen „Gottes und seines Gesandten" das Gesetz des Schöpfers zu befolgen, um die Anwartschaft auf das Paradies zu erwerben. Unter den Omaijaden (660–750) galt der Kalif als durch Gottes Ratschluß eingesetztes Oberhaupt der Muslime. Den Befehlen dieses Herrschers sollten sie ohne zu fragen gehorchen, denn hierin lag ihre Hoffnung auf Heilsgewinn begründet. Jede Kritik an verfehlten, ja willkürlichen Maßnahmen sollte ausgeschlossen sein, gingen diese doch auf den von Gott erwählten Kalifen zurück und waren deshalb zumindest mittelbar Ausfluß des Willens des Schöpfers: Das war religiöser Determinismus zur Rechtfertigung des Herrschers.

Die oppositionellen Bewegungen der Omaijadenzeit beharrten demgegenüber auf dem freien Willen nicht bloß des Kalifen, sondern aller Muslime. Die Gemeinde der Gläubigen und ihr Oberhaupt seien berufen, in gemeinsamer, aber individuell zurechenbarer Verantwortung ihr Heil zu sichern. Dies war die Überzeugung, der die frühen Abbasidenkalifen (ab 750) anhingen. Allerdings wurde die Gestalt des ,,Fürsten der Gläubigen" rasch wieder weit über die Masse seiner Untertanen hinausgehoben – eine natürliche Folge der Verstetigung der in einem Umsturz den Omaijaden entrissenen Macht. Doch waren noch al-Ma'mūn (reg. 813–833) und einige seiner Nachfolger der Ansicht, sie trügen als ,,Imame der Rechtleitung" insofern Verantwortung für den Heilsgewinn der Gläubigen, als sie deren individuelle Bemühungen um dieses Ziel in eine erfolgreiche Bahn lenken müßten. Seit der Mitte des 9. Jahrhunderts errang das Sunnitentum allmählich Einfluß auf das abbasidische Kalifat. Für die Sunniten aber ist das Heil bereits dank der Zugehörigkeit zur Gemeinschaft der Gläubigen gegeben.[24] Staatslenkung kann für die Sunniten darum nicht mehr Hinführung der islamischen Gemeinschaft zur Anwartschaft auf das Paradies bedeuten, sondern Machtausübung über Menschen, denen schon zugesichert ist, daß sie das höchste Ziel erreichen werden, das in der Offenbarung verheißen und zu dessen Gewinn der islamische Staat überhaupt erst gegründet wurde. Alle islamische Politik, alle Maßnahmen des Herrschers werden über diesen Zustand der Heilsanwartschaft nicht mehr hinausführen; mehr ist im Diesseits nicht zu erkämpfen. Folglich wird ein sunnitischer Kalif nicht mehr Wegbereiter zum Heil sein; die Muslime benötigen seine Anleitung für die Entscheidung, was ,,gut" und was ,,böse" sei, nicht mehr, weil diese Frage gar nicht mehr zu entscheiden ist. Bestenfalls hätte der Kalif als der angesehenste Kenner des normsetzenden Beispiels (sunna) des Propheten gelten können. Aber in solch eine Rolle konnte er nachträglich nicht mehr hineinwachsen; denn die Sunna-Gelehrsamkeit hatte sich fern vom Kalifenhof entwickelt und zu einer Zeit, als man dort der Idee des ,,Imamats der Rechtleitung" huldigte.[25] Es ist verständlich, daß nunmehr auch die von den Muslimen affektiv erfaßte Würde des Kalifen zu schwinden begann. Hierfür gibt es im 9. und 10. Jahrhundert zahlreiche Zeugnisse. Allerdings verlief diese Entwicklung nicht gradlinig, und zu Anfang des 11. Jahrhunderts schien dank besonderer politischer Umstände sogar eine Umkehr möglich zu sein. Doch der Triumphzug der Seldschuken machte diese Hoffnung zunichte.

Der Kalif verlor seine Heilswichtigkeit, und zur gleichen Zeit geriet er in die Abhängigkeit von Söldnerführern, wurde zum Spielball ihrer Intrigen. Provinzen fern der Hauptstadt wurden seit der zweiten Hälfte des 9. Jahrhunderts de facto selbständig, es entstanden erbliche Statthalterschaften: die Samaniden in Ostiran (ca. 875–1000); die Ghaznawiden in Afghanistan (seit 999); die Bujiden im Westen und Süden Irans (ca.

932–1055); die Hamdaniden in Syrien und im Gebiet des Fruchtbaren Halbmonds (905–1004); die ʿUqailiden in Nordsyrien und im Zweistromland (ca. 990–1096). In Ägypten setzte sich das schiitische Kalifat der Fatimiden fest, eine Macht, die sich wegen ihrer religiös-ideologischen Ausrichtung nicht mit der Beherrschung einiger Provinzen zufrieden geben konnte, sondern die Vernichtung des Bagdader Nebenbuhlers anstreben mußte. Die Abbasiden selber fielen seit der Mitte des 10. Jahrhunderts unter die Gewalt sogenannter Großemire; dies waren Söldnerführer, die sich offiziell eine Art Protektorat über den Bagdader „Fürsten der Gläubigen" anmaßten. Von 945-1055 stellte das weitverzweigte Herrscherhaus der Bujiden die Großemire.

Ausgestaltung der Theologie zu einem sicheren und unwiderlegbaren System, Anerkennung der prophetischen Sunna als der unverbrüchlichen Grundlage eines Gemeinwesens zum Heil bestimmter Muslime, Zerfall der politischen Einheit des Kalifenreiches – dies sind die drei wichtigsten Gegebenheiten, die den historischen und geistesgeschichtlichen Hintergrund des Werkes al-Ǧuwainīs bilden, und damit auch das Fundament unserer Erörterungen. Im ersten Teil werden wir versuchen, uns weitere Anschauung von diesem Hintergrund zu verschaffen. In einem kurzen Zwischenstück schildern wir dann den Einzug der Seldschuken in Bagdad. Al-Ǧuwainīs Lebenslauf war mit diesem epochalen Ereignis verbunden. In der Kalifenstadt wird uns der Mann aus dem ostiranischen Nischapur zum ersten Mal begegnen – im ersten Kapitel des zweiten Teiles.

Dieser ist das Kernstück unserer Untersuchung. Wir verfolgen al-Ǧuwainīs Diskurs über die Grundlagen des Glaubens, des Rechts und der Politik, erkennen Schritt für Schritt, wie der Gelehrte, in einer bestimmten Tradition stehend, diese drei Gebiete auf einer einzigen Grundlage verankert und sie so zu einem einheitlichen Gefüge vollendet. Dessen Bedeutung fürdie islamische Geschichte und Geistesgeschichte werden wir in einem Schlußkapitel erörtern. – Der Hauptteil wird von sechs kurzen Einschüben unterbrochen. In ihnen soll der Leser über einige Voraussetzungen und Ziele des Diskurses al-Ǧuwainīs unterrichtet werden. Zu diesem Zweck war entweder ein Rückgriff in die islamische Geschichte notwendig, oder es mußten zum Teil schon erarbeitete Ergebnisse unter einem neuen Gesichtspunkt betrachtet werden. Da das den Gang der eigentlichen Abhandlung unübersichtlich gemacht hätte, zog ich es vor, diese an den geeigneten Stellen zu unterbrechen.

Erster Teil
Krise und Hoffnung

1. Die Macht . . .

An einem Montag im Februar des Jahres 1032 wurde zu Bagdad im Palast des Kalifen der Inhalt eines Schreibens der Öffentlichkeit bekanntgegeben, das der Qāḍī von Iskāf, einer südöstlich der Hauptstadt gelegenen Ortschaft, an den Fürsten der Gläubigen gesandt hatte. Es gehe das Gerücht, eine Frau habe ein schrecklich mißgestaltetes Kind zur Welt gebracht: der Kopf, dem außer der Öffnung des Mundes alle übrigen Merkmale des menschlichen Gesichtes gefehlt hätten, einer angeschwollenen Gurke ähnlich; der Leib schlüpfrig wie der einer Schlange ohne Gliedmaßen. Wie nun dieses Scheusal aus dem Mutterleib zu Boden geglitten sei, habe es zu reden begonnen:[1] Seit vier Jahren schon zürne Gott den Menschen; Buße sollten sie tun, mit ihren Kindern und ihrem Vieh vor die Stadt ziehen und Gott anflehen, daß er der furchtbaren Dürre ein Ende setze, die das Land heimsuche. Dies der Bericht, dem der Kalif sogleich die entsprechende Anordnung folgen ließ. In der Tat sei der Regen nun schon so lange ausgeblieben, weil die Sünder in Aufsässigkeit gegen Gott verstockt seien. Die Bevölkerung solle vom bevorstehenden Freitag bis zum Samstag fasten, die großen Moscheen aufsuchen und Gott inbrünstig und aufrichtig um Linderung des Elends anflehen.

Daß der Kalif die Zeremonien der Regenbitte einleiten müsse, wenn eine Notlage dies erfordere, war unbestritten, hatte doch Muḥammad selber, wie man überliefert, einst Ähnliches getan.[2] Al-Qā'im, der 26. Fürst der Gläubigen aus dem Geschlecht des ʿAbbās, eines Oheims des Propheten, durfte sich daher der im Schreiben verborgenen Aufforderung nicht verschließen. Überdies kannte wohl jedermann die Erzählung, der zufolge eben jener ʿAbbās nach dem Tode Muḥammads einmal die Errettung aus einer Dürrekatastrophe erwirkt hatte. Die Bagdader Kalifendynastie verwies allzu gern hierauf, war es doch ein Beleg mehr dafür, daß man mit vollem Recht in der Nachfolge des Gottesgesandten die Herrschaft über die Muslime errungen habe. Die Gläubigen aber hätten die Pflicht gehabt, sich, wenn irgend möglich, an den Bittzeremonien zu beteiligen – nicht nur weil sie am schlimmsten litten, sondern vor allem weil die vom Kalifen befohlenen Regenbitten genau wie der gewöhnliche Freitagsgottesdienst die Unterwerfung unter Gott als den eigentlichen Herrscher bezeugten. Dennoch fand die Anordnung al-Qā'ims ein beschämend geringes Echo. ,,Nur wenige stellten sich am Samstag und Sonntag ein. Samstags überstieg die Zahl der Besucher in der großen Moschee der Palaststadt nicht vierzig und einige, und in Barāṯā waren es nicht einmal zehn.[3] Am Sonntag fanden sich in der großen Moschee der Palaststadt nur siebzehn, in Barāṯā nur fünf Personen ein. Ebenso verhielt es sich in den anderen großen Moscheen. Folglich wurde der Bevölkerung kein Regen beschert", bemerkte ein Chronist.[4]

Es war in jenen Jahren nicht das einzige Mal, daß die Moscheen leer blieben. Ein großer Teil der Bewohner Bagdads hatte einfach nicht genug Geld, um öfter als nötig das Haus zu verlassen. In der Stadt war seit langem alle Ordnung zusammengebrochen. Der Palast des Kalifen und die Residenz des Großemirs – sofern jener überhaupt in der Stadt weilte –, vielleicht auch die Häuser einiger Würdenträger, die sich eine eigene Schutztruppe leisten konnten, das waren die einzigen Inseln der Sicherheit in einem Meer von Anarchie und Gewalt. Banden meist junger Männer, deren Anführer nicht selten mit der korrupten oder hilflosen Stadtpolizei unter einer Decke steckten, drangsalierten die Menschen, plünderten und mordeten. Nur bei Entrichtung eines Schutzgeldes an die Banditen konnte man hoffen, ungefährdet einen Gang durch die Gassen zu unternehmen. „Zum Gebet in der Moschee von Barāṯā! Für drei Personen einen Dirham Schutzgeld!" lautete im Jahre 1039 ein Angebot.[5] Das war eine erkleckliche Summe, wenn man bedenkt, daß das Jahreseinkommen eines Handwerkers vielleicht 250 Dirham betrug.

„In der Nacht zum 18. April 1031 überfielen einige Strolche die große Moschee in Barāṯā, raubten die Matten und Gebetsteppiche und brachen das eiserne Fenstergitter aus. In jenen Tagen nahmen die Wirren zu, kämpfte der Pöbel untereinander, wurden die Diebstähle immer zahlreicher. Ein Betrunkener durchquerte das Viertel al-Karḫ, schlug mit dem Schwert einem Kind auf den Kopf und tötete es. Gegen alle diese Vorfälle schritt der Kalif nicht ein, denn die Ehrfurcht vor ihm war (ohnehin) geschwunden."[7] Von Ehrfurcht aber müssen die Untertanen durchdrungen sein, es muß sie schaudern vor der Unnahbarkeit und Machtfülle des Herrschers, wenn sie sich seinen Befehlen fügen sollen und Sicherheit für ihr Gut und Leben genießen wollen. Nicht so sehr eine innere Bereitschaft des Beherrschten, die Anweisungen der Obrigkeit als sinnvolle Eingriffe zur Herstellung einer für alle nützlichen Ordnung anzunehmen und zu achten, ist die Grundlage jener Ehrfurcht. Sie entspringt vielmehr der bloßen Angst vor einer Gewalt, deren Quelle für den Durchschnittsmenschen verhüllt bleibt, deren Auswirkungen gut sein können, sofern viele, wenn nicht gar alle Bewohner eines Gebietes von ihr in gleicher Weise erfaßt werden. In dem Maße aber, wie die Ehrfurcht gebietende Gewalt eines Herrschers abnimmt, treten dem Wesen nach gleichgeartete Machtansprüche in einen Wettstreit mit ihr, und es wird für den einzelnen schwierig, sich aus dem Ringen gegeneinander gerichteter Kräfte herauszuhalten.

Das Banditenwesen hatte in Bagdad schon eine lange Vorgeschichte.

Seine Anfänge reichten in das frühe 9. Jahrhundert zurück, als im Bürgerkrieg zwischen den Kalifen al-Amīn (reg. 809–813) und al-Ma'mūn (reg. 813–833) große Teile der Stadt in Schutt und Asche sanken. Mit Hilfe von Söldnertruppen, die seit etwa 840 den Kern der abbasidischen Streitmacht bildeten, war es häufig gelungen, die Ordnung vorübergehend wiederherzustellen. Längere Zeiträume der Sicherheit und Ruhe, die ein erneutes Aufblühen Bagdads möglich gemacht hätten, gab es freilich nicht mehr. Zuletzt war man im Jahre 1002 erfolgreich gegen das Bandenunwesen vorgegangen. Einer im geheimen operierenden Verbrecherorganisation nicht unähnlich, war es bis in die höchsten Gesellschaftsspitzen hineingewuchert. Selbst Angehörige der weitläufigen Familien der Abbasiden und Aliden, die beide wegen ihrer verwandtschaftlichen Nähe zum Propheten in größtem Ansehen standen, wurden schließlich als Mitschuldige gefaßt, als damals der Großemir den ʿAmīd al-Ǧujūš, seinen fähigsten Haudegen, nach Bagdad beordert hatte. Sobald dieser gegen die Hauptstadt vorrückte, zogen ihm die Vornehmen und auch viele andere Bewohner entgegen. Eine Ehrfurcht heischende Aura, wie man sie noch nicht gekannt hatte, strahlte von ihm aus.[8] Vor Freude über seine Ankunft putzte man die Märkte festlich heraus; man verbrannte Weihrauch, Sänger und Tänzerinnen traten auf; verschiedentlich streute man Münzen über den ʿAmīd al-Ǧujūš aus – und in der Tat, sein Wirken brachte Glück. Er fahndete nach den Banditen, ließ sie festnehmen, ohne sich um deren gesellschaftlichen Rang zu kümmern. Immer, wenn er einiger habhaft wurde, kettete er je zwei aneinander – einen Aliden und einen Abbasiden – und ersäufte sie vor den Augen der gaffenden Menge im Tigris. ,,Deswegen legten sich die ständigen Unruhen, die schon vergessene Ordnung wurde erneuert, die Stadt und die Wege wurden sicher, und es fürchteten sich nah und fern!" Nach getaner Arbeit trug der ʿAmīd al-Ǧujūš einem seiner Diener auf, mit einer Silberschale voller Dinare auf dem Kopf die Stadt von einem Ende zum anderen zu durchwandern und dann zu melden, wo er noch behelligt worden sei. Der Versuch endete glanzvoll: nirgendwo hatte man es gewagt, sich an den Münzen zu vergreifen. Der ʿAmīd al-Ǧujūš ,,hatte die Ehrfurcht wiederaufgerichtet".[9]

Ar-Rūḏrāwarī, der gegen Ende des 11. Jahrhunderts dem Kalifat eine Zeitlang als Wesir diente, verdanken wir einige historische Aufzeichnungen, die er mit allgemeinen Überlegungen über die Staatslenkung angereichert hat. Ein guter Herrscher ist nach seiner Meinung derjenige, der sich mit einer Auslese kluger und rechtschaffener Männer umgibt. Nur ihnen zeige er sich in eigener Person, nie aber dem gemeinen Volk und der Masse seiner Soldaten. Er achte streng darauf, daß die wenigen, die die Gunst des Verkehrs mit ihm genießen, stets ehrbar handeln, ,,dann wird die Ehrfurcht vor dem König auch alle die durchdringen, denen er unzugänglich bleibt... Wenn man aber die Höflinge des Königs kritisiert und sich über sie Schlechtigkeiten erzählt, verringert sich die Ehrfurcht. Dann zeigen sich die Soldaten abschätzig gegen seinen Befehl, flüstern einander ihren versteckten Groll zu; bald wächst die Verwirrung, und aus dem Flüstern wird offenes Reden. Wenn es erst so weit gekommen ist, meutern sie laut, und alle Furcht schwindet. Sie gängeln dann den Herrscher nach ihren Launen wie Leute, die Befehle zu erteilen, nicht aber entgegenzunehmen haben, wie Zwingherren, nicht aber wie Leute, die fremdem Zwang unterliegen."[10]

Die am Hof geltende Etikette diente ganz dem Zweck, die Ehrfurcht vor dem Kalifen zu vertiefen. Nur wenige durften sich des Glücks erfreuen, bisweilen den Fürsten der Gläubigen zu betrachten. Die Türhüter trafen eine scharfe Auswahl; Unwürdige oder gar Männer, die sich den Zorn des Herrschers zugezogen hatten, wurden abgewiesen. Vor einer „allgemeinen Audienz" nahm der Kalif in einem Innenhof auf dem Thron Platz. Seinen Kopf zierte der schwarze Turban der Abbasiden; er trug rote Pantoffeln als Zeichen seines Herrschertums. Umgürtet war er mit dem Schwert des Propheten, ein zweites lag in seiner Reichweite. Vor ihm befand sich der Koran des ʿUṯmān (reg. 644–656), das Urexemplar jener Fassung des heiligen Buches, die sich als verbindlich durchgesetzt hatte. In der Hand hielt der Kalif ein Zepter, um seine Schultern hatte man den Mantel des Propheten gelegt. Vor ihm war ein Vorhang herabgelassen. War alles bereit, wurde dieser emporgezogen, und der oberste Türhüter betrat den Hof, küßte den Boden und empfing den Befehl, die ausgewählte Schar, die nun gleich den Herrscher schauen würde, eintreten zu lassen; zuerst den Kronprinzen und die Kinder des Kalifen, dann den Wesir, von Türhütern geleitet, die erst zurückblieben, wenn er sich dem Thron näherte und den Erdboden küßte. Eine besondere Ehrung war es, wenn er nun auch dem Kalifen die Hand küssen durfte. Danach stellte sich der Wesir rechts neben dem Thron auf, im Abstand von fünf Ellen. Auf die linke Seite trat nach den gleichen Bezeugungen der Unterwerfung der Befehlshaber des Heeres. Es folgten jetzt die Chefs der zentralen Behörden und deren Sekretäre sowie die höchsten Militärs; danach die Vertreter der Haschimiten, der Nachkommenschaft der engeren Sippe Muḥammads; schließlich weitere Würdenträger, nämlich Vorbeter der Freitagsmoscheen, Prediger, Qāḍīs. Zuletzt wurde auch anderen Leuten Zutritt gewährt, wobei Soldaten Position bezogen, um jegliches Gedränge zu verhindern. Denn die, die man erst jetzt vorließ, sollten „den Kalifen nur von weitem erblicken..., weil dies die Scheu und die Ehrfurcht vermehrt". Gesteigert wurde die Stimmung der Beklommenheit und des heiligen Schauders durch die völlige Stille, die die ganze Szene zu beherrschen hatte. Schweigen war allen

Anwesenden streng geboten. Und damit nicht einmal ein Vogel zwitschere oder gar ein Rabe krächze – ein schreckliches Omen! –, hatte man Bogenschützen postiert, die solcherlei Störenfriede unverzüglich erlegen sollten. Senkte sich schließlich wieder der Vorhang, war dies das Zeichen des Endes der Audienz.[11]

In den ersten Jahrzehnten des 11. Jahrhunderts, als diese Schilderung von einem hohen Hofbeamten niedergeschrieben wurde, haftete jenen feierlichen Auftritten längst etwas Unwirkliches an. Die Insignien des prophetischen Erbes, mit denen sich der Kalif schmückte, waren sicher Fälschungen. Bereits im Jahre 944 hatte ein Geschichtsschreiber gezweifelt, ob sie während innerer Wirren, die den Abbasiden zum ohnmächtigen Spielball rivalisierender Söldner erniedrigt hatten, überhaupt erhalten geblieben seien;[12] geschändet worden waren sie ohnehin schon, als al-Muqtadir (reg. 908–932), bekleidet mit dem Prophetenmantel, von marodierenden Soldaten ermordet worden war. Noch entscheidender aber war, daß der Ehrfurcht vor dem Kalifen, die die Hofetikette zu erzeugen und erhalten suchte, unter al-Qā'im keinerlei tatsächliche Herrschergewalt mehr entsprach. Nicht einmal in seiner eigenen Hauptstadt konnte er noch für Sicherheit sorgen, ja er konnte nicht einmal mehr, wie noch sein Vorgänger al-Qādir (reg. 991–1031), andere für Ordnung sorgen lassen.

Der einst von al-Muʿtaṣim (reg. 833–842) tatkräftig vorangetriebene Aufbau einer Söldnerarmee hatte dem Zweck gedient, dem Kalifen ein Machtmittel zu schaffen, das ihm allein unterstand. Denn der Bürgerkrieg zwischen seinen beiden Vorgängern al-Amīn und al-Ma'mūn war ein Kampf zwischen verfeindeten Parteien gewesen, deren Anfänge bis in die vielgestaltige, umstürzlerische Bewegung zurückreichen, die 750 den Abbasiden zum Kalifat verholfen hatte.[13] Al-Muʿtaṣim wollte sich offensichtlich über die streitenden Richtungen erheben und seine eigene Politik treiben können. Leider langte die Finanzkraft des Reiches, das zudem durch Autonomiebestrebungen vor allem im Osten geschwächt wurde, überhaupt nicht, um die Söldner regelmäßig mit Geld zu entlohnen und so in Abhängigkeit vom Herrscher zu halten. Die einzige nennenswerte Einnahmequelle bildeten verschiedene Abgaben, mit denen die Landwirtschaft belastet war. Da bares Geld für den Sold häufig fehlte, ging man dazu über, hohen, später auch niederen Offizieren die Einkünfte von Gütern oder gar ganzen Landstrichen zu überschreiben mit der Auflage, bestimmte militärische Leistungen aus dem Aufkommen zu erbringen. Die Überschüsse blieben sicher in der Hand der Inhaber solcher Militärlehen. Diese wurden immer nur für kurze Zeit vergeben und sollten bei überraschend eintretender Dienstunfähigkeit des Lehensträgers sogleich an den Fiskus zurückfallen. Die Neigung, Güter auf

Lebenszeit zu behalten und sie gar zu vererben, ist zwar vereinzelt erkennbar, konnte sich aber nicht durchsetzen. Ohnehin war die Bindung an ein Militärlehen nicht stark ausgeprägt; oft besaß ein und dieselbe Person Ländereien in weit voneinander entfernten Teilen des Reiches. Viele sahen ihre Güter wohl nie mit eigenen Augen; wichtig war allein, möglichst viel Überschüsse herauszupressen – ein Geschäft, das man beauftragten Eintreibern überließ.

Die Militärlehen führten, wie bei diesen Umständen leicht einsichtig, zu einem Verfall der Landwirtschaft. Die Einkünfte sanken, man brauchte mehr Militär, um die Steuern einzuziehen und Rebellionen zu erstikken. Bald fand sich kaum noch Land, das man hätte vergeben können – der Kalif war der Gnade der Söldnerführer, die zum größten Teil türkischer Herkunft waren, ausgeliefert, wurde zu einer Schachfigur in ihrem nie endenden Intrigenspiel.[14] Im frühen 10. Jahrhundert trieb die durch das Söldnerwesen verursachte Krise einem Höhepunkt zu. Neben den Militärlehen zerrüttete die sogenannte Steuerpacht die finanziellen Grundlagen des Staates. Man feilschte darum, die Steuereintreibung einer Provinz zugesprochen zu bekommen, indem man sich verbürgte, eine bestimmte, möglichst hohe Summe der Staatskasse zur Verfügung zu stellen. So wurde beispielsweise das Steueraufkommen Armeniens und Aserbeidschans im Jahre 909 gegen eine Garantiesumme von 120 000 Dinaren jährlich vergeben. Einen beachtlichen Gewinn von insgesamt 30 000 Dinaren konnte ein Spekulant verbuchen, der über einen Zeitraum von nur drei Jahren dem Sohn eines Kalifen für die Einkünfte aus dessen Gütern eine Garantiesumme vorgestreckt hatte.[15] Die dem Fiskus zugesicherten Beträge werden gewiß geringer als die tatsächlich veranschlagten Steueraufkommen gewesen sein, aber immerhin gelangte auf diese Weise überhaupt Bargeld in die Staatskasse. Nicht nur Militärs, auch einflußreiche Höflinge und Privatleute beteiligten sich an diesem einträglichen Pokerspiel – zum Schaden des Staates und der Bauern.

Im Gebiet von Dijār Muḍar, dem strategisch wichtigen Grenzland zu Byzanz, brach im Jahre 915 ein bedrohlicher Aufstand aus. Einem gewissen Ḥusain b. Ḥamdān, der den Abbasiden schon bedeutende militärische Dienste geleistet hatte, war die dortige Steuerpacht zugesagt worden, aber man hatte das Versprechen nicht eingehalten. Er verlieh seiner Forderung jetzt Nachdruck, indem er 30 000 Beduinen mobilisierte, denn er gehörte zum führenden Clan der Banū Taġlib, die in jenem Gebiet Weideplätze besaßen. Der Kampf ging für Ḥusain b. Ḥamdān unglücklich aus. Er wurde gefangengenommen, nach Bagdad gebracht und dort, wie bei geschlagenen Rebellen der Brauch, auf einem Reittier durch die Stadt geführt, damit die Massen ihn ausgiebig verhöhnen konnten – und der ungebrochenen Siegeskraft des Kalifen eingedenk blieben. Auch gegen Angehörige des Aufrührers ging man vor.[16] Das alles konnte aber nicht verhindern, daß wenige Jahrzehnte später die Dynastie der Hamdaniden, mit den Zentren Mossul und Aleppo, aufblühte und die Abbasiden die Kontrolle über die Grenze zu Byzanz weitgehend verloren. Zwei Entwicklungen, die bis ins 11. Jahrhundert hinein die Geschichte des abbasidischen Kalifats und der nominell ihm unterstehenden Länder prägen, lassen sich an diesem Vorfall aufzeigen. Das Söldnerwesen hat die Lebenskraft des Reiches ausgelaugt und den Prozeß seines Verfalls in regionale Herrschaften mittelbar gefördert, anstatt die Stellung des Kalifen zu festigen. Die schamlose Ausbeutung der Landwirtschaft hat letzten Endes aber auch die Grundlage des Söldnerwesens zerstört; begünstigt werden nun Machthaber, die sich auf Nomaden stützen können. Denn in ihnen verfügen sie über höchst bewegliche Streitkräfte, die von den anstößigen Manipulationen der Bagdader Finanzwelt unabhängig sind. Die Belange der Bauern, einst das wirtschaftliche Fundament des Kalifats, müssen bei dieser Lage der Dinge immer schlimmeren Schaden nehmen: Sorge eines Nomadenfürsten wird es sein, daß Sommer- und Winterweiden ausreichen;[17] wie der Ackerbauer die Steuergelder erwirtschafte und selber auch noch überlebe, ist für ihn eine zweitrangige Frage.

Daß es erst al-Qā'im sein sollte, der, wie wir erfahren werden, die Folgen dieser tiefgreifenden Veränderungen am eigenen Leibe spürte, ist einer Institution zu verdanken, die sich in der Krise der ersten Hälfte des 10. Jahrhunderts herausbildete: dem Großemirat. Nach der Ermordung al-Muqtadirs hatte zwei Jahre lang Anarchie geherrscht, ehe dessen Sohn ar-Rāḍī (reg. 934–940) auf den Thron gehoben wurde. Er stützte sich auf die alten Anhänger seines Vaters, die sich während der Wirren wohlweislich von der Hauptstadt ferngehalten hatten. Unter diesen war ein gewisser Muḥammad b. Rā'iq, der diese Zeit genutzt hatte, sich in den Besitz von al-Ahwāz zu bringen. Nun, von ar-Rāḍī zurückgerufen, ging er zunächst nach Wasit, nicht ohne unterwegs auch Basra seinem Befehl zu unterstellen. Geschickt zog er Söldnerhaufen an sich, die in den Kämpfen herrenlos geworden waren. Bald konnte er dem Kalifen, der ihn wegen ausbleibender Steuerzahlungen rügte, das freche Anerbieten machen, dieser möge ihm, dem Ibn Rā'iq, getrost die Verwaltung des ganzen Reiches überlassen, dann werde schon alles ins rechte Lot kommen.[18] Was blieb dem Kalifen übrig? Nach einigem Zögern willigte er im Jahre 936 in diesen Handel ein. In Wasit erhielt Ibn Rā'iq die Nachricht, daß ihm die ganze Verwaltung des Reiches, der Armee, der städtischen Milizen, des Finanzwesens und aller Staatsdomänen anvertraut worden sei. Zur Kennzeichnung seiner herausgehobenen Stellung übersandte man ihm eine Standarte und Ehrengewänder, und man schuf den Titel „Großemir".[19] Auch in der Freitagspredigt wurde nun sein Name genannt neben dem des Kalifen[20] – deutlicher konnte man nicht zum Ausdruck bringen, daß die Herrschergewalt des „Stellvertreters Gottes" nur noch ein Schatten ihrer selbst war.

Ibn Rā'iq begab sich nach Bagdad. Beim offiziellen Empfang durch den Kalifen wurde ihm ein Rang noch über dem Wesir eingeräumt, für Miskawaih (gest. 1030), den scharfsinnigen Berichterstatter der Ereignisse aus der Zeit des Großemirats, ein untrügliches Zeichen, daß eine Epoche zu Ende gegangen war: „Von jenem Tage an wurde das Wesirat (am Kalifenhof) ein wertloses Amt, der Wesir kontrollierte nicht mehr die Regionen, die Behörden, die Steuerdistrikte. Allein der Name der Wesirswürde war ihm geblieben und daß er an Tagen einer öffentlichen Audienz sich im Palast des Kalifen einfand und schweigend Aufstellung nahm. Ibn Rā'iq und sein Schreiber waren von nun an für alle Regierungsgeschäfte zuständig. Das gleiche gilt für alle, die nach Ibn Rā'iq bis auf den heutigen Tag das Amt des Großemirs bekleidet haben. Die Gelder aus den Regionen wurden nun zur Kasse der Großemire gebracht, sie verfügten darüber und bestimmten nach ihrem Gutdünken über die Verwendung. Nach ihrem Willen zahlten sie für die Aufwendungen des Kalifen, und die ehemaligen Finanzbehörden stellten ihre Tätigkeit ein."[21]

Nur kurze Zeit durfte sich Ibn Rā'iq seines Großemirats erfreuen. Schon 938 wurde er von einem türkischen Söldnerführer, dem er zuvor Unterstützung gewährt hatte, ausgebootet. Doch auch der Türke hielt sich nicht lange; in rascher Folge wechselten verschiedene Großemire einander ab. Selbst Ibn Rā'iq kam noch einmal an die Reihe. Es schien, als sollte das abbasidische Reich durch diese neue Institution rasch in den Untergang getrieben werden.

Doch es kam anders! Im Jahre 945 rückte Aḥmad b. Būje von al-Ahwāz aus nach Bagdad vor und setzte dem Wirrwarr ein Ende. Auch Aḥmad war ein Mann des Kriegshandwerks, aber hinter ihm stand mehr als nur ein zusammengewürfelter Söldnerhaufen. Er und zwei seiner Brüder hatten sich zu Herren von ganz Westiran aufgeschwungen. Aḥmad brachte daher für das Großemirat ungleich bessere Voraussetzungen mit als seine Vorgänger. Der Kalif und sein neuer Großemir schworen einander Treue zu. Aḥmad erhielt den Ehrentitel „Stärker des (abbasidischen) Reiches", „Mu'izz ad-Daula"; ihm und den übrigen Führern des Bujiden-Clans wurde gestattet, ihren Namen auf Münzen zu prägen. So war denn endlich eine Ordnungsmacht in Bagdad; deren Truppen – Türken sowie Dailamiten und Gilanier vom Südufer des Kaspischen Meeres – „nahmen in den Häusern der Einwohner Quartier, woraus letzteren schlimmes Ungemach entstand. Bis heute lastet seitdem auf ihnen dieser Brauch", schreibt Miskawaih.[22]

Wenn der Großemir mit seinen Truppen in Bagdad war, konnten die

Bewohner halbwegs sicher sein vor Übergriffen und Plünderungen. Dafür hatten sie die Besatzungstruppen zu ertragen, und häufig atemberaubende Preissteigerungen bei Lebensmitteln, die wegen plötzlich erhöhter Nachfrage rasch knapp wurden. Der Kalif selber wurde zu einer Randfigur des politischen Geschehens. Trotz gegenseitiger Eide traute ihm Aḥmad noch zu, sich hinterrücks die Ergebenheit der Besatzungstruppen verschaffen zu wollen – unter Umgehung der Person des Großemirs! In einem Handstreich ließ Aḥmad den Kalifen festnehmen und dessen Palast ausplündern. Ein anderer, den Bujiden genehmer Abbaside, wurde auf den Thron gehoben, den er von 946–974 innehatte. Sein Leben mußte dieser Fürst der Gläubigen mit einer Apanage von täglich 2000 Dirham fristen, die ihm der Großemir anwies.[23]

Weder politische noch wirtschaftliche oder gar militärische Macht besaß der Abbaside seitdem. Doch wenigstens einigen Respekt genoß er noch, und er verlieh den bujidischen Emiren und Großemiren Titel, mit denen sie als „Stolz", „Glanz", „Stütze", „Scharfes Schwert" der Bagdader Kalifendynastie, als deren „Sonne" und „Hersteller ihrer Ehre" auftraten und ihrem meist kurzlebigen und bedrohten Regime den Anstrich einer Würde zu verschaffen hofften, die über das rein Faktische eines auf zufälligen Loyalitätsbindungen und auf bloßer Gewalt beruhenden Herrschertums hinauswiesen. Diese Hoffnung ist der tiefe Grund für den oft bemerkten Widersinn, daß die Bujiden das Kalifat nicht kurzerhand abschafften. Es nutzte ihnen doch nichts und wurde bisweilen lästig, wenn sich seine Amtsinhaber erkühnten, die Kreise der Emire zu stören. Was tat statt dessen der Großemir ʿAḍud ad-Daula? Er heiratete 980 eine Tochter des damaligen Kalifen aṭ-Ṭāʾiʿ: Nur auf diese Weise war es möglich, sich in einer Zeit, in der das Gefüge des Staates zerfallen war und das Faustrecht regierte, aus der Menge der vielen kleinen Kriegsherren herauszuheben. „In jedem Dorf schwang sich einer der Bewohner zum Chef auf und nahm es in seine Gewalt. Gegeneinander verübten sie Anschläge, und der Kalif stand mit leeren Händen da: Seine Untertanen kamen um, die Häuser sanken in Trümmer, Lebensmittel fehlten, die Truppen wüteten gegeneinander", klagt Miskawaih unter dem Jahre 973.[24] Wie günstig war es da für den Kalifen, wenn sich, wie in der Person ʿAḍud ad-Daulas, wenigstens manchmal ein Mann fand, der sich von den kleinen und größeren Condottieri darin unterschied, daß er mit ungleich mehr Glück als andere die gleichen Mittel zur Erlangung der gleichen Ziele einsetzte! ʿAḍud ad-Daulas Werdegang ist von der unter den damaligen Umständen alltäglichen Ruchlosigkeit gekennzeichnet, aber dieser Mann brachte Bagdad einige Jahre der Ruhe und Blüte. – Freilich nur eine Zeit des Atemschöpfens, denn an eine Behebung der schweren Krise des Reichs vom Grundsätzlichen her war nicht zu denken und wurde wohl auch nicht gedacht. Für einen Augenblick waren die Stadtbanditen in Schach gehalten, duckten sich die Beduinen und ihre Fürsten im Gebiet des Fruchtbaren Halbmonds, hielten die türkischen und dailamitischen Söldnerkontingente untereinander Frieden, wagten die Verwandten des Großemirs keine Eigenmächtigkeiten. Doch alle ungelösten Konflikte sollten sich wieder Bahn brechen, sobald sich der Griff des Großemirs lockerte.

Unstabilität in einem uns nur schwer vorstellbaren Ausmaß bestimmte das Leben im 10. und 11. Jahrhundert im abbasidischen Reich. Atemberaubende Gegensätze, märchenhafter Aufstieg und jäher Sturz waren nicht ungewöhnlich. Gesellschaftliche Schranken gab es nicht; im Prinzip konnte jedermann zu höchstem Ansehen, zu Macht und gewaltigem Reichtum kommen; die Mentalität von Hazardspielern war den Prominenten und Herrschern jener Tage nicht fremd. Besaß man Reichtum und Gewalt über andere, sehnte man sich nach Legitimität und nach ewigem Nachruhm. Aber beides war kaum zu erwerben. Nicht einmal die Bauwerke, sonst langlebige Zeugen für den Wunsch der Mächtigen, über sich selber hinaus fortzudauern, nicht einmal sie dauerten fort. Der Türhüter des Muʿizz ad-Daula hatte in Bagdad einen prächtigen Palast besessen und gewaltige Schätze aufgehäuft. ʿAḍud ad-Daula warf ein Auge auf diese Gebäude, ließ sie fast völlig niederreißen und errichtete sein eigenes Schloß. Nach seinem Tod schon verfielen die Mauern, und Ǧalāl ad-Daula, Großemir zur Zeit al-Qāʾims, nutzte die aufwendige Audienzhalle nur noch als Stallung. Erst Ṭoġrilbeg, der 1055 in Bagdad einzog, ließ den Komplex überholen, um ihn wieder als Residenz zu nutzen.[25]

Hier spiegelt die Baugeschichte die wechselhaften politischen Verhältnisse wider. Nicht selten aber folgte dem Aufbau die absichtsvolle Zerstörung, um einen einst Mächtigen noch nach seinem Sturz, nach seinem Tod zu strafen, jedes Andenken an ihn auszulöschen. Da gab es einen Abū l-Faḍl ʿAbbās b. Ḥusain aus Schiras, der mit Muʿizz ad-Daula nach Bagdad gekommen war. Nach dem Vorbild des Kalifenhofes hatte sich Muʿizz ad-Daula auch einen Wesir angeschafft, und diesem machte sich Abū l-Faḍl unentbehrlich, verschwägerte sich bald auch mit ihm. Das war der Grundstein für seinen sprichwörtlichen Reichtum. Er erwarb ein Anwesen am Tigris, wo er eines Tages zu Ehren Muʿizz ad-Daulas ein Bankett gab: Mitten auf den Tüchern, die von Speisen überquollen, ragte eine Festung aus Zuckerwerk empor, in der sich Sänger verbargen; die Wasserfläche des Tigris war mit Seilen abgesperrt worden, ein Meer von Rosenblüten wogte auf der Flut. „Dieses Bankett ist ein einmaliges Ereignis!“ „Jedes Jahr findet es statt!“ bemerkte Abū l-Faḍl, der sich das Ganze 200000 Dirham hatte kosten lassen.[26] Noch einige Zeit blieb das Glück ihm treu; er wurde Wesir unter Baḫtiyār, dem Nachfolger Muʿizz ad-Daulas, bis er plötzlich in Ungnade fiel und im Gefängnis starb. „In seinem Amt hatte er sein Ansehen bei Gott verspielt. Er hatte beispielsweise das Viertel al-Karẖ in Bagdad niederbrennen lassen; Menschen und Güter ohne Zahl waren vernichtet worden. Die Untertanen hatte er ungerecht behandelt, ihnen Gelder abgenommen, um sie unter das Heer zu verteilen, damit er sich rette, doch Gott rettete ihn nicht, und alles hatte nichts genützt. Wie recht hat doch der Gottesgesandte, wenn er sagt: ‚Wer den Menschen gefällig ist und dafür den Zorn Gottes riskiert, dem zürnt Gott wirklich, und gegen den erregt er den Zorn der Menschen!‘ Alle Taten Abū l-Faḍls eröffneten seinen Feinden den bequemsten Weg, ihn zu verleumden und anzuschwärzen, und ihr Vorhaben glückte ihnen, weil er sich um seinen Glauben so wenig kümmerte und die Untertanen drangsalierte. Das Ende von allem war, daß seine Ehefrau starb, als er mit seinem Schreiber und seinem Türhüter im Gefängnis saß. Seinen Palast aber zerstörte man und tilgte die Spuren. – Wir flüchten uns zu Gott vor den bösen Wechselfällen des Schicksals und bitten ihn, daß er unsere Werke zum Guten wende, denn die Welt ist vergänglich ganz und gar!“[27] Unübertroffen an Schönheit und Größe soll der Palast des Abū l-Faḍl gewesen sein. Der Großemir Baẖtijār ließ die Gebäude abreißen, einen Teil des Komplexes in einen Park umwandeln und schlug ansehnlichen Gewinn aus dem Verkauf der verwertbaren Materialien. Erst ʿAḍud ad-Daula setzte dem ein Ende und tat sogar einiges für die Wiederherstellung der Anlage.[28]

Nach der Beseitigung Abū l-Faḍls nahm sich Baẖtijār einen neuen Wesir: seinen Koch, der, wie Miskawaih spitz bemerkt, nicht einmal befähigt gewesen sei, einem Wesir das Tintenfaß voranzutragen. Grob und ungehobelt sei jener Ibn Baqīja gewesen, doch habe man an ihm jene Weitherzigkeit entdecken können, die man des öfteren bei Verbrechern antreffe. Als Ibn Baqīja befohlen worden sei, Abū l-Faḍl zu ergreifen und selber die Geschäfte eines Wesirs zu übernehmen, habe er einen Schrekken bekommen, weil er immerhin geahnt habe, daß die Anforderungen eines solchen Amtes seine Kenntnisse bei weitem überstiegen. Widerwillig folgte er der Laune seines Herrn, der es ihm ausdrücklich verbieten mußte, weiter wie gewohnt zur Essenszeit die Speisen aufzutragen, da sich dies mit der neuen Würde nicht vereinbaren lasse.[29] Solange Ibn Baqīja von den Geldern zehren konnte, die er seinem Vorgänger und dessen unglücklichem Anhang abgepreßt hatte, hielt er sich ohne Schwierigkeiten; dann aber waren die Stadtbanditen nicht mehr zu zähmen, die Reibereien zwischen den Truppenteilen begannen aufs neue, und ʿAḍud ad-Daula, Baẖtijārs Vetter, machte mit seiner Absicht Ernst, in den Irak zu marschieren und das Großemirat an sich zu reißen. Ibn Baqīja hielt nun den Augenblick für gekommen, selber Politik zu machen. Er verriet Baẖtijār, ließ sich von ʿAḍud ad-Daula mit der Steuerpacht von Wasit belohnen, verkündete dann, daß er sich von letzterem wieder lossage, da jener in schändlicher Weise gegen Baḫtijār, den eigenen Vetter, vorgegangen sei. ʿAḍud ad-Daula entsandte Truppen nach Wasit, Ibn Baqīja schlug sie in die Flucht, sein Glücksstern stieg. Zwei Jahre später erschien ʿAḍud ad-Daula wieder im Zweistromland, diesmal mit mehr militärischem Rückhalt. Baḫtijār zog auf Anraten Ibn Baqījas nach al-Ahwāz, wurde dort von den Truppen seines Vetters besiegt, rettete sich nach Wasit zu seinem ehemaligen Koch und Wesir. Mit den letzten verbliebenen Geldern ermunterte Baḫtijār seinen Anhang, sich Ibn Baqījas zu bemächtigen, habe sich dieser doch zu unerhörter Eigenmacht erfrecht und vor allem das Steueraufkommen von Wasit nicht an ihn, Baḫtijār, abgeführt, wie es rechtens gewesen wäre. Ibn Baqīja wurde überrumpelt und sah sich unvermutet als das beklagenswerte Opfer, mit dem Baḫtijār seinen siegreichen Vetter gnädig zu stimmen gedachte. Ibn Baqīja wurde an ʿAḍud ad-Daula ausgeliefert. Der hielt feierlich in Bagdad Einzug und gab dann den Befehl, den Gefangenen den Elefanten vorzuwerfen, und „sie trampelten ihn zu Tode. Sein Leichnam wurde an der Tigrisbrücke gekreuzigt.“[30] Die Bagdader Gefolgsleute Ibn Baqījas entgingen mit knapper Not einem ähnlichen Schicksal. Mit Brieftauben hatte Baḫtijār seinen Handstreich nach Bagdad gemeldet, um dort die notwendigen Maßnahmen treffen zu lassen. Aber ein Vogel geriet in falsche Hände, und die Gefährdeten flohen rechtzeitig und fanden Aufnahme bei den Beduinen.[31]

Bedeutungslos waren die Institutionen des Staates geworden; es gab nicht mehr die durch sie kanalisierte, geordnete Macht, die berechenbare, Regeln unterworfene Staatsautorität. Es gab nur noch die Herrschergewalt des vom Schicksal Beglückten, der, je mehr sein Stern strahlte, je mehr Ehrfurcht und Schaudern die Nennung seines Namens weckte, desto mehr Anhang in seinen Bann zog. Die alten Ämter lebten zum Teil fort, aber sie waren im besten Fall bloße Pfründen geworden, im schlimmsten Fall aber wurden sie entgegen ihrer eigentlichen Bestimmung ausgebeutet. Da konnte man gegen Erlegung von monatlich 20 000 Dinaren das Amt des Polizeichefs oder des Marktvogts ausüben. Und der Kalif wurde einmal sogar gezwungen, einen Oberqāḍī zu ernennen, der dem Großemir einen jährlichen Betrag von 200 000 Dirham in Aussicht gestellt hatte. Der Kalif weigerte sich immerhin, diesen Vertreter des Rechts zur Aushändigung der Ernennungsurkunde in Audienz zu empfangen.[32]

Wer sich an einen der Mächtigen band, war freilich nur so lange in Sicherheit, wie jener seine Macht bewahrte; stürzte er, dann riß er, wie wir sahen, seinen ganzen Anhang mit sich. In Bagdad sprach sich so etwas stets schnell herum, und der Pöbel – oder die Klientelschaft des Nachfolgers – ergriff die Gelegenheit, die Häuser all derer auszuplündern, deren ,,Ehrfurcht heischende Aura" so unvermittelt erloschen war.[33] Nur wer früh genug witterte, daß sich der Stern seines Patrons neige und dann die Gunst des kommenden Mannes gewann, mochte diesem Schicksal entrinnen. Ibrāhīm aṣ-Ṣābi', Angehöriger einer berühmten Beamtenfamilie, erzählt als höchst lobenswerte Ausnahme, daß ʿAḍud ad-Daula sein Anwesen beim Einzug in Bagdad unter Schutz gestellt habe, obwohl er, Ibrāhīm, doch dem besiegten Baḫtijār gedient hatte. Dem beutegierigen Offizier, der schon die Anordnung zur Ausraubung getroffen hatte, fehlte für eine solche Entscheidung jedes Verständnis.[34]

2. . . . und das Recht . . .

Das oben geschilderte Durchgreifen des ʿAmīd al-Ǧujūš gegen die Stadtbanditen war die letzte wirksame von den Bujiden verantwortete Machtentfaltung in Bagdad. Seitdem hatten die Spannungen unter den Mitgliedern der Dynastie immer mehr zugenommen;[35] die inneren Streitigkeiten waren für sie wichtiger als das Großemirat und der Schutz Bagdads. Denn was nützten der Besitz der Kalifenresidenz und der schönste Titel, wenn man sich nicht gegen seine Nebenbuhler zu behaupten wußte? Man könnte die Hypothese aufstellen, daß das Kalifat allein wegen seiner Bedeutungslosigkeit auch diese Spätphase des bujidischen Emirats überlebte: Seit dem Aufkommen der Söldnerheere waren die Abbasiden in die Machtkämpfe des Militärs verwickelt worden; in der Blütezeit des Großemirats hatten sie einigen überragenden Persönlichkeiten den Glanz religiös begründeten Herrschertums leihen dürfen; jetzt, da die Emire nur noch gegeneinander auf Leben und Tod stritten, wurde das Kalifat einfach übersehen. Die erbärmliche Figur, die al-Qā'im abgab, könnte unsere Hypothese stützen. Denn was ist das für ein Kalif, dessen Aufruf zum Regengebet kaum jemand folgen kann, weil Banditen die Hauptstadt tyrannisieren; von dem die Soldaten in der Freitagspredigt nichts hören wollen, weil er ihnen noch die bei einer Thronbesteigung üblichen Geldgeschenke schuldet; der einige Immobilien aus seinem Besitz losschlagen, Bauteile seines Palastes verhökern muß, um diese Rechnung endlich zu begleichen! Man solle doch lieber im Namen des al-Burǧumī, des Hauptmanns der Stadtbanditen, die Freitagspredigt halten, ruft die über das schmähliche Versagen der Polizei aufgebrachte Menge einem Prediger in der Moschee von Rusafa zu.[36]

Der Kalif ist der höchste Vertreter des von Gott gestifteten Gemeinwesens, er ist der oberste Sachwalter des vom Schöpfer gesetzten Rechts, der Scharia. Beim Kalifen nimmt alles politische Handeln, wenn es im

Sinne des Islams legal sein soll, seinen Ausgang, in ihm gipfelt die Rechtspflege. So lautet die Theorie, die stillschweigend einen starken Herrscher voraussetzt, der die Machtfülle des Propheten bewahrt und Tag für Tag einsetzt. Kann man sich einen größeren Widerspruch zwischen Theorie und Wirklichkeit denken? Das Sagen hatten die Militärs. Zwar hatte der Kalif in frühabbasidischer Zeit das Recht durchgesetzt, einen Thronerben zu bestimmen und damit sich die Frage der Nachfolge ganz allein vorbehalten. Unter gewöhnlichen Umständen hätte wenigstens dieses Kernproblem dynastischen Herrschertums dem Zugriff machthungriger Söldner entzogen bleiben müssen. Doch sah die Kalifatstheorie, die von islamischen Juristen entwickelt wurde, die Möglichkeit vor, daß der Fürst der Gläubigen auch durch die „Leute des Bindens und Lösens" gewählt werde. Blickte man auf die Verhältnisse zurück, wie sie kurz nach dem Tode Muḥammads gegeben waren, dann erschien gerade ein solches „Wahlverfahren", bei dem der Kalif aus der Mitte der herausragenden Gemeindemitglieder und durch sie berufen wurde, als besonders würdig und von der Rechtsordnung des Islams geboten. Als nun das Kalifat den Söldnertruppen in die Hände gefallen war, wurde es möglich, die dynastische Erbfolgeregelung zu überspielen, indem man sich die Theorie von der Wahl zunutze machte: Wenn die „Leute des Bindens und Lösens" es entschieden, konnte ein Kalif abgesetzt, ein anderer inthronisiert werden.

In der chaotischen Zeit kurz vor der Entstehung des Großemirats, hatte sich der Kalif al-Qāhir mit mehreren Militärführern überworfen, so daß man den Plan faßte, ihn zu stürzen. Eines Nachts setzte man al-Qāhir gefangen und ließ einige hervorragende Notare und Qāḍīs herbeirufen. Einer von diesen erzählte später, al-Qāhir habe ihn persönlich angesprochen: „Der Huldigungseid, den du mir geleistet hast, bindet dich noch, und auch meine Familie und alle, die mir nahestehen. Ich denke nicht daran, euch aus irgendeinem Grund zu irgendeinem Zweck davon freizustellen! Geh fort!" Verärgert über die nutzlos unterbrochene Nachtruhe will der Erzähler im Weggehen einen Höfling angefahren haben: „Welchen Sinn hatte es, uns zu einem Mann zu rufen, der noch gar nicht ordentlich präpariert wurde, dessen Unterschrift ihr noch nicht bekommen habt, geschweige denn, daß sie von den Schreibern und vom Heer gegengezeichnet wurde! Bevor ihr uns holtet, hätte das alles erledigt sein müssen!" Als ein weiterer Hofbeamter hinzutrat und darauf beharrte, die Amtsenthebung müsse sofort vollzogen werden, wandte der Qāḍī ein: „Von uns werden keine Herrschaftsverhältnisse begründet! Dies geschieht allein durch die ‚Herren des Schwertes'! Wir dagegen sorgen für die richtige Form, uns ruft man zur Beurkundung, zur vertraglichen Absicherung ... Erst nachdem die Sache abgemacht war, hätte man uns mit ihm zusammenbringen dürfen!" Am nächsten Morgen war die Sache abgemacht: Man hatte al-Qāhir geblendet, wodurch er einer zum Herrschen unerläßlichen Fähigkeit beraubt worden war.[37]

Sicher sind die zornigen Äußerungen unseres Qāḍīs nie die Meinung der Allgemeinheit gewesen. Sie zeigen aber, wie sehr das Kalifat in die Gefahr geraten war, seine wesentliche Grundlage zu verlieren: die inhaltliche – nicht nur formale – Bindung an die Scharia. Immerhin, die Form nahm man, wie unser Beispiel lehrt, noch ernst; hätte sich jedoch die Ansicht durchgesetzt, daß mit der Erhebung zum Fürsten der Gläubigen kein besonderer, über die Gewalt der ,,Herren des Schwertes" hinausgehender Inhalt gemeint sei, wäre das Kalifat wohl nicht zu retten gewesen. So aber finden wir während der ganzen Epoche des Großemirats Zeugnisse, die unseren Qāḍī Lügen strafen. Ohne den Kalifen, das spürte man damals noch, konnte es kein islamisches Gemeinwesen geben, ohne ihn hatte die Scharia keinen Bestand. Und man dachte sich den Kalifen gerade nicht als willenloses Werkzeug der Söldner – dies war nur ein vorübergehender Skandal! – sondern als tatkräftigen Herrscher und Lenker. Wie anders wäre sonst die merkwürdige Tatsache zu begreifen, daß während des Großemirats in verschiedenen Gegenden des abbasidischen Reiches Abenteurer auftauchten, die mit ihrer gegen den Verfall der Ordnung gerichteten Propaganda großen Zulauf fanden.

Da trat im Jahre 960 ein Enkel al-Mustakfīs (reg. 944–946) in Armenien auf. Unter dem Kalifennamen al-Mustağīr begann er, Anhänger zu werben, denen er Hoffnung auf die Herrschaft ,,desjenigen aus der Nachkommenschaft des Gottesgesandten" gab, ,,mit dem jedermann zufrieden sein wird" – ein Rückgriff auf eine Losung, mit der in der Mitte des 8. Jahrhunderts jene Untergrundbewegung Erfolg gehabt hatte, die den Abbasiden schließlich zur Macht verhalf. Al-Mustağīr gab auch die Parole aus, dem islamischen Grundsatz des ,,Befehlens des Guten und Verbietens des Tadelnswerten" müsse wieder gebührend Geltung verschafft werden. Bemerkenswert ist, daß diese kurzlebige Bewegung einen entschieden sunnitischen Charakter trug, sich also in einen Gegensatz zu den Bujiden stellte, deren Vorliebe für die Schiiten gut bezeugt ist.[38]

Erheblich mehr Gewicht hatte eine Geheimorganisation, die sich im Jahre 968 in der Hauptstadt an die Öffentlichkeit wagte und in die, wie Miskawaih schreibt, einfache Leute, aber auch vornehme Kreise verstrickt waren. Diesmal hörte man volkstümliche chiliastische Anspielungen: Muḥammad b. ʿAbdallāh al-Qāʾim sollte der künftige Kalif heißen. – Den Namen und Vatersnamen des Propheten trug der erwartete Endzeitherrscher in vielen Spekulationen über den Schlußpunkt der Geschichte. – Erheben werde er sich, um der Sache Gottes den endgültigen und unwiderruflichen Sieg zu erstreiten. Auch das Versprechen, das Gute zu befehlen, wurde ausgestreut und daß der Verheißene ,,gegen die

Feinde der Muslime kämpfen und die ausgelöschten Spuren des Glaubens erneuern wird. Da flogen ihm die Herzen des einfachen Volkes zu. Seine Werber fingen an, den Leuten einzeln einen Huldigungseid abzunehmen. Den Sunniten wurde gesagt, es handele sich um einen Abbasiden, den Schiiten, es sei ein Alide. Man schrieb in seinem Namen eine Botschaft in mehreren Exemplaren, die in die Moscheen und Versammlungsorte geworfen wurden... Eines fiel dem Wesir Abū l-Faḍl... in die Hände. Er ließ daher Spione auf jene Gruppe ansetzen." Nun kam heraus, daß angesehene Leute, sogar führende Schreiber, den Werbern einen Treueschwur geleistet hatten. Selbst ein hoher Offizier wurde belastet. Man hatte ihm Hoffnungen auf den Posten des Großemirs gemacht, sobald erst die Wende eingetreten sei. Das Komplott zum Überfall auf Baḫtijār war schon eingefädelt, als alles am unüberbrückbaren Gegensatz zwischen Sunniten und Schiiten scheiterte. Den schiitisch gesonnenen Mitverschwörern mußte jetzt nämlich enthüllt werden, daß der Erwartete ein Sohn des Kalifen al-Mustakfī sei. Daraufhin erlahmte der Tatendrang jener, die sich geprellt fühlten, und der unglückliche Aufrührer wurde gefaßt. Der ägyptische Militärherrscher Kāfūr wurde als der eigentliche Drahtzieher entlarvt. Ihm aber konnte man nichts anhaben und auch nicht jenem ehrgeizigen Offizier, der das Ende der Geschichte hatte einleiten wollen. Um so grausamer traf die Rache alle übrigen Beteiligten.[39]

Zu den wichtigsten Pflichten, die die Scharia dem Kalifen als dem Imam der Muslime auferlegt, gehört der Schutz des islamischen Gebietes. Hārūn ar-Rašīd (reg. 786–809) hatte die an Byzanz angrenzenden Provinzen zu einer festen Verteidigungslinie ausgebaut; nördlich des Taurus, um die Stadt Tarsus herum, war ein islamischer Vorposten entstanden. In der zweiten Hälfte des 10. Jahrhunderts aber war das Kalifat nicht mehr stark genug, den Byzantinern Paroli zu bieten. Nikephoros Phokas und Johannes Tzimiskes trugen ihre Angriffe gegen die muslimischen Widersacher bis nach Palästina hinein, konnten Jerusalem allerdings nicht erobern. Aleppo wurde 961 überrannt und zerstört, Antiochien fiel und stand von 969 bis 1084 unter byzantinischer Herrschaft. Diese bestürzenden Ereignisse fanden in der islamischen Welt einen erregten Widerhall; mit Schrecken kam den Menschen zu Bewußtsein, daß zum ersten Mal in der islamischen Geschichte große muslimische Territorien von den Ungläubigen besetzt worden waren. Schon 963 traf im Gebiet des Van-Sees ein etwa 5000 Mann starkes Heer freiwilliger Glaubensstreiter aus Chorasan ein, um die muslimischen Truppen zu verstärken, die man dort im heldenhaften Kampf gegen die christlichen Eindringlinge wähnte. Wie unangenehm überrascht mögen die opfermutigen Chorasanier gewesen sein, als sie erfahren mußten, daß sich der Tatendrang des dorthin abgeordneten Militärführers vor allem darauf richtete, dem ebenfalls muslimischen Herrn von Ahlat seinen Besitz zu entreißen! Die Freiwilligen wandten sich an den Hamdaniden Saif ad-Daula (reg. 945–967), der mit ihnen ergebnislose Streifzüge unternahm. Wegen Mangels an Lebensmitteln lösten sich die chorasanischen Scharen bald auf, viele kehrten über Bagdad in ihre Heimat zurück.[40]

Trotz dieses Fehlschlages nahm in Chorasan die Begeisterung für den Glaubenskampf immer mehr zu. Drei Jahre später trafen an der Ostgrenze des bujidischen Medien etwa 20 000 Chorasanier ein, die von bekannten Rechtsgelehrten geführt wurden wie dem Schafiiten al-Qaffāl, der ein von Nikephoros Phokas an die Muslime gerichtetes Schmähgedicht mit gleich kräftigen Versen beantwortet hatte. Den Bujiden war die Ankunft dieser unberechenbaren Truppe nicht ganz geheuer, konnte sie doch, wenn sie weiterzog, im Kernland des Reiches das Spiel der Söldnerführer empfindlich stören. Der Bujide in Raij, zu finanzieller und militärischer Unterstützung des frommen Kriegszuges aufgefordert, verlegte sich auf hinhaltendes Taktieren. Er hatte aus Vorsicht um Verstärkung gebeten. Denn die Stimmung der Chorasanier gegen die Bujiden war alles andere als freundlich. Man verlangte, in den bujidischen Ländern müsse endlich wieder das ,,Befehlen des Guten und Verbieten des Tadelnswerten" ausgeübt werden, und man beschimpfte die Bujiden wegen ihrer schiitischen Neigungen gar als Ungläubige. Statt eines Kampfes gegen die Byzantiner flammte ein Krieg zwischen den Chorasaniern und dem Bujiden von Raij auf. Vorübergehend geriet der Fürst in schlimme Bedrängnis. Die Folge war, daß schließlich nur ein geschwächtes Kontingent freiwilliger Glaubenskämpfer an der Grenze zu Byzanz eintraf.[41]

Solche Ereignisse warfen die Frage auf, inwieweit der vom Großemir und dessen Clan abhängige Kalif überhaupt der Pflicht, den Islam zu verteidigen, nachkommen könne. Als die Byzantiner 968 die Stadt Nisibin einnahmen, trafen Flüchtlinge in Bagdad ein und verbreiteten das Gerücht, der Weg zur Hauptstadt liege völlig offen vor den Feinden. Panik ergriff die Bagdader; ein aufgeregter Haufen Volks belagerte den Kalifenpalast und machte Anstalten, ihn zu stürmen. Vorsorglich verrammelte man alle Eingänge; daraufhin ließ die wütende Menge ,,den Kalifen hören, was er verabscheute und zieh ihn der Unfähigkeit, die von Gott den Imamen auferlegte Pflicht zu erfüllen. Schließlich ging man zu Äußerungen über, die zu häßlich sind, um erwähnt zu werden." Der Großemir Baḫtijār pflegte unterdessen sein Steckenpferd, die Jagd. Einige Bagdader Gelehrte und Rechtskenner suchten ihn am Ort seiner Vergnügungen auf und redeten ihm ins Gewissen. Nun erteilte er tatsächlich seinen Truppen in Mossul den Befehl, sich zum Kampf bereit zu machen. Um auch die Bagdader Söldner zur Ausübung ihres Handwerks zu bewegen, fehlte es Bahtijār vorerst am Gelde. Alle gesetzlichen Wege, es sich zu beschaffen, hatte der Wesir Abū l-Faḍl längst beschritten; so nahm er jetzt Zuflucht zu Methoden, „die zu abstoßend sind, als daß man sie erzählen könnte, die verboten sind und in keiner einzigen Religion zugelassen werden". Ihm kam der Gedanke, der Kalif al-Muṭīʿ könne noch im Besitz einiger Mittel sein. Al-Muṭīʿ schrieb ihm jedoch: „Der Glaubenskampf ist meine Pflicht – sofern ich die irdischen Angelegenheiten auch wirklich lenke, sofern ich die Güter und Menschen beherrsche. Jetzt aber verfüge ich nicht einmal über ausreichende Lebensmittel für mich selber, und die irdischen Angelegenheiten haltet ihr und die übrigen Machthaber der Bezirke des Reiches in den Händen. Folglich sind weder der Glaubenskampf, noch die Organisierung der Pilgerfahrt, noch die anderen Aufgaben der Imame meine Pflicht. Von mir habt ihr nur noch diesen Namen zu verlangen, der von euren Predigtkanzeln herab verkündet wird, damit man so eure Untertanen in Ruhe halte. Wenn es euch belieben sollte, werde ich auch dieses letzte bißchen aufgeben und euch alles überlassen müssen!" Der Ton der Briefe des Großemirs wurde immer drohender; schließlich wurde al-Muṭīʿ gezwungen, 400000 Dirham zu zahlen, die er zusammenkratzte, indem er seine Kleider und Bauteile seines Palastes verkaufen ließ. In Bagdad, und schließlich im ganzen Reich, erzählte man sich mit Empörung, dem Kalifen sei sein Vermögen unter der Folter abgepreßt worden. Bislang hatte man dieses Verfahren nur bei gestürzten Wesiren und Würdenträgern sowie bei anderen Personen angewandt, deren Reichtum die Begehrlichkeit des bankrotten Fiskus geweckt hatte. Was den Skandal noch erhöhte, war der Verdacht, Bahtijār habe al-Muṭīʿs Geld vorwiegend für seine Liebhabereien verschwendet.[42]

Solange der Name des Kalifen in den Freitagsmoscheen genannt wird, bleiben die Gläubigen ruhig, schreibt al-Muṭīʿ. Sie können nämlich zuversichtlich darauf bauen, daß ihnen der Besuch des Gottesdienstes vom Schöpfer angerechnet wird, so als hätten sie unter dem Imamat des Propheten selber gebetet; sie können darauf vertrauen, daß neben ihrem rituellen Handeln auch die weltlichen Geschäfte den legalen Gang gehen, daß der Scharia entsprechende Ehe- und Kaufverträge geschlossen, daß Verbrecher der ihnen von Gott angedrohten Strafe überantwortet werden, kurz, daß die vom Schöpfer selber festgelegte und seinem Propheten offenbarte Ordnung der irdischen Angelegenheiten in Kraft ist, damit man sich an sie halte und zum Lohn dafür vor Gottes Richterstuhl bestehe. Und dieser zukünftige Urteilsspruch lastete drohend, ja niederdrückend auf dem Leben eines jeden Gläubigen; die Möglichkeit, sich durch eine Beichte diese Last von Zeit zu Zeit etwas zu erleichtern, gab es nicht. Nur die skrupelhafte, peinlich genaue Befolgung der Scharia und die ständige Besorgtheit um die formale Gültigkeit und Anrechenbarkeit der dem göttlichen Gesetz entsprechend vollzogenen Handlungen vermochten die Furcht vor der Verdammnis zu ewiger Höllenstrafe ein wenig zu dämpfen – und der Glaube, der Prophet werde dereinst für seine Gemeinde erfolgreich Fürbitte einlegen, eine volksreligiöse Hoffnung, die von vielen Theologen als gänzlich unbegründet verworfen wurde.

„Abū ʿAmr al-Bāqilāwī war ein Asket, der sich der Gottesknechtschaft verschrieb, das Alleinsein liebte, sich der Anrufung Gottes widmete ... An seinem Gebetsort lag alles zur Waschung und zur Aufbahrung seines Leichnams bereit; daneben verrichtete er seine Gebete. Im Ramadan betete ich ihm gewöhnlich vor. Eines Nachts rezitierte ich die Sure ‚Die Stunde der Wahrheit' und gelangte zu dem Vers: ‚... an jenem Tag tritt das Ereignis ein!' (Sure 69,15). Da brach Abū ʿAmr ohnmächtig zusammen, und es gab niemanden am Gebetsort, der nicht geschluchzt hätte ...'"[43] Die Schrecknisse des Jüngsten Tages, nicht nur in jener Sure drastisch ausgemalt, standen dem Gläubigen lebhaft vor Augen; ganz gewiß würden sie eintreten, zu einem Zeitpunkt zwar, den man nicht kannte, aber niemand konnte sich freimachen vom Eindruck der entsetzlichen Bedrohung seines Heils, die von dem Geschehen am Ende der Tage her in sein irdisches Leben hineinwirkte. Und dann sollte es den Muslimen gleichgültig sein, ob die von Gott verfügte Ordnung des Diesseits noch Bestand hatte? Verzweiflung hätte sie packen müssen, wenn ihnen das Gegenteil zur Gewißheit geworden wäre. Wir verstehen, weshalb der Oberqāḍī al-Māwardī (gest. 1058), der in der Regierungszeit al-Qā'ims seine berühmte Abhandlung über die Theorie des Kalifats verfaßte, dem Fürsten der Gläubigen ans Herz legte, Usurpatoren, die sich eines Teils des Reiches bemächtigten, nachträglich als des Kalifen Statthalter zu legitimieren: dies solle geschehen, „damit die göttliche Ordnung aus der Verdorbenheit in die Richtigkeit, aus der Verhinderung in die Erlaubtheit trete".[44] So hört sich ebenjener Sachverhalt, der dem frommen Asketen die Sinne raubte, in der trockenen Sprache des Juristen an, der um eine allgemeingültige Schlußfolgerung ringt, die die gegebenen Umstände mit dem unabweisbaren Verlangen nach Heilssicherheit versöhnt.

Allmählich erahnen wir die Geschichtsmächtigkeit dieses Verlangens; es war stärker als die Macht der Emire, als die Gewalt der Söldnerführer, als die „ehrfurchterregende Aura". Es war der tiefe Ausdruck des Strebens des gläubigen Muslims nach einer Sicherheit und Gewißheit, die zwar einer bestimmten Ordnung der irdischen Angelegenheiten entsprangen, doch ihrem wahren Sinne nach das Heil bedeuteten und endgültig sein sollten. Der Garant der Erfüllung dieses Verlangens blieb das Kalifat, mochte es noch so entstellt sein. Als hohl und eitel erwies sich diesem geschichtsmächtigen Streben gegenüber jeder Versuch der Regionalmachthaber, sich mit außerislamischer Tradition zu umgeben, um die reine Herrschergewalt zu überhöhen. Die im iranischen Raum noch lebendige Erinnerung an die große Vergangenheit bot hierzu Stoff. Schon Mardāwīǧ, Vorläufer und Ziehvater der ersten bujidischen Emire, die in seinem Heer gedient hatten, träumte, von seiner Residenzstadt Isfahan aus das iranische Reich neu zu gründen. Er plante einen Feldzug in den Irak. In der großen Halle des Palastes der Sasaniden zu Ktesiphon, die vor seiner Ankunft wiederhergerichtet werden sollte, wollte er Hof halten, und eine riesige Krone hatte er sich auch schon anfertigen lassen.[45] Die Bujiden griffen solche Phantasien auf. ʿAḍud ad-Daula konnte plötzlich einen Stammbaum vorweisen, der ihn mit Ardašēr (reg. 226–241), dem Gründer der Sasaniden-Dynastie, verband, und er ließ sich als „Šāhīnšāh" titulieren.[46] Bahā' ad-Daula, von 989–1012 Großemir, heißt in einer Siegesbotschaft „unser Herr, der Šāhīnšāh".[47] Einer seiner Nachfolger, dessen Macht schon erheblich geschrumpft war, begehrte im Jahre 1038 die Ehrenbezeichnung „Gewaltigster Šāhīnšāh"; al-Qā'im mußte sie ihm offiziell verleihen. Als diese Neuerung in der Freitagspredigt verkündet wurde, zeigten die Zuhörer „Widerwillen und bewarfen die Prediger mit Ziegelsteinen, und es brach ein Tumult los". Der Kalif bestellte Rechtsgutachten, und fast alle gefragten Gelehrten fanden heraus, daß „König der Könige" nicht unbedingt Gott meinen müsse, sondern eine durchaus statthafte Rangbezeichnung unter den irdischen Herrschern ausdrücken könne. Lediglich al-Māwardī, der bei einer anderen Gelegenheit denselben Großemir mutig auf einen Verstoß gegen die Scharia aufmerksam gemacht hatte, soll sich dem eitlen Wunsch widersetzt haben.[48] Nicht allein der groteske Gegensatz zwischen dem bombastischen Titel und der Wirklichkeit genügt zur Erklärung des Aufruhrs und der Ablehnung, die al-Māwardī ausgesprochen haben soll. Die vorislamische Überlieferung war eben für die Sicherung des Heils ohne Belang. Sich auf sie zu berufen – zum Schaden des ohnehin gedemütigten Kalifats –, das konnte man nur als gänzlich deplazierte Unverfrorenheit auffassen.

Auf zwei unterschiedlichen, jedoch nicht voneinander trennbaren Ebenen wird das Leben des Muslims von der Scharia durchdrungen: auf derjenigen des Ritus, der Beziehungen der Menschen zu Gott, und auf derjenigen der Beziehungen der Menschen zueinander, der alltäglichen profanen Pflichten und Vorgänge, der staatlichen und gesellschaftlichen Einrichtungen im weitesten Sinn. Sichtbarer Ausdruck der Zuständigkeit des Kalifen für den gesamten Bereich der islamischen Gottesverehrung war seine Pflicht, für jeden staatlichen Kultort den Imam zu ernennen. Staatlich waren die Freitagsmoscheen und manche Wallfahrtsorte, sowie viele einfache Moscheen. Letztere gab es jedoch auch als private Einrichtungen; dort empfing man in der Gegenwart eines heiligmäßigen Mannes vom Schlage des Abū ʿAmr al-Bāqilāwī religiöse Unterweisung und Erbauung. Auch manche berühmten Gelehrten hielten ihre Vorlesungen in eigenen Räumlichkeiten, die zugleich als Moschee dienten.

Der vom Kalifen oder in den Provinzen von seinem Statthalter berufene Imam einer Moschee mußte dafür sorgen, daß die täglichen fünf Pflichtgebete in einwandfreier Form vollzogen wurden. In den Großen oder Freitagsmoscheen war der Imam, der den Freitagsgottesdienst leitete, im eigentlichen Sinn Stellvertreter des Kalifen, der in seiner Residenz diese Pflicht persönlich wahrnehmen sollte. Diese Veranstaltung, zu der sich die Gesamtheit der Gläubigen versammeln sollte, war in der Urgemeinde meist von Muḥammad selber durchgeführt worden. Seine ersten Nachfolger galten ebenfalls noch als Vorbeter für alle Muslime. Als der Islam bald in ferne Länder getragen wurde, wurde den Statthaltern des Kalifen, die oft zugleich die Führer der Eroberungsheere waren, die gleiche Aufgabe anvertraut. Nur in den großen Heerlagerstätten, zum Beispiel in Basra oder Kufa oder in besetzten Großstädten wie Damaskus, in denen ein Statthalter residierte, konnte daher ein Freitagsgottesdienst stattfinden. Auf dem Lande war es zunächst gar nicht möglich, allen Glaubenspflichten eines Muslims zu genügen.[49] Deshalb mußte der Zwang zur Teilnahme allmählich gelockert werden; zur Zeit al-Māwardīs forderte nur noch eine Schulrichtung des islamischen Rechts von allen Muslimen den Besuch des Freitagsgottesdienstes. Unter den übrigen Richtungen war freilich die Zahl der Anwesenden, die ausreichte, damit für alle übrigen Muslime diese Pflicht ebenfalls abgegolten sei, heftig umstritten. Desweiteren waren längst in allen Ortschaften mit städtischem Charakter Freitagsmoscheen entstanden, in manchen Metropolen sogar mehrere, obwohl man dies augenscheinlich nicht gern sah. Denn die Gemeinschaft der Gläubigen einer Stadt sollte nicht geteilt werden. Mußte es wegen der hohen Bevölkerungszahl mehrere Große Moscheen geben, war es dann für diejenigen, die den Freitagsgottesdienst nicht in der für sie maßgeblichen hatten besuchen können, nicht besser, diesen am Nachmittag dort nachzuholen? Wich man notgedrungen vom Grundsatz ab, je Stadt eine Freitagsmoschee, konnte man leicht in lauter Schwierigkeiten geraten. Die ursprünglichen Verhältnisse scheinen noch durch, wenn al-Māwardī hervorhebt: „Der Freitagsgottesdienst darf nicht auf der Reise und nicht außerhalb einer befestigten Stadt abgehalten werden, es sei denn, es handele sich um eine Siedlung mit geschlossener Bauweise.“[50]

Im Freitagsgottesdienst wird nicht nur Gott verehrt, wird nicht nur die Botmäßigkeit gegen seinen Stellvertreter, den Kalifen, bezeugt, es wird im Freitagsgottesdienst auch die „einträchtige Gemeinschaft“ der

Gläubigen sichtbar. In den Kämpfen der Eroberungszeit, als die Heerlager wie Stützpunkte in Ländern lagen, die zwar unterworfen, aber noch nicht eigentlich von den Muslimen in Besitz genommen worden waren, war die „einträchtige Gemeinschaft" auch militärisch gedacht. Der Ausspruch des Propheten, daß umkomme, wer sich von ihr absondere, konnte ganz wörtlich verstanden werden. Doch hatte der Begriff gleichzeitig schon seine religiöse Bedeutung, die mit der Entwicklung eines festen Gemeinwesens immer weiter in den Vordergrund trat. Wer sich nicht gegen die muslimische Gemeinschaft stellte, der gehörte im Diesseits dem von Gott gestifteten und durch sein Gesetz geordneten Gemeinwesen an, ließ sich nicht von religiösen Sonderlehren gefangennehmen, nicht in politische Rebellionen verwickeln, war stets mit denen, die sich alle Voraussetzungen zum Erwerb des Heils bewahrten.[51]

Als al-Manṣūr die Stadt Bagdad gründete, wies der Plan noch deutliche Kennzeichen einer Heerlagerstadt auf.[52] Palast und Große Moschee lagen im Zentrum. Sein Sohn al-Mahdī (reg. 775-785) bekam ein eigenes Residenzviertel, Ruṣāfa, ebenfalls mit einer Freitagsmoschee. Zur Zeit des Großemirats gab es neben diesen beiden noch eine dritte, die mit dem nunmehr vom Kalifen bewohnten Schloß verbunden war. Doch konnten Freitagsmoscheen auch anders als im Zusammenhang mit herrscherlicher Bautätigkeit entstehen. Im Jahre 988 geschah es, daß eine Frau träumte, der Prophet bete in der Moschee des Bagdader Viertels Qaṭīʿat Umm Ǧaʿfar; er kündigte der Frau an, daß sie am darauffolgenden Abend sterben werde und berührte schließlich die Wand der Gebetsnische. Die Frau erzählte am nächsten Morgen ihren Traum und starb dann zu dem genannten Zeitpunkt. An der erwähnten Stelle entdeckte man tatsächlich den Abdruck der Handfläche. Daraufhin baute man die Moschee aus und bat den Kalifen al-Muṭīʿ, sie in den Rang einer Freitagsmoschee zu erheben, zumal sie durch einen Kanal vom übrigen Bagdad getrennt sei und deshalb gewissermaßen in einer eigenen abgeschlossenen Siedlung liege.[53] Etwa zur gleichen Zeit hatte im Ḥarbīja-Viertel ein Haschimit eine Moschee bauen lassen, der al-Muṭīʿ den gewünschten Status einer Großen Moschee verweigert hatte. Sein Nachfolger al-Qādir, mit der gleichen Bitte konfrontiert, bestellte ein Rechtsgutachten, in dem keine Einwände gegen die Rangerhöhung erhoben wurden. Man ernannte einen Imam und stellte eine Kanzel auf. – Die schon erwähnte Große Moschee von Barāṭā hinzugerechnet, gab es in Bagdad im frühen 11. Jahrhundert deren insgesamt sechs.[54]

Der in jener Epoche rasch aufblühende Heiligenkult ließ viele Wallfahrtsorte entstehen, deren Beaufsichtigung laut al-Māwardī ebenfalls dem Kalifen oblag. Doch scheint sein Einfluß hier in Wirklichkeit gering gewesen zu sein. Ohnehin hatte diese Entwicklung die kräftigsten Anstöße von schiitischer Seite erfahren, und zudem bildete die Heiligenverehrung ein Feld, auf dem sich die Volksfrömmigkeit nicht zuletzt deshalb sehr frei entfalten konnte, weil es hier keine altüberlieferten Normen gab. Strenge Theologen sahen in dieser Erscheinung eine unzulässige Neuerung und hätten wohl den bujidischen Offizier Abū Misk ʿAnbar scharf getadelt, der in Basra eine prächtige Moschee stiftete – über dem Grab des Prophetengefährten az-Zubair b. al-ʿAwwām. Dessen Leichnam glaubten die Basrenser entdeckt zu haben, als sie 991 einen Toten ausgruben, „noch ganz frisch, mit seinen Kleidern und seinem Schwert". Sie betteten ihn an einem anderen Ort wieder zur Ruhe[55] und werden jenem Abū Misk ʿAnbar dankbar gewesen sein, daß er der segenspendenden Kraft der Gebeine eines Prophetengenossen dort eine so würdige Stätte der Verehrung geschenkt hatte.

Wie die Anwendung der Scharia auf die Beziehungen der Menschen zu Gott in oberster Instanz dem Kalifen oblag, so auch ihre Anwendung auf das Leben der Menschen miteinander. Muḥammad, seine ersten Nachfolger und die frühen Statthalter waren zugleich Richter. Sie entschieden Streitfälle, wobei die Frage noch nicht gestellt wurde, ob das Urteil auch wirklich stets den Grundsätzen der Offenbarung entspreche. Erst in der späten Omaijadenzeit, etwa in der ersten Hälfte des 8. Jahrhunderts, wurde man darauf aufmerksam, daß die Rechtspraxis in vielen Fällen womöglich gar nicht mit den Prinzipien der Scharia übereinstimmte; ebenso wenig wußte man freilich den Inhalt dieser Prinzipien genau anzugeben und festzulegen, auf welche Weise sie zu der unendlichen Vielfalt des alltäglichen Lebens in Bezug gesetzt werden konnten. In dem Maße, wie man sich dieser Schwierigkeiten bewußt wurde, entwickelten sich eine theoretische islamische Rechtswissenschaft und ein auf die praktische Rechtspflege spezialisiertes Amt, das des Qāḍīs. Letzteres blieb in unmittelbarer Abhängigkeit vom Kalifen; gewissermaßen hatte dieser nur die Zuständigkeit für die Rechtspflege delegiert, ähnlich wie in den Freitagsmoscheen die Aufgaben des Imams. Wie eng die Rechtspflege und das aus der Prophetenschaft abgeleitete Kalifat im Islam zusammengehören, kann man daran ablesen, daß die Verhängung und Vollstreckung der sogenannten koranischen Strafen – Auspeitschung für Weingenuß oder bestimmte Fälle von Ehebruch, Abtrennung der Hand für Diebstahl usw. – ausdrücklich durch den Kalifen bestätigt werden mußte. Bei Verbrechen, die mit diesen Strafen zu ahnden waren, ist nämlich nach islamischer Vorstellung die Ordnung Gottes unmittelbar verletzt worden, und der Kalif hat die Pflicht einzugreifen, um dieser Ordnung wieder Geltung zu verschaffen. Wenn Miskawaih schreibt, einer der vorbujidischen Großemire habe an seinem eigenen Hof die koranischen Strafen vollstrecken lassen, will er damit zeigen, in welch empörendem Maß dem Kalifen seine ureigenen Zuständigkeiten entrissen wurden. In einem Schreiben, in dem der Abbaside aṭ-Ṭā'i' dem Bujiden Faḫr ad-Daula (reg. 977–997 in Raij) Ländereien in Westiran als eine Art Militärlehen übertragen mußte, heißt es: Wenn Faḫr ad-Daula über jemanden die koranische Strafe der Hinrichtung verhängen muß, „soll er dem Fürsten der Gläubigen den Fall schildern und das Verbrechen erläutern, sowie mitteilen, ob die Schuld aufgrund eines Geständnisses des Delinquenten oder durch eine beweiskräftige Zeugenaussage festgestellt wurde, und er soll die Antwort des Kalifen abwarten und danach entsprechend verfahren . . ."[56]

Die herausragenden Rechtstheoretiker waren meist Privatgelehrte, die sich bewußt von staatlichen Ämtern fernhielten. Theorie und Praxis standen häufig eher in einem Widerspruch, als daß sie einander befruchtet hätten. Die Qāḍīs wurden durch den Kalifen oder seine Statthalter ernannt. Ihre Amtsbezirke deckten sich wohl kaum mit den Grenzen der Provinzen oder der Gebiete, in denen Emire die Macht ausübten.[57] Man mußte schon über herausragende Fähigkeiten verfügen, ehe man in dieses Amt berufen wurde. Manche Familien stellten allerdings besonders häufig Qāḍīs, so daß man fast geneigt ist, in diesen Fällen von einer Erblichkeit des Amtes zu sprechen. In der Vita eines Muḥammad al-Azdī wird erzählt: „Er wurde 917 geboren und hatte das Richteramt in Bagdad schon zu Lebzeiten seines Vaters und noch nach dessen Tod inne . . . Niemand kannte sich mit den Aufgaben eines Qāḍīs besser aus als Muḥammad al-Azdī und sein Bruder Ḥusain. Beide bekleideten dieses Amt am Kalifenhof, desgleichen schon ihr Vater, ihr Großvater und Urgroßvater. Dessen Vater Ja'qūb war Qāḍī in Medina und später in Fars gewesen . . . Muḥammad al-Azdī verlor das Richteramt in Bagdad, als der Kalif ar-Rāḍī (im Jahre 940) starb."[58] Das einfache Richteramt scheint für seinen Inhaber nicht sonderlich einträglich gewesen zu sein.[59] Der Posten des Oberqāḍīs in Bagdad, dem im 10. und frühen 11. Jahrhundert die Aufsicht über das Rechtswesen des Reiches unterstand, wurde allerdings, wie wir schon wissen, einmal auch gegen Bestechung vergeben, muß also gewisse Geldquellen erschlossen haben. Gegen Ende der Bujidenzeit scheint der Kalif seinen Einfluß auf die Besetzung dieser sehr wichtigen Stelle zurückgewonnen zu haben, nachdem er sich zuvor den Wünschen des Großemirs hatte beugen müssen. Al-Qādir weigerte sich, einen von Bahā' ad-Daula vorgeschlagenen schiitischen Kandidaten zu berufen. Im Jahre 1014, als der Posten erneut verwaist war, ließ sich der Kalif vom Wesir des Großemirs eine Liste mit Namen geeigneter Persönlichkeiten vorlegen und traf danach seine Wahl.[60]

Einige Ernennungsurkunden, deren Wortlaut überliefert ist, vermitteln einen Eindruck von den Amtspflichten eines Qāḍīs und von den engen Verflechtungen seiner Aufgaben mit dem islamischen Glauben. Im Jahre 974 wurde ein außergewöhnlicher Mann zum Oberqāḍī berufen; er bedang sich nämlich aus, nicht mit Ehrengewändern bedacht zu werden und seine Urteile unentgeltlich sprechen zu dürfen; man solle auch nicht versuchen, ihn zu ungesetzlichen Schritten zu drängen. Wie üblich, wurde die Einsetzungsurkunde in der großen Moschee des Kalifenpalastes verlesen. Zunächst werden die Gebiete aufgezählt, in denen der neue Amtsträger das Rechtswesen zu überwachen hat. „(Der Kalif) empfiehlt ihm nun die Gottesfurcht an, denn sie ist ein Schutzschild, und trägt ihm auf, bei seiner ganzen Amtsführung das Buch Gottes zum Ausgangspunkt seiner Überlegungen zu machen, es bei all seinen Entscheidungen als Richtschnur zu wählen, zu der er Zuflucht nimmt, als Stütze, auf die er sich verläßt. (Der Kalif) rät ihm an, dem normsetzenden Reden und Handeln Muḥammads, des Gesandten Gottes, nachzustreben und zu folgen, den Consensus der Gemeinde zu beachten, den rechtgeleiteten Imamen (der islamischen Vergangenheit) nachzueifern und eine eigene Entscheidung in Fällen zu suchen, zu denen weder der Koran, noch die Normen des Propheten, noch der Consensus etwas aussagen. (Der Kalif) trägt ihm auf, während der Gerichtssitzungen Leute hinzuzuziehen, die ihm mit ihrem Wissen und ihrer Einsicht hilfreich sein können; (er weist ihn an), die beiden Parteien, wenn sie vor ihn treten, in Mimik und Worten gleich zu behandeln, beiden den gleichen Anteil an Billigkeit und Gerechtigkeit zu gewähren, so daß ein Schwacher vor Ungerechtigkeit sicher sein und ein Starker sich keine Hoffnung auf Begünstigung machen kann ...“[61]

Im Jahre 1000 mußte das Qāḍīamt von Gilan neu besetzt werden. In der im Namen al-Qādirs abgefaßten Urkunde wird zu Beginn festgestellt, daß sich der Kalif von der Befähigung des künftigen Amtsinhabers überzeugt habe. Er beauftrage ihn nunmehr mit „der Leitung der Gebete, der Predigt auf den Kanzeln und dem Amt des Richtens und Urteilens“. Wieder wird Gottesfurcht als unerläßliche Voraussetzung gefordert. Dann werden die Pflichten aufgezählt: aus dem Koran vortragen; sich stets der eigenen rituellen Reinheit versichern; die Zeit der rituellen Gebete beachten; eindringliche Mahnpredigten halten; „auf den Kanzeln und an den übrigen Orten, an denen Menschen zusammenkommen oder Zuflucht suchen, die erhabenste Losung und das vollkommenste Pflichtwort ausrufen, nämlich die Kalifenschaft des Fürsten der Gläubigen bezeugen und alle Gläubigen zum Gehorsam ihm gegenüber anspornen“; immerfort dafür sorgen, daß das Leben in Gilan der Scharia folgt; jeden, der sich der Botmäßigkeit al-Qādirs zu entziehen hofft, zunächst mahnen, und sollte das vergeblich sein, ihn mit Gewalt zügeln; die Gebete an den Feiertagen sowie bei Sonnenfinsternis und Dürre leiten. Unerschütterlich solle sich der Qāḍī an die Gesetze der Scharia halten, im Koran studieren und Aufschluß suchen. Mit ausgeruhtem Kopf, ohne dringende Wünsche, bei voller Gesundheit solle er seines Amtes walten. In den

Freitagsmoscheen veranstalte er seine Sitzungen, damit alle Streitenden ihn gut erreichen könnten; in Mimik und Worten verfahre er mit allen Parteien gleich. „Dies ist der Auftrag des Fürsten der Gläubigen an dich, seine Weisung, die er dir gnädig schenkt, seine Mahnung mit nützlichen Bemerkungen, durch die er dich zum Erfolg leitet. Ermüde dich in der Zwiesprache mit ihm, lausche auf seine Worte an dich, pflanze seine Mahnungen in dein Herz, dann wirst du neben anderen Früchten auch den Erfolg bei Gott ernten!"[62]

Die unauflösliche, durch die Scharia gegebene Verbindung von Kultus und Rechtsprechung – dem Qāḍī von Gilan wurden beide Aufgaben übertragen! – verlieh dem Kalifat seine erstaunliche Lebenskraft. Wenn auch die Emire und Söldnerführer die militärische Macht untereinander aufteilten und die Bevölkerung unter der Korruption und dem Verfall der Institutionen litt, es gab zunächst nichts, was den kalifischen Herrschaftsanspruch hätte ersetzen und vergessen machen können. Al-Qādir war offenbar der erste Abbaside, der sich dieser Tatsache nach den Demütigungen der Vergangenheit wieder bewußt wurde. Er erwartet von seinem Qāḍī in Gilan, daß er den Geltungsbereich des „kalifischen Rufes"[63] verteidige. Später kam al-Qā'im der Gedanke, diese dem Kalifen eigentümliche Stärke gezielt gegen den Großemir auszuspielen. Als einmal eines der Felder des Kalifen geplündert worden war und der Großemir „wegen der Schwäche seiner Ehrfurcht gebietenden Aura" nicht gegen den Schuldigen vorzugehen wagte, befahl al-Qā'im den Richtern, ihre Tätigkeit einzustellen und ließ die Tore der Freitagsmoschee schließen. Das wirkte, wenn auch nur kurzfristig. Etwas später, im Jahre 1042, machte der Großemir dem Kalifen Einkünfte aus Steuern streitig, die die Ungläubigen zu zahlen hatten. Als Mahnungen nichts fruchteten, ließ al-Qā'im verbreiten, er sei entschlossen, mit allen in der Rechtspflege Tätigen Bagdad zu verlassen; einen Monat lang blieben die Freitagsmoscheen geschlossen. Dann fand man dank der guten Dienste des Oberqāḍīs al-Māwardī, der als Mittelsmann des Kalifen fungierte, einen Ausweg aus der Affäre.[64]

Die aus dem Prophetentum Muḥammads hergeleitete, dank der Scharia stets im Alltag gegenwärtige Macht des Kalifen wurde von den Abbasiden auch mittels Diplomatie zur Geltung gebracht; schwierige Missionen wurden meist Qāḍīs anvertraut. Auf diese Weise gelang es dem Kalifen, sich als Schiedsmann zwischen verfeindeten Emiren anzubieten und gewissermaßen zum Wohl aller Gläubigen in das politische Geschehen einzugreifen. Al-Qā'im beauftragte, um nur ein Beispiel zu nennen, im Jahre 1037 den gerade genannten al-Māwardī, zwischen zwei zerstrittenen bujidischen Emiren Frieden zu stiften.[65]

Die islamische Geschichtsschreibung des 10. und 11. Jahrhunderts hat mitunter Schwierigkeiten, das eigentümliche Miteinander und Gegeneinander der Gewalt des Großemirs und der Herrschaft des Kalifen auf den Begriff zu bringen. Eine nach Zuständigkeiten geschiedene Zweiheit der Machtausübung, bei der etwa dem Großemir die Verantwortung für die militärischen Belange zufiele, dem Kalifen dagegen der Bereich der inneren Verwaltung und die Angelegenheiten des Kultes, ist nach islamischer Grundüberzeugung ausgeschlossen. Denn es gibt nur die einheitliche und allumfassende Scharia. Ihr steht die faktische Gewalt der Emire gegenüber, die einerseits ihre eigene Politik machen, sich andererseits aber nicht gänzlich vom Kalifat trennen können. „Die Welt ist Usurpatoren in die Hände gefallen. Wie Diadochen wurden sie, und jeder, der ein Land erwischt hatte, nahm es in seinen Besitz und hielt das Steueraufkommen (das dem Kalifen zugestanden hätte) zurück... Dem 'Sulṭān' und (seinem Großemir) Ibn Rā'iq war nichts als der Sawād und der Irak übriggeblieben."[66]

Mit diesen Worten umrahmt Miskawaih eine Aufzählung aller Regionalherrscher zu Beginn der Epoche des Großemirats. Der vom Autor gewählte Begriff der Diadochen stellt bewußt den Bezug zum Zerfall des Reiches Alexanders her. Wie damals, so besitzen auch jetzt viele Machthaber das zerstückelte Ganze, sie sind „Kleinkönige", und als „Königreich" werden beispielsweise auch noch die Gegenden bezeichnet, die im Jahre 1031 dem Großemir Ǧalāl ad-Daula verblieben sind.[67] Der faktischen Gewalt der Emire in jeweils einem begrenzten Geltungsbereich wird die Oberhoheit des Fürsten der Gläubigen gegenübergestellt. Sie wird, wie wir aus der Ernennungsurkunde des Qāḍīs von Gilan lernen, mit dem „Ruf" des Kalifen ausgedrückt, einem Begriff, der uns noch des öfteren begegnen wird. Dieser „Ruf" ist die ununterbrochen geltende Aufforderung, sich der religiös-politischen Ordnung des Islams zu unterwerfen und ihr die Treue zu wahren. Sachwalter dieser von Gott gestifteten, in die Regeln der Scharia gefaßten Ordnung ist der Kalif als „Sulṭān". Im Koran meint dieses Wort eine von Gott erteilte Vollmacht.[68] Schon früh wurde dieser Ausdruck auf die Kalifen übertragen, die ja die Verkörperung göttlicher Vollmacht sind; Miskawaih gebrauchte ihn fast ausschließlich in diesem Sinn.[69] Es scheint sich bei ihm aber schon eine Verwässerung des Begriffes anzukündigen, wenn sich der ungehobelte Söldnerführer Baǧkam über die Kunst des Regierens aufklären läßt und dabei zu der Einsicht gelangt, daß Gerechtigkeit dem „Sulṭān" mehr einbringe als rohe Gewalt;[70] in diesem Zusammenhang ist eher an die Obrigkeit im allgemeinen als an den Kalifen gedacht.

Der Aufstieg des Großemirats machte deutlich, daß die Abbasiden ihre „Ehrfurcht gebietende Aura" eingebüßt hatten. Sie sich zu erwerben, sie einzusetzen und zu erhalten, das war nun das Bestreben der vielen Emire. Sie war das Sinnbild der Herrschergewalt, und sie war praktizierte Gewalt zugleich. Das Großemirat bewirkte, auch wenn dies auf den ersten Blick widersinnig erscheint, daß sich die dem Kalifat eigentümlichen Quellen der Macht zu klären begannen. Ohne jegliche Klärung dagegen blieb die Frage nach den jeweiligen Zuständigkeiten des Kalifen und der Emire. Hier gab es erhebliche Überschneidungen. Die Emire hätten den Kalifen am liebsten nur als den Verleiher von Legitimität gesehen, der Kalif indessen rang zäh um Rückgewinnung der ihm entrissenen Kompetenzen. Der Streit zwischen al-Qā'im und Ǧalāl ad-Daula, den al-Māwardī schlichtete, ist ein Beispiel hierfür. Als eine Institution, deren in der Scharia verbürgte Aufgaben von machthungrigen Condottieri zeitweilig usurpiert wurden, konnte das Kalifat überleben; als Sachwalter einer göttlichen Vollmacht, der er erneut Achtung verschaffen wollte, lenkte der Fürst der Gläubigen die Blicke der Muslime auf sich, konnte er auf die Verehrung durch sie rechnen. Was aber, wenn Usurpatoren auftauchten, die jedermann wissen ließen, daß sie nicht zum Schaden des Kalifen, sondern allein zu seinem Nutzen handelten; daß sie nichts anderes im Sinne hätten, als die Abbasiden in ihre verbrieften Rechte einzusetzen; daß sie den alten Glanz Bagdads wiederherstellen, ja sogar heller denn je erstrahlen lassen wollten?

3. ... und der Glaube

„Zum Gedenktag der Verheißung am Teich von Ḫumm war es bei den Schiiten der Bagdader Viertel al-Karḫ und Bāb aṭ-Ṭāq Brauch, Zelte aufzuschlagen, Tücher aufzuhängen und alles feierlich zu schmücken; in der Nacht davor entzündete man Feuer, und am Morgen wurde ein Kamel geschlachtet. Die andere Gruppe, nämlich die Sunniten, wollten für sich – in ihren Wohnvierteln und auf ihren Märkten – etwas Vergleichbares veranstalten. Sie behaupteten, am achten Tag nach dem Fest des Teiches jähre sich das Ereignis, daß sich der Prophet zusammen mit Abū Bakr in der Höhle verborgen habe. Die Sunniten feierten also jetzt ein dem Gedenktag des Teiches ähnliches Fest. Und als Gegenstück zum ʿĀšūrā-Tag wählten sie wiederum acht Tage nach diesem ein Fest zum Andenken Muṣʿab b. az-Zubairs und besuchten sein Grab in Maskin, so wie die Schiiten zum Grab Ḥusain b. ʿAlīs in al-Ḥā'ir ziehen."[71] Diese Notiz findet sich unter dem Jahre 1000. Die Schiiten pflegten schon seit langem die Erinnerung an ihre Märtyrer, allen voran Ḥusain, der im Jahre 680 mit einer kleinen Schar von Anhängern niedergemetzelt worden war, nachdem man ihm in Kufa Unterstützung gegen die Omaijaden zugesagt, ihn dann aber schmählich im Stich gelassen hatte. Ḥusains Tod wurde den Schiiten zum Fanal ihres Kampfes gegen die vermeintliche Verfälschung der islamischen Ordnung, gegen die Verkehrung der

Botschaft des Propheten in ihr Gegenteil. Alle Herrscher der islamischen Geschichte, so glaubten die Schiiten, hatten zu einer solchen unheilvollen Entwicklung beigetragen – mit Ausnahme allein ʿAlīs (reg. 656–661), des Vetters und Schwiegersohnes des Propheten; sein kurzes Kalifat sei die einzig glückliche Zeit der Wahrheit und Gerechtigkeit gewesen – von den ruchlosen Feinden Gottes mit dem Meuchelmord an ihm verbrecherisch beendet! Gegen den Willen Gottes hätten sich die Omaijaden zu Kalifen aufgeschwungen, gegen seinen Willen herrschten nun die Abbasiden. Schon die Gefährten Muḥammads, von den Sunniten so hoch verehrt, hätten Gottes Willen mißachtet, als sie nach dem Tode des Propheten erst Abū Bakr, dann ʿUmar, dann ʿUṯmān zu Anführern der Gemeinde erhoben hätten. Hatte nicht der Prophet einst am Teich von Ḫumm, unweit Medinas, ausdrücklich gesagt: „Wessen Herr ich jetzt bin, dessen Herr soll dereinst ʿAlī sein!"

Den Schiiten, denen die islamische Geschichte eine Verkettung von Versagen und Schuld war und die diese Ansicht immer wieder mit Ingrimm zu Gehör brachten, hielten die Sunniten entgegen, daß die Gefährten Muḥammads die zuverlässigsten Zeugen und Überlieferer seines von Gott gelenkten Redens und Handelns gewesen seien; daß sie daher gar nicht hätten fehlgehen können, als sie Abū Bakr zum ersten Nachfolger erkoren; daß es Fingerzeige genug dafür gebe, daß diese Wahl ganz im Sinne des Propheten getroffen worden sei. Denn hatte er sich nicht Abū Bakr anvertraut, als er, von den Ungläubigen angefeindet, Mekka verlassen mußte? Mit ihm zusammen hatte er in einer Höhle abgewartet, bis seine Verfolger die Suche einstellten, und war dann nach Medina gekommen. Gott selber – und darauf verwiesen die Sunniten besonders gern – erwähnt dies Ereignis im Koran: „Wenn ihr Medinenser dem Propheten nicht helft, so hat Gott selber ihm doch geholfen, als ihn und einen Zweiten die Ungläubigen vertrieben. Beide waren sie damals in der Höhle. Da sprach Muḥammad zu seinem Gefährten: ‚Sei nicht traurig! Gott ist mit uns!'" (Sure 9,40) Der Islam der Prophetengenossen, die ersten Jahrzehnte nach Muḥammads Tod, ist den Sunniten die Epoche der unbedingten Geltung des göttlichen Willens, das Ideal, auf das das islamische Gemeinwesen stets zustreben muß und das auch erreicht werden kann; denn die Überlieferung, in der jene Verhältnisse in allen Einzelheiten verbürgt sind, ist vorhanden, ist verbindliche Richtschnur für alle Spätgeborenen. Die kurze Herrschaft des ʿAbdallāh b. az-Zubair – die Gebeine seines Vaters glaubte man 991 in Basra ausgegraben zu haben – mochte den Bagdader Sunniten als Inbegriff eines auf dieser Überlieferung gegründeten Gemeinwesens erscheinen. Eine Krise der omaijadischen Dynastie hatte sich ʿAbdallāh zunutze gemacht und sich zum Herrscher des Hedschas ausrufen lassen. Seinen Bruder Muṣʿab ernannte er zum Statthalter im Irak, wo die Familie viel Land besaß. Im

Jahre 692 fiel Muṣʿab gegen die Truppen des Kalifen ʿAbd al-Malik (reg. 685–705). Wenig später fand auch ʿAbdallāh den Tod, Mekka wurde wieder omaijadisch. In Muṣʿab hatten jetzt die Sunniten ihren Märtyrer entdeckt; auch er hatte, so konnte man behaupten, im Kampf um die Verwirklichung islamischer Ideale, im Krieg gegen die Omaijaden, sein Leben hingegeben.

Die Gedenktage der Schiiten und Sunniten ließen den gegenseitigen Haß auflodern. Immer wieder vermelden die Chroniken Ausschreitungen und Übergriffe. Der ʿAmīd al-Ǧujūš, dessen Vorgehen gegen die Stadtbanditen noch erinnerlich ist, wollte im Jahre 1003 diese Ursache stets wiederkehrender Unruhe beseitigen. Er verbot beiden Gruppen das Feiern.[72] Das Verhältnis zwischen ihnen war aber derart vergiftet, daß auch aus anderem Anlaß Tumulte ausbrechen konnten. Da soll einmal ein Haschimit aus dem sunnitischen Viertel vom Basra-Tor den großen schiitischen Gelehrten Ibn al-Muʿallim gekränkt haben. Sogleich machte sich eine Schar erboster Schiiten auf, um zwei sunnitische Gelehrte zu beschimpfen und die Schüler, die deren Anhang bildeten, zum Kampf herauszufordern. Zufällig hatte Ibn al-Muʿallim ein Koranexemplar bei sich, das den Text der bei den Schiiten beliebten, für den öffentlichen Gebrauch jedoch verpönten Fassung des Ibn Masʿūd enthielt. Nun konnte man behaupten, die private Fehde sei in Wirklichkeit um eines hochpolitischen Ärgernisses willen ausgelöst worden. Es wurde eine Zusammenkunft anberaumt, in der die sunnitischen Gelehrten forderten, dieses Buch sei zu verbrennen. So geschah es. Kurz darauf wurde ein Mann hingerichtet, dem man vorgeworfen hatte, er habe am Grab Husains diejenigen verflucht, die die Verbrennung des Ibn Masʿudschen Korantextes veranlaßt hatten. Jetzt flammten überall in der Stadt Kämpfe auf; der Kalif al-Qādir und türkische Söldner griffen zugunsten der Sunniten ein. Der ʿAmīd al-Ǧujūš verbannte, um die Ordnung wiederherzustellen, Ibn al-Muʿallim aus Bagdad und untersagte den vielen Erzählern, die erbauliche Geschichte über Muḥammad und die anderen Gottesmänner und über die heiligmäßigen Altvorderen zum besten zu geben pflegten, die Ausübung ihres Gewerbes, das zur Anheizung der Spannungen nicht wenig beigetragen haben mag.[73]

Im Jahre 1011 erlaubte der Wesir Faḫr al-Mulk die Feiern wieder, und es ging diesmal sogar ohne Scharmützel ab. Die Schiiten entfalteten großen Prunk; die Sunniten wollten da nicht nachstehen und entliehen sich von den Söldnern schöne Gewänder und Teppiche, Schmuck und Waffen.[74] Frieden war aber nicht eingekehrt. Aus nichtigstem Anlaß schlug man immer wieder aufeinander los.[75] Zu einem bemerkenswerten Zwischenfall kam es im Jahre 1029. In der Freitagsmoschee von Barāṯā war ein Prediger tätig, der aus seiner schiitischen Gesinnung keinen Hehl machte und dafür den Beifall des Viertels gefunden hatte. Der Kalif ließ ihn durch einen anderen ersetzen. Ein Hagel von Steinen überschüttete den neuen Prediger, als man von ihm während des Gottesdienstes die Bitte vernahm: ,,O Gott, verzeihe allen Muslimen und all denen, die behaupten, ʿAlī sei ihr Herr!" Nur unter Polizeischutz hatte der Gottesdienst hastig zu Ende gebracht werden können. In heftigem Zorn zitierte der Kalif einen Qāḍī und zwei alidische Haschimiten zu sich; an den Großemir und an den Oberkommandierenden der Bagdader Truppen wurde ein Schreiben gerichtet, in dem der Kalif darüber Klage führte, der entlassene Prediger habe Dinge behauptet, die schlicht Ketzerei und purer Unglaube seien. Ihn und seine verblendete Anhängerschar zu bekämpfen, komme dem heiligen Krieg an den Grenzen des Reiches gleich. Da der neue Prediger in Ausübung seiner Pflichten schwer verletzt worden sei und sogar in Lebensgefahr geschwebt habe, solle am kommenden Freitag das Militär dafür sorgen, daß ein ordentlicher, islamischer Gottesdienst stattfinde. ,,Denn diese Schiiten haben den Islam ausgelöscht, nur ein kleiner Rest von ihm ist noch übrig. Wenn man diese Ketzer, die sich von den Satzungen des Islams losgesagt haben, nicht abwehrt, wird er vollends zerstört werden, und auch dieser kleine Rest wird schwinden." Der Übergriff auf den neuen Prediger, dessen Haus kurz nach seinem Auftritt in Barāṭā ausgeplündert worden war, müsse schonungslos aufgeklärt werden. Trotz der vom Kalifen angeordneten Maßnahmen fiel der Freitagsgottesdienst in Barāṭā für die nächste Zeit aus; man wartete lieber, bis sich die Wogen etwas geglättet hatten. Schließlich wurde die Angelegenheit bereinigt, indem angesehene Aliden den Kalifen um Verzeihung baten und der Prediger angewiesen wurde, die für die Schiiten so anstößige Bitte künftig wegzulassen.[76]

Auch bizarre Züge fehlten der erbitterten Rivalität zwischen Sunniten und Schiiten nicht. Zu Beginn des Jahres 1050 rissen die Bewohner von al-Karḫ einen ihrer Märkte mit allen Geschäften und einer Mühle ab, um aus den Ziegeln eine Mauer um ihr Viertel zu bauen. Als dies die Sunniten im angrenzenden Stadtviertel al-Qallāʾīn bemerkten, schleppten auch sie von überallher Ziegel zusammen, um sich einzumauern. Ihnen halfen türkische Söldner mit Geld und Maultieren aus. Es wurde ein ungewöhnlicher Aufwand getrieben. ,,Man zog sogar ein Schiff, das mit Ziegeln beladen war, auf Rädern herbei; die Matrosen hatte man zur Zierde mit brokatenen Gewändern und Turbanen aus golddurchwirktem Stoff herausgeputzt." Solch eine Herausforderung wollten die Schiiten von al-Karḫ nicht auf sich sitzen lassen; sie beschlossen, ihre Mauer mit einem zweiten schönen Tor zu schmücken. Männer in prächtigem Aufzug trugen die Ziegel bis an den Bauplatz, und eine Musikkapelle mit Sängern schritt voran. Die Sunniten aus al-Qallāʾīn konnten es noch besser: Trommeln und Trompeten führten ihre Ziegelträger an – die Sunniten hatten eben die engeren Verbindungen zum türkischen Militär.

Wenig später nahm der Wettkampf handfestere Formen an, und der Kalif sah sich außerstande, die Krawalle zu schlichten, bei denen jetzt auf beiden Seiten Soldaten mitmischten. Ein verärgerter sunnitischer Qāḍī sprach offen von der Unfähigkeit des Kalifen, die Schiiten zu zügeln, was zu neuen Verwicklungen führte. Als der Chef der Stadtpolizei die Ordnung wiederherstellen sollte, söhnten sich die verfeindeten Viertel vorübergehend aus. Mitte 1051 vollendeten Sunniten und Schiiten ihre Bauwerke. Da las man auf den schiitischen Wehrtürmen die Inschrift: „Muḥammad und ʿAlī sind die besten aller Menschen!" Das nahmen die Sunniten sehr übel; sie verlangten den Zusatz: „Wer zufrieden ist, ist Gott dankbar; wer eigensinnig beharrt, verweigert den Dank!" ʿAlī hätte sich seinerzeit mit der Tatsache abfinden müssen, daß nicht er, sondern Abū Bakr Muḥammads Nachfolger geworden war, sollte dies bedeuten. Binnen kurzem war die Stadt in hellem Aufruhr.[77]

Die Kluft zwischen Sunniten und Schiiten war für die Abbasiden zu einem unlösbaren Problem herangewachsen. Sie verdankten ihr Kalifat einer schiitisch geprägten Oppositionsbewegung gegen die Omaijaden, aber kaum im Besitz der Macht, war ihnen nichts anderes übrig geblieben, als ihre Helfer zu verleugnen. Von denen waren viele mit dem Ergebnis des Umsturzes, den sie erzwungen hatten, überhaupt nicht zufrieden, weil sie sich einen Aliden als Fürsten der Gläubigen erträumt hatten. Die Abbasiden hatten also von Anfang an eine vielgestaltige alidisch gesonnene Gegenströmung zu bekämpfen, die die Rechtmäßigkeit der Machtverhältnisse in Zweifel zog. Als sich im späten 8. und im 9. Jahrhundert das Sunnitentum entwickelte, wuchs in ihm gewissermaßen der natürliche Verbündete der Abbasiden heran. Allerdings vollzog sich die beiderseitige Annäherung nicht ohne Stockungen und Rückschläge, ja, die Religionspolitik al-Ma'mūns (reg. 813–833) und seiner beiden Nachfolger hätte zu einem unheilbaren Bruch zwischen Kalifat und Sunniten führen müssen, wenn sie nicht gescheitert wäre.[78] Nun aber, unter den bujidischen Großemiren, die das Schiitentum mehr oder minder offen förderten, begannen die Kalifen, die sunnitische Karte auszuspielen. Sie erlaubte es ihnen, den schon beschriebenen Gegensatz zwischen der Gewalt der Emire und der schariatischen Ordnung der Kalifen zuzuspitzen und mit der Frage nach dem rechten islamischen Glauben zu verknüpfen. Seit der Regierungszeit al-Qādirs wird dies deutlich – mit dem Beginn des bujidischen Machtverfalls. Reines Glücksspiel war diese Politik der Kalifen nicht, denn ein großes Kontingent der Truppen des Großemirs bildeten türkische Söldner, und die waren vorwiegend sunnitisch.

Doch es gab noch ganz andere Umstände, die es dem Kalifen geraten erscheinen ließen, sich mit entschieden sunnitischer Haltung Ansehen und politischen Einfluß zurückzugewinnen – Umstände, die die Bujiden dazu verurteilten, das Auftrumpfen des Kalifen durchgehen zu lassen. Die Abbasiden hatten nicht alle Zweige der schiitischen Untergrundbewegung im Auge behalten können. 909 war in Mitteltunesien das schiitische Kalifat der Fatimiden entstanden; sechzig Jahre später verlegten diese ihre Hauptstadt nach Kairo und mischten sich seitdem dreist in die syrisch-palästinensischen Angelegenheiten ein. Die Bujiden, eher nach Iran als nach Westen schauend, stellten sich dem fatimidischen Drang nach Erweiterung des Machtbereichs nicht erfolgreich entgegen. Schon 990 traten die Fatimiden als wichtige Kraft im Gebiet des Fruchtbaren Halbmonds auf,[79] in jenem Landstrich an der empfindlichen Grenze zu Byzanz, von wo aus das Herz des Zweistromlandes leicht zu erreichen ist.

Die Fatimiden betrieben eine geschickte Untergrundarbeit, deren Ziel es war, vor allem in führenden Kreisen Anhänger für ihre Ideen zu gewinnen. Das Bekenntnis zu ihrer Form des Schiitentums schloß die Unterwerfung unter ihren Imam, den Kalifen in Kairo, ein und hatte folglich gerade bei den Emiren erhebliche politische Auswirkungen. Ließen sie sich gewinnen, so kündeten sie zugleich dem abbasidischen Kalifen die formale Botmäßigkeit auf – stellten sich aber auch in einen schroffen Gegensatz zum bujidischen Großemir. Dem war, auch wenn er mit dem Schiitentum sympathisierte, keinesfalls daran gelegen, von einer aufstrebenden Großmacht abhängig zu werden, die sowohl über eine zugkräftige religiös-politische Ideologie als auch über militärische Mittel verfügte. Da konnte man den Abbasiden das neuerdings zur Schau gestellte Sunnitentum schon eher verzeihen: Sie besaßen nicht die Soldaten, um in die Kämpfe der bujidischen Emire einzugreifen. Anders wäre es mit den Fatimiden gewesen, denen man sich zur Erlangung von Legitimität ja ebenfalls hätte zuwenden können. Doch was heißt zuwenden? Ergeben hätte man sich ihnen müssen. Wo immer der Name des Fatimiden al-Ḥākim in dessen Reich genannt wurde, hatten die Menschen sich zu erheben und dann sich niederzuwerfen, und sei es auf dem Bazar. Das war abschreckend. Das Dogma der Fatimiden, das isma'ilitische Schiitentum, sah im Imam – dem Kalifen in Kairo – weit mehr als den bloßen Sachwalter der schariatischen Ordnung auf Erden. Er war Heilsvermittler im wörtlichen Sinn; kraft seiner Abstammung von ʿAlī, der Muḥammads Tochter Fāṭima zur Frau gehabt hatte, war er im Besitz einer höheren Einsicht in die Offenbarung; seine Ausdeutung des Korans trug deshalb autoritativen Charakter, nur wer ihr genauestens folgte und dem Imam unbedingten Gehorsam leistete, konnte sicher sein, das Paradies zu gewinnen. Nur in der uneingeschränkten Unterwerfung unter den Imam war der richtige Glaube zu finden; solche Unterwerfung vereinte die kleine Elite der wahrhaft Gläubigen, die Masse aber verharrte im bloßen Islam, einem rein äußerlichen Handeln nach den Regeln der Offenbarung, das noch keineswegs den Anforderungen genügte, die Gott an die Menschen stellte.[80]

Isma'ilitische Agenten, von Kairo aus unterstützt und gelenkt, wirkten insgeheim an vielen Orten des abbasidischen Reiches. Die untereinander zerstrittenen Emire boten ideale Ansatzpunkte,[81] mochte doch manch einer von ihnen auf den Gedanken verfallen, um kurzfristigen Gewinnes willen den „Ruf" der Abbasiden gegen den der Fatimiden auszutauschen. Genau dies tat im Jahre 1010 der ʿuqailidische Fürst Qirwāš b. Muqallid in Mossul. Die unter der Herrschaft der ʿUqailiden stehenden Beduinen pflegten im Winter im Gebiet von Kufa zu weiden und im Sommer weiter nach Norden zu ziehen, wo Mossul der Hauptstützpunkt des Fürstentums war. Um die Weideplätze bei Kufa hatte man sich seit langem mit den Banū Ḫafāǧa gestritten, die sich schließlich fatimidischer Hilfe versichert hatten. Warum sollte Qirwāš, der sich zudem die Feindschaft des Bagdader Großemirs zugezogen hatte,[82] sich nicht seinerseits fatimidischen Einfluß zunutze machen? Er ließ die Freitagspredigt im Namen des Kairiner Kalifen al-Ḥākim (reg. 996–1021) halten, was in Bagdad einige Nervosität auslöste. Denn al-Anbār, ein den ʿUqailiden unterstehender Bezirk, lag nur zwei Tagesreisen von der Hauptstadt entfernt, an der Straße nach Syrien.[83] Auf Drängen des Abbasiden al-Qādir setzte der Großemir seinen oft erprobten ʿAmīd al-Ǧujūš in Marsch. Da zog es Qirwāš vor, seinen Schritt rückgängig zu machen. Ein Gesandter al-Ḥākims, der für den ʿUqailiden 30 000 Dinar Belohnung mit sich führte, hörte gerade noch rechtzeitig von Qirwāš' erneuter Kehrtwendung. Auf Befehl al-Ḥākims wurde das Geld dem Herrn von Raqqa am oberen Euphrat ausgehändigt.[84] In Bagdad aber gedachte man, endlich all denen die Augen zu öffnen, die mit den Fatimiden in Berührung gekommen waren oder noch kommen sollten. Man verfaßte und verbreitete ein Protokoll, in dem dargelegt wurde, daß der Kairiner Kalif in Wirklichkeit gar kein Nachfahre ʿAlīs sei, sondern der fluchwürdige Sproß eines obskuren Sektierers namens Daiṣān b. Saʿīd, eines Ḫurramiten.[85] Das Wort „Ḫurramiten" wird den Bagdadern noch in schauerlicher Erinnerung gewesen sein. Seit im 9. Jahrhundert Bābak al-Ḫurramī südlich des Kaspischen Meeres einen Aufstand gegen die sich dort festigende islamische Herrschaft geführt hatte, der nur unter großen Verlusten hatte erstickt werden können, hatte man viel von den unislamischen Widerwärtigkeiten jener halbwilden Ḫurramiten gemunkelt.[86] Diese Gerüchte und Halbwahrheiten konnte man jetzt bestens wieder gebrauchen. Eine Reihe von Qāḍīs und mehrere Bagdader Aliden unterzeichneten das Protokoll.

Die Furcht vor den geheimen fatimidischen Agenten war groß. Eines Tages erhielt al-Qādir von seinem Nachrichtendienst die Mitteilung, daß der von ihm ernannte Obmann der Aliden von Bagdad, Muḥammad ar-Riḍā, der für einen überaus begabten Dichter angesehen wurde, Verse verfaßt habe, in denen er über schmachvolle Erniedrigung klage, die er als Nachkomme ʿAlīs unter den Abbasiden zu erdulden habe, und das, wo es doch in Kairo einen alidischen Kalifen gebe. „Welche Erniedrigung widerfährt ihm denn?" fragte al-Qādir in einem erregten Brief den Vater des Verdächtigen. In Bagdad sei ar-Riḍā Obmann der Aliden, habe das ehrenvolle Amt des Leiters der Pilgerkarawane – auf welchen Rang würde er wohl in Kairo hoffen dürfen? Der Vater versprach, seinen Sohn zur Rede zu stellen und dem beleidigten al-Qādir Genugtuung zu verschaffen. Ar-Riḍā stritt jedoch ab, Verfasser jener Verse zu sein, wollte sich freilich nicht bereitfinden, al-Qādir dies schriftlich zu versichern und den Inhalt des antifatimidischen Protokolls noch einmal zu bestätigen. „Ich fürchte die Dailamiten,[87] und wer könnte einem schon in diesem Land gegen die Agenten helfen?" „Wie merkwürdig! Du fürchtest dich also vor jemandem in einem fernen Land, achtest auf ihn und nimmst den Zorn jemandes in Kauf, den du hier sehen und hören kannst, der Gewalt über deine Familie hat!" Al-Qādir begnügte sich schließlich mit einem Eid, den ar-Riḍā darauf ablegte, mit den Versen nichts zu tun zu haben.[88]

Der Lebenszuschnitt, den al-Qādir als Kalif pflegte, verriet, daß mit einer bewußt zur Schau gestellten volkstümlichen Frömmigkeit die breiten – sunnitischen – Schichten der Gläubigen angesprochen werden sollten. Bei ihnen zu allererst – dachte al Qādir vermutlich – konnte er die Zustimmung finden, die sich schließlich auch in politische Macht ummünzen ließ; und warum sollte jene sunnitische Frömmigkeit nicht auch seinen Überzeugungen entsprochen haben? Jedenfalls kleidete er sich nach dem Vorbild des einfachen Mannes, suchte die Heiligengräber auf, bei denen der schlichte Muslim Hilfe für seine alltäglichen Nöte erflehte, durchwachte die Nächte in Andacht und galt bald für einen heiligmäßigen Asketen. Mit Personen ähnlichen Charakters pflegte er Umgang. Bisweilen verfügten diese über eine bedeutende Anhängerschaft, so wie jener ʿUṯmān al-Ḫarǧūšī aus Nischapur, den er 1006 in Privataudienz empfangen hatte. Al-Ḫargūšī genoß eine solche Achtung, daß die Staatsautorität Leute, die sich aus irgendeinem Grund in seine Nähe flüchteten, nicht zu ergreifen wagte – der Ort, an dem er sich aufhielt, war heilig![92]

Al-Qādir verfaßte – leider wissen wir nicht, wann – ein Buch über die Grundlagen des islamischen Glaubens, in dem er die Vorzüge der Prophetengefährten pries, und zwar „in der Rangfolge, die bei den Traditionariern Pflicht ist", also ʿAlī erst an vierter Stelle. Des weiteren behandelte er die im sunnitischen Islam so beliebte Gestalt des omaijadischen Kalifen ʿUmar b. ʿAbd al-ʿAzīz (reg. 717–720), der als erster Überlieferungen vom Tun und Reden Muḥammads sammeln ließ. Danach umriß al-Qādir – höchstwahrscheinlich verurteilend – die Gedanken der Muʿtaziliten, der Hauptrichtung der spekulativ-rationalistischen Theologie, und aller übrigen Gruppen, die die Lehre von der Erschaffenheit des Korans verfochten. In der großen Moschee von Ruṣāfa bildete sich ein Studienzirkel, der dieses Werk jeden Freitag durchsprechen und den Inhalt verbreiten sollte.[93] Anfang Juni 1018, etwa ein Jahr, nachdem al-Qādir zum ersten Mal der Muʿtazila zuneigende hanafitische Rechtsgelehrte auf das Sunnitentum hatte einschwören lassen, verlieh al-Qādir seiner Auffassung vom wahren Islam den Charakter eines Staatsdogmas. In einer öffentlichen Audienz wurde ein Dekret verlesen, das unter dem Namen al-Qādirīja Geschichte machen sollte. In diesem Schriftstück, das 24 Jahre danach von al-Qā'im noch einmal aufgegriffen und wichtigen Bagdader Gelehrten zur Unterschrift vorgelegt wurde, behandelt al-Qādir zunächst einige Kernaussagen des islamischen Glaubens: Gott ist einer, ewig, der Schöpfer; er hat alles geschaffen, lenkt alles mit seinem Willen; teilt jedem Ding und Wesen die Frist und den Unterhalt zu; der Koran ist Gottes ewiges, unerschaffenes Wort, das sich in der Rezitation durch die Menschen manifestiert; der Glaube ist Wort, Werk und Absicht, er kann zunehmen oder schwinden wegen Taten des Gehorsams oder der Widersetzlichkeit gegen Gott; die Gefährten Muḥammads muß man lieben, weil sie nächst dem Propheten die besten Menschen sind; in den Unglauben fällt man nicht schon zurück, wenn man gegen die Scharia verstößt – mit einer Ausnahme: die Unterlassung der rituellen Gebete ohne triftigen Grund schließt einen aus der Gemeinschaft der Muslime aus.[94]

Dieses Dekret, mit dem wir uns noch eingehend beschäftigen werden, faßt die „Lehrmeinung der Leute der Sunna und der einträchtigen Gemeinschaft" zusammen, und für jeden, der an diesen Glaubenssätzen festhalte, könne man hoffen, daß er dereinst das Paradies gewinnen werde, „so Gott will". Die Schiiten, die die Prophetengefährten verfluchen, sind also ausgeschlossen, und der Verdammung werden auch die Muʿtaziliten anheimfallen; denn sie waren aufgrund bestimmter Überlegungen zur Lehre von der Erschaffenheit des Gotteswortes gelangt und vertraten ferner die Meinung, der Mensch könne aus seinem irdischen Handeln auf sein Schicksal im Jenseits schließen.[95] Ein solcher unmittelbarer Zusammenhang von gutem Werk und Belohnung, Verfehlung und Strafe mußte nach sunnitischer Auffassung Gottes Urteil vorwegnehmen, mithin die Freiheit der Entscheidung in einer für den Schöpfer undenkbaren Weise beschneiden.

Die Quellen verraten nichts über das Echo, das die Qādirīja fand; doch läßt sich auf Umwegen hierüber Aufschluß gewinnen. Eine knappe Notiz unter dem Jahre 1028 besagt, daß der Qāḍī Ḥusain b. ʿAlī aṣ-Ṣaimarī, vom Oberqāḍī zur reumütigen Abkehr von den muʿtazilitischen Lehren aufgefordert, diesen abgeschworen habe. Aṣ-Ṣaimarī war einer der führenden Köpfe des damaligen irakischen Rechtswesens und galt als Oberhaupt der hanafitischen Schule, deren Vertreter vom Zweistromland bis zur Ostgrenze des Reiches die Rechtspflege beherrschten. Es war durchaus ernst gemeint, wenn die Qādirīja drohte: „Wer lehrt, der Koran sei in irgendeiner Form geschaffen, der ist ein Ungläubiger, dessen Blut vergossen werden darf, nachdem man ihn zur Umkehr aufgerufen hat." Selbst ein Mann wie al-Māwardī geriet in den Verdacht, daß seine Werke von muʿtazilitischem Gedankengut nicht frei seien.[96] Ende 1029 schärfte al-Qādir den „Haschimiten, Richtern, Notaren, Rechtsgelehrten und Mahnpredigern" bei zwei Gelegenheiten wieder die Prinzipien seiner gegen die Muʿtazila gerichteten Religionspolitik ein und wies auf die Pflicht hin, das „Gute anzubefehlen und das Tadelnswerte zu verbieten", also tatkräftig und energisch auf die Verwirklichung der schariatischen Ordnung hinzuarbeiten.[97] Wie erinnerlich, war die Vernachlässigung gerade dieser Aufgaben den Vorgängern al-Qādirs zur Zeit der größten Machtentfaltung der Großemire zum Vorwurf gemacht worden.

Daß sich die Religionspolitik al-Qādirs und al-Qā'ims auf eine breite Zustimmung im Volke stützen konnte, erhellt aus der Bemerkung, ein gewisser Abū l-Ḥasan ʿAlī b. ʿUmar al-Qazwīnī sei es gewesen, der noch vor allen Rechtsgelehrten die 1042 verkündete Erneuerung unterschrieben habe. Dieser Abū l-Ḥasan war ein überaus volkstümlicher Koranrezitator, Überlieferer von Worten des Propheten, ein Mann, von dessen asketischem Lebenswandel man wußte, der sein Haus nur zum Zwecke des Gebetes verließ, dem man sogar Wundertaten nachrühmte. Wenn er sich im Freitagsgottesdienst zeigte, konnte sein Erscheinen schon einige Verwirrung stiften. „Da verkeilten sich die Menschen ineinander: sein Anhang, der mit ihm kam; andere, die aufstanden, ihm entgegenzueilen; wieder andere, die es verlangte, ihn zu sehen. Ein Geschrei erhob sich. Das hielten einige für den Beginn des Gebetes, standen auf und stellten sich hin, bis sie nach längerer Zeit merkten, was wirklich los war, und wieder ihren Platz einnahmen. Al-Qazwīnī setzte sich bei der Kanzel nieder." Nach dem Ende des Gottesdienstes trat ein Mahnprediger auf und trug Aussprüche Muḥammads vor, in denen verheißen wird: „Ihr werdet euren Herrn sehen!" „Führe für jedes Kapitel der Eigenschaften Gottes eine Überlieferung an!" forderte ein anderer Prediger, und als der erste nicht darauf einging, kletterte dieser andere „über die Nacken der Anwesenden hinweg, stieg auf die Kanzel, nahm dem ersten das Buch aus der Hand und trug Überlieferungen der Eigenschaften Gottes vor. Dann wandte er sich an al-Qazwīnī: ‚Könntest du, ehrwürdiger Asket, nicht einige Worte sagen, die die Leute hören und weitertragen!' worauf jener entgegnete: ‚Der Koran ist Gottes Rede, und die spekulative Diskussion ist eine unzulässige Neuerung, und alle, die sie treiben, sind im Irrtum!'"[98]

Ein Irrtum, dies Wort meint nicht eine falsche Äußerung, ein Versehen, das man leicht berichtigen kann. Es meint den religiösen Irrtum, den falschen Glauben, der zu ewiger Höllenpein verdammt. Der Bannstrahl al-Qazwīnīs wird eine aufnahmebereite Zuhörerschaft gefunden haben. Die Qādirīja war nicht das Erzeugnis theologischer Schreibtischgelehrsamkeit, sie verlieh vielmehr den Wünschen und Beklemmungen breiter Massen Ausdruck. Gott, vor dessen Gericht man sich so sehr fürchtete, auf dessen Gnade man als glaubender Muslim so innig hoffte, dieser Gott sollte keine uns begreifbaren Eigenschaften haben, den sollte man nicht dereinst schauen, der sollte erbarmungslos nach dem so unerfreulichen Register der Taten urteilen? Zutiefst beunruhigend waren die Ideen jener Muʿtaziliten – zumal in solch vergröbernder Vereinfachung! Wie gut, daß es Männer gab, die offen aussprachen, daß all jene beängstigenden Vorstellungen falsch, ja Ausgeburten schändlichen Unglaubens waren! Und wie gut, daß der Kalif sie verbieten ließ! Führte doch ein solches Verbot auch zurück zu Gottes Wohlgefallen, und letzten Endes zur Überwindung der unsäglichen Leiden, die die Folge des Zornes Gottes waren.[99] Aus Anlaß der Vertreibung des schiitischen Predigers aus der Barāṯā-Moschee hatte der Kalif selber davon geredet, daß nur noch ein kleiner Rest des Islams erhalten sei, den es mit aller Kraft zu verteidigen gelte.[100] Solche Männer wie al-Qazwīnī genossen die Verehrung des Volkes. Als er im Jahre 1050 zu Grabe getragen wurde, trauerte ganz Bagdad, und alle Märkte waren geschlossen. Auf freiem Feld wurde das Totengebet gesprochen, „und es war eine riesige, unzählbare Menschenmenge zugegen. Eine größere Ansammlung hatte ich noch nie bei einem Leichenbegängnis erlebt", schreibt der Bagdader Gelehrte al-Ḫaṭīb als Augenzeuge.[101]

Wie konnte man besser beweisen, daß man für die Erneuerung des Islams stritt, für die Bewahrung und Ausbreitung der schariatischen Ordnung, als durch freiwilligen Dienst mit der Waffe in der Hand? Das war doch die offenkundigste Form, das „Gute zu befehlen und das Tadelnswerte zu verbieten", noch dazu, wenn der Islam durch Siege der Byzantiner bedroht war. Des öfteren hören wir von asketisch gestimmten sunnitischen Glaubenseiferern, die Anhänger um sich scharen, um gegen den Feind der Muslime, den Feind Gottes, ins Feld zu ziehen. Der Kalif scheint derartige Anstrengungen gefördert zu haben, nachdem man einen seiner Vorgänger gerade in dieser Hinsicht skandalöser Untätigkeit bezichtigt hatte. Freilich wurde nicht in jedem Fall das ursprünglich anvisierte Ziel getroffen. Einmal, zu Beginn des Jahres 1031, verlieh al-

Qādir einem Glaubensstreiter eine Fahne und ein Dekret, in dem vermutlich die Absicht, gegen die Ungläubigen zu kämpfen, lobend erwähnt wurde. Mit rasch anschwellender Anhängerschar – es gab ja genug im Elend lebende Menschen in Bagdad, die die Aussicht auf das Paradies mit der Hoffnung auf ein bißchen irdische Beute verbinden mochten –, mit all seinen Gefolgsleuten marschierte der Glaubensstreiter in die Große Moschee der alten Palaststadt al-Manṣūrs, wo das Dekret der Öffentlichkeit verkündet werden sollte. In Hochstimmung jubelte der Zug über den bevorstehenden Kampf, ließ Abū Bakr und ʿUmar hochleben. Das erboste die Bewohner von al-Karḫ; sie rotteten sich zusammen, und statt eines heldenhaften Gefechts mit den Byzantinern gab es eines der üblichen Scharmützel zwischen Sunniten und Schiiten, in dessen Verlauf auch die von al-Qādir gestiftete Fahne in Fetzen ging. Darüber war der Kalif sehr ungehalten.[102]

Von sunnitischer Überzeugung beflügeltes Glaubenskämpfertum suchte aber nicht allein gegen Byzanz sein Betätigungsfeld. Bei Schiras wirkte ein begnadeter Prediger von heiligmäßigem Lebenswandel, der seine Jünger, nachdem er sie im Glauben unterwiesen und sie gelehrt hatte, Andacht zu halten und sich zu Demut, Duldsamkeit, Freigebigkeit und Freundlichkeit zu erziehen, in den Kampf gegen die Zoroastrier schickte, die in jener Gegend noch zahlreich waren.[103] – Ordensähnliche Gemeinschaften bilden sich jetzt immer häufiger aus den Kreisen von Verehrern, die Männern dieses Schlages zuströmen. Aus dem Sunnitentum abgeleitetde Ideale eines Zusammenlebens in Selbstzucht und frommer Enthaltsamkeit mit dem Ziel des Dienstes am Ordensbruder und der Selbstaufopferung für den Ruhm des Islams – und mit dem Ziel, über den Märtyrertod zur unumstößlich gewissen Anwartschaft auf das Paradies zu gelangen – derartige Ideale halten solche Gemeinschaften zusammen. Den glanzvollsten Glaubenskrieg jener Zeit aber führt Maḥmūd, der Fürst von Ghazni, und etwas von jenem Glanz strahlt auch auf den abbasidischen Kalifen, zu dem sich Maḥmūd in einem besonderen Treueverhältnis weiß. Und der Kalif gewinnt für seine Religionspolitik mit Maḥmūds Hilfe eine Fernwirkung, die anders nicht zu erzielen wäre.

Maḥmūd (reg. 999–1030) hatte mit dem Gebiet um Ghazni einen Teil der Erbmasse der Samaniden-Dynastie errungen, die von Buchara aus etwa bis zum Jahre 1000 den islamischen Osten beherrscht hatte. Formal waren die Samaniden Statthalter der Abbasiden gewesen, und Maḥmūds Vater, ein türkischer Söldner, hatte die Garnison von Ghazni befehligt, sich aber zuletzt nicht mehr um Buchara gekümmert. Maḥmūd fühlte sich von Anfang an als unabhängiger Herrscher. Nun hatten die letzten Samaniden den Wechsel im Kalifat von aṭ-Ṭāʾiʿ zu al-Qādir nicht mehr offiziell zur Kenntnis genommen. Jedenfalls behauptete dies Maḥmūd in einem Schreiben an al-Qādir, in dem er vorgab, allein um letzterem sein

Recht zu verschaffen, die Samaniden mit Krieg überzogen zu haben. Zum Dank fordere er von al-Qādir, als unumschränkter Herrscher des islamischen Ostens und aller weiteren Gebiete legitimiert zu werden, die er noch zu erobern plane. Als Vermittler war der Großemir Bahā' ad-Daula eingeschaltet worden, dem Maḥmūd zahlreiche Geschenke, darunter fünf Elefanten, übersandt hatte. Anfang 1014 entsprach al-Qādir der Bitte.[104]

Derweil hatte Maḥmūd das nordwestliche Indien als das Land entdeckt, in das der Islam verpflanzt werden sollte. Ghazni lag hierfür strategisch sehr günstig, und erste Erfolge spornten zu weiteren Anstrengungen an. Al-Qādir empfing von nun an des öfteren Botschaften, die ihn über die Fortschritte bei der Islamisierung Indiens unterrichteten. Auch an Geschenken ließ es der Ghaznawide nicht fehlen, darunter ein Wundervogel: Wenn man diesen auf das hingebreitete Tuch setzte, auf dem die Speisen serviert wurden, ,,tränte ihm ein Auge, falls ein Gericht vergiftet war. Außerdem sonderte er eine Flüssigkeit ab, die gerann. Kratzte man sie dann ab und bestrich damit klaffende Wunden, dann bewirkte sie, daß sie sich schlossen".[105] – Mahmud, der ,,Knecht des Fürsten der Gläubigen", habe sich dessen hohen Befehlen unterworfen und im Kampf gegen die ungläubigen Inder nicht nachgelassen, heißt es in einer Botschaft aus dem Jahr 1020. ,,Dreißigtausend Berittene und zehntausend Fußsoldaten erwählte er zur Begleitung der Standarte des Islams. Große Massen Freiwilliger schlossen sich ihm an. So zog der Knecht aus Ghazni fort . . ., mit einem Herzen, das sich auf die Suche des Märtyrertodes freute, mit einer Seele, die sich nach ihm sehnte. Er eroberte Burgen und Festungen, und etwa zwanzigtausend Götzendiener nahmen den Islam an. Sie übergaben etwa eine Million Dirham in Münzen. Dreißig Elefanten wurden mit Beschlag belegt. Die Zahl der gefallenen Inder belief sich auf fünfzigtausend. Dann gelangte der Knecht zu einer ihrer Städte. Dort sah er etwa tausend aufragende Schlösser und tausend Götzenhäuser. Ein jeder Götze war 98 300 Miṯqāl[106] schwer. Mehr als tausend silberne Götzen ließ er fortreißen. Außerdem haben sie dort ein hochverehrtes Götzenbild, dem sie in ihrer abgrundtiefen Unwissenheit ein Alter von dreihunderttausend Jahren zuschreiben. Um jene Götzen herum haben sie weitere ungefähr zehntausend Häuser für Standbilder gebaut. Der Knecht trug vollständige Sorge, diese Stadt zu zerstören: die Glaubenskämpfer brannten sie zur Gänze nieder, nur die Spuren blieben zurück. Und als er die Zeit fand, die gesamte Beute zu zählen, belief sie sich auf zwanzig Millionen Dirham. Dann sonderte er (für die Glaubenskämpfer) das Fünftel an Sklaven ab, insgesamt 53 000 Personen. Und er ließ 156 Elefanten mustern."[107] Märchenhaft mag dies alles dem Kalifen geklungen haben bei dem chronischen Geldmangel, unter dem er litt.

Die Indienzüge bildeten Maḥmūds Haupteinnahmequelle. Der Ghaznawide schenkte jedoch auch dem ostiranischen Raum seine Aufmerksamkeit, brachte ganz Chorasan und Chwarizm unter seine Herrschaft und war damit zum Nachbarn der bujidischen Emire von Raij geworden. In diesem riesigen Reich setzte Maḥmūd alles daran, die Religionspolitik al-Qādirs zu verwirklichen. Als der Kalif ein Jahr vor der Verkündung der Qādirīja die „Verfechter unzulässiger Neuerungen" zur Umkehr aufrief, traf die Muʿtaziliten unter Maḥmūds Regime das gleiche Schicksal – ja, womöglich traf es sie noch härter: Muʿtaziliten, verschiedene Gruppen von Schiiten, sowie Ǧahmiten und Verähnlicher – zwei Strömungen, die in ihrem Gottesverständnis von der Linie al-Qādirs abwichen – wurden vertrieben, gefangengenommen, gekreuzigt, von den Kanzeln herab verflucht und bedroht.[108] Der Abscheu gegen all jene, die sich nicht die von al-Qādir für richtig befundene Form des Sunnitentums zu eigen machten, vermischte sich mit der Furcht vor den so schwer greifbaren Agenten der Fatimiden. Die Affäre um Maḥmūds Wesir wirft ein Schlaglicht auf die fast hysterische Erregtheit über die Gefahr einer vermeintlichen Verschwörung gegen den Islam. Mekka, das Pilgerziel aller gläubigen Muslime, befand sich seit längerem unter der Herrschaft der Fatimiden. Die alte Straße, die aus dem Irak direkt in den Hedschas führte, war wegen der Bedrohung durch räuberische Beduinen sehr oft unpassierbar. Wohl nur halbherzig hatte Maḥmūd auf Bitten des Kalifen etwas zur Sicherung dieses Weges unternommen; man hatte Gelder unter die Beduinen verteilt, doch damit war kein langfristiger Erfolg zu erzielen gewesen.[109] Als daher Maḥmūds Wesir Ḥasanak im Jahre 1025 auf dem Rückweg diese Route nicht einschlagen konnte, zog er mit der chorasanischen Pilgerkarawane durch das fatimidische Syrien zurück, an Bagdad vorbei, und unterließ es, al-Qādir seine Aufwartung zu machen. Noch verdächtiger war, daß, wie man hörte, Ḥasanak und andere Chorasanier Gelder und Ehrengewänder aus der Hand der Fatimiden angenommen hatten. Al-Qādir argwöhnte Schlimmstes und verlangte von Maḥmūd eine Aufklärung der Angelegenheit. Ḥasanak büßte den Verdacht verräterischer Beziehungen zu den Fatimiden mit seinem Leben. Die Ehrengewänder ließ Maḥmūd nach Bagdad schicken, wo sie verbrannt wurden. Das aus ihnen erschmolzene Silber spendete man verarmten Haschimiten.[110]

In das Jahr 1029, in dem al-Qādir Richter, Notare und Prediger auf das Sunnitentum vereidigte, fällt ein Kriegszug Maḥmūds nach Westen. Raij wird eingenommen, das Emirat der dortigen Bujiden findet ein gewaltsames Ende. Hierüber liegt ein ausführlicher Bericht an al-Qādir vor. „Der Knecht entriß dieses Land den Händen der Übeltäter, reinigte es vom ‚Ruf' der ungläubigen Ismaʿiliten und der schamlosen Neuerer. Die geheiligte Majestät hat schon vernommen, wie der Knecht sein ganzes Bestreben, seine ganze Mühe auf den Kampf gegen die Ungläubigen und Irrenden richtete, und auf die Zähmung aller frechen Isma'iliten, die in Chorasan auftauchten. Die Stadt Raij zeichnete sich dadurch aus, daß jene dort Zuflucht fanden und offen für den Unglauben warben. Sie mischten sich unter die Muʿtaziliten, jene Neuerer, und unter die Extremisten der ‚Ablehner', die vom Buch Gottes und der Sunna abweichen, und sie beschimpften in aller Öffentlichkeit die Gefährten des Propheten und vertraten die Lehre des Unglaubens und der Aufhebung der Scharia. Ihr Anführer war (der Bujide) Rustam b. ʿAlī..." – Die imamitische Schia, von ihren Gegnern „Ablehner" genannt, weil sie die Autorität der Prophetengefährten zurückwies und stattdessen auf die Überlieferung der zwölf Imame, ʿAlīs und seiner Nachkommen, baute, sowie die Muʿtaziliten sind nach Maḥmūds Erkenntnis anfällig für die Werbung der Fatimiden gewesen, für die Ideen der sogenannten isma'ilitischen Schia, die in sunnitischen Texten jener Zeit, auch in dem vorliegenden Bericht, meist als Richtung des „inneren Sinnes" bezeichnet wird; der Offenbarung wohne ein verborgener Sinn inne, der nur mit Hilfe der autoritativen Deutung durch die Imame, d. h. des fatimidischen Kalifen und all seiner Vorgänger bis hinauf zu ʿAlī, erkannt werden könne.[111] – Schreiende Mißstände also hätten in Raij geherrscht und Maḥmūd bewogen, die Stadt zu besetzen und die beschuldigten Personen zu verhaften! Mit der Untersuchung der Verbrechen beauftragte Rechtsgelehrte gelangten zu dem Urteil, die Delinquenten seien je nach Schwere ihrer Untaten zu töten, zu verstümmeln oder zu verbannen. Die Rechtsgelehrten enthüllten auch, „daß die meisten dieser Leute kein rituelles Gebet verrichteten, keine Almosensteuer abführten, nicht einmal die Grundvoraussetzungen des Islams kannten und nicht zwischen ‚erlaubt' und ‚verboten' unterschieden, sondern offen die Prophetengefährten verleumdeten und schalten und dies auch noch für Religion hielten. Der Wahrheit am nächsten kamen unter ihnen noch die Muʿtaziliten; die Ismaʿiliten dagegen glaubten nicht an Gott, seine Engel, seine Bücher, seine Gesandten und den Jüngsten Tag. Vielmehr betrachteten sie alle Religionen als Gaukelwerk der Weisen und glaubten an die Lehren der Gesetzlosigkeit in Betreff der Güter, des Geschlechtsverkehrs und des Blutvergießens." Zum Beleg für diese ungeheuren Vorwürfe, die schon das Bagdader Protokoll über die Unechtheit der fatimidischen Genealogie mit dem Begriff der „Ḫurramiten" anklingen ließ, entlarvten die Rechtsgelehrten Rustam b. ʿAlī als einen notorischen Heuchler, der schariatische Ehrbarkeit vorgeschützt habe, während er die islamischen Gesetze schamlos übertrat: fünfzig freigeborene Ehefrauen besaß er und redete sich damit heraus, daß dies der Brauch seiner Vorfahren sei! Solch einer verletzt sicher die Scharia nach Belieben! Und um das Maß voll zu machen, entdeckte man in der Nähe von Raij noch einige Mazdakiten, die sich nur äußerlich zum

Islam bekehrt, insgeheim aber dem „sittenlosen Glauben ihrer Ahnen" treugeblieben waren. Angesichts so entsetzlicher Zustände reifte in Maḥmūd der Entschluß, die Ismaʿiliten zu kreuzigen und Rustam und seinen Anhang sowie die Muʿtaziliten und die extremen Ablehner nach Chorasan zu verschleppen. Im Bericht folgt jetzt die Auflistung der vorgefundenen Schätze. Dann erfahren wir: „Fünfzig Ladungen Bücher ließ er abtransportieren, abgesehen von den Schriften der Muʿtaziliten, Philosophen und ‚Ablehner'. Zu Füßen der Gekreuzigten wurden diese Bücher verbrannt, denn sie waren die Wurzeln der Neuerungen gewesen. So wurde jenes Gebiet befreit von den Agenten der Ismaʿiliten, von den Anführern der Muʿtazila und der ‚Ablehner', und es triumphierte die Sunna. Der aufsteigende Glücksstern des Knechtes zeigt sich in dem wahrhaften Erfolg, den Gott den Helfern der bezwingenden Dynastie verleiht."[112]

Welchen Eindruck dieser Bericht in Bagdad machte, verschweigen die Quellen. Manchen Betrachter mag eine gewisse Bangigkeit ob dieser Art des Aufräumens beschlichen haben. Was geschähe, wenn Maḥmūd auch im Zweistromland einmal nach dem Rechten sähe? Daß er im Osten des islamischen Reiches die von al-Qādir ausgemachten Feinde des Sunnitentums verfolgte, war gut, denn die Kunde davon mußte ihren irakischen Gesinnungsgenossen wie eine Drohung erscheinen, die ihre Tatkraft lähmte und dem Kalifat Handlungsspielraum verschaffte. Der wäre aber mit einem Schlage dahin, wenn der gefeierte Streiter für al-Qādirs Bekenntnis in Person herbeieilen sollte, um auch in Bagdad die Zügel der Herrschaft zu ergreifen und womöglich den Abbasiden seinem Schutz zu unterstellen. So weit kam es nicht, denn ein Jahr später war Maḥmūd tot, und ein Nachfolgezwist sowie die Notwendigkeit, mit indischer Beute die Staatskasse aufzufüllen, unterbanden größere Unternehmungen. Masʿūd (reg. 1031-41) entsandte zwar Truppen, um den durch seinen Vater errungenen Besitz Mediens zu verteidigen; mehr ließ sich vorerst nicht verwirklichen. Trotzdem hatte Masʿūd dem Bagdader Gesandten, der 1031 den Huldigungseid für al-Qā'im einholen sollte, Großartiges angekündigt. Unter der Bedingung, daß al-Qā'im den Ghaznawiden die Herrschaft über ein Gebiet, das von Medien und Tabaristan nach Indien hineinreichte, bestätige, wolle sich Masʿūd verpflichten, über den Persischen Golf zu setzen und die Schiiten auf der Arabischen Halbinsel zu vernichten. „Ein unermeßlich großes Heer ist schon versammelt; es besteht der Wunsch, unsere Herrschaft auszudehnen; das Heer muß kämpfen. Gäbe es nicht den Respekt vor dem Hof des Kalifen, würde man unbedingt nach Bagdad ziehen, damit die Pilgerstraße geöffnet werde. Mein Vater hat mir in Raij diese Aufgabe überlassen. Hätte man mich nach seinem Tod nicht genötigt, nach Chorasan zurückzukehren, wäre ich heute gewiß schon in Ägypten oder Syrien!

Doch sind mir schon fähige Söhne herangewachsen – und wachsen noch heran; ihnen muß man eine Aufgabe übertragen. Mit den Bujiden sind wir befreundet und wollen sie nicht bedrängen, aber sie müssen wachsamer sein, dem Ansehen des Kalifats wieder den gebührenden Rang einräumen und den Pilgerweg öffnen... Sollte in dieser Hinsicht keine Anstrengung unternommen werden, dann wollen wir uns bemühen, daß Gott uns darum bittet, denn wir haben einen großen Anhang und auch Ausrüstung und Soldaten ohne Zahl."[113]

Noch wurde es nichts mit der Befreiung der Pilgerwege, der Vertreibung der Fatimiden aus Syrien oder gar aus Ägypten. Noch blieben die schrecklichen Verbündeten des sunnitischen Kalifen in der Ferne, aber in den Ostgebieten des Reiches kündigten sich dramatische Ereignisse an, die binnen kurzem die alte Ordnung, das labile Gleichgewicht der Emirate über den Haufen werfen sollten. Das seit der Mitte des 10. Jahrhunderts eingeübte – gewiß wenig glanzvolle, aber immerhin überschaubare – Zusammenspiel von Macht, Recht und Glauben, bei dem der Abbaside auf die Länge der Zeit hin die günstigeren Karten zu haben schien, wurde unterbrochen, oder besser: gleichsam im Handstreich zugunsten des sunnitischen Kalifen entschieden. Aber da er es nicht aus eigener Kraft gewonnen hatte, mußte er sich gefallen lassen, daß andere seine Rolle neu zu bestimmen suchten – und siehe da, was bislang als das Hauptproblem aller sunnitischen Politik gegolten hatte, die Erneuerung der kalifischen Machtfülle unter Bezug auf den universalen Regelungsanspruch der Scharia, das erwies sich plötzlich als Problem von gestern, welches für die neue Ordnung höchst zweitrangig war.

Zwischenstück: Der Umbruch

Masʿūds großspurige Versprechungen an den Bagdader Gesandten enthielten schon einen versteckten Hinweis auf die für die Ghaznawiden heikle Lage in Ostiran. Noch eine zweite Bedingung nannte er für sein in Aussicht gestelltes Eingreifen im Irak und in Arabien: Mit den Chanen von Turkestan dürfe der Kalif keinen Briefwechsel führen und ihnen keine Titel und Ehrengewänder verleihen, „es sei denn nach Vermittlung durch unser Haus..."[1] Bis etwa zum Jahre 1000 waren Türken fast nur als Söldner in den Gesichtskreis der Muslime geraten. Auch iranische Dynastien wie die Samaniden hatten sich ihrer bedient – nicht zuletzt im Kampf gegen die „ungläubigen" türkischen Herrscher, die die Ostgrenze unsicher machten. Seit der zweiten Hälfte des 10. Jahrhunderts nahmen türkische Völkerschaften den Islam an, ohne als Sklaven aufgekauft oder durch Gefangenschaft mit diesem Glauben vertraut geworden zu sein. Die Hauptlast der Abwehr aus Zentralasien nach Westen vordringender türkischer Nomaden hatten die Samaniden getragen; nun wurde es für sie immer schwieriger, diese Aufgabe zu erfüllen. Das beleuchtet ein Vorfall in Buchara, der im Jahre 1000 in Bagdad bekannt wurde. Die Truppen des Boğrā-H̱ān, eines Herrschers, dessen Sippe seit etwa zwei Generationen muslimisch war, belagerten Buchara; einer der letzten Samaniden ließ in den Freitagsmoscheen die Bevölkerung zu den Waffen rufen. Die Rechtsgelehrten dagegen untersagten den Kampf, da die Türken doch nicht als Glaubensfeinde gekommen seien. Es gehe mithin zwischen den Samaniden und Boğrā-H̱ān nur um weltliche Dinge, und aus solch einem Krieg müsse man sich als frommer Muslim heraushalten.[2]

Erstaunlich rasch bildete sich in der Osthälfte des untergehenden Samanidenreichs das türkisch-islamische Chanat der Qarahaniden. Der Oxus markierte die Grenze zwischen ihnen und den Ghaznawiden. Wie die übrigen Emire liebten es die türkischen Neu-Muslime, sich mit Titeln zu schmücken, die ein enges Loyalitätsverhältnis zur Bagdader Kalifendynastie ausdrückten: Šihāb ad-Daula wa-Ẓahīr ad-Daʿwa nannte sich Boğrā-H̱ān, „Meteor der Dynastie und Helfer des Rufes". Ein abbasidischer Abenteurer, der behauptete, von al-Wāṯiq (reg. 842-847) abzustammen, schmeichelte sich mit der Hoffnung auf das Kalifat, wenn erst Boğrā-H̱ān Herr von ganz Chorasan geworden sei. Die letzten Samaniden hatten ihrerseits einen angeblichen Nachkommen al-Maʾmūns als Aushängeschild, der davon redete, bald seine zahlreiche Gefolgschaft in Ostiran zu mobilisieren und dann auf Bagdad zu marschieren.[3] Sich auf die Abbasiden zu berufen, war also ein gebräuchliches Mittel im Wettkampf der östlichen Emire und Chane um Macht und Einfluß. Masʿūd, der wie schon sein Vater mit verschiedenen Mitgliedern des Qarahaniden-Hauses im Streit lag, hatte allen Grund, in den Verhandlungen mit al-Qāʾims Gesandten darauf zu bestehen, daß der Kalif nicht hinter dem Rücken der Ghaznawiden das Verlangen jener Türken nach islamischen Würden befriedige.

Die Rivalität zwischen Ghaznawiden und Qarahaniden war aber nicht bloß politischer Natur, sondern wurzelte auch in gesellschaftlichen Gegensätzen. Das Reich von Ghazni kann man als einen Söldnerstaat betrachten, dessen Gefüge noch den Emiraten der Bujiden und Samaniden ähnelte, obgleich sich unter Maḥmūd die freiwilligen Glaubenskämpfer schon stark in den Vordergrund gespielt hatten.[4] Die Macht der Qarahaniden beruhte demgegenüber auf nomadisierenden Sippenverbänden; selbst der Großchan gebot nur über ein kleines Kontingent von Sklaven, die – ohne die Klanbindung – ganz ihm ergeben waren. Nicht Absicherung eines territorialen Besitzstandes, dessen Zentren die großen Städte mit dem bebauten Land in ihrem Umkreis bildeten, war das Grundbedürfnis qarahanidischer Politik, sondern Öffnung des Raumes zur Erkundung und vorübergehenden Nutzung von Weidegebieten. Die Grenzen der Herrschaft des Großchans schienen sich in der ungewissen Weite der Steppe zu verlieren, und seine Herrschaft wurde von der Eigenmächtigkeit der Sippenverbände überlagert. Die Angehörigen der Dynastie rivalisierten miteinander und gingen oft lieber ihre eigenen Wege, als daß sie sich dem Großchan unterordneten, der doch formal ihr Oberhaupt war. – Schon beim Aufstieg der Hamdaniden zeichnete sich die Schwierigkeit ab, ein vom Nomadentum geprägtes Fürstentum mit dem Bagdader Machtgefüge in Beziehung zu setzen. –

In das weiträumige Kräftespiel des islamischen Ostens wurden in den ersten Jahrzehnten des 11. Jahrhunderts Nomadengruppen einbezogen, die man unter der Bezeichnung Türkmenen zusammenfaßt. Im Sommer des Jahres 1034 drangen einige ihrer Sippenverbände in Chorasan ein, betraten also ghaznawidisches Gebiet. Aus jenen Tagen stammt ein Brief an Abū l-Faḍl Sūrī, den dortigen Statthalter Masʿūds. Jabġū, Ṭoġril und Dāʾūd, ihre Anführer, Nachkommen eines gewissen Selǧūq, flehten Sūrī an, er möge ihnen die Erlaubnis erwirken, in Chorasan zu bleiben. Denn nachdem im Reich des Großchans ein Zwist für sie einen unglücklichen Verlauf genommen hätte, wüßten sie nicht mehr ein noch aus. Sie wollten gern eine Geisel an Masʿūds Hof entsenden, sie seien bereit, gegen etwaige Feinde der Ghaznawiden zu kämpfen, wenn man ihnen nur ein Weidegebiet schenke, vielleicht die Gegend um Nasa und Farawah, die doch am Rande der Steppe liege. Als Masʿūds Wesir diesen Bittbrief las, soll er in dunkler Vorahnung des kommenden Unheils gemeint haben, bis jetzt habe man es nur mit einfachen Hirten zu tun gehabt, nun aber handele es sich um Emire, die nach der Herrschaft griffen.[5]

In der Tat, die seldschukischen Türkmenen dachten nicht daran, ein bescheidenes Leben als Hirten zu fristen. Die nächsten Jahre sind ausgefüllt mit Kriegen zwischen ihnen und den Ghaznawiden, die sich erfolglos bemühten, mit diplomatischen Mitteln im Rücken der Eindringlinge, in Chwarizm oder im qarahanidischen Transoxanien, eine zweite Front aufzubauen. Die ghaznawidischen Söldnertruppen mit ihrem schwerfälligen Troß waren den Nomaden unterlegen, die frei von hinderlichem Gepäck überraschend zuschlagen und sofort in ihre beweglichen Lager zurückreiten konnten; mit ihren Familien, all ihrem Hab und Gut und ihren Tieren waren sie in der Nähe der wechselnden Kriegsschauplätze; Nachschubprobleme kannten sie nicht, denn sie führten ihre Lebensgrundlage, das Vieh, stets mit sich. Im Mai 1040 errangen sie bei Dandānqān in der Gegend von Merw einen entscheidenden Sieg über die Ghaznawiden. Masʿūd gab Chorasan verloren. Zwar melden die Chroniken auch in den folgenden Jahren noch Zusammenstöße zwischen Ghaznawiden und Seldschuken, ernsthafte Aussichten auf Vertreibung der Türkmenen aus Chorasan bestanden jedoch nicht. Ein Abkommen von 1059 bestätigte den längst festliegenden Sachverhalt: Die Ghaznawiden hatten Ostiran verloren,[6] es war in die Hände von Nomaden gefallen, und was das hieß, hatte man auch in Westiran und im Irak mit Entsetzen erkennen müssen.

Im Bittbrief von 1034 hatten die drei seldschukischen Führer den Ghaznawiden ihre guten Dienste auch gegen die Türkmenen Mediens und Chwarizms angeboten. Das waren versprengte Scharen, die schon um 1025 den Oxus überquert hatten, vielleicht sogar mit Maḥmūds ausdrücklicher Erlaubnis. Sein Statthalter soll ihn jedoch vor der Kampfkraft der Neuankömmlinge gewarnt und ihm geraten haben, allen türkmenischen Männern die Daumen abschneiden zu lassen, damit sie nicht mehr mit Pfeil und Bogen schießen könnten. Auf alle Fälle bereute Maḥmūd seine Großzügigkeit oder Unachtsamkeit sehr schnell, als die Bewohner von Nasa, Baward und Farawah sich bitter über die Eindringlinge beklagten. Maḥmūds Feldzug nach Raij, von dem wir schon gehört haben, soll auch der Verfolgung jener Nomaden gegolten haben, die immer tiefer in iranisches Kulturland eindrangen. Sie wurden aber nicht entscheidend geschwächt; sie waren kaum zu fassen, trennten sich, vereinigten sich wieder, streiften ohne voraussagbares Ziel umher, gingen bald mit diesem, bald mit jenem Emir eine kurzfristige Bindung ein. Die Bujiden bedienten sich ihrer, um tagespolitische Vorteile zu erhaschen. Hamadan wurde geplündert, und bujidisches Militär machte mit. Wahsūdān, ein aserbeidschanischer Kleinfürst, lud eine große Zahl von Türkmenen zu einem Gastmahl nach Täbris und ließ sie dann niedermetzeln. Die Überlebenden setzten sich 1041 aus Aserbeidschan ab und schlugen sich mit den ʿUqailiden und anderen Beduinenfürsten. Vorübergehend besetzten die Türkmenen Mossul und plünderten, schändeten, mordeten. 1043 gelang den ʿUqailiden grausame Rache; ihr Fürst Qirwāš konnte einen Sieg über sie erringen. Eine ganze Ladung abgeschlagener Türkmenenköpfe ließ er von Mossul nach Bagdad verschiffen. Die dortigen türkischen Söldner waren über diese Art des Triumphierens aufgebracht, da es doch Tote von ihrem Volk waren; sie beschlagnahmten die Fracht und vergruben sie. Die letzten Reste der „medischen Türkmenen", wie man sie nannte, schickte man bald darauf in den Kampf gegen Byzanz. Eine Spur der Verwüstung hatten sie durch Iran gezogen, und doch war ihr Auftritt im Vergleich zu dem, was kommen sollte, „wie eine Sommerwolke, die sich rasch verflüchtigt", wie der Chronist Ibn al-Aṯīr (gest. 1233) schreibt.[7]

Während Westiran unter den Verheerungen litt, die die „medischen Türkmenen" anrichteten, faßten in Chorasan die Scharen Jabġūs, Ṭoġrils und Dā'ūds Fuß. Merw war die erste große Stadt, die sie eroberten. Dā'ūd zieht dort im Jahre 1037 ein, verteidigt sich gegen den Versuch der Ghaznawiden, ihm den Besitz streitig zu machen, läßt die Freitagspredigt in seinem Namen halten und nimmt den Titel ,,König der Könige" an.[8] Ein Jahr danach rückt er zusammen mit den Verbänden seines Bruders Ṭoġril kampflos in Nischapur ein. Da erscheint eine Gesandtschaft al-Qā'ims; sie bittet, man möge doch die Bevölkerung mit Plünderung verschonen. Dā'ūd weist das Ansinnen ab; Ṭoġril, von den Quellen Ṭoġrilbeg genannt, um ihn als den maßgeblichen unter den Brüdern zu kennzeichnen, Ṭoġrilbeg verwehrt seinem Bruder das Plündern mit dem Argument, es sei doch gerade Ramadan. Und als der Fastenmonat vorüber ist, verweist er auf die Botschaft des Kalifen. In einem dramatischen Auftritt zückt Ṭoġrilbeg ein Messer und droht, sich umzubringen, wenn Dā'ūd der Beutegier nachgebe. Das wirkt; Dā'ūd ist mit einer Tributzahlung von dreißigtausend Dinaren zufrieden, die die Nischapurer aufbringen müssen.[9] Was wirklich an dieser Szene ist, wissen wir nicht. Vielleicht ist sie erfunden, um Ṭoġrilbegs aufrichtige Gläubigkeit und seine tief empfundene Achtung vor dem Kalifen hervorzuheben, vielleicht hat sie sich tatsächlich ereignet. Denn wir werden auf weitere Zeugnisse seiner Frömmigkeit stoßen – die sich freilich verbindet mit der dreisten Unbekümmertheit des Parvenüs, dem die ungeschriebenen Regeln seines neuen Standes noch nicht zur zweiten Natur geworden sind.

Ṭoġrilbeg machte Anstalten, sich in Nischapur auf Dauer einzurichten. Er zog in den Emirspalast und begann, eine Verwaltung aufzubauen. Seine Beauftragten verteilten sich über das eroberte Land. Er selber ließ sich 1038 von den Gebetskanzeln als ,,as-Sulṭān al-muʿaẓẓam", ,,höchstverehrte Herrschervollmacht", ausrufen.[10] Wenn die Quellen auch die Türkmenen gern als unzivilisierte Tölpel zeichnen, was die Herrschertitel anlangt, waren Dā'ūd und Ṭoġrilbeg ganz auf der Höhe der neuesten Mode. Erinnern wir uns, daß der bujidische Großemir Ǧalāl ad-Daula sich ,,Šāhīnšāh" nennen lassen wollte, was in Bagdad Empörung verursachte. Zur selben Zeit als al-Qā'im Gutachten über die Vereinbarkeit eines ,,Königs der Könige" mit dem islamischen Glauben einholte, gab sich Dā'ūd in Merw, ohne viel zu fragen, selber diesen Titel. Abū Kālīǧār, Ǧalāl ad-Daulas hartnäckiger Widersacher und späterer Nachfolger im Großemirat, hatte schon im Jahre 1032 vom Kalifen den Titel ,,as-Sulṭān al-muʿaẓẓam" begehrt. Al-Māwardī, dessen Abneigung gegen einen ,,Šāhīnšāh" wir schon kennen, redete als Gesandter al-Qā'ims den Bujiden diesen überzogenen Wunsch mit dem Hinweis aus, nur der Kalif selber verkörpere die ,,höchstverehrte Herrschervollmacht".[11] Von einer derartig engen Auslegung des Begriffs wird Ṭoġrilbeg wahrscheinlich gar nichts gewußt haben; überdies scheint sich damals ,,Sulṭān" zur Bezeichnung eines mächtigen Fürsten in der Umgangssprache eingebürgert zu haben.[12]

Nachdem Ṭoġrilbeg seine Macht in Chorasan gefestigt hatte – lobend wird vermerkt, daß er der Schreckensherrschaft der Nischapurer Stadtbanditen ein Ende setzte –, zog er in mittel- und westiranische Gebiete vor, die nach dem Zusammenbruch der ghaznawidischen Oberhoheit offenstanden. Es bahnte sich ein Zusammenstoß mit den bujidischen Emiraten an. Nach den Erfahrungen mit den ,,medischen Türkmenen" konnte am Ausgang eines Kampfes kaum gezweifelt werden: Die Seldschuken würden ganz Westiran, das Zweistromland, vermutlich auch Syrien überfluten. Al-Qā'im schickte seinen erprobten Botschafter al-Māwardī zu Ṭoġrilbeg, der sich gerade in Gurgan aufhielt. Die Stadt Raij, ein Jahrzehnt vorher schon von Maḥmūd schwer heimgesucht, war von den Türkmenen geplündert worden; nur dreitausend Bewohner sollen am Leben geblieben sein; die Moscheen mußten geschlossen werden. Al-Māwardī hatte den Auftrag, bei Ṭoġrilbeg darauf zu dringen, die Türkmenen zu zügeln, wie es ihm schon in Nischapur gelungen war. Ferner sollte zwischen dem Seldschuken und dem bujidischen Großemir, nunmehr Abū Kālīǧār, ein Ausgleich vermittelt werden. Hoffte man in Bagdad, auf diese Weise den beängstigenden Vormarsch des Türkmenen doch noch zu bremsen? Glaubte man, weiterhin auf die Ehrfurcht Ṭoġrilbegs vor dem Abbasiden zählen zu dürfen? Vier Parasangen weit ritt Ṭoġrilbeg zur Begrüßung al-Māwardī entgegen, und der war nur der Gesandte des Kalifen! Ṭoġrilbeg versicherte, wie sehr er die Befehle al-Qā'ims achte.[13] Es gibt keinen Grund, an der Ehrlichkeit des Seldschuken zu zweifeln, aber ihm fehlte oft die Möglichkeit, gegenüber allen Türkmenenverbänden seinen Willen durchzusetzen.[14] Selbst wenn Ṭoġrilbeg zur Beherrschung des eroberten Kulturlandes und der Städte die vorgegebenen Einrichtungen der Verwaltung weitgehend nutzte, blieb doch sein Einfluß auf die eigensinnigen Türkmenenverbände und deren Führer unsicher. Diese aber waren es, die die militärische Macht besaßen und sie dank der nomadischen Lebensweise auch gänzlich unabhängig von der Verwaltung handhaben konnten. Es ist daher kein Wunder, daß Ṭoġrilbeg einen großen Teil seiner Kräfte im ständigen Kampf gegen unbotmäßige Führer und Sippen verschleißen mußte. Eine zielgerichtete und berechenbare Politik war ihm noch in weit geringerem Maße möglich als den bujidischen Emiren mit ihren Söldnerheeren. Die Aussichten, die Kriegslust und Beutegier der Türkmenen in eine für das abbasidische Kalifat günstige Bahn zu lenken, waren mithin gering – bei aller Achtung, die Ṭoġrilbeg vor jener ehrwürdigen Institution hegte! Angesichts des rasch fortschreitenden Zerfalls der bujidischen Emirate und angesichts des hierdurch ermöglichten Auftrumpfens der arabischen Beduinenfürsten konnte man in Bagdad nur hilflos auf das Herannahen einer kaum zu beeinflussenden Entscheidung warten und hoffen, daß sie einigermaßen erträglich ausfiel. Eine streng sunnitische Haltung war gewiß anzuraten. Vielleicht konnte man dann sogar die fatimidische

Bedrohung ein für allemal loswerden. Die isma'ilitischen Werber waren in den vierziger Jahren augenscheinlich wieder sehr rege geworden: Die Qarahaniden mußten gegen sie vorgehen; in Hamadan töteten Isma'iliten einen Emir, der sie verfolgt hatte; Abū Kālīǧār selber war das Ziel fatimidischer Proselytenmacherei geworden, ein Umstand, der womöglich am Abbasidenhof bekannt geworden war. Auf jeden Fall hielt man es 1052 für nötig, wiederum ein Protokoll über die angeblich falsche Genealogie der Fatimiden abzufassen und überall, „unter Seßhaften und Beduinen", verbreiten zu lassen.[15]

Unterdessen wanderte Ṭoġrilbeg weiter nach Westen, das Zweistromland und den Fruchtbaren Halbmond meidend, und drang in Ostanatolien ein. Die Türkmenen wurden zur treibenden Kraft des Glaubenskampfes gegen die Byzantiner, der in ergebnislosen Scharmützeln steckenzubleiben schien. Dem Beduinenfürsten von Dijār Bakr zwang Ṭoġrilbeg seine Oberhoheit auf. In Verhandlungen über den Freikauf des Königs der Abchasen, den die Türkmenen bei einem Vorstoß weit nach Anatolien hinein gefangengenommen hatten, wurde Ṭoġrilbeg vom byzantinischen Kaiser offiziell als die maßgebliche Person auf islamischer Seite betrachtet. Der Fürst von Dijār Bakr diente als Vermittler, und der Seldschuke erwies sich als großmütig. Der Gefangene wurde ohne Lösegeld freigelassen. Der Kaiser schickte zum Dank zahlreiche Geschenke und gestattete, in Byzanz eine Moschee für die dortigen Muslime zu bauen, in der die Freitagspredigt auf Ṭoġrilbegs Namen gehalten wurde.[16]

In Bagdad schlug man sich in jenen Jahren nach dem bewährten Muster: Sunniten gegen Schiiten; Stadtbanditen und plündernde Beduinen und Kurden gegen alle. Der letzte bujidische Großemir wußte keine Abhilfe zu schaffen. Dafür hatte er einen schönen Herrschernamen: al-Malik ar-Raḥīm, „der barmherzige König"; al-Qā'im hatte allerdings befunden, dieser Titel verstoße gegen islamisches Herkommen, bezeichne er doch eine allein Gott vorbehaltene Eigenschaft.[17] Nur al-Basāsīrī, seit dem Großemirat Ǧalāl ad-Daulas Befehlshaber eines Kontingentes türkischer Söldner, erweckte in den Menschen noch ein wenig Hoffnung auf Bändigung des Chaos. Er kämpfte vorwiegend gegen die Beduinenfürsten des Fruchtbaren Halbmonds und war daher selten in Bagdad. Was Wunder, wenn Ibn al-Muslima, der Wesir des Kalifen, nach einer neuen Ordnungsmacht Ausschau hielt und sie in Ṭoġrilbeg zu entdecken glaubte, wohl in völliger Überschätzung der Möglichkeiten des Sultans, seine Türkmenen zu lenken. Den Annäherungsversuch an Ṭoġrilbeg empfand al-Basāsīrī als Kränkung. Welche Verwendung hätte es zudem für ihn noch geben können, wenn Kalif und Sultan sich einig geworden wären?

Im Jahre 1055 überstürzen sich die Ereignisse. Die Sunniten schreien wieder einmal die Losung vom „Befehlen des Guten" heraus und finden auch Gelegenheit, zur Tat zu schreiten: ein Schiff, das mit Wein für al-Basāsīrī beladen ist, fällt ihnen in die Hände, die Krüge werden zerbrochen, der kostbare Inhalt rinnt in den Fluß. Der Verdacht, insgeheim mit den Fatimiden im Bunde zu sein, ist in jenen aufgeregten Zeiten auch schnell geäußert. Eine Schlichtung des Zerwürfnisses zwischen al-Qā'im und al-Basāsīrī ist jetzt nicht mehr möglich. Im Frühling ist Ṭoġrilbeg in Hamadan. Er läßt ankündigen, daß er in den Irak kommen werde; seine Ziele seien die Wiederherstellung der irakischen Pilgerstraße, die Wallfahrt nach Mekka, dann ein Kriegszug nach Ägypten und Syrien, um das fatimidische Kalifat auszulöschen. Auch al-Malik ar-Raḥīm, von al-Qā'im an seinen Treueeid erinnert, bricht jetzt vorsorglich mit al-Basāsīrī, der mit seinem Anhang bei einem Beduinenfürsten Unterschlupf findet, und erst in dieser Notlage, da al-Basāsīrī um sein Leben fürchten muß, ergreift er tatsächlich für die Fatimiden Partei. Wegen der bekannten Unnachsichtigkeit der Seldschuken gegen wirkliche oder vermeintliche Isma'iliten bleibt ihm keine andere Wahl, wenn er nicht ganz allein dastehen will. Aber sind die Fatimiden, Meister der Untergrundagitation, auch fähig, rasch und wirksam mit militärischen Mitteln zu handeln? Ende 1055 lagert Ṭoġrilbeg vor Bagdad; sein Name wird in der Freitagspredigt genannt. Der Seldschuke bittet den Kalifen, die Hauptstadt betreten zu dürfen. Ibn al-Muslima, die Richter, Obmänner, Haschimiten und Notare, die hohen Offiziere des Großemirs ziehen ihm feierlich entgegen. Bei der ersten Begegnung nimmt ihm Ibn al-Muslima den Treueid auf al-Qā'im, den Großemir und dessen Heerführer ab. Noch gibt sich Ṭoġrilbeg mit dieser protokollarisch wenig schmeichelhaften Rangordnung zufrieden. Er betritt nun Bagdad – und mit ihm die Türkmenen.[18]

Als Befreier, als willkommene Ordnungsmacht empfanden die meisten Bewohner ihn nicht. Wegen eines Mißverständnisses flammte wenige Tage danach ein Tumult auf, ein Geschrei erhob sich, und man vermutete, al-Malik ar-Raḥīm habe die Fremden nur deshalb in die Stadt gelockt, um sie hier, in der Falle, über die Klinge springen zu lassen. Ein fürchterliches Gemetzel hob an; die Türkmenen ihrerseits plünderten alles, dessen sie habhaft wurden. Viele Stadtviertel wurden verwüstet; selbst die Kalifengräber, zu denen sich viele Menschen mit ihrer Habe geflüchtet hatten, wurden nicht verschont. Al-Qā'im gegenüber machte Ṭoġrilbeg den Großemir für das Desaster verantwortlich. Der Kalif empfahl diesem dringend, sich bei Ṭoġrilbeg zu entschuldigen, und schickte dem Seldschuken einen Botschafter. Noch bevor dieser in Begleitung des Großemirs das Zelt des Sultans betrat, wurden beide ausgeraubt. Ṭoġrilbeg ließ al-Malik ar-Raḥīm kurzerhand gefangennehmen.

So endete das bujidische Großemirat. Der Abbaside und der Sultan standen hinfort einander unmittelbar gegenüber, oder besser: Ṭoġrilbeg hatte sein großes Ziel, Beschützer und Überwacher des sunnitischen Kalifen zu werden, überraschend schnell erreicht. Da er es eilig hatte, seine Verbindung zum hochgeschätzten Kalifen vor den Augen der Welt zu festigen, mußte al-Qā'im schon im April 1056 einen Ehevertrag unterzeichnen, durch den ihm eine Nichte Ṭoġrilbegs angetraut wurde.

Die Bevölkerung Bagdads erduldete die Übergriffe der Besatzungsmacht. Al-Qā'im trug Ibn al-Muslima auf, über al-Kundurī, den Wesir des Sultans, auf diesen einzuwirken und eine Linderung der Not zu erzielen. Da fügte es sich, so erzählt man, daß der Seldschuke einen Traum hatte: An der Kaaba stand der Prophet, der ihm den Rücken zuwandte, dann aber sprach: „Gott gibt dir den Befehl über seine Länder und Menschen, du aber bedenkst ihn in deinem Verhalten zu ihnen gar nicht, schämst dich im Umgang mit ihnen nicht vor seiner Erhabenheit und läßt dich, während ihnen Gewalt angetan wird, von dem Irrglauben verblenden, er sehe darüber hinweg!" Erschreckt fuhr Ṭoġrilbeg aus dem Schlaf hoch und sorgte sofort für die Entlastung der Bevölkerung.[19]

Die nächsten Monate gingen mit Kriegen gegen Beduinenfürsten dahin. Zwischen al-Qā'im und dem Sultan wurden viele Botschaften ausgetauscht. Ṭoġrilbeg wünschte, nach dem Vorbild der bujidischen Großemire vom Kalifen offiziell zum Machthaber über alle Gebiete eingesetzt zu werden, in denen der Name des Abbasiden von den Kanzeln herab verkündet wurde. Anfang Februar 1058 war endlich der große Tag gekommen. Al-Qā'im hielt Generalaudienz in einer Halle: „Der Vorhang hob sich, und man erblickte den Kalifen auf einem Thron von sieben Ellen Höhe, ... den Mantel des Propheten um die Schultern gehängt, das Zepter in der Hand. Sobald der Sultan ihn sah, küßte er viele Male den Boden. Unterhalb des Thrones wurde eine elegante Fußbank hingestellt. Der Kalif befahl seinem Wesir: ‚Heiße Rukn ad-Dīn dort hinaufsteigen und auch al-Kundurī, der ihm meine Worte verdolmetschen und erklären soll!'" Dann ließ al-Qā'im dem Sultan, eben mit einem seiner vielen Titel angeredet, mitteilen: „Der Fürst der Gläubigen lobt deine Anstrengungen, dankt dir für deine Taten, ist dir mehr und mehr geneigt. Er überträgt dir alle Länder, die Gott ihm selber zur Herrschaft gegeben hat. Er vertraut dir die Obhut der Knechte Gottes an. Fürchte Gott bei allem, worüber er dir Herrschaft verlieh, wisse ihm dafür Dank! Bemühe dich um das Aufblühen des Landes und das Wohl der Menschen, verhilf zur Gerechtigkeit, unterdrücke das Unrecht!" Ṭoġrilbeg ließ antworten: „Ich bin Diener und Knecht des Fürsten der Gläubigen, handele nach seinem Gebot und Verbot, fühle mich durch seine Aufträge und durch den Dienst für ihn geehrt. Von Gott erbitte ich Hilfe und Erfolg." Ṭoġrilbeg wurden Ehrengewänder angelegt; die Krone, die man ihm aufsetzte, hinderte ihn im nächsten Augenblick, noch einmal den Boden zu küssen. Der Kalif umgürtete ihn mit einem Schwert und nannte ihn „König des Ostens und Westens". Dann überreichte er ihm drei Standarten sowie schließlich eine Urkunde. „Ich befehle dir, was Gott dir befiehlt, verbiete dir, was Gott dir verbietet", sprach al-Qā'im und fuhr fort: „Dieser Mann hier ist Muḥammad b. Manṣūr, unser Abgesandter und Stellvertreter bei dir: Behüte und bewahre ihn, denn er ist überaus zuverlässig und treu..." Ṭoġrilbeg begehrte, dem Kalifen die Hand zu küssen. Das wurde ihm gewährt; zweimal drückte er sie sich aufs Gesicht; dann verließ er die Audienzhalle.[20]

Die Zeremonie hatte ihre Vorbilder in den Einsetzungsfeierlichkeiten für die Großemire. Auch ihnen hatte man Ehrengewänder und Schwerter übergeben, auch sie hatten die Herrschaft über Ost und West zugesprochen bekommen, soweit der „Ruf" des Kalifen reichte. Eine Neuerung war die dritte Standarte, Banner des Lobes genannt, die der Kalif eigenhändig aufknüpfte. Vor allem aber ist bemerkenswert, wie Ṭoġrilbegs Wesir Muḥammad b. Manṣūr al-Kundurī geehrt wurde. Ihm wurde gleichsam die Aufgabe anvertraut, dem Sultan auf die Finger zu schauen und darauf zu achten, daß dieser die Belange des Kalifats wahre. Fest überzeugt war man eben nicht, in den Türkmenen zuverlässige Partner gefunden zu haben. Um die von Muḥammad hergeleitete kalifische Autorität, in deren Namen al-Kundurī vor dem Sultan sprechen sollte, zu unterstreichen, schenkte al-Qā'im dem Wesir ein Stück Stoff aus dem Prophetenmantel.[21]

Ibrāhīm Īnāl, der Bruder des Sultans, trage sich mit aufsässigen Gedanken, wollten schon bald Gerüchte wissen. Der Kalif, ängstlich besorgt, jeden Bruderzwist unter den Türkmenen zu verhüten, bot sich als Vermittler an. Wieder rätselte man, ob die Fatimiden ihre Hand im Spiel hätten. Ibrāhīm setzte sich nach Hamadan ab, Ṭoġrilbeg verfolgte ihn. Bagdad war plötzlich ohne allen militärischen Schutz. In ar-Raḥba am oberen Euphrat hatte sich al-Basāsīrī eingerichtet. Aus Kairo empfing er Geld, um seine Söldner bezahlen zu können. Der Fatimide prüfe, ob die Gelegenheit zum Krieg günstig sei, ließ man ihn wissen.[22] Nach dem unerwarteten Abzug Ṭoġrilbegs war sie es gewiß, und al-Basāsīrī ergriff sie. Im Januar 1059 zog er in Bagdad ein, an der Spitze eines erbärmlich schlecht ausgerüsteten Häufleins von vierhundert Söldnern; sein Verbündeter, der ʿUqailide Quraiš b. Badrān, kam mit zweihundert Berittenen hinzu. Bagdad war fatimidisch geworden. Selbst gegen diese schwache Besatzungstruppe scheiterte der Widerstand kläglich, den Ibn al-Muslima aufzubauen versuchte. Der Kalif wurde festgenommen und zu einem Verwandten Quraiš b. Badrāns an den mittleren Euphrat gebracht. An persönlicher Habe hatte al-Qā'im kaum etwas retten können, so daß er unterwegs fror und von seinen Bewachern mit einem Umhang und einer Decke versorgt werden mußte. Während sich Diener und Beamte des Kalifen zu Ṭoġrilbeg durchschlagen konnten, wurde Ibn al-Muslima von al-Basāsīrī verhaftet. Einige Wochen später ließ er ihn zum Umzug herausputzen: Ein Obergewand aus Wolle zog man ihm über, setzte ihm eine lange, spitze Mütze aus rotem Filz auf, legte ihm eine Halsfessel um – so wurde er, der Förderer des Sunnitentums, auf einem Kamel durch die Gassen von al-Karḫ geschleppt, von den Schiiten bespuckt und verhöhnt, dann zum Galgen geführt. Hier hüllte man ihn in die Haut eines Stieres, so daß die Hörner auf dem Kopf des ehemaligen Wesirs zu sitzen kamen. Zwei Eisenhaken befestigte man an seinen Kieferknochen, hängte ihn auf und ließ ihn zappeln, bis er gegen Abend endlich starb.[23]

Al-Basāsīrī tat alles, um die Herrschaft der Fatimiden im Zweistromland zu festigen, allein es fehlte ihm an Mitteln, das Gebiet halten zu können. Aus Kairo kam keine wirksame Unterstützung. Genau nach einem Jahr, im Winter von 1059/60 war Ṭoġrilbeg wieder im Irak. Fluchtartig verließen die Schiiten Bagdad. Die ganze Sorge des Sultans galt vorerst der Befreiung des Kalifen; er machte al-Basāsīrī sogar ein Angebot zur friedlichen Regelung des Falles, erhielt aber keine Antwort. Danach entsandte er einen Botschafter, den Nischapurer Gelehrten Abū Bakr Aḥmad b. al-Furāt,[24] zu Quraiš b. Badrān, um diesem für die Aufnahme al-Qā'ims danken zu lassen und dessen feierliche Rückkehr nach Bagdad in die Wege zu leiten. Die ʿUqailiden gaben die Sache al-Basāsīrīs verloren und erfüllten Ṭoġrilbegs Wunsch. Der Sultan ritt dem Kalifen entgegen, und als er auf ihn traf, warf er sich vor ihm zu Boden und versicherte ihm, wie sehr er über dessen Wohlbehaltenheit glücklich sei und wie sehr er sich gräme, daß die leidige Angelegenheit mit Ibrāhīm Īnāl so viel Unbill verursacht habe. Al-Basāsīrī wurde wenig später getötet. Ihm blieb wenigstens das Schicksal erspart, das er ein Jahr zuvor Ibn al-Muslima hatte angedeihen lassen. Man mußte sich damit begnügen, das abgetrennte Haupt des Söldnerführers zur Schau zu stellen.[24]

Das abbasidische Kalifat war nun ganz vom seldschukischen Sultan abhängig, der sich redlich um die Befriedung Bagdads und des Iraks bemühte, dessen Stellung aber immer wieder durch den Zwist mit seinen engsten Verwandten gefährdet wurde. Er weilte also oft in anderen Teilen seines Reiches, dessen Hauptstadt Isfahan wurde. Für seine Dienste verlangte er einen hohen Preis, der allerdings ganz der Logik seines bisherigen Handelns entsprach. Er selber wollte sich mit „dem prophetischen Haus" ehelich verbinden und begehrte eine Tochter des Kalifen zur Frau. Als im Jahre 1061 eine diesbezügliche Botschaft in Bagdad eintraf, war man in al-Qā'ims Umgebung schockiert. Man hoffte, den

Sultan durch die Forderung einer ungewöhnlich hohen Morgengabe von seinem Vorhaben abzubringen, aber vergeblich. Erst nach längerem Hin und Her, das den Sultan tief enttäuschte und kränkte, fügte sich al-Qā'im. Ende 1062 gingen die notwendigen Dokumente an Ṭoġrilbeg ab. Nicht einmal die Bujiden, die doch sogar Schiiten gewesen seien, hätten die Abbasiden derart erniedrigt, urteilt ein Geschichtsschreiber[26] und hat wohl die unziemliche Eile Ṭoġrilbegs im Sinn. Schon ʿAḍud ad-Daula hatte ja eine Kalifentochter geheiratet und Großemirat und Kalifat verschmelzen wollen – aber da waren die Bujiden längst ein angesehenes Herrscherhaus gewesen. Eine Verpflanzung des ehrwürdigen Kalifats auf ein barbarisches Reis war freilich auch jetzt nicht zu befürchten. Man wußte um die Zeugungsunfähigkeit des Sultans. Der Kalifentochter stand eine Scheinehe bevor, allein zur Befriedigung des frommen Ehrgeizes Ṭoġrilbegs. Diese Umstände werden den Skandal vergrößert haben. Nach Erledigung der Formalitäten durfte der Siebzigjährige seine Angetraute sehen. Sie saß auf einem Thron, lüftete ihren Schleier aber nicht. Der greise Sultan machte ihr seine Aufwartung, überhäufte sie mit Geschenken und ging wieder. Dies wiederholte er an mehreren Tagen. Dann riefen ihn seine Geschäfte nach Raij, wohin er in Begleitung seiner Nichte aufbrach. Die hatte sich nämlich bitter darüber beklagt, ihr Gatte, der Kalif, vernachlässige sie völlig. Anfang 1063 starb der Sultan in Raij.

Der Aufstieg der Seldschuken vollendete eine Entwicklung, die mit den türkischen Söldnerführern des 9. Jahrhunderts begonnen hatte und durch das Großemirat teils fortgesetzt, teils aber auch aufgehalten worden war: die Auszehrung der kalifischen Herrschaft. Die faktische Macht, über die die Abbasiden einst verfügt hatten, war an den Großemir übergegangen. In der Sachwalterschaft der Scharia blieb den Abbasiden jedoch ein Bereich, der für jeden Muslim heilswichtige Bedeutung und zugleich unmittelbaren Bezug zum Alltag hatte. Diesem Umstand war – neben bestimmten politischen Verhältnissen – das Überleben des Bagdader Kalifen zu verdanken. Die Emire und die Muslime in deren jeweiligem Machtbereich bedurften der Legitimierung durch den Fürsten der Gläubigen, wie al-Māwardī in seinen staatsrechtlichen Erwägungen über das Kalifat in der Zeit des Großemirats feststellte. Die mit dem Aufblühen der Fatimidendynastie einhergehende politisch-religiöse Polarisierung der islamischen Welt eröffnete den Abbasiden eine zusätzliche Möglichkeit, Handlungsspielraum zu gewinnen, und zwar als Vorkämpfer für das Sunnitentum. Diese Politik war nicht zuletzt deshalb erfolgreich, weil dynastische Streitigkeiten die Macht der Großemire mehr und mehr zerrütteten und weil im Osten des Reiches Kräfte agierten, die sich anheischig machten, jederzeit zur Verteidigung des sunnitischen Kalifen herbeizueilen.

Jetzt aber, da sich al-Qā'im tatsächlich jenen Rettern ausgeliefert sah, konnte er sein Sunnitentum nicht mehr als Waffe zum Erhalt seiner Herrschaft einsetzen. Es war gewissermaßen das Staatsdogma des Sultanats, und der Kalif wurde in die undankbare Rolle eines funktionslosen Repräsentanten dieses Dogmas gedrängt. Der Sultan war jetzt die „höchstverehrte Herrschervollmacht", und al-Māwardī hatte genau gewußt, daß der Kalif gerade diesen Titel unter keinen Umständen vergeben durfte. Nun aber war nicht nur der Titel von Ṭoġrilbeg usurpiert worden, sondern auch die Sache, die dahinter stand. Konnte aber ein Kalifat mit reinem Symbolcharakter überdauern? Und was wird mit der Sachwalterschaft über die Scharia geschehen, sobald der Kalif nicht mehr über und durch den Glauben herrscht? Die Scharia wurzelte doch in der Offenbarung, im Glauben. Schwand die Herrschaft über und durch den Glauben, mußte dann nicht auch die Sachwalterschaft über das Recht in Frage gestellt werden? War es nicht nur folgerichtig, wenn die Verantwortung für das ganze Rechtswesen auf den Sultan übertragen wurde? Dieser Gesichtspunkt berührt sich mit einem weiteren: Worauf würde die Sorge um die schariatische Rechtsordnung bei einem Sultan hinauslaufen, dessen Macht auf Nomaden beruhte? Die vollständige Erfüllung der Scharia war letzten Endes nur Seßhaften möglich;[27] selbst die Beduinenfürsten des Fruchtbaren Halbmondes setzten sich oft leicht über sie hinweg[28] – was konnte man da von den Türkmenen erwarten? Niemand konnte vorerst wissen, ob die Nomaden, die Iran überrannt hatten, überhaupt zu einem im islamischen Sinn staatstragenden Element geformt und zu einem erträglichen Nebeneinader mit den Seßhaften gezwungen werden konnten. Die tagespolitischen Ziele des Sultans würden die Entwicklung dieses Problemkreises beeinflussen, dagegen würde die formal noch bestehende Zuständigkeit des Kalifen für die Scharia kaum praktische Bedeutung gewinnen können.

Dies führt schließlich zur sultanischen Machtausübung überhaupt, die ja, wenn der Sultan schon die Herrschervollmacht Gottes verkörpert, keine Legitimierung mehr benötigte. Der Sultan besaß die tatsächliche Macht. Sollte sie nicht genutzt werden, um die islamische Staatlichkeit völlig neu zu begründen? Man überwände auf diese Weise die schwierigen Verhältnisse aus der Zeit des Großemirats, den Widerstreit zwischen der faktischen Gewalt der Emire einerseits und Glaube und Recht als den Elementen kalifischer Herrschaft andererseits. Würde der Sultan also über die ganze Fülle islamischer Macht gebieten, die einst den Kalifen auszeichnete? War dies die Gelegenheit zu einem Neuanfang, freilich unter stark veränderten politischen und gesellschaftlichen Bedingungen – und auch auf der Grundlage eines vertieften rechtstheoretischen und theologischen Wissens?

Zweiter Teil
al-Ǧuwainīs Diskurs

A. Der Glaube

1. Der Eifer für die Scharia

Im Gefolge des Wesirs al-Kundurī gelangte im Winter 1055 auf 1056 ein junger Mann aus Nischapur nach Bagdad, dessen Leidenschaft gelehrte Disputationen über theologische und dogmatische Fragen waren: ʿAbd al-Malik al-Ǧuwainī. Ein Augenzeuge berichtet uns von einem der Streitgespräche, das in Gegenwart des Wesirs ausgetragen wurde. Gegner war der greise Ibn al-Burhān, ein gerühmter Kenner der arabischen Grammatik, aber auch in der Theologie versiert. „Können die Menschen als Urheber ihrer Taten angesehen werden?" lautete das Thema. „Wenn du im Koran nur einen Vers findest, der dies verlangt, dann gehört dir das Argument!" sagte al-Ǧuwainī herausfordernd. Ibn al-Burhān führte gleich drei Belege an: „Das Herz (der Ungläubigen) ist in abgrundtiefer Unwissenheit über (die Abrechnung am Jüngsten Tag). Sie begehen Taten, schlechter als die (der Gläubigen), ja, sie begehen sie!" (Sure 23,63). Den letzten Halbsatz sprach Ibn al-Burhān mit besonderem Nachdruck und fuhr dann fort: „(Viele Juden und Christen möchten euch, nachdem ihr gläubige Muslime geworden seid) wieder zum Unglauben bringen – vor lauter Neid, den sie in ihrem Innern hegen..." (Sure 2,109) und: „Die Heuchler unter den Medinensern täuschen (Muḥammad) ‚Wenn wir dazu imstande wären, würden wir mit euch ins Feld ziehen!' Sich selber richten sie (mit ihren scheinheiligen Worten) zugrunde. Gott weiß, daß sie lügen." (Sure 9,42) In allen diesen Versen ist doch ohne Zweifel von einem Handeln die Rede, das der Mensch selber wirkt: die Untaten der Ungläubigen, der Neid der Schriftbesitzer, die Fähigkeit, ins Feld zu ziehen. Al-Ǧuwainī flüchtete sich in Auslegungen, die den offensichtlichen Sinn der Worte ins Gegenteil verkehrten, worauf sein Gegner triumphierte: „Da bist du verblüfft und möchtest die klare Rede Gottes umdeuten, um die Lehre Abū l-Ḥasan al-Ašʿarīs als richtig zu erweisen!"[1]

Mit dieser kleinen Episode sind wir schon mitten in den Theologenstreit hineingeraten, der damals die Muslime bewegte – so sehr, daß die Anhänger der verfeindeten Parteien einander verfluchten, sich gegenseitig des Unglaubens ziehen, gegeneinander zu den Waffen griffen. Sie ist wahrlich keine Kleinigkeit, die Frage, ob und wie der Mensch für seine Taten verantwortlich sei! Lastet auf ihm ganz allein die Aufgabe, sich das Paradies zu erwerben? Dann wäre Gott vor allem gerecht – kann er dann aber auch gnädig sein? Wenn jedoch der Mensch nicht wirklich selber handelt, ist er dann schon vor seiner Geburt zur Hölle oder zum Paradies bestimmt? Und wer wirkt dann die menschlichen Taten, die guten wie die bösen? Und ist der Gott, der schon alles vorher festgelegt hat, nicht noch weniger gnädig als der strenge Richter, der über Verfehlungen, aber auch über Verdienste urteilt?

Ibn al-Burhān, ein seltsamer Mann mit einem, wie es heißt, sehr rauhen und unverträglichen Wesen, hatte anscheinend zeit seines Lebens mit solchen Fragen gerungen. Der hanbalitischen Richtung des Islams soll er zunächst angehört haben, jener sich auf Aḥmad b. Ḥanbal (gest. 855) zurückführenden Strömung, die die theologische Spekulation verabscheute und den Glauben und die Scharia allein aus dem Koran und vor allem aus der Sunna des Propheten herzuleiten hoffte. ,,Die Bestimmung (aller Geschöpfe) – gut und böse, wenig und viel, offen und verborgen, süß und bitter, geliebt und verhaßt, schön und schlecht, Anfang und Ende – kommt von Gott als ein Ratschluß, den er vollzieht, als ein Maß, das er für die Geschöpfe bestimmt, und keines von ihnen vermag den Willen Gottes zu durchkreuzen, noch seinem Ratschluß zu entrinnen. Alle streben sie vielmehr dem Ziel zu, zu dem er sie geschaffen hat, unterliegen der Beschränkung, die er ihnen für ihre Taten gesetzt hat.“[2]

So lauten Worte, die Aḥmad b. Ḥanbal zur Urheberschaft menschlichen Tuns äußerte. Ibn al-Burhān wandte sich später dem hanafitischen Recht zu. Die auf Abū Ḥanīfa (gest. 767) zurückgehende Schule war der theologischen Disputation seit jeher offen gewesen, wie denn auch die hanafitische Theorie von den Quellen des islamischen Rechts der schöpferischen Einsicht des Gelehrten ausreichend Spielraum zugestand. Seit dem 9. Jahrhundert waren viele Hanafiten Anhänger der Lehre von der Willensfreiheit, die von der theologischen Strömung der Muʿtaziliten mit Scharfsinn und Verve verfochten wurde. Gott sei vollkommen gerecht, behaupteten sie, er wäge peinlich genau die Taten seiner Geschöpfe ab und fälle dann unnachsichtig seine Entscheidung: Paradies oder Hölle. Die so volkstümliche Hoffnung, der Prophet werde für seine Gemeinde vor dem höchsten Richter Fürbitte einlegen und die Gläubigen, die statt guter Taten Sünden aufhäuften, doch noch vor der ewigen Qual erretten, verwarfen sie rigoros. Das Urteil Gottes hängt von den Taten des Menschen ab – und so war dem bis zur Willkür freien Gott der Hanbaliten, dessen Geschöpfe in auswegloser Unfreiheit gefangen sind, der durch das Handeln des Menschen gebundene Gott der Muʿtazila gegenübergetreten. Ibn al-Burhān war aber nicht zu dieser schroffen Gegenposition des Hanbalitentums gelangt. Er verknüpfte die Idee vom Menschen als dem Urheber seiner Taten mit einem anderen Gedanken, der in der hanafitischen Schule ebenfalls immer Anhänger besessen hatte: Es ist nicht möglich, aus den Indizien, die das irdische Dasein eines

Menschen bietet, auf den künftigen Richterspruch Gottes über ihn zu schließen; alle Urteile sind aufzuschieben und Gott allein anheimzustellen. Wer auf die Entscheidung des Schöpfers warten kann, der muß nicht ständig darüber grübeln, welches Los ihm von Anfang an zugeteilt worden sei, der wird auch nicht unentwegt in selbstquälerischer Besorgtheit auf peinlichste Befolgung aller Quisquilien der Scharia aus sein, um ja das Konto seiner guten Taten wachsen zu lassen. Für ihn verliert vielmehr die Frage nach Vorherbestimmtheit oder Werkgerechtigkeit einiges von ihrer bedrückenden Schärfe – ein vertrauensvoller Glaube mildert sie ab. Ibn al-Burhān wußte dies durch seinen Habitus zum Ausdruck zu bringen. Er pflegte weder eine Kopfbedeckung noch unter dem Obergewand Beinkleider zu tragen, die verhinderten, daß – womöglich beim Gebet! – die Schamgegend entblößt wurde; er verstieß mit diesen Nachlässigkeiten grob gegen den muslimischen Anstand. Und man sagte ihm auch nach, daß er hübsche bartlose Jünglinge liebte und sogar küßte, ganz ohne Beunruhigung über die jenseitigen Folgen. Entgeistert merkt hier der spätere Kompilator unserer Quelle an: „‚Ohne Beunruhigung', das ist noch schlimmer als die Tatsache des Küssens an sich! Allein schon einen Jüngling anzublicken ist verboten, sofern es mit Lust geschieht. Ist aber Küssen jemals ohne Lust?" Wie der skrupelhafte Gläubige sich in solch einer Versuchung zu verhalten hatte, lehrt eine Anekdote, die in den Nischapurer Kreisen al-Ǧuwainīs erzählt wurde: Ein Emir hatte einen Wesir. Eines Tages traf es sich, daß während einer Unterredung einige junge Sklaven in der Nähe standen, und ungewollt, nicht etwa wegen einer zweifelhaften Gefühlsregung, fiel der Blick des Wesirs auf sie. Dem Emir war dieser Blick nicht entgangen, und dies wiederum hatte auch der Wesir bemerkt. Ihm war das furchtbar peinlich, mußte der Emir doch argwöhnen, sein Wesir schaue zu den Jünglingen in anstößigem Verlangen hinüber. Um sich von diesem Verdacht zu reinigen, blickte der Wesir fortan seinen Emir genauso schief von der Seite an, damit dieser meine, der Wesir leide an einem angeborenen Sehfehler. „Dies ist ein Fall, in dem ein Mensch einen anderen genau beachtet! Wie erst muß die Beachtung sein, die der Knecht seinem Herrn zu zollen hat!"

Nicht nur gegenüber den strengen Regeln, denen die Lebensführung des unermüdlich um ein gutes Tatenregister ringenden Muslims unterliegt, bewahrte sich Ibn al-Burhān ein wenig Freiheit, indem er Gottes Urteil nicht vorgreifen wollte. Überhaupt konnte er sich seinen Schöpfer nicht engherzig vorstellen und leugnete deshalb die geläufige Auffassung, die Ungläubigen müßten für alle Ewigkeit in der Hölle schmoren. „Eine Ewigkeit werden sie in ihr bleiben", heiße es im Koran (Sure 64,10); man dürfe folglich zwei oder mehrere Ewigkeiten annehmen. Hier spricht der Philologe in Ibn al-Burhān, aber auch der Theologe.

Denn nur das, was nicht teilbar, nicht in mehrere gleichartige oder verschiedene Elemente zergliederbar und somit seinem Wesen nach eins ist, kann unendlich und damit zeitlich ohne Anfang und Ende sein – eine Aussage, die nur für Gott selber getroffen werden darf. Ibn al-Burhāns Argumente folgten ganz der Denkweise der rationalen Gottesgelehrsamkeit, nur daß er ihnen eine nicht allgemein gebilligte Zielrichtung zu geben wußte. Darüber hinaus hob Ibn al-Burhān hervor, daß eine endlose Strafe das Zeichen eines kleinlichen Rachedurstes sei, und dergleichen könne man doch unmöglich dem nachsagen, der sich selber in der Offenbarung den Barmherzigen nennt!

In den Augen der Verfechter der Vorherbestimmung oder der Werkgerechtigkeit haben solche Vorstellungen freilich eine gefährliche Schwäche: Es mangelt ihnen an Eindeutigkeit und Folgerichtigkeit. Mit dem Hinweis, Gott sei nicht kleinlich, kann man doch genauso gut einen völligen Verzicht auf die Strafe begründen. Wenn der Schöpfer von seiner Barmherzigkeit redet, dann bedeutet dieser Begriff eben ganz etwas anderes als unter den Menschen.[3] Es ist unzulässig, Gott in Analogie zu den Menschen zu sehen. Erst bei einem ganz und gar unmenschlichen – besser: ungeschöpflichen – Gott macht es keine Schwierigkeiten, die Wirklichkeit von Lohn oder Strafe – entweder aufgrund des Tatenregisters oder aufgrund von Vorherbestimmung – mit Gnade und Barmherzigkeit zusammen zu denken. Erst ein Gott, der keine Züge des Geschaffenen mehr trägt, ermöglicht den Menschen, Gewißheit über sein Wesen zu erlangen.

Solche Gewißheit zu finden und gegen alle Anfechtungen zu bewahren, das war das Lebensideal der Kreise, in denen al-Ǧuwainī aufgewachsen war. Sein Vater, ʿAbdallāh b. Jūsuf, war in jungen Jahren nach Nischapur gekommen, um seine Ausbildung im schafiitischen Recht zu vervollständigen. Er studierte bei Abū ṭ-Ṭaijib aṣ-Ṣuʿlūkī (gest. 1013), der als der größte Schafiit seiner Zeit gefeiert wurde. Danach zog es ihn nach Merw zu al-Qaffāl al-Marwazī (gest. 1026), den er als seinen eigentlichen Lehrer betrachtete und dessen Stellungnahmen zu Einzelproblemen er sich zu eigen machte. Im Jahre 1016 kehrte ʿAbdallāh b. Jūsuf nach Nischapur zurück und widmete sich fortan dem Unterricht und dem Erteilen von Rechtsgutachten und trat in theologischen und juristischen Disputationen auf. Als geschickten Lehrer rühmte man ihn. Den höchsten Grad des Menschenmöglichen erreichte er aber in der Enthaltsamkeit und frommen Skrupelhaftigkeit. „Unsere Meister und die kritisch Prüfenden unter unseren Gefährten waren davon überzeugt, daß ʿAbdallāh b. Jūsuf ein solches Maß an Vollkommenheit und Vortrefflichkeit, an lobenswerten Eigenschaften in sich vereine, daß, wäre die Berufung eines neuen Propheten durch Gott denkbar gewesen, nur er es hätte sein können ..." Gibt es für einen Muslim ein höheres Lob als diese Worte eines Nischapurer Zeitgenossen al-Ǧuwainīs? Eine andere Ruhmrede: ,,Selbst wenn ʿAbdallāh b. Jūsuf unter den Juden lebte, würde man uns von seinen Vorzügen erzählen, und die Juden wären stolz auf ihn!"

ʿAbdallāh b. Jūsufs Lebensführung war mustergültig für einen Muslim, der sich sein ganzes Dasein, bis in die kleinste Kleinigkeit, einzig und allein unter dem Eindruck des drohenden Endgerichts formte. Da bewohnte er in Nischapur ein Haus, das, wie im Orient üblich, die Seitenwände mit den Anwesen der Nachbarn zur Rechten und zur Linken gemeinsam hatte; ʿAbdallāh b. Jūsuf wagte es nicht, sich gegen diese Seitenwände zu lehnen oder in sie einen Nagel einzuschlagen – er hätte sich damit ja irgendwie einen Vorteil aus einer Sache verschaffen können, die ihm nicht allein gehörte, und das wäre unrechtmäßig erworbenes Gut gewesen, und das wiederum ist, wie der Koran an vielen Stellen einschärft, eines der sichersten Mittel, in die Hölle zu kommen! Die jedem Muslim auferlegte jährliche Zakāt-Abgabe entrichtete ʿAbdallāh b. Jūsuf aus Vorsicht zweimal – sie könnte doch jemandem zufallen, der nach der Scharia keinen Anspruch auf sie hat – oder er, ʿAbdallāh b. Jūsuf, hatte sie womöglich gezahlt, ohne zuvor ganz bewußt eine Absichtserklärung zu formulieren, und ohne die wäre doch die Erfüllung der Pflicht nicht auf das Register der guten Taten anrechenbar![4]

Dies ist das Milieu, in das ʿAbd al-Malik al-Ǧuwainī am 17. Februar 1028 hineingeboren wurde.[5] Noch als seine Mutter mit ihm schwanger war, hatte sein Vater für sie nur Speisen gekauft, für die er das Geld ,,mit der Arbeit seiner Hände", wie die Quellen sagen, verdient hatte. Die Nahrung sollte gänzlich und gewiß frei sein von jedem Hauch des Verdachts, auf unerlaubte Weise erworben zu sein. Und seine Einkünfte aus Lehr- und Gutachtertätigkeit waren zwar ohne Frage beachtlich, aber sie waren auch bedenklich. Einst, zur Zeit des Propheten, hatten einige arme Leute von jemandem die heilige Offenbarung und den liturgischen Vortrag des Korans gelernt und schenkten ihrem Lehrer zum Dank, da sie nichts anderes hatten, einen Bogen. ,,Dies ist ja kein Geld", dachte sich der Mann, ,,ich will ihn benutzen, um für die Sache Gottes zu kämpfen. Erst aber will ich zum Gottesgesandten gehen und ihn fragen!" ,,Nur wenn du willst, daß man dir dereinst einen Reifen von Feuer um den Hals legt, dann nimm ihn an!" warnte der Prophet.[6] – ,,Nie hat jemand eine bessere Speise genossen als die, die er durch seiner Hände Arbeit erwarb! Schon der Prophet David hat sich von der Arbeit seiner Hände ernährt." Auch dies ist ein Wort Muḥammads.[7] – Einmal widerfuhr es al-Ǧuwainī, daß er während einer Disputation zu stammeln begann. Besorgt fragte man ihn, ob ihm etwas fehle, da man dergleichen bei ihm noch nie bemerkt hatte. ,,Dies sind bestimmt die Folgen des

Restes von jenem Schlückchen!" antwortete er und erklärte: „Ich war noch ein Säugling; da war meine Mutter eines Tages dabei, meinem Vater Essen zuzubereiten. Nun fing ich an zu weinen. Es war eine Magd zugegen, die bei unseren Nachbarn als Amme diente. Sie ließ mich ein oder zwei Schlückchen von ihrer Milch trinken. Da trat mein Vater ein und mißbilligte das, denn jene Magd war nicht unser Eigentum, konnte nicht über ihre Muttermilch frei verfügen, und ihre Herren hatten ihr dies nicht erlaubt. Und der Vater drehte mich kopfüber und ließ mich erbrechen, bis ich meinen ganzen Mageninhalt von mir gegeben hatte." Das Stammeln sei auf die geringen in ihm verbliebenen Reste jener nach der Scharia unrechtmäßig erworbenen Nahrung zurückzuführen. „Betrachte diesen merkwürdigen Vorfall und diesen erstaunlichen Mann: Er rechtet mit sich selber wegen einer Winzigkeit, die ihm im Säuglingsalter unterlief, in dem es noch gar keine ‚Belastung' mit der Scharia gibt!" mahnt al-Ǧuwainīs Biograph den Leser.[8]

Es wird uns nicht mehr wundern, wenn wir lesen, daß al-Ǧuwainīs Vater jeglichem Scherz gänzlich abgeneigt war. Ständig verbreitete er um sich eine Atmosphäre des Ernstes und redete allein über das heilbringende Wissen von Gottes Scharia und von der Theologie, über die Kunst der Askese und über die Notwendigkeit des Studiums. „O Gott, versperre uns nicht den Weg zum Wissen, halte uns nicht davon zurück!" Diese Bitte pflegte ʿAbdallāh b. Jūsuf bei jedem rituellen Morgengebet auszusprechen, und zwar genau in dem Augenblick, in dem er sich aus der vornübergebeugten Haltung wieder aufrichtete. Einst, so erzählte später al-Ǧuwainī, habe ein anderer Gelehrter diesen Brauch nachgeahmt, worauf er, der Sohn, diesen zurechtgewiesen habe: Der Zeitabschnitt, während dessen man wieder eine aufrechte Haltung einnehme, sei nur kurz; der prophetischen Überlieferung gemäß dürfe man in diesem Augenblick nur sagen: „Gott erhöre den, der ihn lobt!" Eine frei formulierte, nicht durch das Vorbild Muḥammads geheiligte Bitte in dieser Phase des Gebets mache es insgesamt ungültig. „Jeden greifst du an, sogar deinen eigenen Vater!" warf der zurechtgewiesene Gelehrte dem jungen al-Ǧuwainī vor. Die strenge Schulung, die ʿAbdallāh b. Jūsuf seinem Sohn angedeihen ließ, trug also reiche Früchte. Als der Vater 1046 starb, war al-Ǧuwainī, noch nicht zwanzigjährig, bereits über Nischapur hinaus bekannt, und sein Wissen war schon groß genug, daß er die Lehrveranstaltungen seines Vaters weiterführen konnte.[9] Daneben setzte er seine Studien, insonderheit in der Theologie, fort; jeden Tag begann er, indem er in aller Frühe am Unterricht eines Meisters der Koranlesekunst teilnahm. Sein geerbtes Vermögen und die laufenden Einkünfte soll er unter Studenten des islamischen Rechts verteilt haben.[10]

Wenn al-Ǧuwainī, als etwa Dreißigjähriger, in der Disputation gegen den alten Ibn al-Burhān antrat, läßt sich kaum ein schärferer Gegensatz ausmachen: Hier der nachsichtige Greis, von der Unzulänglichkeit des menschlichen Vermögens zum Gehorsam gegen Gott überzeugt, auf einen gnädigen Schöpfer hoffend, die strenge Befolgung jeglicher Einzelheit der Scharia abwertend zugunsten einer verinnerlichten Gläubigkeit – dort der anmaßende junge Mann, für den eine solche Lebenseinstellung schon die Grenze zur Libertinage überschritt, der hochmütige Gelehrte im Besitz des richtigen Wissens und von dem Wunsch beseelt, jeden Unwissenden zu mahnen, zu erziehen, so wie er selber erzogen wurde, in einer festen Tradition stehend, die Selbstgewißheit verleiht und zugleich jede Unsicherheit, jede Unklarheit auszumerzen bestrebt ist. Unklar, unsicher für den Gläubigen aber ist Ibn al-Burhāns Frömmigkeit, denn sie gründet auf der Hoffnung, nicht auf der Gewißheit. Kommt der sündige Muslim in die Hölle? Wird der Ungläubige in ihr leiden? „Ja, aber..." würde Ibn al-Burhān antworten. Al-Ǧuwainī jedoch verlangt die Entschiedenheit eines Ja oder Nein. Seine Geisteshaltung ist die einer frommen Elite, die die Möglichkeit hat, in dem geforderten Maß alle Kleinigkeiten der Scharia zu beachten – die breite Masse muß sündigen, mehr oder weniger.

2. Die Aschʿaritenverfolgung

Was nun hatte al-Ǧuwainī veranlaßt, seine vielversprechende Lehrtätigkeit aufzugeben und im Gefolge des Wesirs al-Kundurī mit dem Heer Ṭoġrilbegs gen Westen zu ziehen? Es ist eben jener Widerstreit zwischen der Volksfrömmigkeit und dem religiösen Professionalismus, der uns den Weg zum Verständnis des Wendepunktes in al-Ǧuwainīs Leben eröffnet. Kann es gut gehen, wenn einige wenige Virtuosen der Scharia-Frömmigkeit – auch wenn sie es noch so ehrlich meinen – dem einfachen Gläubigen ständig die Mangelhaftigkeit seines Lebenswandels vor Augen halten und ihm noch dazu einreden, daß es im Endgericht sehr schlimm um ihn stehe? In einer Zeit der aufgepeitschten religiösen Leidenschaften – denken wir an die Verfolgung der Muʿtaziliten und Ismaʿiliten – wird sich der Haß nicht immer nur gegen die regierungsamtlichen Opfer kanalisieren lassen. Jedenfalls gelang dies in Nischapur nicht, wo Ṭoġrilbeg seine erste feste Residenz errichtet hatte.

Ṭoġrilbeg, in Chorasan Erbe einstiger ghaznawidischer Gebiete, übernahm auch die Leitlinien der Religionspolitik Maḥmūds und Masʿūds.[11] Dies zeigte sich schon am Verhältnis der Seldschuken zum Bagdader Kalifat. Gegen die Muʿtaziliten und Ismaʿiliten zielten die Angriffe, die die Ghaznawiden zur Sicherung des sunnitischen Islams vor seinen Feinden unternahmen. Etwas Ähnliches mußten nun auch die Seldschuken ins Werk setzen, vielleicht sogar noch etwas Umfassenderes. Schon

Maḥmūd hatte in seinem Schreiben an al-Qādir, in dem er von der Zerschlagung der isma'ilitischen Schia und der Mu'tazila in Raij berichtete, an mehreren Stellen von den „Verfechtern unzulässiger Neuerungen" gesprochen. „Neuerung" im Sinne von Abweichung vom durch prophetisches Vorbild geheiligten Pfad, im Sinne von absichtlicher und frevelhafter Verletzung des überkommenen Glaubens und der bewährten Ordnung, dies war der Oberbegriff, unter dem man alles zusammenfassen konnte, was angeblich nicht ganz mit der Sunna im Einklang stand. Die „Neuerer" waren die Feinde des sunnitischen Islams schlechthin, eine weitere Klassifizierung dieser Feinde nach Mu'taziliten, Schiiten usw. benötigte man nicht unbedingt; das Wort war von einer gefährlichen – oder auch nützlichen – Unschärfe. Wer also war gemeint, als Ṭoġrilbeg im Jahre 1053 alle „Neuerer" von den Predigtkanzeln herab verfluchen ließ?

Von der Verdammung der „Neuerer" wurden bald gerade jene Kreise erfaßt, die bislang am eifrigsten das Geschäft der Mahnung und Erziehung anderer Muslime betrieben hatten: jene religiöse Elite in Nischapur, der auch al-Ǧuwainī angehörte. Beschäftigten sich nicht Leute wie er mit einer spekulativen Verstandestheologie, genau wie die Mu'taziliten sie gepflegt hatten? Da bedeutete es doch kaum einen Unterschied, daß Abū l-Ḥasan al-Aš'arī (gest. 935) die von den Nischapurer Schafiiten so entschlossen propagierte Denkschule zu dem Zweck geschaffen hatte, die Mu'taziliten zu widerlegen, sie gleichsam mit ihren eigenen Waffen zu schlagen. Verstandestheologie war eben auch das Asch'aritentum, selbst wenn es die Lehren der Sunniten verteidigte; und Verstandestheologie hatten Muḥammad und seine Gefährten noch nicht gekannt – also war sie eine „unzulässige Neuerung"! Die Ausdehnung dieses Begriffes auf die Asch'ariten, die ihrerseits allzu gern andere Strömungen mit diesem Verdikt belegt hatten, ist freilich nur der formale Grund für diese Verfolgung.

Wenn einige der Betroffenen ahnten, das Unglück, das über sie hereingebrochen war, müsse auf die Rachegelüste ihrer Feinde zurückgeführt werden, kamen sie dem wahren Sachverhalt nahe. Aber nicht allein die Mu'taziliten, Schiiten usw., nicht so sehr diese klar abgrenzbaren Glaubensrichtungen standen hinter den Ereignissen, sondern vor allem eine breite Schicht von Muslimen, die sich von der Elite ständig zurechtgewiesen sahen. Ihr warfen sie nun vor, in frommer Anmaßung den einfachen Mann des Unglaubens verdächtigt zu haben. Hier stoßen wir an die gleiche Scheidelinie, die in dem Streitgespräch zwischen Ibn al-Burhān und al-Ǧuwainī so deutlich hervorgetreten war. Die große Mehrzahl der Muslime in Nischapur stand unter dem Einfluß der Hanafiten, denen sich auch die Türkmenen mit dem Sultan an der Spitze – die neuen Herren also – zurechneten. Die Schafiiten wie al-Ǧuwainī bildeten eine Minderheit, die sich in Chorasan allerdings als den wahren Hort des Sunnitentums betrachtete; „Leute der Überlieferung" nannten sie sich selber.[12] Sie befolgten nun einmal, wie wir schon wissen, das normsetzende Vorbild des Propheten besonders streng. Der schon zwei Jahrhunderte alte Gegensatz zwischen Hanafiten und Schafiiten hatte durch al-Aš'arīs Lehre eine Zuspitzung erfahren. Al-Aš'arī selber war Schafiit gewesen; seine Lehre wurde im Osten vorzugsweise von Schafiiten weiterentwickelt. Und hinzu kam schließlich, daß das asch'aritische Schafiitentum, nach seinem Selbstverständnis dazu berufen, den Schiedsrichter über alle islamischen Strömungen zu spielen, in Nischapur die Mehrheit der gesellschaftlich führenden, besitzenden Schicht stellte.

Die einflußreichen Familien hatten, als die ghaznawidische Macht in Chorasan abbröckelte, in Ṭoġrilbeg den kommenden Mann erkannt und seinen Einzug in die Stadt vorbereitet. Dies – und nicht allein die Gesandtschaft des Kalifen an Ṭoġrilbeg – wird einer der Gründe dafür sein, daß Nischapur nicht von den Türkmenen verwüstet worden war, sondern sich hatte freikaufen können. Der führende Mann der dortigen Schafiiten war damals al-Muwaffaq al-Basṭāmī gewesen; er hatte Ṭoġrilbeg die Dienste eines Wesirs geleistet, wenn er auch offiziell diesen Posten nie bekleidet hat.[13] Zu dem Kreis um al-Muwaffaq hatte auch al-Kundurī gezählt, dessen Aufstieg unter Ṭoġrilbeg in jenen Tagen begann. 1043 war al-Kundurī offensichtlich noch in gutem Einvernehmen mit den Schafiiten, denen er seine Verbindung zum Sultan verdankte.[14]

Er war ein Mann von außergewöhnlichen Talenten – er beherrschte Persisch, Arabisch, Türkisch und „die Sprache der Inder"[15] – und von brennendem Ehrgeiz, und dies haben ihm anscheinend die alteingesessenen Familien übelgenommen. Im Anhang al-Muwaffaqs mokierte man sich über den Emporkömmling, Sohn eines Landwirtes aus der ärmlichen Gegend Bušt südwestlich der Stadt. „Kam da aus Kundur ein drolliges Kerlchen herbei, das Elend steht ihm im Gesicht geschrieben! Rennt in die Häuser des Emirs statt ins Wirtshaus, wie es seiner Jugend angemessen wäre! – Ein Höllenfeuer ist er, doch sein Hintern weit wie ein himmelbreites Paradies!" Später, in Bagdad, beschämte al-Kundurī den Spötter, indem er ihn mit Ehrengewändern beschenkte: „Herbeikommen", das erste Wort jener Verse, könne doch auch bedeuten „sein Glück machen", und genau diesen Sinn habe er, al-Kundurī, stets herausgelesen.[16] Gerade zweiunddreißig Jahre alt, wurde er Mitte 1055 Wesir des Sultans, nachdem er zuvor die Kanzlei geleitet hatte.

Man kann nicht sagen, daß al-Kundurī den vornehmen Nischapurern die anzügliche Bloßstellung seines Ehrgeizes und die hämische Kommentierung seines Erfolges auf direktem Weg – eben durch die Asch'aritenverfolgung – heimzahlte. Eher scheint es, als habe er, nachdem der

Kampf gegen die „Neuerer" jene Wende genommen hatte, den Dingen ihren Lauf gelassen. Konnte und sollte er es auch wagen, zugunsten jener Clique aufs Spiel zu setzen, was er gerade zu gewinnen im Begriffe stand? Es ist ihm hoch anzurechnen, daß er den vom wütenden Mob bedrohten Asch'ariten – unter ihnen al-Ǧuwainī – schließlich Schutz gewährte, und wir werden erfahren, wie übel sie ihm später dafür dankten.

Oberhaupt der Stadt[17] war seit 1039 ein Altersgenosse al-Kundurīs, Abū Naṣr Aḥmad aṣ-Ṣā'idī, der aus einer Familie stammte, die schon mehrere hanafitische Qāḍīs gestellt hatte. Er hat 1053 offenbar allzu gern die Gelegenheit ergriffen, den schafiitischen Nebenbuhlern eins auszuwischen.[18] Den Zorn des einfachen Volkes entfachte 'Alī aṣ-Ṣandalī, der von Ṭoġrilbeg in das Amt eines Predigers von Nischapur eingesetzt worden war. Dieser Posten war zuvor gleich dem des Stadtoberhauptes stets in den Händen der Schafiiten gewesen.[19] Man kann es aṣ-Ṣandalī nachfühlen, daß es ihm jetzt Freude machte, sein Mütchen an den Asch'ariten zu kühlen. Neben hanafitischem Recht hatte er auch mu'tazilitische Theologie studiert[20] und war deshalb unter zwei Gesichtspunkten den Attacken der Nischapurer Asch'ariten ausgesetzt gewesen. Mit 'Abdallāh b. Jūsuf und mit dessen Sohn 'Abd al-Malik al-Ǧuwainī hatte er manchen harten Strauß ausgefochten. Beide Parteien hatten ihren Anhang gehabt und wenn sie zusammentrafen, waren sie heftig aufeinander losgefahren.[21]

Al-Muwaffaq, der einflußreiche schafiitische Vertraute Ṭoġrilbegs, war schon 1048 gestorben. Sein Sohn Abū Sahl, damals noch ein Jüngling von siebzehn Jahren, war auf Betreiben einiger Schafiiten offiziell zum Nachfolger seines Vaters in der Führerschaft des Nischapurer Zweiges dieser Rechtsschule bestimmt worden. Hiergegen hatte sich Widerstand in den eigenen Reihen erhoben, so daß die Schafiiten zerstritten waren, als die Verfolgung einsetzte. Abū Sahl suchte mehrmals das Heerlager des Sultans auf, um die Bedrohung abzuwenden – aber vergebens. Ṭoġrilbeg hörte auf die Gegner der Asch'ariten und befahl, vier ihrer Führer zu verhaften: Abū Sahl b. al-Muwaffaq, 'Abd al-Malik al-Ǧuwainī, al-Furātī und Abu l-Qāsim al-Qušairī. Als der Befehl bekanntgegeben wurde, befanden sich nur die beiden letztgenannten in der Stadt; sie wurden in der Festung gefangengesetzt, wie es heißt, unter erniedrigenden Umständen. Al-Ǧuwainī hatte vorher einen Wink bekommen und war untergetaucht. Danach flüchtete er in das Heerlager des Sultans unter den Schutz al-Kundurīs. Mit ihm machte er die Feldzüge der nächsten Zeit mit und gelangte schließlich Ende 1055 nach Bagdad. Abū Sahl wollte dem Geschehen nicht tatenlos zuschauen; er besaß genügend Mittel, um eine kleine Truppe anzuwerben, mit der er die beiden Gefangenen befreien wollte. Durch Drohungen ließ er sich von diesem Vorhaben nicht abbringen. Er kampierte in einem ihm gehörenden Dorf vor den Toren Nischapurs. Unter lautem Kampfgebrüll schlug er sich eines Nachts zu seinem Anwesen in der Stadt durch. Die seldschukische Besatzung wurde überrascht. Friedensverhandlungen, in denen Abū Sahl auf der Freilassung al-Qušairīs und al-Furātīs bestand, blieben ohne Ergebnis. Erst ein weiterer Gewaltstreich bewog den Kommandanten, die beiden nach etwa einmonatiger Haft zu entlassen.[22]

Nachdem Abū Sahl den Willen des Sultans in so grober Weise mißachtet hatte, bemühte er sich, mit Ṭoġrilbeg, dessen Heerlager inzwischen vor Raij aufgeschlagen worden war, wieder in ein gutes Einvernehmen zu kommen. Aber er fand kein Gehör, wurde vielmehr für einige Zeit festgenommen, verlor sein Vermögen und mußte mit ansehen, wie man seine Landgüter verkaufte. Als er später auf freien Fuß gesetzt wurde, knüpfte er Beziehungen zu Ṭoġrilbegs Neffen Alp Arslan an. Aber die Feinde waren auf der Hut: 1064, kurz nachdem Alp Arslan die Nachfolge seines Onkels angetreten hatte, vergiftete man Abū Sahl. Man fürchtete, er werde den neuen Sultan, dessen Wesir Niẓām al-Mulk ohnehin den Nischapurer Schafiiten zugerechnet werden mußte, zur Rache anstiften.[23] – Al-Furātī starb bald nach seiner Befreiung, al-Qušairī fand wie al-Ǧuwainī Schutz im Heerlager und gelangte ebenfalls nach Bagdad, wo er vom Kalifen al-Qā'im empfangen wurde.

Insgesamt sollen sich in jenem Jahr 1053 etwa vierhundert Verfolgte aus ganz Chorasan zusammengefunden haben; von Bagdad aus schlossen sie sich der Pilgerkarawane an, um die Riten der Wallfahrt zu vollziehen. Wie erinnerlich, war Ṭoġrilbeg 1055 zu eben diesem Zweck auf der Durchreise in den Irak gekommen. Die Politik Ibn al-Muslimas verwikkelte ihn jedoch in die dortigen Kämpfe und zwang ihn, auf der Stelle eine Probe seines so oft angekündigten Eintretens für das sunnitische Kalifat zu liefern. Sein Wunsch, die heiligen Städte des Islams zu sehen, erfüllte sich deswegen nie. Stattdessen fanden sich nun vierhundert Asch'ariten – nicht ganz freiwillig – dorthin versetzt. Als die übrigen Pilger zur Heimreise aufbrachen, wußten sie nicht, was sie tun sollten. Sie forderten al-Qušairī auf, seine Meinung zu äußern. Er stieg auf die Kanzel, blickte lange gen Himmel, schwieg, faßte sich an den Bart und sprach dann: „Ihr Chorasanier, auf in euer Land! Al-Kundurī ist euer Schuldner. In Stücke soll er zerhackt werden! Zerstreuen soll man seine Gliedmaßen! So sehe ich ihn jetzt schon vor mir! – Stütze der Herrschaft[24], die Nächte verhalfen dir, die Höhen zu erklimmen, die du erstrebtest. Nichts als ein Befehl, die Muslime fortwährend zu verfluchen, gelang dir! Heimsuchung soll es dich mit Leid entgelten lassen; koste das Unglück, das du verdienst!" Als man nach al-Kundurīs schrecklichem Ende diese Verse genauer untersuchte, entdeckte man, daß sie ein Chronogramm auf seine Todesstunde waren, und auch die Verwünschung al-Qušairīs hatte sich erfüllt![25]

Mit dieser Überlieferung haben wir schon die Grenze des Geschichtlichen überquert und befinden uns auf dem Gebiet der al-Kundurī-Legende. Ihr werden wir später Aufmerksamkeit schenken. Fest steht, daß al-Qušairī in seine Heimat zurückkehrte. Aber er fühlte sich dort noch nicht sicher; darum lebte er bis zum Ende von Ṭoġrilbegs Sultanat in Tus. Al-Ǧuwainī beherzigte al-Qušairīs Aufruf nicht; er blieb vier Jahre im Hedschas. Schon im Heerlager Ṭoġrilbegs, dann in Bagdad, vor allem aber in Mekka und Medina, glänzte er mit seiner Disputierkunst, mit seinem Scharfsinn und gewaltigem Wissen. Die Flucht zu al-Kundurī hatte bewirkt, daß er viele Gelehrte traf, denen er sonst vielleicht nie begegnet wäre. In alle Lande verbreitete sich sein Ruhm, und als al-Ǧuwainī schließlich in seine Geburtsstadt zurückkehrte, da nannte man ihn voller Hochachtung den „Imam der beiden heiligen Städte", Imām al-Ḥaramain.

Erster Einschub: Die Suche nach dem Wissen

„Wie weiträumig sind Gottes Länder, wie reichlichen Unterhalt spendet er in dieser Welt! Sag allen, die in Schmach zu Hause bleiben: ‚Wird es euch zu eng, dann reist!'"[26] Al-Ǧuwainī dichtete diese zwei Verse. Sie hören sich an wie eine Rechtfertigung seiner Flucht aus Nischapur in das Heerlager des Sultans. Weiter hatte den jungen Gelehrten der Weg nach Bagdad geführt, dann schließlich in den Hedschas zu den beiden Städten, in denen der Islam seinen Anfang genommen hatte. Ausgelöst wurde diese Reise durch die Aschʿaritenverfolgung. Es war aber nicht nur eine Flucht, nicht nur ein Untertauchen und Abwarten auf eine Umwälzung der politischen Verhältnisse. Al-Ǧuwainīs Reise fügt sich auch in den Brauch ein, zum Erwerb von Wissen auf jahrelange Wanderschaft zu gehen, Mekka nicht nur zum Zwecke der Wallfahrt aufzusuchen, sondern dort länger zu verweilen, um sich an Ort und Stelle in jene heilstiftenden Ereignisse am Anfang des Islams zu versenken, mit denen für den Gläubigen die Weltgeschichte einst ihren Höhepunkt erreicht hatte.

Zu jener Zeit, als Muḥammad, der Prophet wirkte, war vom Hedschas das Wissen um Gottes Ordnung im Diesseits ausgestrahlt, das Wissen um die Heil gewährende Zuordnung des Diesseits zum Jenseits als dem wahren Ziel des menschlichen Daseins. Den zu spät Geborenen, die selber nicht an jenem Geschehen hatten teilhaben können, blieb es überlassen, die Strahlen an ihren Ausgangspunkt zurückzuverfolgen. Überall, wo ein Gelehrter seinen Zuhörern und Schülern die Überlieferungen vom Propheten weitergab und sich auf eine Zeugenkette berief, die bis auf Muḥammad zurückreichte, überall dort wurde das Ende eines jener Strahlen sichtbar. Ging man hin und reihte sich in die Schar der Schüler ein, dann erwarb man schließlich die Erlaubnis, seinerseits die Überlieferungen weiterzureichen. Man selber war jemand geworden, zu dem sich der Strahl fortgesetzt hatte; ein Stückchen jenes authentischen Wissens hatte man sich im wahrsten Sinne des Wortes angeeignet. Denn was man über des Propheten Reden und Tun auf diese Weise in sich aufgenommen hatte, war nicht über den Umweg des Schriftlichen gegangen und damit verfremdet, wenn nicht gar entstellt worden, nein, es war ein winziger Bruchteil unmittelbarer Wirklichkeit jener Verhältnisse „am Anfang". Im Koran selber hält Muḥammad den „Schriftbesitzern", den Juden und Christen, entgegen, daß sie ihre Kenntnis über Gottes Gesetz nur aus Büchern geschöpft hätten, er aber, der „schriftunkundige" Prophet, empfange sein Wissen aus unmittelbarer göttlicher Eingebung.[27] Diese Grundidee der islamischen Offenbarung lebte fort und erwies sich als eine starke Antriebskraft. Gewiß, seit dem frühen 8. Jahrhundert, als man sich der Bedeutung der prophetischen Überlieferung bewußt wurde, hat man sie auch schriftlich niedergelegt, und im 11. Jahrhundert war die Zahl der umfassenden Nachschlagewerke und thematisch spezialisierten Sammlungen unübersehbar groß geworden. Aber dies alles war nur ein Ersatz, nicht geeignet, den Propheten als nach wie vor wirkenden Rufer zur Rechtleitung zu erfahren. Die Sehnsucht nach solcher Erfahrung aber trieb die Gelehrten auf die Suche nach dem Wissen, von einem Ende der islamischen Welt zum anderen. Die schafiitische Rechtsschule war so eng mit dem Überlieferungswesen verbunden, daß sich ihre Vertreter als die „Leute der prophetischen Tradition", als die Sunniten schlechthin verstanden.

Der erste Schafiit in Nischapur war Abū ʿAbdallāh Muḥammad b. Naṣr al-Marwazī. In Ägypten hatte er bei Schülern aš-Šāfiʿīs gehört; 873, bei seiner Rückkehr in seine ostiranische Heimat, lebte er einige Zeit in Nischapur, dann zog er nach Samarkand weiter. Wurzeln schlug das Schafiitentum in Nischapur, seitdem Ibn Ḫuzaima (gest. 923) dort gewirkt hatte. Er war zuvor „im Lande umhergezogen, um Überlieferungen zu suchen". Er hatte in seiner Jugend zunächst in Nischapur, dann in Merw, Raij, Bagdad, Basra, Damaskus, im Gebiet des Fruchtbaren Halbmondes, in Ägypten, in Wasit gehört. Wieder in seiner Heimatstadt, sammelte er viele Schüler um sich. „Woher hast du dein Wissen?" fragte man ihn eines Tages. Antwort: „Der Prophet hat gesagt: ‚Das Wasser des Zemzem-Brunnens[28] verhilft zu dem Zweck, um dessen willen es getrunken wird.' Als ich es trank, bat ich Gott um nützliches Wissen." Und ein anderes Mal fragte man ihn: „Warum läßt du dir dein Haupthaar nicht im Bad rasieren?" Antwort: „Es ist für mich nicht erwiesen, daß der Gottesgesandte je ein Bad betreten hat, noch daß er je sein Haupthaar rasieren ließ. Also lasse ich es mir von einer Dienerin mit der Schere abschneiden." Eines Tages zitierte der Samaniden-Emir Ismāʿīl b. Aḥmad (reg. 892–907) eine Überlieferung, jedoch mit einer fehlerhaften Kette von Gewährsmännern; Ibn H̱uzaima berichtigte ihn sofort. Danach gab ein Qāḍī zu, daß man es seit zwanzig Jahren nicht gewagt habe, den Herrscher auf seinen Irrtum aufmerksam zu machen. Darauf Ibn H̱uzaima: „Ich gestatte es mir nicht, eine fehlerhafte oder entstellte Überlieferung des Gottesgesandten anzuhören, ohne darauf einzugehen." Bei einer anderen Gelegenheit wollte jemand wissen: „Wieviele Überlieferungen, o Meister, hast du im Gedächtnis?" Ibn H̱uzaima schlug dem Frager eins auf den Kopf und sprach: „Wie neugierig du bist! Söhnchen, ich habe noch nie etwas schwarz auf weiß niedergeschrieben, ohne es auswendig zu kennen!"[29]

Von Ibn H̱uzaima in Nischapur soll al-Ḥusain b. ʿAlī, genannt Ḥusainak, ausgebildet worden sein. In der Art der rituellen Waschung und des Vollzugs der Gebete ahmte er seinen Meister aufs genaueste nach. Lange Jahre war Ḥusainak auf Wanderschaft, hörte Überlieferungen in Bagdad und Kufa. Nie unterließ er das Nachtgebet, auch unterwegs nicht, und jede Nacht rezitierte er ein Siebentel des Korans. Als die Byzantiner 965 Tarsus eroberten, rüstete er auf eigene Kosten zehn Glaubenskämpfer aus; er selber hatte des öfteren am Krieg gegen die Ungläubigen teilgenommen.[30]

Noch weiter hatte die Suche nach Wissen Ḥusainaks Zeitgenossen Abū ʿUṯmān al-Maġribī geführt. Geboren wurde er in einem Dorf bei Qairawan in Tunesien. Seine Wanderschaft ging zuerst nach Ägypten, wo er die prophetische Überlieferung studierte. Dann gelangte er nach Syrien und schloß sich Abū l-H̱air al-Aqṭaʿ an, einem heiligmäßigen Mann, der zuerst im Libanongebirge hauste und sein Leben mit dem Flechten von Blattmatten fristete, wobei man nicht wußte, wie er als Einarmiger dies fertigbrachte. „Und die Raubtiere und das Gewürm waren zutraulich zu ihm." Nach der Erfahrung des Umgangs mit diesem Mann lebte Abū ʿUṯmān mehr als zehn Jahre in Mekka. Nach einem Streit mit Aliden ging er nach Bagdad, das er schon vorher einmal besucht hatte. Schließlich verschlug es ihn nach Nischapur, wo er im Jahre 984 starb, in hohem Ansehen als Überlieferer stehend.[31]

Diese Beispiele müssen genügen. Das nützliche Wissen, um das Ibn H̱uzaima bat und das man überall in der islamischen Welt zusammenzutragen hoffte, konnte in Mekka und Medina sicher nicht umfassender als anderswo aufgenommen werden. Beide Städte waren nicht die Zentren der islamischen Gelehrsamkeit; dies waren viel eher die Metropolen Bagdad und Kairo und die größen Städte politisch wichtiger Provinzen, etwa Merw und Nischapur in Chorasan. Aber was die beiden Orte im Hedschas für den frommen Gelehrten, der sein Leben der prophetischen Überlieferung gewidmet hatte, anziehend machte, was einen asketischen

Heiligen wie Abū l-Ḫair al-Aqṭaʿ bewegen konnte, dorthin zu wandern, war die Gewißheit, an der Wirklichkeit des Anfangs teilzuhaben und sich dem Geist des Gottesgesandten ganz zu öffnen. Abū l-Ḫair al-Aqṭaʿ erzählt: „Ich betrat die Stadt des Gottesgesandten in größtem Elend; fünf Tage lang hatte ich überhaupt nichts zu essen. Da ging ich zum Grab des Propheten, grüßte ihn und Abū Bakr und ʿUmar und sagte: ‚Heute nacht, o Gesandter Gottes, bin ich dein Gast!' Dann trat ich zur Seite und legte mich hinter der Gebetskanzel der Grabmoschee zum Schlafen nieder. Im Traum sah ich den Propheten, Abū Bakr zu seiner Rechten, ʿUmar zu seiner Linken, ʿAlī b. abī Ṭālib vor ihm. ʿAlī schüttelte mich: ‚Steh' auf, denn der Gottesgesandte ist gekommen!' Und ich stand vor dem Propheten auf und küßte ihn auf die Stirn zwischen seine Augen. Er steckte mir einen Laib Brot zu, den ich zur Hälfte aß. Als ich erwachte, hielt ich einen halben Laib Brot in der Hand."[32]

Wer sich längere Zeit in Mekka und Medina aufhält, dem geht es nicht um die Pilgerriten und um eine anschließende Besichtigung des Prophetengrabes; gerade dies alles ist nicht gemeint, und Abū ʿUṯmān al-Maġribī pflegte sich während der Pilgertage, in denen die Moschee um die Kaaba herum von Menschen überquillt, verborgen zu halten. „Das Gastrecht in Anspruch nehmen", nennt man einen längeren Aufenthalt an den heiligen Stätten. Abū l-Ḫair al-Aqṭaʿ berief sich gegenüber dem Propheten eben auf dieses Gastrecht, einen aus dem vorislamischen Arabien übernommenen, im Islam mit neuem Inhalt gefüllten Brauch. „Ich werde das Gebiet, in das ich ausgewandert bin, und meine gastrechtliche Verbindung zum Gottesgesandten nicht aufgeben!" soll der dritte Kalif ʿUṯmān ausgerufen haben, als man ihn im Jahre 656 in Medina belagerte.[33] Noch der verstorbene Prophet gewährt nach diesem Ausspruch, mag ʿUṯmān ihn nun tatsächlich getan haben oder nicht, den Schutz und Unterhalt, auf den derjenige ein Anrecht hat, der sich in den Bereich einer ihm fremden Sippe begibt. In Mekka freilich genießt man sogar das Gastrecht Gottes; man verweilt in jener Moschee, an jenem Gebetsplatz, der sein Haus umgibt. Die Kaaba aber ist das sichtbare Zeichen des Bundes, den Gott einst mit Abraham, ihrem Erbauer, geschlossen und mit Muḥammad, dem letzten Propheten, erneuert hat. In diesem Zusammenhang büßt der Begriff des Gastrechts seinen aus dem arabischen Heidentum herstammenden Inhalt mehr und mehr ein. „Inanspruchnahme des Gastrechtes gegenüber Gott" nennt man schließlich jedes längere Verweilen in einer Moschee, ja schon das rituelle Gebet selber. So legt man Muḥammad die Worte in den Mund: „Wer das Morgengebet vollzieht, untersteht dem Gastschutz Gottes! Verletzt nicht Gott gegenüber das Schutzverhältnis, das er mit seinem Schützling eingegangen ist!" Die besonders enge Verbindung, die der Gläubige zu seinem Schöpfer im Morgengebet findet, soll mit diesen Worten hervorgehoben werden.[34]

Eine zweite, ebenfalls schon im Heidentum gepflegte Sitte spielt in diese Deutung des Gastrechtes hinein: der rituelle Aufenthalt an einem Heiligtum, in dem die Gottheit gegenwärtig ist. Im Islam gilt der rituelle Aufenthalt in einer Moschee während des letzten Drittels des Ramadans für besonders verdienstvoll; nur zu ganz bestimmten Zwecken darf man, wenn man diese Übung auf sich genommen hat, die Moschee verlassen.[35] Wo aber könnte ein solcher Aufenthalt unter dem Gastrecht Gottes sinnvoller sein als in Mekka, an jenem Mittelpunkt der Erde, an dem Gottes Offenbarung zweimal die Menschheitsgeschichte entschieden hat? Hier zu verweilen, wird die meisten Verdienste für das Jenseits einbringen, vor allem, wenn der Aufenthalt weit über jene Tage im Ramadan hinaus ausgedehnt wird. Und aus der rein körperlichen Anwesenheit in dem geheiligten Bezirk erringe man sich die Ausrichtung aller Lebensäußerungen auf Gott hin! „Der rituelle Aufenthalt bedeutet, die Glieder in der Disziplin zu halten", sagte Abū ʿUṯmān al-Maġribī.[36]

Der Überlieferer Muḥammad b. al-Ḥusain al-Āǧurrī lehrte bis ungefähr 940 in Bagdad. Dann ging er nach Mekka, und ihn erfaßte ein tiefes Verlangen, dort zu bleiben. „O Gott, laß mich wenigstens ein Jahr in dieser Stadt leben!" flehte er, und plötzlich vernahm er eine Stimme: „Warum nur ein Jahr? Nein, dreißig!" Und im dreißigsten Jahr seines Aufenthaltes hörte er wieder die Stimme: „Wir haben unser Versprechen erfüllt!" Bald darauf starb er.[37] – Muḥammad b. Aḥmad al-Fāšānī, ein schafiitischer Überlieferer aus Merw, nahm es noch im hohen Alter auf sich, nach Mekka zu ziehen, um das Gastrecht Gottes zu genießen. Al-Fāšānī blieb dort, „bis ihn die Ecke der Kaaba-Mauer fast schon erkannte, bis zu ihm der Standplatz Abrahams[38] Zutrauen faßte, aṣ-Ṣafā[39] ihm seinen Lauf dankte, die lauteren Gefährten ihn rühmten, ihn, der das Wissen verbreitete und die Nacht zubrachte, ohne sie zu verschwenden, bis schließlich der Talgrund von Naʿmān[40] nach Moschus duftete – dank seiner Anwesenheit –, bis schließlich alle Berühmtheiten an Würde gewannen – weil er sich dort niedergelassen hatte!" Als der greise al-Fāšānī sich entschloß, die beschwerliche Heimreise zu wagen, erschien ihm im Traum der Prophet und befahl einem jungen Mann, dem Geist Gottes, den Überlieferer sicher zu geleiten. Wohlbehalten kam al-Fāšānī nach Merw zurück.[41]

Die Reise in das Ursprungsland des Islams, der Aufenthalt unter dem Gastrecht Gottes und seines Propheten, verbunden mit der auch anderswo geübten Tätigkeit des Überlieferns und Aufnehmens von Nachrichten über Muḥammad und seine Gefährten, alles dies gehörte zum Lebensweg eines Mannes wie al-Ǧuwainī dazu; es war nichts Ungewöhnliches, eher etwas, das man als wünschenswert empfand. Auch sein Vater ʿAbdallāh b. Jūsuf hatte in Mekka Überlieferungen gehört.[42] Al-Ǧuwainī also ergriff die Gelegenheit, die sich ihm bot, nachdem es ihn mit dem

Heer Ṭoġrilbegs nach Bagdad verschlagen hatte. „Al-Ǧuwainī weilte unter dem Gastrecht Gottes in Mekka vier Jahre, lehrte, erteilte Rechtsgutachten, faßte die Methoden der (ascharitischen) Richtung zusammen, machte sich daran, sie in abgeklärter Form darzustellen..."

Vier Jahre blieb al-Ǧuwainī im Hedschas, dann kehrte er in seine Geburtsstadt zurück.[43] Dort war seit 1058 Ṭoġrilbegs Neffe Alp Arslan Statthalter, und dessen Wesir war Niẓām al-Mulk, ein Schafiit aus Tus. Noch ehe Alp Arslan 1063 zum Großsultan erhoben wurde, änderte sich in al-Ǧuwainīs Heimat das geistige Klima zugunsten der Aschʿariten. Es begann nun al-Ǧuwainīs große Zeit, und „alle Märkte neben dem seinigen verödeten", wie sich ein Biograph ausdrückt.[44]

3. Die „neue Frömmigkeit"

Die Verfolgung, die im Jahre 1053 die Aschʿariten von Chorasan heimsuchte, traf sie nicht wie der Blitz aus heiterem Himmel. Seit vielen Jahren aufgestaute Feindseligkeit gegen eine als neu empfundene Frömmigkeit, gegen ein neues theologisches Denken, brach in dem Augenblick hervor, als der Sultan zum Angriff gegen Neuerer aufrief und Schiiten und Muʿtaziliten meinte. Die Argumente, mit denen man in der Umgebung des Sultans den Umstand zu rechtfertigen hoffte, daß auch die Aschʿariten zu leiden hatten, waren dürftig, wenn wir dem Bericht al-Qušairīs glauben wollen. Eine Reihe von bekannten Entstellungen oder absurden Schlußfolgerungen aus al-Ašʿarīs Theologie hatte man ihm vorgehalten, als er im Rat des Sultans eine Beschwerde wegen der Übergriffe vorgetragen hatte. Der al-Ašʿarī, der solche Irrlehren verkündet habe, sei noch nicht geboren, meinte schließlich al-Qušairī, worauf man mit entwaffnendem Zynismus erwiderte, dann sei ja alles in bester Ordnung, und al-Ašʿarī vertrete sogar den rechten Glauben. Auf das Angebot al-Qušairīs freilich, die al-Ašʿarī fälschlich vorgeworfenen Lehren mit der Methode der rationalen Theologie zu widerlegen, wollte man nicht eingehen, denn gerade solche Art von Disputationen habe man verboten. Man wisse eben nicht sicher, ob al-Ašʿarī jene ihm und seiner Schule nachgesagten Äußerungen getan habe; auf jeden Fall sei al-Ašʿarī ein „Neuerer", und seine Neuerung sei noch schlimmer als die der Muʿtaziliten. „Als wir diese Bemerkung vernahmen", schreibt al-Qušairī, „waren wir bestürzt; wir waren endgültig abgewiesen! Wir hatten gehört, was wir nie vermutet hätten; erlebt, was wir nicht geglaubt hätten, wenn man es uns erzählt hätte; mit eigenen Augen gesehen, was wir, wäre es ein Traum gewesen, als wirres Durcheinander abgetan hätten! Mein Gott, wie kann man nur offen zugeben, daß man jemandes Lehre nicht wirklich kennt, daß dessen Aussagen sogar richtig seien, ihn dann aber der unislamischen Neuerung zeihen, ohne genaue Überprüfung!"[45]

Die Asch'ariten empfanden sich als Opfer einer gegen sie geschürten Mißstimmung; ein paar verdrehte Aussagen lieferten den formalen Vorwand für das Unrecht, das man ihnen antat. Ein in der Familie al-Qušairīs lange Zeit aufbewahrtes Schriftstück sagt uns, daß sich die Nischapurer Asch'ariten schon 1045 gegen Anfeindungen zur Wehr setzen mußten. Im Juni jenes Jahres hatte al-Qušairī ein Dokument folgenden Inhalts verfaßt: „Die Vertreter der Überlieferung sind sich darin einig, das Abū l-Ḥasan 'Alī b. Ismā'īl al-Aš'arī einer der anerkannten Führer ihrer Richtung gewesen ist und seine Lehrmeinung der ihrigen entsprach. In betreff der Grundlehren des Glaubens trieb er rationale Theologie auf dem Pfad des Sunnitentums und widerlegte die gegnerischen Abweichler und Neuerer. Er war ein gezücktes Schwert wider die Mu'taziliten, Schiiten und Neuerer unter den nach Mekka Betenden, wider alle, die sich außerhalb der Glaubensgemeinschaft stellen. Wer ihn verleumdet, bekrittelt, verflucht oder schmäht, fällt mit bösen Worten über alle Sunniten her! Freiwillig geben wir zu dieser Aussage unsere Unterschrift im Ḏū l-Qa'da des Jahres 436." Es folgt eine Reihe von Unterschriften, unter anderen die von 'Abdallāh b. Jūsuf, al-Ǧuwainīs Vater, der damals noch lebte. Einer der Unterzeichner weist in einem Zusatz ausdrücklich darauf hin, daß al-Aš'arīs Glaubenslehre bisher von „beiden Gruppen", d. h. von Hanafiten und Schafiiten, nicht bestritten worden ist.[46] Darauf berief sich al-Qušairī auch acht Jahre später im Rat des Sultans.

Aus dem Dokument von 1045 und aus al-Qušairīs Auftritt im Rat des Sultans wird deutlich, daß die Schafiiten – die „Vertreter der Überlieferung" – darum kämpften, weiterhin als Teil der sunnitischen Gemeinschaft zu gelten, die in Chorasan im wesentlichen von ihnen und den Hanafiten gebildet wurde. Darum die Beschwörung der Einheit beider Richtungen: „Wir vertrauten (bei Beginn der Verfolgung) auf die gewohnte Übereinstimmung beider Gruppen in den Grundsätzen des Glaubens. Deshalb auch gingen wir in die Ratsversammlung, ohne daran zu zweifeln, daß, sobald sie beendet sein würde, die Einheit des Glaubens wiederhergestellt und der Riß in der Eintracht gekittet sein würde; daß wir alle gemeinsam auf die Zähmung der Mu'taziliten und die Bezwingung der Neuerer hinarbeiten würden..."[47] Al-Qušairīs berühmtestes Werk, seine im Jahre 1046 verfaßte Rechtfertigungsschrift der „neuen Frömmigkeit" und sein unter dem Titel „Klage der Sunniten nebst Erzählung der Heimsuchung, die sie getroffen hat" verbreiteter Bericht über die Vorfälle von 1053, in dem er schriftlich die Anschuldigungen zurückweist, zu denen er sich in der Ratsversammlung nicht hatte äußern dürfen, sowie einige durch die „Klage" veranlaßte Stellungnahmen von dritter Seite verraten uns, worum es in jenem Zwist wirklich ging. Von außen mutet er nur an wie eine hanafitische Intrige, die die Macht der schafiitischen Familien in Nischapur eindämmen soll. Je weiter wir aber in den Stoff eindringen, desto klarer erfassen wir die Wesenszüge einer Art zu denken und zu leben, die eine beunruhigende, ja unerhörte Herausforderung für alle jene bedeutete, die sich im Gehäuse des Bestehenden wohnlich eingerichtet hatten.

„Dies ist ein Sendschreiben, aufgezeichnet im Jahre 437 von ʿAbd al-Karīm b. Hawāzin al-Qušairī, der Gottes bedürftig ist, an die Sufis[48] in den Ländern des Islams", lesen wir in der Einleitung zur Schrift über die „neue Frömmigkeit". Die Sufis seien eine kleine Schar, die Gott vor allen anderen Menschen auserwählt und erleuchtet habe. „Sie sind die Hilfe für das Volk, sie sind in all ihren Lebensumständen mit der Wahrheit in der Wahrheit", wobei „Wahrheit" in der sufischen Begrifflichkeit auch Gott bedeuten kann. – Ihnen habe Gott es gewährt, das wahre Wesen seiner Einheit zu schauen und die Übungen und Pflichten der Gottesknechtschaft zu vollziehen. „Sie also erfüllten die Aufgaben, die sich aus der ‚Belastung' mit der Scharia ergeben; sie verwirklichten alle Wendungen und Handlungen, die Gott ihnen zudachte." In aufrichtigem Verlangen nach ihm, in reumütiger Zerknirschung über die eigene Unzulänglichkeit hätten sie sich nicht auf ihre Werke verlassen, hätten sie doch gewußt, „daß er macht, was er will, erwählt, wen er will; und daß kein Geschöpf über ihn richten und daß nichts Geschaffenes gegen ihn einen Anspruch erheben kann. Wenn er belohnt, so ist dies eine Gnade; wenn er befiehlt, dann ist es sein entschiedener Ratschluß." Freilich, in dieser schlimmen Zeit gebe es nur noch wenige, die sich solch wahrhaft fromme Haltung zu eigen machten: „Die Meister, bei denen man rechte Leitung fand, sind dahingegangen. Gering geworden ist die Zahl der Jungen, die deren Pfad nacheifern. Verschwunden ist die Skrupelhaftigkeit, der Boden ist ihr entzogen. Erstarkt ist die Begehrlichkeit, ihre Kampfkraft wuchs." Die Achtung vor der Scharia habe die Herzen verlassen; Mißachtung des Glaubens gelte als das sicherste Mittel zum irdischen Gewinn. Aufgehoben sei die Scheidung zwischen „erlaubt" und „verboten". Die rituellen Pflichten würden vernachlässigt, man laufe den eigenen Begierden hinterher, suche raschen Profit „beim gemeinen Volk, bei den Weibern, beim Anhang des Sultans". Ja, man behaupte frech, längst die richtige Gotteserkenntnis, die Verbindung mit ihm gefunden und die Fesseln der Gottesknechtschaft abgestreift zu haben! „Und Gott habe nicht das Recht, zu bemängeln und zu tadeln, was man tue und lasse", da man der Geheimnisse seiner Einheit innegeworden sei und sich daher nicht mehr den Gesetzen, die für die übrigen Menschen gälten, fügen müsse. „Wer aus ihnen heraus spricht, sobald sie reden, ist ein anderer als sie", behaupten derartige Scharlatane laut al-Qušairī. „Und jemand anders als sie handelt, wenn sie handeln, oder besser: wenn an ihnen gehandelt wird. Da nun die Heimsuchung in dieser unserer Zeit schon lange währt – wie ich zum Teil andeutete – und ich bis heute noch keinen Tadel äußerte, weil ich aus Sorge um diesen Pfad vermeiden wollte, daß man seine Anhänger schmähe oder ein Gegner Gelegenheit zu Vorwürfen finde, zumal doch gerade in dieser Gegend der Pfad von seinen Feinden heftig befehdet wird –; da ich überdies hoffe, daß die Ursachen der Erschlaffung (des Eifers um die Scharia) beseitigt werden und Gott diejenigen gnädig warnen möge, die unter Mißachtung der Sitten dieses Pfades von der normsetzenden Sunna abgewichen sind –; da außerdem die Verhältnisse immer schwieriger wurden und die meisten Zeitgenossen in dieser Gegend immer starrer an ihren Gewohnheiten kleben und immer verblendeter ihren Gepflogenheiten folgen – aus all diesen Gründen war ich besorgt, die Herzen könnten vermeinen, dieser Pfad beruhe tatsächlich auf solch irrigen Grundlagen und die Vorfahren seien wirklich solch einer Richtung gefolgt." Deshalb eben schrieb al-Qušairī die Rechtfertigung der „neuen Frömmigkeit", die für ihn die Frömmigkeit der Altvorderen ist, „und in der Verbreitung dieser Klage finde ich Trost, und vom großmütigen Gott kommen mir Gnade und Lohn".[49]

Auf den folgenden Seiten umreißt al-Qušairī die theologischen Grundlagen der „neuen Frömmigkeit": sichere Grundlagen, die, wie er meint, schon jene glücklichen Geschlechter am Anfang kannten, noch ehe schädliche Neuerungen aufkamen. Laut al-Qušairī läßt sich die Gottesauffassung der Alten, die die Sunniten treu bewahrt hätten, wie folgt zusammenfassen: Gott ist der Ewige und Unerschaffene. Dies zu erkennen, ist der wahre Glaube an seine Einheit. Um diesen Glauben nicht zu verfehlen, muß man sich hüten, das Gottesbild an unsere Erfahrungen in dieser Welt anzugleichen, Gott also mit Begriffen des Geschaffenen zu kennzeichnen und ihn in Analogie zu seinen Geschöpfen zu sehen, ihn zu „verähnlichen", wie das arabische Wort lautet. Zugleich aber muß man sich davor in acht nehmen, der Gottesvorstellung jeglichen Inhalt zu rauben, sie zu „entleeren"; Gott wäre dann zwar seiner Schöpfung vollkommen unähnlich, aber man könnte über ihn überhaupt nichts mehr aussagen, nicht einmal, daß er existiert. Ein klares Verständnis des Gegensatzes von „existent" und „nicht existent" ist daher die Voraussetzung für die Erfassung der Einheit Gottes. Quintessenz dieser Theologie, die al-Qušairī schon von den Altvorderen herleiten möchte, ist die strenge „Scheidung des anfangslosen Ewigen vom Kontingenten", eine Formulierung, die er auf den Bagdader al-Ǧunaid (gest. 910), „den Herrn dieses Pfades", zurückführt.[50]

„Wer des Wissens um die Einheit Gottes nicht vermittels eines der Zeugnisse innewird, die Gott gibt, der wird wegen seines Dünkels ausgleiten und in den Schlund der Vernichtung stürzen", stellte ein Gefährte al-Ǧunaids fest und meinte damit, so al-Qušairī: „Wer sich auf die blinde Übernahme der Lehre verläßt, ohne die Beweise für die Einheit Gottes zu erwägen, der fällt von der Straße der Errettung..."[51] Hier verbindet al-Qušairī die folgenreichste Überzeugung der Aschʿariten mit dem Beweggrund der sufischen Sehnsucht nach Gotteserfahrung: Die Sufis erfassen die überwältigende Wahrheit des Einen aus seiner Wirksamkeit, die allüberall offenbar wird, und die Aschʿariten nutzen die Zeichen dieser Wirksamkeit als logische Beweise für seine Existenz. Beide Wege, Gott mit unumstößlicher Gewißheit und in unbestreitbarer Wahrheit zu begreifen, sind einander wahlverwandt. Beide verlangen von dem, der sie beschreitet, eine gewaltige eigene Anstrengung – nicht das bequeme Nachsprechen allein durch menschliche Autorität bekräftigter Formeln. Die eigene Anstrengung aber, sie ist der Kern der „neuen Frömmigkeit": Sie entreißt den Gläubigen der Vormundschaft menschlicher Autorität, mag diese in der Gestalt der Rechtsgelehrten oder des Erzählers erbaulicher Geschichten auftreten, in der Gestalt des Sultans oder seines Wesirs; unnachsichtig ruft sie den Gläubigen zu sich selbst zurück, gibt ihm nur Lernhilfen und zum Handeln das Gesetz und das Vorbild des Propheten – verheißt ihm aber, und das ist der unschätzbare Lohn, der am Ende des mühseligen Weges wartet, den Gewinn der Gewißheit über Gott und seine Ordnung der Schöpfung. Indem die „neue Frömmigkeit" den Muslim wieder auf seine nur individuell zu erfassende Heilsbestimmtheit verweist und damit jegliche kollektive Heilssicherung verwirft – wir werden dies unter anderem an der Frage der Fürbitte Muḥammads für seine Gemeinde erkennen –, deckt sie in der Tat einen Wesenszug der frühen prophetischen Verkündigung auf,[52] der in einem Gemeinwesen leicht verschüttet wird, das sich seinen Mitgliedern gegenüber stets als den Inbegriff der Ordnung rechtfertigt, die ihnen das Heil garantiert. Das Aschʿaritentum und die „neue Frömmigkeit", das mochten die Gegner schon vor der Verfolgung geahnt haben, bargen Kräfte in sich, die die überkommene Ordnung zerstören konnten; aber es wohnten ihnen auch Kräfte inne, die auf eine neue, veränderte Ordnung hinwirkten – vorausgesetzt, man bot den Aschʿariten Macht an.

Damit aber greifen wir dem Gang der Entwicklung weit voraus! Al-Qušairī läßt seiner allgemeinen Charakteristik der aschʿaritischen Theologie zahlreiche Zitate folgen, die die Vertrautheit der Sufis mit jener Art zu denken und zu argumentieren belegen sollen. Wir werden auf diese Aussprüche zurückkommen. In der aschʿaritischen Theologie wurzelt für al-Qušairī das alltägliche Handeln des Adepten des Pfades. Es ist aufs engste an die Scharia gebunden. Die „neuen Frommen" unterscheiden sich im grundsätzlichen von all jenen, die vermeinen, in der Verzückung über ihre Gotteserkenntnis das Gesetz vernachlässigen zu dürfen. In Ibn al-Burhān lernten wir einen Vertreter dieser Richtung kennen. Für al-Qušairī wäre dessen Frivolität schlimmste „Neuerung"; in einem kurzen Rückblick auf die islamische Geschichte stellt er fest: Die Gefährten Muḥammads und die nachfolgende Generation der Muslime lebten dem Vorbild des Propheten nach; dann aber wurde die Zahl derjenigen, die sich den Normen des Glaubens unterwarfen, immer geringer. „Allein die Elite der Sunniten, die über jede ihrer Regungen vor Gott Rechenschaft ablegt und das Herz vor den Anfechtungen der Leichtfertigkeit behütet, darf sich Sufis nennen" und den Anspruch erheben, die Frömmigkeit der Altvorderen geerbt zu haben.[53]

Einen großen Teil seiner Abhandlung widmet al-Qušairī den Viten solcher Sufis, etwa: Abū ʿAbdallāh Muḥammad b. Ḫafīf, der Schiraser, ... gestorben im Jahre 981, Meister aller Meister, einzigartig in seiner Zeit. Ibn Ḫafīf sagte: „Die Bewahrung des eigenen Willens bedeutet den Fortbestand der Mühsal, den Verzicht auf innere Ruhe." Und: „Nichts schadet dem Adepten mehr als die Nachsicht gegen sich selbst, indem man ständig betont, etwas sei erlaubt, oder indem man Ausflüchte findet." Als man Ibn Ḫafīf fragte, wie man die Gottesnähe erreiche, antwortete er: „Du erreichst sie, indem du stets an allem festhältst, was (mit seinem Gebot) übereinstimmt, und er nähert sich dir, indem er dir hierzu stets Erfolg verleiht." „Anfangs rezitierte ich manchmal während einer einzigen Niederwerfung im Gebet zehntausendmal: ‚Sprich: er ist Gott, der Eine!' – ja manchmal sogar den ganzen Koran! Und manchmal betete ich vom Morgen bis zum Abend." Eines Tages kam ein Derwisch zum Meister Abū ʿAbdallāh b. Ḫafīf und klagte: „Ich leide an einer Einflüsterung (des Satans)!" Darauf der Meister: „Als ich einst die Sufis kennenlernte, spotteten sie des Satans, heute aber spottet er ihrer!" „Schließlich wurde ich zu schwach, um bei den verdienstvollen Zusatzgebeten zu stehen. Deshalb vollzog ich anstelle der einen vorgeschriebenen zwei Niederwerfungen aus sitzender Haltung heraus, entsprechend dem überlieferten Prophetenwort: ‚Das Gebet des Sitzenden gilt die Hälfte des Gebets des Stehenden.'"[54]

In al-Qušairīs Klageschrift von 1053 wird der Leser, der die erwähnten Personen kennt, sogleich wieder auf die Verknüpfung von aschʿaritischer Theologie und schariatischer Frömmigkeit gestoßen: Abū ʿAlī ad-Daqqāq, al-Qušairīs Lehrer des sufischen Pfades, berichtet über den Sarachser Schafiiten und Überlieferer Ẓāhir b. Aḥmad (gest. 999), dieser habe al-Ašʿarīs letzte Worte gehört: „Verfluche Gott die Muʿtaziliten, denn sie treiben Blendwerk und Gaukelei!" Und Ibn Ḫafīf, der große Meister der Sufis, erzählt, wie er einst in Basra mit al-Ašʿarī bekannt wurde und die Methode der Zurückweisung aller Neuerungen lernte. „Und demgemäß sind die alten Verfechter der Überlieferung, die mit der spekulativen Theologie Vertrauten unter ihnen, bei der Widerlegung der Gegner, der Zweifelsüchtigen und Abweichler verfahren", fügt al-Qušairī hinzu.[55]

Die aschʿaritische Art des geistigen Kampfes und der schariatische Sufismus haben also schon einen langen Weg gemeinsam durchschritten, und nun, schreibt al-Qušairī zornig, wolle man mit dem Scheinargument, die spekulative Theologie an sich sei verboten, sich gerade an den Aschʿariten vergreifen, die doch die Grundsätze des sunnitischen Bekenntnisses mutig gegen die gefährlichen Muʿtaziliten verteidigt hätten! Verfluche man Muʿtaziliten und Aschʿariten gemeinsam, dann bedeute dies die Verfluchung aller Muslime, denn auf keine Einzelfrage gebe es neben der muʿtazilitischen und der aschʿaritischen Antwort eine dritte. Nach dieser doch recht übertriebenen Behauptung wendet sich al-Qušairī den Punkten zu, an denen sich die Polemik gegen die Aschʿariten entzündet hat. Da ist zunächst der Vorwurf, aus der aschʿaritischen Theologie folge, daß Muḥammad nach seinem Tode nicht mehr Prophet sei – eine wahrhaft niederträchtige Unterstellung, wenn man erwägt, wie sehr nicht nur im Volksglauben Muḥammad als zwar entrückter, dennoch stets gegenwärtiger Ratgeber seiner Gemeinde erfahren wurde. „Wer mich im Traum sieht, sieht mich wie im Zustand des Wachens, und der Teufel kann nicht meine Gestalt annehmen!" soll Muḥammad der Nachwelt versichert haben.[56] Wenn nun aber, wie al-Ašʿarī lehrt, ein Toter weder weiß, noch mit den Sinnen wahrnimmt, dann kann dieser Tote auch nicht gläubig sein; denn, wiederum nach al-Ašʿarī, besteht doch der Glaube in der Erkenntnis und in der Bekräftigung des Erkannten – zu beidem sei ein Toter nicht fähig, also sei er nicht mehr gläubig, und wie könne jemand, der nicht einmal mehr gläubig sei, als Prophet angesehen werden? Schon seit langem hatten sich die Aschʿariten dieser an den Haaren herbeigezogenen Folgerung aus ihrer Theologie erwehren müssen. Ibn Fūrak (gest. 1016), der erste Aschʿarit in Nischapur, war deswegen an den Hof von Ghazni zitiert worden, hatte Maḥmūd aber von der Haltlosigkeit des Vorwurfs überzeugen können. Mit dem Hinweis auf die Lehre von der Präexistenz Muḥammads und darauf, daß der Prophet noch lebe und ihm ständig die Gebete und die Werke seiner Gemeinde zur Kenntnis gebracht würden, entkräftet al-Qušairī die gegnerische Behauptung.[57]

Zu Unrecht halte man den Aschʿariten entgegen, sie leugneten, daß Gott gute Werke belohne und Sünden bestrafe. Sie bestritten lediglich die muʿtazilitische Ansicht, daß zwischen dem menschlichen Handeln und dem göttlichen Urteil ein Kausalzusammenhang bestehe, auf Grund dessen Gott gezwungen sei, zu belohnen oder zu bestrafen; Gott sei zu nichts gezwungen. Zu Unrecht auch behaupte man, laut al-Aš'arī könne Mose nicht Gottes Rede gehört haben und sei der Koran nicht seinem wirklichen Wesen nach ,,zwischen den beiden Buchdeckeln" ,,auf den Koranblättern" vorhanden; wiederum Vorwürfe, die darauf abzielen, die Asch'ariten als eine Richtung bloßzustellen, die der großen Masse der Gläubigen den herkömmlichen Weg zum Heil verschließen möchte und die Zuständigkeit der islamischen Institutionen für jegliche Heilsvorsorge anzweifelt. Denn irgendeinen Zusammenhang muß es doch geben zwischen der Erfüllung der Scharia und dem Einzug ins Paradies – welchen Sinn sollte sonst die Scharia für den Muslim haben? Freilich nicht einen zu strengen Zusammenhang, denn für die Verfehlungen muß Verzeihung zu erlangen sein! Und wenn der Imam oder Prediger nicht Gottes ewiges, unerschaffenes Wort vortrug, wenn die Gläubigen es nicht ,,zwischen den Buchdeckeln" fanden, waren sie dann nicht von jeglichem Zugang zu ihrem Schöpfer abschnitten? Al-Qušairī bemüht sich, diesen Eindruck zu verwischen. Je weiter wir in Kürze in die asch'aritische Rede von Gott und ihre Vollendung im Werk al-Ǧuwainīs eindringen werden, desto besser werden wir begreifen, weshalb dieser der Sache nach nicht begründete Eindruck entstehen mußte.

Er gipfelt in dem Vorwurf, die Asch'ariten bezichtigten die Masse der Muslime des Unglaubens, nicht zuletzt deshalb, weil es den vielen niemals möglich sei, einen rational abgesicherten Glauben zu erwerben. Die Masse übernehme nur blind, sie beuge sich vor der Sachkunde derjenigen, die mit religiösen Befugnissen vertraut seien. Al-Qušairī tut sich schwer, diese Ungeheuerlichkeit zurückzuweisen. ,,Bekräftigung" sei nach al-Aš'arī das Grundelement des Glaubens, und al-Qušairī beeilt sich, Abū Ḥanīfa zu zitieren, der eine ähnliche Ansicht vertreten habe. Auf den ersten Blick erscheint diese Feststellung richtig,[58] und al-Qušairī fährt fort: ,,Man darf doch für die Masse der Muslime insgesamt voraussetzen, daß sie Gottes Offenbarung bekräftigen, daß sie ihn kennen und in seinen Koranversen Aufschluß über ihn suchen. Der Inhalt, der sich in der Überzeugung eines jeden verbirgt – Gewißheit und Zweifel, wie sie im Herzen versteckt sein können – dies alles weiß Gott allein... Wir beurteilen die Masse der Muslime insgesamt als gläubig und im Äußeren dem Islam unterworfen. Wir haben eine gute Vermutung über sie, sind überzeugt, daß sie in betreff der Taten Gottes Einsicht und Aufschluß erstreben und ihn erkennen... Befinden wir uns auf dem Territorium des Islams und treffen jemanden an, der nicht das Unterscheidungsmerkmal der Ungläubigen[59] trägt, dann essen wir das Fleisch von Tieren, die er geschlachtet hat, beten hinter ihm und schließen mit ihm Eheverträge, auch wenn wir sein Glaubensbekenntnis nicht hören, und dies, obwohl doch die Tatsache, daß er sich in ein muslimisches Gewand kleidet, keine

Voraussetzung seiner Gläubigkeit ist... Und desgleichen, wenn sich jemand als Muslim bekennt, betrachten wir ihn allein schon wegen dieses Bekenntnisses als im Rang eines Gläubigen stehend, obwohl doch der Glaube etwas anderes ist als das bloße Bekennen."[60]

Geschickt verschiebt al-Qušairī hier das ganze Problem auf die juristische Ebene und blendet damit genau das aus, um dessen willen die Asch'ariten-Verfolgung ausgebrochen war. Natürlich konnte die „neue Frömmigkeit" die formalen Kriterien einer Zugehörigkeit zum Islam nicht gut verwerfen – sie genügten ihr nicht, und das war der Punkt! Die Karāmīja, eben die theologische Strömung innerhalb des Hanafitentums, in der wir die schärfsten Gegner der Asch'ariten vermuten müssen und die al-Qušairī in diesem Teil seiner Klageschrift unmittelbar anspricht, gab sich mit dem einfachen Bekennen zufrieden. Die Asch'ariten, aber auch andere sunnitische Richtungen wie etwa die Hanbaliten, forderten zusätzlich zum Bekennen „mit der Zunge" die „Bekräftigung" – ein etwas schillernder Begriff, der in allgemeiner Weise als ein Fürwahrhalten „mit dem Herzen" ausgelegt werden konnte, von den Asch'ariten allerdings als eine „Bestätigung mit dem Herzen sowohl nach der Scharia als auch nach dem Sprachgebrauch" verstanden wurde.[61] Das war nun nicht mehr ein letzten Endes unüberprüfbarer privater Akt der Zustimmung zu den Sätzen des Glaubens, wie al-Qušairī seinen Lesern weismachen will, eine Zustimmung, die man stillschweigend als gegeben voraussetzte, solange nichts Gegenteiliges bekannt war – es war für die Asch'ariten die bewußte Aneignung aller Glaubenssätze als Erfüllung einer schariatischen Pflicht, und für die Verfechter der „neuen Frömmigkeit" war es noch viel mehr: Es zeigte sich in „bekräftigendem Handeln", das sich rigoros an der Scharia ausrichtete. Wer sich solchem Rigorismus verschrieb, konnte man von dem nicht vermuten, daß er die Muslime, die nicht auf seinen Pfad gefunden hatten, als Ungläubige ansah?

An dieser asch'aritischen Bestimmung des Glaubens wird zugleich wieder der gegen die bestehende islamische Ordnung gerichtete Zug dieser Theologie greifbar; durch das Ideal einer streng scharia-gebundenen Lebensweise, das die „neue Frömmigkeit" anstrebte, wurde er erheblich verstärkt. Für die andere große sunnitische Strömung jener Zeit, das Hanbalitentum, manifestierte sich der Glaube in vier Erfahrungsbereichen: im Bereich der Glaubensordnung allgemein, im Bereich der Scharia, der Glaubensgemeinschaft als eines religiös-politischen Organismus und des Islams als der Unterwerfung unter Gottes Willen. Alle diese Bereiche gewinnen im islamischen Gemeinweisen Gestalt, werden durch seine Einrichtungen geregelt. Die Asch'ariten dagegen sagen, der Glaube sei durch diese Bereiche noch nicht hinreichend bestimmt, denn sowohl der „Islam" als auch Glaubensordnung, Scharia, Gemeinschaft seien allgemeinere Begriffe als „Glaube".[62] Mit dieser Aussage wird zugleich das islamische Gemeinwesen in seiner gegebenen Form zu einem unzulänglichen institutionellen Gefüge erklärt, das den wahrhaft Gläubigen nicht ausreichend sicher zum Heilserwerb führt. Das Hanbalitentum erscheint unter diesem Blickwinkel als die sunnitische Strömung, die auf die Bewahrung des Gegebenen, womöglich auf die Restauration des Gemeinwesens nach überliefertem Muster hinarbeitet. Im Aschʿaritentum und in der „neuen Frömmigkeit" sammeln sich dagegen die Kräfte, deren Ziele Erneuerung und gleichzeitige Verbesserung und Neuschöpfung sind. Den Hanafiten mußten beide Richtungen unangenehm sein, die der Aschʿariten freilich am meisten.

Der aschʿaritischen Bestimmung des Glaubens entsprach die Organisationsform, die sich die Anhänger der „neuen Frömmigkeit" gaben. Die Meister traten nicht mehr nur als Lehrer auf, die die normsetzenden Überlieferungen vom Propheten vortrugen und auf die Schüler durch ihr vorbildliches Leben einwirkten, vielmehr entwickelte sich seit der zweiten Hälfte des 10. Jahrhunderts ein wechselseitiges Verhältnis, für das der Begriff der Erziehung kennzeichnend wird. Die Stellung des Meisters wird überhöht; er genießt gegenüber dem Adepten eine bisher unübliche Autorität – denn er ist ja den Pfad, der zur völligen Hingabe an Gottes Willen führt, zu Ende gegangen, er ist schon vollkommen. Der Schüler empfängt nicht mehr wie früher bloß Wissen und Unterweisung – er wird sich nunmehr seiner Unvollkommenheit bewußt und gewinnt die Überzeugung, daß er diese Unvollkommenheit nur überwinden kann, wenn er sich der Erziehung durch den Meister unterwirft – und zwar bedingungslos. „Der Meister ist für seine Leute, was der Prophet für seine Gemeinde war", sagte man. Wer sich wirklich Gott nähern wollte, der mußte vor ihm sein wie der Leichnam auf der Bahre vor dem Leichenwäscher; dies wußten die Sufis schon im 9. Jahrhundert. Um 1100 übertrug man dieses Bild auf das Verhältnis des Schülers zum Meister.[63] Das Ziel der Erziehung war die Hingabe an Gottes Gesetz, das völlige Einverständnis mit seinem Ratschluß, was immer der Inhalt sein mochte, und dieses Ziel konnte am ehesten erreicht werden, wenn man als Adept eines Meisters solche Unterwerfung einübte.

Diese Entwicklung, die schließlich, etwa im 12. Jahrhundert, in die Herausbildung festgefügter Orden münden sollte, war offensichtlich in Nischapur am raschesten vorangeschritten. Seit dem 10. Jahrhundert begegnen uns dort Sufi-Meister, die gegenüber der reinen Vermittlung von Wissen die Unerläßlichkeit der Erziehung hervorhoben. Der Schafiit Abū Sahl aṣ-Ṣuʿlūkī (gest. 980), auch als ein Lehrer der Überlieferungen vom Propheten berühmt,[64] stellte kategorisch fest: „Wer seinen Meister fragt: ‚Warum?' wird niemals zu etwas kommen!" Sein Sohn Sahl meinte sogar, Ungehorsam gegen die Eltern sei nicht schlimm, da er durch Buße getilgt werden könne; Ungehorsam gegen den Meister könne aber auf keine Weise gesühnt werden. Abū ʿAlī ad-Daqqāq, der Lehrer al-Qušairīs, und dieser selber befürworteten ebenfalls solche Strenge;[65] Abū ʿAlī machte deutlich, daß alle Bestrebungen des Schülers, alle Demütigungen nicht Selbstzweck seien oder gar dem Meister zum Nutzen gereichen sollten. ,,Die Gottesknechtschaft ist vollkommener als der (rituelle) Gottesdienst. Dieser steht am Beginn. Dann folgt die Gottesknechtschaft, dann das reine Knechtsein. Der Gottesdienst ist die Sache der breiten Masse; die Gottesknechtschaft steht der Elite offen, das reine Knechtsein aber nur der Elite der Elite... Gottesdienst übt, wer das Wissen der Gewißheit besitzt; Gottesknechtschaft übt, wer die Substanz der Gewißheit erworben hat; reines Knechtsein gelingt nur dem, der sich das wahre Sein der Gewißheit angeeignet hat... Gottesdienst treiben die, die mit ihrem Selbst ringen; Gottesknechtschaft die, die ihr Selbst töten; reines Knechtsein ist die Eigenschaft derer, die Ihn schauen. Wer also Gott sein Selbst[66] anheimstellt, vollzieht Gottesdienst; wer ihm sein Herz[67] ausliefert, vollzieht Gottesknechtschaft; wer ihm auch seinen Geist hingibt, vollzieht reines Knechtsein."[68]

Dem Aufstieg zum reinen Knechtsein, dem Zustand der unerschütterlichen Gewißheit, in welchem man Gottes innewird ohne jegliche Ablenkung durch einen selbstischen Trieb und ganz ohne den Schleier des Bewußtseins von eigener Erkenntnis, stellt Abū ʿAlī einen Abstieg gegenüber: ,,Wer auch nur eine Verhaltensregel des Islams geringschätzt, wird bestraft, indem ihm die Stütze der Überlieferung genommen wird. Wer das Handeln nach einer einzigen normsetzenden Überlieferung aufgibt, wird bestraft, indem ihm die Stütze der göttlichen Vorschrift genommen wird. Und wer all diese Vorschriften geringachtet, dem führt Gott einen Neuerer zu, der ihm Lügen einbläst und in seinem Herzen Zweifel weckt."[69] Islamische Verhaltensregeln sind die allgemein anerkannten guten Sitten der Gemeinschaft der Muslime; wesentlich mehr Gewicht hat das durch das prophetische Vorbild sanktionierte Handeln; am meisten aber gelten die von Gott ausdrücklich festgelegten Verpflichtungen. Doch schon mit einem Verstoß gegen eine Verhaltensregel betritt man eine abschüssige Bahn, auf der man unaufhaltsam ins Unheil gleitet – und die ,,Neuerer" machen einem noch dazu weis, daß alles seine Richtigkeit habe. ,,Und wir führten ihnen (satanische) Gesellen zu, die ihnen alles, was vor und was hinter ihnen lag, in schönstem Licht darstellten. Dann plötzlich erfüllte sich an ihnen das Wort, wie auch an Gemeinschaften der Menschen und Dschinnen vor ihnen, und sie waren die Verlierer!" Diese Worte aus dem Koran (Sure 41,25) läßt Abū ʿAlī ad-Daqqāq anklingen: ,,Neuerungen" und Leichtfertigkeit gegenüber der Scharia und den islamischen Sitten allgemein sind Teufelswerk. Mit Gewißheit entgeht man dem nur, wenn man sich unter die Botmäßigkeit der Meister der „neuen Frömmigkeit" flüchtet.

Der Kampf gegen das Aschʿaritentum erscheint nun in einem ganz anderen Licht. Es ist der Kampf gegen eine Art von geistlicher Autorität, die es in der islamischen Geschichte bislang noch nicht gegeben hat, eine Seelenerziehung, die über das gewohnte Zweierverhältnis des Lehrers zum Schüler wesentlich hinausging und, wie in der Forderung nach bedingungslosem Gehorsam sichtbar, eine Bindung begründete, die durchaus als Beeinträchtigung der Loyalität gewertet werden kann, die der Muslim seiner Obrigkeit schuldet. Wir haben von derartigen Erscheinungen schon gehört. Denken wir an den Nischapurer Mahnprediger ʿUṯmān al-Ḫargūšī zurück, der im Jahre 1006 dem Kalifen al-Qādir seine Aufwartung gemacht hatte; ʿUṯmān verfügte über einen großen Anhang, und der Ort, an dem er sich aufhielt, galt als geheiligt und bewahrte jeden vor dem Zugriff der Behörden.[70] Mit dem Verfall des kalifischen Staatsgefüges verlagert sich islamisch begründete Autorität nicht nur auf die Emire, die der Legitimierung durch die Abbasiden bedürfen, sondern auch auf geistliche Führerpersönlichkeiten, die angesichts der von vielen Gläubigen so tief empfundenen Heilsgefährdung genügend Zulauf haben. Und niemand fragt, wie deren Macht über die Adepten innerhalb des ererbten Gefüges des islamischen Gemeinwesens zu rechtfertigen sei. Die Emire konnten ihren Platz in der islamischen Staatstheorie finden, die Meister nicht.

Ein in den überlieferten Bahnen verlaufendes Denken vermochte die Entwicklung, die in Gang gekommen war, noch gar nicht genau zu beschreiben; deshalb der etwas hilflos anmutende Versuch, mit dem Begriff des „Neuerers" die Aschʿariten zu den Muʿtaziliten zu gesellen. Daß diese Einordnung falsch war, durchschauten die Kundigen leicht. Al-Qušairīs Klageschrift hatte deshalb auch Erfolg. Mehrere bekannte Gelehrte meldeten sich zu Wort und bestätigten, daß al-Ašʿarī ein treuer Sunnit und mutiger Streiter gegen alle Abweichler gewesen sei. In diesem Sinne äußerte sich Abū Bakr al-Baihaqī (gest. 1065), ein Schafiit, in einem Schreiben an al-Kundurī; al-Ašʿarīs Theologie sei sogar die gemeinsame Grundlage der drei Rechtsschulen, der Hanafiten, Schafiiten und Malikiten; und der Prophet habe in mehreren Aussprüchen bereits auf das künftige Wirken dieses Mannes hingewiesen. In Bagdad wurde ein Rechtsgutachten abgefaßt, in welchem ebenfalls betont wurde, die Aschʿariten seien die Stützen des Sunnitentums und die Vorkämpfer der Scharia. Unterzeichnet war das Dokument vom hanafitischen Oberqadi ad-Dāmaġānī (gest. 1085), seinem schafiitischen Kollegen Abū Isḥāq aš-Šīrāzī (gest. 1083) und dessen Schüler Abū Bakr aš-Šāšī (gest. 1114).[71]

Über die reine Theologie konnte man die „neue Frömmigkeit" nicht klar ins Visier bekommen. Der schwammige Begriff der „unzulässigen Neuerung" und die zweifelhafte Ansicht, rationale Spekulation in Sachen des Glaubens sei verboten, lieferten nur eine sehr anfechtbare Begründung für die Verfolgung. Allein gewisse Züge des Lebensideals, die die Ascharíten mit manchen Muʿtaziliten teilten, ließen sich zur Rechtfertigung verwenden. Auch die Muʿtaziliten waren ja bestrebt, mit rationalen Argumenten ein allgemein verbindliches Bekenntnis zu schaffen und auf diese Weise die Menschen zum Heilsgewinn anzuleiten. Da sie überzeugt waren, das hierzu notwendige Wissen zu besitzen, blickten sie nicht selten verächtlich auf die Masse der Ungelehrten nieder.[72] Einige Muʿtaziliten behaupteten sogar, ein Territorium, auf dem nicht ihre Auffassung von der Einheit und Gerechtigkeit Gottes herrschte, sei ein „Land des Unglaubens". Der Qāḍī ʿAbd al-Ǧabbār (gest. 1025), einer der letzten großen Muʿtaziliten, gab unverhohlen zu, daß es sich bei seiner Richtung um eine kleine Minderheit handele, die sich allerdings dadurch auszeichne, daß sie keine „blinde Nachahmung" kenne, sondern für alle ihre Lehren einen Verstandesbeweis liefere; die zahlreiche Gegnerschaft bewirke gewissermaßen, daß sich der Muʿtazilit wie ein Einheitsbekenner im Land der Ungläubigen fühle.[73] Die Lehre von der unbestechlich gerechten Beurteilung aller menschlichen Taten durch Gott erzeugte in manchen Muʿtaziliten eine asketische Grundstimmung, die derjenigen nicht unähnlich war, die man in der „neuen Frömmigkeit" pflegte. Der Qāḍī ʿAbd al-Ǧabbār betont, daß die von Gott angedrohten Strafen gewiß über die Sünder verhängt würden – ein alter muʿtazilitischer Lehrsatz, der für die breite Masse schwer zu ertragen war. Ihr wirft der Qāḍī eine durch nichts gerechtfertigte Hoffnung auf Milde vor. In den Viten berühmter Muʿtaziliten wird nicht selten von Selbstkasteiung und skrupelhafter Kontrolle des Tuns und Redens erzählt. Insgesamt scheint jedoch im 10. und 11. Jahrhundert der asketische Eifer der Muʿtaziliten etwas zu erlahmen. Rationalist, der man war, stellte man die Frage, wieso Gott, der, wie man lehrte, doch stets für seine Geschöpfe das Beste wolle, jemanden für zeitlich sehr begrenzte Sünden zu einer ewigen Höllenstrafe verurteilen sollte. Als Ketzerei verdammt der Qāḍī ʿAbd al-Ǧabbār solche Klügelei,[74] die die Lehre von der absoluten Gerechtigkeit in ihren Grundfesten erschütterte. Seit dem 10. Jahrhundert treffen wir immer häufiger Muʿtaziliten an, die diese Lehre zwar nicht bestreiten, aber im Gegensatz zu ihren Vorgängern dem Urteil Gottes nicht mehr vorgreifen mögen und sich damit einen Gedanken der „Aufschieber" aneignen.[75] Ibn al-Burhān bekannte sich zu dieser Richtung. – Im Vorwurf, die einfachen Muslime für Ungläubige anzusehen, im ausgeprägten Elitebewußtsein und vielleicht auch im Hervorheben einer rigorosen Werkgerechtigkeit liegen die Punkte, an denen man eine Ähnlichkeit zwischen den Muʿtaziliten und der aschʿaritischen

Frömmigkeit behaupten konnte. Für die Masse, die man gegen die Asch'ariten aufhetzte, waren es wohl die entscheidenden.

4. Die Lehre al-Aš'arīs als theologische Grundlage der „neuen Frömmigkeit"

Im 8. Jahrhundert hatte man gelernt, Gottes Offenbarung mit rationalen Argumenten abzusichern. Man hatte damit genau das getan, wozu der Koran immer wieder aufruft: Der Mensch soll sich des Verstandes bedienen, um aus der Schöpfung, aus dem Werden und Vergehen im Kreislauf der Jahreszeiten auf den einen Schöpfer zu schließen, der nicht geworden ist und nicht vergeht. Seit aber die Auseinandersetzung mit den fremden Hochreligionen begonnen hatte, genügten solche einfachen Überlegungen nicht mehr. Der Schluß von der Natur auf einen personalen Schöpfergott ist ja auch keineswegs so zwingend, wie er Muḥammad erschienen war. Notgedrungen eignete man sich verfeinerte Methoden an, mit denen man die beiden Grundwahrheiten der islamischen Botschaft, das Walten des sorgenden Schöpfers und die Beurteilung der Werke des Menschen am Ende der Zeit, verteidigen konnte. Um die Wende zum 9. Jahrhundert wächst aus mannigfaltigen rationalen Strömungen die „Mu'tazila" zusammen, und es beginnt die große Zeit des theologischen Rationalismus. In ihm, so frohlockten seine Verfechter, ist das Werkzeug gefunden, mit dem man nicht nur die Fehlerhaftigkeit der anderen Religionen beweisen, sondern auch einen einheitlichen Islam schaffen kann. Denn haben nicht alle Menschen den gleichen Verstand verliehen bekommen? Also müßte ein rational „bewiesener" Islam jedem einleuchten; Juden, Christen, Zoroastrier würden sich zu ihm bekehren; die verfeindeten Glaubensrichtungen des Islams müßten sich auflösen. Die Vision eines einheitlichen Reiches des Friedens und des sicheren Heilsgewinns für jedermann beflügelte den Kalifen al-Ma'mūn (reg. 813–833). Aber die Ernüchterung kam rasch. Die breite Masse folgte den Spekulationen nicht, hielt an der unreflektierten Verehrung Gottes und seines Propheten fest. Die normsetzende Überlieferung war ihr heiliger als ein logischer Schluß; und ihre Leitbilder wie etwa Aḥmad b. Ḥanbal (gest. 855) beharrten darauf, daß der Glaube mit all seinen das alltägliche Leben formenden Bräuchen und Vorschriften den Menschen nur deshalb Zuversicht und Halt gab, weil er in einer göttlichen Offenbarung wurzelte und nicht in rationalen Argumenten. Der Zweikampf, der im 9. Jahrhundert zwischen dem mu'tazilitischen Rationalismus und dem Sunnitentum entbrannte, spitzte sich deshalb auf die Frage zu, ob der Koran geschaffen, also ohne besondere numinose Würde sei oder ungeschaffen und folglich dem Bereich des Göttlichen zugehörig. Kurz vor seinem

Tod rief al-Ma'mūn eine Inquisition ins Leben, die mit Gewalt die muʿtazilitische Lehre von der Geschaffenheit des Korans durchsetzen und den Widerstand der Sunniten brechen sollte.[76]

Dies war vielleicht die folgenreichste Fehlentscheidung, die je ein Kalif getroffen hat. In den Augen des einfachen Mannes, der von den Spitzfindigkeiten der Theologie nichts verstand, waren die Opfer der Inquisition wie etwa Aḥmad b. Ḥanbal Märtyrer; der Haß auf das Kalifat wuchs und schwächte es auf lange Zeit. Die führenden Köpfe des Sunnitentums wurden gezwungen, sich mit dem Werkzeug des Rationalismus vertraut zu machen, um ihn, wenn möglich, mit den eigenen Waffen zu schlagen. Es gab die ersten Versuche, den Rationalismus mit dem Sunnitentum zu versöhnen, wobei Offenbarung und Überlieferung das Fundament bildeten und rationalistisch lediglich die Methode der Gedankenführung war. Denn dem Rationalismus liefen inzwischen viele Anhänger davon. Mit dem bloßen Verstand konnte man – entgegen den früheren Hoffnungen – eben doch keine Gesetze, keinen Glauben, erst recht keine rituellen Vorschriften begründen. „In der Blüte der Jugend", bekennt Ibn Qutaiba (gest. 889), dem wir einen frühen Versuch der Harmonisierung verdanken, „... besuchte ich die Sitzungen der Rationalisten. Ich ließ mich von ihnen blenden und begehrte, irgendeinen nützlichen Hinweis oder ein Wort mit fortzutragen, welches mich auf Gutes hinlenken und zu vernünftigem Handeln anleiten sollte. Ihre Kühnheit gegen Gott und ihre geringe Achtung vor ihm, die ich dabei bemerkte, sowie (ihre Unsitte), sich in Ungeheuerlichkeiten zu versteigen, bloß um einen Analogieschluß bis zum Ende zu verfolgen oder nicht der Unfähigkeit (zur Fortsetzung der Argumentation) überführt zu werden, (dies alles bewirkte), daß ich enttäuscht und reumütig zurückkehrte... Ich hatte sie reden hören: ‚Durch Analogieschlüsse und Spekulation wird die Wahrheit erfaßt; und wen ein Argument bezwingt, der ist gehalten, sich diesem zu unterwerfen.' Und dann sah ich sie in ihrem Streit gegeneinander, wie einer den anderen in einer Sitzung mehrmals mit einem Argument bezwingen konnte, ohne daß (die Unterlegenen) das ihrige aufgaben oder ihre Überzeugung änderten."[77]

Statt die dogmatische Entwickung des Islams zu lenken, wie al-Ma'mūn es gewünscht hatte, verlor das Kalifat bis zum Ende des 10. Jahrhunderts nahezu allen Einfluß hierauf. Unsicher schwankten die Abbasiden seit dem Scheitern der Inquisition im Jahre 847 zwischen Rationalismus und Sunnitentum, bis sich al-Qādir, wie wir erfuhren, eindeutig auf die Seite der Sunniten schlug. Das Gedankengut der „Leute der Überlieferung" fand seine klarste Ausformung in einer Richtung, die sich auf Aḥmad b. Ḥanbal als ihren Gründer berief. Mehrere kleine Traktate aus seiner Feder betonen schroff eine anti-muʿtazilitische Haltung: Der Glaube zeige sich in den Akten des Gehorsams gegen Gott und in der Vermeidung von Übertretungen seiner Gebote, schreibt er und ist mit dieser Meinung auf den ersten Blick den Rationalisten noch recht nahe. Denn diese lehrten ja gerade eine Werkgerechtigkeit und betrachteten den schweren Sünder nicht mehr als gläubig, sondern vermuteten ihn in einer nicht weiter bestimmbaren Zwischenstellung zwischen Glauben und Unglauben. Aḥmad aber will auf etwas anderes hinaus: Sowohl die guten als auch die schlechten Taten sind von Gott im voraus festgelegt, und die mu'tazilitische Überzeugung, die bösen Werke gingen vom Menschen selber aus, wird barsch zurückgewiesen. Wer dies lehre, behaupte, ,,der Wille der Knechte sei stärker als derjenige Gottes. Und welch schlimmere Lüge gegen Gott könnte man ersinnen?" Aḥmad schaut also zuerst auf die Allmacht Gottes, denkt sie zu Ende, so daß dann trotz der These, der Glaube offenbare sich im Gehorsam gegen Gott, dem Menschen nur noch zum Schein eigenes Handeln zugestanden werden kann. Damit war der Zusammenhang zwischen dem irdischen Tun und seinen jenseitigen Folgen zertrennt. Erst später versuchte man, ihn mit der Gedankenfigur der ,,Abschlußhandlung" notdürftig wiederherzustellen: Jemand könne sein Leben lang Werke des Gehorsams leisten; wenn er von Gott zur Hölle bestimmt sei, werde er unmittelbar vor dem Tod eine Widersetzlichkeit begehen und Gottes Ratschluß gemäß der Verdammnis anheimfallen.[78]

In Aḥmads Traktaten, Glaubensbekenntnissen ähnlich, spielt dieses Problem noch keine Rolle. Ihm liegt allein die Bekämpfung der ,,Neuerung" des Rationalismus, der Gottes allbezwingende Majestät antaste, am Herzen. Nicht über die kausale Verknüpfung von Tat und Entgelt führt der Weg ins Paradies, sondern bestenfalls – sofern Gottes Vorherbestimmung es so will – über die von den Mu'taziliten verworfene Fürsprache des Propheten. Das großartige Szenarium der islamischen Eschatologie und schließlich auch das Thronen Gottes im Himmel, alle diese in der Offenbarung und Überlieferung ausgemalten Einzelheiten, die der Rationalismus leugnete, weil man mit menschlichen Begriffen Gott nicht erfasse, sondern ihn nur auf die Stufe des Geschaffenen herabzerre – alle diese für den Volksglauben so wichtigen Bilder sind für Aḥmad Tatsachen, über deren wahres Wesen menschliches Sinnen freilich nie Aufschluß erlangen werde. – Die Gläubigen werden den erhabenen Gott im Paradies schauen. Jetzt aber schon ist er durch sein Wort, das unerschaffen und so mit ihm wesensgleich ist, in dieser Welt gegenwärtig. Selbst die von uns artikulierten Laute, mit denen wir den Koran rezitieren, sind, da ihr Inhalt Gottes Wort ist, unerschaffen: Mittels seines Wortes ist Gott Wirklichkeit in der Welt und nicht nur seine von ihm geschaffene Rede, wie die Mu'taziliten meinten. Alle Glaubenslehren verdanken die Muslime, so Aḥmad b. Ḥanbal, allein dem Propheten, der die Offenbarung übermittelte und durch sein Vorbild einen unverrückbaren Maßstab für alle Späteren setzte. Die Gefährten Muḥammads haben dies alles unverfälscht überliefert, also folge man ihnen! „Wenn jemand behauptet, er lehne die blinde Nachahmung ab und veranlasse auch niemanden, den Glauben nachzuahmen, dann sind dies die Worte eines Frevlers vor Gott und seinem Gesandten. So jemand will damit auf nichts anderes hinaus, als die Überlieferung zu zerstören, das (heilbringende) Wissen und die Sunna aufzuheben, sich eine eigene Meinung anzumaßen, kurz: Spekulation, Neuerung, Abweichung!"[79] Die Hanbaliten brachen schonungslos die Brücken zur Muʿtazila ab. Die große Mehrzahl der Muslime folgte ihnen; diese Männer hatten ihnen aus der Seele gesprochen! In Muḥammad und seinen Gefährten verehrte das Volk die heilige, von Gott ausgezeichnete Generation der Gründer, die – daran glaubte man fest – schon das Paradies gewonnen hatten und die dereinst, in jener schwersten Stunde, den Muslimen die liebevolle Verehrung entgelten würden.[80]

Dennoch waren die Fragen, die der Rationalismus aufgeworfen und meist nur unzureichend beantwortet hatte, nicht einfach vergessen worden. Sein Verdienst bestand, neben anderem, doch darin, daß er die Eigenverantwortlichkeit des Menschen für das Heil hervorgehoben hatte. Wer nach religiöser Vertiefung strebte, konnte diesen Problemkreis nicht umgehen und sich mit dem bequemen Gedanken an die Fürbitte und an Gottes unerforschlichen Ratschluß zufriedengeben. Ein eindeutiger Kausalzusammenhang zwischen menschlichem Tun und göttlichem Urteil ließ sich mit der souveränen Majestät des Schöpfers nicht vereinbaren. Aber es gab noch einen anderen Weg, das Ringen des Einzelmenschen um sein Heil zu rechtfertigen, einen Weg, der auf den ersten Blick weniger logisch erscheint als der muʿtazilitische, der aber gleichwohl für einen religiös begabten Muslim durchaus naheliegend und folgerichtig war: Selbst wenn Gott mein Heilsschicksal vorherbestimmt und meine Werke auf seinen Ratschluß keinen Einfluß haben werden, bleibt mir immer noch die Möglichkeit, mich diesem Ratschluß, dessen Inhalt ich noch nicht kenne, ohne zu fragen zu unterwerfen – nein, nicht unterwerfen: ihn ohne Wenn und Aber anzunehmen, mein Inneres so weit heranzubilden, daß es mit Gottes Entscheidung ganz einverstanden ist, sie sich zu eigen macht; ich gebe damit mein eigenes Wollen auf und erwerbe dadurch ein unvermitteltes Verhältnis zu Gott, eine Gewißheit, mit ihm vereint zu sein, die ungleich beglückender ist, als die Heilsgewißheit, die sich in der Erwartung des Lohns für Gehorsamsakte erschöpft. Wie anders aber wäre solch ein Zustand des ungetrübten Einverständnisses mit Gott zu erreichen als durch die peinlich genaue Erfüllung seiner Gebote?

Zu dem Bagdader al-Ǧunaid, den wir schon erwähnten, einem Zeitgenossen al-Aš'arīs, laufen bei al-Qušairī die Wege zurück, auf denen sich das sunnitische Sufitum ausgebreitet hat. ,,Der Pfad zu Gott ist seinen Geschöpfen versperrt, außer denen, die den Spuren seines Gesandten folgen, wie Gott im Koran sagt: ,Im Gesandten Gottes habt ihr ein gutes Beispiel!'"[81] Entsprechend diesem von ihm kolportierten Wort hatte sich al-Ǧunaids Werdegang gestaltet. Er hatte islamisches Recht nach ,,der Methode der Leute der Überlieferung" gelernt, und zwar bei Männern, die man als Schüler aš-Šāfi'īs ansah.[82] Danach war er mit dem Gedankengut des Sufitums in Berührung gekommen, ,,und dies wurde die Ursache für mein Glück. Denn dieses unser Wissen ist im Koran und der Sunna fest umrissen. Wer den Koran nicht auswendig weiß und die Überlieferungen nicht niederschreibt und nicht Einsicht in das islamische Recht gewinnt, ehe er den Pfad betritt, dem darf man nicht nacheifern!" Zeit seines Lebens galt al-Ǧunaid als Rechtsgelehrter und Überlieferer. Als im Jahre 885 einige Bagdader Sufis der Ketzerei beschuldigt wurden, weil sie sich eingehend mit dem Thema der Liebe zu Gott beschäftigt hatten, konnte al-Ǧunaid sich leicht reinwaschen, indem er darauf hinwies, daß er bloß Rechtsgelehrter sei.[83] Al-Ǧunaid unterhielt im übrigen enge Beziehungen zu Ibn Suraiǧ (gest. 918), einem Schafiiten, dem nachgerühmt wird, daß er der erste gewesen sei, der die Methodik der rationalen Theologie in die Rechtswissenschaft eingeführt habe.[84]

Gott als den Einen bekennen, heißt, wie al-Ǧunaid formulierte, den anfanglos Ewigen vom Kontingenten, Geschaffenen zu scheiden, und an anderer Stelle führt er dazu aus: ,,Die erste Wahrheit, die sich Gottes Knecht als Überzeugung aneignen muß, ist die Kenntnis des Unterschiedes zwischen dem Erzeugnis und dem Handwerker, die Kenntnis davon, wie das Geschaffene geschaffen wurde. Dann wird er die Eigenschaft des Schöpfers von der des Geschöpfes trennen, die Eigenschaft des (ungeschaffen) Ewigen von der des (in der Zeit) Geschaffenen, und er wird sich dem Ruf (des Ewigen) fügen und bekennen, daß er Gott gehorchen muß. Denn wer seinen Eigentümer nicht kennt, wird auch nicht dem das Eigentumsrecht zuerkennen, der darauf Anspruch hat."[85]

Der theologische Satz von der unüberbrückbaren Seinsverschiedenheit von Schöpfer und Geschöpf wird hier sogleich in eine Aussage über das Verhältnis überführt, in welchem der Mensch zu Gott steht. Der Mensch ist das Eigentum seines Schöpfers, muß ihm deshalb gehorchen, erkennt die Verfügungsgewalt seines Herrn an. Dieses Verhältnis ist, wie al-Ǧunaid in seinem berühmtesten Traktat darlegt, schon in der zeitlosen Ewigkeit begründet worden. ,,Einstmals nahm Gott aus der Lende der Söhne Adams ihre Nachkommenschaft und ließ sie gegen sich selber bezeugen: ,Bin ich nicht euer Herr?' und sie antworteten: ,Ja, wir bezeugen es!' Denn am Tage der Auferstehung sollt ihr nicht sagen: ,Von alledem hatten wir keine Kenntnis!'" Diesen Koranvers (Sure 7, 172) versteht al-Ǧunaid als die Nachricht von einem Bund, den Gott „mit einer auserlesenen Schar seiner Diener" vor der Erschaffung der Welt geschlossen hat. „Als er sie rief und sie rasch antworteten, da er sie großzügig begnadete, gab (in Wirklichkeit) er für sie Antwort. Als er sie schuf, machte er, daß sie seinen Ruf verstanden. Er gab sich ihnen zu erkennen, als sie noch nichts waren außer seinem Willen, den er beschlossen hatte. Seinem Willen entsprechend nahm er sie; zu Atomen machte er sie, die er gemäß seinem Willen in Menschen umwandelte und in die Lende Adams legte." Nach jener Frage und der Antwort waren sie auf ewig seine Vertrauten. „... Er hatte zu ihnen geredet, als sie noch nicht existent waren; nur er konnte ihre Existenz schon vorweg wahrnehmen. Sie also waren Gottes innegeworden, noch ohne daß sie ihrer selber innegeworden waren. Die Wahrheit existierte in der Wahrheit einem Sinne gemäß, um den nur er weiß ... Er also war sich ihrer bewußt, umfaßte sie, als sie noch gänzlich im Zustande der Selbstentäußerung waren. Die vor aller Ewigkeit schon waren, sind wirklich existent: entworfen in völliger Selbstentäußerung, deshalb bleibend im Zustand ewigen Bleibens ..."[86]

Unterbrechen wir hier al-Ǧunaid! Vollkommene Selbstäußerung, Entwerden, das ist zugleich der Gewinn der vollkommenen Gewißheit der Gottesnähe, die nicht mehr zu erschütternde Sicherheit des Heilsbesitzes. Sich selber zu verlieren, um sich in höchster Glückseligkeit auf ewig zu gewinnen, dies ist das Ziel des sufischen Strebens, und al-Ǧunaid beschwört den Leser in Wendungen von eindrucksvoller Paradoxie, er möge erkennen, daß mit jenem Zustand, den es zu erreichen gelte, die Freunde Gottes schon vor aller Geschichte beschenkt worden seien. Die hier und jetzt geübte Selbstentäußerung, die Unterwerfung unter Gottes, des Eigentümers, Willen, hat ihren Grund nicht in der Möglichkeit einer Errettung durch Gehorsamsleistungen, sondern in einer Erwählung zu Gott. Al-Ǧunaids Deutung des Bundes, von dem der Koran spricht, verwirft jegliche Art von vordergründiger Werkgerechtigkeit, verleiht der skrupelhaften Gesetzesfrömmigkeit und allen über diese hinausgehenden Praktiken der Selbstkasteiung ihren tiefen und unwiderlegbaren Sinn.

Mit al-Ǧunaid stehen wir an der Schwelle des 10. Jahrhunderts, in dem al-Aš'arī seine Theologie in der Auseinandersetzung mit der Mu'tazila formulierte. Ein spätes Lehrgedicht, in dem Tāǧ ad-Dīn as-Subkī (gest. 1370), der verdienstvolle Sammler der Biographien berühmter Schafiiten, al-Aš'arīs Lehre in Umrissen darstellt, beschäftigt sich auch mit dessen Verbindungen zum Sufitum. Aussagen und Gedanken der frühen Vertreter dieser Richtung habe al-Aš'arī verteidigt. Denn einer seiner Lehrer sei al-Ǧunaid gewesen; von ihm sei er in das Sufitum eingeführt worden, und auch zu dessen Gefährten an-Nūrī und Ruwaim[87] habe er enge Beziehungen gepflegt; Abū 'Uṯmān al-Ḥīrī (gest. 911) und Abū 'Alī aṯ-Ṯaqafī (gest. 940), die Männer, die die Sufik in Nischapur zur Blüte brachten,[88] habe er gesehen, desgleichen Abū 'Uṯmān al-Maġribī, den wir als Gast in Mekka kennengelernt haben.[89] Zu den Schülern al-Aš'arīs rechnet as-Subkī mehrere Sufis, unter ihnen aš-Šiblī und Abū Bakr al-Kattānī, die beide wiederum aus dem Kreis al-Ǧunaids stammten,[90] sowie Muḥammad b. Ḫafīf, den uns al-Qušairī als markanten Vertreter der „neuen Frömmigkeit" vorstellte.[91]

Nicht für alle diese Angaben as-Subkīs ließ sich eine Bestätigung finden. Dennoch entdeckt man bei einer Überprüfung der Hinweise mannigfache Belege dafür, daß al-Aš'arī und die genannten Sufis auf drängende Fragen jener Zeit analoge Antworten gegeben haben. In den Viten al-Aš'arīs wird erzählt, wie er, nachdem er lange Jahre ein eifriger Schüler des Basrenser Mu'taziliten Abū 'Alī al-Ǧubbā'ī (gest. 915) gewesen war, sich um 912 von ihm lossagte. Die Legende will es, daß al-Aš'arī im Traum der Prophet erschien und ihn hieß, von nun an mit den Mitteln der rationalen Theologie die Sache der Sunniten zu verfechten. Das Selbstverständnis des späteren Asch'aritentums spiegelt sich in solchen Ausschmückungen wieder. Nach anderen Berichten erwachten in al-Aš'arī Zweifel an der Tauglichkeit des Rationalismus, als er bei einem Problem auf die ausweglose Gleichwertigkeit aller Verstandesargumente stieß – eben jene unheilvolle Lage, in die einst Ibn Qutaiba geraten war. Und wie jener zog auch al-Aš'arī den Schluß, daß alles Argumentieren und Grübeln ohne festen Halt in der Offenbarung und der Sunna sinnlos sei und zu beliebigen Antworten führe.[92] Jenes Problem, das ihm die Augen über den wahren Charakter der Mu'tazila geöffnet haben soll, lautete: Es waren drei Brüder, der eine gut, der andere böse; der dritte starb schon als Kind. Der erste kommt ins Paradies, der zweite in die Hölle, der dritte in ein Zwischenreich. Darüber beklagte er sich, hatte er doch nie die Gelegenheit, sich das Paradies zu verdienen, da Kinder noch nicht den Geboten und Verboten der Scharia unterliegen. Man beschied ihm, man habe ihn nur deshalb so früh sterben lassen, weil klar war, daß er als Erwachsener zum schlimmen Sünder geworden wäre. Nun fragte der zweite, zur Hölle Verurteilte, warum Gott dann nicht auch ihn schon als Kind getötet habe.[93] Diese Geschichte zeugt vom innermu'tazilitischen Ringen um die Idee, daß Gott stets das Gute tue und das Böse allein vom Menschen stamme und daß Gott vollkommen gerecht sei. Mit rationalen Mitteln war diese Idee nicht durchzufechten, und wir sahen, wie manche Mu'taziliten aus dieser Schwierigkeit den Schluß zogen, man solle sich in dieser Frage den „Aufschiebern" annähern. Für al-Aš'arī war sie der Anlaß zum Bruch.

Al-Ǧunaid hatte auf das Problem der Gerechtigkeit Gottes und der

Errettung des Menschen vor dem Höllenfeuer eine ganz andere Antwort bereitgehalten: Die Schar der Erwählten, die sich ihres Selbst entäußern, ist bereits vor der Schaffung der Welt zum Heil bestimmt; nicht mit dem Verstand erschließen sie dies, sie erfahren es auf dem Weg des Entwerdens, wissen es, wenn sie ihr Ich verloren und die Dauer in Gottes Gegenwart gewonnen haben. ,,Die Mu'taziliten haben Gott ihrem Verstande nach von allem Irdischen abgetrennt und sind dabei in die Irre gegangen. Die Sufis haben ihn ihrem Wissen nach von allem Irdischen abgetrennt und damit das Richtige getroffen.''[94] Diese Bemerkung eines Zeitgenossen al-Aš'arīs verdichtet die ganze Problematik auf ihren Kern: Man soll sich Gott nicht ausrechnen, sondern sich des Wissens um ihn, das allein bei ihm selber entspringt, versichern. Auf die Frage nach der Gerechtigkeit bezogen, bedeutet dies, wie sich Abū 'Uṯmān al-Maġribī ausdrückte, als man ihn um seine Meinung über die Handlungsfreiheit des Menschen bat: ,,Es sind bloß (leere) Formen und Figuren, in denen die von (Gottes) Macht ausgelösten ,Bewertungen' auftreten.''[95] Dieser von al-Qušairī überlieferte Satz kleidet al-Ǧunaids Gedanken in die nüchterne Terminologie der Gottesgelehrsamkeit. – Der Sufi Bundār aš-Šīrāzī (gest. 964),[96] von den Quellen als al-Aš'arīs Diener bezeichnet, sagte zu dem gleichen Thema: ,,Das Herz ist nur ein kleiner Fleischklumpen, und doch ist es der Ort der Erleuchtung; alles Zusätzliche strömt ihm vom Allgewaltigen zu, und über dies ziemt es sich nachzudenken. Gott hat das Herz zum Emir erhoben, denn er sagt: ,(In diesen Versen) liegt eine Mahnung für alle, die ein Herz haben!' (Sure 50,37) und trotzdem hat er es zu seinem Gefangenen gemacht, denn er sagt auch: ,Er tritt zwischen den Menschen und dessen Herz!' (Sure 8,24)''.[97] Hier nun sind wir genau auf die Grunderfahrung gestoßen, auf der sich al-Aš'arīs theologisches Denken nach seiner Abkehr von der Mu'tazila aufbaut; sie bildet den Ausgangspunkt des geistigen Kampfes gegen seine ehemaligen Gefährten, den er in seinem ,,Buch der Gedankenblitze: über die Widerlegung der Abweichler und Neuerer'' austrägt. Er schreibt: ,,Wenn jemand fragt: ,Wie lautet der Beweis dafür, daß es einen gibt, der die Schöpfung gemacht hat und sie lenkt?' dann antwortet man: ,Der Beweis hierfür ist folgender: Der Mensch, der vollkommen ausgewachsen ist, war einmal ein Samentropfen, dann ein kleiner Fleischklumpen, dann ein Gebilde aus Fleisch, Knochen und Blut. Nun wissen wir, daß er sich nicht selber von seinem Zustand in den anderen gebracht hat. Denn wie wir sehen, ist er sogar im Vollbesitz seiner Körper- und Verstandeskräfte nicht fähig, sich selber das Gehör oder den Gesichtssinn zu verschaffen, noch sich ein Körperglied zu fertigen. Hieraus folgt, daß er dazu noch weniger imstande ist, solange er noch schwach und unvollkommen ist ... Wir erblicken ihn als Kind, als Jüngling, als Erwachsenen und schließlich als Greis und wissen dabei, daß er sich nicht selber aus dem Zustand der Jugend in den des Alters und der Betagtheit gebracht hat. Denn strengte sich der Mensch auch an, das hohe Alter abzustreifen und sich wieder in die Jugend zurückzuversetzen, wäre ihm dies nicht möglich. Das ... beweist, daß nicht er sich in jene Zustände bringt, sondern daß jemand anders ihn von einem in den anderen versetzt und ihn in seine jeweiligen Verhältnisse gelenkt hat. Denn es ist undenkbar, daß sein Übergang von einem Zustand zum anderen ohne jemanden erfolgt wäre, der ihn dorthin versetzt und gelenkt hätte."[98]

Zum Beweis, daß es einen zielgerichtet handelnden Schöpfer und Lenker der Welt gibt, spielt al-Aš'arī hier auf ein seit vielen Generationen bekanntes Prophetenwort an, in dem die Stadien der Entwicklung des Menschen aufgezählt werden,[99] und im Einklang mit dem Sunnitentum zieht er hieraus einen Schluß, der weit über die Folgerungen hinausgeht, die die Mu'taziliten aus dem Tatbestand der Geschaffenheit der Welt ableiten. Jeder Zustand, so betont al-Aš'arī, ist unmittelbar Gottes Werk; Gott allein lenkt den Menschen, dessen Entwicklung nicht aus dem gegenseitigen Wirken und Fortwirken einmal – „am Anfang" – geschaffener Kräfte und Stoffe erklärt werden kann. Nur weil die mu'tazilitische Metaphysik im Gegensatz hierzu eine innerweltliche Begründbarkeit von Ereignissen annahm, konnte sie dem Menschen Eigenverantwortlichkeit zusprechen. Nach al-Aš'arī ist dies unhaltbar: Die Entwicklung des Leibes und zugleich auch des Denkens und Handelns eines jeden Menschen liegt allein in Gottes Hand, wird von ihm bestimmt. Genau dies hatte Bundār aš-Šīrāzī gemeint: Der Mensch schafft sich die Einsicht in den Glauben nicht mit seinem Verstand, sondern das Wissen um Gott, die Erleuchtung und alle zusätzlichen Kenntnisse strömen dem Herzen unmittelbar vom Schöpfer zu. Al-Aš'arī spricht in der Form einer allgemeinen theologischen Aussage genau das aus, was Bundār in verengender Betrachtung in Bezug auf den sufischen Pfad hervorhebt.[100]

Sowohl die Grundzüge der asch'aritischen Theologie als auch deren vertiefte Umsetzung in die Praxis durch die „neue Frömmigkeit" lassen sich von jener Kernaussage al-Aš'arīs herleiten, auf der er im „Buch der Gedankenblitze" im Kampf gegen alle übrigen Richtungen seine Vorstellung von Gott und dessen Verhältnis zur Welt aufbaut. Dreierlei habe al-Aš'arī in diesem Werk verdeutlichen wollen, erklärt al-Ǧuwainī: zuerst, daß der Werdegang des Menschen in jedem Augenblick von Gott festgesetzt ist; sodann, daß es in der Natur keine unabhängig von ihm wirkenden Kräfte gebe; und drittens, daß deshalb auch die Kraft des Menschen nur eine abgeleitete sei, oder in der Fachsprache der Theologie: daß das Vermögen des Menschen kontingent ist und stets nur in unmittelbarer Verknüpfung mit dem je Vermochten von Gott geschaffen wird.[101] – Der Mensch als leere Form, als bloße Figur, wie Abū 'Uṯmān al-Maġribī sagte.

Al-Aš'arī hatte sich von Abū 'Alī al-Ǧubbā'ī getrennt, und dessen Anhänger treffen wir auch im Streit mit al-Ḥallāǧ an, dem größten Blutzeugen des Sufismus (hingerichtet 922). „Da Gott die Körper ohne eine Ursache in die Existenz rief, schuf er ihnen auch ihre Eigenschaften ohne Ursache. Und gleich wie der Mensch die Voraussetzung für sein Tun nicht beherrscht, so beherrscht er auch sein Tun nicht selber!"[102] hält al-Ḥallāǧ einem jener Mu'taziliten entgegen. Al-Aš'arīs Theologie klingt schon an, wenn al-Ḥallāǧ in einigen Sätzen, die al-Qušairī in seine Rechtfertigungsschrift des Sufismus eingefügt hat, die Lehre von Gott umreißt. Dieser Abschnitt ist nicht zuletzt deshalb aufschlußreich, weil wir hier das Ineinanderspielen theologischer Terminologie und sufischer Leidenschaft gut beobachten können. „Erkenne allen Kontingenz zu, denn Ewigkeit hat nur er! Wer sich als Leib zeigt, dem haften Akzidenzien an; wer ein Gefüge ist dank fremder Kraft, den hält nur sie zusammen; wen ein Zeitatom zusammenbringt, den wird ein anderes schon trennen; wen ein anderer erhält, den trifft die Not; wen bloßes Wähnen schon erhascht, der läßt sich in ein Bild bannen; wen ein Substrat beherbergt, den fängt das Wo; wer einer Gattung zugehört, dem fordert man sein Wie ab. – Ihn aber, den Gepriesenen, beschattet kein Oben, trägt kein Unten; ihm tritt kein Da entgegen, ihn bedrängt kein Bei; ihn greift kein Hinten, begrenzt kein Vorn. Kein Vor erzeugt ihn, kein Nach zerstört ihn je; kein Ganz sammelt ihn, kein ‚Er ist' schuf ihn, kein ‚Er ist nicht' vernichtet ihn je. Seine Eigenart verleiht ihm keine Eigenschaft, sein Tun hat keine Ursache, sein Sein keine Begrenzung: abgetrennt ist er von den Zuständen seiner Kreatur; deren Konstitution eignet ihm nicht; niemand kann sein Tun beeinflussen. Abgesondert ist er von ihr dank seiner Ewigkeit, ist sie von ihm dank ihrer Zeitlichkeit. Fragst du: ‚Wann?' – nun, sein Sein liegt vor der Zeit! Fragst du: ‚Er?' – nun, E und R sind von ihm hervorgebracht! Fragst du: ‚Wo?' – nun, seine Existenz liegt vor jedem Ort! Denn in den Buchstaben[103] findest du seine Wunderzeichen, in seiner Existenz den Beweis für ihn; in der Erkenntnis Seiner, bekennst du seine Einheit, mit dem Bekenntnis sonderst du ihn von der Schöpfung. Was man sich über ihn einbildet, entspricht ihm nicht – wie könnte auch ihm innewohnen, was er aus sich hervorgehen ließ? Oder zu ihm zurückkehren, was er wachsen ließ? Kein Auge schaut ihm entgegen, Mutmaßungen treffen ihn nicht. Wenn er sich nähert, dann ist es seine Großmut. Wenn er sich entfernt, dann ist es seine Verachtung. Über den Menschen ist er, ohne hochzusteigen. Er kommt, und er bewegt sich nicht. Er, der Erste und der Letzte, der Offenbare und der Verborgene, der Nahe und der Ferne, dem nichts gleichkommt,[104] der alles hört, alles sieht!"[105]

Die menschlichen Begriffe, gefesselt an Wo, Wie und Wann, sind völlig unzureichend, ihn, den ganz anderen, zu verstehen, der allein in sich selber und aus sich selber existiert. In seiner Offenbarung gibt er sich zu erkennen, aber wir sind nicht fähig, aus dem, was er von sich sagt, auf eine für uns unfaßbare Eigenschaft Gottes zu schließen. Wir können uns kein Bild von ihm machen, ihn deshalb auch zu nichts veranlassen – wir können sein Wesen nur hinnehmen ohne alles Wie. Gleichwohl ist er gegenwärtig, erfahrbar in seiner Offenbarung, aus deren Buchstaben sogar: Fragen wir: „Er?“ so schafft er in uns diese Laute, mit denen wir seinen ewigen Namen anrufen. Seine Nähe, seine Ferne sind nicht räumlich, und unter den Bedingungen des dreidimensionalen Raumes werden wir ihn auch nie sehen. – Alle diese Aussagen werden wir bei al-Aš'arī und seinen Erben wiederfinden, freilich weiter ausgefeilt, zugespitzt für einen Kampf gegen zwei Seiten: hier die Mu'taziliten, die inhaltlich spezifizierte Aussagen über Gott streng verwarfen und deshalb auch abstritten, daß man ihn je schauen werde und seiner Rede ebenfalls nur den Charakter des Geschaffenen zubilligten – dort die „Verähnlicher“, meist im sunnitischen Lager anzutreffen, die sich von Gott ein Bild machten gemäß den Erfahrungen mit seiner Schöpfung.

Mit al-Ḥallāǧ selber bringen die Quellen al-Aš'arī nicht zusammen. Aber Muḥammed b. Ḫafīf aus Schiras und an-Naṣrābādī aus Nischapur hielten den Märtyrer für einen aufrichtigen Gläubigen und „sammelten seine Worte“,[106] wohingegen die irakischen Sufis ihn wegen Äußerungen verzückter Gottestrunkenheit, deretwegen er schließlich zum Tode verurteilt worden war, als ketzerischen Scharlatan schnitten. Über einen Schüler[107] Ibn al-Ḫafīfs[108] ist der obige Text zu al-Qušairī gelangt. Nebenbei sei bemerkt, daß Ibn Suraiǧ (gest. 918), der große Gelehrte, dem man das Verdienst zuschreibt, die Methode des theologischen Rationalismus in das auf der Überlieferung beruhende schafiitische Recht eingeführt zu haben, in einem Gutachten die Obrigkeit von Maßnahmen gegen al-Ḥallāǧ zurückhalten wollte; denn Inspiriertheit sei kein Fall für das Gericht.[109]

Muḥammad b. Ḫafīf ist eine der Personen, in deren geistiger Entwicklung sich Sufismus und asch'aritische Theologie kreuzen, und er ist einer der Männer, auf den sich die Vertreter der „neuen Frömmigkeit“ im Osten des Reiches berufen. Doch auch die irakischen Asch'ariten kannten ihn; bei ihnen allerdings tritt – anders als im Osten – das Element der sufischen Frömmigkeit in den Hintergrund, schwindet aber nie ganz. Abū Bakr b. al-Bāqillānī (gest. 1013), der die Methodik der asch'aritischen Beweisführung verfeinerte, überliefert unter anderem von Ibn Ḫafīf.[110] Vor allem bei Muḥammad b. Aḥmad aṭ-Ṭā'ī und Abū l-Ḥasan al-Bāhilī, zwei basrischen Schülern al-Aš'arīs, lernte Ibn al-Bāqillānī dessen Art der Theologie. Bei al-Bāhilī waren Ibn Fūrak und Abū Isḥāq al-Isfarā'inī seine Studiengefährten; der Mu'tazilit 'Abd al-Ǧabbār rühmt sie zusammen als das leuchtende Dreigestirn unter al-Aš'arīs Enkelschülern.[111] Eine Anekdote über al-Bāhilī wirft für uns noch einmal Licht auf den Geist, aus dem diese Theologie Kraft schöpfte: Nur einmal in der Woche, so erzählt Ibn al-Bāqillānī, hielt ihr Lehrer Unterricht, und immer war er durch einen Vorhang den Blicken seiner drei Schüler entzogen; denn er war „so eifernd mit Gott beschäftigt, daß er wie toll oder besessen war und nicht wußte, wie weit er mit dem Stoff gekommen war ...", und er verharrte hinter dem Vorhang, denn seine Schüler „sehen ja das gemeine Volk, also Leute, die (gegen Gott) nachlässig sind, und dann blicken sie mich mit denselben Augen an, mit denen sie das Volk ansehen!"[112]

Ibn al-Bāqillānī verpflanzte das Aschʿaritentum aus Basra nach Bagdad. In ʿAḍud ad-Daulas Gelehrtenkreis, der von Muʿtaziliten beherrscht wurde, stritt er für die neue Lehre[113] und erregte offenbar das Wohlgefallen des Großemirs. Der schickte ihn sogar in diplomatischer Mission nach Byzanz. Hierbei soll Ibn al-Bāqillānī seine allseits gerühmte Geistesgegenwart zugute gekommen sein: Der Kaiser wollte den muslimischen Botschafter demütigen und ließ eine sehr niedrige Tür zum Audienzsaal öffnen, so daß man nur in tiefgebeugter Haltung eintreten konnte; Ibn al-Bāqillānī zwängte sich zuerst mit dem Gesäß hindurch.[114] Später diente er auch dem Kalifen al-Qādir als Gesandter, nämlich in der Affäre um den ʿUqailiden Qirwāš, der sich den Fatimiden unterstellt hatte. In diesen Zusammenhang gehören wohl die beiden Schriften, in denen Ibn al-Bāqillānī das Kalifat der Nachkommen des ʿAbbās verteidigte.[115] Über seine dogmatischen Ansichten sind wir durch mehrere erhaltene Werke unterrichtet, sowie mittelbar durch al-Ǧuwainīs Auseinandersetzung mit seinen Gedanken. Hier genügt ein rascher Blick in Ibn al-Bāqillānīs „Buch des ausreichenden Maßes dessen, was man glauben und wissen muß", um auch bei ihm das Fortwirken der Verbindung von aschʿaritischer Theologie und Sufitum festzustellen. Sobald er dargelegt hat, daß die Welt das Werk eines Schöpfers ist, zitiert er den uns schon geläufigen Ausspruch al-Ǧunaids, das Einheitsbekenntnis beruhe in der Scheidung zwischen Ewigkeit und Kontingenz, „deshalb festigt die Grundlagen der Glaubenslehre mit klaren Beweisen und einleuchtenden Belegen!" Es folgen weitere diesbezügliche Äußerungen von al-Ǧunaid und Mitgliedern seines Kreises.[116] Ähnlich verfährt Ibn al-Bāqillānī bei der Erörterung des Problems, inwieweit man davon reden könne, daß Gott auf seinem Thron sitze (Sure 20,5). Hier nun klärt Abū ʿUṯmān al-Maġribī seinen Diener auf, wie dieser auf die Fangfrage antworten müsse, wo Gott sei – nämlich: „Dort, wo er immer war und sein wird!" Aš-Šiblī empfiehlt eine ähnliche Formulierung. Al-Ǧunaid erscheint noch einmal als Gewährsmann bei der Erläuterung der aschʿaritischen Lehre, daß Gottes ungeschaffen-ewige Rede nicht mit den vom Menschen hervorgebrachten Buchstaben identisch sei[117] – diese seien natürlich geschaffen, eine Auffassung, die vorhin schon al-Ḥallāǧ andeutete.

Der aschʿaritischen Theologie ist schließlich auch die Qādirīja verpflichtet, jener kurze Abriß des sunnitischen Glaubens, den al-Qādir verkünden ließ: Gott ist die einzige selbständige und unabhängige Kraft, von der alles abhängt und gelenkt wird; „er ist mächtig durch eine (mit seinem ewigen Wesen verschmolzene) Macht; wissend durch ein ewiges, nicht erworbenes Wissen; ... redend mit einer Rede, die nicht von geschaffenen Tonerzeugern hervorgebracht wird; er darf nur mit den Eigenschaften beschrieben werden, mit denen er sich selber oder der Prophet ihn beschrieben hat, und jede ... dieser Eigenschaften ... ist eine wirkliche, keine allegorische. Seine Rede ist ungeschaffen, und sie nimmt auch nicht den Charakter des Geschaffenen an, wenn sie von einem Geschöpf vorgetragen wird; denn sie ist dann eben jene Rede, mit der Gott redet und daher ungeschaffen". Der Glaube besteht in der Bekräftigung; er kann wachsen oder schwinden. Diese sehr allgemeine Bestimmung des Glaubens ist nicht unbedingt aschʿaritisch; doch heißt es dann in der Qādirīja weiter: „Alle Arten von Gehorsamsleistungen, mit denen man sich Gott zu nähern sucht und die man erbringt, allein um ihm zuzustreben, seien es Glaubenspflichten, die empfohlenen Handlungen oder darüber hinausgehende Leistgungen, sind nie erschöpft, genauso wenig wie der Gehorsam gegenüber den Pflichten".[118] Diese starke Betonung der Leistungen, die nicht mehr von der Scharia ausdrücklich gefordert werden, erinnert an die Ideale der „neuen Frömmigkeit".[119] Als al-Qā'im den Inhalt der Qādirīja in jenem Jahrzehnt, als in Nischapur die Aschʿaritenverfolgung losbrach, den Bagdader Gelehrten erneut zur Unterschrift vorlegte, war Abū l-Ḥasan al-Qazwīnī der erste Unterzeichner, jener so volkstümliche Mahnprediger, um den sich die Menschen drängten,[120] ein Mann, der schafiitisches Recht studiert hatte und, wie man sagt, gegen al-Ašʿarī nicht feindlich gesonnen war.[121] So kann es schließlich nicht verwundern, daß al-Qā'im den aus Nischapur geflüchteten al-Qušairī günstig aufnahm und ihm sogar die Möglichkeit einräumte, in den Privatgemächern des Kalifen zu lehren.[122]

5. Der Schöpfer ist einer

Die koranische Offenbarung stellt den Menschen als Individuum seinem Gott gegenüber. Über diesen trifft das heilige Buch des Islams drei Kernaussagen, die einander wechselseitig bedingen: Der Schöpfer ist einer – der Eine ist ewig – der Ewige ist Schöpfer. Die Geschichte der islamischen Theologie ist der Versuch, diese Aussagen logisch zu begründen und gegen Zweifel abzusichern, die von verschiedener Warte aus gegen diese dreifache Botschaft vorgetragen werden können. Die Feststellung, der Schöpfer sei einer, zielt im Koran gegen die Vielgötterei des arabischen Heidentums, aber auch gegen die – mißverstandene – christliche Lehre von der Dreifaltigkeit; später kam die Auseinandersetzung mit den dualistischen Religionen Irans hinzu. Der Satz, daß der Eine ewig sei, richtet sich im Koran wiederum gegen die Vielgötterei und unterstreicht, daß der eine Gott, der durch den Mund des Propheten redet, von Grund auf anders als seine Schöpfung ist und deshalb nicht begrifflich mit ihr vermengt werden darf; in späterer Zeit muß zur Verteidigung dieses Satzes auch gegen aus der Antike überlieferte Anschauungen von der Ewigkeit der Welt gefochten werden. Die größte Schwierigkeit bereitete freilich die dritte Aussage. Im Koran hängt von ihr nicht nur die ganze Eschatologie ab – da Gott die Welt bereits einmal geschaffen hat, ist er am Ende der Geschichte auch in der Lage, die Toten wiederzuerwecken – sondern auch die Pflicht des Menschen zur Einhaltung der göttlichen Gebote, nicht zuletzt aus Dankbarkeit gegen den ständig sorgenden Schöpfer. Auch im Streit mit den hochreligiösen und philosophischen Traditionen, mit denen der Islam seit dem 8. Jahrhundert in Berührung kam, spielte der letztgenannte Themenkreis eine herausragende Rolle. Wir werden sehen, daß die Leistung der aschʿaritischen Theologie darin besteht, gerade auf diesem Gebiet zu einer Eindeutigkeit vorgestoßen zu sein, die dem gläubigen Muslim die Auffassung nahelegte, im Besitz endgültiger und unerschütterlicher Gewißheit zu sein – mit all ihren günstigen und ungünstgigen Folgen.

Für jeden der drei Grundsätze der islamischen Gottesidee haben sich besondere Fragestellungen und Beweiswege herauskristallisiert, die einander ebenso berühren, wie wir es von jenen Grundsätzen selbst feststellten. Um jedoch die Denkweise der islamischen Theologie und insonderheit des Aschʿaritentums klarer hervortreten zu lassen, erscheint es zweckmäßig, die drei Problemkreise getrennt zu betrachten und dabei schrittweise tiefer in den Stoff einzudringen. Erst nachdem wir die Glaubenslehre und danach auch die Theorie des islamischen Rechts überschaut haben, wird uns die Tragweite der aschʿaritischen Grundüberzeugungen einsichtig werden.

In der Offenbarung, die Muḥammed empfing, tritt die Auffassung, daß der Schöpfergott einer ist, nicht gleich am Anfang ausdrücklich hervor. Muḥammed ist von *dem* Gott berufen, *ihn* hat er in Visionen geschaut.[123] Erst im Laufe der Zeit wird im Koran aus *dem* Gott immer deutlicher der *eine* Gott, eine Entwicklung, die vermutlich durch die Zweifel der heidnischen Mekkaner und dann auch durch die Notwendigkeit, sich vom Christentum abzugrenzen, gefördert wurde. Beispielsweise lesen wir in der spätmekkanischen 16. Sure eine Kritik an den Ungläubigen, die von Gott mit Gnadengaben reich beschenkt werden, aber „an Gottes Stelle Wesen verehren, die ihnen weder aus den Himmeln noch von der Erde Unterhalt verschaffen und zu nichts imstande sind ... Gott hat euch ein Gleichnis geprägt von einem leibeigenen Sklaven, der nichts auszurichten vermag, und von jemandem, dem wir guten Lebensunterhalt gewährten, von dem er dann insgeheim und offen spendet. Sind solche Leute etwa einander gleich? ..." (Sure 16,73 und 75). Gott allein verdankt der Mensch sein Auskommen, nicht jenen Wesen, die die Heiden fälschlich verehren – die heidnischen Abgötter sind im Vergleich zu dem Einen nur wie leibeigene Sklaven, die völlig von ihrem Herrn abhängen. Gegen die Christen gewandt, heißt es in der 19. Sure: „Manche sagen: ‚Der Barmherzige hat sich ein Kind genommen!' Da habt ihr etwas Unerhörtes behauptet ... Dem Barmherzigen ziemt es nicht, sich ein Kind zu nehmen! Jeder, der in den Himmeln und auf der Erde ist, tritt nicht anders denn als Knecht vor den Barmherzigen." (Sure 9,88f. und 92f.). In der 59. Sure, die aus der medinensischen Zeit stammt, wird der Einheitsglaube scharf gezeichnet: „Er ist der Gott, außer dem es keinen anderen Gott gibt. Er ist der Kenner des Verborgenen und des Offenkundigen, er ist der Barmherzige, der Erbarmer. Er ist der Gott, außer dem es keinen Gott gibt. Er ist der König, der Heilige, das Heil, er verleiht Sicherheit und Schutz. Hochgepriesen ist Gott vor denen, die sie ihm beigesellen. Er ist Gott, der Schöpfer, Erschaffende, Gestaltende. Ihm gebühren die schönsten Namen! Alles, was in den Himmeln und auf Erden ist, singt sein Lob. Er ist der Mächtige, der Weise!" (Sure 59,22–24). In bekenntnisartiger Form verkündet die 112. Sure: „Er ist Gott, ein Einziger, völliger Gott. Er hat nicht gezeugt, wurde nicht gezeugt. Niemand ist ihm ebenbürtig."[124]

Wie die Zitate aus der 16. und 59. Sure belegen, wird im Koran die Aussage, Gott sei einer, oft mit dem Hinweis auf seine Schöpferkraft verbunden, die die Welt nicht nur „am Anfang" hervorgebracht hat, sondern sie auch fortbestehen läßt. Aus derartigen koranischen Belegen haben die spekulativen Theologen ihren logischen Beweis für die Einheit – oder besser: Einsheit – Gottes entwickelt. Das versichert uns al-Aš῾arī sowohl in seinen „Gedankenblitzen" als auch in einer kurzen Abhandlung „Über die Zweckmäßigkeit, sich auf die Spekulation einzulassen". „Gäbe es (in den Himmeln und auf der Erde) Götter außer dem Gott, dann fiele beides der Verderbnis anheim!" wird in Sure 21,22 bemerkt, und al-Aš῾arī stellt fest, diese Worte seien eine knappe Begründung des Glaubenssatzes, „daß er einer ist und keinen Teilhaber hat. Alle Aussagen der spekulativen Theologie im Disput über den Beweis der Einsheit mit dem Argument der gegenseitigen Hinderung und Überwältigung lehnen sich an diesen Vers an, sowie an die beiden folgenden: ‚Gott hat sich kein Kind genommen, und es ist auch kein Gott mit ihm. Denn dann würde ein jeder Gott beiseitebringen, was er geschaffen hat, und vielleicht wäre dann der eine dem anderen überlegen:' (Sure 23,91) ... ,Oder haben sie etwa Gott Gefährten beigesellt, die etwas geschaffen haben, wie er es tut, so daß (den Heiden) die Schöpfung zweifelhaft vorkommen könnte? ...' (Sure 13,16)".[125]

In den ,,Gedankenblitzen" ist diese Argumentation in die theologische Fachsprache übertragen. Der Schöpfer der Welt muß einer sein, denn die Steuerung alles Geschehens durch zwei Lenker müßte zur Verwirrung führen. Beide, zumindest aber einer, müßten unter Augenblicken der Schwäche und Unterlegenheit leiden. ,,Wenn einer von beiden einen Menschen am Leben erhalten, der andere ihn aber sterben lassen will, gibt es die folgenden Möglichkeiten: Entweder das von beiden Gewollte wird verwirklicht, oder es erfüllt sich die Absicht keines von beiden oder nur die des einen, nicht die des anderen. Nun ist es unmöglich, daß sich gleichzeitig verwirklicht, was beide wollen, da es unmöglich ist, daß ein Körper in ein und demselben Moment lebendig und tot ist. Wenn aber unmöglich ist, daß sich gleichzeitig verwirklicht, was beide wollen, folgt daraus notwendig beider Unfähigkeit. Ein Unfähiger kann aber weder Gott noch ewig sein. Wenn jedoch nur eintritt, was einer von beiden will, folgt daraus notwendig die Unfähigkeit desjenigen, dessen Wille sich nicht verwirklicht, und ein Unfähiger kann weder Gott noch ewig sein. Also beweist, was wir sagten, daß ein Erzeuger aller Dinge einer ist."[126]

Auf den ersten Blick scheint der Beweis, den al-Aš'arī hier vorträgt, keinerlei theologische Schwierigkeiten zu enthalten. Tatsächlich jedoch bewahrt der ,,Beweis mit der gegenseitigen Hinderung" nur unter ganz bestimmten Voraussetzungen seine Gültigkeit, die von Mu'taziliten und Asch'ariten ganz unterschiedlich formuliert werden. Über die mu'tazilitische Lehrmeinung hierüber werden wir von 'Abd al-Ǧabbār aufgeklärt. Er nennt sechs Voraussetzungen, die wir im einzelnen betrachten wollen, da sie uns auch den Weg zu den folgenden Kapiteln ebnen.

Zum ersten muß der Eine aus sich selber heraus ewig sein; wenn etwas an der Gegebenheit, daß er ewig ist, teilhaben sollte, so muß dieses auch an seinen übrigen Weseneigenschaften teilhaben.[127] Der Ewige ist nämlich derjenige, dessen Existenz keinen Anfang hat und auf keine Ursache zurückzuführen ist. Andernfalls wäre er nicht ewig und aus sich selbst heraus, sondern aus etwas anderem verursacht und in die Existenz gebracht, was aber unmöglich ist, da er ja gerade in einer unüberbrückbaren Opposition zu allem Geschaffenen steht. Nun gelte unstreitig, ,,daß zwei Essenzen stets entweder von einander verschieden oder einander gleich sind. Ist eine Essenz von einer anderen verschieden, so auf Grund einer speziell ihr zugehörenden Eigenschaft. Für den Ewigen aber gibt es keine Eigenschaft, die ihm spezieller zugehörte als die Gegebenheit, daß er ewig ist, oder als eine essentielle Eigenschaft, aus der mit Notwendigkeit hervorgeht, daß er ewig ist ... Also ist es zwingend, daß dasjenige, das mit ihm teilhat an der Gegebenheit der Ewigkeit, ihm gleich ist. Denn es hat eben allein unter der Voraussetzung an ihm teil, daß es an der essentiellen Eigenschaft teilhat, die er besitzt."[128]

Essenz meint in dieser Terminologie jede durch ein Gefüge von Eigenschaften bestimmte Wesenheit, und eine essentielle Eigenschaft steht in einem Gegensatz zu zusätzlichen möglichen Eigenschaften, die die nämliche Wesenheit unter wechselnden Bedingungen erwerben oder wieder verlieren kann, ohne dabei ihre Identität einzubüßen.[129] Weiße Farbe und Kälte könnten etwa die essentiellen Eigenschaften des Schnees sein; Verschmutzung durch Staubteilchen wäre eine hinzutretende Eigenschaft. Mit dem heutigen naturwissenschaftlich geprägten Denken ist der Begriff der essentiellen Eigenschaft nicht mehr vereinbar; denn die Aussage, daß Schnee weiß und kalt ist, hat nur noch sehr relative Bedeutung. Für die Muʿtaziliten aber waren die essentiellen Eigenschaften die feste Grundlage, auf der es möglich war, Erscheinungen einander zuzuordnen oder voneinander zu unterscheiden.[130]

Daß zwei Dinge einander gleich seien, wenn sie in ihrer speziellsten essentiellen Eigenschaft übereinstimmen, war für die Muʿtaziliten ein unerläßlicher Grundsatz, weil man anderenfalls hätte behaupten können, neben dem ewigen handelnden Schöpfergott bestehe etwas Anfangsloses, das jedoch „unfähig" oder „schwach" sei. Nur wenn man darauf beharrte, daß die Übereinstimmung in der speziellsten essentiellen Eigenschaft eine Übereinstimmung in den weniger speziellen bedinge, dann war auch von vornherein die Theorie ausgeschlossen, es gebe neben Gott eine ewige Materie, aus der er die Welt erbaue. Kurz: um die Botschaft von der Schöpfung aus dem Nichts gegen die bis zu Aristoteles zurückreichende Vorstellung von einer ewigen Materie, die durch bestimmte Kräfte zu den Dingen dieser Welt geformt wird, zu verteidigen, benötigte man diese Denkfigur. Gottes speziellste essentielle Eigenschaft soll also seine Ewigkeit sein, und wenn etwas existierte, das ihm gliche, müßte es mit ihm diese teilen, und damit auch die übrigen, weniger speziellen, etwa seine Macht.[131] Wer aber ordnet alle essentiellen Eigenschaften von der allgemeinsten zur speziellsten, und ist es logisch überhaupt haltbar, daß die Übereinstimmung in der speziellsten eine Übereinstimmung in allgemeineren impliziere? Die aschʿaritische Theologie wird sich bemühen, diesen schwachen Punkt der muʿtazilitischen Argumentation zu beseitigen.

Als zweite Voraussetzung nennt ʿAbd al-Ǧabbār den Satz, daß es „nichts Vermochtes geben kann, das unter ein und demselben Gesichtspunkt zwei Kraft Besitzenden" seine Entstehung verdankt. Für nichts

Geschaffenes kann die Tatsache, daß es geschaffen ist, zwei voneinander unabhängigen Kräften zugeschrieben werden; desgleichen verleiht ihm der bloße Akt des Schaffens nur den Zustand des Geschaffenseins, keinen zusätzlichen, etwa den der Ruhe oder Bewegung. Zur Ausführung jeder Tat ist nach muʿtazilitischer Ansicht notwendig, daß im Täter die Antriebskräfte stärker sind als die Beweggründe, die ihn von der betreffenden Tat abhalten.[132] Mit dieser Annahme wird jeder Akt ganz streng an einen einzigen Täter gebunden. In unserem Zusammenhang soll mit dieser Hypothese ausgeschlossen werden, daß in irgendeiner Form andere Kräfte neben derjenigen Gottes an der Schöpfung beteiligt sind. In dieser Hypothese wurzelt jedoch auch die muʿtazilitische Anschauung vom eigenverantwortlichen Handeln des Menschen und der Gerechtigkeit Gottes; will man, wie es die koranische Botschaft von der alleinigen Schöpferkraft Gottes nahelegt, alles irdische Geschehen auf ihn zurückführen, wird man auf diese Hypothese verzichten müssen, was wiederum Rückwirkungen auf den „Beweis mit der gegenseitigen Hinderung" hat.

Dieser beruhte drittens auf dem Satz, daß die Zahl der Akte, die derjenige vermag, der aus sich selbst heraus Kraft besitzt, unendlich sein muß. Denn man kann sich nichts vorstellen, zu dem er nicht fähig wäre; ja, man kann sich keinen Akt denken, ohne zugleich anzunehmen, daß jener nicht noch mehr vermag.

Demgegenüber sind viertens die Akte des Menschen hinsichtlich Gattung, Zeit und Ort eingeschränkt. Der Grund hierfür liegt in der Tatsache, daß allem Geschaffenen, nicht Ewigen eben nur ein begrenztes Maß an Kraft zur Verfügung steht. Das Vermögen des Geschaffenen hängt von etwas anderem ab, existiert nicht aus sich selbst heraus.[133]

Fünftens gilt: Auf alles, dessen Handlungsvermögen abhängig ist, treffen die Merkmale der Körperlichkeit zu; dies wiederum hat zur Folge, daß alles Geschaffene, Körperliche nur dann einen Akt ausführen kann, wenn jenes Vermögen ihm innewohnt; anders als an den Körper gebunden kann es sich nicht verwirklichen. Für Gott dagegen müssen die Merkmale der abhängigen Kraft verneint werden. Für ihn gilt vielmehr, daß er je nach Wille oder Abneigung seine Taten ohne körperliche Ausgangsbasis schafft. Daß er deshalb im Prinzip zu allem die Kraft besitzt, meint freilich nicht, daß er auch wirklich alles tut: Er könnte auch gleichzeitig Gegensätzliches vollbringen, aber es gehört zu seinem Wesen, daß er nie zwei Gegensätze in einer Handlung vereint und damit gegen ein Axiom der Logik verstößt.[134] – Wenn nun die einem Körper anerschaffene Kraft immer nur in diesem wirksam werden kann und alles, dessen Vermochtes endlich ist, ein Körper sein muß, dann folgt schon hieraus die Unhaltbarkeit der Behauptung, es gebe neben dem einen Gott einen zweiten.[135]

Die sechste und letzte Voraussetzung für die Gültigkeit des Beweisverfahrens liegt in der richtigen Zusammenfügung der eben geschilderten Prämissen. „Auf jeden von zwei Kraft Besitzenden trifft erwiesenermaßen zu, daß es zulässig ist, daß ihre Motive unterschiedlich sind. Wenn dies aber zulässig ist, dann ist nicht auszuschließen, daß der eine zur Bewegung eines Körpers angeregt wird, während der andere diesen ruhen lassen will." Es ergeben sich dann drei denkbare Situationen: Entweder beide Absichten werden verwirklicht, was aber unmöglich ist, da sie einander widersprechen. Oder beide treten nicht ein; dies ist ebenfalls auszuschließen, weil damit zugleich verneint wäre, daß wenigstens einer von beiden Gott wäre, dessen Kraft unendlich ist. Oder die Absicht eines der beiden setzt sich durch; das könnte auch bedeuten, dieser eine habe endliche Kraft, aber eben nur mehr als der andere; wegen der Prämisse, daß Gott aus sich selbst heraus vermögend ist, ist diese Deutung jedoch ausgeschlossen. Folglich bleibt in dem Falle, daß sich der Wille des einen durchsetzt, allein der Befund, daß der Unterlegene nur Endliches vermag, also ein geschaffener Körper ist,[136] mithin kein zweiter Gott.

Man erkennt unschwer, daß der Beweis mit der gegenseitigen Hinderung in dieser von der Muʿtazila entwickelten Form mit Unsicherheiten und Schwierigkeiten belastet ist, die, wie ʿAbd al-Ǧabbārs weitere Bemerkungen zeigen, im 10. Jahrhundert ausgiebig erörtert worden sind. Was bei al-Ašʿarī einleuchtend und einfach klang, wird bei ʿAbd al-Ǧabbār so verwickelt, weil er die Motive und den Willen in seine Betrachtungen mit einbezieht. Das ist freilich, wie angemerkt, notwendig, um Abstand zu all jenen Lehren zu gewinnen, die den Gang der Welt als ein unpersönlich sich entfaltendes Spiel von Kräften und Stoffen deuten. Nach muʿtazilitischer Anschauung sind jeglichem Tun Motive und Willensakte vorgeordnet. Ein Motiv entsteht und wirkt spontan; wird es nicht durch entgegengerichtete aufgehoben, wird man versuchen, ihm entsprechend zu handeln, und man muß in solch einem Fall einräumen, daß diese Handlung auch gewollt wird. Im eigentlichen Sinne ist der Wille für die Muʿtazila bereits an sich ein Akt. Denn indem man den Willen zu einer Handlung faßt, hat man sich Rechenschaft über die Motive, Zwecke und ethische Wertung des in Aussicht genommenen Tuns gegeben.[137] Das gleiche gilt für Gott.

Und hier nun bricht die Schwierigkeit des muʿtazilitischen Systems auf. Man kann nämlich den Willen Gottes nicht in Analogie zu seiner Kraft setzen und sagen: Gott hat aus sich heraus Kraft zu allem; in gleicher Weise will Gott aus sich heraus, also unendlich viel und mithin alles Denkbare. Das hätte widersinnige Folgen; und außerdem ist der Wille ja schon selber ein Akt, liegt unmittelbar vor der Handlung. Gottes Wille muß deshalb wie die Schöpfung geschaffen sein. Als etwas Geschaffenes kann der Wille aber nicht Gott selber, dem Ungeschaffenen innewohnen. Aber auch der Materie oder den Lebewesen kann er nicht inhärieren, denn sonst könnte man behaupten, Gottes Wille wäre in einem Menschen. Es bleibt als Ausweg nur, daß der göttliche Wille ohne jedes Substrat existiert – eine schwer erträgliche Unregelmäßigkeit im Bereich des Geschaffenen.[138] Damit aber droht der wichtigste Beweis für die Einsheit des Schöpfers zu zerrinnen. Denn wie könnte, sollte es zwei Schöpfer geben, überhaupt festgestellt werden, daß ihre jeweiligen Willensakte gegensätzlich sind, wenn sich diese nicht in einem Substrat aktualisieren?[139] Und wenn die Willensakte, da beide Schöpfer vielleicht die gleiche Weisheit besitzen, sogar immer gleich sind, wäre dann nicht das ganze Beweisverfahren unwirksam? Diese Frage veranlaßt ʿAbd al-Ǧabbār zu der Ausflucht, es gehe bei der gegenseitigen Hinderung allein um eine Denkfigur; denn sollte diese Hinderung tatsächlich geschehen, wäre damit das Dasein eines zweiten Schöpfers bewiesen.[140] Abū Hāšim al-Ǧubbāʾī (gest. 933), Sohn und Nachfolger Abū ʿAlīs und bis ins 11. Jahrhundert einflußreichste Lehrautorität der Muʿtazila, hatte denn auch erklärt, daß diese Denkfigur für zwei Wesen, die aus sich selber heraus Kraft besäßen, nicht zulässig sei, weil sie in sich einen Widerspruch enthalte: Hinderung meine Begrenzung, und für ein ewiges, unendliches Wesen könne es das nicht geben.[141]

An anderer Stelle führt Abū Hāšim jedoch aus, daß eine solche Hinderung, wenn man schon von zwei ewigen Wesen reden wollte, nur als Kraftaufwendung gedacht werden dürfte. „Denn es ist zulässig, daß durch diese eine gegenseitige Hinderung eintritt, obwohl das von beiden Vermochte existent wird, wie wir dies in dieser Welt bei zweien beobachten können, die einen Körper an sich heranzuziehen suchen. Wollte nämlich der eine Körper vermittels Kraftaufwendung eine Bewegung in eine bestimmte Richtung erzeugen und der andere desgleichen in die entgegengesetzte, so gälte: Weder die Annahme, daß beide Bewegungen entstehen, ist zulässig, noch diejenige, daß beide nicht entstehen. Denn die Aufhebung beider (Bewegungen) geschieht doch nur dann, wenn beide ihr (unendliches) Vermögen zur Kraftaufwendung existent werden lassen; das ist aber nicht möglich (da Unendliches nicht geschaffen werden kann). So bleibt nur, daß das von dem einen Gewollte existent wird, nicht das des anderen. Damit ist die Behauptung widerlegt, es gebe neben Gott einen zweiten."[142] Das Gleichgewicht gegeneinander gerichteter Kräfte ist nur möglich, wenn diese endlich sind. Ob nun eine endliche oder eine unendliche Kraft als gegen den Schöpfergott wirkend angenommen wird, in beiden Fällen kann aus dieser Annahme nicht die Möglichkeit einer Hinderung der göttlichen Kraftentfaltung abgeleitet werden – im ersten, weil Gottes aus sich heraus wirkendes Vermögen dem Geschaffenen ohnehin überlegen ist; im zweiten, weil die hierfür unabdingbare unendliche Kraftaufwendung beider wegen der notwendigen Endlichkeit alles Geschaffenen einen Widerspruch in sich darstellt. Aus der damit erwiesenen Unmöglichkeit einer gegenseitigen Hinderung, bei der einer der Gegner Gott ist, ergibt sich, daß nur ein Schöpfergott existiert.

Ein eleganter Ausweg aus dem Gewirr von Unklarheiten und neuen Fragen, in das sich die Muʿtaziliten verstrickt hatten, aber doch nicht gut genug, um vor den Augen der Asch'ariten Bestand zu haben. Denn unversehens war Abū Hāšim mit seinem Lösungsvorschlag in eine andere Schwierigkeit geraten, die schon in dem Szenarium selbst verborgen ist, das er entworfen hat. In Erwägungen, die Ibn al-Bāqillānī darüber anstellt, wie man die von einigen Muslimen gebilligte Idee von der Körperlichkeit Gottes widerlegen könne, fordert er gebieterisch, daß man Gott nicht mit den Merkmalen eines Körpers beschreiben dürfe; Zusammengesetztheit, Räumlichkeit, Richtungsgebundenheit können auf ihn schlechterdings nicht zutreffen, wäre er doch sonst von der Gattung seiner Geschöpfe.[143] Wir finden deshalb den ,,Beweis mit der gegenseitigen Hinderung" bei Ibn al-Bāqillānī nicht in der anschaulichen Form zweier gegeneinander wirkender Kräfte, sondern in der von al-Ašʿarī gewählten Ausgangslage: Ein Schöpfer will jemanden am Leben erhalten, der andere will ihn sterben lassen.[144] Zu einer unzulässigen Verquickung göttlicher Schöpferkraft mit dem Bereich des Geschaffenen kann es so nicht kommen. Denn Herr über Leben und Tod ist Gott allein, und im Koran ist dies der Inbegriff seiner Schöpfermacht.[145] Es wird sich jedoch sogleich zeigen, daß eine verfeinerte metaphysische Grundlegung der Theologie, wie wir sie bei al-Ǧuwainī antreffen, auch die Beibehaltung des muʿtazilitischen Gedankenexperiments erlaubt – mit einigen Veränderungen freilich.

In seinem Werk ,,Das Umfassende: Über die Grundlagen des Glaubens" entwickelt al-Ǧuwainī den ,,Beweis mit der gegenseitigen Hinderung" wie folgt: ,,Würden wir zwei ewige, lebendige, Kraft besitzende Götter affirmieren, von denen einer zu einem bestimmten Zeitpunkt die Bewegung einer Substanz will, der andere zur selben Zeit deren Ruhe, und würden beide den Vollzug des von ihnen Gewollten erstreben, so ergäben sich drei Möglichkeiten: Entweder man behauptet die Verwirklichung des von jedem Gewollten oder die Negation des von beiden Gewollten oder die Verwirklichung dessen, was der eine wollte, und die Negation dessen, was der andere wollte. Wird die Verwirklichung des von beiden Gewollten behauptet, so ist dies ausgeschlossen, da eine solche Annahme die Möglichkeit der Vereinigung von Gegensätzen erfordert. Wird die Negierung des von beiden Gewollten behauptet, so ist dies ebenfalls ausgeschlossen, da die Substanz, die die Bewegung und die

Ruhe aufgenommen hat, nicht von beiden entblößt sein kann,[146] ... zumal die Behauptung, das von jedem der beiden Gewollte könne nicht eintreten, auf die Unvollkommenheit der beiden Ewigen hinwiese und damit ihre Göttlichkeit verneinte. Wird die Verwirklichung nur des von einem der beiden Gewollten behauptet, so ist der betreffende der Überlegene, der andere aber ... der Gehinderte, Schwache, Verächtliche ... und kann daher nicht die Eigenschaft der Göttlichkeit beanspruchen."[147]

Al-Ǧuwainī nennt ähnlich wie ʿAbd al-Ǧabbār eine Reihe von Vorbedingungen, unter denen dieser Beweis sein Ziel erreicht. Zum ersten müssen die beiden Ewigen Kraft besitzend und wollend sein, damit überhaupt eine Gegensätzlichkeit ihrer Willensakte gedacht werden kann; zudem muß der Wille eines jeden der beiden sowohl in der Vereinzelung als auch in dem Augenblick, in welchem sie gegeneinander antreten, individuell und jedem Fremdeinfluß entzogen sein. Legt man nämlich die muʿtazilitische Willenslehre zugrunde, dann ist die Annahme zweier Schöpfer mit voneinander unabhängigem Willen problematisch. Denn stoßen die Willensakte, wie hier vorausgesetzt werden muß, aufeinander, dann muß eine Wechselwirkung entstehen, die die beiden in ihrem jeweiligen Wesen beeinflußt.

Des weiteren scheint die von al-Ǧuwainī aufgestellte Bedingung der Individualität Einwände auffangen zu sollen, die man von den muʿtazilitischen Lehren über die Weisheit des Schöpfers aus gegen den Beweis erheben könnte: zwei weise Schöpfer müßten in gleicher Lage dasselbe wollen. Der Wille eines jeden, so erklärt al-Ǧuwainī, liegt allein in dessen Wesen begründet – nicht also in irgendwelchen Motiven, die für beide gleich wären. Behaupte man dagegen, der Wille des einen raube dem Willen des anderen einen Teil seiner Eigenschaften, obwohl der Wille jenes anderen an sich nicht vorhanden sei, verstricke man sich in Absurditäten.[148] Es erweist sich als vorteilhaft, daß die Aschʿariten nicht die unglückliche Konstruktion eines substratlosen wirklichen Willens benötigen, sondern lehren, daß Gott alle Ereignisse, so wie sie eintreten, will.[149] Zwischen Gottes Willensakten und jedem einzelnen Geschehen besteht nach ihrer Ansicht eine eindeutige Verknüpfung, es ist gewissermaßen „unmittelbar zu Gott", während die Muʿtaziliten auch vom Schöpfer unabhängige Wechselwirkungen zwischen Ereignissen und Substanzen annahmen. In unser Beweisverfahren übertragen, hätte letzteres zur Folge, daß die beiden Willensakte, wenn sie denn gegeneinander gerichtet sein sollten, aufgrund ihres bloßen Vorhandenseins einander beeinflussen. Dies muß aber ausgeschlossen werden, damit der Beweis seine Plausibilität behält. Al-Ǧuwainī bildet ein Beispiel, um zu zeigen, worum es hier geht. Ein Muʿtazilit behauptet: Wenn sich zwei Substanzen berühren, dann ist die Tatsache des Berührtseins zwar von jeder der beiden aussagbar, aber eben nur als Folge ihres Zusammentreffens; liegen sie vereinzelt, dann nicht. Als isolierte und als aneinanderstoßende erfüllen sie je andere Gegebenheiten, und dies gilt auch für den Willen jedes der beiden Gegner in unserem Beweis. Nach der aschʿaritischen Metaphysik wohnt die Gegebenheit der Berührung jeder der beiden betroffenen Substanzen als vereinzelter inne, natürlich nur im Falle, daß sie aneinanderstoßen.[150] Die „Berührung" folgt aber nicht aus der Tatsache des Zusammentreffens, sondern ist eine in jeder der beiden Substanzen in jenem Augenblick unmittelbar auf Gott rückführbare Gegebenheit.

Mit der zweiten Bedingung, die al-Ǧuwainī festlegt, nimmt er dem Beweis mit der gegenseitigen Hinderung jegliche Analogie zu den Erfahrungstatsachen; Abū Hāšim hatte dagegen ausdrücklich auf diese abgehoben. Al-Ǧuwainī fordert, die Hinderung müsse sich in ein und demselben Substrat abspielen, denn nur je für ein Substrat gelte die Aussage, daß ihm nicht zwei gegensätzliche Erscheinungen zugleich innewohnen können. In der unserer Erkenntnis unmittelbar zugänglichen Welt geschehe es, daß sich jemand einem anderen in den Weg stelle und ihn an der Bewegung in die beabsichtigte Richtung hindere, „doch vereinen sich beide dann nicht bei zwei Handlungen, zu denen sie Kraft besitzen, in einem einzigen Substrat ... Deshalb lehrten bereits unsere Meister, daß man sich gegenseitige Hinderung zwischen zwei geschaffenen Wesen nicht vorstellen könne". Das anschauliche Bild, wie jemand einem anderen den Weg versperrt, sei schon deshalb unsinnig, weil nach aschʿaritischer Lehre allen Geschöpfen von Gott die Kraft zu einer Handlung je im Augenblick ihres Vollzuges anerschaffen werde. Werde jemand in seinem Lauf aufgehalten, dann habe Gott ihm eben nicht die zur Fortsetzung des Weges notwendige Kraft zur Verfügung gestellt.[151] – Die den Menschen von Gott zugeteilte Kraft ist nach asch'aritischer Ansicht folglich in winzige, je auf konkrete Handlungsziele hingeordnete Bruchstükke verteilt; sie ist ohne jegliche Dauer, kann vom Menschen nicht nach Gutdünken eingesetzt werden. Nur des Schöpfers Kraft, die aus sich selbst heraus ist, besitzt Kontinuität und ist daher frei lenkbar. Wenn die Kraft Gottes und diejenige aller Geschöpfe so grundsätzlich verschiedener Natur sind, kann man zwischen irdischen Vorgängen und dem Tun des Ewigen keine Vergleiche ziehen. Deshalb gewinnt bei al-Ǧuwainī der Beweis mit der gegenseitigen Hinderung selbst unter Beibehaltung der Ausgangslage, die die Muʿtaziliten entworfen hatten, eine rein theoretische, von aller Erfahrung getrennte Form, die freilich ein hohes Maß an Stimmigkeit gewährleistet.

Diesem Zweck dienen auch die dritte und die siebente Bedingung: Der Wille eines jeden der an der Hinderung Beteiligten muß in dem Wollenden subsistieren, und die Hinderung manifestiert sich nur im tatsächlichen Handeln. Diese Gedanken wiederholen unter anderem Gesichtspunkt al-Ǧuwainīs erste Bedingung, nämlich die Individualität und Unabhängigkeit der beiden gedachten Schöpfer. In die gleiche Richtung weist die vierte Voraussetzung: Wegen des je in ihnen subsistierenden Willens muß beiden ein gleicher Zustand zukommen – beide müssen in gleicher Weise wollend sein.[152]

Fünftens müssen sowohl die Kraft als auch der Wille, die den beiden angenommenen Schöpfern eignen, so beschaffen sein, daß sie nicht zugleich das Vorhandensein des Vermochten und Gewollten erfordern. Gott ist, wie die Muslime glauben, von Ewigkeit her mächtig, aber seine Kraft hat sich erst zu einem bestimmten Augenblick im Schöpfungsakt offenbart. Diese Anschauung mußte gegen Lehren von der Welt als dem Ergebnis ewig wirkender Kräfte behauptet werden. Hier soll der Hinweis auf eine der Grundlagen des personalen Gottesbegriffes das vorzeitige Zusammentreffen von zwei Gegensätzen ausschließen. Denn wäre das von beiden Gewollte und Vermochte zugleich mit ihrem Willen und ihrer Kraft von Ewigkeit her da, dann wäre der Beweis schon im Ansatz verfehlt.[153]

Sechstens solle sowohl das tatsächliche Eintreten einer Hinderung als auch deren bloße Möglichkeit den Beweis an sein Ziel führen. ʿAbd al-Ǧabbār war wegen der Schwierigkeiten, die in der muʿtazilitischen Metaphysik dem Beweis entgegenstehen, zu der Bemerkung gezwungen, die Hinderung dürfe nie Wirklichkeit werden, da dann genau das Gegenteil der ursprünglichen Absicht erreicht würde: Die Existenz eines zweiten Schöpfers wäre unbestreitbar.[154] Hierauf bezieht sich diese Voraussetzung, für die al-Ǧuwainī sich auf al-Ašʿarī beruft: Der Unterlegene, der seine Absicht nicht verwirklichen kann, ist kein zweiter Schöpfer. Gottes Einsheit ist folglich erwiesen.[155] Tritt aber tatsächlich eine gegenseitige Hinderung ein, dann liegt der Grund hierfür nach asch'aritischer Lehre allein darin, daß zwei Nicht-Schöpfer gegeneinander rangen.

In Abū Hāšims Gedankenversuch bemühten sich zwei Gegner, einen Körper zu sich heranzuziehen. Wurde von jedem eine endliche Kraft aufgewandt, war der Fall denkbar, daß ein Gleichgewichtszustand eintrat: Beide entfalteten willentlich die ihnen zu Gebote stehende, je gleich große Kraft, und keiner erreichte sein Ziel. Bei der Ausübung einer unendlich großen Zugkraft war unter keinen Umständen ein Gleichgewicht zu erwarten, denn einem endlich starken Widersacher wäre der Besitzer unendlicher Kraft immer überlegen: so wie jeder endlichen Zahl noch stets eine weitere endliche hinzugerechnet werden kann, ohne daß ein Übergang zum Unendlichen notwendig wird, gelingt es dem Inhaber unendlicher Kraft, ohne die logisch auszuschließende Anwendung eines unendlichen Maßes an Kraft jede endliche zu überwinden. Ein Ringen zweier unendlicher Kräfte gegeneinander, die sich ja bis zu unendlicher Kraftentfaltung verausgaben müßten, ist wegen der Unmöglichkeit, daß Unendlichkeit etwas Geschaffenem, hier der Kraft, zukomme, ohnehin undenkbar und kann also auch nicht zu einem Zustand des Gleichgewichts führen. Der große muʿtazilitische Systematiker ʿAbd al-Ǧabbār merkte zu Abū Hāšims Verfahren an, daß es allein unter der Voraussetzung nachvollziehbar sei, daß die beiden Streiter sich gegenseitig daran hindern, in dem umkämpften Körper die jeweils gewünschte Bewegung zu erzeugen.[157]

Mit anderen Worten: beide erzielen nicht die Wirkung, um deretwillen sie ihre Kraft einsetzen. Die von beiden aufgewendeten Kräfte sind unter der Annahme des Gleichgewichtes dennoch nicht aufgehoben; aufgehoben ist allein die sichtbare Wirkung. Wäre eine der beiden Kräfte etwas größer als die andere, müßte sich der umkämpfte Gegenstand langsam in Richtung auf den Stärkeren bewegen. Die unterlegene Kraft wäre gleichwohl nicht verschwunden; sie würde die ihr gegenläufige Bewegung zwar nicht aufhalten, aber immerhin doch abbremsen.

Es ist diese muʿtazilitische Auffassung von der Erzeugung einer Wirkung durch eine bestimmte Kraft, gegen die sich die Aschʿariten wehren. Schon Ibn al-Bāqillānī stellte fest: Treten zwei in jeder Hinsicht gleiche Schöpfer gegeneinander an, kann nicht behauptet werden, der eine von ihnen sei eher als der andere in der Lage, das von ihm Vermochte in die Tat umzusetzen; da sich beider Bestrebungen jedoch, wie in dem Gedankenversuch vorausgesetzt, gegenseitig ausschließen sollen, können sie nicht gleichzeitig verwirklicht werden; es bleibt dann nur der Schluß, daß keiner von beiden sein Ziel erreicht. Diese Folgerung enthalte jedoch eine „Verkehrung der Essenz" eines Schöpfers,[157] nämlich er wird zu einem „Nicht-Schöpfer" – ein vollkommen systemwidriges Ergebnis. Nur scheint Ibn al-Bāqillānī hier Abū Hāšims Einsicht, Gleichgewicht könne nur zwischen endlichen Kräften herrschen, zu übersehen. Aber vom Standpunkt der Aschʿariten her ist diese Unterscheidung auch belanglos. Denn sie würden sagen: Sogar endliche Kräfte, die sich die Waage halten und keine sichtbare Wirkung hervorrufen, sind nicht vorhanden. Denn die Aschʿariten argumentieren vom sichtbaren Ergebnis her, und wo dieses fehlt, da ist auch keine Kraft. Jedes Ergebnis wird von einer nur ihm zugeordneten Kraft gezeitigt; wo kein Ergebnis, da keine Kraft und umgekehrt. Al-Ǧuwainī schreibt: „Nehmen wir einmal an, eine Schöpfung sei zwischen zwei Schöpfern umstritten. Für jeden von beiden muß dann gelten, daß man sich von ihm allein die Verwirklichung dessen, wozu er Kraft besitzt, entweder vorstellen kann oder nicht. Kann man es sich ... von ihm allein vorstellen, dann ist das Ergebnis seiner Kraft, sobald man sich beide Schöpfer vereint denkt, das gleiche, wie wenn man ihn sich allein denkt. Da nun die Kraft unter der Voraussetzung der Vereinzelung zum Ergebnis der Schaffung einer Essenz führt, so auch, wenn (beide Schöpfer) zusammenkommen. Und wenn sie bei der Zusammenkunft ihr Ergebnis erzielt, negiert sie zugleich die zweite Kraft und läßt ihr kein Ergebnis." Wäre keiner der beiden für sich allein zum Schaffen befähigt, dann gälte dies auch nicht für beide zusammen, wo doch schöpferisches Gestalten stets von einem Individuum ausgehe.[158] In die gleiche Richtung bewegen sich al-Ǧuwainīs Gedanken, wenn er betont, daß nur solches Geschehen eintreten könne, das als möglich gedacht werde. Einen Körper zu bewegen, sei möglich und liege durchaus im Bereich der an einem bestimmten Individuum beobachteten Kräfte. Dennoch könne ihm die Ausführung der Bewegung unmöglich sein, obschon keine äußeren und keine im Wesen des betreffenden Individuums begründeten Hemmnisse erkennbar seien.[159] Positiv gewendet: Die Möglichkeit, den Körper zu bewegen, sei gegeben; soll aus dieser Möglichkeit Wirklichkeit werden, bedarf es eines Anstoßes, der sich nicht mit erfahrbaren Tatsachen in Verbindung bringen läßt, weder mit einem inneren Antrieb noch hinreichenden Kräften des handelnden Individuums noch mit der Schwäche oder dem Fehlen von Gegenkräften.

Auf unser Beispiel bezogen heißt dies: Wenn einer der beiden Gegner die Kraft hat, den umkämpften Gegenstand zu sich heranzuziehen, dann geschieht dies auch wirklich und unverzüglich, und der andere hat in diesem Augenblick eben nicht die Kraft hierzu. Bleibt der Gegenstand unbewegt, dann deshalb, weil keinem von beiden zu jenem Zeitpunkt eine Kraft zur Erlangung seines Ziels zukommt. Beide sind also keine Schöpfer mit unabgeleiteter Schöpfermacht. Nur eine sichtbar sich aktualisierende Kraft gibt es für die Aschʿariten. Die Muʿtaziliten dagegen kennen ein rational deutbares, dem willkürlichen Zugriff Gottes entzogenes Zusammenwirken von Kräften, mit denen Geschöpfe begabt sind und die allein oder miteinander bestimmte Wirkungen erzielen; und sie kennen gewissermaßen das negative Vorzeichen, mit dem man eine von zwei gegeneinander gerichteten Kräften versehen muß, um das Ergebnis der Wirkung beider zu verstehen. Will man auf solcher Grundlage den Beweis für die Einsheit des Schöpfers führen, muß man unter den Voraussetzungen, die die koranische Offenbarung festlegt, in Zweideutigkeiten geraten. Der ständig sorgende Gott kann im Prinzip nichts neben sich dulden, das nicht seinen ununterbrochenen Zugriff erfordert. Es wäre dann nicht ganz und gar der Eine.

Diesen Rang räumt ihm die aschʿaritische Theologie mit aller Entschiedenheit ein. Für sie gibt es keinen Bereich mehr, der nicht in jedem Augenblick des souveränen Ratschlusses des Schöpfers bedürfte. Alles Geschehen betrachtet sie allein vom jeweiligen Einzelergebnis her, das stets das Vorhandensein der zu seiner Erlangung notwendigen Kraft impliziert, und zwar genau im Augenblick der Erzielung und just in dem handelnden Geschöpf. Jedem Ergebnis entspricht somit nur eine einzige, positive Kraft. Unter dieser Voraussetzung gelingt auch der „Beweis mit der gegenseitigen Hinderung". Übernimmt man die aschʿaritische Metaphysik, dann gewinnt man die völlige Gewißheit, daß der Schöpfer einer ist. „Wisset", triumphiert al-Ǧuwainī, „daß die neuesten Muʿtaziliten, nachdem ... sie erkannt hatten, daß nach ihren Grundsätzen der Beweis für die Einsheit Gottes nicht geführt werden kann, einen Weg für gangbar erklärten, auf dem sie sich aus den Bindungen des Glaubens fortstehlen. Sie sagen nun nämlich, es gebe im Verstand nichts, was auf den Ein-Gott-Glauben hindeute; diesen erfahre man allein aus dem geoffenbarten Gesetz!" Und schon Ibn al-Bāqillānī soll angesichts der muʿtazilitischen Verlegenheit frohlockt haben: „... Da behaupten sie, die Glaubenslehre erfasse man nur mit dem Verstand und dann wirft Gott sie aufs Gesicht und macht, daß man ihnen mit Füßen auf den Kopf schlägt, bis sie eingestehen, daß die Einsheit Gottes nicht mit dem Verstand bewiesen werden kann ..." Natürlich kann man das, brüstet sich al-Ǧuwainī, und Gott will das auch – aber eben nur der Weg der Aschʿariten führt zum Ziel.[160]

6. Der Eine ist ewig

Bloße Formen waren für Abū ʿUṯmān al-Maġribī die Menschen, Formen, in denen die Kraft Gottes wirkt. Schärfer kann man die Andersheit Gottes, seine Abgehobenheit von aller Schöpfung, kaum auf den Begriff bringen: Gott vermag aus sich selbst heraus zu handeln, die Kreatur vermag es nicht. Noch für die Muʿtaziliten gab es Geschehen, das sich aus dem Zusammenspiel geschaffener Kräfte ableitete, Motive und bewußte Willenssetzung konnten den Menschen zu Taten anspornen. Nichts von alledem bleibt, wenn man wie die Aschʿariten die Einsheit Gottes folgerichtig zu Ende denkt. Nichts kann es dann mehr geben, worin Gottes Handeln und die Taten seiner Geschöpfe vergleichbar wären, eben weil allen Geschöpfen die Befähigung zu eigenem Handeln fehlt. So folgt aus dem Glaubenssatz von der Einsheit Gottes die Lehre von seiner vollkommenen Andersheit. „Er ist der Schöpfer der Himmel und der Erde. Er hat euch und das Vieh zu Paaren gemacht, um euch auf diese Weise zu vermehren. Ihm gleicht nichts. Er hört und sieht alles!" heißt es im Koran (Sure 42,11), und schon hier werden die Gedanken der Gläubigen von der einzigartigen Schöpferkraft Gottes zur Unvergleichlichkeit seines Wesens geleitet. In der aschʿaritischen Theologie nähert man sich dem Begriff der Andersheit Gottes in zwei Schritten: Man bestimmt Gott als den Ewigen, den unendlich Seienden, in dessen Wesen gewisse Eigenschaften begründet sind; man ermittelt, welche Eigenschaften dieses ganz anderen Gottes notwendig, möglich oder unmöglich sind.

Lassen wir uns von al-Ǧuwainī in einige Grundbegriffe einführen! Wenn wir die Aussage treffen, Gott sei anfangslos ewig, haben wir eine Eigenschaft benannt, die unmittelbar in seinem Wesen begründet und durch nichts verursacht ist. Denn man muß zwischen essentiellen und verursachten Eigenschaften unterscheiden: die Eigenschaft der räumlichen Ausgedehntheit kommt jeder Substanz ihrem Wesen nach zu und kann über sie ausgesagt werden, solange diese Substanz existiert; daß jemand wissend ist, kann demgegenüber nur als verursachte Eigenschaft gelten – bedingt durch das ihm innewohnende Wissen.[161] Anfangslose Ewigkeit läßt sich als Gottes essentielle Eigenschaft mit der folgenden Überlegung begründen: Das Ewige hat keinen Beginn, denn andernfalls wäre es in der Zeit entstanden und bedürfte jemandes, der es entstehen ließe; so könnte man Beginn vor Beginn setzen und gelangte schließlich zu einer unendlichen Kette von Anfängen; die Welt aber ist nicht von Ewigkeit her, sondern geschaffen, wie al-Ǧuwainī zuvor auf unterschiedliche Weise zu zeigen versucht hat, und zwar von einem mit zielgerichtetem Willen zu Werke gehenden Schöpfer.

Anfangslose Ewigkeit Gottes – und damit seine vollkommene Andersheit – leuchten freilich nach dem bloßen Hinweis auf die zu irgendeinem Zeitpunkt erfolgte Schaffung der Welt noch längst nicht ein. Denn kann man dem nicht entgegenhalten: Eingestanden, daß die Welt in der Zeit geschaffen ist, aber ist dann damit schon gesagt, daß zuvor von Ewigkeit her ein Schöpfer existierte? Diesem müßten dann bestimmte Eigenschaften von Ewigkeit her zugesprochen werden – neben seiner anfangslosen Ewigkeit zumindest die Existenz – eine der Eigenschaften auch des Geschaffenen! Ein merkwürdiger Widerspruch, der nicht aufträte, wenn vor der Schöpfung auch kein Schöpfer wäre. Nur wenn man auf der gänzlichen Andersheit dieses Schöpfers beharrte, konnte man diesem Dilemma entgehen, mußte aber in Kauf nehmen, daß man eigentlich über diesen Gott nichts weiter aussagen konnte, als daß er eben ganz anders als alle Kreatur ist. Die Muʿtazila hat diesen schwierigen Weg beschritten; sie rettete auf ihm zugleich der Schöpfung ein wenig eigene Seinsmächtigkeit – wenn für den Bereich des Göttlichen ganz andere, letztlich unerkennbare Kategorien zutrafen, so galten wenigstens für diese Welt die unserer Wahrnehmung offenen Regeln und Gesetze, besaß unsere Erfahrung Erkenntniswert. Oder man wählte die andere Möglichkeit: Man nahm die koranische Rede über Gott ernst und bestand darauf, daß über Gott, obschon der ganz Andere, gewisse Feststellungen getroffen werden können. Dies war die Meinung der Aschʿariten, die die theologische Spekulation wieder fest in der Offenbarung und der Sunna verankerten. Für die Rettung der Offenbarung gaben sie, wie wir sehen werden, nicht nur alle Seinsmächtigkeit der Schöpfung preis, sondern auch jegliches Mittel, die Welt auf der Grundlage der Erfahrung zu verstehen. Stattdessen errichteten sie einen fiktiven, auf wunderbare Weise in sich stimmigen Kosmos.

„Man könnte einwenden", setzte al-Ǧuwainī seine Überlegungen über die Ewigkeit Gottes fort, „die Affirmierung von etwas anfangslos Vorhandenem bedeutet zugleich die Affirmierung von unendlich vielen Zeitpunkten, da man die Dauer der Existenz nur innerhalb (einer Kette) von Zeitpunkten begreifen kann; also führt dies zur Affimierung von zeitlich entstandenen Dingen ohne Anfang! Diese Vermutung ist ein Irrtum. Denn mit Zeitpunkten bestimmt man vorhandene Dinge stets in bezug auf etwas anderes Vorhandenes ... So ermittelt man gewöhnlich die Zeitpunkte nach den Bewegungen der Sphären oder nach der Aufeinanderfolge zweier Anfänge. Wenn dies im Hinblick auf die Bedeutung des Begriffes Zeit klar ist, dann ist für die Existenz einer Sache nicht mehr Bedingung, daß etwas anderes zugleich existiert, sofern nicht nach dem Urteil des Verstandes das eine mit dem anderen zusammengehört. Würde nun alles Existierende einer Zeit bedürfen und nähme man die Zeiten als existierend an, so bedürften auch sie ihrerseits wieder der Zeiten. Dies führt zu Torheiten, die kein Verständiger vertritt. Der Schöpfer aber ist vor der Entstehung alles Geschaffenen, einzig in seiner Existenz und seinen Eigenschaften, ohne daß etwas Geschaffenes zugleich mit ihm ist."[162]

Unsere Erfahrung besagt, daß allem, was existiert, eine bestimmte Zeit zugeordnet werden kann. Wollte man eine solche Zuordnung auch für die Existenz Gottes fordern, müßte man seine Eigenschaften mit etwas Geschaffenem, der Zeit, in Verbindung bringen und das Göttliche damit in den Bereich des Kreatürlichen herüberziehen. Gott, der Ewige, ist aber ganz anders als seine Geschöpfe. Achten wir streng auf diese Andersheit! Verzichten wir darauf, ihn mit Eigenschaften zu benennen! Dies schlugen die Muʿtaziliten vor. Nein, sagt al-Ǧuwainī, in der Offenbarung hat Gott sich selber mit Eigenschaften bezeichnet. Wir sind nicht berechtigt, diese zu verwerfen, allein weil wir sie nach unserer Erfahrung nur als in der Zeit gegeben begreifen können. Wagen wir den Schritt über unsere Erfahrung hinaus! Gott ist insofern der ganz Andere, als die Merkmale, mit denen er sich beschreibt, nicht zeitgebunden sind. Er ist existent, aber eben ohne Beziehung zu einer Zeit; im übrigen besitzt die Zeit kein Wesen, sie ist bloße Relation. Ist der kühne Schritt über die Erfahrung hinaus getan, dann läßt sich eine Theologie entwerfen, die die bilderreiche Sprache des Korans wortwörtlich beibehalten kann und doch jene Andersheit Gottes zur Grundlage nimmt, auf die die Offenbarung immer wieder verweist. Bei al-Ašʿarī fehlt noch weitgehend das metaphysische System, auf dem man diese Lehre von Gott errichten kann. Er muß sich in den „Gedankenblitzen" fast ganz mit Koranzitaten begnügen, um zunächst darzulegen, daß Gott die Eigenschaften „lebendig", „Kraft besitzend", „wissend" zukommen; die Wohlgeordnetheit der Schöpfung lasse überdies auf solche Qualitäten Gottes schließen. Damit niemand verführt werde, diesen Gott in Analogie zu befähigten Geschöpfen zu denken, greift al-Aš'arī den auch der Mu'tazila bekannten Beweis auf, daß Gott kein Körper sei: Ein solcher sei stets zusammengesetzt und zudem dreidimensional, erstens also nicht einer und unteilbar und zweitens raumgebunden und begrenzt. Auch die übrigen Merkmale, über die Gott laut Koran verfügt, bejaht al-Aš'arī: Gott sieht, hört, redet, will etwas usw.; ja, Gott wird, wie er verheißen hat, dereinst auch geschaut werden.[163]

Daß al-Aš'arī seine Einsichten noch nicht mit der Rückendeckung eines festen Systems verficht, sondern daß er im Gegenteil sich gegen ein seinen Gedanken Widersprechendes behaupten muß, verraten Fragen, die ihm vorgelegt worden sind. Wenn Gott geschaut werde, jedoch nicht wie alles geschaffene Sichtbare – dies die Lehre al-Aš'arīs –, müsse dann nicht auch gelten, daß Gott gefühlt, geschmeckt, gerochen werde – nur nicht wie alles Geschaffene, das man fühlt, schmeckt, riecht? Al-Aš'arī wehrt diese Frage noch nicht mit dem Argument ab, die Wahrnehmung im Bereiche des Göttlichen brauche doch nicht über die Sinne zu erfolgen, deren wir uns hier bedienen; al-Aš'arī flüchtet sich in die Autorität der Offenbarung – dort sei nur davon die Rede, daß die Gläubigen Gott schauen werden, und der Schöpfer nenne sich „hörend" und „sehend", nicht aber „schmeckend" oder „riechend". Bei der Antwort auf eine andere Frage deutet sich schon die Richtung an, die die asch'aritische Metaphysik einschlagen sollte. Sei nicht die Lehre, die Gläubigen würden Gott sehen, blanker Unsinn, habe man doch nie etwas wahrgenommen, das weder Substanz noch Akzidens sei, weder begrenzt noch in etwas Begrenztem subsistierend? Al-Aš'arī entgegnet, ein Ding werde nicht wahrgenommen, weil es diese Eigenschaften besitze; beispielsweise könnten wir uns jemanden nur dann als tätig vorstellen, wenn er einen Körper, Wissen, Kraft habe – aber er sei doch nicht deshalb tätig! Wenn für uns Tätigkeit und Sichtbarkeit an die genannten Voraussetzungen gebunden sind, berechtigt uns dies nicht dazu, hieraus auf einen analogen Sachverhalt im Bereich des Göttlichen zu schließen.[164]

Wie aber kann Gott gedacht werden, so völlig von unserer Erfahrungswelt geschieden und doch mit ihren Begriffen benannt, die, wie die Asch'ariten lehren, ihren Sinn behalten, weil anders die ganze Offenbarung den ihren verlöre? Der unmittelbare Analogieschluß von den Dingen in dieser Welt auf das Wesen Gottes ist unzulässig. Schon Ibn al-

Bāqillānī hat dies vielfach hervorgehoben. Da behaupten, wie er schreibt, die Christen, Gott sei Substanz; denn alles Beobachtbare sei Substanz oder Akzidens; nun wisse man, daß Substanz in sich selbst bestehe, während Akzidenzien eines Trägers, eben der Substanz, bedürfen, und man wisse ferner, daß allein eine Substanz Handlungen vollziehen könne – der Schöpfergott müsse folglich Substanz sein. Woher aber nehme man die Gewißheit, fragt Ibn al-Bāqillānī, daß alles, was im Bereich des Göttlichen existiere, in jeder Hinsicht mit seinen Entsprechungen in der geschaffenen Welt zusammenstimme?[165] Durch einen voreiligen Analogieschluß verfallen die Christen auf eine ,,Verähnlichung" Gottes mit seiner Schöpfung; die Muʿtaziliten, wie wir hörten, ,,entleerten" angesichts dieser Gefahr den Gottesbegriff von jeglichem faßbaren Inhalt – jeder Anschein der ,,Verähnlichung" mußte vermieden werden. Sie fragten deshalb Ibn al-Bāqillānī, mit welchem Recht er darauf beharre, daß dem Ewigen Leben, Wissen, Kraft, Hör- und Sehvermögen, Rede, Wille eigneten. Er antwortete: So wie ein Mensch lebendig und wissend ist, weil er Leben und Wissen hat, kann auch Gott nur mit den betreffenden Attributen belegt werden, weil er jene Eigenschaften tatsächlich besitzt; sie sind der Grund für die Attribute, mit denen man ihn in Anlehnung an die Offenbarung bezeichnet. Da Gott Hörvermögen hat, nennt man ihn ,,hörend"; dieses Attribut weist auf eine wirkliche Gegebenheit hin und ist keinesfalls im übertragenen Sinn gemeint, wie die Muʿtaziliten lehrten. ,,Hörend" bedeutet also – und dies ist die folgenreiche methodische Neuerung Ibn al-Bāqillānīs – auf keinen Fall mehr als eben jene Gegebenheit des Hörvermögens. Eine Gedankenreihe: ,,Da wir im Bereich des Geschaffenen nur Hörvermögen im Verein mit Körperlichkeit kennen, muß der hörende Gott ebenfalls körperlich sein", stellt in der aschʿaritischen Theologie einen unzulässigen Schluß dar. Ibn al-Bāqillānī veranschaulicht dies an einem Beispiel: Ein Werkstück bezeugt, daß sein Schöpfer wissend und fähig ist. Was aber kann als hierdurch erwiesen gelten? Nur das Wissen und die Fähigkeit, nicht aber andere in der Person des Herstellers selbst beruhende Eigenschaften wie etwa dessen Existenz; sein Wissen und seine Fähigkeit könnten schwinden, existieren könnte er trotzdem noch.[166]

Al-Ǧuwainī hat sich im übrigen häufig zu Fragen der Methode geäußert. Die Muʿtaziliten kämpften hartnäckig gegen die aschʿaritische Art und Weise, die Attribute Gottes zu affirmieren. Daß Gott wissend sei, werde durch sein Wissen verursacht, lehrten die Aschʿariten, wobei sie voraussetzten, daß Gottes Wissen im Wesen nicht mit dem seiner Geschöpfe übereinstimme. Hier hakten die Muʿtaziliten ein: Nehmen wir an, Gott wisse um die Schwärze eines bestimmten Gegenstandes, dessen Schwärze auch von einem Menschen gewußt wird: nach aschʿaritischer Lehre sei jetzt einerseits klar, daß das betreffende Wissen Gottes nicht mit dem seines Geschöpfes gleich sei; andererseits werde durch die beiden unterschiedenen Arten von Wissen sowohl in Gott als auch im Menschen dasselbe Wissendsein verursacht – zwei Ursachen zeitigen dasselbe Ergebnis, ein schwer erträglicher Gedanke! Könnte dann das Wissendsein nicht auch einmal durch das Wissen, das andere Mal durch die Kraft oder ähnliches verursacht sein? Ibn al-Bāqillānī habe auf diesen Einwand der Mu'taziliten, der die ganze asch'aritische Theologie hätte ins Wanken bringen können, noch nicht befriedigend beantwortet, erklärt al-Ǧuwainī und entwickelt nun seine Methodik: Wenn Gott und ein Mensch bezüglich eines Gegenstandes als wissend bezeichnet werden, sind beide im Zustand des Wissendseins; Zuständen eignet aber kein Sein an sich, sie haben keine Existenz, sondern bestimmen lediglich das Sein eines Dinges oder Wesens näher. Da sich die Kategorie „gleich" oder „ungleich" nur auf existente Dinge und Wesen anwenden läßt, können Zustände niemals als „gleich" oder „ungleich" bestimmt werden. Der Einwand der Mu'taziliten bedient sich mithin falscher Kategorien und ergibt keinen Sinn.

Doch könne man, fährt al-Ǧuwainī fort,[167] den Mu'taziliten ruhig zugestehen, daß das Wissen Gottes um einen Gegenstand anders zu bewerten ist als das Wissen eines Menschen um den nämlichen Gegenstand. Eine Gleichheit der Bewertung müßte in diesem Fall tatsächlich zu dem unzulässigen Ergebnis führen, dem Ewigen ein in der Zeit entstandenes Wissen zuzuschreiben. Will man derartige Fehlschlüsse grundsätzlich vermeiden, ist die mu'tazilitische Lehre zu verwerfen, der zufolge zwei Dinge gleich sind, sofern sie in der speziellsten Eigenschaft übereinstimmen.[168] Die Schwärze eines Gegenstandes ist dann eine Gegebenheit für sich, unterstreicht al-Ǧuwainī; diese Schwärze besitzt keine zusätzlichen Eigenschaften, von denen einige spezieller, andere allgemeiner wären.[169] Deshalb kann aus der Übereinstimmung zweier Dinge in der Schwarzheit als ihrer speziellsten Eigenschaft nicht die Gleichheit der allgemeineren Eigenschaften beider gefolgert werden. Ibn al-Bāqillānī war in diesem Punkt noch nicht so entschieden gewesen. Er hatte den Mu'taziliten einräumen wollen, daß bei Übereinstimmung zweier Dinge in der speziellsten Eigenschaft auch Übereinstimmung in allgemeineren herrsche, doch hatte er immerhin darauf beharrt, daß dieser Umstand nicht als ein Ergebnis angesehen werden dürfe, das sich aus der Übereinstimmung im Speziellen *herleiten* lasse. Nach einem Bericht al-Ǧuwainīs lehrte Ibn al-Bāqillānī: „Bei der Bewertung als gleich muß eine Gemeinsamkeit in allen Eigenschaften vorliegen. Diese Gemeinsamkeit ist für die speziellste ebenso notwendig wie für die anderen. Keinesfalls impliziert nach dieser Methode eine Eigenschaft eine andere. Es hat folglich keinen Sinn, nur die speziellste zu nennen, denn die (Notwendigkeit der) Übereinstimmung umfaßt alle essentiellen Eigenschaften. Also muß man sich um alle bemühen."[170] Eine wie auch immer geartete Hierarchie von Eigenschaften, bei der spezielle die allgemeineren als gegeben voraussetzen, gibt es für die Aschʿariten nicht. Will man die Gleichheit oder Verschiedenheit zweier Dinge feststellen, muß man sämtliche essentiellen Eigenschaften einzeln untersuchen. Die Aschʿariten zerschlagen den Kosmos in eine unübersehbar große Anzahl von Bruchstücken; zwischen diesen können zwar Beziehungen bestehen; doch ergeben sich diese nur von Fall zu Fall. Es läßt sich niemals aus einem beobachteten Wechselverhältnis zweier Erscheinungen ein gemeinsamer Nenner ableiten, um mit der Kenntnis dieses Nenners zu einer Aussage über das Wechselverhältnis aller analogen Erscheinungen zu gelangen.

Al-Ǧuwainī bemüht sich, die Beziehungslosigkeit der Eigenschaften, die einer Sache beigelegt werden, ganz scharf herauszuarbeiten. ,,Nach unserer Ansicht ist die Tatsache, daß jemand wissend ist, durch sein Wissen verursacht, und zwar gilt dies für die geschaffene Welt und den Bereich des Ungeschaffenen. Und auch der Gesichtspunkt, unter dem das Wissen die Ursache dafür ist, daß jemand wissend ist, bleibt hier wie dort gleich. Zur Verdeutlichung: Das Wissen in einem von uns bewirkt nicht, daß der Betreffende wissend wird, weil es in der Zeit entstanden oder ein Akzidens oder existent ist. Nein, letztere Eigenschaften lassen sich auch für alles bejahen, was dem Wissen zuwiderläuft. Folglich gilt, daß es jemanden nur insofern wissend sein läßt, als es eben Wissen ist, und hierin gibt es keinen Unterschied zwischen dem Wissen des Ewigen und dem eines Geschaffenen. Dies beweist, daß beiderlei Wissen sich in der Eigenschaft vereinen, die jemanden wissend macht. Was zu der Bewertung ,wissend' zwingt, darin sind beiderlei Wissen nicht unterschieden, das haben sie vielmehr gemeinsam. Was aber die anderen Eigenschaften angeht, in denen sich beiderlei Wissen von einander unterscheiden, so sind nicht sie es, die die Bewertung ,wissend' hervorrufen."[171]

Einen letzten verzweifelten Versuch unternahmen die Muʿtaziliten, ihre Metaphysik zu verteidigen. Wenn beiderlei Wissen sich insofern vereinen, als sie ihren Träger ,,wissend" sein lassen, dann trifft ein ähnlicher Sachverhalt doch auch für die Eigenschaft der ,,höchsten Speziellheit" des Schwarzen oder des Weißen zu: Zwei schwarze Gegenstände könnten einander gleich sein, weil je ihrer Schwärze der ,,höchste Grad der Speziellheit" zukomme. In dem Begriff des ,,Speziellsten", der eine ordnende Bewertung der übrigen Attribute impliziert, und nicht in einer konkreten Eigenschaft könnte daher der gemeinsame Gipfelpunkt der Hierarchien von Attributen einzelner Gegenstände gesetzt werden. Es gäbe dann sehr wohl ein auf jeweils analoge Gegenstände oder Sachverhalte übertragbares Prinzip, sie je als komplexe Phänomene zu erkennen und zu vergleichen. Al-Ǧuwainī erstickt gnadenlos die aufkeimende

Hoffnung der Muʿtaziliten, mit diesem Kniff ihr System vor der Zerstörung durch die Aschʿariten zu bewahren. Denn die Aussage, schwarz oder weiß seien die speziellsten Eigenschaften eines Dings, erkennt diesem keine über schwarz oder weiß hinausgehende Eigenschaften zu. Wenn wir dagegen annehmen, die Speziellheit einer Eigenschaft sei die Gegebenheit, um deretwillen sie speziell sei – analog zur aschʿaritischen Lehre, daß das Wissen die Gegebenheit ist, um deretwillen jemand wissend ist – dann müßten wir sofort weiter fragen, ob nun diese Speziellheit stets gelte oder nur in dem betreffenden speziellen Fall – und schon haben wir uns in einem Regressus in infinitum verfangen. Al-Ǧuwainī hielt sich viel darauf zugute, daß es ihm mit diesen Überlegungen geglückt sei, die Muʿtaziliten endgültig zu widerlegen.[172]

Ist erst einmal bewiesen, daß die Eigenschaften eines Gegenstandes oder einer Person ein beziehungsloses Nebeneinander, nicht aber ein gefügtes Miteinander bilden, wird die Bahn frei für eine Gegenüberstellung der Attribute des Ewigen und seiner Schöpfung. Wenn Gott und ein Mensch um ein und dieselbe Sache wissen, stimmt dann das Wissendsein des Menschen mit demjenigen Gottes zusammen? So lautete die vorhin aufgeworfene Frage. Al-Ǧuwainī kann nun antworten: „Die beiden Wissen sind zwar verschieden, aber es bringt sie die Tatsache zusammen, daß es sich um zwei Wissen handelt und obschon vorauszusetzen ist, daß beide einer unterschiedlichen Bewertung unterliegen, vereinen sie sich doch darin, daß sie sich in gleicher Weise auf ein und dasselbe Objekt beziehen. Wenn also im Bereiche des Geschaffenen ein Wissen affirmiert wird und dieses erfordert, daß das Substrat, worin es subsistiert, wissend ist, dann läßt sich nichts affirmieren, was zusammen mit dem Substrat an dieser Eigenschaft teilhätte, ihm aber eine andere Bewertung verliehe, und zwar deshalb, weil es kein Wissen gibt, das nicht diese Bewertung (des Substrats als wissend) impliziert. Diesen Sachverhalt meinen wir mit dem Begriff ‚Zusammenfügung'. Daß dies richtig ist, erhellt daraus, daß das geschaffene Wissen sich von der für den Ewigen geltenden ‚Zusammenfügung' nur insofern unterscheidet, als ersteres akzidentiell geschaffen, von möglicher Existenz und ohne die Möglichkeit der Dauer ist, während das ewige Wissen (über solch geringwertiges Sein) erhaben ist. Die Eigenschaften, in denen sich das geschaffene Wissen vom ewigen unterscheidet, beeinträchtigen es nicht insofern, als es für sein Substrat die Eigenschaft ‚wissend' notwendig macht. Für das Substrat wird dies nicht dadurch bewirkt, daß das Wissen geschaffen oder von möglicher Existenz oder ein Akzidens ist, sondern es bedingt die betreffende Bewertung für das Substrat nur, weil es Wissen ist. Und dies gilt für das ewige Wissen genauso wie für das geschaffene. Die Unterschiede (zwischen beiden) liegen jenseits hiervon." Die „Zusammenfügung" von Sachverhalten aus dem Bereich des Ewigen und demjenigen des Geschaffenen erstreckt sich also immer nur auf einen Aspekt; dieser wird ganz isoliert betrachtet, und al-Ǧuwainī weist ausdrücklich darauf hin, daß man die übrigen Aspekte – in unserem Beispiel die Geschaffenheit, die Möglichkeit der Existenz usw. – nicht nur vernachlässigen, sondern völlig übergehen dürfe.[173]

Al-Ǧuwainī und seine Lehrer haben eine Methodik entwickelt, die es ihnen ermöglicht, von Gottes Eigenschaften zu reden und doch alle Unzuträglichkeiten zu meiden, in die einen Analogieschlüsse vom Geschaffenen auf den Schöpfer verstricken. Wie wir schon sahen, unterscheidet man zwischen im Wesen selbst begründeten Eigenschaften und solchen, die unter gewissen Voraussetzungen einem Wesen beigelegt werden. Die Wesenseigenschaften Gottes werfen die geringeren Probleme auf. Seinem Wesen nach ist er anfangslos ewig und selbstsubsistent; er braucht kein Substrat, das ihn trägt. Denn jedes Substrat ist mit der Eigenschaft dessen behaftet, was ihm innewohnt. Subsistierte Gott in einem Substrat, wäre die Ewigkeit dieses Substrats und jener Eigenschaft – etwa der Göttlichkeit – gegeben und damit die Einheit Gottes aufgehoben. Gottes Selbstsubsistenz ist demnach der grundlegende Gesichtspunkt seiner völligen Andersheit, die sich, negativ ausgedrückt, darin zeigt, daß er nicht Substanz ist – wie die Christen lehrten –, folglich nicht mit den Kategorien des Raumes und der Zeit erfaßt wird und auch keine Akzidenzien annimmt.[174]

Die Säule, auf der der Glaube der Einheitsbekenner ruht, ist für al-Ǧuwainī die Lehre von den zusätzlichen Eigenschaften Gottes,[175] deren konkrete Gegebenheit die Muʿtaziliten abstritten. Wissen, Rede, Kraft, Hör- und Sehvermögen Gottes hatten für sie rein metaphorischen Charakter. Die Aschʿariten lehnten eine solche „Entleerung" der Gottesauffassung ab und entwarfen, wie geschildert, eine Metaphysik, die dem Schöpfer diese Eigenschaften als konkrete bewahrte – freilich nicht in dem schlichten Sinn einer Gleichheit etwa des Wissens Gottes und des Menschen um einen bestimmten Sachverhalt. Das Wissen des Menschen ist ein Akzidens, das in ihm als dem Substrat subsistiert und ihm die Bewertung „wissend" verleiht. Als Eigenschaft Gottes kann das Wissen, das ihm die gleiche Bewertung wie dem Menschen zukommen läßt, dagegen nicht Akzidens sein, eben weil Gott kein Substrat ist. Die Aschʿariten sprechen deshalb in Bezug auf Gott nicht von akzidentiellen, sondern von „Bedeutungs-Eigenschaften".[176] Das Wissen Gottes kommt nicht akzidentiell zu seinem Wesen hinzu, sondern es offenbart jene Charakterzüge des göttlichen in sich selbst subsistierenden Wesens, mit denen dieses für die Schöpfung „Bedeutung" – oder Sinn – gewinnt. Ein sich selbst genügender Gott ohne jene „Bedeutungs-Eigenschaften" wie Wissen, Kraft, Rede usw. könnte nicht als Schöpfer gedacht werden;

ohne sie wäre die Welt nicht geschaffen worden, in welcher er sich zugleich eben dieser Welt zu erkennen gegeben hat. „Wenn gesichert ist, daß die Welt vom Schöpfer gemacht wurde und wenn dem Verständigen einleuchtet, daß sie von subtiler Machart ist und er sich vergegenwärtigt, wie harmonisch und kunstvoll, wie gekonnt und meisterhaft die Himmel und die Erde und alles dazwischen angeordnet sind, gelangt er gezwungenermaßen zu dem Wissen, daß alles dies nur durch das Wirken jemandes entstanden ist, der hierfür Wissen und Kraft besitzt."[177]

Die „Bedeutungs-Eigenschaften" Gottes stellen nichts dar, das der Einsheit seines Wesens hinzuaddiert werden könnte. In aschʿaritischer Sicht begehen die Muʿtaziliten den Fehler, sich Wissen und Kraft analog zu irdischen Verhältnissen nur als Gegebenheiten vorzustellen, die, dem einen Wesen Gottes hinzugefügt, zu einer Vielfalt führen müßten, gleich wie Wissen, Kraft usw. als eine Vielheit von Akzidenzien einem Menschen innewohnen; deshalb mußten die Muʿtaziliten Wissen, Kraft usw. als konkrete Eigenschaften Gottes verwerfen. Das Konzept der „Bedeutungs-Eigenschaften", das zudem nach der Methode der „Zusammenfügung" immer nur auf das Zusammenstimmen der jeweils in Gott und dem Geschöpf verursachten „Bewertung" abhebt, macht Gott für die Gläubigen wieder erfahrbar. Demgegenüber war der Schöpfer in der muʿtazilitischen Theologie mehr und mehr dem Zugriff menschlichen Sinnens entrückt worden. Auch die Muʿtazila hatte die Gefahr erkannt, daß sich ihr Gott, der doch nach dem Zeugnis des Korans die Welt voller Fürsorge um jedes Einzelgeschöpf lenkt und deshalb sehr gegenwärtig ist, zu einer leeren Denkfigur zu verflüchtigen drohte. Diese Gefahr hatte Männern wie al-Ǧunaid, al-Ḥallāǧ oder al-Ašʿarī, deren intuitive Gotteserfahrung gegen das muʿtazilitische Dogma sprach, den Pfad zu einer anderen Theologie gewiesen. Die Muʿtaziliten verschlossen sich nicht völlig der Einsicht, daß Gott nach islamischem Glauben doch irgendwie die Welt geschaffen hat und ständig auf sie einwirkt. Sie stritten ab, daß Gott Eigenschaften wie Wissen oder Kraft besitze, räumten aber ein, daß „Bewertungen" wie „wissend", „Kraft besitzend" durchaus für Gott gälten. Wie aber waren derartige „Bewertungen" zu begründen, wenn sie nicht, wie die Aschʿariten lehrten, durch die „Bedeutungs-Eigenschaften" verursacht sind? Hierauf antworteten einige Muʿtaziliten, die „Bewertungen" seien bei Gott durch sein Wesen selbst verursacht oder bedürften bei ihm keiner Begründung. Das klang sehr unbefriedigend.

Der uns schon bekannte Abū Hāšim al-Ǧubbāʾī formulierte als Ausweg die Lehre von den „Zuständen": der Mensch als ein Gefüge aus vielen Atomen gilt als „wissend", obwohl das Akzidens „wissend" nur einem kleinen Teil seiner Atome – dem Herzen – innewohnt und streng genommen nur diesem die Bewertung „wissend" zukommt. Der Gesamtmensch befindet sich lediglich im ,,Zustand" des Wissenden, und dieser ,,Zustand" ist etwas, das nicht mit den Kategorien ,,existent" oder ,,nicht existent" erfaßt wird.[178]

,,Wissendsein" kann daher als ein ,,Zustand" des Wesens Gottes aufgefaßt werden, eben in diesem Wesen begründet und die Bewertung ,,wissend" rechtfertigend; dennoch deutet ein solcher ,,Zustand des Wissendseins" nicht mehr auf ein Wissen hin, das als eine Eigenschaft zu diesem Wesen hinzugerechnet werden müßte – die Einsheit Gottes bleibt gewahrt.[179]

Abū Hāšims Theorie von den ,,Zuständen" war der aschʿaritischen Metaphysik nicht unwillkommen, ergänzte sie doch zumindest für die Erfassung der Phänomene der geschaffenen Welt in sehr glücklicher Weise das etwas bedürftige Werkzeug einer Seinslehre, die sich anheischig machte, alles Existente mit den Kategorien Substanz und Akzidens zu beschreiben. Das Wissen wohnt als Akzidens den Substanzatomen des Herzens inne; und nach der Zertrennung aller Beziehungen, die die Muʿtaziliten zwischen den Eigenschaften einer Substanz und auch zwischen mehreren Substanzen gelten ließen, war es nur noch schwer zu erklären, weshalb ein nur dem Herzen inhärierendes Wissen Bedeutung für den Menschen in seiner Gesamtheit besitzen sollte; denn er stellte doch nur noch eine Anhäufung von Substanzatomen mit unterschiedlichsten Akzidenzien dar, nicht aber ein organisches Gefüge. Die ,,Zustände" konnten den Aschʿariten hier aus der Zwickmühle helfen: Ihre Metaphysik der Unstetigkeit und Beziehungslosigkeit blieb unangetastet, waren die ,,Zustände" doch weder existent noch nicht-existent, verhinderten aber gleichwohl den Zerfall des Individuums in der Masse vereinzelter Substanzen.

Al-Ǧuwainī hat in seinen frühen theologischen Studien, in denen er sich eingehend mit Ibn al-Bāqillānīs Werken befaßt und dessen Methodik zu vervollkommnen sucht, die Theorie von den ,,Zuständen" verfochten. ,,Die meisten spekulativen Theologen (aschʿaritischer Richtung) leugnen die ‚Zustände' und behaupten, die Tatsache, daß eine Substanz räumlich sei, sei identisch mit der Existenz dieser Substanz . . . und nicht ein ‚Zustand' zusätzlich zur Existenz." Obwohl al-Ǧuwainī die Meinung einer Minderheit vertritt, will er sich nicht irremachen lassen. ,,Wer gründlich studiert hat, braucht sich von den Einschüchterungsversuchen der Leugner der ‚Zustände' nicht beeindrucken zu lassen . . ., denn ihre Äußerungen beschränken sich darauf, die ‚Zustände' für abwegig zu erklären. Dabei können sie diese Behauptung weder auf eine mit Notwendigkeit gegebene Einsicht noch auf einen Beweis stützen. Wir lehren also, daß alle Gegenstände des Wissens sich in Existenz, Nicht-Existenz und in die Eigenschaft der Existenz gliedern lassen, welch letztere (als ‚Zustand') weder mit Existenz noch mit Nicht-Existenz beschrieben werden kann.“ Befolgt man die Methode der „Zusammenfügung“, besteht keine Gefahr, daß man in unzulässiger Weise den mit dem Begriff des „Zustands“ erfaßten Zusammenklang von Substanzen mit unterschiedlichen Akzidenzien auf den Bereich des Göttlichen überträgt.[180] Später dagegen hat sich al-Ǧuwainī doch der reinen Lehre der Aschʿariten angeschlossen und allem Geschaffenen den letzten Hauch eigener Seinsmächtigkeit abgesprochen, der in den „Zuständen“ noch spürbar war. „Wofür ich mich schließlich entschieden habe, nachdem ich die meiste Zeit meines Lebens mit Forschungen zugebracht hatte, ist die Überzeugung, daß es in den allein durch den Verstand erschlossenen Dingen weder Ursache noch Verursachtes gibt. Daß jemand wissend ist, das ist eben das Wissen an sich. Nur wer die ‚Zustände‘ bejaht und behauptet, daß jemand wissend sei, sei verursacht, und zwar durch das Wissen, gelangt zur Theorie von Ursache und Verursachtem. Dies aber billigen und befürworten wir nicht.“[181]

In der Metaphysik, deren Quelle die Spekulation ist, verwirft al-Ǧuwainī nunmehr die „Zustände“; im Zusammenhang mit seiner Theorie des islamischen Rechts wird uns klarwerden, warum al-Ǧuwainī sein Leben lang mit dieser Frage gerungen hat. Hier mag zunächst die Tatsache genügen, daß er in der Metaphysik die „Zustände“ nicht mehr beibehalten will: Der Menschen Wissendsein ist nichts weiter als ihr Wissen selbst; letzteres verursacht nicht mehr ein „Wissendsein“, das als „Zustand“ für das Individuum bestimmend sein kann. In Bezug auf Gott ist die Theorie von den „Zuständen“ ohnehin überflüssig. Denn die Lehre von den „Bedeutungs-Eigenschaften“ reicht aus, um Gott in jedem einzelnen der unüberschaubar großen Menge der Phänomene des Diesseits als den Schöpfer zu erfahren, dem Wissen, Kraft usw. eignen. Wir sagten, daß die Theorie von den „Zuständen“ von Abū Hāšim ersonnen worden war, um den Muʿtaziliten die Möglichkeit zurückzugeben, den Ewigen, ganz Anderen als konkret Handelnden zu denken. Der Aschʿarit al-Ǧuwainī verwendet die gleiche Theorie, um dem Geschaffenen einen Rest individueller Wirklichkeit zu erhalten. Das Problem der Andersheit Gottes war für die Aschʿariten mit dem Entwurf der „Bedeutungs-Eigenschaften“ gelöst; auf Gott bezogen konnten die Aschʿariten die Theorie von den „Zuständen“ also entbehren; so wurde sie denn von vielen gar nicht benutzt, und selbst al-Ǧuwainī verzichtete schließlich auf sie.

Dieser Umstand wird uns noch verständlicher, wenn wir uns vor Augen führen, daß die „Zustände“ offenkundig aus dem Augenschein abgeleitet sind, den die Geschöpfe bieten: Beispielsweise handeln Menschen zielgerichtet im „Zustand“ des Wissens um den Nutzen dessen, was sie anstreben; dieses allein dem Herzen innewohnende Wissen steuert die Bewegungen der Glieder. Die „Bedeutungs-Eigenschaften“ Gottes waren dagegen nicht von den Gegebenheiten dieser Welt her ersonnen, sondern nur von Gott her; ,,Bedeutungs-Eigenschaften" sind nur die, mit denen er sich mittelbar – durch die Schöpfung – und unmittelbar – durch die Offenbarung – zu erkennen gegeben hat: Seine Kraft und sein Wissen finden ihren Niederschlag in der geschaffenen Welt; sein Hör- und Sehvermögen, sein Wollen und sein Reden werden in der Offenbarung bezeugt. Alles weitere, etwa die Annahme eines göttlichen Tastsinnes, kommt als ,,Bedeutungs-Eigenschaft" nicht in Betracht, während man, von Abū Hāšims Theorie her argumentierend, keinen Grund dafür finden wird, daß der Ewige nicht auch im ,,Zustand" desjenigen sein könnte, der über einen Tastsinn verfügt. Die ,,Bedeutungs-Eigenschaften" entsprechen wesentlich besser dem Geist des Aschʿaritentums.

Sie boten zudem plausible Lösungen für drei theologische Probleme an, die die Gläubigen zutiefst beunruhigten. Die muʿtazilitische Spekulation hatte zur Leugnung der Schau Gottes im Jenseits geführt –[182] die Aschʿariten gaben den Muslimen die Gewißheit zurück, daß der Fromme sich nicht umsonst nach jenem Ereignis sehne. Die Muʿtaziliten hatten gelehrt, Wahrnehmung erfolge nur zwischen Substanzgefügen; da Gott nicht als ein solches beschrieben werden könne, werde er nicht gesehen. Dem hielt al-Ǧuwainī entgegen, Wahrnehmung sei ein je in der Einzelsubstanz subsistierendes Akzidens; Wahrnehmung geschehe nicht vermöge eines Organs, das aus zahlreichen zusammenwirkenden Substanzen bestehe, sondern sie werde gewissermaßen von außen einzelnen Atomen auferlegt und sei folglich nicht an die Gegebenheiten der jetzigen Welt gebunden – so wie Gottes Sehkraft als ,,Bedeutungs-Eigenschaft" von Ewigkeit her irdischen Gesetzmäßigkeiten nicht unterliegt, dürfen wir ergänzen. Zudem sähen die Gläubigen nach einer Verheißung im Koran Gott erst im Jenseits, mithin in einer Art und Weise, die sich unserer Kenntnis entziehe.[183] – Das zweite Problem war der Wille Gottes, der vom schlichten Gläubigen als fürsorgende Lenkung erfahren wurde, der er sich anvertraute. Die Muʿtaziliten hatten aus diesem Willen ein blutleeres Zwitterding gemacht – geschaffen zwar, aber doch nicht in Substraten subsistierend, folglich ohne eindeutige Beziehung zum Geschehen in der Schöpfung. Erkennen wir aber in diesem Willen eine der ,,Bedeutungs-Eigenschaften" Gottes, dann bedürfen wir jener unbefriedigenden Konstruktion nicht mehr.[184]

Die für die Gläubigen am schwersten erträgliche Folge der muʿtazilitischen Theologie war die These von der Geschaffenheit der göttlichen Rede. Denn diese These untergrub die Gewißheit, daß das Wort des Korans, Richtschnur und Quelle der Zuversicht im alltäglichen Leben, die wirkliche Heilsbotschaft Gottes sei. Konnte, ja durfte dem vom Propheten als Gottes Wort verkündeten Koran der unvollkommene und vergängliche Charakter alles dessen anhaften, was in der Zeit entsteht?[185] Nein, versichert al-Ǧuwainī, die Rede ist eine der ewigen ,,Bedeutungs-Eigenschaften" Gottes. Schon beim Menschen hat das Reden keinen Bezug zum Willen, zum Wissen oder den Bewegungen der Sprechorgane; es ist vielmehr, gleich den Wahrnehmungen, als Akzidens unmittelbar gegeben, worauf schon al-Ašʿarī hinwies. Es subsistiert in der Seele, und die aus Lauten gebildete Sprache ist nur eine der Möglichkeiten, dieser Rede Ausdruck zu verleihen; dies könne auch durch Gesten geschehen.[186] Gottes Rede ist in vergleichbarer Weise als ,,Bedeutungs-Eigenschaft" ein Aspekt seines Wesens, der aufleuchtet, wann immer seine Offenbarung vorgetragen wird.[187]

Mit der Entwicklung der Lehre von den ,,Bedeutungs-Eigenschaften" war der erste und schwierigste Schritt zur rationalen Absicherung eines erfahrbaren Gottesbegriffes getan. Es blieb nun noch die Aufgabe, den besonderen Charakter dieser Eigenschaften zu verdeutlichen und sie scharf von den Merkmalen des Geschaffenen abzuheben. Hierzu bedient man sich der Kategorien ,,notwendig", ,,unmöglich", ,,möglich". In al-Ǧuwainīs frühem Leitfaden des aschʿaritischen Glaubens, im ,,Buch der Belehrung", werden diese Kategorien zwar beachtet, aber sie treten bei der Behandlung der Eigenschaften Gottes noch nicht als ordnende Gesichtspunkte hervor; sie werden überlagert von vielfältigen, oft unübersichtlichen Auseinandersetzungen, die er vor allem mit den Muʿtaziliten führt.[188]

Al-Ǧuwainī erörtert alle Eigenschaften einzeln, begründet sie im aschʿaritischen Sinn, häufig unter Verwendung der Theorie der ,,Zustände", der er damals noch anhing. Das ,,Buch der Belehrung" ist eben noch, wie die Einleitung bezeugt, eine Kampfschrift, angefüllt mit ,,glänzenden Beweisen, die zu erfassen die Leute dieser Zeit sich noch nicht bemühten. Wir fanden nämlich, daß die Abrisse des Glaubens der unwiderlegbaren Beweise entbehrten, und hielten es daher für richtig, einem Weg zu folgen, der schlagende Beweise und Verstandeslösungen einschließt. Wir schrieben also mehr als einen bloßen Leitfaden, aber weniger als ein dickes Kompendium."[189] In der später, vielleicht um 1075, verfaßten ,,Niẓāmischen Glaubenslehre" tritt die Gliederung nach den drei Kategorien ganz in den Vordergrund.[190] Die ,,Zustände" werden nicht mehr erwähnt, und auch sonst wird die Herleitung der Lehren nur noch angedeutet. Dies mag zum einen am Zweck der Schrift liegen: Sie soll dem Wesir Niẓām al-Mulk in knapper Form das aschʿaritische Dogma darlegen. Zum anderen ist denkbar, daß dem Verfasser der Inhalt nun als unangreifbares Besitztum galt, so daß die Waffen, mit denen es verteidigt worden war, nicht noch einmal zur Schau gestellt werden mußten. Al-Ǧuwainī selber schreibt, in diesem kleinen Werk habe er eine neue Methode befolgt, eine Bemerkung, die man vielleicht auch mit seinem Bekenntnis zusammenbringen kann, er habe nach langem Forschen auf die „Zustände" verzichtet.[191]

Er beginnt die „Niẓāmische Glaubenslehre" mit der Darlegung, daß die Welt von einem Schöpfer gemacht ist, der im Gegensatz zu ihr ewig ist und sie nach seinem frei wählenden Willen ins Leben rief.[192] Das Wissen um diesen Umstand bildet die Voraussetzung, von der man zur Erkenntnis dessen fortschreiten kann, was für Gott als unmöglich, notwendig oder möglich gilt. Unmöglich kann Gott mit den Eigenschaften seiner Schöpfung belegt werden, z. B. mit Räumlichkeit oder Richtungsgebundenheit. Allgemein stellt al-Ǧuwainī fest, daß die Eigenschaften der Schöpfung, die ihr insgesamt von Gott zugewiesen werden, wegen eben dieser Zuweisung für die Kreatur als möglich, für Gott dagegen als unmöglich zu gelten haben, da ja beide ein völlig verschiedenes Sein kennzeichnet: Alles Mögliche bedarf eines Schöpfers, damit es Wirklichkeit werden kann; dieser dagegen muß mit Notwendigkeit existieren, weil sich andernfalls ein Regressus in infinitum ergäbe. Die Wirklichkeit gewordene Möglichkeit der Welt belegt die Notwendigkeit der Existenz des Schöpfergottes. Ferner sind aus der Tatsache des Daseins der Welt und nach dem Zeugnis der Offenbarung Gott eine Reihe von Eigenschaften, die in seinem Wesen begründet sind, mit Notwendigkeit zuzuschreiben: Leben, Wissen, Kraft, Wollen, Rede, Hör- und Sehvermögen, unendliche Dauer.[193]

Was aber gilt in Bezug auf Gott als möglich? Al-Ǧuwainī nennt zweierlei: Es ist möglich, Gott zu schauen, wie er dies im Koran angekündigt hat; und alle Akte Gottes, mit denen er die Welt geschaffen hat und lenkt, sind möglich. Alles Geschehen in dieser Welt, sei es nach menschlichem Urteil gut oder böse, ist Teil seines Handelns: Die gesamte Wirklichkeit des Gechaffenen ist eines der möglichen Werke seiner notwendigen Schöpferkraft.[194]

7. Der Ewige ist der Schöpfer

Immer wieder preist der Koran Gott als den gütigen Schöpfer: Er hat die Welt „am Anfang" geschaffen; die Menschen verdanken ihm jede Gabe, mit der sie ihr Dasein fristen, dessen Zeitspanne ihnen von Gott zugemessen ist. Der Regen, der die Pflanzen wachsen läßt, die Sterne, mit deren Hilfe man den richtigen Weg findet, die Tiere, aus denen man vielfältigen Nutzen zieht, alles dies sind Zeichen seiner Fürsorge: Er ist der Ewige, der Lebendige, den niemals Müdigkeit oder Schlaf überkommen. – Einen allumfassenden Schöpferbegriff verkündet der Koran. „Betet ihr etwa an, was ihr (aus Stein) haut"? fragt Abraham seine Sippe, die sich dem Götzendienst hingibt. „Es ist doch Gott, der euch schuf und alles, was ihr tut!" (Sure 37,95 f.). Die ganze Schöpfung, eingeschlossen alle Handlungen des Menschen, ist das Ergebnis des Wirkens des einen ewigen Gottes. Im Koran wird dieser Gedanke verwendet, um den Zuhörern vor Augen zu führen, wie abwegig es ist, Idole zu verehren. In der theologischen Diskussion verändert sich der Blickwinkel: Jetzt geht es nicht mehr um die Torheit der Götzenanbetung, sondern um die Frage, ob denn der Mensch angesichts seines nie ermüdenden Schöpfers überhaupt die Fähigkeit zu eigenem Tun besitze.

In seinen „Gedankenblitzen" knüpft al-Ašʿarī an die Worte Abrahams zwei Überlegungen. Erstens seien die Taten der Menschen von Gott geschaffen. Es sei der Unglaube häßlich, verderblich und nichtig, der Glaube dagegen schön, bereite aber oft Mühsal. Nun könne man beobachten, daß ein Ungläubiger sich anstrenge, seinen Unglauben als schön hinzustellen, doch gelinge ihm dies nicht: Sein Handeln läuft seiner Absicht zuwider. Dem Gläubigen glücke es ebenfalls nicht, die Pein zu umgehen, die ihm der Glaube einträgt. Da man wisse, daß jede Handlung jemandes bedarf, der sie im eigentlichen Sinn hervorbringt, frage es sich, wer im obigen Beispiel die Taten wirke. Die beiden genannten Personen sicherlich nicht! Denn „wenn möglich wäre, daß eine Handlung im eigentlichen Sinn hervorgebracht wird von jemandem, der sie nicht beabsichtigt, könnte man sich nicht (gegen die Folgerung) schützen, daß alle Handlungen auf diese Weise geschehen. Desgleichen wenn eine Handlung ohne Täter vollzogen werden könnte, wäre man nicht dagegen gefeit, daß dies von allen Handlungen gelten könnte." Der Gläubige „schaffe" also nicht seinen Glauben, der Ungläubige nicht seinen Unglauben. Da beides aber von jemandem hervorgebracht sein müsse, komme nur Gott als der in Wirklichkeit Handelnde in Betracht. Al-Ašʿarī liefert hierfür auch gleich eine Begründung, die sich aus der Metaphysik der Beziehungslosigkeit und Unstetigkeit ergibt: „... Es ist nicht möglich, daß (jenen Glauben oder Unglauben) ein Körper hervorgebracht hat, da ein Körper nicht die Möglichkeit hat, außerhalb seiner etwas zu tun."

Al-Ašʿarīs zweite Überlegung gilt der ethischen Schlußfolgerung aus dieser Anschauung: Gottes absichtsvolles Handeln, ein Handeln im eigentlichen Sinn, läßt sich nicht in die Kategorien „gut" und „böse" einordnen. Man kann nicht wie die Muʿtaziliten behaupten, Gott wolle stets das Beste für seine Kreatur, der Mensch aber durchkreuze in seiner Sündhaftigkeit die Pläne des Schöpfers. Gottes Wirken ist vielmehr allumfassend und entzieht sich daher menschlichen Werturteilen und Empfindungen.[196]

Al-Ǧuwainī arbeitet im „Buch der Belehrung" das metaphysische Fundament der Ansichten des „Meisters" schärfer heraus. Gottes Vermögen zu handeln ist, wie wir schon wissen, in seinem Wesen begründet; die menschliche Kraft dagegen ist abgeleitet, nämlich von Gott dem Menschen zugeteilt. Gott vermag den Menschen mit Kraft zu begaben – also ist für Gott jegliches Tun möglich, für den Menschen nur das, zu dem Gott ihm die Möglichkeit schenkt. Der Mensch kann mithin nie im eigentlichen Sinn etwas allein hervorbringen. Die Aschʿariten versuchten, ihre Meinung zu veranschaulichen: „Wohlgezielte Handlungen belegen das Wissen dessen, der sie ausführt. Nun gehen auch von einem unachtsamen, geistesabwesenden Menschen wohlgezielte Handlungen aus, die richtig geordnet sind und von Können und Beherrschung des Gegenstandes zeugen, obwohl der Mensch (im Augenblick) nicht weiß, was er tut. Dennoch weisen diese (vom geistesabwesenden Menschen) ausgehenden Handlungen auf das Wissen dessen hin, der sie ausführt ... auf Gott, der sie auch im eigentlichen Sinn weiß. Wer behauptet, der Mensch führe seine Taten aus, obwohl er, wie in der Szene unseres Beweisverfahrens angenommen, sie gar nicht weiß, der schließt zugleich aus, daß Können und Beherrschung auf einen fähigen Ausführenden hindeuten. Das aber widerspricht jeglicher rationalen Beweisführung."[197]

Al-Ǧuwainī muß sich der Zweifel erwehren, die die Muʿtaziliten gegen diese asch'aritische Lehre erheben, die die in der Metaphysik vollzogene Entmächtigung der Schöpfung folgerichtig auf die Ethik ausdehnt. Wieder beriefen sich die Muʿtaziliten auf die alltägliche Erfahrung: Jeder Verständige könne zwischen Dingen unterscheiden, die zu vollbringen er die Fähigkeit habe und die er, wenn Motive und Absicht es ihm nahelegten, auch tatsächlich ausführe, und den Gegebenheiten und Umständen, die er nicht zu ändern vermöge. Hier nun bestehen die Aschʿariten auf Eindeutigkeit: entweder sind alle Handlungen des Menschen von ihm selber gewirkt oder keine! Beides nebeneinander, gar in einem unscharfen Bereich des Übergangs ineinanderfließend, darf es nicht geben.

Schon Ibn al-Bāqillānī hatte zum Prinzip erhoben, daß jede theologische oder metaphysische Aussage allgemeingültig formuliert werden müsse, und zwar dergestellt, daß Definition und Definiertes identisch und deshalb austauschbar sein sollten.[198] Da der Mensch beispielsweise nicht die Fähigkeit hat, seine Hautfarbe zu wandeln, muß unter Berücksichtigung des Prinzips der Allgemeingültigkeit die Fähigkeit zu eigenem Handeln überhaupt verneint werden. Hierin sieht sich al-Ǧuwainī durch die Tatsache bestärkt, daß Menschen nicht selten etwas tun, ohne daß Motive oder Absichten angenommen werden können: Handlungen Geistesabwesender, Regungen Schlafender oder Ohnmächtiger. Die muʿtazilitische Lehre von den Motiven und Absichten „kann also nicht für alle Handlungen verallgemeinert werden. Wenn manche entsprechend einem Motiv geschehen, beweist dies noch nicht, daß sie tatsächlich von Menschen selber bewirkt worden sind. So kommt es wohl vor, daß jemand beim Essen seinen Hunger stillt, beim Trinken seinen Durst löscht, daß ein Gewand beim Färben die gewünschte Farbe annimmt, der Angeredete die Frage versteht und ängstlich wird, wenn man ihn beschämt und einschüchtert. Selbst wenn all diese Handlungen der Absicht entsprechend vollzogen werden sollten, sind sie doch nicht das Werk desjenigen, der die Anreize und Absichten verspürt."[199] Auf den Menschen als den Urheber der Taten hin kann der Umstand, daß einiges nach Wunsch gelingt, nicht verallgemeinert werden; so bleibt allein die Möglichkeit, einen Schluß der Verallgemeinerung auf Gott hin zu ziehen. Al-Aš'arīs Gedanken werden auf diese Weise methodisch abgesichert.

In der asch'aritischen Theologie ist Gott der Urheber alles Geschehens in seiner Schöpfung. Die Kehrseite dieser Lehre ist die Entmächtigung alles Geschaffenen, die von al-Ǧuwainī im einzelnen metaphysisch begründet wird. Auch hierbei stützt er sich auf die Vorarbeit al-Aš'arīs. Schon diesem hatte man anscheinend mehrere Koranstellen entgegengehalten, in denen Gott ankündigt, am Jüngsten Tag werde der Mensch sich all seinen guten und bösen Taten gegenübersehen, die er in seinem Erdenleben „erworben" hat.[200] Ist nicht wenigstens dieser „Erwerb" – wie immer man ihn deutet – ein Rest selbständigen Wirkens des Menschen? Man hat diesen „Erwerb" mit der Erhöhung der Geschwindigkeit eines sich bewegenden Körpers veranschaulicht; die dem Körper von Gott zuvor anerschaffene Bewegung wird nicht aufgehoben, sie wird Faktor eines neuen Sachverhaltes, nämlich der nunmehrigen Geschwindigkeit. Al-Aš'arī führte jedoch aus, daß sowohl die ursprüngliche als auch die zweite, die der Körper „erwirbt" und die jetzt mit der ersten zusammenwirkt, auf Gott zurückgehen. Allein vom Standpunkt des Menschen aus könne man zwischen gezwungener, unabänderlicher Bewegung – etwa dem Zittern eines Fieberkranken – und gewählter – etwa einem Ortswechsel – unterscheiden, und zwar wie folgt: Der Zitternde kann nicht gegen seine Bewegungen angehen; Gott hat ihm hierzu nicht die erforderliche Kraft geschenkt. Anders der Reisende: Ihm stellt Gott im Augenblick des Ortswechsels die notwendige Kraft zur Verfügung, sie ist „ein ‚Erwerb', denn dieser Begriff bedeutet eigentlich, daß dem Erwerbenden etwas geschieht infolge einer aktuell geschaffenen Kraft", was über die Zuckungen des Fieberkranken nicht gesagt werden könne. Das menschliche Handeln lasse sich mithin in gezwungenes und „erworbenes" unterteilen; dies berühre aber nicht den Umstand, daß beides von Gott gewirkt werde.[201]

Al-Ǧuwainīs Ausführungen im „Buch der Belehrung" zeigen, daß diese Theorie auch von Asch'ariten angefochten wurde. Einige meinten nämlich, wenn man sich eine gezwungene Bewegung in eine Richtung vorstelle, zu der in einem bestimmten Augenblick eine „erworbene" in dieselbe Richtung zielende hinzukomme, dann werde man bemerken, daß die „erworbene" Bewegung sich in einem „Zustand" befinde, der über das ihr anerschaffene Wesen hinausgehe, und in diesem „Zustand" werde der Unterschied zu einer bloß gezwungenen Bewegung greifbar; gewiß ändere dies nichts an der Tatsache, daß beide Bewegungen von Gott geschaffen seien.

Um zu verdeutlichen, was gemeint ist: Ein Körper bewegt sich mit der Geschwindigkeit v; nun „erwirbt" er die Geschwindigkeit v', so daß seine Gesamtgeschwindigkeit $v_g = v + v'$ beträgt. Die „erworbene" Geschwindigkeit v' aktualisiert sich damit in einem „Zustand", der um v größer ist als das Maß, das ihr anerschaffen wurde. Entschieden weist al-Ǧuwainī derartige Überlegungen zurück: „Dies ist ein Weg, den wir mißbilligen, ... wer ihn einschlägt, handelt sich mancherlei Verkehrtheiten ein, von denen man sich freihalten muß! Nie kann ein Mensch allein und ohne Gott zu etwas Kraft haben. Gestehen wir der geschaffenen Kraft eine Wirkung zu, die wir dem Menschen zuschreiben, heben wir den Glaubenssatz auf, daß Gott zu allem Kraft besitzt, was durch Kraft vermocht wird."

Auf das obige Beispiel übertragen, heißt dies: Die Gesamtgeschwindigkeit vg kann nicht als das Resultat der Addition v + v' abgeleitet werden, sondern ist unmittelbar durch Gott in der betreffenden Größe gegeben. „Man kann unmöglich aussagen, daß der behauptete ‚Zustand' dank der göttlichen und der geschaffenen Kraft gemeinsam eintrete." Die gezwungene Bewegung – als Verbildlichung der göttlichen Schöpferkraft gedacht – und die „erworbene" – die dem Menschen unter bestimmten Umständen von Gott anerschaffene Kraft – erzielen nicht gemeinsam ein Ergebnis. „Denn das ist abwegig. Dürfte man so etwas annehmen, dann dürfte man auch eine Schöpfung als Werk zweier Schöpfer denken."

Wieder zeigt sich das Streben nach Eindeutigkeit.[202] Al-Ǧuwainī verfolgt sein Ziel weiter: Wer sich auf jene gefährliche Spekulation einlasse, „der stellt seinen Glauben einem bloß behaupteten, unbekannten und nicht zu erklärenden ‚Zustand' anheim, obwohl wir doch ganz sicher sind, daß die ‚erworbene' Bewegung der ‚gezwungenen' (in der Tatsache der Geschaffenheit) gleicht. Unbekannte ‚Zustände' voraussetzen heißt, vom Richtigen abweichen und die Grundlagen des Glaubens den Verlockungen des Falschen aussetzen." Nun folgt eine entscheidende Feststellung: „Richtig ist allein die Behauptung, daß die geschaffene Kraft in keinem Fall auf das einwirkt, was durch sie vermocht wird. Es ist doch auch nicht Bedingung für das Zutreffen einer Eigenschaft, daß diese auf den Gegenstand einwirkt, auf den sie zutrifft. Desgleichen ist begreiflich, daß das Wissen zwar auf das Gewußte zutrifft, obwohl es keinen Einfluß darauf ausübt; und auch das Wollen, das sich auf das Handeln des Menschen erstreckt, wirkt nicht auf dieses ein ...“[203] Was immer ein Mensch vollbringt, es steht nicht in einem kausalen Zusammenhang mit der Kraft, die Gott für das jeweilige Handeln verliehen hat. Man kann nicht sagen: „Je größer die Kraft, desto größer die Leistung“, wie man auch nicht die Gesamtgeschwindigkeit des bewegten Körpers als Summe der ursprünglichen und der hinzugefügten Geschwindigkeit erklären kann.

Die für jeden einzelnen Akt des Menschen von Gott geschaffene Kraft ist nur ein Akzidens; eben deshalb kann sie nicht von Dauer sein – im Gegensatz zur Kraft Gottes. Die Muʿtaziliten, die zur Deutung menschlichen Handelns Motive und Absichten untersuchten, mußten demgegenüber eine im Menschen beharrende Kraft fordern. Wie sonst hätten Anreize und Überlegungen sich schließlich in einem Tun niederschlagen können, wie sonst könnte man aus eben diesem Tun auf Absichten und Beweggründe zurückschließen? Al-Ǧuwainī aber schreibt: „Alles Geschaffene wird im Augenblick seiner Entstehung durch die ewige Kraft (Gottes) vermocht; selbst wenn das Geschaffene Beziehung zu einer geschaffenen Kraft hat, ist es doch durch die (ewige Kraft) vermocht.“ Die geschaffene Kraft ist nicht stetig, sondern existiert immer nur für den Augenblick eines „Zeitatoms“. Allein die Substanz ist eine Schöpfung Gottes, der man Kontinuität zusprechen kann. Aber hat man erst die Substanz in dieser Form auf den Begriff gebracht, darf man nicht mehr hinzufügen, sie sei vermocht. Denn Kraft manifestiert sich nach aschʿaritischer Auffassung nur im Wechsel des Geschehens, in der abrupten Änderung, nie aber einem Zustand des Gleichgewichtes oder in einem stetigen Vorgang. Letzterer müßte als eine endliche Folge unvermittelter Veränderungen interpretiert werden, die je für sich zu beschreiben sind und in ihrer Gesamtzahl für uns den Schein einer Stetigkeit aufweisen.

Die Muʿtazila, die das Handeln des Menschen – und das Geschehen in der Natur – von den Voraussetzungen her erfassen will, meinte, vor jeder Tat müsse im Ausführenden die Disposition, die Fähigkeit zu ihr vorhanden sein. Auch das verneint al-Ǧuwainī: Fähigkeit ist unmittelbar mit dem Handeln verknüpft. Die Ursache und die Bewertung, die diese in einer Substanz verursacht, sind ebenfalls, wie wir gelernt haben, immer nur gleichzeitig gegeben. Auf diese Parallele weist al-Ǧuwainī ausdrücklich hin. Die von den Muʿtaziliten vor allem zeitlich gedachte Kausalität verliert bei den Aschʿariten letzten Endes jeden Sinn, weil sie nur noch für die Verhältnisse während eines „Zeitatoms“ gelten soll. Die Aschʿariten zerstören jede Möglichkeit, die „Erzeugung“ – wie die Muʿtaziliten es nannten – eines Sachverhalts aus anderen zu erklären. Aber sie gewinnen hierdurch die so heftig begehrte Gewißheit, daß alles in jedem Augenblick Gottes Werk ist. Sie betrachten, wie wir bei der Erörterung des Beweisverfahrens mit der gegenseitigen Hinderung erkannten, jedes Geschehen nur von der Tatsache her, daß es eingetreten ist und verwerfen alle Erwägungen über seine Voraussetzungen als müßige Spekulation.[204]

Unbestreitbar ist solche Gewißheit teuer bezahlt. Denn wenn Gott der Schöpfer aller Handlungen des Menschen ist, welchen Sinn haben dann Lohn und Strafe, die der Koran in so lebhaften Farben schildert? Selbst das „erworbene" Tun ist Gottes – bleibt also nur die Ergebung in seinen Willen, wie sich ein Verstorbener den Verrichtungen fügt, die der Leichenwäscher an ihm vollzieht? Erinnern wir uns, daß die „neue Frömmigkeit" die Frage nach dem Sinn der Erfüllung des göttlichen Gesetzes so nicht stellte. Strenger, ja überstrenger Vollzug aller Vorschriften war für sie nicht die Voraussetzung zum Gewinn des Paradieses – solche von den Muʿtaziliten bejahte Kausalität lehnte sie ab. Gott konnte nicht durch die Taten seiner Geschöpfe in seinen Entscheidungen gebunden werden. Vielmehr war jede Gehorsamsleistung in dem Augenblick, in welchem sie vollzogen wurde, ein einmaliger und unbegründbarer Gnadenerweis Gottes, ein einzigartiges Zeichen möglicher Erwähltheit.[205] Deshalb wendet sich al-Ǧuwainī so entschieden gegen jene Minderheit unter den Aschʿariten, die, wenn auch auf Umwegen, das jenseitige Schicksal des Menschen doch aus seinen Taten ableiten wollte. Sie hatten angenommen, daß die „erworbene" Bewegung sich in einem „Zustand" verwirklichte, der über ihr eigentliches Wesen hinausgehe – so auch jedes Handeln des Menschen, das mit einer in actu gegebenen Kraft „erworben" wird: Sie impliziert für das, was dank ihrer vermocht wird, einen besonderen „Zustand", und für diesen, der etwas anderes ist als die jeweilige Handlungskraft, muß sich der Mensch dereinst vor Gott verantworten.

Mit der Forderung eines solchen „Zustandes" ist die Plausibilität der Eschatologie nicht zu retten, bemerkt al-Ǧuwainī schroff und entwikkelt, wie gezeigt, die These, daß die Kraft nicht auf das einwirke, wofür sie bestimmt sei. Zur Begründung eines winzigen Restes von Individualität hat al-Ǧuwainī an anderer Stelle im „Buch der Belehrung" die „Zustände" noch beibehalten wollen; hieraus ergäbe sich freilich, daß die Handlungen des Individuums nach bestimmten Kriterien, die im göttlichen Gesetz vorliegen, am Tage des Gerichts zu beurteilen wären – und eine solche Eingrenzung des Ratschlusses Gottes ist für den Aschʿariten unerträglich. Es wird verständlich, daß al-Ǧuwainī schließlich die Lehre von den „Zuständen" aufgab.[206] Sie war ein Fremdkörper, der in der aschʿaritischen Theologie gefährliche Spannungen hervorrufen konnte, in einer Theologie, deren höchstes Ziel die Gewißheit war. Freilich, die Annahme, das Verhältnis des Schöpfers zu den Menschen werde ganz einseitig von Gottes unerforschlichem Wirken bestimmt, räumt ja nicht die Zweifel aus, denen jene aschʿaritische Minderheit die Spitze zu nehmen gehofft hatte. Im Gegenteil! Der bloße Glaube, in der Befolgung des Gesetzes zeige sich mögliche Erwähltheit, erklärt noch nicht, warum es die Gesetze, Lohn und Strafe im Diesseits und Jenseits gibt; er erklärt noch weniger, warum ein islamisches Gemeinwesen errichtet wurde, das sich die Verwirklichung des Gesetzes angelegen sein läßt[207] – eine Aufgabe, die es nicht zuletzt erfüllen kann, weil es den gehorsamen Gläubigen die Bewahrung vor der Höllenpein in Aussicht stellt. Der Vorwurf, das aschʿaritische Denken enthalte Elemente, die auf eine Zersetzung des islamischen Staates hinzielten, war nicht leicht von der Hand zu weisen.[208] Al-Ǧuwainī vertröstet den fragenden Leser auf das Kapitel über Lohn und Strafe. Beide und ihnen inhaltlich verwandte Begriffe wie Lob und Tadel ständen in keinem kausalen Zusammenhang mit den Taten des Menschen, den es, wie erinnerlich, auch zwischen den Eigenschaften des Handelnden und seinen Werken nicht gibt. Die Taten sind vielmehr, wenn man sie unter dem Blickwinkel der Bestimmungen des Gesetzes betrachtet, nur „Wegmale und Zeichen für die Urteile Gottes, und es ist keinesfalls abwegig, ein Malzeichen aufzupflanzen, das den gar nicht berührt, für den es errichtet wurde."[209] Das Gesetz hat also keine in die Zukunft weisende Aufgabe – etwa die Anleitung der Gläubigen zu richtigem, gutem Handeln: da die Aschʿariten die Voraussetzung und die Beweggründe einer Tat nicht untersuchen, können sie dem Gesetz keine derartige Funktion zuerkennen. Im übrigen sind „gut" und „böse" ohnehin Wertungen, die auf Gottes schöpferisches Handeln nicht zutreffen, also auch dem von ihm erlassenen Gesetz nicht zugrundeʿiegen können. Betrachtet man mithin jede Tat von der Faktizität ihres Vollzuges her, so kann man eben nur untersuchen, ob sie im Einklang oder im Widerspruch zur Scharia stand, und je nach dem Ergebnis dieser Prüfung läßt sich eine Aussage über den Grad der Erwähltheit des Täters treffen; man weiß, wie Gott ihn im Augenblick jener Tat beurteilte.

Wenn man erwartet hat, im Kapitel über Lohn und Strafe wenigstens den Ansatz für eine vertiefte Begründung des Gesetzes zu entdecken, sieht man sich enttäuscht. Al-Ǧuwainī wiederholt den Standpunkt seiner Glaubensrichtung mit anderen Worten: „Der Lohn ist nach Auffassung der Leute der Wahrheit weder ein festgelegtes Anrecht noch ein obligatorisches Entgelt. Er ist allein eine von Gott gewährte Gnade. Genauso wenig ist die Strafe notwendig. Sofern sie verhängt wird, ist dies göttliche Gerechtigkeit. Die Verheißung des Lohns und die Androhung der Strafe sind Gottes wahre Rede, sein aufrichtiges Versprechen. Aber alles, womit wir bewiesen, daß es für Gott keine Pflichten gibt, gilt hier uneingeschränkt."[210] Dann setzt sich al-Ǧuwainī mit den abweichenden Ansichten vor allem der Muʿtaziliten auseinander, ohne freilich zu weiteren Erkenntnissen vorzudringen. Die Gnade, die Gott gewähre, sei so gewaltig, daß es sich schlechterdings grotesk ausnehme, aus den erbärmlichen Taten der Menschen, mögen sie auch „gut" sein, einen Anspruch abzuleiten.

Nun hatten die Muʿtaziliten gemeint, ein schwerer Sünder stelle sich wegen seiner Verbrechen außerhalb der Gemeinschaft der Gläubigen; als Apostaten dürfe man ihn allerdings noch nicht ansehen. Al-Ǧuwainī weist diese Gedanken zurück. Alle Akte des Gehorsams gegen Gott, die vor dem Verbrechen geschehen sind, behalten doch weiter ihre Gültigkeit, der Sünder hat ja nicht offen erklärt, daß er die Gemeinschaft der Muslime verlasse. Während die Muʿtaziliten der Ansicht waren, Gläubigkeit und Sündhaftigkeit seien zwei einander ausschließende Eigenschaften, brauchten sich die Aschʿariten, jede Stetigkeit des Geschaffenen ablehnend, nicht zu einem solch folgenschweren Urteil zu verstehen. Für sie reiht sich die schwere Sünde neben Gehorsamsleistungen des betreffenden Menschen, und nicht in ihm, sondern in Gott allein liegt der Bezugspunkt, in dem Taten und Untaten sich zusammenfassen.[211] Wenn also die aschʿaritische Glaubenslehre auf der einen Seite in den Verdacht gerät, die ordnende und leitende Rolle des Gesetzes und des ihm verpflichteten Gemeinwesens zu untergraben, dann gelangt man andererseits unter dem eben aufgezeigten Blickwinkel zu einem gegenteiligen Ergebnis: Für die Aschʿariten scheint das einmal abgelegte Bekenntnis zum Islam einen unzerstörbaren Charakter zu haben. Zumindest durch Sünden kann es nicht ausgelöscht werden. Hier liegen die Keime des Begriffes vom islamischen Recht und seiner Verwirklichung im Staat, den al-Ǧuwainī unter dem Wesirat Niẓām al-Mulks ausarbeiten wird, eines Begriffes, der in erstaunlichem Maße die politische Wirklichkeit der Epoche berücksichtigen wird. Wir werden sehen, daß es al-Ǧuwainī auch gelingt, dieses Konzept von Recht und Staat auf dem Boden der aschʿaritischen Theologie zu verankern.

Zweiter Einschub: Über das Rüstzeug des aschʿaritischen Theologen

„Jenes Buch, an dem nicht zu zweifeln ist, ist eine Rechtleitung für die Gottesfürchtigen, die an das Verborgene glauben ..." Mit diesen Worten beginnt die 2. Sure. Verborgen ist für den Koran jener Bereich, der der menschlichen Wahrnehmung nicht unmittelbar zugänglich ist. Hierzu gehört alles irdische Geschehen, das man nicht selber erlebt, sei es weil es bereits Geschichte geworden ist, sei es nur darum, weil man nicht zugegen sein kann. Mit „Zugegenheit" oder „Zeuge sein" könnte man auch am besten den koranischen Gegenbegriff zum Verborgenen übersetzen. Wir sind ständig Zeuge von Vorgängen, deren Ursache sich unseren Blicken entzieht. Das „Verborgene" umgreift nicht nur vordergründig alles, was wir nicht sehen oder hören können, sondern auch das Wirken

Gottes in der Schöpfung. Gott besitzt die Schlüssel des Verborgenen und des Gegenwärtigen, des Offenkundigen; hätte der Mensch Kunde des Verborgenen, wäre das gleichbedeutend mit der Macht über alles Geschehen, mit Gottähnlichkeit.[212] In der frühen islamischen Theologie durchlaufen beide Begriffe einen Prozeß der Klärung. Sie werden Termini technici: Das Offenkundige bezeichnet jetzt das geschaffene Diesseits in seiner Gesamtheit und ist prinzipiell – nicht mehr aktuell, wie im Koran – durch den Verstand und die Sinne unmittelbar erfaßbar. Verborgen dagegen sind Gott und sein Wirken; wie er ist und wie er handelt, erfahren wir nicht unmittelbar, aber wir können es aus der Schöpfung erschließen. Sie ist das Zeichen, das zu lesen der Mensch lernen muß, eine Forderung, die schon der Koran immer wieder erhebt. Die Zeichenhaftigkeit des Offenkundigen erkennen und dann die richtigen Schlußfolgerungen ziehen, das ist die wichtigste Aufgabe der islamischen Theologie.

Bei der Behandlung der Eigenschaften des Ewigen und des Beweises der Einsheit Gottes mit der gegenseitigen Hinderung haben wir einige Schwierigkeiten kennengelernt, die dieses scheinbar so einfache Verfahren bereitet. Wir wollen hieran einige grundsätzliche Bemerkungen knüpfen, die das Wesen der aschʿaritischen Gottesgelehrsamkeit und Metaphysik noch etwas klarer hervortreten lassen und das Verständnis der rechtstheologischen Fragen des nächsten Kapitels erleichtern. Der Qāḍī ʿAbd al-Ǧabbār umreißt die muʿtazilitische Methode der Erhellung des Verborgenen aus der Kenntnis des Offenkundigen wie folgt: Das Offenkundige ist das von uns Gewußte, von dem aus wir das noch nicht Gewußte erschließen; hierbei ist vorausgesetzt, daß beide je einen Teil eines Ganzen bilden. Die Schlußfolgerung wird unter vier Hauptgesichtspunkten angewandt. Erstens muß dem Verborgenen eine bestimmte Bewertung zukommen; es muß beispielsweise „Kraft besitzend“ sein, denn die im Offenkundigen sichtbare Tatsache seines Handelns erzwingt ein solches Urteil. Dieser Schluß aus der Zeichenhaftigkeit der Schöpfung ist, wie wir schon sahen, vor allem in der Lehre von den Eigenschaften Gottes gängig. Zweitens baut man den Schluß vom Offenkundigen auf das Verborgene auf der Gemeinsamkeit einer Ursache oder eines Grundes auf: Jedes Erzeugnis des Menschen bedarf eines Herstellers; also bedürfen auch die Taten im Bereich des Verborgenen eines Verursachers. Wie ersichtlich, soll die Existenz eines personalen Schöpfergottes bewiesen werden. Darüber hinaus wird dieses Verfahren vor allem in der muʿtazilitischen Rechtswissenschaft benützt. Gott tut nichts Verwerfliches, weil er um diese Verwerflichkeit weiß und sie ablehnt; aus dem gleichen Grund hat sich der Mensch verwerflichen Tuns zu enthalten. Ein Verbrecher verdient folglich Tadel; das gleiche würde für Gott gelten, der aber nie verwerflich handelt. Drittens wissen wir, daß wir wollend sein können; dies bedeutet notwendig, daß wir die Eigenschaft eines Willens besitzen. Wenn nun die Bewertung „wollend" auch für den Verborgenen unumgänglich ist, müssen wir ihm die Eigenschaft eines Willens zusprechen. Bei uns, im Offenkundigen, ergibt sich aus der Bewertung mit Notwendigkeit eine Eigenschaft; für Gott dagegen ist sie nur erschlossen. Viertens sind im Bereich des Offenkundigen sowohl Vermutung als auch Wissen geeignet, den Menschen zur Suche seines Vorteils und zur Vermeidung von Schaden anzuspornen; wenn schon die Vermutung eine bestimmte Maßnahme nahelegt, sollte das Wissen dies noch eher, da es stärker als die bloße Vermutung ist. Wenn wir also vermuten, Gottes Gebote seien nützlich selbst für die Menschen, von denen er bereits weiß, daß sie sie mißachten werden, dann ist zu erschließen, daß jene Nützlichkeit von Gott sicher gewußt wird.[213]

Von den Muʿtaziliten wird der Schluß vom Offenkundigen auf das Verborgene nicht zuletzt zu dem Zweck geübt, das Gesetz zu begründen; es ist die „offenkundige" Analogie zu Gottes „verborgenem" Charakter. Demgegenüber begrenzen die Aschʿariten die Anwendbarkeit dieser Methode auf Fragen nach dem Wesen und den Eigenschaften Gottes. Dies läßt sich schon an der unterschiedlichen Bestimmung des Begriffes „Ding" ablesen: Für die Muʿtaziliten ist alles Gewußte ein Ding, und entsprechend sollte das Verfahren des Schließens sich auf alles Gewußte erstrecken und es gleichsam mehren, indem noch nicht Gewußtes erhellt wird. Die Aschʿariten lehren demgegenüber, daß nur das Vorhandene ein Ding sei;[214] deshalb verbietet es sich von selbst, das Gesetz, das die Muslime in der Offenbarung empfangen haben, und Gottes Charakter in Analogie zu denken; denn alles Künftige, das das Gesetz regeln soll, ist noch nicht vorhanden. Wir erfahren mithin nach Auffassung der Aschʿariten durch diesen Schluß nur etwas über Gottes Sein und die Eigenschaften des Schöpfers, nie jedoch etwas über seine Absichten.[215] Da ferner alles „offenkundig" Vorhandene immer nur für die Dauer eines „Zeitatoms" existiert – die Substanz weist zwar Dauer auf, da aber alles geschaffene Vorhandene Substanz und Akzidens ist und letzterem keine Kontinuität zukommt, fehlt diese auch allem konkret im „offenkundigen" Existierenden –, kann der Schluß auf das „Verborgene" sinnvoll nur innerhalb einer momentanen Gegebenheit erfolgen. Ein kontinuierliches Zusammenspiel von Gegebenheiten oder ein Gefüge aus Kräften, Substanzen usw. im „Offenkundigen" und im „Verborgenen" können also nie einander analog sein.

Durch Ibn al-Bāqillānī wurde die Methode des Schlusses vom Offenkundigen auf das Verborgene so fest eingegrenzt, daß ohnehin nur noch einzelnes zueinander in Beziehung gesetzt werden durfte. Wenn wir etwa von den Muʿtaziliten wissen wollen, ob Gott gesehen werden kann, werden sie antworten: „Nein!" Denn wenn er sichtbar wäre, müßte ihn der Sehstrahl treffen, was Gottes Körperlichkeit voraussetzte. Für die Asch'ariten ist dies eine unzulässige Übertragung einer Gesamtheit von Aussagen;[216] richtig wäre allein die Feststellung, daß in der offenkundigen Welt Gegenständen und Lebewesen Sichtbarkeit zukommt und daß diese im Jenseitigen auch Gott eignet, da dies in der Offenbarung verheißen worden ist. Die physikalischen Voraussetzungen des irdischen Sehvorganges bleiben völlig außer Betracht. Denn die Analogie zwischen Offenkundigem und Verborgenem hat nur insofern statt, als zwischen einer in jedem der beiden Bereiche angenommenen Einzelerscheinung eine „Zusammenfügung" vollzogen wird: Die geschaffene Sichtbarkeit und die Sichtbarkeit des Ungeschaffenen lassen sich „zusammenfügen", denn in beiden Fällen sind den Wahrnehmenden analoge Ergebnisse verbürgt, die freilich auf unterschiedliche Weise zustandekommen mögen.[217] Das Schlußverfahren büßt letzten Endes seine Aussagekraft ein, denn es könnte mit dieser Methode alles Beliebige für Gott affirmiert werden. Die Asch'ariten spürten diese Gefahr und verschanzten sich hinter der Offenbarung: Nur die im Koran erwähnten Eigenschaften können mit diesem Verfahren Gott zugeschrieben werden. Eindeutigkeit wurde auf diese Weise erstritten, aber um den Preis, daß die anregendste Quelle des Nachsinnens über Gott versiegte: die Zeichenhaftigkeit der Schöpfung, ihres Beginns und vor allem ihres Verlaufs, dessen mannigfache Erscheinungsformen dem Gläubigen Tag für Tag vor Augen geführt werden.

Eine weitere Regel, die nach asch'aritischer Vorstellung die Metaphysik beherrschen sollte, diente ebenfalls der Zügelung einer ausufernden, bisweilen verstiegenen theologischen Diskussion, bewirkte auf die Länge der Zeit hin jedoch eine verhängnisvolle Verarmung des Denkens. Es ist die Forderung, jede Aussage müsse generell gelten und umkehrbar sein. Die Handlungen der Menschen sind entweder von ihnen selber oder von Gott gewirkt; da in vielen Einzelfällen offensichtlich ist, daß der Mensch nicht Herr seiner Taten ist, muß dies allgemein zutreffen. Der Beweis, daß der Mensch immer aus sich selber heraus handelt, kann ja nicht erbracht werden.[218] Also gilt: Nur Gott handelt aus sich heraus. Und umgekehrt: Der Mensch vermag dies nie. In der Metaphysik und der auf den offenbarten Quellen fußenden Lehre vom Wesen Gottes – beides Wissenschaften, die ihre Erkenntnisse allein mit dem Verstand fänden – sei die Allgemeingültigkeit einer Definition unabdingbar; zudem mußten die beiden Glieder jeder Definition austauschbar sein. Die Bewertung, daß jemand wissend ist, wird einzig und allein durch das Wissen, das in ihm subsistiert, verursacht, und umgekehrt muß in jedem Wesen Wissen substieren, sobald wir ihm die Bewertung „wissend" verleihen können.[219]

Diese Regel zeitigt eine Reihe von Folgen, deren wichtigste wir kurz streifen wollen. Die Muʿtaziliten hatten die Bewertungen, die für eine Sache oder ein Lebewesen gelten, in notwendige und mögliche unterteilt und behauptet, nur die möglichen seien verursacht. Die Bewegung eines Körpers ist möglich, da auch seine Ruhe denkbar ist; bewegt er sich, hat dies eine Ursache. Demgegenüber läßt sich für notwendige Bewertungen eines Körpers, etwa dafür, daß er eine Ausdehnung besitzt, keine Ursache namhaft machen. Diese Unterteilung paßt nicht in die aschʿaritische Metaphysik. Denn eine mögliche Bewertung einer außerhalb des betreffenden Substrats auf dieses einwirkenden Ursache zuzuschreiben, schaltet Gott als den einzigen Verursacher aus; auch notwendige Bewertungen sind einer Substanz nicht einfach wegen ihres Seins mitgegeben, sie gehen vielmehr ebenfalls unmittelbar auf Gott zurück: Er macht, daß ein bestimmter Körper räumliche Ausdehnung besitzt; also müssen in diesem Sinne auch notwendige Bewertungen verursacht sein, nämlich vom Schöpfer. Es bereitete den Aschʿariten augenscheinlich Mühe, ihre Auffassung gegenüber den Muʿtaziliten zu begründen. Al-Ǧuwainī flüchtet sich in Rabulistik, um sein Ziel zu erreichen. Die Verursachtheit des Möglichen besitze im muʿtazilitischen System nicht die unerläßliche Allgemeingültigkeit; man lehre beispielsweise, daß eine Substanz aus dem Nichtsein in die Existenz trete, ohne daß hierfür eine Ursache angegeben werden könne. – Erinnern wir uns, daß für die Muʿtaziliten bereits das Gewußte ein „Ding" ist, so auch eine nichtexistente Substanz, von der man weiß. – „Existierend" wäre in diesem Fall eine mögliche Bewertung; Ursache und Verursachtes sind jedoch nach aschʿaritischer Ansicht immer nur gleichzeitig vorhanden. Setzt man diese Lehre stillschweigend voraus – die Muʿtaziliten taten das natürlich nicht! – geht die muʿtazilitische Behauptung, das Mögliche sei verursacht, ins Leere, ja führt sogar zur Leugnung des Schöpfers, denn eine Ursache für die Existenz der vorher nicht existierenden Substanz läßt sich nicht mehr entdecken. Al-Ǧuwainī stellt eine Reihe weiterer Überlegungen an, die, gleichfalls auf dem Prinzip der Allgemeingültigkeit beruhend, die Unterscheidung zwischen notwendigen und möglichen Bewertungen vollends zu Fall bringen sollen.[220]

Ihr Streben nach einem eindeutigen, in sich stimmigen metaphysischen System zeigen die Aschʿariten auch in der Lehre vom Sein alles Geschaffenen. Die Gesamtheit des „Offenkundigen" besteht aus einer endlichen Zahl von Substanzpartikeln, aus Atomen; denn die Materie ist nicht, wie die Muʿtaziliten annahmen, unendlich teilbar. Denn dies müßte zu dem Ergebnis führen, daß es unendlich viele Partikeln gibt. Unendlichkeit ist aber eine Eigenschaft, die die Aschʿariten Gott vorbehalten.[221] Ein jedes dieser Substanzatome nimmt Akzidenzien auf. Das Verhältnis von Atom und Akzidens ist wiederum eindeutig und allgemein gültig: die Substanz ist nie ohne Akzidens; ein Akzidens kann nie in einem anderen, sondern nur in einem Substanzatom subsistieren. Demgegenüber hatten die Mu'taziliten unter gewissen Voraussetzungen das Vorhandensein akzidensloser Substanz und die Subsistenz eines Akzidens in einem anderen gelten lassen. Wie wir schon wissen, zielte die aschʿaritische Metaphysik darauf ab, jedes Substanzatom nebst seiner jeweiligen Bestückung mit Akzidenzien unmittelbar und allein vom Wirken des Schöpfers abhängig zu machen:[222] eine wechselseitige Beeinflussung gleicher und unterschiedlich ausgestatteter Partikeln durfte es nicht mehr geben. Deshalb auch wurde den Atomen jegliche Dauer abgesprochen; diese hat nur der notwendig existierende Gott. Alles von ihm Geschaffene verfügt über keine eigene Seinskraft und ist folglich, wenn man dies genau durchdenkt, immer nur einen Augenblick lang vorhanden. Die Zeit besteht aus einer endlichen Reihe kürzester Momente, in denen jeweils die Beziehungen aller von Gott geschaffenen Partikeln zueinander neu festgelegt werden.[223] Die aristotelische Kategorienlehre, für die Muʿtazila von großem Gewicht,[224] verliert in der aschʿaritischen Metaphysik ihre Aufgabe; al-Ǧuwainī bedient sich ihrer nur noch in der Auseinandersetzung mit seinen Gegnern.

Streng genommen ist für die aschʿaritische Metaphysik und die in ihr wurzelnden Gebiete der Theologie nur eine Aussage bedeutsam: Ob eine Gegebenheit affirmiert oder negiert werden muß. Dies läßt sich nach Ansicht der Aschʿariten stets eindeutig entscheiden: Negierung ist immer als vollkommene Verneinung des Seins aufzufassen, mit der niemals etwas anderes implizit affirmiert werden kann. Abū Hāšim al-Ǧubbāʾī wollte geltend machen, einer Substanz könne nicht Schwäche als ein Akzidens innewohnen; ein Akzidens „Schwäche" gebe es nicht, sondern nur den Mangel an Kraft. Die Verneinung von Kraft sei mithin zugleich eine Affirmation der Schwäche. Hiergegen wendet sich al-Ǧuwainī in aller Entschiedenheit: Wenn einem Substrat Kraft fehlt, ist dies für sich genommen eine Tatsachenfeststellung. Ob das Akzidens „Schwäche" vorliegt, wäre eine neue und ganz unabhängige Frage. Da die Aschʿariten dem Geschaffenen kein geordnetes Gefüge von Eigenschaften zuschreiben, haben sie keine Schwierigkeit, sich etwa einen Menschen zu denken, der in irgendeinem Augenblick weder Kraft noch Schwäche – zwei als positiv anerschaffene Eigenschaften – besitzt. Ruhe könne man nicht als Abwesenheit von Bewegung erklären, Ruhe sei etwas gänzlich von ihr Verschiedenes, sagt al-Ǧuwainī.[225] Nur das Vorhandene ist ein Ding, lehren die Aschʿariten; schwach und stark sind prinzipiell von einander getrennte Eigenschaften, die nur je vorhanden sein können oder nicht. Man kann sich auf keinen Fall eine Skala vorstellen, die von „schwach" über einen Nullpunkt bis „stark" reicht, vergleichbar etwa einem Thermometer. Gerade so aber wäre die Lehre der Muʿtaziliten zu veranschaulichen. Das Gewußte, sei es vorhanden oder nicht, sei ein Ding, behaupteten sie. Für sie spiegelt sich alles Existierende an der Nullachse eines Diagramms, und es gibt ein virtuelles Bild hinter diesem Spiegel, im Nichtexistierenden.[226] Eben diese Spiegelung steht für die Seinsmächtigkeit des Geschaffenen: Es unterlag in der Vergangenheit bestimmten Regeln, in denen auch das, was noch nicht ist, implizit erkennbar wird. Und wichtiger noch: Im Vergangenen hat sich Gottes Wille festen Regeln entsprechend aktualisiert, und diese Regeln werden auch in Zukunft gelten; sie sind sein Gesetz, dessen Befolgung er den Menschen auferlegt. Mit den Waffen ihrer neuen Methode zerschmetterten die Aschʿariten diesen Spiegel: Alles geht von Gott aus, alles ist unmittelbar das positive Ergebnis seiner nicht vorhersehbaren Anordnungen. Mit „Zusammenfügung", „Verallgemeinerung", „Umkehrbarkeit" zerhieb man den Knoten, den die Verwirrspiele der muʿtazilitischen Disputierkunst geschlungen hatten. Man errang Eindeutigkeit, Sicherheit, und man bannte die schöpferische Unruhe des Zweifels. Noch Abū Hāšim al-Ǧubbāʾī hatte in ihm den Anfang der Erkenntnis gefunden.[227]

8. Eine neue Front

Getreu dem Wunsche des Sultans hatte al-Kundurī alles daran gesetzt, Sulaimān b. Dāʾūd, einem Neffen Ṭoǧrilbegs, die Nachfolge zu sichern. Aber selbst die Verteilung gewaltiger Schätze hatte nichts ausrichten könnnen. Die Mehrheit der Truppen fühlte sich Alp Arslan, einem Bruder Sulaimāns, verbunden.[228] Nach dem Scheitern seiner Bemühungen hatte al-Kundurī gehofft, mit Unterwürfigkeit die Gnade der neuen Herren zu erringen, aber das Unglück wollte es, daß ein Höflichkeitsbesuch beim Wesir Alp Arslans genau das Gegenteil bewirkte. Bei der Abschiedsszene wurde deutlich, wie zahlreich der Anhang al-Kundurīs noch war. In den ersten Januartagen 1064 ereilte ihn dennoch sein Schicksal. Er wurde gefangengesetzt, zunächst in Nischapur, und sein Vermögen wurde beschlagnahmt. Bald verlegte man den Gefangenen nach Merw ar-Rūḏ. Ein knappes Jahr ließ man ihn noch am Leben, dann hielt man es für ratsam, ihn zu beseitigen. Geschichten ranken sich um seinen Tod. Als die vom Großsultan gedungenen Mörder ihn packten, um ihn zu erdrosseln, rief er: „Ich bin doch kein Räuber!" riß einen Fetzen Stoff aus seinem Gewand, verband sich die Augen und ließ sich mit dem Schwert hinrichten.

Wie hätte sich nicht die Legende dieser Gestalt bemächtigen sollen? Aufstieg und Sturz, Macht und Todesgefahr durchlebte al-Kundurī in wenigen Jahren. Schon unter Ṭoǧrilbeg hätte ihn eine Unbotmäßigkeit fast den Kopf gekostet. Als seinen Brautwerber hatte ihn der Sultan nach Chwarizm geschickt; al-Kundurī habe die Tochter des dortigen Herrschers dann aber selber geheiratet. Die ältesten Quellen wissen von solch skandalösem Verhalten noch nichts, und die Ausschmückung wird ihren Grund in der Tatsache haben, daß er später die Scheinehe Ṭoġrilbegs mit der Kalifentochter hat aushandeln müssen. In Chwarizm hatte er sich anscheinend ganz unromantisch in eine Intrige gegen seinen Herrn verwickeln lassen. Der übte Rache, indem er ihn kastrieren ließ, söhnte sich aber schließlich mit ihm aus.[229] Diesmal aber, mit Alp Arslan, war kein Ausgleich mehr zu finden; hinter dem neuen Sultan stand der ehrgeizige und hochbegabte Wesir Niẓām al-Mulk. „Es ist doch wundersam", philosophierte der Geschichtsschreiber Ibn al-Aṯīr, „al-Kundurīs Glied wurde in Chwarizm begraben, als man ihn verschnitten hatte. Sein Blut wurde in Merw ar-Rūḏ vergossen, sein Leib in Kundur bestattet, der Kopf ohne die Hirnschale in Nischapur. Die Hirnschale brachte man nach Kirman, wo sich Niẓām al-Mulk gerade aufhielt. Denket darüber nach, ihr Einsichtigen!" Und ein späterer Erzähler fügt an: „Ich bezeuge, daß Gott am Jüngsten Tag die Geschöpfe zusammensammeln wird, wo, wie und in welchem Zustand sie auch immer sind."[230] Al-Bāḫarzī, Literat und gefeierter Lobredner der ersten Seldschuken, baute möglichen Gewissensbissen Alp Arslans vor: „Dein Onkel zog al-Kundurī zu sich heran, erhöhte ihn, gab ihm großen Anteil an der Herrschaft: Jeder von euch beiden Herren schenkte dem Knecht, was ihm gebührt – dein Onkel das Diesseits, du das Jenseits!"[231]

Al-Qā'im konnte über den Sturz al-Kundurīs nicht glücklich sein. Er hatte in dem Wesir stets eine Art Mittelsmann beim Sultan gesehen. Alp Arslan hielt es für nützlich, die Forderung nach offizieller Anerkennung durch den Kalifen mit einer fadenscheinigen Begründung des Vorgehens gegen al-Kundurī zu verknüpfen.[232] Es war nicht zu befürchten, daß unter dem neuen Wesir sogleich eine gegen die Abbasiden gerichtete Politik beginnen würde, aber man konnte sich nicht darüber hinwegtäuschen, daß Alp Arslan und Niẓām al-Mulk ein Gespann bildeten, das bei wichtigen Entscheidungen die Belange des Kalifats nicht mehr so stark beachten würde. So tief wie Ṭoġrilbeg ließ sich Alp Arslan nicht mehr vom Nimbus des Nachfolgers des Propheten beeindrucken. Es war damit zu rechnen, daß das Verhältnis zwischen Kalif und Sultan sich anders einpendeln würde.

Eine plötzliche Wende zum Besseren bewirkte der Wechsel im Wesirat für die Asch'ariten. Al-Kundurī hatte zugelassen, daß sie in Chorasan verfolgt worden waren, ihnen jedoch seinen persönlichen Schutz nicht versagt. Jetzt war die Verwaltung des Reiches jemandem in die Hände gelegt worden, der ihnen nahestand. Niẓām al-Mulk war Schafiit, und die Asch'ariten hatten anscheinend schon Zugang zu ihm gefunden, bevor Alp Arslan Großsultan geworden war. Was Wunder, daß sich die Gestalt al-Kundurīs, dem die Asch'ariten doch manches verdankten, in ihrer Erinnerung rasch verdüsterte! Der Umstand, daß Niẓām al-Mulks Macht mit der Ausschaltung seines Vorgängers abgesichert worden war, wird die chorasanischen Aschʿariten darin bestärkt haben, an al-Kundurī kein gutes Haar zu lassen. Niẓām al-Mulk konnte nun, unter dem Groß-sultanat Alp Arslans, auch außerhalb Chorasans viel für die Förderung der Lehre aš-Šāfiʿīs tun. Schon Ende 1065 begann man in Bagdad mit dem Bau einer Hochschule, Niẓāmīja genannt, die eigens der Ausbildung schafiitischer Rechtskundiger dienen sollte.[233] Zwei Jahre später, bei der feierlichen Einweihung, ereignete sich ein peinlicher Zwischenfall. Abū Isḥāq aš-Šīrāzī (gest. 1083), seit 1024 in Bagdad ansässig und berühmtester der dortigen Schafiiten,[234] weigerte sich, wie vorgesehen das Lehramt in der neuen Anstalt anzutreten, da man ihm den Verdacht zugetragen hatte, das Grundstück, auf dem sie sich befand, sei unrechtmäßig in den Besitz Niẓām al-Mulks gelangt. Schließlich gelang es, die Bedenken des Gelehrten zu zerstreuen,[235] und die Hochschule blühte rasch auf. Auch die Gründung von Medressen an zahlreichen anderen Orten,[236] so in Nischapur, ist das Verdienst des Wesirs.

Bahnte sich eine Vorherrschaft der Schafiiten aschʿaritischer Prägung an, vergleichbar derjenigen der Hanafiten, die bislang in der Umgebung des Sultans den Ton angegeben hatten? Dies sicher nicht, denn die Hanafiten waren keineswegs an die Wand gespielt; nach wie vor waren viele von ihnen in höchsten Ämtern. Einer von ihnen, Abū Saʿd Šaraf al-Mulk, betrieb die Förderung der hanafitischen Rechtsschule mit dem gleichen Eifer, mit dem Niẓām al-Mulk seine Schafiiten unterstützte. Abū Saʿd ließ das verfallene Grabmal Abū Ḥanīfas in Bagdad erneuern und dort sowie in Merw hanafitische Hochschulen errichten.[237] Der Streit zwischen Hanafiten und Schafiiten flammte unter Niẓām al-Mulk nicht wieder auf, und es ist sicher richtig, daß jene Jahrzehnte einen Höhepunkt der islamischen Geistesgeschichte bilden, der vor allem den Schafiiten zu danken ist. Aber diese errangen nie eine unangefochtene Vormacht auf den Gebieten des Rechts und der Theologie. In seinem großen rechtstheoretischen Alterswerk, dem „Buch des Beweises", setzt sich al-Ǧuwainī immer noch mit den Hanafiten auseinander. Lediglich mit Waffen wurde an dieser Front vorerst nicht mehr gefochten. Dafür war schon in den Jahren, als in Bagdad die Niẓāmīja ihre Tätigkeit aufnahm, eine neue Kampflinie entstanden: Die Hanbaliten griffen die aschʿaritische Glaubenslehre an, die auf dem Fundament der Sunna geschaffene, rational begründete Vermittlungstheologie.

An einem Freitag im Herbst des Jahres 1064 überfielen in Bagdad „einige Gefährten des ʿAbd aṣ-Ṣamad den Lehrer des muʿtazilitischen Glaubens Abū ʿAlī b. al-Walīd, beleidigten und beschimpften ihn, weil er sich geweigert hatte, in der Freitagsmoschee am Gebet teilzunehmen und weil er Schüler in den Lehren der Muʿtazila unterwies. Da schrie Abū ʿAlī: ‚Verfluche Gott alle die, die sich nicht des Gebets befleißigen, sondern mich hier daran hindern und mir wegen meines Gebets Furcht einflößen wollen!' Mit diesen Worten spielte Abū ʿAlī auf die Gefährten des ʿAbd aṣ-Ṣamad und auf gemeines Volk ihresgleichen an. Er wurde gepackt und verwundet, schrie aber so laut, daß sie von ihm abließen, weil sie fürchteten, die Bewohner des Viertels könnten sich gegen sie zusammentun. Er verschloß dann seine Tür, die Verfluchung der Muʿtazila aber wurde in der Freitagsmoschee al-Manṣūrs fortgesetzt." Abū Saʿd b. ʿImāma (gest. 1112), offenbar der Anführer jener Eiferer, veranstaltete zu diesem Zweck eine Zusammenkunft.[238]

Die „Gefährten des ʿAbd aṣ-Ṣamad", Männer mit asketischen Neigungen, deren Leben sich vor allem in den Moscheen abspielte,[239] wo sie anscheinend für Ordnung und Rechtgläubigkeit in ihrem Sinne sorgten, tauchen bisweilen schon in den Quellen zur ersten Hälfte des 11. Jahrhunderts auf. Dann begegnen wir ihnen in den schweren bürgerkriegsähnlichen Kämpfen nach 1050 als sunnitischen Scharfmachern, die man damals bereits den Hanbaliten zurechnete.[240] Gründer dieser Gruppierung war ʿAbd aṣ-Ṣamad b. ʿUmar al-Qazwīnī (gest. 1007) gewesen, ein schafiitischer Rechtsgelehrter, der in Bagdad vornehmlich als ein Mann von frommem, Verzicht übendem Lebenswandel und als Befürworter des strengen „Befehlens des Guten und Verbietens des Tadelnswerten"[241] Ruhm erworben hatte. Reichtum hatte ihm nichts bedeutet; seinen Unterhalt hatte er sich bei den Gewürzhändlern mit dem Zermahlen von Galgant verdient, und Spenden, die ihm in großer Menge zuflossen, seitdem er in den Ruf eines heiligmäßigen Mannes gelangt war, ließ er den Bedürftigen zukommen oder seiner wachsenden Anhängerschar. Nach seinem Tode wurde er in der Nähe des Grabes von Aḥmad b. Ḥanbal zur Ruhe gebettet.[242]

In den sechziger Jahren des 11. Jahrhunderts hatte die Gruppierung in einem gewissen ʿAbd al-Malik b. Jūsuf (gest. 1068) wieder einen reichen Gönner gefunden. Ein später sehr berühmter Hanbalit, Ibn ʿAqīl (gest. 1119), erinnert sich, daß jener ʿAbd al-Malik „sich der Hanbaliten zur Durchsetzung der Glaubenstreue bediente: einzigartiger, würdiger Männer, erhaben über den Verdacht des Verkehrs mit den Herrschern, über allzu enge Beziehungen mit den Söhnen des Diesseits, Männer, zu denen man hinstrebt, die aber selber nichts anstreben – das Volk verehrt und liebt sie, die Herrscher zollen ihnen Respekt. Er gewann die ‚Gefährten des ʿAbd aṣ-Ṣamad', seitdem er ihnen Zuwendungen und Unterhalt gewährt hatte...; er nahm Erzähler und Mahnprediger in Dienst..." Schließlich wurde dieser ʿAbd al-Malik so einflußreich, daß selbst „Kalifen und Könige" seine Gunst suchten. Er kümmerte sich aber auch um das völlig vernachlässigte Krankenhaus, stellte Ärzte an und stattete es mit notwendigem Gerät aus. Eine wichtige Persönlichkeit also, die, wie anerkennend erwähnt wird, Geschäftssinn mit Machtstreben und sunnitischer Frömmigkeit verband.[243]

Als man diesen hochherzigen Förderer des Sunnitentums zu Grabe getragen hatte, war die Ordnung in Sachen des Glaubens wieder dahin. Der Hanbalit Ibn al-Bannā' (gest. 1080), der uns einige Tagebuchaufzeichnungen aus jener Zeit hinterlassen hat, erzählt, daß sich sogleich der notorische Muʿtazilit Abū ʿAlī b. al-Walīd erfrecht habe, seine Lehrtätigkeit wiederaufzunehmen. Die Hanbaliten sammelten ihren Anhang und wurden im Büro des Kalifen vorstellig: Sofort solle die Qādirīja hervorgeholt und ihr Inhalt der Öffentlichkeit ins Gedächtnis zurückgerufen werden. Glücklicherweise fand sich noch ein Exemplar jenes Textes; man fertigte Abschriften und ließ sie in den Moscheen verlesen. Eine der treibenden Kräfte war diesmal der hanbalitisch gesonnene Scharif Abū Ǧaʿfar b. abī Mūsā (gest. 1077), ein Angehöriger der unübersehbar großen Nachkommenschaft des ʿAbbās, des Ahnherrn der Kalifendynastie.[244]

Bei all diesen Unternehmungen gegen die Muʿtazila in Bagdad spielten die Aschʿariten nur noch eine Nebenrolle. Abū Bakr Aḥmad al-Fūrakī, Enkel des berühmten Ibn Fūrak und verehelicht mit einer Tochter Abū l-Qāsim ʿAbd al-Karīm al-Qušairīs, war, nachdem er unter Ṭoġrilbeg ein Amt innegehabt hatte, nach Bagdad gekommen und hatte sich hier niedergelassen. Er hatte in Nischapur für die Aschʿariten Partei genommen – getreu seiner Familientradition, doch machte es ihm später nichts aus, Abū Ḥanīfa zu preisen.[245] Jetzt freilich, als die Empörung über Abū ʿAlī b. al-Walīds Dreistigkeit aufloderte, verkündete al-Fūrakī, auch er – als Aschʿarit – verfluche die Neuerer und bekenne, daß er und seine Glaubensgenossen sich streng an die Qādirīja hielten, ,,und die Anwesenden dankten es ihm“.[246] Doch Ibn al-Bannā' findet in seinem Tagebuch keine freundlichen Worte für ihn. Vor allem erzürnt den Hanbaliten, daß al-Fūrakī einmal behauptet hat, es sei nicht wörtlich gemeint, wenn im Koran vom Herabsteigen Gottes die Rede sei. – Nach der aschʿaritischen Theologie kann der unkörperliche Gott natürlich keinen Ortswechsel vornehmen, wie dies die geschaffenen Körper im ,,Offenkundigen“ vollbringen. – Man sage ja auch, hatte al-Fūrakī seine Ansicht begründet, der Kalif habe die und die Münze geschlagen, während dies in Wirklichkeit von einer anderen Person im Namen des Kalifen geschehen sei. Nicht Gott selber, sondern ein von ihm beauftragter Engel komme auf die Erde.[247]

Vorbehalte erhebt Ibn al-Bannā' in einigen Versen, die er seinem Tagebuch anvertraut hat, gegen die Richtung, die das Aschʿaritentum seit den Tagen seines Gründers eingeschlagen hat: gegen die Intellektualisierung der Glaubenslehre, die freilich, wie wir inzwischen erfahren haben, unvermeidlich gewesen war. Denn wie hätte man die Auseinandersetzung mit den Muʿtaziliten sonst erfolgreich bestehen können? Ibn al-Bannāʾ sieht dies anders: „... Askese, Wissen und Glauben, das war alles, was (al-Ašʿarī) kannte! Er äußerte immer nur, was er wirklich wußte" – er baute keine Beweisverfahren auf, die sich allein rationaler Schlüsse bedienten; Ibn al-Bāqillanī und al-Ǧuwainī hatten sich jedoch davon überzeugen müssen, daß die Metaphysik und die Lehre vom Wesen Gottes auf Verstandesbeweisen beruhten. Al-Ašʿarī, bei dem sich die künftige Entwicklung seiner Schule erst in verschiedenen Punkten andeutet, argumentierte in der Tat fast ausschließlich mit Koran und Sunna. – „Auf (Aḥmad b.) Ḥanbal war er stolz, und das mit gutem Grund! Gesetzeswissen war der Inhalt seiner Lehre, genug für jeden Verständigen – Dinge, die al-Ašʿarī zügelten und die Liebhaber der Spekulation und alle, die um die Wahrheit einen Streit begannen." – Das Wissen um das Gesetz, für einen Hanbaliten in der Offenbarung und im normsetzenden Reden und Handeln des Propheten verbürgt und nicht durch logische Beweisverfahren zu ermitteln oder zu vertiefen, bildete den Kern, um den al-Ašʿarīs Gedanken kreisten; dieses Wissen bewahrte ihn davor, sich auf nutzlose Theorien der Metaphysik und der rationalen Gottesgelehrsamkeit einzulassen. Auch al-Ašʿarīs Schüler hätten hierauf verzichten sollen! Das Gesetzeswissen, in Koran und Sunna ein für allemal festgelegt und im täglichen „Befehlen des Guten und Verbieten des Tadelnswerten" in die Praxis überführt, ist für den Hanbaliten der Pfeiler, auf dem Glaube und Gemeinwesen ruhen. Was bedarf es da der fragwürdigen Spekulation über Gott und die Welt? – „(Al-Ašʿarī) war der Meister der Imame im Verstehen und im weisen Erkennen. In seinen Schriften zeigte er sich als bester aller Autoren. Hätte Aḥmad ihn noch treffen können, er hätte sich an ihm gefreut und hätte ihn als Quelle und Richtschnur angesehen! ... Wie trefflich ist allein schon seine ‚Verdeutlichung'! Im Osten erschien sie, der Westen kennt sie – mit Weisheit geziert!" Im „Buch der Verdeutlichung" findet jeder Auskunft, der Gewißheit über die Grundlagen des Islams sucht, versichert Ibn al-Bannāʾ.[248]

Ganz unrecht hat Ibn al-Bannāʾ nicht, wenn er in diesen Zeilen den gewaltigen Unterschied zwischen al-Ašʿarī und seinen Enkelschülern andeutet. Gerade im „Buch der Verdeutlichung" ist von den Methoden, mit denen ein Mann wie al-Ǧuwainī Theologie treibt, noch wenig zu spüren. Angesichts der Belege aus Koran und Sunna, mit denen al-Ašʿarī dort die umstrittenen Fragen zu klären versucht, wirken bei seinen Nachfolgern die nicht selten aus dem Zusammenhang gerissenen Gedankensplitter der Muʿtaziliten und die jeweilige Widerlegung wie mutwillige, ja willkürliche Haarspalterei. Aber ganz mit dem vertrauten Wort der Offenbarung und den Aussprüchen des Propheten war auch al-Ašʿarī nicht ausgekommen. So schrieb er zur Entkräftung der Lehre von der Geschaffenheit des Korans, die Rede Gottes könne niemals Eigenschaft einer geschaffenen Person sein, ,,denn deren Eigenschaften bleiben nicht einen Augenblick bestehen, da sie keine Dauer besitzen. Dies bedingt, daß die Rede Gottes vergangen und vorbei sein müßte."[249] Die Notwendigkeit einer Metaphysik der Diskontinuität wird deutlich. – In anderen Schriften ermunterte al-Ašʿarī die Sunniten, zur Verteidigung ihres Glaubens auf die spekulativen Methoden der Muʿtazila zurückzugreifen. Wie anders hätte man auch vorgehen können? Eine bloße Behauptung gegenteiliger Ansichten hätte kaum Eindruck gemacht. Um die Muʿtazila zu erschüttern, mußte man die Grundlagen ihrer Metaphysik zerstören, wie aus dem obigen Beispiel erhellt. Und dies war die Aufgabe, die al-Ašʿarīs Schüler übernahmen. Die Folgen hatte der Verfasser des ,,Buches der Verdeutlichung" nicht ahnen können. In der Einleitung stellte er noch fest, ohne daß hierhin für ihn kein Problem zu liegen schien: Allein Koran und Sunna sind die Quellen des Glaubens der ,,Leute der Wahrheit und der Sunna", nach dem Vorbild Aḥmad b. Ḥanbals. ,,Denn dieser ist der vortrefflichste Imam, der vollkommene Anführer, durch den Gott die Wahrheit verdeutlicht, den Irrtum abgewehrt, den richtigen Pfad erleuchtet und die Neuerer, Abweichler und Zweifler gebändigt hat..."[250]

Jetzt, eineinhalb Jahrhunderte später, als die große Arbeit getan, das Sunnitentum glänzend verteidigt worden war, mochte das Errungene einem Mann wie Ibn al-Bannāʾ als selbstverständlich erscheinen. Ihm konnte der Gedanke kommen, daß der Weg über die Verstandestheologie, den die Aschʿariten hatten beschreiten müssen, ein nutzloser Umweg war, ja schädlich sogar, weil sie sich dem Verdacht aussetzten, Spekulation als Selbstzweck zu üben, aus unfrommer Freude am Haarspalten. Bei den Bagdader Unruhen von 1068 waren die Aschʿariten noch einmal davongekommen. Der Zorn hatte sich allein gegen die Muʿtaziliten gerichtet, und al-Fūrakīs Versicherung, die Aschʿariten seien den Grundsätzen der Qādirīja treu – was ja auch stimmte –, wurde nicht in Zweifel gezogen. Aber die Gefahr, daß sich das große Lager des sunnitischen Islams in zwei Blöcke spalten könnte, der eine aschʿaritisch ausgerichtet und vor allem Schafiiten zu seiner Anhängerschaft zählend, der andere hanbalitisch und beflügelt vom rasch entfachten Eifer einer breiten Masse ohne Sinn für die intellektuelle Dimension des Glaubens, diese Gefahr überschattete das geistige und religiöse Leben Bagdads in den folgenden Jahren. Die Hanbaliten und ihr Anhang beherrschten die Öffentlichkeit, und den Schafiiten blieb oft nichts, als, vor vollendete Tatsachen gestellt, das Geschehene gutzuheißen. Ein Vorfall aus dem Jahre 1072 beleuchtet diese Verhältnisse. Abū Saʿd b. ʿImāma – wir kennen ihn als mutmaßlichen Anführer der „Gefährten des ʿAbd aṣ-Ṣamad" – ertappte eines Tages eine Sängerin, wie sie gerade das Haus eines Türken verließ. Tief entrüstet darüber, daß hier so offen Gottes Ordnung verletzt worden war, entwand er der Dame die Laute und zerriß die Saiten. Die Geschädigte beklagte sich bei dem Türken, der dafür sorgte, daß das Anwesen Abū Sa'ds ausgeraubt wurde. Mit knapper Not rettete sich dieser zum Scharifen Abū Ǧaʿfar, in dessen Haus jeder Flüchtling unverletzlich war.[251] Am nächsten Tag versammelten sich die Hanbaliten in der Freitagsmoschee des Kalifenpalastes und forderten Genugtuung. Man brachte auch Abū Isḥāq aš-Šīrāzī, den Leiter der Niẓāmīja, nebst seinem Anhang herbei. Es wurden Stimmen laut, man möge alle Kneipen abreißen und sämtliche Sängerinnen und Schankwirte dingfest machen. Einen finanziellen Wunsch schob man gleich nach: Es sollten neue Dirhams geschlagen werden und anstelle der alten abgegriffenen und im Wert geminderten in Umlauf gebracht werden. Der Kalif beugte sich dem Willen der Menge, versprach auch, in Kürze die Lokalitäten des Genusses und der Ausschweifung beseitigen zu lassen, „aber einige Leute gaben sich nicht mit dem Versprechen zufrieden. Abū Isḥāq äußerte (daraufhin) die Absicht, die Stadt zu verlassen. Man schickte ihm deshalb einen Brief, der ihn beruhigte."[252] Ganz unbegründet waren die Zweifel der Eiferer, ob diese Zusage eingehalten würde, offenbar nicht. Als zwei Jahre später die Stadt von einer furchtbaren Überschwemmung heimgesucht wurde, in deren Verlauf das Wasser plötzlich sogar den Thron des Kalifen umspülte, worauf sich der greise al-Qāʾim in vollem Ornat auf dem Rücken eines Dieners forttragen lassen mußte, brachte man die Katastrophe gleich mit jenem wohl noch uneingelösten Versprechen in Verbindung. Der Großsultan, der einem Erlaß zur Zerstörung der Weinbuden zustimmen müsse, habe in dieser Angelegenheit dem Kalifen noch nicht geantwortet, brachte der Scharif Abū Ǧaʿfar in Erfahrung und merkte an, Gottes Antwort sei schneller ergangen.[253]

Abū Isḥāq aš-Šīrāzī, der Schafiit, mißbilligte gewalttätigen Glaubenseifer, hatte sich aber in der Vergangenheit schon einmal auf Zugeständnisse eingelassen.[254] Die Hanbaliten ließen sich dadurch freilich nicht mäßigen. Im Gegenteil, sie sorgten dafür, daß in Bagdad eine gespannte Atmosphäre erhalten blieb. Die Aufzeichnungen Ibn al-Bannā's belegen dies immer aufs neue. Und einmal, schon unter dem Jahre 1069, notiert er, daß die Volkswut sich an einem Aschʿariten austobte, der in einer Mahnpredigt die Hanbaliten „Verähnlicher" genannt hatte: Man zerrte den Unvorsichtigen von der Kanzel.[255] Dies war das Wetterleuchten der Unruhen, die 1076 al-Fūrakīs Schwager Abū Naṣr al-Qušairī auslöste. Dieser war aus Nischapur angereist und begann in Bagdad, gegen den Anthropomorphismus der hanbalitischen Gottesauffassung zu predigen. Abū Saʿd aṣ-Ṣūfī, ein Aschʿarit, der den Bau der Niẓāmīja nachhaltig gefördert haben soll,[256] ergriff Partei für Abū Naṣr und kann vielleicht als die treibende Kraft dieser Vorgänge gelten. Abū Isḥāq aš-Šīrāzī entschied sich nunmehr ebenfalls eindeutig dafür, den jugendlichen Prediger aus der Hochburg des Aschʿaritentums zu unterstützen und bat Niẓām al-Mulk in einem Brief um Hilfe; auch den Scharifen Abū Ǧaʿfar forderte er auf, sich gegen die volksreligiösen Lehren und ihre Anhänger zu wenden. Abū Naṣr al-Qušairī erregte derweil Aufmerksamkeit, indem er mehrere Juden zum Islam bekehrte. Aus Ibn al-Bannā's Tagebuch wissen wir, daß die Juden nicht zuletzt wegen ihrer kaufmännischen Erfolge bei den Hanbaliten recht verhaßt warfen.[257] Die Neu-Muslime waren mit Geld geködert worden, weshalb unter Hanbaliten, die den Aschʿariten den publikumswirksamen Erfolg neideten, das böse Wort vom „Islam der Bestechung" die Runde machte. Es ereignete sich ein Tumult, in dessen Verlauf sogar Tote zu beklagen waren; Abū Isḥāq aš-Šīrāzī ließ den Kalifen wissen, daß er sich wieder einmal zur Abreise fertigmache. Wollte sich der Kalif nicht den Unmut des Großsultans und Niẓām al-Mulks zuziehen, mußte er irgendetwas unternehmen. Al-Muqtadī (reg. 1075–1094), erst kurz im Amt, beriet sich mit seinem Wesir Faḫr ad-Daula b. al-Ǧahīr, und man beschloß, die Anführer der Aschʿariten und Hanbaliten miteinander auszusöhnen. Der Scharif Abū Ǧaʿfar schien jedoch Abū Isḥāq aš-Šīrāzī keinen Glauben zu schenken, als dieser ihm versicherte, in seinen Werken so und so oft von der Meinung der Aschʿariten abgewichen und folglich kein sturer Dogmatiker gewesen zu sein. Abū Ǧaʿfar nannte ihn schlicht einen Heuchler, der nun, da er auf die Hilfe des Sultans und des großem Niẓām al-Mulk rechnen könne, sein wahres Gesicht zeige; der jugendliche Abū Naṣr al-Qušairī, der die Affäre ins Rollen gebracht hatte, sei wenigstens ehrlich gewesen und verdiene „für seine Ketzerei Dank". Sich einigen könne man, wenn man über irdische Güter streite, wie aber solle eine Einigung zwischen Parteiungen aussehen, die sich gegenseitig für ungläubig erklärten? Das Bekenntnis al-Qādirs sei für ihn, den Scharifen, immer verbindlich gewesen. Al-Muqtadī bestimmte, man solle Abū Ǧaʿfar im Palast unter Hausarrest stellen und die anderen am Gespräch Beteiligten fortschicken; der Scharif dürfe von seinen Anhängern besucht werden. Gegen seinen ehrwürdigen Verwandten wollte der Kalif nicht mit Härte einschreiten und hoffte, mit diesem Schachzug auch den Großsultan besänftigt zu haben. Nach einiger Zeit erkrankte der Scharif schwer und starb. Sein Bein war angeschwollen, und man munkelte, einer seiner Feinde habe sich unter die Besucher gemischt und ihm Gift in die Schuhe geschüttet.[258]

Laut Ibn al-Bannā' hinterließ der Scharif ein schriftliches Vermächtnis, in dem zu lesen war: „... Mein Glaube beruhte auf dem Buch, der Sunna, dem Consensus der Gemeinde und auf den Ansichten Māliks,

Aḥmads und aš-Šāfiʿīs ..." Neben Aḥmad b. Ḥanbal wurde er beerdigt, und in jeder Nacht zum Mittwoch weilten Menschen dort und rezitierten den Koran von Anfang bis Ende. Händler zogen hinaus „und verkauften Speisen, und so wurde dies zu einem Schauspiel für die Leute, bis der Winter kam und sie davon abhielt. Bis dahin aber war über des Scharifen Grab mehr als zehntausend Mal der Koran vollständig hergesagt worden."[259]

Das Aschʿaritentum war der Entstehungsgeschichte nach eine Strömung, die das gesamte Sunnitentum gegen den muʿtazilitischen Rationalismus verteidigen sollte; sowohl die Rechtswissenschaft des Mālik b. Anas als auch diejenige aš-Šāfiʿīs hatten in der Sunna die reichste Quelle der Scharia[260] entdeckt – im Unterschied zu den Hanafiten. Aḥmad b. Ḥanbal war seit seinem Martyrium der glaubhafteste Bürge für die Sunna und genoß, nicht nur im Irak, tiefempfundene Verehrung. Eine hanbalitisch-sunnitische Rechtsschule neben der schafiitischen und der malikitischen hatte es zu Lebzeiten al-Ašʿarīs noch nicht gegeben. Mālik und aš-Šāfiʿī standen für ein sunnitisches Recht, Aḥmad für sunnitische Lebensgestaltung allgemein. Die theologische Grundlage wollten die Asch'ariten schaffen: Der Malikit Ibn al-Bāqillānī führte das Werk des Schafiiten al-Ašʿarī fort. Die Qādirīja war eine Kurzform der über den noch nicht scharf gegeneinander abgehobenen Gruppierungen des Sunnitentums stehenden aschʿaritischen Theologie, wie sie Ibn al-Bāqillānī im „Buch des ausreichenden Maßes" entworfen hatte.[261] Dieses Ideal spricht der greise Scharif in seinem Vermächtnis noch einmal an – aber die Zeit war schon darüber hinweggegangen. Die radikale Frömmigkeit der „Gefährten des ʿAbd aṣ-Ṣamad", letzterer seiner Ausbildung nach ein Schafiit, die von der Masse bejubelt wurde, benötigte zu ihrer Rechtfertigung nicht die Leistungen der Aschʿariten. Ein Bagdader Selbstbewußtsein war im Entstehen begriffen, das seine Stoßkraft aus dem geliebten Vorbild Aḥmads gewann. Wie sollte man sich von Abū Naṣr, einem Chorasanier, über den Glauben belehren lassen, von einem Fremden, der, wie die Verhältnisse nun einmal waren, als Günstling des verachteten und gefürchteten Seldschukenregimes gelten mußte?[262] Die „Gefährten des ʿAbd aṣ-Ṣamad" waren schon vor dem Einzug Ṭoġrilbegs ein beredtes Zeichen dafür, daß das einheitliche Sunnitentum, welches die Qādirīja voraussetzt, in der Wirklichkeit des Alltags Risse bekam. Die Unterstellung des Kalifats unter das Großsultanat bewirkte, daß diese Risse weiter aufklafften.

Sehr zur Überraschung der Hanbaliten und zur Enttäuschung der Aschʿariten war sich Niẓām al-Mulk dieser Umstände bewußt und hütete sich, durch eine allzu einseitige Stellungnahme die Lage zu verschärfen. Er antwortete Abū Isḥāq aš-Šīrāzī auf die Beschwerde über die Hanbaliten, die Unruhestifter sollten bestraft werden; auch befahl er nachträglich die bereits erfolgte Festnahme des Scharifen. Dann aber fügte er hinzu: ,,Die Politik des Sultans und das Erfordernis der Gerechtigkeit verbieten, daß wir eine Glaubensrichtung den anderen gegenüber bevorzugen. Wir haben eher die Pflicht, eingeübte Bräuche zu stärken, als Unruhen hervorzurufen. Wir erteilten den Auftrag zum Bau dieser Medresse[263] nur, weil wir die Gelehrten und das Gemeinwohl schützen wollten, nicht aber um Streit und Zwietracht zu säen. Wenn nun die Dinge sich entgegen unserem Wunsch entwickeln, bleibt uns nur der Befehl, die Pforten der Medresse zu schließen, denn es steht nicht in unserer Macht, Bagdad und seine Umgebung zu überwältigen und die Bewohner von ihren Bräuchen abzubringen. Es herrscht dort die Richtung des Abū ʿAbdallāh Aḥmad b. Ḥanbal vor, dessen Rang als Imam anerkannt ist und um dessen Bedeutung für die Sunna jedermann weiß. Wie wir gehört haben, war die Ursache für die neuen Unruhen eine Frage aus dem Gebiet der Grundlagen (der Theologie), die Abū Naṣr al-Qušairī gestellt wurde und die er anders beantwortete, als jene es in ihren Glaubensformeln kennen. Nun, der Imam und Meister Abū Isḥāq ist ein argloser und leicht lenkbarer Mann und hört auf jeden, der ihm etwas zuträgt. Briefe, die er uns nacheinander geschickt hat, deuten, wie beschrieben, darauf hin, daß er unachtsam war und sich deshalb verleiten ließ. Mit Gruß!"[264]

Eine peinliche Zurechtweisung und ein unverhohlener Tadel, verbunden mit der Mahnung, Zurückhaltung zu üben! Nicht lange danach, an einem volksreligiösen Festtag im Sommer 1078, ereignete sich wieder ein schwerer Zwischenfall. Im Markt, der zur Niẓāmīja-Medresse gehörte, entstand eine Schlägerei zwischen Hanbaliten und Aschʿariten, die so ausartete, daß ein Sohn Niẓām al-Mulks, der dort wohnte, sich bedroht fühlte und beim Stadtkommandanten um militärischen Schutz nachsuchte. Nachdem Niẓām al-Mulk von diesen Vorgängen unterrichtet worden war, schickte er zunächst wieder einen besänftigenden Brief, änderte dann aber seine Haltung.[265] ,,Ordnung des Reiches![266] In Bagdad löst sich die Ordnung auf! Deinem Sohn, dort ansässig, werden Hohn und Schmach angetan!" So beginnt ein Klagegedicht, mit dem ein Schafiit Niẓām al-Mulk endlich zum Durchgreifen veranlassen wollte.[267] Schließlich entlarvte man in Faḫr ad-Daula b. al-Ǧahīr, dem Wesir al-Muqtadīs, den Sündenbock: der Kalif solle ihn umgehend entlassen. Al-Muqtadī ließ diese Forderung Niẓām al-Mulks ins Leere stoßen, indem er rasch ʿAmīd ad-Daula, einen Sohn des zu Entlassenden, zum Wesir ernannte und Faḫr ad-Daula als dessen Stellvertreter weiter die Geschäfte führen ließ wie gewohnt. ʿAmīd ad-Daula, der offizielle Wesir des Kalifen, wurde unterdessen nach Isfahan geschickt, um Niẓām al-Mulk wieder gnädig zu stimmen. Nach großen Anstrengungen gelang dies, ja mehr als das: Niẓām al-Mulk gab ʿAmīd ad-Daula eine seiner Töchter zur Frau und ließ Faḫr ad-Daula kostbare Geschenke überbringen. Wenn er schon die Banū Ǧahīr nicht stürzen konnte, so wollte er wenigstens mittelbar Einfluß auf sie und damit auf die Politik des Kalifen gewinnen. Al-Muqtadī durchschaute dies natürlich und erklärte ʿAmīd ad-Daula, kaum daß dieser wieder in Bagdad eingetroffen war, für abgesetzt. – Der Streit zwischen Aschʿariten und Hanbaliten hatte, wie hieraus erhellt, seine tagespolitische Seite: Der Großsultan strebte danach, den Kalifen als eigenständigen Machtfaktor auszuschalten – al-Muqtadī dagegen wünschte, sich vom seldschukischen Einfluß freizumachen. Da die von Niẓām al-Mulk zunächst vorgezogene Politik der Versöhnung und der mittelbaren Kontrolle wegen des schroffen Verhaltens der Hanbaliten keinerlei Erfolg mehr versprach, wechselte man in Isfahan am Hofe des Großsultans zu Maßnahmen über, die die Stellung des Kalifen und seiner Würdenträger unmittelbar schwächen sollten – daher das Verlangen nach Absetzung Faḫr ad-Daulas, das übrigens mit der Anordnung verknüpft worden war, der seldschukische Stadtkommandant solle die im Kalifenpalast kasernierten türkischen Schutztruppen abziehen. Sehr handgreiflich wurde al-Muqtadī vor Augen geführt, wie eng sein Spielraum gegenüber dem Sultan war. Daß sich der Kalif wenig später dennoch auf die geschilderte Kabale einließ, vergiftete die Beziehungen zwischen Bagdad und Isfahan und hatte noch schlimme Folgen.[268]

Doch zurück zur Theologie! Abū Naṣr al-Qušairī hatte in Nischapur vor allem den Unterricht seines berühmten und wohlbekannten Vaters genossen. Als dieser Ende 1072 gestorben war, wählte sich Abū Naṣr einen neuen Lehrer: al-Ǧuwainī. Ihm schloß er sich eng an, bis er dessen Methoden der Disputation und dessen Art, den Glauben darzulegen, aufs beste beherrschte, und sein Meister „hielt große Stücke auf ihn".[269] Der Entschluß, auf Pilgerfahrt zu gehen, führte Abū Naṣr dann 1076 nach Bagdad. Bereits auf der Durchreise nach Mekka erregte er dort die Bewunderung seiner Glaubensgefährten. Auf dem Rückweg blieb er in Bagdad bis zur Pilgersaison des Jahres 1078. In diesen Zeitraum, etwa vom Hochsommer 1077 bis zum späten Frühling 1078, fallen die schon beschriebenen Unruhen. Danach ging Abū Naṣr mit der Bagdader Karawane ein zweites Mal auf Wallfahrt. Wieder im Irak, rief ihn ein Schreiben Niẓām al-Mulks, der damals noch die Politik des Ausgleichs mit dem Kalifat verfolgte, an den Hof nach Isfahan. Hochgeehrt wurde er schließlich in die Heimat zurückgeschickt, „und die Bagdader dürsteten nach ihm und seinem Vortrag; einige brachen nach seiner Abreise jahrelang nicht das Fasten, andere besuchten nie wieder eine Predigtveranstaltung". Soweit die schafiitische Überlieferung.[270]

Sie bewahrt uns auch den Text eines Memorandums, das von den führenden Bagdader Schafiiten anläßlich der Unruhen aufgesetzt wurde und für Niẓām al-Mulk bestimmt war. Zunächst klagen die Unterzeichner über die Anfeindungen, die sie vom „Pöbel, der sich Hanbaliten nennt", erdulden müssen, sie, die stets für den reinen Gottesglauben einträten und jegliche „Verähnlichung" brandmarkten. „Die Schwätzer[271] beharrten in ihrem Irrtum, in ihrer Unwissenheit, und erklärten steif und fest, die Gottheit habe einen Fuß, Backenzähne, Gaumenzäpfchen, Fingerkuppen; sie steige höchstselbst (aus dem Himmel) herab, reite auf einem Esel hin und her in der Gestalt eines bartlosen Jünglings mit kurzem Kraushaar, eine strahlende Krone auf dem Kopf, die Füße in goldenen Sandalen . . . Dies legten sie sogar in ihren Schriften nieder und reden es der Masse ein. Ferner dürfen, so sagen sie, derartige Überlieferungen nicht interpretiert werden; sie gälten vielmehr nach dem äußeren Wortlaut und seien so zu glauben. Gott rede mit einer Stimme wie Donner oder wie das Wiehern eines Pferdes. Sie nahmen es den Leuten der Wahrheit übel", daß diese für Gott nur Eigenschaften der Erhabenheit zulassen wollen, nämlich Kraft, Gehör, Gesichtssinn, Leben, Wollen, Rede und daß sie jegliche Verähnlichung des Schöpfers mit seiner Schöpfung verwerfen. Dies sei doch auch der Glaube aller großen Imame gewesen, betonen die Verfasser. Wolle Niẓām al-Mulk, dem Gott ein hohes Maß an Verantwortung auferlegt habe, nicht zusehen, wie die Religion „finster dreinblickt, nachdem sie gelächelt hat, und der Islam wieder zum Fremdling wird, wie er es einst an seinem Beginn gewesen", dann müsse er unverzüglich einschreiten. In kurzen Erklärungen bekräftigen die Unterzeichner, unter ihnen an erster Stelle Abū Isḥāq aš-Šīrāzī, die Mittlerrolle des Asch'aritentums zwischen anstößig-naiver Buchstabengläubigkeit und blankem Rationalismus. Sie heben hervor, daß Abū Naṣr al-Qušairī sich nichts vorzuwerfen habe, während die Gegner sich nicht schämten, aš-Šāfi'ī aufs gröbste zu beleidigen.[272]

Der volksreligiöse Überlieferungsstrang innerhalb des Sunnitentums wird vor allem mit dem um 770 gestorbenen Muqātil b. Sulaimān in Verbindung gebracht. Der war ein Geschichtenerzähler und wußte den Koran sehr farbig auszuschmücken. Spuren seiner Kunst haben sich vereinzelt in Korankommentaren erhalten. Die spätere Überlieferungswissenschaft hat nur noch Spott und Verachtung für Muqātil übrig, weil er, wie man fand, „sein Wissen vom Koran bei Juden und Christen holte, so daß es mit deren Schriften übereinstimmte. Er verähnlichte Gott mit der Schöpfung und war noch dazu in der Überlieferung ein notorischer Lügner!"[273] Die naiv-bildhafte Gottesvorstellung, in der Erzählgut verschiedenster Herkunft zusammenfließt, ist der Spiegel, in welchem die vielschichtigen Überlieferungen sichtbar werden, die in einem Land wie dem Irak lebendig waren. Juden, Christen unterschiedlichster Bekenntnisse, Zoroastrier bildeten mit den Muslimen zusammen ein buntes Gemisch. Der Islam überwog zweifellos schon, aber es wäre verwunderlich, wenn die Islamisierung die älteren Überlieferungen ganz hätte auslöschen sollen. Den gelehrten Muslimen, denen wir mit Abstand die meisten Quellen verdanken, waren solche Überreste, selbst wenn sie eine islamische Einfärbung bekommen hatten, ein Greuel – und deshalb wissen wir so wenig über die synkretistische Frömmigkeit des einfachen Mannes.

Die von den Bagdader Aschʿariten in ihrem Memorandum beklagten Anthropomorphismen entstammen vor allem zwei Themenkreisen der Volksreligion: Da war zunächst die Himmelfahrt des Propheten, mit Sure 17,1 nur notdürftig abgesichert, doch im Laufe der Zeit mit einer Reihe anderer Motive erheblich bereichert. Muḥammads Aufenthalt im Himmel gab dem Erzähler Gelegenheit, Gott zu beschreiben, etwa als einen Herrscher, der auf einem goldenen, von Engeln getragenen Thron sitzt.[274] Zum zweiten findet man dem Propheten in den Mund gelegte Aussprüche, in denen, oft schon ohne jeglichen Bezug zu einer Koranstelle, die Begegnung mit Gott geschildert wird. So liest man in einer Überlieferung, die Aḥmad b. Ḥanbal in seine große Sammlung aufgenommen hat: „... Siehe, da erblickte ich meinen Herrn in schönster Gestalt, und er fragte: ‚Weißt du, Muḥammad, worüber der oberste Rat der Engel streitet?' ‚Nein!' ... Da merkte ich, wie mein Herr mir die Hand zwischen die Schulterblätter legte, so daß ich die Kühle seiner Fingerkuppen noch in meiner Brust spürte – und es enthüllte sich mir alles ..." Eine andere Überlieferung läßt den Propheten sagen: „Ich sah meinen Herrn in der Gestalt eines bartlosen Jünglings, der ein rotes Gewand trug."[275]

Daß im Sunnitentum, vor allem in seiner sufischen Strömung, die Neigung bestand, in einem schönen Jüngling ein Abbild Gottes zu sehen, ist gut bezeugt. Einst fragte man einen Schüler al-Ǧunaids, warum die „Sufis unserer Zeit" sich so stark zu jungen Burschen hingezogen fühlten, während andere Gläubige diese mieden – hänge dies nur mit den unterschiedlichen Zuständen der Gottesliebe zusammen, die ein Sufi durchleide? Al-Ǧunaid habe erzählt, so die Antwort, daß jemand eines Tages in Begleitung eines Jünglings mit hübschem Gesicht Aḥmad b. Ḥanbal besucht habe; der Gelehrte habe sich sogleich erkundigt, wer jener Jüngling sei, und als er erfahren habe, es handele sich um den Sohn seines Besuchers, habe er gebeten: „Bringe ihn nie wieder mit!"[276] Die Versuchung, ihn zu vergöttern, war zu groß. – Im 9. Jahrhundert stoßen wir bei den Sufis schon sehr häufig auf die Metaphorik der Liebe, auch der sinnlichen, sobald sie ihr Verhältnis zu Gott beschreiben. Die uns schon geläufigen Begriffe der unbedingten Unterwerfung lassen sich gut hiermit verknüpfen. „Der Weg zu dir ist wahrhaftig klar: Niemand, der dich wirklich will, sucht nach Beweisen. Ist es Winter, wärmst du wie der Sommer, und zur Sommerszeit bist du der Schatten!" dichtete ein Zeitgenosse al-Ǧunaids und verwendete einen Topos der Liebesdichtung: Die Geliebte spendet Kühle in flirrender Hitze, und in der Kälte läßt sie den Liebhaber nicht frieren.[277]

War bei solch berauschten Worten nicht zu befürchten, daß über dem schönen Bild der Glaube, der doch allein im offenbarten Koran wurzelt, in den Hintergrund trat? Ein Sufi des 10. Jahrhunderts beobachtete, wie sein Adept einem Jüngling nachschaute. „Mein Sohn, du wirst ihn gewiß noch einmal wiederfinden, und sei es auch nach langer Zeit!" „Zwanzig Jahre hielt ich Ausschau", erzählt der Adept, „und fand ihn nicht wieder. Da schlief ich eines Nachts ein, in Gedanken an ihn, und als ich am nächsten Morgen erwachte, hatte ich den ganzen Koran vergessen."[278] – Nicht nur gegen naive Volksfrömmigkeit, auch gegen Schwärmerei galt es, sich deutlich abzugrenzen.

Die „Schwätzer" spielen in den theologischen Werken al-Ǧuwainīs noch eine untergeordnete Rolle; es galt, vor allem den Kampf gegen die Muʿtazila siegreich abzuschließen, die Volksfrömmigkeit war den Aschʿariten noch nicht so sehr ins Blickfeld geraten.[279] Die „Schwätzer" gründeten ihre Anschauungen auf zweierlei: Sie führten ein Wort des Propheten an: „Gott schuf Adam nach seinem Bilde." Al-Ǧuwainī weist darauf hin, daß dieser – angebliche – Ausspruch in den kanonischen Sammlungen nicht zu entdecken sei. Außerdem hätten die „Schwätzer" die Vorgeschichte dieses Satzes außer acht gelassen. Jemand wollte nämlich seinem Sklaven eine Ohrfeige verabreichen, Gott aber untersagte dies mit der Begründung, schon Adam sei in der gleichen Gestalt geschaffen worden wie dieser Sklave hier.[280] Zweitens beriefen sich die „Schwätzer" darauf, daß es im Koran und in der Sunna jene Antropomorphismen nun einmal gebe: woher nehme man das Recht, sie wegzudeuten? Selbst unter den Aschʿariten war dieser probate Ausweg, den al-Ǧuwainī stets nachdrücklich empfiehlt, nicht unumstritten. Doch al-Ǧuwainī warnt seine Gefährten: Wenn man Gott Hände, Augen und ein Gesicht zuschreibt, nur um bestimmte Aussagen des Korans im Wortsinn beibehalten zu können, begibt man sich in eine gefährliche Nähe zu den Vergröberungen, die „der Pöbel" liebt. Man müsse dann auch einräumen, daß Gott auf einem Thron sitze oder zum ersten Himmel herabsteige.[281] Da Gott nach aschʿaritischer Lehre kein Körper ist, wäre eine solche Behauptung unsinnig. Es bleibt also nur die von den „Schwätzern" abgelehnte Möglichkeit einer metaphorischen Deutung. Wenn es in Sure 68,42 heißt: „Am Tag, da die Wade entblößt wird und die Ungläubigen aufgefordert werden, sich niederzuwerfen ..." müßte eine wörtliche Auslegung die Majestät Gottes verletzen: nein, er hebe nicht am Jüngsten Tag sein Gewand – es handele sich nur um eine Metapher für die Schrecknisse des Gerichts,[282] beharrte al-Ǧuwainī.

Noch bei einem weiteren Thema bekommt al-Ǧuwainī die ,,Schwätzer" ins Visier, und wieder erkennen wir in ihnen die Verfechter einer Volksfrömmigkeit. Die Aschʿariten lehrten, Gottes Rede sei ewig und werde ihrem Inhalt nach vermittels der Laute des Rezitators oder der Buchstaben des Schreibers von uns aufgenommen. Die Koranhandschriften und die Laute des Vortragenden seien geschaffen. In der Qādirīja war dies mit der Feststellung ausgedrückt worden, Gottes Rede sei ungeschaffen und bewahre diesen Charakter, ob sie nun niedergeschrieben oder verlesen werde; eine Aussage über das Medium der Rede Gottes findet sich in der Qādirīja nicht. Die ,,Schwätzer" machten sich die magischen Anschauungen der Volksreligiosität zu eigen, über die die Qādirīja schweigt. Die Laute des Rezitators waren Gottes Stimme, behaupteten die ,,Schwätzer", die Schriften seine tatsächliche Rede. ,,Ein Eisenstück, aus dem Buchstaben geschmiedet werden, wäre also nicht mehr Eisen, wo wir doch wahrnehmen, daß es Eisenstücke sind, die sich zu einem Körper zusammensetzen!" schreibt al-Ǧuwainī und klagt, er wisse nicht, wie er mit solchen Leuten vernünftig diskutieren solle.[283]

Mit dem Aufstieg des volksreligiös geprägten Bagdader Hanbalitentums war den Aschʿariten eine neue Front entstanden. Würden sie dort ebenso geschickt und erfolgreich kämpfen wie gegen die Muʿtaziliten? Wie es scheint, nicht. Die ,,Niẓāmische Glaubenslehre", die vermutlich just zu der Zeit niedergeschrieben wurde, als die Aschʿariten in Bagdad in Bedrängnis gerieten,[284] erwähnt die ,,Schwätzer" nur einmal. Die Rede Gottes, legt al-Ǧuwainī dar, sei unkörperlich wie Gott selber, sei sie doch eine seiner ,,Bedeutungs-Eigenschaften". Folglich könne sie nie in geschaffenen, etwa in geschriebenen Buchstaben subsistieren. Der Pöbel habe jedoch seit den Tagen Aḥmad b. Ḥanbals behauptet, daß ewige Wort Gottes sei in den Büchern wirklich vorhanden. ,,. . . Jeder, der nur ein Fünkchen Vernunft hat, (erkennt), daß sich die Rede nicht vom Sprecher in ein Buch bewegt und daß sich ein Gedanke nicht in Laute verwandelt, die sich in Schrift, Zeichnung, Formen oder Ziffern niederschlagen."[285]

Größe, aber auch Schwäche der aschʿaritischen Theologie leuchten hier noch einmal auf. Ersonnen war sie, um die Gotteserfahrung des Sunnitentums gegen den Rationalismus der Muʿtazila zu verteidigen. Als al-Ašʿarī wirkte, traten die Muʿtaziliten noch mit dem Anspruch auf, sie allein trieben rationale Gottesgelehrsamkeit. Ein Jahrhundert später war dieser Anspruch überholt. Nach kühner Umgestaltung der Metaphysik setzten die Aschʿariten der muʿtazilitischen eine sunnitische Glaubenslehre entgegen, die sich anheischig machte, mit dem Verstande nachprüfbart zu sein und alle Widersprüche, in die sich die Gegner verstrickt hatten, aufzulösen. Al-Ǧuwainīs scharfsinnige Überlegungen bilden den Höhepunkt des sunnitischen Rationalismus. Was der Gelehrte aus Nischapur jedoch über die ,,Schwätzer" schreibt, zeigt mit bestürzender Klarheit, daß seine Theologie längst wieder alle Verbindungen zur Volksfrömmigkeit durchtrennt hat. In sich stimmig mögen Theologie und Metaphysik des sunnitischen Rationalismus sein. – Wie aber kann dieses System mit Herausforderungen fertig werden, die nicht rationaler Natur sind? Kann es überhaupt noch Anregungen aus der lebendigen Gläubigkeit des Volkes empfangen?

Lauschen wir ein wenig dem Prediger al-Ǧuwainī, wie er von der Zeichenhaftigkeit des Geschaffenen spricht. In ihr findet seine Gläubigkeit ihren Grund, sie bedarf nicht des Abbildes, nicht der magischen Immanenz der Rede Gottes. ,,Preis sei Gott! Jedem gibt er sich zu erkennen, durch Fingerzeige, die ihn erkennbar machen. Er ist der König, der sein ganzes Reich lenkt, mit dem Zügel der Lenkung. Der Mächtige, zu dem kein ,Wie?' die Einbildungskraft führt. Der Gewaltige, den man nicht ausrechnet nach Befehlen und Bestimmungen, die er erläßt. Der Schöpfer der Niedrigen und der Vornehmen, der Ernährer der Starken und der Schwachen. Den Wintertag fügt er in die lange Nacht ein, die Sommernacht in den langen Tag,[286] unterschiedlich sind sie und waren doch im Frühling und im Herbst gleich! Schaut auf die Wirkung der Barmherzigkeit Gottes! Mildes Wasser schickt er herab auf den festen Boden, den er mit dichtem Grün belebt, mit reicher Blütenpracht ziert. Und schaut, wie er mit Perlen und Korallen die schlanken Zweige gürtet und mit hohen Blüten die Äste der aufragenden Bäume schmückt – wie die Ohrmuscheln, mit Zierrat behängt! Jedes Blatt ein Beweis seiner Einheit, trefflicher als alle Blätter, mit Beweisen vollgeschrieben! Lob dem erhabenen Gott! Seine Göttlichkeit ist zu offensichtlich, zu groß, als daß man sie leugnen oder ganz erkennen könnte. Seine Majestät und Schönheit sind zu erhaben und deutlich, als daß man sie abstreiten oder ganz erfassen könnte. Kein Großer, der nicht in Demut seine Pforte umkreist! Kein Mächtiger, der nicht an der Schwelle seiner Pforte ausharrt! Kein Prophet, kein Heiliger, dessen Herz nicht der Liebe zu ihm gestiftet wäre, dessen Leib nicht ihm zu Diensten stünde! Kein Sultan, der nicht auf die Geschenke seiner Vergebung hoffte, die Strenge seines Zorns fürchtete! Teilt er Übles zu – niemand außer ihm kann es abwehren! Gepriesen ist seine Majestät, heilig sind seine Namen! Kein Freund nützt ihm, kein Feind schadet ihm. Machtvoll sind seine Zwingkraft, seine Herrschaft. Niemand entzieht sich ihm mit List, niemand wendet sich offen von ihm ab ..."[288]

B. Das Recht

1. Die „Knechtung“

„Man erzählt, daß der Sultan Maḥmūd von Ghazni der Rechtsschule der Hanafiten anhing. Er liebte die Wissenschaft von der Überlieferung sehr. In seiner Gegenwart pflegte man Gelehrten zu lauschen, die Überlieferungen vortrugen. Auch er hörte zu und ließ sich die Nachrichten erklären. Dabei entdeckte er, daß sie meist mit der Schulmeinung aš-Šāfiʿīs übereinstimmten. Es kam Maḥmūd der Gedanke, die Gelehrten beider Richtungen in Merw zusammenzurufen und sie zu bitten, darüber zu disputieren, welcher der beiden Schulen der Vorrang gebühre. Man einigte sich darauf, in seiner Gegenwart zwei Abschnitte des rituellen Gebets zunächst nach der Lehre aš-Šāfiʿīs und dann nach Abū Ḥanīfa vorzuführen. Der Sultan sollte dies in Augenschein nehmen, darüber nachdenken und dann das Beste auswählen. Der Schafiit al-Qaffāl al-Marwazī (gest. 1026) vollzog das Gebet in vorschriftsmäßiger ritueller Reinheit und unter Berücksichtigung aller Voraussetzungen, nämlich der Reinheit selbst sowie der Markierung des Platzes und der Richtung: dann führte er alle Körperhaltungen und Gebärden, die durch das Vorbild des Propheten geheiligten Gesten, die Bräuche und die Pflichten in vollkommener Weise aus. Von solcher Art war die nach aš-Šāfiʿī allein gestattete Form des Gebets. Hernach betete al-Qaffāl die zwei Abschnitte gemäß der Art, die Abū Ḥanīfa zuläßt. Al-Qaffāl zog sich ein gegerbtes Hundefell an, beschmierte sich den von der Stirnlocke bedeckten Teil des Kopfes[1] mit Unreinem und verwendete zur Waschung den vergorenen Pflanzensaft von Dattelpalmen. Da dies in der Steppe geschah, mitten im Sommer, sammelten sich um ihn viele Fliegen und Mücken. Dies war also eine ganz und gar verkehrte Reinigung. Dann wählte er die Richtung und trat in den Weihezustand des Gebetes ein, ohne die Absichtserklärung formuliert zu haben. Auf Persisch sagte er das ‚Allāh akbar‘, rezitierte dann, wieder in persischer Sprache: ‚...zwei grüne Blätter...‘ (Sure 55,64), nickte zweimal mit dem Kopf, wie ein Hahn hackt, ohne den Körper niederzubeugen, sprach das Glaubensbekenntnis, furzte schließlich anstelle des Friedensgrußes. Dann sagte er: ‚Sultan, so ist das Gebet Abū Ḥanīfas!‘ Da entgegnete der Sultan: ‚Sollte dies nicht das Gebet Abū Ḥanīfas sein, dann bringe ich dich um! Denn solch ein Gebet kann niemand zulassen, der ein wenig Religion hat.‘ Die Hanafiten bestritten, daß dies Abū Ḥanīfas Art zu beten sei, worauf al-Qaffāl die

Schriften Abū Ḥanīfas bringen ließ und der Sultan einem christlichen Schreiber befahl, beide Schulmeinungen vorzulesen. Nun stellte sich heraus, daß nach hanafitischer Lehre das Gebet vollzogen werden konnte, wie al-Qaffāl es vorgeführt hatte. Der Sultan aber gab das Hanafitentum auf und hielt sich fortan an die Schule aš-Šāfiʿīs."[2]

Kann man seinen Gegner noch drastischer verunglimpfen, als es al-Ǧuwainī in dieser Anekdote wagt? Ihr Held ist der Schafiit al-Qaffāl al-Marwazī, dessen Verbindung mit den Ghaznawiden bezeugt ist. Von ihm wird al-Ǧuwainīs Vater auch die Anekdote gehört haben. Daß sich Maḥmūd von den Hanafiten abgekehrt habe, ist sicher eine Zweckerfindung der Schafiiten, die den strahlenden Eroberer Indiens gern zu den ihrigen zählen mochten.[3] Rituelle Reinheit und skrupelhafte Befolgung aller Vorschriften galten der „neuen Frömmigkeit" als hohe Ziele; alles, was irgend Bedenken erregen konnte, muß aus dem Handeln des Menschen ausgeschlossen werden. Einen Eindruck von dieser Lebenshaltung vermittelten uns Vorkommnisse, die man sich über al-Ǧuwainīs Vater erzählte.[4] Eine Gläubigkeit, die sich in peinlicher Beachtung aller Bestimmungen des Gesetzes jeden Tag bewährt – das war die einende Grundidee des damaligen Schafiitentums: Die Scharia war in jeder Einzelheit verbindlich, und Hintertürchen, wie sie den Hanafiten offenstanden, durfte es nicht geben. So lautet – vordergründig betrachtet – der Schluß, den die Zuhörer aus al-Ǧuwainīs etwas geschmackloser Erzählung ziehen sollen.

Den Vorwurf, die Hanafiten nähmen es mit der Reinheit nicht so genau, erhob man in den Reihen der Schafiiten seit langem. Schon aš-Šāfiʿī habe einmal im Traum Abū Ḥanīfa in zerlumpter, schmutziger Kleidung gesehen. „Was geht's dich an? Was willst du von mir?" habe Abū Ḥanīfa den feinen Träumer aus dem Geschlecht der Quraiš angefahren,[5] der, wir ahnen es, einen solchen Aufzug nur mißbilligen konnte. Und in der Tat, sobald wir die einzelnen Punkte durchgehen, mit denen al-Qaffāl die Laxheit der Hanafiten anzuprangern suchte, wird uns die Strenge der Schafiiten auf diesem Gebiet des islamischen Rechts augenfällig. Aber es handelt sich nicht bloß um einen Gegensatz in Einzelfragen. All diese Streitpunkte führen uns schließlich zur Einsicht in einen prinzipiellen Unterschied zwischen der hanafitischen und der schafiitischen Auffassung vom Recht.

Wer sich anschickt, das dem Muslim vorgeschriebene Gebet zu verrichten, ist gehalten, in rituell reiner Kleidung vor seinen Schöpfer zu treten. Unrein kann ein Gewand in zweifacher Hinsicht sein: Es kann durch etwas beschmutzt sein, das dem Wesen nach unrein ist, z. B. durch Kot oder Samenflüssigkeit. Das Kleidungsstück ist dann akzidentiell verunreinigt; durch Säuberung wird es rein und darf wieder beim Gebet getragen werden. Es kann aber auch dem Wesen nach unrein sein; es gibt dann keine Möglichkeit, es zu säubern, weswegen es niemals während des Gebetes angelegt werden darf. Dies träfe auf ein Kleidungsstück zu, das aus einem dem Wesen nach unreinen Material angefertigt wurde. Da jeder Tierkadaver als unrein gilt, hat auch die ihm abgezogene Haut diese Eigenschaft – anders als die Haut eines nach den Regeln geschlachteten Tieres. Hunde schlachtet und verzehrt man nicht, folglich steht in dem von al-Qaffāl angenommenen Fall die Unreinheit der Bekleidung schon aus diesem Grunde fest. Hinzu kommt jedoch, daß der Hund nach schafiitischer Lehre ein dem Wesen nach unreines Tier ist; sein Fell kann mithin unter gar keinen Umständen rituell rein werden, auch nicht durch Gerbung, wie dies beispielsweise bei der einer verendeten Ziege abgezogenen Haut möglich wäre. Die Hanafiten halten demgegenüber den Hund nicht für prinzipiell unrein – das gegerbte Hundefell kann deshalb, sofern es frei von akzidentieller Verunreinigung ist, ein reines Kleidungsstück sein.[6]

Auch der Gläubige selber muß vor dem Gebet den Zustand ritueller Reinheit erwerben. Dies geschieht in der Regel, indem er mit Wasser die in Sure 5,6 genannten Körperpartien säubert: das Gesicht, die Hände und die Unterarme bis zu den Ellenbogen; dann streicht man sich mit nassen Händen über den Kopf; zuletzt wäscht man die Füße. Diese Reihenfolge sowie eine Absichtserklärung,[7] die man aussprechen soll, bevor man mit den Waschungen beginnt, sind für die Schafiiten Glaubenspflicht. Ein hanafitisches Handbuch führt hierzu aus: „Die Absichtserklärung bei der Waschung ist nach unserer Ansicht nur empfehlenswerter Brauch. Anders aš-Šāfiʿī, für den die Waschung an sich Gottesdienst ist und eben ohne Absichtserklärung keine Gültigkeit erlangt... Wir dagegen lehren, daß die Waschung, nachdem man seine Absicht formuliert hat, zu einer Handlung wird, die einen Gott näher bringt. (Für sich genommen) ist die Waschung jedoch nur der Schlüssel für das Gebet, da sich durch sie unter Verwendung von reinigenden Mitteln Reinheit einstellt."[8] Für die Hanafiten erfüllt die Waschung einen klar bestimmbaren Zweck, und allein in ihm ist sie begründet. Die Absichtserklärung hat mit der Erfüllung dieses Zwecks nichts zu tun; sie ist ein Zusatz, der Gottes Wohlgefallen findet. Die Schafiiten denken nicht allein an das Ziel, das erreicht werden soll und nach Vollzug der Waschungen auch stets erreicht wird, sie bestehen auf einer zusätzlichen Handlung, die aus dem bloßen Verhältnis vom Mittel zum Zweck nicht erklärt werden kann: der Absichtserklärung. Die Waschungen dienen nicht nur dem Erwerb der rituellen Reinheit, sie sind zugleich auch Gottesverehrung und folglich nicht allein zweckrational zu deuten.

Daß Abū Ḥanīfa das Gebet eines Trunkenboldes, der sich mit dem vergorenen Saft einer Dattelpalme gewaschen hat, noch für gültig halte, hatte schon Ibn al-Bāqillānī behauptet.[9] Dieses Getränk wird nämlich nicht durch das Auspressen der Früchte gewonnen, es ist vielmehr eine Flüssigkeit, die die Palme absondert, wenn man den Stamm im Bereich des Ansatzes der Krone anbohrt. Der aufgefangene Saft beginnt nach kurzer Zeit zu gären. Die Rechtshandbücher schreiben vor, daß für die Waschungen vor dem Gebet „ungebundenes Wasser" verwendet werden muß. Die Erläuterungen hierzu, die auf viele Einzelheiten eingehen, machen deutlich, daß darunter Wasser verstanden wird, von dem man annehmen kann, daß es frei fließt. Man macht sich in diesem Zusammenhang Gedanken über die Mindestgrößen des Gewässers bzw. des Behälters, aus dem man zur Waschung schöpfen darf. Ferner wird festgelegt, daß alle Flüssigkeit, die man durch das Keltern von Früchten gewinnt, zur rituellen Reinigung untauglich ist: Sie ist kein „ungebundenes Wasser". Anders der Saft der Dattelpalme, der ja von selber hervorquillt! Nach hanafitischer Überlieferung hat Abū Jūsuf (gest. 795), ein Schüler Abū Ḥanīfas, in einem analogen Fall die Verwendung solcher pflanzlichen Ausscheidungen gebilligt.[10] In Ibn al-Bāqillānīs Behauptung, die al-Ǧuwainī im Bericht über den Auftritt al-Qaffāls vor Maḥmūd aufgreift, wird in polemischer Zuspitzung auf die berauschende Wirkung des Getränkes angespielt, und angeheitert darf man selbstverständlich nicht zum Gebet erscheinen! Diese kleine Bosheit mag die Aufmerksamkeit des Lesers vom Kern der Sache ablenken. In Wirklichkeit geht es wieder darum, daß mit der Flüssigkeit die unter die Rubrik „ungebundenes Wasser" fällt, der Zweck, nämlich die Behebung einer akzidentiellen Unreinheit, erreicht werden kann. „Ungebunden" soll das Wasser – oder allgemeiner: die Flüssigkeit – sein, weil man voraussetzt, daß es dann auf jeden Fall seine reinigende Kraft bewahrt. Kleine Mengen stehenden Wassers werden rasch faulig. Die hanafitische Rechtsschule betrachtet wiederum den ursächlichen Zusammenhang, der zwischen der Maßnahme – der Waschung mit einer reinigenden Flüssigkeit – und dem Ergebnis – dem Erwerb der rituellen Reinheit – besteht. In diesem Sinn wird Abū Ḥanīfa an anderer Stelle von al-Ǧuwainī zitiert: Unreinheit dürfe auch unter Verwendung von Essig entfernt werden; dieser besitze sogar eine weitaus größere Säuberungskraft als Wasser.[11]

Die Bestimmungen der Scharia finden nach hanafitischer Anschauung ihren Grund in dem erkennbaren Zweck, dem sie dienen. Erst wenn dieser nicht mehr unmittelbar an der vorgeschriebenen Handlung abgelesen werden kann, muß er ausdrücklich aufgezeigt werden. Laut Sure 5,6 soll der Gläubige, wenn er sich vor dem Gebet mangels geeigneter Flüssigkeit nicht waschen kann, einen „sauberen, hochgelegenen Platz aufsuchen und sich mit etwas Erde über Gesicht und Hände streichen". Dies ist eine Ersatzmaßnahme, die den Erwerb der rituellen Reinheit versinnbildlicht. „Denn die Erde an sich ist kein Reinigungsmittel, gilt vielmehr nur als ein solches, wenn man das rituelle Gebet verrichten will; ... (die symbolhafte Reinigung mit Erde) drückt ein Bestreben aus." Sie muß deshalb von einer Absichtserklärung begleitet sein,[12] die von den Hanafiten sonst, wie wir erfuhren, für entbehrlich erachtet wird. Der sinnbildliche Erwerb ritueller Reinheit müßte ja nicht unbedingt mit Hilfe von Erde geschehen, auch anderes wäre denkbar. In seiner Offenbarung hat Gott die Gläubigen aber allein auf diese Ersatzmaßnahme festgelegt – und dies ist Ausdruck der „Knechtung"[13] des Menschen vor seinem Schöpfer; denn es ist eine mit der menschlichen Vernunft nicht nachvollziehbare Festlegung. Die Unterwerfung unter die Gebote Gottes kann hier nicht im vernunftgemäßen Handeln unmittelbar sichtbar werden, sondern bedarf einer ausdrücklichen Absichtserklärung. Aš-Šāfiʿī und seine Schule erkannten dagegen im ganzen Gebot der Waschung Merkmale der „Knechtung" und hielten deswegen auch den gewöhnlichen Vollzug für ungültig, sofern man nicht vorher seine Absicht bekundet hatte.

In dem Gebet, das al-Qaffāl dem Sultan Maḥmūd vorführte, hatte der Gelehrte nach der Wahl der Gebetsrichtung sogleich mit dem Vollzug der Riten begonnen, ohne zuvor die Absicht hierzu geäußert zu haben. Nach schafiitischer Auffassung wäre dies notwendig gewesen; ein Schafiit formuliert sie zweimal – vor den Waschungen und vor dem Gebet. Ein Hanafit begnügt sich mit einem einzigen Mal – entweder vor den Waschungen oder unmittelbar vor dem Gebet. Al-Qaffāl hat sie augenscheinlich schon vor den Waschungen hergesagt, um nun auf einen weiteren Streitpunkt zwischen ihm und seinen hanafitischen Gegenspielern hinzuweisen. Die Hanafiten erkennen der Absichtserklärung eine gewisse Langzeitwirkung zu. Wird sie vor den Waschungen ausgesprochen und bis zum Gebet durch keinerlei Tätigkeit aufgehoben, die die fromme Hinwendung zum Schöpfer unterbricht, so gilt sie fort.[14] Die Schafiiten lehnen eine derartige Fortdauer ab: Entsprechend der „Knechtung" muß der Gläubige im vorgeschriebenen Augenblick bestimmte Dinge tun, selbst wenn dies der Vernunft überflüssig erscheint.

Al-Qaffāl begann schließlich das Gebet, indem er auf Persisch das „Allāh akbar" rezitierte und wohl auch die weiteren von der Scharia festgelegten Formeln in dieser Sprache hersagte, obwohl er natürlich des Arabischen kundig war. Der Sinn, den diese Worte in der arabischen Urfassung haben, bleibt ihnen doch erhalten, und auf eben diesen Sinn kommt es an, scheinen die Hanafiten zu argumentieren. Wie al-Ǧuwainī in einer Sammlung der Fragen, in denen Hanafiten und Schafiiten voneinander abweichen, darlegt, hatte Abū Ḥanīfa zur Rechtfertigung seiner Meinung hervorgehoben, daß die Gläubigen die Redensart „Ich bitte Gott um Verzeihung" auch stets in ihrer Muttersprache verwendeten.

Diese Analogie sei irreführend, betont al-Ǧuwainī, gibt aber zu erkennen, daß um diese Frage schon heftig gestritten worden ist, und eine klare Antwort hat auch er nicht. Die Hanafiten führten für ihre Auffassung ins Feld: „Die Worte des Glaubensbekenntnisses sind als ‚Knechtung' festgelegt; gleichwohl kann die spezielle Bedeutung dieser Worte an die Stelle (des Bekenntnisses in seiner arabischen Fassung) treten." Gemeint ist, daß man zum Muslim wird, auch wenn man das zweigliedrige Bekenntnis des Glaubens an den einen Gott und seinen Gesandten Muḥammad in einer anderen als der arabischen Sprache vorträgt. „Warum also wollt ihr Schafiiten die Bedeutung des ‚Allāh akbar' nicht anstelle der arabischen Formel gelten lassen, wo ihr doch lehrt, daß derjenige, der des Arabischen nicht mächtig ist, die Übersetzung des ‚Allāh akbar' aussprechen mag, freilich während jemand, der nicht in der Lage ist, den Koran zu rezitieren, auch keine Übersetzung vortragen darf? Woran also soll man sich halten?" Um diese Frage zu beantworten, beruft sich al-Ǧuwainī auf den Schafiiten al-Iṣṭaḫrī (gest. 940), einen Mann mit Erfahrung in der praktischen Rechtspflege und bekannten Verfasser eines Richterhandbuches,[15] der gefordert hatte, daß für das Glaubensbekenntnis, die Schließung eines Ehevertrages und die Beglaubigung einer Urkunde durch Notare der Gebrauch des Arabischen unerläßlich sei, sofern die beteiligten Personen es verstünden. Bei allen amtlichen und rituellen Handlungen, für die die Scharia Formeln festsetzt, müssen diese in der Sprache verwendet werden, in der Gott sie geprägt hat. Nur wenn jemand des Arabischen gänzlich unkundig ist, darf von dieser Bestimmung abgewichen werden. So kann nur im Notfall beim Glaubensbekenntnis der Sinn der arabischen Ausdrücke in einer anderen Sprache wiedergegeben werden. Ebenso wenig darf man das „Allāh akbar" im rituellen Gebet in einer anderen Sprache vortragen, wenn man in der Lage ist, es auf Arabisch zu formulieren. Denn es werde um einer von Gott erlassenen Vorschrift willen rezitiert, deren Gründe unserem Verstand verborgen seien. „Das ‚Allāh akbar' rufen wir aus, weil wir uns hierfür Lohn im Jenseits erhoffen. Gott allein aber weiß um den geheimen Sinn."

Was beim Vollzug des Ritus als Notlösung für Ungebildete gerade noch geduldet werden kann, ist bei der Koranrezitation ganz und gar ausgeschlossen. Denn die Eigenschaft des Korans als des Beglaubigungswunders des Propheten kann nur im arabischen Wortlaut aufscheinen.[16] Al-Ǧuwainī hat diese Ansicht im Zusammenhang mit grundsätzlichen Überlegungen zur Theorie des islamischen Rechts an anderer Stelle hervorgehoben,[17] und wir werden in Kürze hierauf zurückkommen. Al-Qaffāl machte es sich mit der während des Gebetes vorgeschriebenen Koranrezitation besonders leicht. Er trug nur den 64. Vers der 55. Sure vor, der im arabischen Urtext aus einem einzigen Wort besteht. Aš-Šāfiʿī verlangt aber, daß auf jeden Fall die 1. Sure und dann weitere Abschnitte, die der Betende frei wählen könne, aufgesagt würden. Diese Forderung stützt aš-Šāfiʿī auf den Ausspruch Muḥammads: „Wer nicht die Mutter des heiligen Buches rezitiert, dem kann kein Gebet gutgeschrieben werden.“[18] Dieses Wort ist allerdings nur schlecht bezeugt und wurde nicht in die Sammlungen al-Buḫārīs (gest. 870) und Muslims (gest. 875), die beiden angesehensten Quellen der Überlieferungen vom Propheten, aufgenommen. Die Hanafiten begründeten ihre Meinung, schon ein einziger beliebiger Vers sei ausreichend, mit dem Hinweis auf Sure 73,20. Dort wird den frommen Gläubigen, die des Nachts Andacht halten, anheimgestellt: „Rezitiert also vom Koran so viel, als euch erträglich dünkt!“[19] Diese Empfehlung übertragen die Hanafiten auf die Regeln des rituellen Gebets – und wer eben nur die Kraft zum Vortrag eines einzigen kurzen Verses hat, der hat schon der Vorschrift Genüge getan.

Die Beugungen und Niederwerfungen vollführte al-Qaffāl rasch und hastig, „wie ein Hahn hackt“, der dabei nicht einmal den Kopf, geschweige denn den Rumpf richtig vornüberbeugt. Die Schafiiten wiesen dergleichen schroff zurück. Von Ruhe und Gelassenheit sollten die Bewegungen des Gläubigen gekennzeichnet sein. Al-Ǧuwainī geht in seinem Werk über die Streitpunkte zwischen Hanafiten und Schafiiten auf dieses Thema ein. „Für unsere Auffassung spricht, was Ḫālid b. al-Walīd[20] überliefert, nämlich daß der Prophet einmal jemanden erblickte, der seine Beugungen und Niederwerfungen nicht ganz vollendete. Der Prophet bemerkte hierzu: ‚Stürbe dieser hier in Ausübung solcher Praxis, dann stürbe er, ohne der Religionsgemeinschaft Muḥammads angehört zu haben! Vollendet also Beugung und Niederwerfung!‘ Deswegen mahnte der Prophet einen Beduinen, der, von Muḥammad in der Art und Weise des Gebetes unterrichtet, dieses nur schlecht ausführte: ‚Beuge dich, bis du in gebeugter Haltung ruhig verharrst, dann richte dich auf, bis du gerade stehst! Und wirf dich nieder, bis du in niedergeworfener Haltung ruhig verharrst!‘“ Die Überlieferungen über die Einzelheiten des Ablaufs des Gebetes enthalten für al-Ǧuwainī implizit eine Grundregel, die von den Hanafiten übersehen werde: Weder Fragen, die das rituelle Gebet in seiner Gesamtheit betreffen, noch Einzelprobleme können mit Hilfe von Analogieschlüssen gelöst werden. Der Gottesgesandte habe den Gläubigen ausdrücklich auferlegt, sich genau an sein Vorbild zu halten. Wenn also vertrauenswürdige Männer diesbezügliche Angaben überlieferten, hätten derartige Nachrichten den Rang von Gesetzestexten, wie sie in der Offenbarung zu finden sind, und ließen mithin keinerlei Raum für spätere Deutungen. Da die Beugung der wesentliche von der Scharia vorgeschriebene Bestandteil eines der „Grundelemente“[21] des Gebetes ist, sei eine Zeitlang in dieser Körperhaltung zu verweilen, denn nur so könne der betreffende Bestandteil im Sinne der Scharia erfüllt werden. Andernfalls bleibe das ganze Gebet ungültig.

Al-Ǧuwainī weist darauf hin, daß die rituelle Handlung, Ausdruck einer bestimmten rechtlichen Beziehung des Menschen zu seinem Schöpfer, genau wie ein Vertragsabschluß – eine ebenfalls von der Scharia geregelte rechtliche Beziehung, allerdings von Mensch zu Mensch – zu betrachten sei: Ein Vertrag hat nur dann einen Sinn, wenn die in ihm getroffenen Vereinbarungen über einen gewissen Zeitraum hinweg gelten. Wenn nun allein in den Nachrichten über Muḥammads Art zu beten, nicht aber in der Offenbarung selber, vom Verharren in gebeugter Haltung gesprochen wird, dürfe hieraus nicht gefolgert werden, solches Verharren sei eben bloß ein vom Propheten geübter Brauch, nicht aber ein von der Scharia festgelegtes Gebot, also keine Pflicht. Al-Ǧuwainī meint, sowohl wegen der Ähnlichkeit mit dem Vertragsschluß als auch wegen der Überlieferung vom Gesandten Gottes, die in diesem Fall Gesetzesrang habe, sei das Verharren als unentbehrlicher Bestandteil des Ritus erwiesen. Die Hanafiten machten solchen Erwägungen gegenüber ein ganz anderes Prinzip geltend: die Sparsamkeit.[22] Aus dem Gesetzestext mit höchster Autorität, dem Koran, lasse sich nur das Erfordernis der Körperbeugung ableiten; über die Geschwindigkeit ihres Vollzuges sei dort nichts ausgesagt, und es gelte allein der Inhalt des im Koran verwendeten Begriffs.[23] Die Haltung der Hanafiten ist sehr eindeutig und in jedem Fall klarer als diejenige des Schafiiten al-Ǧuwainī, dessen Grundregel: „Keine Analogie in Fragen des Ritus!“ nur unter der Voraussetzung aufrechterhalten werden kann, daß der gewaltigen Masse von oft widersprüchlichen Überlieferungen über Reden und Tun des Propheten der gleiche Quellenwert zugestanden wird wie dem Koran. Die Frage, ob der Friedensgruß am Ende des Gebetes – al-Qaffāl ließ ihn, wie erinnerlich, fort – Teil des Ritus sei oder nicht, scheint weniger in den grundsätzlichen Meinungsverschiedenheiten zwischen Hanafiten und Schafiiten zu wurzeln, als vielmehr reine Ansichtssache zu sein. Der „Salām“ richtet sich an die Menschen, nicht an Gott; da das Gebet aber allein eine Angelegenheit zwischen Gott und dem einzelnen Gläubigen ist, macht diese Grußformel, zumindest wenn sie absichtlich an falscher Stelle während des Ritus gesprochen wird, das ganze Gebet ungültig. Die Hanafiten zählen den Gruß, selbst wenn es üblich ist, ihn nach Vollzug der Riten zu entbieten, nicht zu diesen hinzu; denn er ist die Formel, mit der der Weihezustand beendet wird. Anders die Schafiiten, die nach al-Ǧuwainī lehren, die Beendigung der Riten sei deren letzter Teil. Sie berufen sich auf die Pilgerriten. Während diese vollzogen werden, dürfe man sich nicht das Haupthaar scheren, nach deren Abschluß aber müsse man dies.[24]

Statt seine Glaubensbrüder mit dem „Salām“ zu grüßen – und auf diese Weise nach schafiitischer Lehre vorschriftsmäßig in die Profanität zurückzukehren – ließ al-Qaffāl einen Wind fahren und machte den Skandal vollkommen. Denn ein Furz während des Gebetes – es war ja nach schafiitischer Auffassung noch nicht ordnungsgemäß beendet! – machte es ungültig, jedenfalls unter gewissen Voraussetzungen. In der hanafitischen Literatur wird eingehend erörtert, wie ein Wind gerade noch beschaffen sein dürfe, damit er die für den Ritus unerläßliche Reinheit nicht aufhebe.[25] Ersparen wir dem Leser die unappetitlichen Einzelheiten, und fassen wir statt dessen zusammen, welche grundsätzlichen Unterschiede zwischen der hanafitischen und schafiitischen Auffassung vom islamischen Recht wir aus al-Ǧuwainīs Schilderung von al-Qaffāls Schauspiel erfahren!

Zuerst fällt auf, daß die Hanafiten in den hier erörterten Fragen des Ritualrechts allein die Aussagen des Korans als verbindlich anerkennen. Diese enthalten die Vorschriften, die der Gläubige unter allen Umständen befolgen muß, wenn er das Verhältnis zu seinem Schöpfer so gestalten will, daß auf einen günstigen Ausgang des Endgerichts zu hoffen ist. Am deutlichsten wurde diese Auffassung beim Problem des Verharrens. Die Hanafiten sind ja nicht dagegen, daß die rituellen Bewegungen gemessen und ohne Hast vonstatten gehen; sie streiten nicht ab, daß der Prophet in dieser Art betete, aber sie halten es nicht für erlaubt, aus dem prophetischen Vorbild eine über den Koran hinausweisende Glaubenspflicht abzuleiten. Genau dies verlangen die Schafiiten. Für sie haben die Überlieferungen, die von Muḥammads Glaubenspraxis erzählen, einen ebenso verbindlichen Charakter wie der Koran selber. Die Folge ist, daß der Ablauf des Gebetes viel weiter ins einzelne geregelt erscheint. Man hat dies meist als Zeichen einer erheblich größeren Strenge im Ritus erklärt, während die Hanafiten sich stets eher großzügig und duldsam gezeigt hätten.[26] Wenn man nur die alltägliche Glaubensausübung betrachtet, mag diese Ansicht durchaus einleuchten, und al-Ǧuwainī baut auf ihr seine an Verleumdung grenzende Polemik gegen die Hanafiten auf, übrigens nicht ohne das befremdliche Selbstlob, er habe bei der Darlegung der Meinungsverschiedenheiten auf alle Einseitigkeit verzichtet.[27]

Verallgemeinern darf man die Gegenüberstellung von schafiitischer Strenge und hanafitischer Nachlässigkeit nämlich nicht. Hier ein Gegenbeispiel! Die rituelle Reinheit kann man auf verschiedenerlei Weise einbüßen: Sobald durch Harnröhre oder After etwas ausgeschieden wird, sobald Blut oder Eiter aus einer Wunde austreten, schließlich sobald sich der Mund mit Erbrochenem füllt, muß bei den Hanafiten die Reinigung wiederholt werden. Aš-Šāfiʿī meinte demgegenüber, nur im erstgenannten Fall[28] sei eine erneute Waschung erforderlich, nicht aber bei Blutungen oder Erbrechen; denn eine Überlieferung besage, daß der Prophet sich nicht aufs neue reinigte, als er sich einmal vor dem Gebet hatte übergeben müssen. Die rituelle Waschung, die nach hanafitischer Lehre unter diesen Umständen hätte erneuert werden müssen, betreffe doch nur Gesicht, Hände und Unterarme, die Füße und den Kopf, nicht aber die Mundhöhle. Es sei zu beachten, daß die Waschung der in der Scharia genannten Körperpartien allein mit der „Knechtung“ des Menschen begründet werden könne, nicht aber mit einem allgemeinen Bedürfnis nach – ritueller – Reinheit. In dem angenommenen Fall sind Gesicht, Hände und Unterarme, Füße oder Kopf gar nicht besudelt worden,[29] mithin ist keine Vorschrift der Scharia berührt. Es zeigt sich hier, daß die enge Anlehnung an die überlieferte Nachricht auch Erleichterung für den Gläubigen bedeuten kann. Die Hanafiten begrenzen den Begriff der rituellen Reinheit nicht auf den engen Zusammenhang, in welchem er, verbunden mit den Bestimmungen über die Waschungen, in der Offenbarung begegnet, sondern erwägen seine allgemeine Zielrichtung. Hierzu können sich die Schafiiten nicht bereitfinden. Für sie gilt die Überlieferung.

Bei der Umsetzung der koranischen Vorschriften in die Glaubensausübung des Alltags befolgten die Hanafiten im wesentlichen drei Prinzipien, die von den Schafiiten verworfen wurden. Eine offenbarte Vorschrift konnte erweitert werden; sie konnte der ihr innewohnenden Zielsetzung entsprechend allgemein angewendet werden; sie durfte nach Maßgabe der „Sparsamkeit“ nicht auf Vorgänge ausgedehnt werden, die von den in der Vorschrift gebrauchten Begriffen gar nicht bezeichnet wurden. Betrachten wir zunächst die Erweiterung! In den von uns erörterten Beispielen findet sie sich in zweifacher Form. Aš-Šāfiʿī hatte verlangt, daß der Gläubige vor der Waschung und vor dem Vollzug des Gebetsritus seine Absicht bekunde. Die Hanafiten sprachen sich ebenfalls für die Formulierung der Absicht aus; sie lösten sie aber aus dem engen, auf eine ganz bestimmte Stelle innerhalb der Riten bezogenen Zusammenhang und verliehen ihr eine allgemeine Bedeutung: Wer erklärt hat, daß er eine rituelle Pflichthandlung durchführen will, hatte seine Gedanken und das Herz der frommen Andacht geöffnet und solange dieser Zustand des Gemüts fortdauerte, war es unnötig, ihn noch einmal herbeizuführen. Wir können dies als eine Erweiterung der Auswirkungen und der Geltung einer Handlung bezeichnen. – Etwas anders verhält es sich mit dem Fall der Aufhebung der rituellen Reinheit und der Notwendigkeit, sie wiederherzustellen. Hier wünschte aš-Šāfiʿī nur dann eine erneute Waschung, wenn die Unreinheit wegen eines Grundes eingetreten war, den die Scharia ausdrücklich nennt. Die Hanafiten dagegen verallgemeinerten die mit dem Begriff der rituellen Reinheit gemeinte

Vorstellung: Wegen ekelerregender Körperausscheidungen verliert der Gläubige seine Reinheit, und er sollte sie wieder erwerben, ehe er den Ritus vollendet, gleichviel ob die im Koran aufgezählten oder andere Gründe vorliegen.

Die Möglichkeit, die Auswirkungen einer Handlung auszudehnen und über einen gewissen Zeitraum hinweg gelten zu lassen, und die Überzeugung, gewisse Vorschriften der Scharia stünden für allgemeine, in der Offenbarung jedoch nicht als solche benannte Vorstellungen, können nur dann verfochten werden, wenn man voraussetzt, daß die Vorschrift und das ihr folgende Tun des Gläubigen einer Zielsetzung unterliegen, die von der menschlichen Vernunft erfaßt wird. Der Zweck der Reinigung ist die Beseitigung des Schmutzes; folglich ist es vor allem wichtig, daß die Flüssigkeit, mit der man sich säubert, hierzu taugt. Während des Gebetes will Gott auf bestimmte Weise gepriesen werden; dies kann geschehen, indem man den Inhalt des Gotteslobes in einer anderen als der arabischen Sprache wiedergibt: es wird hiermit der gleiche Zweck erzielt. Die rituelle Reinheit ist die von Gott gesetzte Vorbedingung für den Vollzug der Glaubenspflicht. Deren Erfüllung wiederum dient dem höchsten Ziel, das der Mensch anstrebt: dem Heilsgewinn. Folglich bemühe sich der Gläubige, rituelle Reinheit im ganzen zu erwerben und während des Gebetes zu wahren, nicht aber nur in den von der Offenbarung festgesetzten Teilbereichen. Sind die unerläßlichen Voraussetzungen und Mittel zur Erlangung eines Zieles bekannt, verbietet die „Sparsamkeit", zusätzliche Forderungen aufzustellen. Die Gültigkeit des Gebets wird unter anderem durch Verbeugungen und Niederwerfungen bewirkt; das „Verharren" stellt eine logisch nicht gebotene und daher unnötige Vermehrung der Voraussetzungen für die Anrechenbarkeit dar.

Die Annahme, die Vorschriften der Scharia und das Handeln des Muslims dienten klar erkennbaren Zielen, ist unerläßlich, wenn man auf den Bestimmungen der Offenbarung ein Gesetz aufbauen will, das von der geringen Zahl im Koran enthaltener Vorschriften aus das ganze Leben des Gläubigen regeln soll. Einen umfassenden Regelungsanspruch nämlich erhebt der Islam unzweideutig. Nur mit Hilfe von Analogieschlüssen, deren Grundlage die beobachteten Formen der Erweiterung und Verallgemeinerung sind, läßt sich diese gewaltige Aufgabe bewerkstelligen. In vielen Einzelfällen wird nicht einmal eine Analogie aufzeigbar sein. Dann wird man sich damit abfinden müssen, daß der Befragte im Geiste der Scharia nach seiner eigenen Einsicht antwortet. In einem fingierten Zwiegespräch zwischen Abū Ḥanīfa und dem Kenner der prophetischen Überlieferung Qatāda b. Diʿāma (gest. 746) kommt das Ringen der Hanafiten um ein aus den offenbarten Vorschriften mit der Vernunft abgeleitetes Rechtssystem deutlich zum Ausdruck. Viel Volk sammelt sich in Kufa um den Überlieferer, der eines Tages großsprecherisch verkündet: „Bei Gott, außer dem es keinen anderen Gott gibt! Heute darf mich jeder nach einem Problem aus dem Gebiet ‚erlaubt‘ oder ‚verboten‘ fragen, und ich werde ihm (mit einer Überlieferung) antworten!“ Da meldet sich Abū Ḥanīfa: „Was sagst du im Hinblick auf einen Mann, der sich jahrelang von seiner Familie entfernt, so daß seine Gattin ihn für tot hält und sich wieder verheiratet. Dann aber kommt der erste Ehemann zurück. Was ist nun mit ihrer Morgengabe?“ Und zu seinen Anhängern gewandt, ergänzt Abū Ḥanīfa: „Wenn Qatāda jetzt eine Überlieferung zitiert, lügt er; wenn er seine eigene Ansicht äußert, geht er fehl!“ Der verlegene Qatāda will von Abū Ḥanīfa wissen, ob denn ein solcher Fall schon einmal vorgefallen sei. „Nein! ... Aber wir bereiten uns auf ein Unheil vor, noch ehe es eintrifft. Und sobald es geschieht, wissen wir schon, wie wir es anpacken und lösen!“[30]

Eine nicht so sehr von tatsächlichen Einzelfällen vorangetriebene, sondern spekulativ gemehrte Rechtswissenschaft, deren wichtigstes Handwerkszeug die Analogie ist,[31] muß, wenn sie Grund unter den Füßen behalten will, dem Prinzip der „Sparsamkeit“ huldigen. Es darf in eine Vorschrift auf keinen Fall mehr hineingelegt werden, als ihr Wortlaut bei strenger Prüfung unzweideutig hergibt. Denn sonst wären der Willkür Tür und Tor geöffnet. Für die Hanafiten hat deshalb die von den Schafiten geforderte Gelassenheit der rituellen Bewegungen keine Grundlage im islamischen Recht und ebenso wenig das Verharren in der Niederwerfung und in gebeugter Haltung. Gewiß würden die Hanafiten nie in Zweifel ziehen, daß der gemessene Vollzug des Gebetes guter Brauch sei, aber aus den Vorschriften geht nirgends hervor, daß das Gebet nur unter dieser Voraussetzung gültig sei. Al-Ǧuwainī hat selber gespürt, daß seine Meinung auf schwachen Füßen steht. Nur wenn man den Überlieferungen vom Propheten den gleichen Quellenwert wie der Offenbarung zuschreibt, haben die Schafiiten mit ihrer Forderung recht. Die Hanafiten jedoch können sich nicht bereitfinden, die Sunna so hoch einzuschätzen. Al-Ǧuwainī bemüht sich deshalb, in der Auseinandersetzung mit ihnen eine Analogie beizubringen – und verstößt gegen seinen eigenen Grundsatz, dem zufolge es im Ritualrecht keine Analogie gibt. Die Parallele zum Vertragsschluß ist denn auch alles andere als zwingend und wird einen auf Logik pochenden Widersacher kaum beeindruckt haben. Der Logik von Mittel und Zweck folge das islamische Recht in den meisten Fällen, so dachten die Hanafiten. Nur wenn diese Logik nicht zu erkennen war, etwa bei der Herstellung ritueller Reinheit mit Hilfe von Erde, griffen sie auf den Gedanken der „Knechtung“ zurück: Wir können nicht erklären, warum Gott uns gerade die Benutzung dieses Mittels vorgeschrieben hat, aber als seine Knechte müssen wir seinem Befehl gehorchen. In der schafiitischen Rechtstheorie ist die „Knechtung“ dagegen nicht die letzte Möglichkeit, eine Bestimmung zu deuten, sondern sie ist der eigentliche Seinsgrund der Scharia. Zwar weist das von Gott erlassene Gesetz auch zweckrationale Züge auf, die auf den einzelnen Sachgebieten unterschiedlich stark faßbar sind, doch sie sind von zweitrangiger Bedeutung – vielleicht nicht einmal vom Gesetzgeber beabsichtigt, der die Scharia als den Ausdruck seiner unanfechtbaren Herrschaft den Menschen auferlegt hat.

Dies mit aller Deutlichkeit hervorzuheben, ist das Ziel der Abhandlung al-Ǧuwainīs, der wir die abstoßende Skizze des hanafitischen Gebetsritus entnahmen. Eine der großen Entdeckungen aš-Šāfiʿīs sei die Erkenntnis gewesen, daß die Bewertungen,[32] die sich aus einer bestimmten Vorschrift der Scharia ergeben, entweder verursacht sein können, d. h. mit der Vernunft ableitbar, oder nicht. Selbst bei den verursachten Bewertungen, also bei Beurteilungen, deren Maßstab erkennbar ist, müsse ein Analogieschluß, der sich zu einer Regelung der Scharia spontan aufdrängen mag, verworfen werden. Ein solcher Schluß könne nämlich zu Verwirrung und Irrtum führen, da die Auffassungsgabe des Menschen unzulänglich sei. Aš-Šāfiʿī habe deshalb, so berichtet al-Ǧuwainī, bei den Vorschriften zur Beseitigung der Unreinheit keine Analogie geduldet. Abū Ḥanīfa habe demgegenüber festgestellt: Der begreifbare Grund, die „Ursache“, für diese Bestimmungen ist die Beseitigung des Schmutzes; alles, womit diese erreicht wird, ist im Sinne der Vorschrift tauglich. Im Gegensatz hierzu habe aš-Šāfiʿī gelehrt: Zwar ist der Grund aufs ganze gesehen verständlich, aber es ist eine Anzahl von „Knechtungen“ zu berücksichtigen. Die Bewertung „rein“ oder „unrein“ ist, sobald man von Einzelfragen absieht, je nach den gegebenen Umständen verursacht und deshalb dem Verstande nachvollziehbar – aber eben nur, wenn man das ganze Gebiet summarisch überblickt. Sobald man in die Details geht, wird es schwierig, und hier vermag aš-Šāfiʿī die Zuversicht der Hanafiten, alles sei der Vernunft gemäß, nicht mehr zu teilen. Al-Ǧuwainī nennt zwei bezeichnende Beispiele. Selbst wenn eine Verunreinigung behoben werden könne, indem man sie der Sonne aussetzt, so daß sie abtrocknet, müsse die befleckte Sache unbedingt mit Wasser begossen werden, damit sie rituell rein werde. Und noch eigenartiger: Man bewertet das Wasser etwa eines Baches, das an etwas Unreinem vorbeigeflossen ist, als rein; nicht aber jene kleine Menge Wassers, die das Unreine gerade berührt. Dabei ist jene doch nur ein Teil des vorbeifließenden. Ein Analogieschluß müßte lauten: Eine kleine Menge Wassers wird grundsätzlich durch die Berührung mit Unreinem selber dem Wesen nach unrein. Dies aber ist nicht allgemein der Fall. Eine kleine Menge Wasser, etwa der Inhalt einer Schüssel, wird zwar verunreinigt, wenn beispielsweise eine tote Maus hineinfällt. Wird die gleiche Menge aus der

Schüssel über einen unreinen Gegenstand gegossen und fließt ab, nachdem es ihn umspült hat, so bleibt es rein, vorausgesetzt, daß sich Farbe, Geruch und Geschmack des Wassers hierbei nicht verändert haben. Al-Ǧuwainī meint, es sei einfach notwendig, fließendes Wasser, das in einem gegebenen Augenblick nichts Unreines unmittelbar berührt, als rein zu bewerten – in der Tat gäbe es sonst bald nur noch rituell unreines. Das Wasser verfüge – kraft göttlicher Bestimmung – über die Eigenschaft, immer wieder rituell rein zu werden, sobald es fließt. Im Hinblick auf die Gesetze der Reinheit sei eben dies die entscheidende Eigenschaft, die dem Essig, dessen säubernde Wirkung Abū Ḥanīfa pries, nicht beigelegt worden sei.[33] Die beobachtete Gleichheit bestimmter Ergebnisse bedingt eben keinesfalls eine Gleichheit der Bewertung durch die Scharia; diese folgt nicht immer den alltäglichen Erfahrungen des Menschen.

Mit der Vernunft allein kommt man hier in der Tat nicht weiter. Die Vorschriften der Scharia teilen sich, wie al-Ǧuwainī darlegt, in drei Kategorien: solche, deren Sinn keinesfalls verstanden werden kann; andere, deren Sinn, wenn man sie ihrer wörtlichen Bedeutung entsprechend auffaßt, einleuchtet; schließlich die dritte Kategorie, nämlich alles, dessen Sinn vom Grundsatz her klar ist, dessen Einzelheiten sich aber der Vernunft oder Logik entziehen. Niemand könne verstehen, weshalb für die Bezahlung des Blutgeldes die im Gesetz genannte Schuldnergemeinschaft der Verwandten des Mörders haftet, und niemand vermöge zu erklären, wieso nach der Ejakulation der Samenflüssigkeit eine große Waschung, nach dem Harnlassen aber nur eine kleine vorgeschrieben ist. Einsichtig sei dagegen das Gesetz der Blutrache: Es solle abschreckend wirken. In die dritte Kategorie ordnet al-Ǧuwainī Bestimmungen über die rituelle Reinheit, Waschungen und Gebete ein: Es gehe um Sauberkeit, um die Entfernung von Schmutz, beim Gebet um die Übung des Körpers – in jedem Fall ein vernünftiges Ziel; bei den Einzelheiten aber trete immer wieder die „Knechtung“ zutage, weshalb hier der Analogieschluß jeglicher Grundlage entbehre. Abū Ḥanīfa habe beispielsweise kein Recht, die Beseitigung einer rituellen Verunreinigung mit Essig zu gestatten.

Den Begriff der „Knechtung“ arbeitet al-Ǧuwainī nun noch schärfer heraus. „Ein ungültiger Kauf bindet das Eigentum nicht (an den Erwerber), selbst wenn dieser es (seitdem) ununterbrochen in Besitz hat. Denn Gott hat für jeden Vertragsschluß eine bestimmte schariatische Ordnung, einzuhaltende Bindungen und feste Grenzen in Betracht gezogen. Er sagt (Sure 2,229): ‚Jenes sind die Grenzen Gottes. Überschreitet sie nicht!‘ Diese Grenzen müssen demnach berücksichtigt werden. Nun lehrte aš-Šāfiʿī, daß ein Kauf bereits zustande kommt, sobald eine (beliebige) Wendung gesprochen wird, die den Kauf zum Ausdruck bringt.

Eine Ehe erlangt dagegen nur Gültigkeit, wenn besondere Worte benutzt werden; denn eine Eheschließung ist viel stärker von ‚Knechtungen' berührt als ein Kauf; es müssen die Trauzeugen, der Vormund der Frau, die Verlobung bedacht werden. Der Ehevertrag zeichnet sich nämlich vor allen übrigen Verträgen durch nur ihm eigene Merkmale und Probleme aus, die groß an Zahl und wohl jedem geläufig sind. Es müssen seine Würde und sein Gewicht verdeutlicht und die Unterschiede zwischen der Ehe und anderen Angelegenheiten hervorgehoben werden. Eben deshalb ist er sicherlich in der Scharia an bestimmte Ausdrücke gebunden, zumal dem Verstand nicht einleuchtet, daß Teilgebiete des Eherechts wie der Schwur des Mannes, sich des Verkehrs mit seiner Gattin zu enthalten, die Verstoßung,[34] der Verfluchungsschwur,[35] die Scheidung, die Wiederaufnahme der ehelichen Gemeinschaft, die Entschädigung oder die Aufteilung der Morgengabe bei der Verstoßung der Frau vor Vollzug der Ehe[36] sowie (die übrigen Bestimmungen über) die Morgengabe einen Bezug zum Wort ‚Ehe' oder ‚Verheiratung' haben. Wenn dies nämlich insofern nicht mit dem Verstand eingesehen werden kann, als die Ausdrücke ‚Ehe' und ‚Verheiratung' im üblichen Sprachgebrauch des Arabischen diesen (zusätzlichen) Inhalt nicht wiedergeben, ist auch nicht einzusehen, daß die (entsprechenden) Bestimmungen in einem (logischen) Bezug zum Ehevertrag stehen. Wie also kann aus dem Ausdruck ‚Ehe' eine Analogie gewonnen werden für etwas, das nicht mit dem Wort ‚Ehe' gemeint wird? Denn eine Analogie ist doch nur einwandfrei, wenn man weiß, in welcher Bedeutung eine bestimmte Bewertung gilt, die in der Ausgangsvorschrift enthalten ist; danach betrachtet man die umstrittene nachrangige Vorschrift und legt sie in Analogie zum Ursprung aus ... Nun hat aš-Šāfiʿī (den Ehevertrag) noch schärfer untersucht und festgestellt: Er wird in persischer Sprache abgeschlossen, wenn ein Vertragspartner entweder völlig oder zum Teil des Arabischen unkundig ist; denn der persische Wortlaut ist zwar nicht der arabische, aber trotz unterschiedlicher Ausdrücke ist der Sinn ein und derselbe: Eben der Sinn, der das Rechtsinstitut ‚Ehe' mit den arabischen Ausdrücken ‚Ehe' und ‚Verheiratung' in Bezug setzt, stellt einen analogen Bezug zu den persischen Ausdrücken her."

„Jetzt aber beobachtete aš-Šāfiʿī noch genauer und erkannte: In den (übrigen von der Scharia geregelten) zwischenmenschlichen Beziehungen ist die ‚Knechtung' geringer als im Eherecht; hier wiederum ist sie geringer als im ‚Allāh akbar' des rituellen Gebetes. Gewiß ist im letzteren Fall selbst die ganz regelrecht durchgeführte Analogie zwischen dem ‚Allāh akbar' und anderem völlig ausgeschlossen, und zwar sowohl für jemanden, der Arabisch versteht, als auch für den, der es nicht beherrscht. Sogar unter Berücksichtigung des Fehlens arabischer Sprachkenntnisse gilt, daß das ‚Allāh akbar' nie im übertragenen Sinn zum

Ausdruck gebracht werden darf. Folglich kann es wegen der ‚Knechtung‘ bei vorhandenen Sprachkenntnissen nur angerechnet werden, wenn es in seiner ursprünglichen Form wiedergegeben wurde, und bei fehlenden Kenntnissen nur dann, wenn genau die richtigen Entsprechungen gewählt werden ... (Eine solche Erleichterung ist nur deshalb statthaft) weil jener Formel (‚Allāh akbar‘) kein Wundercharakter innewohnt. Anders verhielte es sich beim Koranvortrag; denn der persische Wortlaut kann nicht den arabischen ersetzen, selbst wenn er (dessen Sinn genau) wiedergibt. Denn der Koran ist das Beglaubigungswunder (des Propheten), liegt in arabischer Sprache vor, und der Wundercharakter ist in der Beredsamkeit und Reinheit seines Ausdrucks begründet, darin, daß er den Stil der Araber – Dichtung wie Prosa – übertrifft. Dies gilt aber nur für seinen ursprünglichen Wortlaut und fehlt ihm in einer persischen Übersetzung. So stellt sich der Sachverhalt im scharfen Blick aš-Šāfiʿīs dar, und entsprechend seiner grundlegenden Einsicht verfährt er im einzelnen, indem er eine sich hieraus ergebende Rangfolge (der Gebiete der Scharia) schafft.“

„Abū Ḥanīfa dagegen behandelte alles gleich – die Bestimmungen für die zwischenmenschlichen Beziehungen, das Eherecht, das ‚Allāh akbar‘ und (andere im Ritus verwendete?) Ausdrücke und den als Wunder vom Herrn der Erde und des Himmels herabgesandten Koran. Abū Ḥanīfa lehrt: Ein Kauf erlangt auch ohne den entsprechenden Ausdruck Gültigkeit, desgleichen eine Eheschließung, ein ‚Allah akbar‘, ja selbst eine Koranrezitation, so daß das Gebet eines Muslims (im Sinne der Scharia ordnungsgemäß) zustande kommt, wenn er den Koran in persischer Fassung hersagt. Das aber ist eine Vermischung von unterschiedlichen Arten und Gattungen, und er übersieht diese Feinheiten. Mithin ergibt sich, daß aš-Šāfiʿī die Rolle der Analogie wesentlich klarer erfaßte und allgemeiner nachprüfte als Abū Ḥanīfa“.[37]

Aš-Šāfiʿī und seine Schule haben ein Merkmal in den Blick bekommen, das von grundsätzlicher Bedeutung ist. Abū Ḥanīfa, zwei Generationen älter als aš-Šāfiʿī, hatte es noch nicht in solcher Klarheit erfassen können; wir werden noch sehen, warum.[38] Dieses Merkmal ist in dem Fachausdruck „Knechtung“, den al-Ǧuwainī so häufig verwendet, treffend beschrieben: Das islamische Recht ist von Gott gesetzt, und zwar nicht bloß in den allgemeinen Leitlinien, sondern im umfassenden Sinn. „Heute habe ich eure Religion vervollkommnet, meine Gnade über euch vollendet und den Islam als Religion für euch gutgeheißen“, sagt Gott in Sure 5,3, einer der letzten Offenbarungen, zur medinensischen Gemeinde des Propheten. Und dieses Wort steht im Koran nach der Aufzählung ins einzelne gehender Vorschriften über den Verzehr von Fleisch. Muß nicht der unbefangene Zuhörer aus diesem Vers heraushören, daß es in der Scharia keine Bestimmungen gibt, die vom Menschen spekulativ aus allgemeinen Maximen erschlossen werden? Jede Vorschrift, jedes Gesetz ist vielmehr unmittelbar zu Gott! In den Alltagsgeschäften, so versichert uns al-Ǧuwainī, wird die „Knechtung“ des Menschen durch das Gesetz seines Schöpfers noch am wenigsten sichtbar; hier weist die Scharia die meisten Übereinstimmungen mit Zwecküberlegungen des Menschen auf. Nach schafiitischer Auffassung haben sich die Hanafiten durch diesen Umstand täuschen lassen und meinten, auch die übrigen Bereiche der Scharia müßten zweckrational durchdacht und vervollständigt werden. Auf diese Weise werde aber ein Recht geschaffen, das seinen Seinsgrund, die durch Gott beabsichtigte „Knechtung“ der Geschöpfe, aus den Augen verliere.

Die Schafiiten gingen die Probleme deshalb andersherum an: Wenn auch in den Alltagsgeschäften die „Knechtung“ nicht immer spürbar ist, so ist sie doch vorhanden – auch dieses Gebiet des Rechts ist allein Gottes! Und je weiter wir uns aus diesem Bereich entfernen, desto beherrschender, offenkundiger wird das Prinzip der „Knechtung“. Der Gradmesser, an dem dies abgelesen werden kann, sind die zunehmende formale Bindung, an die die Rechtsgültigkeit geknüpft wird, und die schwindende Möglichkeit, Analogieschlüsse zu ziehen. Der Ehevertrag muß gewisse, von Gott befohlene Ausdrücke enthalten; die Wörter „Ehe“ und „Verheiratung“ gewinnen, blickt man auf die weitreichenden Folgen, einen Inhalt, der ihnen im üblichen Sprachgebrauch fehlt. Noch strenger sind die formalen Voraussetzungen im Ritualrecht; Analogien werden hier von aš-Šāfiʿī verworfen. Sobald schließlich der Koran selber in einer Handlung eine Rolle spielt, muß er in seiner ursprünglichen Fassung vorgetragen werden. Denn er ist das Beglaubigungswunder des Propheten – und für alle Muslime der Inbegriff des Knechtseins vor dem allmächtigen Schöpfer.

Die Methode, mit der aš-Šāfiʿī Rechtswissenschaft getrieben habe, zeichne sich durch zwei Vorzüge aus, meint al-Ǧuwainī. Aš-Šāfiʿī habe immer, bevor er einen Analogieschluß gewagt habe, die allgemeine Absicht zu ergründen gesucht, die der Gesetzgeber, also Gott, zu verwirklichen gedachte. „Deshalb forderte (aš-Šāfiʿī die Wiedervergeltung als Sühne für) die Tötung mit Hilfe eines schweren Gegenstandes, weil er fürchtete, daß (eine mildere Regelung) mißbraucht werden könnte, um ungestraft Blut zu vergießen.“[39] Mit den Bestimmungen über die Blutrache hat der Schöpfer im Sinn, von dem Verbrechen des Mordes abzuschrecken; dieser Gedanke findet sich schon im Koran.[40] In der Rechtsprechung unterschied man sehr genau, ob die Tötung mit einem scharfen, spitzen Gegenstand, einem Messer etwa oder einem Schwert, ausgeführt worden war oder nicht; die Verwendung eines ausgesprochenen Mordwerkzeuges schien alle Zweifel an der Absichtlichkeit der Tötung zu zerstreuen. Hatte der Täter jedoch einen Gegenstand genommen, der nur dank des Gewichtes verletzen konnte, beispielsweise einen Stein, wollten manche Rechtsgelehrten nicht sogleich auf eine Tötungsabsicht schließen. Aš-Šāfiʿī aber pochte auf den Schutz des Lebens; allein hierfür sei die betreffende Bestimmung der Scharia erlassen worden. Selbst bei Verwendung von Gegenständen, die nicht den Charakter einer Waffe aufweisen, nehme der Täter die Todesfolge in Kauf – deshalb werde auch mit ihm nach dem Gesetz der Wiedervergeltung verfahren![41]

Dem Analogieschluß sind mit dieser durchaus vernünftigen Rücksicht auf den Willen des Gesetzgebers enge Grenzen gezogen. Es wäre tatsächlich ein kaum erträglicher Widerspruch, wenn man die Scharia auf der einen Seite als den Inbegriff einer von Gott gegebenen Ordnung betrachten wollte, auf der anderen Seite aber die Umsetzung der Vorschriften in das Alltagsleben von Zweckerwägungen des menschlichen Verstandes abhängig zu machen suchte. Wenn man die Scharia bejaht – und das muß jeder gläubige Muslim –, dann ist der schafiitische Standpunkt folgerichtig, der hanafitische aber mit einer schwer erträglichen inneren Spannung belastet. – Analogie ist also nur zulässig, wenn sie sich nach dem göttlichen Willen richtet, sofern dieser überhaupt für uns Menschen auf den Begriff zu bringen ist. Häufig ist dies gar nicht der Fall, wie uns aš-Šāfiʿī belehrt hat. So verbiete sich im Ritualrecht jegliche Anwendung dieses Verfahrens. Es sei lediglich möglich, festzustellen, daß Pflichten, die in der Offenbarung und der Überlieferung Männern übertragen werden, sinngemäß auch von Frauen zu erfüllen sind.

An einem weiteren Beispiel zeigt uns al-Ǧuwainī, wie eine Vorschrift, die wenigstens zum Teil Gottes Willen erkennen läßt, in der Praxis gehandhabt werden kann. Eine der ältesten Glaubenspflichten des Muslims ist die „Läuterungsabgabe", eine Spende, mit der man Habgier und rücksichtslosen Erwerbstrieb sühnen und für die Armen und Bedürftigen ein Opfer bringen sollte.[42] Al-Ǧuwainī belehrt uns, daß die Bestimmungen, die die Eintreibung und Verteilung regeln, zum ersten das Recht Gottes auf die Abgabe und zum zweiten den Anspruch gewisser Gruppen auf den Ertrag ausdrücken. Es sei unmöglich, beide Gesichtspunkte der Bestimmungen gegeneinander abzuwägen, Ursachen der Regelungen namhaft zu machen und hernach zu entscheiden, welcher der beiden der vorrangige sei. Daß Gott auf der Beitreibung der Abgabe nach ganz festen Grundsätzen bestehe und daß der Ertrag zu verteilen sei, ist, um al-Ǧuwainīs Begriff zu verwenden, wegen des Prinzips der „Knechtung" eine unverrückbare Gegebenheit. Denn „wenn sich das Recht Gottes auf einen Gegenstand[43] bezieht, dann kann es nicht auf einen anderen übergreifen". Der Eigner einer Schafherde hat eben als „Läuterungsabgabe" so und so viel Tiere zu stellen, nichts anderes, und er kann die für ihn von Gott erlassenen Vorschriften in keinem Fall abändern, selbst wenn er noch so triftige Gründe nennen mag. „Anders das Anrecht eines Menschen: Es kann nach Feststellung seiner Ursache und seines Sinnes auf einen anderen übergehen." Sollte sich bei der Verteilung der Spenden ergeben, daß gar nicht alle Gruppen von Bedürftigen, die der Koran aufzählt, vorhanden sind, kann der verbleibende Rest auch noch den Berechtigten zufließen, die schon der Regel entsprechend bedacht worden sind. Rechtfertigen läßt sich ein solches Verfahren mit der Ursache für die Verteilungsvorschriften, der in ihnen erkennbaren göttlichen Absicht: Jedem Gläubigen soll ein ausreichender Lebensunterhalt zuteil werden.[44] Wird demgegenüber einem Menschen von Gott der Anspruch auf einen genau bezeichneten Gegenstand zuerkannt, ist es wieder ausgeschlossen, daß man nach der Ursache forsche und dann den Anspruch auf andere Weise zu befriedigen gedenke.[45]

Die Hanafiten fragten nach dem Zweck, den eine Handlung im Hinblick auf eine Vorschrift der Scharia verfolgt, und sie erörterten, ob die eingesetzten Mittel nach menschlichem Ermessen geeignet seien, diesen zu erreichen. Dieser Zweck ist ihnen vernünftiger Seinsgrund der Scharia, und somit wohnte dem göttlichen Gesetz ein starkes rationales Moment inne, welches dem Gelehrten die vorausschauende, spekulative Anwendung des göttlichen Rechts auf Fälle ermöglichte, die noch nicht eingetreten waren und vielleicht nie eintreten würden. Aš-Šāfiʿīs Ursachenlehre und seine Betonung der „Knechtung" führen demgegenüber zu der Auffassung, daß der göttliche Wille allein und ausschließlich der Grund für die Scharia in all ihren Einzelheiten ist. Jede Vorschrift läßt sich nur verstehen, wenn man sie als unmittelbares Zeugnis seines souveränen gesetzgeberischen Ratschlusses deutet. In dieser Sichtweise kann das Bemühen, die Ursache, den Sinn einer Vorschrift zu enträtseln, nur selten Erfolg haben. Ausdruck der „Knechtung" ist die Scharia; und daß man bisweilen mit dem unzulänglichen menschlichen Verstand die Absicht Gottes erfaßt, ändert nichts am Wesen des Gesetzes, das man als transrational, die Vernunft der Geschöpfe übersteigend, bezeichnen muß.

Nach al-Ǧuwainī kann die göttliche Absicht im Ritualrecht am wenigsten mit dem Verstand erfaßt werden. Als Ursache für die Reinheitsgebote dürfe man das Streben nach Sauberkeit annehmen; das Gebet diene der Erziehung des Menschen zur Demut vor Gott; die „Läuterungsabgabe" solle Elend abwenden; mit dem Fasten zügele man die Begierden; die Pilgerfahrt sei die vorzüglichste Form des Gottesdienstes.[46] Der Sinn des Vertragsrechtes besteht für al-Ǧuwainī in der Erhöhung der Sicherheit des Geschäftsverkehrs und im Schutz des rechtmäßigen Besitzes; Einzelbestimmungen des Vertragsrechtes seien nicht mit dem Verstand zu erklären, daher als „Knechtung" aufzufassen; auf keinen Fall dürfe man wie Abū Ḥanīfa solche Einzelheiten beiseiteschieben und jede Abmachung gelten lassen, wenn nur die Partner als geschäftsfähig angesehen werden könnten. An formale Bedingungen – ,,Knechtungen" – ist vor allem der Ehevertrag geknüpft; sein Sinn, wie aš-Šāfiʿī meinte, ist die Aufrechterhaltung einer klaren genealogischen Ordnung. Die Bestimmungen über das Wergeld und die Talio sollen Blutvergießen verhindern; deshalb könne man nicht mit Abū Ḥanīfa der Ansicht sein, im Falle einer Tötung mit einem schweren Gegenstand hätten diese Regelungen keine Geltung, weil man am Opfer keine klaffende Wunde entdecken könne. Die im Koran festgelegten Strafen für Diebstahl, Ehebruch, Aufruhr usw. lassen das Ziel Gottes erkennen, die Gläubigen von solchen Verbrechen abzuhalten; wenn also jemand zum Zwecke der Hurerei eine Frau in Dienst nehme, dürfe die Steinigung nicht, wie Abū Ḥanīfa vorschlug, ausgesetzt werden, nur weil man wegen des Vorliegens eines Dienstverhältnisses zweifeln könne, ob wirklich ein Ehebruch geschehen sei.[47] Immer wieder habe Abū Ḥanīfa mit seinen Überlegungen das Prinzip einer Bestimmung verletzt, faßt al-Ǧuwainī seine Ausführungen zusammen; ,,aš-Šāfiʿī aber hielt sich bei seinen Erwägungen stets an das Prinzip und traf deshalb am ehesten den Kern der Sache."[48]

2. Über die Geschichte des Rechts

Die Schrift ,,Helfer des Volkes: warum dem Würdigsten der Vorrang gebührt" verfaßte al-Ǧuwainī in der Absicht, aš-Šāfiʿī als den größten Rechtsgelehrten zu feiern und Abū Ḥanīfas Leistungen zu schmälern, ja in Mißkredit zu bringen. Dennoch konnten wir diesem Werk einige grundlegende Erkenntnisse über die ganz unterschiedlichen Vorstellungen entnehmen, die sich Hanafiten und Schafiiten vom Wesen der Scharia gebildet hatten. Al-Ǧuwainī bringt diesen Unterschied einmal ganz knapp auf den Begriff: Die von den Hanafiten bei der Umsetzung der Scharia in die Alltagspraxis befolgten Methoden, unter diesen vor allem die schöpferische Analyse und Entscheidung eines Problems, kämen der Bejahung einer von Menschen gemachten Scharia gleich. Deshalb ,,sagte aš-Šāfiʿī in einem Gespräch mit (Abū Ḥanīfas Schüler) Muḥammad b. al-Ḥasan (aš-Šaibānī, gest. 803)...: ,Wer nach eigenem Gutdünken ein Urteil fällt, der hat damit ein Gesetz geschaffen; und wer ein Gesetz geschaffen hat, der hat Vielgötterei begangen.'"[49] Zwischen den Schulen Abū Ḥanīfas und aš-Šāfiʿīs öffnet sich eine unüberbrückbare Kluft. Schwerlich kann man behaupten, die Lehre aš-Šāfiʿīs sei eine folgerichtige Fortentwicklung von Ansätzen, die ihm Vorgänger, unter ihnen Abū Ḥanīfa, hinterlassen haben; sie stellt viel eher den Übergang zu einer ganz neuen Art der Rechtswissenschaft dar. Wir werden dies im einzelnen erfahren und uns mit den weitreichenden Folgen dieses Übergangs beschäftigen.

Für al-Ǧuwainī ist aš-Šāfiʿīs Weg der einzig richtige, derjenige, der allein die Gewähr bietet, daß die vom Propheten verkündete Scharia unverfälscht und vollständig in Kraft bleibt. Die Geschichte des islamischen Rechts gipfelt daher im Werk aš-Šāfiʿīs; er berichtigte alle Fehlentscheidungen, markierte den Pfad zur Wahrheit und nahm all jenen, die immer noch an falschen Methoden festhielten, die Ausflucht, sie handelten besten Wissens. Al-Ǧuwainīs Bild von der Geschichte des islamischen Rechts gibt die Wirklichkeit nur verzerrt wieder; dennoch ist die Kenntnis dieses Bildes unentbehrlich, will man das Schafiitentum verstehen.

Wer glaubt, daß aš-Šāfiʿīs Werk unübertroffen sei, kann nicht dulden, daß sich die Organe der Rechtspflege nur in einigen Fragen nach aš-Šāfiʿī, in anderen aber nach Abū Ḥanīfa richten. Gegen ein solches Hin- und Herschwanken zwischen zwei Schulen, deren jüngere doch eigentlich die ältere überflüssig gemacht hat, erhebt al-Ǧuwainī Einspruch. Wenn so etwas erlaubt wäre, hätte er gar nicht erst zur Feder greifen und sich um den Beweis des Vorrangs der Schafiiten bemühen müssen, flicht er ein. Dann könnte jeder sich für den Einzelfall die bequemste Lösung herauspicken, und eine schlimme Rechtsunsicherheit wäre die Folge. Die „Belastung“[50] der Gläubigen mit der Scharia hätte ein Ende. Die Befürworter des Auswahlprinzips fragen jedoch: „Hatte nicht in der Zeit der Prophetengefährten jeder Muslim die Möglichkeit, sich in einem Fall für die Verfahrensweise Abū Bakrs, im anderen für die ʿUmars zu entscheiden – und desgleichen bei jedem beliebigen Fall für jeden beliebigen Gefährten –, ohne daß jemand diese Wahl verhindert hätte? Wenn dies bei den Genossen Muḥammads statthaft war, warum nicht auch in unserer Zeit?“ Hierauf antwortete al-Ǧuwainī: „Das war nur deshalb möglich, weil die Rechtsgrundsätze der Gefährten noch nicht für die Gesamtheit aller Fälle ausreichten, noch nicht alle Probleme umfaßten, nicht alle Verzweigungen bedachten und nicht alle Einzelheiten erschöpften. Die Prophetengefährten gossen erst das Fundament, bestimmten die Prinzipien, legten die Grundregeln fest. Für Verästelungen und Einzelfragen hatten sie noch keine Zeit. Die Verfahrensweise Abū Bakrs genügte nicht für jeden Fall, und dies gilt auch für alle anderen Genossen. Allein wegen dieser Notlage durften die ‚Nachahmer‘[51] einmal Abū Bakr fragen, in anderen Fällen, für die sie bei ihm keine Lösung fanden, dann ʿUmar. In unserer Zeit aber sind die Lehren der großen Schulhäupter ausreichend und erschöpfend. Also gilt: Es gibt kein Vorkommnis, für das man nicht in der Lehre aš-Šāfiʿīs oder eines anderen entweder einen ausdrücklichen Text oder eine Erläuterung findet. Es besteht keine Notwendigkeit mehr, zwei Schulhäuptern zu folgen...“

Im Laufe der Geschichte des islamischen Rechts wurden alle Themen umfassend behandelt; sowohl die Hanafiten als auch die Schafiiten verfügen über Lösungen für alle erdenklichen Probleme, meint al-Ǧuwainī.[52] Warum aber ist aš-Šāfiʿī seinen Nebenbuhlern derart überlegen, daß alle Muslime sich seiner Schule anschließen sollten? „Wenn wir uns bei einer Frage nicht im klaren sind, dann zweifeln wir gewiß nicht daran, daß Abū Bakr, ʿUmar, ʿUṯmān, ʿAlī, ja alle Prophetengenossen vortrefflicher und gescheiter waren als Abū Ḥanīfa, aš-Šāfiʿī, Mālik und andere. – Die Gefährten lebten in würdigeren Verhältnissen, hatten größere Bedeutung, höheren Rang, mehr Gewicht. Dennoch müssen die Leute jetzt der Schule aš-Šāfiʿīs, Abū Ḥanīfas oder eines anderen angehören. Der Grund hierfür ist durchaus einzusehen! Die Prophetengenossen mußten sich der Festigung der Bande des Glaubens, der Verteidigung des Gebietes des Islams, der Verdeutlichung dessen widmen, was gewiß war. Als Gott seinen Gesandten zu sich geholt hatte..., nahm Abū Bakr das Imamat, die Nachfolge, die allgemeine und vollständige Führung und Leitung auf sich, die Stützung der Scharia und den Schutz des Territoriums. So viel stieß ihm zu, daß selbst die festverwurzelten Berge, wären sie betroffen gewesen, zerstört worden wären! Es blieb ihm keine Zeit, Verzweigungen zu schaffen, Einzelheiten festzulegen, Fragen zu erläutern, so daß alle Vorkommnisse bedacht worden wären. Er war damit beschäftigt, die Herzen zu gewinnen, Zuneigung (zum Islam) zu wecken, die Abtrünnigen und die Verweigerer der Läuterungsabgabe zu bekämpfen, so daß er der Scharia ihre Geltung und ihren Glanz bewahrte.[53] ʿUmars Aufgabe war die Eroberung der Länder, die Säuberung der (Arabischen Halbinsel) von verstockten Götzenanbetern, die Sammlung aller Straffälligen und Missetäter, so daß sich die Grenzen der Glaubensgemeinschaft weiteten und sich die Nacken vor den nach Mekka Betenden beugten." Ebenso war die Regierungszeit ʿUṯmāns und ʿAlīs vor allem mit Kämpfen erfüllt. Jeder dieser „Vier Rechtgeleiteten Kalifen"[54] konnte sich nur mit einer begrenzten Zahl von rechtlichen Problemen auseinandersetzen.

Die Geschichte des islamischen Rechts weist nun eine Lücke auf, denn al-Ǧuwainī geht von der Zeit der Prophetengefährten sofort zu Abū Ḥanīfa (gest. 767) über. Dieser habe zahllose Einzelfragen behandelt, was jeder anerkenne, und „er stieß zu so scharfsinnigen Einsichten vor, daß selbst die Klügsten verblüfft waren... Sein Leben lang ersann er Fragen, hatte deshalb aber keine Zeit, alles kritisch durchzusieben... So ereilte ihn der Tod, noch ehe er Gelegenheit gefunden hatte, den Ertrag zu mustern und (Brauchbares von Unbrauchbarem) zu scheiden. Deshalb widersprechen ihm seine Schüler Abū Jūsuf und Muḥammad (aš-Šaibānī) in vielen Fragen an zahlreichen Stellen... Sie trennten das Richtige vom Falschen." Al-Ǧuwainī nennt einige Fälle, in denen die Schüler von ihrem Lehrer abwichen. So wollte sich Abū Jūsuf nicht mit der

Form des Gebetsrufes einverstanden erklären, die Abū Ḥanīfa befürwortet hatte. Eben dieses Thema sei einst in Gegenwart Hārūn ar-Rašīds von Abū Jūsuf und aš-Šāfiʿī erörtert worden; das Gespräch habe in Medina stattgefunden, und zwar noch zu Lebzeiten des Mālik b. Anas (gest. 795). Aš-Šāfiʿī habe vorgeschlagen, man solle die Nachfahren Bilāls, des Gebetsrufers des Propheten, und anderer berühmter Gefährten befragen, die einst von Muḥammad mit der Aufgabe betraut worden waren, den Gläubigen den Beginn des Gebets anzukündigen. Man habe diese Anregung aufgegriffen, sich die benötigte Auskunft geholt, zugleich mit der Versicherung: ,,So haben wir den Gebetsruf von unseren Vätern gelernt, und diese von ihren Vorfahren, zurück bis in die Zeit des Propheten!"

Auch die übrigen Fragen, über deren Lösung sich die Schüler Abū Ḥanīfas im unklaren gewesen waren, finden nicht durch Argumente, sondern durch die Überlieferung eine Antwort, und al-Ǧuwainī läßt aš-Šāfiʿī zusammenfassen: ,, ,Womit wir uns auseinandersetzten, das ist keine Erfindung von unserer Seite. Vielmehr sind wir gehalten, dem Propheten zu folgen. So war es zur Zeit Muḥammads und später, als die Gefährten noch lebten. Welche der beiden Verfahrensweisen ist richtiger, o Fürst der Gläubigen? Diejenige, die dem Vorbild[55] des Gottesgesandten folgt oder diejenige, die diesem widerstreitet?' Da bekehrte sich Abū Jūsuf zu der Lehre aš-Šāfiʿīs und sagte: ,Wenn mein Lehrer gewußt hätte, was du weißt, hätte er sich wie ich bekehrt!' "[56] Mit aš-Šāfiʿī hat demnach die Rechtswissenschaft eine ganz neue Stufe erreicht: Das Falsche, das Abū Ḥanīfa nicht hatte erkennen können, wurde ausgesondert. Aš-Šāfiʿī brauchte sich nämlich um das Fundament, das andere schon gelegt hatten, nicht mehr zu bemühen. Welchen Maßstab wählte er, und warum war gerade er zu der gewaltigen Aufgabe der Sichtung aller juristischen Erkenntnisse befähigt?

Aš-Šāfiʿī kannte sich in allen Wissensgebieten hervorragend aus, schreibt al-Ǧuwainī; er beherrschte die arabische Philologie bis in ihre feinsten Verästelungen, entstammte er doch dem Geschlecht der Quraiš, das von jeher am besten des Arabischen mächtig gewesen sei. Abū Ḥanīfa sei dagegen nur ein ,,Nabatäer"[57] gewesen, ein bedauernswerter Nichtaraber. Vor allem aber habe aš-Šāfiʿī sich die vollkommene Kenntnis der Lebensumstände der prophetischen Zeit angeeignet und von allen Einzelheiten der ,,Sunna" gewußt. Mit diesem Wissen prahlt aš-Šāfiʿī im Streitgespräch mit Muḥammad aš-Šaibānī: ,,(Weißt du überhaupt) wie der Gottesgesandte in Mekka einzog;[58] in welche Gasse er ritt, wo er Quartier nahm; wie seine ersten Worte bei seinem Eintritt lauteten, welche Kleidung er damals trug, welche Kamelin oder Stute er benutzte?" Aš-Šaibānī war verlegen, denn von alledem wußte er nichts.[59]

Und vor dem Kalifen Hārūn brüstet sich aš-Šāfiʿī:,,Über welches den

Koran betreffende Wissensgebiet möchtest du mich ausfragen, o Fürst der Gläubigen? Aus welchen Anlässen seine Verse offenbart wurden, wie sie zu deuten sind, welche Verse eindeutig, welche mehrdeutig sind, welche abrogierend, welche abrogiert, welche Nachrichten und Bestimmungen der Koran enthält, welche Teile mekkanisch, welche medinensisch sind, welche am Tage, welche des Nachts, welche auf Reisen, welche zu Hause offenbart wurden; welche Parallelstellen der Koran aufweist; welche Flexionssendungen zu verwenden sind, welche Lesarten es gibt; welche Strafgesetze sich finden,[60] wie groß die Zahl der Verse und Buchstaben ist?" Ähnlich dreist rühmt sich aš-Šāfiʿī der Beherrschung anderer Wissenszweige: Die Gebiete des Rechts sind ihm natürlich zur Gänze vertraut, aber auch in der Sternkunde ist ihm nichts verborgen; Galen, Hippokrates und die anderen Größen der antiken Medizin können ihm nichts Überraschendes mehr bieten; vor allem aber die arabischen Wissenschaften schlechthin, die Dichtkunst und die Genealogie, haben in ihm ihren endgültigen Meister gefunden. Der Kalif ist tief beeindruckt. „Du hast mein Herz gefüllt und in meinen Augen gewaltige Bedeutung gewonnen!" sagt Hārūn und bittet um eine Mahnpredigt, in der aš-Šāfiʿīs Wissen erstrahlen solle. Der Gelehrte erhebt sich auf die Knie und spricht in bewegenden Worten von der Torheit, die Hoffnung an die Dinge diese Welt zu hängen.[61]

Dieses Gespräch, das al-Ǧuwainī an das Ende seiner Abhandlung „Helfer des Volkes" gestellt hat, soll den überzeugenden Schlußstein der Argumente für den Vorrang aš-Šāfiʿīs bilden. Wir mögen von der Stilisierung, die hier ein Jünger dem geliebten Meister angedeihen läßt, unangenehm berührt sein. Aber vergessen wir nicht: Es geht um die Grundlegung einer neuen Form der Rechtswissenschaft, deren wichtigstes Merkmal die unumstößliche Richtigkeit einer jeden Entscheidung sein soll. Und die Entscheidungen sind immer richtig, weil sie nicht ersonnen worden sind – dann müßte ihnen der Makel der Ungewißheit anhaften! Vielmehr sind sie „gewußt", aufgefunden in der riesigen Schatzkammer von Nachrichten und Aussprüchen, die durch die Autorität des Propheten und seiner Gefährten gesichert sind. Mag sein, daß sich aš-Šāfiʿī nie erkühnt hätte, derart von sich zu reden, wie al-Ǧuwainī es darstellt. Für al-Ǧuwainī jedenfalls konnte aš-Šāfiʿī gar nicht zurückhaltender gewesen sein, denn seine Schule bezieht ihre Daseinsberechtigung doch nur aus der Annahme, das Wissen des Meisters sei allumfassend gewesen. „Er trennte die Spreu vom Weizen und wählte aus der Gesamtheit (der für das Recht bedeutsamen Aussagen und Überlieferungen) das Klarste, Beste, der Wahrheit am meisten Entsprechende aus. Mit der Unterstützung des Himmels wurde dieser Mann zum Erfolg geführt, mit göttlicher Hilfe zum Richtigen geleitet!"

Damit die breite Masse seinen Gedankengang begreife, zog al-Ǧuwainī einen Vergleich zwischen der Rechtsgeschichte und der Entwicklung der Gewerbezweige. Auch hier hätten erst spätere Geschlechter die Muße gehabt, die überkommenen Grundlagen und Methoden zu verfeinern. – Abū Bakr und die Prophetengenossen, Abū Ḥanīfa, dann endlich aš-Šāfiʿī: mit diesen Namen verbinde man die Entwicklungsstufen des islamischen Rechts. Allerdings fällt es al-Ǧuwainī schwer, Abū Ḥanīfa in einem Atemzug mit Abū Bakr zu nennen, der doch nächst Muḥammad selber der vortrefflichste aller Menschen gewesen sei. Wie verträgt sich dies mit der von den Schafiiten behaupteten stetigen Aufwärtsentwicklung, die einen Vorrang Abū Ḥanīfas vor dem engsten Freund des Propheten impliziert? Und kann nicht ebenso gut ein Abstieg angenommen werden, was Abū Ḥanīfa zu einem besseren Juristen als aš-Šāfiʿī machen würde? Die Geschichte des Islams als Niedergang oder Aufstieg – für die Zeitgenossen al-Ǧuwainīs eine bedrückende Frage, und wir werden sehen, daß die Furcht vor dem Niedergang im 11. Jahrhundert das Übergewicht gewann. Hier freilich geht es nur um ein leichtes Geplänkel mit den Hanafiten, die nicht zulassen, daß ihre Gründergestalt in ein ungünstiges Licht gerückt werde. Wenn also eine Aufwärtsentwicklung in der Rechtswissenschaft – und die Schafiiten kommen nicht ohne diese Annahme aus –, dann muß auch Abū Ḥanīfa Anerkennung gezollt werden. Widerwillig räumt al-Ǧuwainī ein, daß Abū Ḥanīfa, wir hörten es schon, die von den Prophetengenossen hinterlassenen Grundlagen für viele Einzelfragen fruchtbar gemacht habe. Aber eben nur unvollkommen, denn Abū Ḥanīfa sei nur in wenigen Wissensgebieten bewandert gewesen. Man könnte ihn sogar als einseitig bezeichnen. Aš-Šāfiʿī dagegen sei ein Universalgenie gewesen.[62]

Aus der allumfassenden Gelehrsamkeit aš-Šāfiʿīs leitet al-Ǧuwainī die Behauptung ab, die schafiitische Rechtswissenschaft erschöpfe ihren Gegenstand vollständig. Die Hanafiten hielten dieser kühnen These entgegen, daß aš-Šāfiʿī in manchen Fragen noch mit seinem Urteil geschwankt habe. Im ganzen seien dies achtzehn Fälle, belehrt al-Ǧuwainī seine Gegner; und diese Fälle seien von al-Muzanī (gest. 878) und Ibn Suraiǧ (gest. 918), bedeutenden Anhängern der Schule, gelöst worden. Seitdem enthalte das schafiitische Recht keine Probleme mehr.[63] Auch erweckt al-Ǧuwainī den Anschein, als habe sich anders als bei den Hanafiten unter den Anhängern aš-Šāfiʿīs niemals Widerspruch zu den Ansichten des Meisters erhoben. Dieser Anschein trügt natürlich.[64]

Diese Darstellung der islamischen Rechtsgeschichte weist uns den Weg zu einer Reihe von wichtigen Fragen. Da ist zuerst die offensichtlich nicht zu erschütternde Gewißheit der Schafiiten, im Besitz von umfassendem Quellenmaterial mit normativem Charakter zu sein, von Quellen überdies, denen man eine unbezweifelbare Autorität beimessen konnte. Denn die Lehre von der ,,Knechtung" ist nur unter der Voraussetzung sinnvoll, daß die überlieferten Einzelbestimmungen auch tatsächlich als Gottes kundgegebener Ratschluß geglaubt werden. Die Scharia besteht aus normativen Texten, in denen der Wille Gottes, das Gemeinwesen der Gläubigen in allen seinen Aspekten zu gestalten, seinen Niederschlag gefunden hat. Aus dieser Feststellung folgt mit unabweisbarer Dringlichkeit die Frage, wie sich die Tätigkeit des Verstandes und ihre Ergebnisse zu diesen Texten verhalten. Im Streit mit den Hanafiten hatte al-Ǧuwainī den Gedanken der ,,Knechtung" betonen müssen; aber schon aš-Šāfiʿīs Behauptung, in allgemeiner Weise sei der Plan des göttlichen Gesetzgebers mit dem menschlichen Verstand wahrzunehmen und unter Berücksichtigung dieses Planes dürfe man Analogien aufstellen, verbietet den Schluß, schafiitische Rechtswissenschaft erschöpfe sich im Zitieren eines Koranverses oder einer Überlieferung. Wie also hat sich der abwägende Gelehrte der Quellen göttlichen Ursprungs zu bedienen? Oder anders, den arabischen Begriffen weiter angenähert: Von welcher Art müssen die Regeln sein, nach denen in der schafiitischen Rechtswissenschaft der Verstand und das Wissen um den Inhalt der Quellen zueinander in Beziehung treten?

,,Wissen" meint für aš-Šāfiʿī und seine Schule stets die Kenntnis der autoritativen Texte. Diesem Wissen entspringt das Handeln, das der Scharia entspricht und damit die Möglichkeit des Heilsgewinns eröffnet. Auf welche Weise kann mit diesem Wissen, das sich aus einer begrenzten Anzahl von Einzelvorschriften zusammensetzt, die unüberschaubare Fülle alltäglicher Ereignisse und Verrichtungen beurteilt werden? Wieder scheint die Lehre von der ,,Knechtung" für die Antwort von großem Gewicht zu sein. Die Hanafiten befürworteten eine spekulative Weiterentwicklung der Quellen selber. Die Schafiiten jedoch lehnen ,,menschengemachte" Gesetze schroff ab. So bleibt offensichtlich nur die Möglichkeit, neue Lebensverhältnisse irgendwie in die unveränderlichen Bestimmungen hineinzuzwängen. Entweder war das Neue schon in den alten Vorschriften enthalten – in welcher Art auch immer –, dann war es ,,islamisch" gerechtfertigt; oder es war in ihnen nicht wiederzuentdekken – dann hatte es in einem muslimischen Gemeinwesen nichts zu suchen. Der Willkür der Interpretation und der unfruchtbaren Haarspalterei öffnete aš-Šāfiʿīs Streben nach unumstößlicher Gewißheit Tür und Tor. Diese unbeabsichtigte Folge vermochten er und seine Schüler allerdings nicht zu erkennen; denn kulturelle und gesellschaftliche Wandlungen vollzogen sich unmerklich langsam – trotz aller politischen Instabilität. Der Aufstieg des Sultanats, dessen Zeuge al-Ǧuwainī wurde, markierte zwar einen wichtigen Wendepunkt, aber er war die Folge langfristiger Vorgänge, in deren Verlauf die faktische Macht des Bagdader Kalifats ausgehöhlt worden war. Die prophetische Herrschaft über die

Gemeinde der Gläubigen hatte in der Theorie das Vorbild für das Kalifat abgeben sollen. Nun, da für jedermann sichtbar die politische und militärische Macht in den Händen eines Sultans lag und der Kalif zu einer bloßen Symbolfigur für die schariatische Ordnung zu werden schien, war die Frage nach dem Bezug des göttlichen Gesetzes zur Wirklichkeit auf bestürzende Weise aktuell geworden. Sie konnte nicht mehr allein mit der Theorie der Rechtsquellen beantwortet werden. Eine politische Theorie der faktischen Machtausübung durch die Sultane und Emire, die den Fortbestand des auf der Scharia gegründeten Gemeinwesens sicherte, mußte hinzutreten. Hiermit berühren wir aber schon den Inhalt des letzten Kapitels.

Dritter Einschub: Reden und Handeln des Propheten als Richtschnur

Der Ägypter Ibn ʿAbd al-Ḥakam (gest. 871) trug viele Nachrichten über die islamische Geschichte seiner Heimat zusammen und überlieferte sie in einem Buch der Nachwelt. Es enthält wertvolles Material über die Kriegszüge, die zur Eroberung Ägyptens durch die Muslime führten. Sehr eingehend befaßt sich der Autor auch mit der Besiedlung al-Fusṭāṭs, Alt-Kairos, durch die ersten arabischen Einwanderer und beschreibt, welche Viertel welchen Stämmen oder bekannten Einzelpersonen zugewiesen worden waren. Wir erfahren z. B. genau, wo die Banū Ġāfiq wohnten und wieviele Moscheen in ihrem Stadtteil lagen. Nach solchen topographischen Angaben wendet sich Ibn ʿAbd al-Ḥakam häufig einem für uns unerwarteten Gegenstand zu. ,,In der (vorhergenannten Gasse) gibt es die Moschee des Abū Mūsā al-Ġāfiqī und sonst keine andere. Dieser Abū Mūsā war ein Gefährte des Gottesgesandten . . . (Die Ägypter) stützen auf seine Autorität zwei Überlieferungen vom Gottesgesandten: . . . Waḍāʾa al-Ḥamdī hörte Abū Mūsā sagen: Der Prophet sprach: ,Wer zu meinen Lasten Lügen ersinnt, der soll einen Platz – oder ein Haus – in der Hölle bewohnen!' . . . Abū Mūsā hörte den Propheten sagen: ,Wenn ich im Zustand der großen Unreinheit die kleine Waschung vollzogen habe, dann esse und trinke ich zwar, aber ich bete und rezitiere den Koran nur nach einer großen Waschung.' "[65]

Was läßt sich an diesem Beispiel verdeutlichen? Die historische Topographie al-Fusṭāṭs dient unserem Autor nicht allein zum Verständnis der Faktengeschichte seiner Heimat. Sie ist zugleich das Hilfsmittel, mit dem er den Lesern vor Augen führt, in welcher Weise die ägyptischen Muslime Anteil am Wissen von den Verhältnissen in der Urgemeinde haben. Dieses Wissen beruht auf der Autorität von Männern, die, wie die topographische Überlieferung verbürgt, einst – ,,am Anfang" – unter den Bewohnern al-Fusṭāṭs geweilt haben. Mit den Überlieferungen, die zu jenen Männern zurückreichen, ist die heilige Zeit des Anfangs wenigstens in Bruchstücken lebendig und wirklich geblieben. Darum der Wunsch des Autors, mit den Angaben über Viertel und Gassen auch den religiösen Genius loci zu beschwören!

Als Gefährte des Gottesgesandten wird Abū Mūsā vorgestellt. Greifen wir zu den einschlägigen Quellen und versuchen, diese Behauptung zu überprüfen, so werden wir enttäuscht. Irgendeine Spur in der Prophetenvita scheint er nicht hinterlassen zu haben. Der ägyptische Zweig der Banū Ġāfiq wird mit Stolz darauf verwiesen haben, daß jemand aus seiner Mitte in einer – freilich nicht mit Taten zu belegenden – Beziehung zum Gottesgesandten gestanden hatte. Einer der vielen Mitläufer wird Abū Mūsā gewesen sein, die in die kriegerischen Ereignisse verstrickt worden waren, die das Auftreten Muḥammads ausgelöst hatte. In den biographischen Handbüchern über die Gefährten kommt er nur vor, weil er als Gewährsmann für die beiden Aussprüche genannt wurde.[66] Außer der Tatsache, daß ein Abū Mūsā vom Stamme Ġāfiq mit den Eroberern nach al-Fusṭāṭ gelangt war, wußte man offenbar nichts.

Das erste angebliche Prophetenwort ist vermutlich zum ersten Mal im Irak in Umlauf gesetzt worden. Es ist in unterschiedlichem Zusammenhang auf zahlreichen Wegen überliefert worden, und man hat keinerlei Anlaß zu der Annahme, daß es in Ägypten ausgerechnet von diesem Abū Mūsā verbreitet worden sei. Wahrscheinlicher ist, daß man in Ägypten nachträglich versucht hat, für einen Muḥammad zugeschriebenen Spruch, der im 8. Jahrhundert überall in der islamischen Welt im Schwange war, auch einen heimischen Gewährsmann auszumachen. Warum es gerade Abū Mūsā sein sollte, ist nicht zu klären.[67] Die zweite Überlieferung kleidet eine allgemein befolgte Regel in ein Prophetenwort: Wenn man in den Zustand großer Unreinheit geraten ist, soll man, bevor man Speise zu sich nimmt, zumindest eine kleine Waschung vollziehen, die allerdings noch nicht den Grad an Reinheit gewährleistet, der für die Riten unerläßlich ist.[68]

Zwischen der Person des Gewährsmannes und den Überlieferungen, die man auf ihn zurückführt, läßt sich in diesem Fall kein Zusammenhang entdecken. Anders ist dies im folgenden Beispiel. Ibn ʿAbd al-Ḥakam beschreibt die Lage des Anwesens von Abū Ḏarr al-Ġifārī,[69] einem bekannten Genossen Muḥammads, und kommt dann auf das Haus eines Ibn Ǧabr zu sprechen, das an das Viertel Abū Ḏarrs angrenzt. Ibn Ǧabr ist, offenbar nachdem er den Islam angenommen hatte, in ein Klientelverhältnis zum Stamm der Ġifār getreten. „Dieser Ibn Ǧabr führte (einst) die Gesandtschaft des Muqauqis an den Propheten. Mit dieser Gesandtschaft wurden Mārija und ihre Schwester geschickt, sowie Geschenke. Die Kopten behaupten, einer der ihren sei ein Prophetengefährte, womit sie Ibn Ǧabr meinen. Dem Abū Ḏarr aber hatte der Gottesgesandte bezüglich Ägyptens eine bestimmte Anweisung gegeben:

... ʿAbd ar-Raḥmān b. Šumāsa al-Mahrī hörte Abū Ḏarr erzählen: Ich hörte, wie der Gottesgesandte sprach: ‚Ihr werdet ein Land erobern, in dem nach Karat[70] gerechnet wird. Meint es mit den Bewohnern gut! Denn sie genießen unseren Schutz und sind mit uns verwandt!'"[71] Im Jahre 628 hat Muḥammad nach der Überlieferung an den Patriarchen von Alexandria – in den arabischen Quellen ist er unter dem Namen al-Muqauqis bekannt[72] – die Aufforderung gerichtet, den Islam anzunehmen. Der Kirchenfürst antwortete mit der erwähnten Gesandtschaft, und Muḥammad verehelichte sich mit Mārija, die ihm einen Sohn, Ibrāhīm, gebar, der jedoch im Kindesalter starb.[73] – Ist es wahrscheinlich, daß Muḥammad die Eroberung Ägyptens vorausahnte? Daß er gegen Ende seines Lebens von der universalen Gültigkeit seiner Botschaft überzeugt war, ist eine Tatsache. Auf jeden Fall kann man sich gut vorstellen, daß nach der Eroberung ein – vermeintliches – Wort Muḥammads, das den Muslimen die fürsorgliche Behandlung der Kopten ans Herz legt, mit der Autorität Abū Ḏarrs abgesichert wurde. Die Beziehungen Abū Ḏarrs zum einstigen Gesandten des Muqauqis legten dies nahe, und Muḥammads Ehe mit Mārija lieferte einen plausiblen Grund für eine solche Wertschätzung.

Die Anfänge der Überlieferung vom Reden und Tun Muḥammads sind nicht mit Quellen zu belegen. Verfolgt man einzelne Aussprüche des Propheten unter Heranziehung des historischen und biographischen Materials, das die islamische Wissenschaft etwa seit dem 8. Jahrhundert aufgehäuft hat, gelangt man kaum über das Jahr 700 zurück. Es klafft zwischen Muḥammads Tod und dem Beginn der Sichtung und Aufzeichnung alles dessen, was man mit dem Propheten in Verbindung brachte, eine Lücke von zwei oder drei Generationen. Die ersten Zeugnisse einer Überlieferungstätigkeit weisen oft einen lokalen Charakter auf.[74] – Denken wir an den Ausspruch über die Kopten! – Auch Aussagen allgemeinen Inhalts können bisweilen mit einer bestimmten Region der islamischen Welt in Verbindung gebracht werden, von der aus sie sich überall hin verbreiteten.

Überlieferungen, deren lokaler Bezug eindeutig ist, können, sofern sie nicht in den Hedschas gehören, kaum von Muḥammad selber stammen. Im übrigen spiegeln derartige Aussprüche oft eine spätere Problematik in die Zeit Muḥammads zurück und sind deshalb unschwer als Anachronismen zu erkennen. Der Rat, die Kopten zu begünstigen, setzt schon die Schwierigkeiten der Besteuerung nichtmuslimischer Untertanen voraus. Das Wort, mit dem sich Muḥammad verbittet, in seinem Namen Lügen zu erzählen, stammt aus dem Irak, wo der Schatz der Überlieferungen im frühen 8. Jahrhundert besonders schnell anwuchs, und deutet die Besorgnis über diese Tatsache und ihre Folgen an. Aber warum sollte Muḥammad in seiner alltäglichen Glaubensübung nicht wirklich, wie oben behauptet, verfahren sein, wenn er in den Zustand der großen rituellen Unreinheit gekommen war? – Bei der Auswertung einzelner Überlieferungen steht der Forscher oft vor einer unübersteigbaren Hürde. Jeder Ausspruch, für den Ort, Zeit und Umstände geklärt werden können, scheidet als unecht aus. Und auf den anderen lastet der Argwohn, daß auch sie eines Tages als frommer Betrug entlarvt werden könnten.[75] Den europäischen Forscher mag dies persönlich wenig berühren, und eine radikale Skepsis gegenüber dem ,,ḥadīṯ"[76] als einer Quelle für die Kenntnis von Muḥammads Handeln und Denken läßt sich wissenschaftlich rechtfertigen. Es darf aber nicht übersehen werden, daß die Behauptung, die Überlieferungen seien grundsätzlich gefälscht, eine unbestreitbare Gegebenheit aus dem Auge verliert: Der Prophet war eine Persönlichkeit, die viele Zeitgenossen in ihren Bann zog, und sein Werk wurde nach seinem Tode nicht zerstört, wenn es auch zunächst gefährdet erschien.[77] Es wäre sehr ungewöhnlich, wenn, außer der Offenbarung selbst, alle seine Worte und Taten in Vergessenheit geraten und drei Generationen später durch lauter erfundene ersetzt worden wären. – Es wurde vieles erdichtet, und uns fehlt der Schlüssel zur Identifizierung des Echten.

Schon die früheste islamische Ḥadīṯ-Wissenschaft war sich, wie sich zeigen wird, dieses Mangels bewußt, und sie mußte er viel stärker schmerzen als den nichtmuslimischen Historiker. Denn die Entwicklung der nachprophetischen Gemeinde brachte es mit sich, daß die Interessenkonflikte, die Muḥammad kraft seiner überragenden Persönlichkeit hatte überspielen können, offen aufbrachen, verschärft und ausgeweitet durch die Folgen der militärischen Siege der ersten Jahrzehnte nach dem Tod des Gottesgesandten. Gab wirklich der Koran auf jedes Problem eine befriedigende Antwort? – Was lag näher, als sich in Streitfällen auf die gute Sitte, die ,,Sunna" der Altvorderen zu berufen? Das taten alle Unzufriedenen, und woran sie Anstoß nahmen, das war ihnen eine Verletzung des Hergebrachten, eine verwerfliche Neuerung. Seit der mittleren Omaijadenzeit belegen Quellenzeugnisse, daß in politischen Auseinandersetzungen nach dem Schema ,,Sunna wider Neuerung" argumentiert wird. Der Begriff der Sunna hat noch einen sehr weiten Inhalt und bezeichnet das Herkommen im allgemeinen Sinn, wenn auch eine Vorliebe für die früheste islamische Geschichte zu erkennen ist – für einen Zeitraum, der neben der prophetischen Gemeinde die Kalifate Abū Bakrs (reg. 632–634) und ʿUmars (reg. 634–644) einschloß.

Der Omaijade ʿUmar b. ʿAbd al-ʿAzīz (reg. 717–720) war der erste Herrscher, der die Überlieferung für seine Entscheidungen fruchtbar machen wollte.[78] Im sunnitischen Islam genießt er deshalb hohes Ansehen; man sammelte früh Aussagen und Verlautbarungen von ihm. Deswegen haben wir wenigstens eine oberflächliche Vorstellung vom Zustand der Überlieferung in jenen Tagen.[79] ʿUmar b. ʿAbd al-ʿAzīz verfaßte einmal ein Schreiben an einen gewissen aḍ-Ḍaḥḥāk b. ʿAbd ar-Raḥmān, seinen Gouverneur in Damaskus,[80] und befahl ihm, einen Stammeszwist zu unterdrücken. Der Kalif berief sich hierbei auf zwei Koranverse, in denen hervorgehoben wird, daß alle Muslime Brüder seien und daß Gott ihnen den Islam als den Glauben geschenkt habe, der sie alle eine.[81] Dann fuhr ʿUmar fort: „Man unterrichtete mich auch davon, daß einige Männer sich gegenseitig zum Bundesschwur aufforderten. Dabei hat doch der Gesandte Gottes einen Bundesschwur mit den Worten untersagt: ‚Im Islam gibt es keinen Bundesschwur!' Er sprach (ferner): ‚Alle Bundesschwüre, die in der Heidenzeit geleistet wurden, werden im Islam noch an Schärfe gewinnen.' Es könnte nämlich eine der beiden Parteien den sündhaften Schwur, der Auflehnung gegen Gott und seinen Gesandten bedeutet, einhalten wollen. Und wenn sie dann (den Propheten) verläßt, gibt sie den Islam auf."[82] Alte Bündnisse tragen den Keim zu leidenschaftlichem Streit in sich.

Zum vorislamischen Stammesbund sagt der Koran nichts aus. Er preist nur die brüderliche Einheit, die der neue Glaube zwischen all seinen Anhängern stiftet. Die vorislamischen politischen Formationen haben keinen Bestand mehr. Dies wird aber nicht ausdrücklich in der Offenbarung festgestellt. Deshalb zieht der Kalif eine vermutlich gut bekannte Äußerung Muḥammads heran und erläutert sie mit einem weiteren Zitat, das auf den Propheten zurückgeführt wird: Tritt einer von zwei Bündnispartnern zum Islam über, ergibt sich hieraus Zwist. Folglich müssen alle ehemaligen Bündnisse für unwirksam erklärt werden. – Wie in diesem Fall, so finden wir auch anderweitig in einem überlieferten Schreiben ʿUmar b. ʿAbd al-ʿAzīz' den Brauch, Muḥammad, Abū Bakr und ʿUmar als Zeugen aufzurufen. Ihre – angeblichen? – Aussprüche ergänzen den Koran. Der Gedanke, daß diese Worte nicht alle echt sein könnten, scheint dem Kalifen noch fern zu liegen. In der „wissenschaftlichen" Beschäftigung mit der Überlieferung setzt man zur selben Zeit nicht mehr solch unerschütterliches Vertrauen auf jeden Ausspruch, der unter der Flagge des Propheten und seiner Gefährten segelt. „Wer hat dies erzählt?" lautet die Frage, „ein Lügner oder ein zuverlässiger Mann?" Um das Wahre vom Erfundenen zu trennen, standen Sachgesichtspunkte kaum zur Verfügung. Also prüfte man die Tradenten, aus denen nun Bürgen für die Echtheit der Überlieferung wurden – mit der Folge, daß eine Überlieferung ohne einen Bürgen wertlos wurde.

In den großen Ḥadīṯ-Sammlungen des 9. Jahrhunderts, von denen einige das Ansehen kanonischer Bücher gewannen, findet sich Muḥammads Verdikt über den Bündnisschwur natürlich nur in Fassungen, die mit Überliefererketten abgesichert sind. Es fehlt hier der Raum, um alle Varianten dieser Ketten sowie den unterschiedlichen inhaltlichen Zusammenhang zu erörtern, in den der Ausspruch gestellt wird. Ǧubair b. Muṭʿim heißt der Gewährsmann in einer Fassung, deren Text die beiden Prophetenworte, die ʿUmar b. ʿAbd al-ʿAzīz zitierte, so aneinanderfügt, daß sie wie eine einzige Äußerung Muḥammads wirken. Mit Ǧubair als Tradenten werden wir in die Zeit hinabgeführt, in der wohl zum ersten Mal mit der Berufung auf dieses Wort gegen den – vom Islam in einer höheren Einheit aufgehobenen – Stammespartikularismus gefochten wurde. Ǧubair war einer der Fachleute für geneaologische Fragen, die den zweiten Nachfolger Muḥammads, ʿUmar b. al-Ḫaṭṭāb, bei der Aufstellung eines Verzeichnisses aller arabischen Stämme unterstützt hatten; als Ordnungsprinzip hatte neben dem vorislamischen Rang vor allem das Verdienst um den Islam gegolten. Unter Muʿāwija I. (reg. 660–680) beteiligte sich Ǧubair am Aufbau eines ,,islamischen" Ordnungsgefüges der Stämme, in welchem die Quraiš, aus denen der Prophet und die Kalifen hervorgegangen waren, die Spitze bildeten und in dem auch solche Stämme, die vor Muḥammad nie in einer geneaologischen Beziehung zu den Quraiš gestanden hatten, einen Platz zugewiesen bekamen. Die politische Ordnung Arabiens sollte umgestaltet werden; so ist es nicht erstaunlich, daß neben dem von ʿUmar b. ʿAbd al-ʿAzīz zitierten Prophetenwort andere ähnlichen Inhalts ebenfalls auf Ǧubairs Autorität gestützt werden.[83]

Einen Zipfel der Hülle unserer Unkenntnis, die die frühe Geschichte fast aller Ḥadīṯe bedeckt, haben wir mit Hilfe des Gewährsmannes Ǧubair b. Muṭʿim lüpfen können, und wir sind offensichtlich recht nahe an Muḥammads Lebenszeit herangekommen. Warum dies nur sehr selten gelingt, wird gleich klar werden. Betrachten wir eine andere Variante! Ihr Text lautet: Az-Zuhrī berichtet...: Der Prophet sprach: ,,Als Jüngling erlebte ich zusammen mit meinen Oheimen den ‚Bündnisschwur der Parfümierten'. Um alles in der Welt möchte ich ihn nicht brechen." Der Ḥadīṯ-Sammler az-Zuhrī fährt fort: Der Gesandte Gottes sprach (ferner): ,,Der Islam traf keinen Bündnisschwur, ohne ihn zu verschärfen. Und im Islam gibt es keinen Bündnisschwur!" Denn der Gesandte Gottes stiftete Eintracht zwischen den Quraišiten und den medinensischen Helfern.[84] – Von az-Zuhrī, einem Zeitgenossen des ʿUmar b. ʿAbd al-ʿAzīz, reicht die Gewährsmännerkette über Muḥammad b. Ǧubair, dessen Vater Ǧubair b. Muṭʿim zu dem bekannten Gefährten ʿAbd ar-Raḥmān b. ʿAuf, der für den ersten Teil des Inhalts bürgt.

Was lernen wir aus dieser Fassung? Offenbar ist über Muḥammads Verdikt nachgedacht worden, und man läßt den Propheten bei einem Schwur zugegen sein, mit dem die Machtverhältnisse im heidnischen Mekka abgesteckt worden waren. Die Anwesenheit Muḥammads ist sicher ein Anachronismus,[85] der zudem das eindeutige Verbot des Bündnisschwurs im Islam ins Zwielicht bringt. Man benötigte diesen Anachronismus anscheinend, um eine andere Auslegung der „Verschärfung der Bündnisschwüre im Islam" zu rechtfertigen, als ʿUmar b. ʿAbd al-ʿAzīz sie gewollt hatte: „Verschärfung" nun im Sinne einer gesteigerten Wertschätzung von Bündnissen, die vor dem Islam gestiftet worden waren, während im Islam ein Verbot neuer Abschlüsse gelten sollte. Zwei Erklärungen dieses Widerspruchs sind möglich: Die Gegner der omaijadischen Vereinigungspolitik wollten sich ebenfalls auf Muḥammad berufen; ihr Stammesbund, der in das von den Quraiš beherrschte Gefüge eingereiht werden sollte, hatte angeblich eine vorislamische Tradition. Doch auch die Omaijaden führten in jener Zeit ihren Herrschaftsanspruch auf Ereignisse im vorprophetischen Mekka zurück.[86] Da az-Zuhrī dem Damaszener Hof nahestand, ist die zweite Erklärung am wahrscheinlichsten. – Des weiteren ist in diese offenkundige Kompilation widersprüchlicher Elemente eine Andeutung eingeflossen, die Muḥammads Verurteilung in islamischer Zeit abgeschlossener Bündnisse mit einem „heilsgeschichtlichen" Ereignis verknüpfen und ihr damit ein höheres Maß an Authentizität verleihen soll: Kurz nach der Hedschra verbrüderte der Prophet seine mekkanischen Anhänger mit den Medinensern, die die Flüchtlinge aufgenommen hatten – es entstand eine die alten Stammesgrenzen überschreitende islamische Gemeinschaft. Hierin mag man eine mittelbare Bekräftigung der omaijadischen Politik erkennen, sofern man sich die zweite der eben besprochenen Deutungen zu eigen macht. –

Die von az-Zuhri überlieferte Fassung spiegelt etwas von der Diskussion wider, die das auf Muḥammad zurückgeführte Verbot und die hiermit begründete Politik ausgelöst hatten, und man erkennt den Versuch, beides mit einem Markstein der islamischen „Heilsgeschichte", der Verbrüderung, in Verbindung zu bringen. Diese Absicht wird durch die Nennung ʿAbd ar-Raḥmān b. ʿAufs als des letzten Bürgen noch unterstrichen. Ǧubair b. Muṭʿim, ein Mann, der in der Prophetenvita keinen ausgezeichneten Platz einnimmt, genügt nicht als Gewährsmann – einer der frühesten Gläubigen,[87] einer jener zehn, denen der Prophet das Paradies verheißen haben soll, ist für diese Rolle viel besser geeignet.

Schließlich wollen wir einen Blick auf eine mehrfach belegte dritte Fassung werfen. Ihr ältester Zeuge ist Anas b. Mālik, der in seiner Jugend ein Diener des Propheten war, später im Irak lebte und als Gewährsmann für eine Unmenge von Ḥadīṯen bemüht wurde. Diesen Anas, so will es die Überlieferung, fragte man eines Tages: „Hast du erfahren, daß der Gesandte Gottes einmal sprach: ‚Im Islam gibt es keinen Bündnisschwur?'" Hierauf antwortete Anas: „Der Gesandte Gottes stiftete in seinem Haus einen Bund zwischen den Quraiš und den Helfern."[88] – Das, was bei az-Zuhrī als Tendenz zu erkennen war, hat sich in dieser Fassung klar durchgesetzt. Das Wort ist eingebettet in die heilige

Zeit der Urgemeinde, und der Zeuge des Wortes ist einer der Gefährten Muḥammads, deren Lebensbeschreibungen immer mehr die Merkmale von Hagiographien annehmen, je später die Quelle ist.[89]

Dieses kleine Beispiel gibt uns Einblick in eine folgenreiche Entwicklung. Das Wort des Propheten, noch ohne Beiwerk zitiert, verliert im frühen 8. Jahrhundert seine Überzeugungskraft. Es entsteht der Wunsch, die Glaubwürdigkeit durch eine lückenlose Überliefererkette, den Isnad, abzusichern. Az-Zuhrī soll der erste gewesen sein, der so verfuhr.[90] Damit setzt zugleich ein Prozeß der Vergegenwärtigung einer – idealisierten – Frühgeschichte ein, in die man die aktuellen Fragen zurückprojiziert. Wie unser Beispiel lehrt, wählte man am liebsten solche Zeugen, deren Frömmigkeit und feste Verwurzelung im Islam über jeden Zweifel erhaben waren. Anas b. Mālik oder ʿAbd ar-Raḥmān b. ʿAuf sind „bessere" Bürgen als der Sachkenner Ǧubair b. Muṭʿim, und die Menge der jenen beiden zugeschriebenen Überlieferungen übersteigt diejenigen Ǧubairs um ein vielfaches – falls er später überhaupt noch beachtet wurde; denn ihm fehlte der Heiligenschein.[91] Der Wunsch nach unanfechtbarer Autorität wirkte sich schließlich auf den Inhalt der Überlieferungen aus. Wegen des geheiligten Zeugen wird die Aussage zum unmittelbaren Teil des idealisierten Geschehens in der Urgemeinde. Und nur in dieser Eigenschaft wird die Überlieferung dank der Zeugenkette zur gegenwärtig und für alle Zeit verpflichtenden Norm. Die „heilige" Vergangenheit rinnt mit der Gegenwart in eins – viel stärker als dies beim Vorliegen einfacher Aussprüche des Propheten hätte geschehen können und wenn deren wirklicher geschichtlicher Zusammenhang erkennbar geblieben wäre.

Ein zweiter Gesichtspunkt für die Bewertung der Sunna seit dem 8. Jahrhundert ergibt sich ebenfalls aus der Einführung der Zeugenkette. Der Gläubige, der einer solchen Überlieferung lauscht, hat nicht nur unwillkürlich die Empfindung, ein Bruchstück jener geschichtsmächtigen heiligen Wahrheit des Anfangs zu vernehmen, er hat auch die Gewißheit, daß der Inhalt richtig ist. Denn wenn die Kette aus lauter zuverlässigen Gliedern besteht, muß dies der Fall sein. Die islamische „Wissenschaft von den Gewährsmännern" entstand, nachdem das Verfahren der Nennung eines Isnads allgemeiner Brauch geworden war. Den Isnad, seine Einzelbestandteile, konnte man kritisch prüfen. Konnten die in ihm genannten Männer einander etwas überliefert haben? Und welchen Leumund hatten sie gehabt? Waren sie zuverlässig, leichtfertig oder gar lügnerisch gewesen? Die Erörterung des Inhalts der Ḥadīṯe verstummte niemals völlig, aber sie trat doch hinter der Frage der Beurteilung der Bürgen weit zurück. Ohnehin war ja die Bewertung des Inhalts einer Nachricht außerordentlich schwierig, wenn man, wie geschildert, Gegenwart und verpflichtende Vergangenheit immer wieder unter neuen

Gesichtspunkten ineinanderfließen ließ. Hatte man sich von der Glaubwürdigkeit der Glieder einer Kette überzeugt, war der Inhalt formal als „gesund" erwiesen; er war nun für das Jetzt maßgebend und wies den Weg, den man gehen mußte, und die prophetische Zeit würde wieder heraufziehen. Die Formalisierung der Überlieferungen und deren Loslösung von der Faktengeschichte sowie Einschmelzung in eine idealisierte Heilsgeschichte erscheinen als zwei Aspekte ein und desselben Prozesses, dessen Ergebnis ein gewaltiger Komplex von Einzelnormen war, die als prophetisch galten und den Gläubigen das Gefühl vermittelten, in all seinen Handlungen auf einem festen Grund zu stehen.[92] Die moderne historische Forschung mag zeigen, wie wenig begründet solche Gewißheit in vielen Fällen ist, sie muß jedoch diese Gewißheit in ihrer geschichtlichen Tragweite ernst nehmen.

Als Abū Ḥanīfa lebte, war die Formalisierung der Überlieferung erst im Gange; für ihn und seine frühe Schule hat das Ḥadīṯ deshalb noch nicht den überragenden Quellenwert wie für die Schafiiten. Es wird aber verständlich, weshalb bei den Hanafiten späterer Jahrhunderte das Argumentieren mit der Überlieferung an Gewicht gewann. Als aš-Šāfiʿī seine Lehre von den Quellen des Rechts schuf, war die beschriebene Entwicklung des Ḥadīṯ im wesentlichen abgeschlossen. Aš-Šāfiʿī konnte deshalb in der Überzeugung arbeiten, es stehe ihm für nahezu jedes Problem eine abgesicherte Überlieferung vom Propheten zur Verfügung. Die Berufung auf eigene Einsicht mochte ihm angesichts dessen frivol erscheinen. Er konnte auch fordern, daß alle Überlieferungen, wenn sie eine hohe Autorität haben sollten, eine Zeugenkette bis zu Muḥammad selber aufweisen mußten. Daß die „Wissenschaft von den Gewährsmännern" auch zur Fälschung vorzüglicher Ketten mißbraucht werden konnte, war ihm vielleicht nicht bewußt. Daß dies wirklich geschah und viel Material, das zunächst gar nicht auf Muḥammad zurückgeführt worden war, nun unter den angesehensten Isnaden zirkulierte, ist seit langem bekannt.[93]

Galt erst einmal das Prophetenḥadīṯ als authentisch, dann mußte es natürlich großen Einfluß auf die Rechtswissenschaft gewinnen. Von der gegenseitigen Durchdringung von Recht und Ḥadīṯ zeugen die großen kanonischen Sammlungen des späten 9. Jahrhunderts. Al-Buḫārī und Muslim bieten ihr Material nicht mehr in einer Anordnung dar, die jeweils alle Überlieferungen zusammenfaßt, die über einen bestimmten Prophetengefährten in Umlauf gekommen sein sollen. Sie gliedern alles nach Sachgesichtspunkten wie etwa „rituelle Reinheit", „Gebet", „Ehe", „Kaufverträge" usw. und erleichtern den Rechtsgelehrten damit den Zugang zu den Nachrichten vom normsetzenden Vorbild Muḥammads.

3. Die „Belastung“

Im „Buch des Beweises“, seiner großen theoretischen Abhandlung über die islamische Rechtswissenschaft, gibt al-Ǧuwainī eine knappe Definition seines Gegenstandes. Recht im eigentlichen Sinne ist „Begreifen“[95] – ein Wort, das von der „Einsicht“ der Hanafiten deutlich zu trennen ist. Der hanafitische Gelehrte mag einen Sachverhalt prüfen und aufgrund der in Erwägung gezogenen Kriterien zu einer „Einsicht“ darüber gelangen, wie dieser Sachverhalt juristisch, zu beurteilen ist. „Begreifen“, das arabische Wort, das sich zum Terminus technicus für die Jurisprudenz entwickelte, meint etwas anderes. Es ist, wie al-Ǧuwainī schreibt, das „Wissen um die Bestimmungen der ‚Belastung‘“.[96] Der Mensch ist nämlich nicht zu freier Leitung seiner selbst geschaffen worden; er ist vielmehr, sobald er reif und im Vollbesitz seines Verstandes ist, der Fremdleitung durch die Scharia unterworfen, deren Vorschriften, wie wir bereits wissen, nach schafiitischer Lehre vor allem Ausdruck einer „Knechtung“ sind und nur unter allgemeinen Gesichtspunkten mit Zwecken übereinstimmen, die die menschliche Vernunft anstrebt. Um dem Einwand zuvorzukommen, die meisten Vorschriften seien nur mit hoher Wahrscheinlichkeit, nicht aber mit völliger Gewißheit zu ermitteln, präzisiert al-Ǧuwainī seine Definition: „Begriffen“ wird nicht das in vielen Fällen unerreichbare sichere Wissen um die Bestimmungen, sondern das sichere Wissen um die Verpflichtung, diesen Vorschriften trotz der bloßen Wahrscheinlichkeit ihrer Richtigkeit zu folgen. „Einzelüberlieferungen und juristische Analogien an und für sich erfordern noch nicht eine bestimmte Handlung. Diese wird vielmehr durch die ... schlagenden Beweise dafür erfordert, daß eine Handlung notwendig ist, sobald Einzelüberlieferungen vorliegen oder Analogieschlüsse gezogen werden.“[97]

Mit dieser umständlich anmutenden Formulierung weist al-Ǧuwainī auf den für ihn wichtigsten Teil der Rechtswissenschaft hin – auf die Frage, wie man die überlieferten Quellen, also Koran und Ḥadīṯ, für die Rechtsfindung fruchtbar machen kann. Und er gibt sich keinen Träumereien hin: In bezug auf den Inhalt der Einzelvorschrift ist nur bisweilen völlige Gewißheit zu erzielen. Darin unterscheidet sich die Rechtswissenschaft von der rationalen Theologie, die für sich in Anspruch nimmt, stets zu unbezweifelbaren Aussagen vorzudringen. Unanfechtbar ist freilich, daß der Mensch sich an die Vorschriften halten muß. Er ist im Normalfall mit ihnen belastet, und solche „Belastung“[98] ist die unabweisbare Bedingung für das Beschreiten des Heilsweges, den die Propheten Gottes seit den Tagen Adams immer aufs neue verkündet haben. Ohne die Übernahme der Bürde gibt es keine Rechtleitung. Der Koran verwendet noch nicht den Begriff der „Belastung“, spricht den Sachverhalt aber schon deutlich aus. „Diejenigen, die glauben und gute Werke tun – und wir belasten einen jeden nur mit soviel, wie er zu leisten vermag! – die sind die Bewohner des Paradieses, ewig bleiben sie darin!" versichert Gott den Muslimen in Sure 7,42.

Glaube und Werke, dies ist die Forderung des Schöpfers an die Menschen, und wer ihr nachkommt, hat Lohn im Jenseits zu erwarten. In der islamischen Rechtswissenschaft lernte man früh, die Werke in ein System von fünf Bewertungen einzuordnen. Eine Tat kann Pflicht sein – ihre Unterlassung zieht im Jenseits Strafe nach sich, ihr Vollzug erbringt Lohn; eine empfehlenswerte Tat wird belohnt, wer sie unterläßt, hat aber keine Strafe zu gewärtigen; viele Handlungen sind den Menschen freigestellt und haben keine Folgen für das Geschick im Jenseits; verabscheuenswert sind Taten, deren Unterlassung belohnt, deren Vollzug aber nicht geahndet wird; verbotene Handlungen werden bestraft.[99] Mit diesen Kategorien gewann die Rechtswissenschaft die Möglichkeit, jede Regung des Gläubigen unter dem Blickwinkel der Scharia zu beurteilen. Es stellte sich freilich die Frage, ob die „Belastung" allein in den Geboten und Verboten gegeben sei oder die Anerkennung des gesamten Fünfersystems durch den Gläubigen erfordere. Im zweiten Fall gäbe es tatsächlich keine Handlung mehr, die ohne einen Bezug zur „Belastung" bliebe.[100]

Man könnte sich nämlich einerseits dafür aussprechen, die „Belastung" finde ihren Grund allein im Streben des Gläubigen nach Gewinn des Paradieses und Vermeidung der Höllenpein. In den Vordergrund träte ein inhaltlicher Gesichtspunkt der Scharia, denn sie bezöge sich auf alles, was eine Auswirkung auf das Urteil Gottes am Jüngsten Tag hat. Unter diesem Blickwinkel wäre die Scharia nicht allumfassend, da die freigestellten Taten von ihr nicht betroffen werden. Andererseits könnte man der Meinung sein, der Befund, eine Tat sei freigestellt und ohne Folgen für das Jenseits, werde allein unter stillschweigender Voraussetzung der Scharia möglich. Ihre Vorschriften wären dann eben doch in jedem Fall zu Rate zu ziehen, so daß der Gläubige einer allgegenwärtigen und ununterbrochenen „Belastung" unterläge. Der Muʿtazilit Abū Hāšim al-Ǧubbāʾī hatte sich für die erstere Ansicht ausgesprochen,[101] was einleuchtet, weil die Muʿtazila der Überzeugung ist, daß der Mensch zu eigenverantwortlichem Handeln befähigt ist und Gott ihn gerecht beurteilt. Auch Ibn al-Baqillānī wollte die „Belastung" nicht mit freigestellten Handlungen in Zusammenhang bringen. Wie Abū Hāšim dachte er noch an den ursprünglichen Wortsinn, nämlich an etwas, das dem Menschen auferlegt ist und dessen Erfüllung Mühe macht. Abū Isḥāq al-Isfarāʾinī war der Aschʿarit, der sich auf den formalen Standpunkt versteifte, dem auch al-Ǧuwainī zuneigt: Freigestellte Taten fallen insofern unter die Scharia, als sie nur mit deren Hilfe ermittelt werden können.[102] Da die Aschʿariten lehren, der Mensch wirke seine Taten nicht selber, sondern erwerbe sie nur, können sie auch einen ganz umfassenden Begriff der „Belastung“ vertreten; ein eigenverantwortliches Streben nach dem Heil kann dann nicht der Grund der Scharia sein.

Ein wichtiges Motiv für die Idee einer universalen „Belastung“ ist schließlich in der Suche nach unerschütterlicher Gewißheit über das rechte Tun zu entdecken. Nehmen wir einmal an, erklärt al-Ǧuwainī, jemand verfalle auf den Gedanken, ein göttliches Gesetz, eine Scharia, müsse prinzipiell das Wohl der Menschen mehren – und daß dies tatsächlich der Fall ist, wird kein Gläubiger anzweifeln. Wenn nun aber in Wirklichkeit noch keine Scharia offenbart worden ist, wird der Mensch, der jene Überlegung angestellt hat, auf eigene Faust versuchen, seine Bedürfnisse zu befriedigen und Schaden abzuwenden. Hierbei wird er rasch in eine zwiespältige Lage geraten, in der er verschiedene Möglichkeiten, sein Wohl zu mehren, gegeneinander abwägen muß. Klare und eindeutige Entscheidungen wird er erst treffen können, wenn ihm ein Gesetz offenbart wird, das ihm eine feste Ausgangsbasis für Analogien bietet, „die durchaus jenseits seines Fassungsvermögens liegen kann, so daß der Verstand ihr wahres Wesen nicht durchschaut...“ Auf die Frage nach der Universalität der „Belastung“ angewendet, bedeutet dies tatsächlich den Zwang, immer, auch bei freigestellten Handlungen, sich auf die einzig feste Grundlage zurückzubeziehen, und zwar aus Vorsicht, denn der Mensch kann sich nicht auf sein eigenes Urteil verlassen. Das Problem, ob die „Belastung“ zweckgebunden oder allumfassend zu denken ist, ist daher von prinzipieller Tragweite und hat die islamische Rechtstheorie viel beschäftigt.

Der „Belastung“ unterliegen natürlich nur Glaubensgenossen, die im Vollbesitz ihrer geistigen und körperlichen Kräfte sind; Kinder und Geisteskranke sind ganz oder zum Teil von ihr frei. Solche Ausnahmen machten keine Schwierigkeiten und tasteten das System nicht an. Ganz anders war dies mit Fällen oder Umständen, in denen sich der „Belastete“ mehreren Pflichten oder Verboten gegenübersah, ohne sie der Reihe nach befolgen zu können. Was galt dann? Mußte dann nicht eine Vorschrift mißachtet werden, wodurch die universale Gültigkeit der „Belastung“ ins Zwielicht geriet? Abū Hāšim al-Ǧubbāʾī, der als Muʿtazilit nicht den allumfassenden Geltungsanspruch befürwortete, erfand einige solcher Fälle, die die Gelehrten bis in die Zeit al-Ǧuwainīs beschäftigten. Hätte man hierauf keine Antwort finden können, die der Lehre von der uneingeschränkten „Belastung“ gerecht geworden wäre, hätte dies für die Theorie des islamischen Rechts unabsehbare Folgen gehabt. Es hätte den Glauben an die Vollkommenheit des göttlichen Gesetzes erschüttern müssen!

Eine der Szenen Abū Hāšims ist ein wenig makaber. Jemand ist mitten unter eine Schar Verletzter geraten und hockt einem von ihnen auf der Brust. Dabei ist ihm bewußt, daß er unverzüglich seinen Platz räumen müßte, weil sonst der Verletzte unter ihm unweigerlich stürbe. Aber es gibt keine Möglichkeit, sich zu entfernen, es sei denn man träte auf einen anderen Verletzten, was wiederum dessen Tod nach sich zöge. Al-Ǧuwainī gesteht ein, daß in einer solchen Lage die „Belastung" mit der Scharia nicht aufrechterhalten werden kann; es wäre eine „Belastung, die nicht erträglich ist", denn es gibt keinerlei Gelegenheit, das Gebot, Leben zu schonen, zu erfüllen. Welchen Ausweg soll man einschlagen, um dennoch die weitere Gültigkeit der Scharia zu gewährleisten? Diese Frage stellt sich al-Ǧuwainī, und man sieht, wie sich die Gesichtspunkte verschieben: Es geht nicht um die Lösung des vorliegenden Falles – unter Beachtung der Vorschriften der Scharia ist er unlösbar –, es gilt vielmehr, den universalen Regelungsanspruch des islamischen Gesetzes zu retten. Wenn sich jemand absichtlich in jene Lage gebracht hat, entscheidet al-Ǧuwainī, dann ist nicht daran zu zweifeln, daß eine Widersetzlichkeit gegen Gott vorliegt, die geahndet werden wird. Nicht im Tod eines oder mehrerer Verletzter wäre dann die Schuld des Betreffenden zu suchen, sondern darin, daß er sich in eine derartige Konfliktsituation hineinbegeben hat. Nur wenn jener Gesunde von einem Dritten auf die Verletzten geworfen worden wäre, müßte man ihn vom Vorwurf der Aufsässigkeit gegen Gott freisprechen.[103]

Mit seinem Beispiel kam es Abū Hāšim nicht so sehr darauf an, neben den vielen Vorgängen, die von der Scharia geregelt sind, einen zu entdecken, auf den dies nicht zutrifft. Nicht um eine Lücke ging es ihm, sondern um einen prinzipiellen Mangel, mit dem ein System behaftet ist, das starr der Wirklichkeit übergestülpt und nicht aus ihr hergeleitet wird. Es sind, so führt er uns vor Augen, dann Fälle denkbar, in denen Beurteilungen, die die Scharia vorschreibt, einander ausschließen. Und wie soll man dann verfahren? Der Gesunde ist dann verpflichtet, das Leben desjenigen Verletzten zu retten, auf dem er gerade hockt, aber diesem Gebot kann er nur nachkommen, indem er das Verbot, niemandes Leben zu gefährden, mißachtet. Das göttliche Gesetz hebt sich gewissermaßen selber auf – ein schwer erträglicher Gedanke! Jeder Schritt, den der Gesunde tun würde, wäre notwendig und verboten zugleich. Zu lösen wäre das Problem nur, wenn man eine selbständige Abwägung der einander widerstreitenden Rechtsgüter zuließe. Die Folge wäre unweigerlich eine Entscheidung, die eben nur menschliche Merkmale trüge, und wohin so etwas führen kann, haben uns aš-Šāfiʿī und al-Qaffāl al-Marwazī schon bewußt gemacht!

Al-Ǧuwainī und andere Rechtsgelehrte vor ihm waren von Abū Hāšim vor die schwierige Aufgabe gestellt worden, die uneingeschränkte

Geltung des göttlichen Gesetzes selbst in Fällen nachzuweisen, in denen ein und dieselbe Handlung im Augenblick des Vollzugs gegensätzlich zu bewerten war. Nun wissen wir bereits aus der Metaphysik, daß einem Materiepartikelchen zu einem bestimmten Zeitpunkt nicht zwei Akzidenzien innewohnen können, die einander ausschließen.[104] – Spricht also die Metaphysik der Aschʿariten gegen die universale Anwendbarkeit einer abgeschlossen vorliegenden Scharia und damit doch für die Möglichkeit, bei neu auftauchenden Problemen das Gesetz nach der Richtschnur des menschlichen Verstandes weiterzuentwickeln? Dies war der Kern, auf den Abū Hāšims Gedankenversuch zielte. Nahm man die aschʿaritische Theologie wörtlich und übertrug sie auf das Gebiet des Rechts, dann konnte man in ein Dilemma gelangen, aus dem es offenbar keinen Ausweg gab. Was aber, wenn die Scharia nicht mehr bruchlos aus der Theologie abgeleitet werden konnte, aus jenem Wissensgebiet, in dem doch die absolute Sicherheit des Gewußten gegeben sein sollte?

Wie geschickt Abū Hāšim zur Schwächung seiner Gegner Theologie und Recht zusammenzufügen wußte, zeigt ein weiterer Streitfall: Kann ein Gebet, das in einem widerrechtlich besetzten Haus vollzogen wird, als Erfüllung der rituellen Pflicht anerkannt werden? Während die meisten Rechtsgelehrten dies bejahten, erachteten Abū Hāšim und seine Anhänger jenes Gebet für ungültig. In seine Argumentation führte Abū Hāšim die Kategorie der „Befindlichkeit“ ein: Für jede Substanz kann stets eine Aussage über ihren Platz im Raum gemacht werden, und man kann feststellen, ob sie sich mit einer anderen Substanz berührt oder nicht.[105] Diese Kategorie überträgt man auf das Gebet,[106] und dann gilt: „Wenn dieses in einem usurpierten Haus stattfindet, ist es Widersetzlichkeit, denn der Aufenthalt auf einem usurpierten Stück Land ist verboten. Die Befindlichkeiten, die für das Gebet zutreffen, sind jedoch anbefohlen. Es ist aber unmöglich, daß eine einzige Sache anbefohlen und verboten zugleich ist. Zweifellos kann die Zahl der Befindlichkeiten nicht vermehrt werden, indem man den Pflichtcharakter des Gebets (als eine eigene) rechnet, so daß man deren zwei annimmt: die eine diejenige des Gebets (an sich), die mithin anbefohlen ist, und die zweite (wäre dann) eine Usurpation. Das ist unstreitig falsch . . ., denn diejenige der beiden Befindlichkeiten, die als diejenige des Gebets gilt, ergibt sich auf einem usurpierten Stück Land. Also muß man folgern, daß die Befindlichkeit des Gebetes eine verbotene Usurpation darstellt. Wenn nun feststeht, daß die Befindlichkeit verboten ist und Verbotenes nie anbefohlen sein kann, dann bleibt der Befehl zu beten für den, dem er übermittelt wurde, solange bestehen, bis er ihn endlich ausführt.“[107]

Für die Befindlichkeit eines Gegenstandes oder Aktes kann zu einem gedachten Zeitpunkt nur ein Wert gelten, und dieser bezieht sich eben auf den tatsächlichen Ort. Hierauf beharrt Abū Hāšim, um die bequeme

Ausflucht zu unterbinden, dem Gebet als einer allgemeinen schariatischen Pflicht komme eine eigene Befindlichkeit zu, die von derjenigen des Ortes, an dem es konkret ausgeführt wird, zu trennen sei. Mit dieser Ansicht stellt sich Abū Hāšim völlig auf den Boden des islamischen Rechts, denn in der Tat ist das rituelle Gebet an klar umrissene Voraussetzungen des Raumes und der Zeit gebunden. Ibn al-Bāqillānī, der sich mit Abū Hāšims kniffliger Frage auseinandersetzte, schlug zwei Lösungen vor, die Abū Hāšims Forderung genügten. Die „Belastung" mit dem Gebet werde bei – unverschuldetem – Aufenthalt auf usurpiertem Land hinfällig, genau wie sie nicht mehr gelte, wenn jemand in geistige Umnachtung sinke. Dieser Vorschlag, kritisiert al-Ǧuwainī, „ist des Ranges dieses bedeutenden Mannes unwürdig. Denn die Entschuldigungsgründe, bei deren Vorliegen die Aufforderung (zur Einhaltung der Scharia) erlischt, sind fest umrissen. Die Meinung, der Befehl könne für jemanden nicht mehr gelten, der ihm an sich von Beginn an fortlaufend gehorchen könnte, und zwar wegen einer Widersetzlichkeit, die (mit der Befolgung) verquickt wäre, hat keinerlei Grundlage in der Scharia!" Al-Ǧuwainī hebt hervor, daß Ibn al-Bāqillānī sein Ergebnis zu Unrecht mit einem Consensus der Altvorderen absichern möchte.[108]

Der zweite Lösungsversuch geht ebenfalls, wie Abū Hāšim gefordert hatte, vom Vollzug des Gebetes aus. Ibn al-Bāqillānī meinte, ein geistesabwesender Beter erbringe keinen wirklichen Gottesdienst; dennoch würden ihm die Elemente des Rituals, die er in diesem Zustand erledigt habe, angerechnet, und dies obwohl ihm eigentlich ein wirklicher Gottesdienst aufgetragen sei. In Analogie hierzu sei das Gebet auf unrechtmäßig erworbenem Land gültig. Hierzu führt al-Ǧuwainī aus: „Zwar ist dies schon treffender als die Gedanken anderer, aber ich halte es überhaupt nicht für zwingend. Denn die Gemeinde der Gläubigen ist sich darin einig, daß man die Elemente des Gebets nicht von den wirklichen Handlungen des Gottesdienstes abhängig machen darf. Es genügt vielmehr, die (am Beginn des Gebetes geäußerte) Absicht, verbunden mit dem Vollzug; und die aus ihr resultierende Bewertung erstreckt sich auf das ganze Gebet,[109] selbst wenn diese Absicht währenddessen schwinden sollte. Genauso verhält es sich mit dem Glauben. Niemand hat die Pflicht, seine Kenntnis (des Glaubens) von wirklichen Handlungen des Gottesdienstes abhängig zu machen. Die Kenntnis ist nur einmal notwendig, und die aus ihr resultierende Bewertung besteht fort, solange nicht ein Gegensatz gerade zu dieser Kenntnis auftritt. Folglich erging nie der Befehl, die (Gültigkeit der) Elemente vom wirklichen Gottesdienst abhängig zu machen."

„Unheilvoll ist Abū Hāšims Rede allein deswegen, weil er behauptet, ein Gebet könne Widersetzlichkeit sein; eine Widersetzlichkeit aber sei niemals befohlen, weder zum Zwecke des wirklichen Gottesdienstes, noch zu einem anderen Zweck. Denn Befehl und Verbot ein und derselben Sache schließen einander aus. Aber es ist nicht unmöglich, sich mit den äußeren Formen der Handlungen zu begnügen, selbst wenn diese nicht in Geistesgegenwart und im Bewußtsein der Absicht geschehen. Nun könnte jemand einwenden, die Muslime stimmten darin überein, daß das Gebet in seiner Gesamtheit Gottesdienst genannt werde. Hierauf antworten wir: ‚Ja! Dies gehört zu den bildhaften Bezeichnungen, und die meisten Bezeichnungen dieser Art sind bildhaft.' Wir haben schon vorher an verschiedenen Orten festgestellt, daß das Wirkliche nicht den Bezeichnungen des Gesetzes unterlegt werden kann und daß diese auch nicht das Wirkliche meinen."[110]

In der Terminologie der Scharia erfassen wir nicht die auf einander einwirkenden konkreten Einzelvorgänge, sondern nur ein Endergebnis. Dieser Gedanke al-Ǧuwainīs muß uns in anderem Zusammenhang noch einmal beschäftigen. Halten wir vorerst fest, daß Ibn al-Bāqillānī meinte, ein unaufmerksamer Beter erfülle zwar seine Pflicht, so daß ihm das Gebet gutgeschrieben werde, verfehle aber letzten Endes doch die Sache, die von ihm verlangt werde, nämlich den wirklichen Gottesdienst. Seinen Sinn empfängt dieser Lösungsversuch aus der Überzeugung, die Scharia fordere vom „Belasteten" den „wirklichen Gottesdienst". Dies eben sei nicht der Fall, belehrt uns al-Ǧuwainī und entwickelt für Abū Hāšims Frage eine These weiter, die die Rechtsgelehrten schon erahnten, aber bislang noch nicht klar formuliert hätten. Man sollte einräumen, daß die Befindlichkeit, auf der Abū Hāšim seine Argumentation aufbaute, tatsächlich eine Widerstzlichkeit gegen Gott darstelle, nämlich die Usurpation, doch müsse man daran festhalten, daß dieselbe Befindlichkeit unter anderem Blickwinkel durchaus mit einem Befehl begründet werden könne. Ein solches Zusammentreffen sei nicht unmöglich, es entspreche bisweilen schlicht der Wirklichkeit.

Al-Ǧuwainī bildet ein Beispiel: Jemand sagt zu seinem Sklaven: „Nähe dieses Kleid und setze dich heute nirgends hin!" Und weiter: „Betritt heute auch nicht mein Haus!" Wenn der Sklave nun gegen das zweite Gebot verstößt und in das Haus hineingeht, jedoch, wie er geheißen, das Kleid näht oder stehen bleibt, dann kommt er zweifellos der ersten Anweisung seines Herren nach, selbst wenn er sich über die letzte hinwegsetzt. Denn ihm wurde nicht aufgetragen, an einem bstimmten Ort das Kleid zu nähen oder stehen zu bleiben. Mit Fug und Recht kann er seinem Herrn gegenüber behaupten, daß er die erste Anordnung befolgt hat. Denn die Handlung – das Nähen oder Stehen im Haus – mag zwar eine einzige sein, sie ist dennoch vielschichtig je nach dem Ziel des Verbietenden oder Befehlenden. Es ist darum nicht widersinnig, sie einerseits als befohlen und andererseits als verboten zu beschreiben. Dieser Umstand wird vollends klar, wenn man sich vor Augen hält, daß eine

Tat „keine Eigenschaft erwirbt, weil sie mit einem Befehl oder Verbot zusammenhängt. Der Sinn der Aussage, sie sei befohlen, ist allein, daß man um ihretwillen ‚Tue es!' gesagt hat, und verboten ist sie allein wegen des geäußerten Verbots. Deshalb ist es nicht unmöglich, sich zwei Anweisungen zu denken, die eine ganz allgemein und ohne Bindung an Begleitumstände, die zweite aber unter einem anderen Gesichtspunkt. Unmöglich ist nur, daß ein und dieselbe Sache gezielt verboten und befohlen wird."[111] Drei Folgerungen knüpft al-Ǧuwainī an diese Überlegung. Sei etwas unter einem bestimmten Gesichtspunkt verboten, dann könne es nicht gleichzeitig unter demselben befohlen sein; eine Aufeinanderfolge von Verbot und Befehl sei unerläßlich. Stelle man sich aber einen allgemeinen Befehl vor, dem sich ein Verbot anschließe, das Befohlene in einer näher bezeichneten Weise zu verrichten, dann sei das Verbot als Bedingung der Ausführung des Befehls zu begreifen. Ergehe schließlich ein allgemeiner Befehl, aus dessen Begleitumständen ersichtlich sei, daß er weder an Bedingungen der Zeit noch des Ortes gebunden sei, und werde dann das Gebot bekanntgegeben, sich an einem bestimmten Ort aufzuhalten, freilich ohne daß dieses Gebot einen Zusammenhang mit dem Ziel des Befehls aufweise, dann gelte: Geschieht die befohlene Tat am verbotenen Ort, so wird das Ziel des Befehls erreicht, obschon das Gebot nicht beachtet wurde; die Tat unterliegt zwei unterschiedlichen Bewertungen. Auf Abū Hāšims Fall angewandt: „Das Verbot, sich in einem widerrechtlich besetzten Haus aufzuhalten, hat in der Scharia keinen Bezug zum Ziel des Gebetes. Also bleibt das Verbot völlig von den Zwecken des Gebetes abgelöst, und dieses ruht weiterhin in der (auf es zutreffenden rechtlichen) Bewertung. Erst wenn ein Verbot in Kraft ist, das auf das Gebet in einem usurpierten Haus zielt, dann erst ist das Gebet ungültig – gleich demjenigen eines rituell Unreinen, dem ja ausdrücklich verboten ist, in seinem Zustand zu beten."[112]

Das Gebet im usurpierten Haus kann also – im Gegensatz zu Abū Hāšims Auffassung – gar nicht ungültig sein. Der Muʿtazilit hatte im übrigen gemeint, jemand, der sich auf einem usurpierten Gebiet befinde, bleibe solange aufsässig gegen Gott, bis er es verlassen habe. Die rechtliche Bewertung des Gebiets greift gewissermaßen auf den Bewohner über. Erneut weist al-Ǧuwainī eine solche Auslegung zurück. Sobald der Betreffende sich bemühe, aus dem Land herauszufinden, sei er doch bestrebt, eine Vorschrift der Scharia zu erfüllen, er sei mithin gehorsam. Nur wenn man starr auf den Umstand schaue, daß sich jener trotz aller Anstrengungen noch nicht auf unbedenkliches Gebiet gerettet hat, möge man noch von Widerstzlichkeit sprechen. Etwas anders liegt der Fall, wenn sich erweise, daß jener durch eigenes Verschulden in seine mißliche Lage geraten sei und nun nicht mehr aus eigener Kraft erlaubtes Gebiet ereichen könne, was immer er auch unternehme. Jetzt sei er insofern als aufsässig zu betrachten, als er zuvor leichtsinnig oder grob fahrlässig gehandelt habe – ähnlich jenem Gesunden, falls er sich absichtlich unter die vielen Verletzten begeben hat.[113]

Die Fragen Abū Hāšims und der Streit, den sie auslösten, mögen uns nebensächlich, wenn nicht abwegig erscheinen. Bei genauerer Prüfung erkennt man jedoch, daß sie auf den Kern einer rechtstheoretischen Auseinandersetzung zielen. Für Abū Hāšim ist jede Handlung in ihrer einmaligen Ganzheit zu beurteilen. So wie ein Gegenstand oder ein Lebewesen nach muʿtazilistischer Lehre als ein Gefüge von Substanzen aufzufassen ist, denen unterschiedliche Akzidenzien inhärieren, so daß zwischen diesen und auch zwischen den Einzelsubstanzen mannigfache Wechselbeziehungen auftreten, so ist auch jede Handlung ein komplexes Gefüge, dessen Einzelelemente vielleicht je für sich analysiert werden können, die aber bei der rechtlichen Beurteilung als ein organisches Ganzes betrachtet werden müssen.[114] Die „Befindlichkeit“ auf usurpiertem Land wirkt auf die übrigen Elemente des Handelns – auf den Vollzug des Gebetsritus – ein und verleiht ihnen im genannten Beispiel den Charakter der Widersetzlichkeit gegen Gott. Wenn man dagegen die Komplexität des Handelns und die Wechselwirkung seiner Elemente leugnet und stattdessen die für die rechtliche Beurteilung bedeutsamen Gegebenheiten voneinander absondert, verstellt man sich die Möglichkeit, die Allgültigkeit der Scharia zu bewahren. Denn die voneinander geschiedenen Teilaspekte können bisweilen gegensätzlich bewertet werden.

Ganz im Sinne Abū Hāšims verfocht der Qāḍī ʿAbd al-Ǧabbār die Einmaligkeit und Individualität jeder Handlung: „Alles, was wir als unterschiedlich wahrnehmen oder von dessen Unterschiedlichkeit wir auf Grund zwingender Bewertungen und Eigenschaften wissen, muß voneinander verschieden sein, denn diese Gesichtspunkte deuten eben auf die Unterschiedlichkeit zweier Dinge ...“[115] Die „Belastung“ erstrecke sich nur auf Handlungen, deren Bewertung nicht widersprüchlich sei. Gott befehle und verbiete nicht ein und dieselbe Sache zur gleichen Zeit.[116] Jede Untersuchung, die Widersprüchen und Unvereinbarkeiten in der „Belastung“ nachspüre, gehe letzten Endes in die Irre. Den Charakter Gottes solle man vielmehr erwägen: Die Weisheit des Schöpfers läßt es nicht zu, daß er an seine Kreatur Forderungen stellt, die sie nicht erfüllen kann – wenn dergleichen auch theoretisch denkbar wäre.[117] Die „Belastung“ hat, wie ʿAbd al-Ǧabbār ausführt, stets zur Voraussetzung, daß der, dem sie aufgebürdet wird, sie auch wirklich zu tragen vermag. Hierzu muß der Gläubige, der die Scharia einzuhalten hat, frei von jeglichem Zwang sein, und es müßten auf ihn plausible Beweggründe einwirken können, damit er die „Belastung“, die ja eine Mühsal ist, auf sich nimmt.[118] Die richtige Bewertung einer Handlung hat immer die jeweiligen Begleitumstände zu berücksichtigen, denn eine Tat an und für sich ist wertneutral. Ein als Lüge gemeinter Bericht kann sich je nach Lage der Dinge auch als wahr herausstellen, die Wörter selber sind weder wahr noch falsch. Und jede beliebige Handlung erwirbt eine ganz bestimmte Bewertung, sobald sich ergibt, daß sie willentlich geschah. Wenn jemand ein Bauwerk errichtet, bleibt es immer ein Bauwerk, aber man urteilt darüber je nach dem, ob es in gottesfürchtiger Absicht in Auftrag gegeben wurde oder um den Muslimen zu schaden.[119] In diesen Zusammenhang gehört auch Abū Hāšims Beispiel mit dem Gebet. Hier ist freilich die Problematik geschickt zugespitzt, weil ein unumstrittenes Gebot der Scharia mit unerlaubten Begleitumständen verknüpft wurde.

Wenn man bei solch einem Zusammentreffen einander widerstreitender Vorschriften in ein und demselben Akt diesen in die Einzelelemente zergliedert, deren Bewertung sich gegenseitig ausschließt, dann hebt sich die Scharia in der Tat selber auf. Ibn al-Bāqillānī war in diese Falle getappt, als er vom „Ende der Belastung" gesprochen hatte. Al-Ǧuwainī verwahrte sich energisch gegen diese Schlußfolgerung. Die Bestimmungen der Scharia beziehen sich auf die einzelnen äußerlich wahrnehmbaren Kriterien einer Handlung; diese machen, rechtlich gesehen, das Wesentliche aus, nicht aber ein Zusammenklang von Faktoren, der nicht ohne weiteres auf den Begriff gebracht und beurteilt werden kann. Denn wie soll man den Willen und die Beweggründe, nach den Muʿtaziliten die Grundelemente vieler Handlungen, zufriedenstellend und sicher erfassen? Al-Ǧuwainī erläutert dies an einem einprägsamen Beispiel: Sich vor einem Götzenbild in der Absicht niederzuwerfen, es zu verehren, ist nach Auffassung aller Rechtsgelehrten verboten. Abū Hāšim soll aber erklärt haben, die Niederwerfung an sich sei noch kein Verstoß gegen die Scharia. Erst der Wunsch, das Idol dabei wie Gott anzubeten, verletze das Gesetz. Al-Ǧuwainī ist im Zweifel, ob sich Abū Hāšim wirklich zu einer so skandalösen Behauptung verstiegen habe, doch nimmt er sie ernst und kommentiert: „Dies setzt voraus, daß eine Niederwerfung nicht an und für sich zum Ausdruck des Gehorsams vollzogen wird, so daß man sich erst vorstellen muß, daß eine verehrende Annäherung an den Götzen beabsichtigt ist. Eine derartige Denkmethode müßte allen äußerlichen Handlungen (der Gottesverehrung) die Eigenschaft nehmen, Versuche der Annäherung an Gott zu sein. Das aber würde bedeuten, den Glauben der Gemeinschaft der Muslime aufzugeben!"[120]

Wenn nun die „Belastung" trotz allem ständig in Kraft bleiben soll, müssen eben die Bewertungskategorien dergestalt untergliedert werden, daß Widersprüche bei der Beurteilung einzelner Teilaspekte einer Handlung nicht mehr auftreten können. Dies versucht al-Ǧuwainī zu erreichen, indem er, wie gezeigt, eine unterschiedliche Gewichtung der schariatischen Gebote und Verbote einführte: Vorschriften konkreten Inhalts überlagern allgemeine Bestimmungen. Die Schwierigkeit, wie man allgemeine und spezielle Gebote und Verbote identifizieren und gegeneinander abgrenzen solle, war in der Rechtswissenschaft schon lange erörtert worden. In seiner Methodenlehre setzte al-Ǧuwainī voraus, daß man über sichere Kriterien für diese Unterscheidung verfüge. Sobald wir uns mit der Frage beschäftigen, was Sprache, insonderheit Sprache des Gesetzes, eigentlich sei, werden wir dieses Thema noch einmal aufgreifen.

Läsen wir mit den Augen eines Muʿtaziliten den Koran, entdeckten wir, daß alle seine Worte mit der „Belastung“ zu tun haben. Da gibt es Wendungen, in denen ganz eindeutig der Vollzug bestimmter Riten gefordert wird, und es gibt klare Verbote. Aber auch Schilderungen von Paradies und Hölle gehören zu diesem Themenkreis, weil sie ihren Sinn allein aus der Tatsache der „Belastung“ beziehen. Sie veranschaulichen den Beweggrund, der dem Gläubigen nahelegt, sich dem Gesetz zu beugen. Daneben finden sich Stellen im Koran, die uns belehren, daß die Befolgung der Scharia dem Wohl des Menschen dient; es sind dies Berichte über die früheren Propheten und die Vernichtung aufsässiger Völker.[121] Die „Belastung“ dient einem unbezweifelbaren Zweck: Sie soll dem Menschen im Diesseits nutzen und ihm den Weg zum Glück im Jenseits weisen. „Verboten“ und „geboten“, die beiden wichtigsten Bewertungen, können folglich mit den menschlichen Urteilen „schlecht“ und „gut“ in Beziehung gesetzt werden. Für die Muʿtaziliten, so faßt al-Ǧuwainī ihre Lehre zusammen, liegen „gut“ und „schlecht“ in den Handlungen selbst begründet und können mit dem Verstand erfaßt werden. Allerdings lassen sich viele Einzelheiten des Gesetzes nicht unmittelbar als vernünftig erweisen. – Denken wir an die Bestimmung, beim Fehlen von Wasser die rituelle Reinigung mit Sand vorzunehmen! – Der Prophet habe, so die Muʿtaziliten, derartige unerklärbare Vorschriften mit dem Hintergedanken verfügt, sie möchten den Eifer für die Scharia anstacheln, denn „der Gesetzgeber erteilt nur Befehle, von denen er weiß, daß ihre Erfüllung einen dazu anspornt, bei den Dingen zu verharren, die der Verstand als gut erkannt hat.“[122]

Für eine solche Theorie der „Belastung“ vermag sich al-Ǧuwainī nicht zu erwärmen. Das kündigt schon seine allgemeine Definition der Rechtswissenschaft an, die nicht auf Zweckmäßigkeitserwägungen eingeht und keine Nützlichkeit kennt, die sich am Wohl des Menschen ausrichtet. Die Rechtswissenschaft besteht vielmehr im Wissen um die Bewertungen, die sich aus der „Belastung“ ergeben; sie ist das Begreifen der Tatsache, daß sich der Mensch den schariatischen Regeln zu unterwerfen hat, seien diese nun eindeutige koranische Vorschriften oder seien sie aus Einzelüberlieferungen und Analogieschlüssen hergeleitet.[123] Eine schariatische Bewertung hat – ganz im Gegensatz zur muʿtazilitischen Meinung – keinen Bezug zum Gegenstand oder Sachverhalt an sich, für den sie erlassen wurde. Die Bewertung ,,verboten" fügt dem Wein bzw. dem Weingenuß keine neue Wesenseigenschaft hinzu. ,,Daß das Trinken von Wein verboten ist, meint lediglich, daß sich hierauf ein Verbot erstreckt, und daß etwas Pflicht ist, meint nur, daß sich hierauf ein Befehl erstreckt. Ein Gegenstand, auf den sich irgendeine Aussage bezieht, gewinnt mittels dieser Aussage keine wirkliche Eigenschaft. Genauso verhält es sich, wenn wir von einem Ding aussagen, daß es gewußt wird. Sicher ist, daß es dadurch, daß sich auf es ein Wissen bezieht, keine wirkliche Eigenschaft erwirbt."[124]

Hier wird vollends deutlich, wie sehr die aschʿaritische Metaphysik und die Rechtstheorie einander bedingen. Unstetig, ohne Dauer, sind alle Erscheinungen, die uns umgeben, und der Mensch erfaßt sie stets nur als unableitbare Ergebnisse der göttlichen Schöpferkraft. So auch das Gesetz: Niemand kann in Wahrheit sagen, warum eine Vorschrift vorhanden ist, welchen Sinn sie hat – man weiß nur, daß Gott sie verkündete, also ist sie zu befolgen. Denn nur wenn den Erscheinungen in deren Wesen selbst begründete Eigenschaften oder wenigstens ,,Zustände" zugesprochen werden könnten,[125] wären wir zu der Hoffnung berechtigt, uns mit dem Verstand ein eigenes Urteil zu bilden und hieraus ein Gesetz zu entwickeln. ,,Nach meiner Meinung ist in dieser Frage der einzig wahre Weg die Feststellung: Der Verstand verlangt von allen, die seiner teilhaftig sind, unter allen Umständen Gefahren zu meiden und möglichen Nutzen zu erstreben. Wer dies leugnet, spricht wider alle Einsicht. Doch betrifft dies eben nur die Menschen. Unsere Überlegungen drehen sich aber um die Frage, was in der Bewertung Gottes schlecht oder gut sei. Selbst wenn uns hieraus weder Schaden noch Nutzen entstünde, erlaubte der Verstand nicht, es beiseite zu lassen. Bei allem, was sich so verhält, beziehen sich ,schlecht' oder ,gut' darauf, daß Gott uns bestraft oder belohnt, wenn unsere Taten geschehen. Das (Wie) aber ist uns verborgen! Der Herr läßt sich nicht von unserem Schaden oder Nutzen beeindrucken. Angesichts dessen können wir unmöglich urteilen, ob eine Sache von Gott als schlecht oder gut bewertet wird. Nicht unmöglich ist es dagegen, die beiden Kategorien in unserem Bereich gelten zu lassen, wenn ein Schaden auftritt oder ein Nutzen winkt – unter der Bedingung, diese (Beurteilung) keinesfalls Gott zuzuschreiben und von ihm nicht (dementsprechend) Strafe oder Lohn zu fordern."[126]

Die ,,Belastung" beruht eben darin, daß demjenigen, der von Gottes Botschaft erfahren hat, eine Bürde aufgeladen wurde, ohne daß er irgendeine Möglichkeit der Wahl behalten hätte.[127] Das Gesetz muß als ganzes getragen werden, und dies bedeutet Fremdbestimmung ohne

Rücksicht auf Vor- und Nachteile, die der „Belastete" für sich erkennen mag. Zweckmäßigkeitserwägungen sind nicht verboten; aber man muß wissen, daß sie letzten Endes ohne Belang sind. Denn könnte je ein irdischer Gewinn eine ungünstige Beurteilung bei Gott wettmachen? Wenn man das Recht so radikal von den Bedürfnissen der Menschen trennt, erhebt sich freilich eine Schwierigkeit: Wird die „Belastung" dann nicht in vielen Fällen über das hinausgehen, was ein Mensch tragen kann? Wenn das Recht in keiner Weise den Alltag des Menschen in Betracht zieht, sondern allein in den Verfügungen Gottes bestehen soll, muß sich früher oder später das Empfinden der Überforderung einstellen – es sei denn, man wolle Gott stillschweigend an die Interessen des Menschen binden. Eben dies hatten die Muʿtaziliten in den Augen ihrer Gegner getan, indem sie die These gewagt hatten, Gott beabsichtige für seine Geschöpfe stets das Beste. Mit dem Bild des unbegreifbaren Allherrschers, das die Aschʿariten pflegten, war das unvereinbar. Eine „Belastung mit Untragbarem" konnten die Aschʿariten allerdings auch nicht einfach gutheißen. Zu leicht hätte der große Eifer für die Scharia, der die „neue Frömmigkeit" beseelte, in Mutlosigkeit umschlagen können. Gerade im Milieu peinlichster Gesetzestreue muß es für möglich gelten, Gottes Vorschriften zu erfüllen – vielleicht nie ganz ausreichend, aber immerhin weitgehend! Wie also herausfinden aus der Zwickmühle?

Die Lösung, die al-Ǧuwainī anbietet, bestätigt erneut, wie notwendig die Metaphysik der Unstetigkeit alles Geschaffenen für ein System der Weltdeutung ist, in dem alles Geschehen unmittelbar auf Gott bezogen wird. Schon al-Ašʿarī habe hervorgehoben, daß die „Belastung" mit Gebot und Verbot selbstverständlich von Dauer sei, während das „Imstandesein", die Fähigkeit, eine bestimmte Handlung auszuführen, erst in unmittelbarer Verknüpfung mit jener Handlung dem Menschen von Gott verliehen wird.[128] Insofern besteht prinzipiell ein Zwiespalt zwischen der Forderung des Gesetzes und der Fähigkeit, sie zu erfüllen. Man könnte sagen, nur je im Augenblick des Vollzugs einer Tat wird die „Belastung mit Untragbarem" aufgehoben oder in eine „tragbare Belastung" gewandelt. Der Mensch handelt allein dank der Kraft Gottes; eine eigene besitzt die Kreatur in Wirklichkeit nicht. Wenn unter „Belastung" die Forderung, etwas Bestimmtes zu tun, verstanden werde, dann sei es undenkbar, daß jemand, der um die Möglichkeiten seines Knechtes wisse, diesen mit Untragbarem belaste. „Kurz gesagt, es wird derjenige belastet, der die Möglichkeit (zur Einhaltung der Vorschriften hat), und die ‚Belastung' erstreckt sich auf das Mögliche, wobei es nicht darauf ankommt, ob (der Mensch die Vorschriften) für nützlich hält oder nicht."[129]

Ganz zufrieden fühlt man sich nach dieser Antwort nicht. Der Mensch empfängt also von Gott die Kraft und die Fähigkeit zum Handeln je für eine bestimmte Tat, und Gott weiß auch um das, was dem Geschöpf möglich ist, und richtet sich danach – abgesehen von den Fällen, in denen er Wunder wirkt. Zugleich aber wird der Mensch für etwas zur Rechenschaft gezogen, das die Tat seines Herrn ist.[130] In seinem großen rechtstheoretischen Werk, dem ,,Buch des Beweises", spricht sich al-Ǧuwainī nachdrücklich für diese These aus. Zu verstehen ist dies allein im Zusammenhang mit dem Wunsch der ,,neuen Frömmigkeit", den Gläubigen von aller menschlichen Autorität zu befreien, ihn zu ermutigen, den Glauben im ,,bekräftigenden Handeln" immer aufs neue zu beweisen, um zur vollkommenen Gottesknechtschaft aufzusteigen.[131] Diesem Ideal weiß sich al-Ǧuwainī in seinem Alterswerk stark verpflichtet, nachdem er in einer früheren Periode seines Schaffens mit dem Gedanken gespielt hatte, über die Theorie von den ,,Zuständen" den Menschen ein – wenn auch geringes – Maß eigener Seinsmächtigkeit zuzubilligen.[132]

Ein Gemeinwesen kann man auf diese Lehre von der ,,Belastung" freilich kaum gründen. Es ist dies das Gedankengut einer religiösen Elite, einer von Gläubigkeit durchdrungenen Gruppe, deren Eifer für den Heilserwerb sich nicht an dem Widerspruch stößt, der in dieser Lehre verborgen ist. Jemand der sich der ,,neuen Frömmigkeit" verschrieben hat, wird nicht fragen: ,,Hat die ,Belastung' mit dem Gesetz überhaupt einen Sinn, wenn ich meine Handlungen selber gar nicht beeinflussen kann?" Wer die höchste Form der Gottesknechtschaft anstrebt – ein individualistisches Ziel –, der läuft Gefahr, die politische Seite des Gesetzes aus den Augen zu verlieren. Ein auf einem offenbarten Gesetz beruhendes Gemeinwesen kann aber nur Bestand haben, wenn auch den weniger religiös Gestimmten der Anreiz zum gesetzestreuen Verhalten deutlich wird. Für sie muß es einen Bezug zwischen der ,,Belastung" und der Tat geben, der aus den Erfahrungen des Alltags erwächst und auf das angeborene Gerechtigkeitsempfinden, mag dieses auch noch so verschwommen sein, Rücksicht nimmt. Die muʿtazilitische Lehre vom Wohl des Menschen, dem das Gesetz diene, vermochte diesen Bezug herzustellen. Die Aschʿariten machten den Gläubigen ganz von Gott abhängig; dabei besagt schon der Begriff der ,,Belastung", daß es einer Anstrengung des Menschen bedarf, damit die Gesetze eingehalten würden, und selbst wenn man wegen theologischer Erwägungen diese Anstrengungen letzten Endes Gott zuschreibt, so ist sich der Mensch doch dessen bewußt, daß er selber sie erbringt.

In der ,,Niẓāmischen Glaubenslehre" weicht al-Ǧuwainī in der Frage der ,,Belastung" scheinbar vom Standpunkt der ,,neuen Frömmigkeit" ab. Gott hat den Menschen sehr wohl die Fähigkeit zu eigenständigem Handeln gegeben, lesen wir zu unserem Erstaunen. Anderenfalls wäre nämlich die ,,Belastung" mit dem Gesetz überhaupt nicht zu rechtfertigen! Es ist erhellend, daß al-Ǧuwainī in diesem Traktakt, den er für einen Staatsmann verfaßt hat, nicht, wie etwa im „Buch des Beweises", die Bedeutung der „Belastung" vom Dogma der Uneigenständigkeit menschlicher Kraft her erörtert, sondern umgekehrt von der „Belastung" mit dem Gesetz ausgeht und hieraus auf die Handlungsfähigkeit des Menschen schließt. Gewiß kann die Anschauung nicht aufgegeben werden, daß Gott der einzige Grund allen Geschehens im Diesseits ist. Aber al-Ǧuwainī ringt sich zu der Aussage durch, daß die einzelne Tat sehr wohl vom Menschen bewirkt werde. „Wenn wir sagen, die Handlung des Menschen sei von Gott bestimmt, dann meinen wir damit, daß er gemäß seinem Wissen im Menschen die Kraft in gewissen Quantitäten anlegt. Gott bereitet die Voraussetzungen für das Handeln vor, versagt aber dem Menschen die Kenntnis der Einzelheiten (des Handelns)." Hiermit grenzt sich al-Ǧuwainī von der muʿtazilitischen Lehre der Beweggründe und des zielgerichteten Willens des handelnden Menschen ab. Der Schein einer eigenen Seinsmächtigkeit, den al-Ǧuwainī dem Menschen gönnt, damit die „Belastung" plausibel bleibe, darf auf keinen Fall Erwägungen des Nutzens und Schadens ermöglichen, die rasch zu einer Deutung der Scharia unter solchen Gesichtspunkten verführen könnten. Immerhin fühlt sich al-Ǧuwainī nunmehr zu der für einen Aschʿariten höchst ungewöhnlichen Formulierung gedrängt: „Gott will, daß der Mensch handele und deshalb legt er in ihm Anreize, ... eine Wahl, einen Willen an. Gott weiß, daß alle Taten entsprechend einer vorgegebenen Menge (an Kraft) geschehen, und zwar jener Kraft wegen, die von Gott nach seinem Wissen und Willen im Menschen geschaffen wurde. Die Menschen haben ihre freie Wahl, man kann ihnen die Eigenschaft freier Handlungsfähigkeit zuschreiben." Hiernach allerdings fährt al-Ǧuwainī fort: „Aber die Kraft ist ihrem Ursprung nach von Gott geschaffen; was ihr möglich ist, muß im Hinblick auf Willen, Wissen, Ratschluß, Dauer auf Gott zurückgeführt werden, so daß jenes Mögliche das Ergebnis allein der Schöpfung Gottes bleibt ..." – Damit sind wir wieder bei der Definition der „Belastung" im „Buch des Beweises" gelandet. – „Der Mensch handelt frei", faßt al-Ǧuwainī seine Ausführungen in der „Niẓāmischen Glaubenslehre" zusammen, „er ist der ‚Belastung' unterworfen, empfängt Befehle und Verbote, zugleich aber ist sein Handeln von Gott bestimmt, gewollt, geschaffen, von ihm entschieden."[133] – Ein Ausgleich mit Worten also, um die Annehmbarkeit der „Belastung" nicht aufs Spiel zu setzen! In Wahrheit ist al-Ǧuwainī keinen Deut von seinem aschʿaritischen Standpunkt abgewichen.

4. Die Sprache des Gesetzes

Der Handlung an sich eignet keine bestimmte Bewertung; die Ziele der Menschen, ihre Beweggründe und Willenssetzungen werden deshalb nach al-Ǧuwainīs Auffassung von Gott, dem Gesetzgeber, nicht in Rechnung gestellt, die ,,Bewertung" ergibt sich erst aus der Glaubensüberzeugung, durch welche das System der ,,belastenden" Vorschriften angenommen und als religiös wahr und heilswirksam anerkannt wird. Nunmehr gewinnt jede Handlung eine klar umrissene Bedeutung, jetzt kann man sich nicht mehr vor einem Götzenbild niederwerfen und vorgeben, eigentlich wolle man den einen Gott verehren. Für das Register der Taten ist freilich nicht die Glaubensüberzeugung ausschlaggebend, wie manche Gelehrte behauptet hatten, sondern allein die Handlung[134] – eben nach Maßgabe ihrer äußeren, der Beurteilung zugänglichen Elemente. Diese These fordert eine Antwort auf die Frage, wovon eigentlich in den Quellen der Scharia, in der Offenbarung und in der Überlieferung, gesprochen wird: von konkreten Handlungen im Alltagsverständnis des Begriffes oder von Abstraktionen, die hierüber hinausweisen. Die Klärung dieses Problems ist die Voraussetzung der Entwicklung einer Methodik für die Anwendung der Quellen der Scharia auf die Vielzahl der Erscheinungen des Lebens.

Wie sind die vielen Aussdrücke der Sprache entstanden? Einige meinen, Gott habe sie die Menschen gelehrt, andere halten es dagegen für möglich, daß sie von den Menschen im gegenseitigen Einvernehmen verabredet worden seien; wieder andere möchten beide Möglichkeiten miteinander verknüpfen. Al-Ǧuwainī hält beide Theorien für einleuchtend. Die erste besage, ,,daß Gott den Herzen ein Grundwissen einpflanzt, das sich auf Formen erstreckt, die in einem bestimmten Verhältnis zu Bedeutungen stehen. Die Verständigen machen sich Formen und Bedeutungen klar, und belehrt werden (die Menschen) insofern, als sie sich die Methode aneignen, wie man diese Formen willentlich verwendet." Die zweite Theorie laufe darauf hinaus, daß die Verständigen – mit Gottes Hilfe und Anregung – Formen wählen, wobei bestimmte Indizien und Winke dem Gesprächspartner Gewißheit darüber verschaffen, was jeweils gemeint sei. Zumindest in al-Ǧuwainīs Deutung ist auch hier Gott derjenige, der die Sprache stiftet, allerdings nur mittelbar.

Nun hatte es unter den Aschʿariten selber einen Streit über das Problem gegeben, ob nicht auch Ausdrücke mittels Analogie gebildet worden seien. Und zwar hatte man dies für ,,abgeleitete" Begriffe vorgeschlagen. Man nahm etwa an, das Wort ,,Wein" sei von ,,verhüllen" oder "den Verstand trüben" abgeleitet worden. Diesen arabischen Ausdrücken liegen gleichlautende Wurzeln zugrunde; sprachgeschichtlich ist eine solche Etymologie allerdings unhaltbar. Man argumentierte jedoch:

„Wenn die Araber bei der Setzung (der Ausdrücke) das Nomen ‚Wein' dem wenig vergorenen Traubenwein zugeteilt haben, dann ist es trotzdem erlaubt, den starken (alkoholreichen) Wein genauso zu nennen, weil dieser mit dem wenig vergorenen die Eigenschaft gemeinsam hat, aus der seine Name abgeleitet wurde." Al-Ǧuwainī weist dies zurück. Denn die Araber kennten in ihrer Sprache keine derartige Form der Verallgemeinerung. Dies werde klar, wenn man die Argumente ein wenig verschiebe: „In der Bedeutung des Ausdrucks ‚Wein' ist die ‚Euphorie' nicht enthalten. Das Wort ist vielmehr von ‚den Verstand trüben' oder ‚verhüllen' hergeleitet. Wäre es nun möglich, sich an die Etymologie zu klammern, dann wäre alles das ‚Wein', was den Verstand verhüllt oder trübt, ihn aber nicht in euphorische Stimmung versetzt."

Man darf eben nicht einen Teilaspekt eines Begriffes oder des von ihm bezeichneten Gegenstandes oder Sachverhalts auswählen und auf andere Bergriffe, Gegenstände oder Sachverhalte anwenden, auch dann nicht, wenn dieser Teilaspekt durchaus analog erscheint – sowohl der schwachvergorene Wein als auch das stark alkoholhaltige Getränk berauschen. Al-Ǧuwainī hatte den Hanafiten das Recht abgesprochen, aufgrund des angenommenen Zweckes einer schariatischen Vorschrift Analogien aufzustellen. Stattdessen sei das Prinzip der „Knechtung" zu betonen. Die Zwecke und das Zusammenspiel von Ursache und Wirkung bilden – wir hörten es – keinen zuverlässigen Leitfaden auf dem Weg zur Unterwerfung des ganzen Lebens der Gläubigen unter die von Gott verfügten Normen. Essig durfte nicht anstelle von Wasser für die rituelle Reinigung verwendet werden. Jetzt erfahren wir, daß auch die Sprache, der etymologische Zusammenhang der Ausdrücke, kein Ordnungssystem ist, dessen verflochtene Verbindungslinien, einem Netz vergleichbar, über die Wirklichkeit gespannt werden könnten, um diese in die Regeln der Scharia zu bannen. Man dürfe nicht Dinge unter einem Aspekt zusammenfassen, die die Araber nun einmal mit unterschiedlichen Namen benannt hätten. Wer eine solche Analogie aufstelle, sei wie jemand, der eine ganz neue Ausdrucksform präge. – Auf das schafiitische Verständnis vom Wesen des Rechts bezogen: Eine solche neue Ausdrucksform wäre zugleich eine neue, von Menschen geschaffene gesetzliche Norm, und die darf es nicht geben, da die Scharia göttlichen Ursprungs ist.

Al-Ǧuwainī ist auf den Einwand gefaßt, der nun kommen muß: Analoge rechtliche Bewertungen entstehen doch häufig, indem der Inhalt eines Begriffs auf einen etymologisch verwandten übertragen wird. Gewiß sei dies so, räumt er ein, aber die Übertragung geschehe nicht willkürlich, nicht nach freier Wahl durch den Menschen. Es müsse vielmehr in jedem Fall eine eindeutige Nachricht, ein überlieferter Beweis dafür vorliegen, daß die Analogie gerechtfertigt sei. Denn es herrsche unter den Gelehrten darüber Einigkeit, daß es notwendig sei, eine Vorschrift zu befolgen, die sich aufgrund einer Analogie als wahrscheinlich richtig darstelle. Doch es ist eben nicht diese Wahrscheinlichkeit, die die Beachtung der erschlossenen Vorschrift zur Pflicht mache, sondern jene Einigkeit des Gelehrten über das Prinzip.[135] Mit anderen Worten: Eine Analogie, die sich auf eine Etymologie stützt, ist für sich allein genommen ebenso wenig bedeutsam wie eine Analogie des Zwecks oder der Wirkung; es muß eine Überlieferung hinzutreten, damit die abgeleitete rechtliche Bewertung als „wahrscheinlich zutreffend" anerkannt werden kann; verbindlichen Charakter aber erwirbt die Bewertung nicht aus ihrem Inhalt, sondern allein aus dem Consensus der Gelehrten bzw. der Prophetengefährten über den normativen Charakter einer dergestalt als wahrscheinlich richtig erwiesenen Analogie.[136]

Mit dem Verstand ist nach aschʿaritischer Ansicht die rechtliche Bedeutung eines Ausdrucks nicht zu ermitteln, folglich kann sie auch nicht auf sprachlich verwandte Wörter übertragen werden. Die Sprache an sich spiegelt keine rechtlichen Gegebenheiten wider. Wird ein Ausdruck im rechtlichen Sinn gebraucht, so ist er nach dieser Theorie stets metaphorisch zu verstehen. Bei einigen wenigen Wörtern ist freilich die wirkliche Bedeutung fast bis zur Unkenntlichkeit verblaßt. Als Beispiel nennt al-Ǧuwainī das rituelle Gebet – ṣalāt –, die Läuterungsabgabe – zakāt –, die große und die kleine Pilgerfahrt – ḥaǧǧ und ʿumra. „Ṣalāt" meine eigentlich „Gott anrufen" oder „bei einer Sache beharren"; „zakāt" bezeichne das Gedeihen, „ḥaǧǧ" und „ʿumra" das Losgehen auf ein Ziel. Wie ist nun angesichts der eben umrissenen Theorie zu verstehen, daß der Gesetzgeber eine bestimmte Art des Gottesdienstes mit dem Wort „ṣalāt" benannt hat? Tritt uns jetzt nicht doch ein rechtlicher Sachverhalt unmittelbar entgegen, also ohne daß die Ausdrücke, die verwendet werden, als metaphorisch zu betrachten sind? Es gäbe dann, zumindest in Ansätzen, doch eine eigene Sprache des Rechts, und die etymologischen Verzweigungen ihrer Ausdrücke könnten womöglich rechtliche Inhalte zur Entfaltung bringen, die in den offenbarten Formulierungen des göttlichen Gesetzes erst im Keim angelegt wären. Daß al-Ǧuwainī von vornherein für ein Wort wie „ṣalāt" eine „ursprüngliche Bedeutung" sucht, zeigt die Richtung an, in die sich seine Gedanken bewegen werden.

Zunächst trägt er Lösungen vor, die bislang für dieses Problem ersonnen wurden. Manche Gelehrte hätten behauptet, die Ausdrücke würden, sobald man sie im Zusammenhang mit der Scharia gebrauche, auf den Inhalt übertragen, der für dieses Gebiet kennzeichnend sei. Andere, unter ihnen Ibn al-Bāqillānī, verwarfen diese Möglichkeit, die, wie gezeigt, schariatische Bewertungen von der Verwendung der Sprache durch den Menschen abhängig machen könnte. Ibn al-Bāqillānī lehrte, die Ausdrücke behielten auch im Gesetz ihre ursprüngliche Bedeutung, ja, diese werde nicht einmal ausgeweitet. Die Muʿtaziliten dagegen hatten nicht gezögert, eine Ausdehnung des Inhalts zuzulassen. Nach dem Bericht al-Ǧuwainīs teilten sie die Wörter der Sprache in drei Kategorien, deren erste die „Ausdrücke des Glaubens" umfaßte, die allesamt einen ganz neuen, zunächst nicht von ihnen abgedeckten Sinn wiedergeben. „Glaube" habe soviel wie „Bestätigung" bedeutet; „Unglaube" bezeichne eigentlich das „Verdecken" – gemeint ist anscheinend die Mißachtung der Gnadengaben Gottes. Die „Ausdrücke der Scharia" wie „ṣalāt", die die zweite Kategorie bilden, besäßen gleichfalls einen ihrer ursprünglichen Bedeutung zugefügten Inhalt. In der gewöhnlichen Umgangssprache schließlich bedürften die Wörter dessen nicht.[137] Die muʿtazilitische Sprachtheorie setzt voraus, daß unter den Menschen zuerst eine Vereinbarung über den Sinn jedes Ausdrucks getroffen worden sein müsse, bevor eine Rede überhaupt verstanden werde. Diese Vereinbarung müsse der Sprecher kennen, und bei seinem Vortrag müsse er bewußt auf die Wiedergabe eines bestimmten Inhalts zielen. Will er einen Begriff metaphorisch verwenden, muß stets ein klares Indiz für das gegeben sein, was er meint.[138] Es herrscht also ein unmittelbarer Zusammenhang zwischen der zielgerichteten Rede und dem Verstehen des Hörers,[139] und es wird in das Belieben des Sprechenden gestellt, Ausdrücke metaphorisch zu verwenden. Folglich ist auch die Übertragung eines Wortes auf den Bereich des Gesetzes denkbar.

Die muʿtazilitische Theorie ermöglicht den Menschen die Mitgestaltung der Scharia. Daß al-Ǧuwainī dies nicht gutheißt, ist zu erwarten. Aber auch Ibn al-Bāqillānīs Ansicht findet er unhaltbar; denn die Gelehrten seien sich einig, daß „ṣalāt", eigentlich die Anrufung Gottes, auch die rituellen Körperbeugungen und Niederwerfungen bezeichne; es liege hier sehr wohl eine Übertragung des Ausdrucks auf einen erweiterten Inhalt vor. Es muß also eine Sprachtheorie gefunden werden, die das erstere nicht zuläßt, das zweite nicht ausschließt. Da kommt es al-Ǧuwainī zupaß, daß manche Theoretiker glauben, der Inhalt der Ausdrücke werde auch durch bloßen Brauch bestimmt. Auf zweierlei Art wirke sich der Brauch aus: Ein Ausdruck könne so häufig metaphorisch benutzt werden, daß er in seiner ursprünglichen Bedeutung schon seltsam erscheine. Man sage stets: „Der Wein ist verboten!" während sich das Verbot in Wirklichkeit auf das Trinken des Weines bezieht. Durch den Sprachgebrauch könne die Bedeutung eines Wortes verengt werden; eine große Zahl von Tieren bewege sich auf vier Beinen fort, dennoch belege das Arabische von diesen nur einige wenige mit dem Namen „Vierfüßler". Die Anwendung dieser Erkenntnis lautet: „‚Anrufung' ist ein Flehen; die Handlungen des Betenden zeigen Zustände, in denen er sich vor Gott demütigt und mit denen er ein Flehen ausdrücken will. Das Gesetz hat den Brauch, diese Handlungen als ‚Anrufung' zu bezeichnen, in metaphorischer Weise verallgemeinert und des weiteren einer bestimmten Art dieser ,Anrufung' den Namen ,ṣalāt' gegeben. Die Ausdrücke der Scharia weisen diese beiden Seiten auf", nämlich Verallgemeinerung und Verengung, ,,jedoch entstammen beide dem Sprachgebrauch des Gesetzes"[140] – nicht aber einer von Menschen begründeten Konvention.

Sowohl nach muʿtazilitischer Lehre als auch nach den Ausführungen al-Ǧuwainīs genügt die bloße Form einer Äußerung nicht, um einen eindeutigen Inhalt auszudrücken. Die Muʿtaziliten machten dies davon abhängig, daß der Sprecher die Wörter im vereinbarten Sinn und in der vom Zuhörer erfaßbaren Absicht verwendete, eine Information zu übermitteln. Wenn diese beiden Bedingungen erfüllt sind, dann ist die Rede klar; ein Befehl wäre dann wirklich ein Befehl und gäbe den entsprechenden Willen des Befehlenden wieder. Für die Aschʿariten war ein so einfaches Konzept nicht brauchbar. Einerseits sollten sich die Menschen zwar der vielfältigen Möglichkeiten der Scharia bedienen, andererseits durften sie dieses Werkzeug nicht selbständig handhaben und neue Arten der Anwendung ausprobieren. Dieser Widerspruch läßt sich nur überwinden, wenn man den Zusammenhang zwischen der Rede und dem Inhalt zerschlägt.

Schon Abū l-Ḥasan al-Ašʿarī hatte sich hierzu bereitgefunden. Um das Verhältnis zwischen dem jeweils verwirklichten Laut und dem ,,Buchstaben", den er darstellen sollte, kümmerte er sich nicht mehr. Er umging das Problem, was Sprache sei und wie sie funktioniere, und definierte die ,,Rede" im Einklang mit der seiner Theologie zugrundeliegenden Seinslehre als dasjenige, was dem Substrat, dem es innewohnt, die Bewertung ,,redend" verleiht. Die Formen, in denen der Mensch Gedanken zum Ausdruck bringt – die Wörter, die Zeichen, die Schrift – sie alle seien nur im übertragenen Sinn ,,Rede", genau wie bestimmte Äußerungen eines Wissenden nur metaphorisch als Wissen bezeichnet werden könnten, in Wirklichkeit aber nicht das Wissen selbst seien. Im ontologischen System der Aschʿariten sind ,,Wissen" oder ,,Kraft" Akzidenzien, und diese müssen in einem Substrat subsistieren – so auch die Rede. Sie kann deshalb nicht, wie die Muʿtaziliten lehrten, etwas sein, das der Mensch ,,erzeugt". Ganz eindeutig scheint bei al-Ašʿarī die Abgrenzung zu den Muʿtaziliten aber noch nicht gewesen zu sein. Denn in einer seiner polemischen Schriften hat er die Ansicht vertreten, sowohl die Ausdrücke als auch die in der ,,Seele", im individuellen Wesen, subsistierende Rede seien ,,wirklich". Diese Mehrdeutigkeit, die sich wie ein Widerschein ähnlicher Überlegungen Abū Hāšim al-Ǧubbāʾīs ausnimmt, billigt al-Ǧuwainī nicht mehr, und mit Hilfe eines Kommentars verleibt er das Wort des Meisters seiner eigenen kompromißlosen Theorie ein.[141]

„Rede" ist für die Aschʿariten eine spezifische Kategorie jener Akzidenzien, in denen die Wesenseigenschaften manifest werden;[142] insofern eignet der „Rede" eine Wirklichkeit. Solche Seinsrealität sprachen die Muʿtaziliten ihr ab; für sie war sie lediglich das flüchtige Erzeugnis menschlichen Handelns, das sich unter Einwirkung unterschiedlicher Faktoren, des Willens und der Anreize, entfaltet. Nach dem Schluß vom Diesseitig-Greifbaren auf das Verborgene kann auch Gottes Rede für die Muʿtaziliten nur etwas Erzeugtes, Geschaffenes sein, das durchaus von seinem Wesen zu trennen ist. Die Aschʿariten dagegen müssen sie als eine seiner Bedeutungs-Eigenschaften verstehen, von Ewigkeit zu Ewigkeit unaussonderbarer Bestandteil seines Seins, der in der Welt des Geschaffenen in erschaffenen Erscheinungen den Menschen faßlich wird.[143] Die Geschaffenheit verabredeter Zeichen und Ausdrücke wird in al-Ǧuwainīs Theorie über die Entstehung der Sprachen vorausgesetzt. Abū Hāšim al-Ǧubbāʾī, der große Gegner al-Ašʿarīs, hatte übrigens ähnlich wie in der Lehre von den „Zuständen"[144] mit der Möglichkeit gespielt, eine im Innern des Menschen wirkende „Rede" zuzulassen, die er mit den Gedanken verglich. Nicht die – jeweils leicht unterschiedlich artikulierten – Laute bildeten das Wesen der Rede; dieses bestehe in den „Buchstaben", die den Lauten zugeordnet seien[145] – die hervorgebrachten Ausdrücke als ein vom Beabsichtigen ein wenig abweichenden Ergebnis. Diese Hypothese, die der von al-Ǧuwainī uminterpretierten Äußerung al-Ašʿarīs verwandt scheint, sollte vermutlich abwegige Schlußfolgerungen zurückweisen, die man aus der muʿtazilitischen Lehre von der Rede hätte ziehen können. Zumindest das Gotteswort durfte nicht völlig der Unvollkommenheit und Flüchtigkeit menschlichen Rezitierens anheimgegeben werden; man sollte hinter einem ungenauen Vortrag aus dem Koran immer noch so etwas wie einen „richtigen" Idealtypus erahnen können. Als einen im Wesen Gottes begründeten „Zustand", dem Wissen des Schöpfers vergleichbar, wollte Abū Hāšim die Offenbarung freilich nicht verstehen.[146]

Wie haben die Aschʿariten eine der „Seele" innewohnende Rede nachweisen wollen? Sie ersannen eine Szene, in der das gesprochene Wort und das, was der Sprecher offensichtlich dachte und wünschte, nicht miteinander übereinstimmen konnten: „Wenn jemand einen Sklaven bestraft, dies aber dem Befehlshaber oder Sultan des Landes mißfällt und er sich deswegen schon am Eigentümer des Sklaven vergreifen möchte, der Eigentümer sich aber damit entschuldigt, daß er sagt, der Sklave folge nie den Anordnungen, und wenn diese Aussage dazu führt, daß der Sklave die Entschuldigung seines Eigentümers als falsch widerlegen könnte, dieser sie aber als wahr erweisen möchte und deshalb dem Sklaven einen Befehl erteilt, dann zweifeln wir nicht daran, daß der Eigentümer nun wünscht, daß der Sklave ihm zuwiderhandele, während die im

Befehl enthaltene Forderung nach Gehorsam erwiesen ist."[147] In solch einer Lage gilt keineswegs mehr, daß die Absicht des Befehlenden zwar nicht mit der Formulierung übereinstimmt, aber immerhin noch aus Indizien erschlossen werden kann; denn der Sklave weiß nichts davon, daß er nur auf die Probe gestellt werden soll. Und schließlich – wie wäre der Eigentümer entschuldigt, wenn weder Sklave noch Sultan seine Worte hier als Befehl auffaßten? Die Absicht des Sprechers, die bei den Muʿtaziliten die erzeugte Rede wesentlich mitbestimmt, muß auf die Erteilung eines Befehles hinauslaufen, und dennoch muß der Eigentümer sich wünschen, daß sein Sklave erneut ungehorsam ist – aber kein noch so flüchtiger Wink darf die „Seelenrede" entlarven.[148]

Eine feste Zuordnung von Wörtern, Gesten usw. zu einem Sinn, den derjenige meint, der eine Botschaft übermitteln möchte, gibt es also nicht. Ein Befehl, wie auch immer zum Ausdruck gebracht, darf keinesfalls unbesehen als Wunsch nach Gehorsam gedeutet werden. Die Unvergleichbarkeit von Ausdruck und im Menschen subsistierender Rede verdeutlicht al-Ǧuwainī am Beispiel des Imperativs und seiner vielfältigen Verwendung. Alle Rechtsgelehrten, unter ihnen aš-Šāfiʿī, glaubten, die einfache Form des Imperativs übermittele eine Verpflichtung. „Tue dies!" kann aber bedeuten: „Du sollst dies tun" oder „du mußt es tun" oder „du darfst es tun", ja sogar „tue es lieber nicht!"[149] Aus diesem schwankenden Gebrauch hatte al-Ašʿarī geschlossen, daß die Araber zum Ausdruck des Befehls keine eindeutige Form geprägt hätten, und erst die Begleitumstände könnten dem Angeredeten Klarheit darüber geben, was gemeint sei. Al-Ǧuwainī möchte jedoch die Ungewißheit beseitigen und berichtigt seinen Meister und auch Ibn al-Bāqillānī, der ähnliches vertreten hatte. Auch die Begleitumstände und Indizien seien doch nicht eindeutig, vielleicht trügen sie gar dazu bei, daß Mißverständnisse vorkämen.[150] Aber auch den Rechtsgelehrten könne man nicht zustimmen. Sie beriefen sich auf die Prophetengefährten, die beim Vorliegen eines bloßen Imperativs eine Verpflichtung angenommen hätten. Das Vorbild der Altvorderen begründe aber noch keine Gewißheit, sondern verbürge nur eine Möglichkeit der Deutung. Al-Ǧuwainī macht sich von den Lösungen frei, die vor ihm gefunden worden sind, und untersucht zunächst den Sprachgebrauch. Dabei kommt er zu dem Ergebnis, daß der bloße Imperativ „tue!" weder Verpflichtung noch Erlaubnis mitteile und schon gar nicht ein Verbot; er enthalte vielmehr eine Aufforderung. Diese Erkenntnis entspreche keineswegs der von den Rechtsgelehrten geäußerten Ansicht. „Aufforderung" ist für al-Ǧuwainī ein unspezifischer Oberbegriff. Im Ausdruck „Verpflichtung" werde dagegen schon für den Fall der Unterlassung eine Strafe angedroht. Begibt man sich allerdings auf das Gebiet der Scharia, stellt man fest, daß man dort jene reine, unspezifizierte Aufforderung nicht antrifft. Dort nämlich, wo es um das Tatenregister der Gläubigen geht, hätte sie keinen Sinn. Deshalb steht im rechtlichen Zusammenhang hinter ihr immer die Warnung, die Aufforderung nur ja nicht zu mißachten.[151] Wie das Wort „ṣalāt" nach dem Willen und Brauch des Gesetzgebers eine ganz bestimmte Bedeutung angenommen hat, so offenbar auch der reine Imperativ.

Al-Ǧuwainī erreicht mit seiner Lehre von der Sprache und dem Inhalt der Ausdrücke dreierlei. Erstens wird die Sprache als die „in der Seele subsistierende Rede" in das Schema der ascharitischen Metaphysik der Unstetigkeit eingefügt; sie ist nicht „erzeugt", und der Mensch kann sie nicht als Hilfsmittel zur Schaffung eines eigenen Ordnungssystems benutzen. Zweitens entgeht al-Ǧuwainī der völligen Relativierung der Bedeutung der Wörter, indem er sich auf den Sprachgebrauch beruft. Drittens hält er sich den Weg offen, den Wundercharakter der Offenbarung zu bewahren, von dem wiederum die unanfechtbare Autorität des Korans als des göttlichen Gesetzes abhängt, und von dieser mittelbar auch die Verbindlichkeit weiterer Quellen, die für die Scharia unerläßlich sind. Nach Ansicht al-Ǧuwainīs waren die Muʿtaziliten wegen ihrer Metaphysik nicht in der Lage gewesen, den Beweis für die Einheit Gottes zu führen,[152] und sie konnten eben auch nicht zeigen, daß der Koran kraft seines Wundercharakters die Prophetenschaft Muḥammads unwiderlegbar bestätigt.

Die Muʿtaziliten lehren, daß die Rede erzeugt wird. Aus der Tatsache, daß dem Gesandten Gottes die Verse des Korans offenbart wurden, sei aber nicht zu entnehmen, daß der Schöpfer einzelne Laute gebildet habe. Nun könne der Anspruch, ein Prophet zu sein, nur durch ein Wunder erhärtet werden, das Gott wirkt. „Durch Wunder beglaubigend" sei aber keine zusätzliche Eigenschaft Gottes neben „redend". Mit diesen Sätzen möchte al-Ǧuwainī dem vorbeugen, daß seine muʿtazilitischen Gegner in dieser Frage zu der Behauptung flüchten, ihre These, „Rede" sei erzeugt, schließe die „Beglaubigung" eines Propheten nicht ein; die Muʿtaziliten sollen bei ihren Grundsätzen bleiben und eingestehen, daß dann Gott seinen Gesandten nur mit einer Rede, mit hervorgebrachten Lauten, bestätigen kann. Derartiges ist aber nicht bezeugt. Man weiß von keinem Gotteswort, das die Authentizität des Korans verbürgte. Es gibt nur den Koran selber, die dem Propheten anvertraute Botschaft, und die Tatsache, daß sie vorliegt, muß zugleich das Beglaubigungswunder sein. Wenn man die Theorie von der in der Seele subsistierenden Rede übernimmt, kann man jedoch auf eine mündliche Bestätigung der Prophetenschaft Muḥammads durch Gott verzichten.[153]

Wieder verwendet al-Ǧuwainī eine Szene, um seine Vorstellungen anschaulich zu machen. Ein König hält Hof, die Vornehmen drängen sich um ihn, in ihre Gedanken vertieft. Sobald alle ihren Platz gefunden haben, steht einer der Günstlinge des Herrschers auf und ruft: „Versammelte Zeugen! Ein bedeutsames Ereignis erlebt ihr jetzt! Eine gewichtige Sache! Ich bin der Gesandte des Königs an euch, ich bin sein Vertrauensmann bei euch, sein Beobachter in eurer Mitte! Diesen Anspruch verkündige ich vor Augen und Ohren des Königs. Wenn mein Anspruch, o König, zu Recht besteht, dann durchbrich die Sitte, handle deiner Veranlagung zuwider und erhebe dich von deinem Ehrenplatz in der Empfangshalle, dann setze dich wieder!" Der Herrscher folgt dieser Aufforderung schweigend, und alle Anwesenden sind davon überzeugt, daß jener Günstling die Wahrheit gesagt hat.

Daß mit dieser erdachten Szene keinesfalls alle Fragen und Einwände geklärt waren, zeigen die Bemerkungen, die al-Ǧuwainī hieran anschließt. Das Ganze könnte ja auch ein abgekarteter Schwindel sein. Aber der Leser wird beruhigt: Das Wunder kann gar nicht zugunsten eines Betrügers geschehen, da es seinem Wesen nach eine Beglaubigung der Wahrheit ist. Außerdem ist jene Szene nur ein Gleichnis, das einen entscheidenden Umstand vernachlässigt: Ein Prophet wird im Angesicht seiner Gemeinde bestätigt, die schon an Gott glaubt; sie weiß, daß der Schöpfer zu allem Macht hat, und wenn er dann auf Bitten seines Propheten einen Stecken in eine Schlange verwandelt, wie er es für Mose tat, ist den Gläubigen gar kein Zweifel mehr möglich.[154]

Die im Wesen Gottes subsistierende Rede bestätigt den Anspruch des Propheten. Die Offenbarung, die er vortrug, aber auch alle seine Äußerungen und Handlungen, werden zu einer verbindlichen, vom Schöpfer beglaubigten Richtschnur erhoben. Das Beglaubigungswunder ist deshalb für die Rechtsschulen, die wie die schafiitische auf der Überlieferung aufbauen, der Eckstein, auf dem die Scharia ruht. Denn die Gewißheit, die einem ein logisch richtig durchgeführter Schluß verschafft, kann es nur in der Theologie geben; in der Rechtswissenschaft, das hörten wir schon, ist gewöhnlich nur ein hoher Grad der Wahrscheinlichkeit zu erreichen, und zwar nicht mit Hilfe der Spekulation, sondern unter Zugrundelegung der autoritativen Überlieferung; denn die Scharia ist vor allem anderen „Knechtung" des Menschen. Wenn „redend" nach aschʿaritischer Lehre ein von Ewigkeit zu Ewigkeit Gott innewohnendes Wesensattribut ist, läßt sich schlechterdings nicht behaupten, die Einzelbestimmungen des Gesetzes seien in zeitlicher Folge entstanden. Es muß vielmehr alles von jeher und vollständig vorhanden sein und in alle Zukunft ungeschmälert und unverändert gelten. Das war eine der Schwierigkeiten, die sich aus der aschʿaritischen Sprachtheorie ergaben. Denn wie konnte man hiermit in Einklang bringen, daß Gott selber im Koran von der Ersetzung mancher Verse durch bessere spricht?[155] Die

Muʿtaziliten hatten es da leichter. Wenn Gott eine Rede erzeugt, kann sie auch den jeweiligen geschichtlichen Umständen angepaßt sein. Die aschʿaritische Metaphysik und die in ihr wurzelnde Sprachtheorie mußten ihre Verfechter dazu drängen, in jedem Prophetenwort, in jeder seiner Handlungen den Widerschein des ewig Gültigen, des Allgemeinen zu suchen und das Besondere, Einmalige zu übersehen, wenn nicht gar hinwegzuinterpretieren. Diese Theorie fügt sich aufs beste mit der Verdrängung des geschichtlichen Moments aus der Überlieferung zur islamischen Urgemeinde zusammen.

In der Lehre von der „Seelenrede" war al-Ašʿarī noch nicht so eindeutig gewesen wie seine Schüler. Das gilt auch für die rechtlichen Gesichtspunkte dieser Theorie; auch hier läßt seine Anschauung noch eine Verwandtschaft mit muʿtazilitischen Gedankengängen erkennen. Sie belasteten das auf ihn zurückgehende System mit Unstimmigkeiten, bis al-Ǧuwainī sich berufen fühlte, Klarheit und Eindeutigkeit zu schaffen. Erinnern wir uns, daß nach muʿtazilitischer Lehre alles Gewußte ein Ding ist; alle Dinge ließen sich in Kategorien „vorhanden" und „nicht vorhanden" einteilen, und alles „Vorhandene" hatte ein virtuelles Abbild im Bereich des „Nicht-Vorhandenen".[156] Der Muʿtazilit al-Balḫī (gest. ca. 929) hatte diese Vorstellung auf die Scharia übertragen und gemeint, jeder Befehl sei zugleich das Verbot seines Gegenteils. Wie in der aschʿaritischen Metaphysik Schwäche jedoch nicht als Mangel an Kraft aufgefaßt werden darf,[157] so argumentiert al-Ǧuwainī nun, daß man nicht behaupten könne, das Gegenteil alles dessen, was untersagt sei, gelte als freigestellt.[158] Die Aschʿariten hatten den aristotelischen Kategorien, in deren Zusammenklang die Phänomene und ihre Wechselwirkungen erfaßt werden sollten, ihren Sinn genommen; denn jedes Ding wurde nun für undeutbar erklärt; es war unmittelbar zu Gott. Genauso hielten sie es mit den rechtlichen Bewertungen auf der von „Pflicht" bis „Verbot" reichenden Skala; um der „Knechtung" willen gab es nur noch unableitbare Einzelaussagen über einzelne Sachverhalte, und keine Bewertung konnte mittelbar für einen anderen als eben den ihren Gewicht erlangen – es sei denn, jener andere hätte sich unter Beachtung autoritativer Quellen als dem ersten analog erweisen lassen. Subsumierung verschiedener gleichgelagerter Tatbestände unter eine Bewertung durfte es geben, nie aber ein Abwägen der Gründe einer Bewertung mit dem Ziel, aus dem Verbot einer Sache auf die Erlaubnis einer anderen zu schließen.

Das hatte al-Ašʿarī auch nicht gewollt, als er sich die Denkfigur der Spiegelung zunutze machte; er überführte sie von der Ebene des Wirkzusammenhangs der Erscheinungen auf die Ebene der zeitlichen Abfolge. „Das Nichtvorhandene, von dem man weiß, daß es vorhanden (sein wird) und dann die Bedingungen dafür erfüllt, daß es zur ‚Belastung' wird, ist auch im Zustand des Nichtvorhandenseins auf Grund des anfangslos ewigen Befehls anbefohlen."[159] Die Rede wohnt Gott von Ewigkeit her inne; vom Standpunkt der Geschöpfe aus betrachtet, ist sie zunächst virtuell gültig und dann aktuell, sobald die Voraussetzungen hierfür eingetreten sind. Nach dem Zeugnis al-Ǧuwainīs rief diese Auffassung al-Aš'arīs erbitterten Zwist unter seinen Anhängern hervor. Sollte man bestreiten, daß Gottes Rede in Befehl und Verbot unterteilt werden konnte und damit jeden Verdacht, an der Idee der „Spiegelung" festzuhalten, ausschließen? Dann wäre man diesen ärgerlichen Rest mu'tazilitischer Metaphysik los gewesen, aber um den Preis der Leugnung einer islamischen Grundwahrheit. Da dieser verzweifelte Schritt tatsächlich gewagt wurde, ahnen wir, wie bedrückend das Problem war. Wenig überzeugen konnte auch der Hinweis, der Tod Muḥammads bedinge nicht die Hinfälligkeit der von ihm überbrachten Befehle; es gebe mithin einen nicht vorhandenen Befehlenden, warum nicht auch nicht vorhandenes Befohlenes? Al-Ǧuwainī referiert verschiedene solcher willkürlichen Schlüsse, verwirft sie und setzt noch einmal bei al-Aš'arīs These an.

Jeder Mensch mache die Erfahrung, daß ein Befehl ihm „auf der Seele liege", er ihn aber nicht äußere, weil das, was erreicht werden solle, noch nicht existiere – ähnlich dem Willen, dessen man sich bewußt sei, ohne daß deswegen schon die entsprechende Handlung vollzogen werde. Sobald man das, was man befehlen wolle, als möglich erkenne, ergehe der Befehl. So auch verhalte sich die ewige Rede Gottes zu seiner zeitlichen Schöpfung. „Das Nichtvorhandene wird befohlen unter der Voraussetzung, daß es (einmal) existiert." Mit diesem Satz will al-Ǧuwainī auf keinen Fall sagen, daß eine Sache befohlen sein könne, obwohl sie nicht vorhanden sei; es geht ihm um einen anfangslos ewigen Befehl ohne ein Objekt.[160] Hiermit hat al-Ǧuwainī die Worte seines Meisters der Metaphysik der späteren Asch'ariten angeglichen. Während die Mu'taziliten von der Erzeugung der Rede sprachen und ihr eine unmittelbare Einwirkung auf den Angeredeten zuschrieben,[161] ist für die Asch'ariten ein solcher Zusammenhang nicht zwingend. Ein Gebot der Scharia ist von Ewigkeit her vorhanden, aber es wird erst unter Gegebenheiten wirksam, die seine Erfüllung ermöglichen.[162] Ganz ähnlich lautete al-Ǧuwainīs Lösung für die Frage nach dem Verhältnis zwischen „Belastung" und Leistungskraft des Menschen.

Eine weitere Schwierigkeit, der eben behandelten vergleichbar, machte den Asch'ariten zu schaffen, und wieder ist die Geschichtlichkeit der Scharia im Spiel. Es kann nicht bestritten werden, daß beispielsweise der Koran die Gläubigen zur Pilgerfahrt verpflichtet; Einzelheiten des Ritus können jedoch erst der Sunna, dem Handeln Muḥammads, entnommen werden, ja zum Teil erst den Nachrichten über die einhellige Meinung seiner Gefährten. Wie ist dies zu verstehen, wo doch die Rede Gottes diesbezüglich schon ergangen war, ehe die Möglichkeit des Pilgerns eintrat. Wieder hatten die Muʿtaziliten es leichter: Das Gebot ergeht genau zum passenden Augenblick, es umfaßt zugleich alles, was der Mensch diesbezüglich wissen muß; Wort und übermittelter Sinn sind zeitlich aneinander geknüpft. Die Deutung der allgemeinen Vorschriften durch das Verhalten Muḥammads und seiner Gefährten kann unter dieser Voraussetzung natürlich nicht die gleiche Autorität wie der Koran beanspruchen. Die Sunna mag nachahmenswert sein, prinzipiell ist sie aber nur eine – geschichtliche – Auslegung des Pilgergebotes unter anderen denkbaren. Bei den Aschʿariten dagegen müssen die Einzelheiten des Ritus Teil der überzeitlichen Gesetzesrede Gottes sein; die auf der Überlieferung aufgebaute Rechtswissenschaft kann nicht darauf verzichten, den in der Sunna verbürgten Normen eine dem Koran gleichwertige Autorität zuzuschreiben.[163] Koran und Sunna verschmelzen zu einem einzigen Medium der Scharia, die insgesamt in der Gottes Wesen innewohnenden Rede enthalten ist. Die allmähliche Offenlegung aller Bestimmungen, von den allgemeinen koranischen bis zu den spezifizierten der Sunna, wird von den Aschʿariten als „Aufschub der (vollständigen) Erklärung" bezeichnet. Die Muʿtaziliten verwerfen die Möglichkeit eines solchen Aufschubs, da er eine „Belastung mit Untragbarem" bedeuten könnte, eben mit noch unbekannten Einzelbestimmungen. Die Aschʿariten meinen jedoch, daß Gottes Gesetz dank der „Seelenrede" von Anfang an vollständig vorhanden ist, Einzelheiten aber erst dann erläutert würden, wenn die Gläubigen dessen bedürften. Eine „Belastung mit Untragbarem" sei nicht zu befürchten[164] – auch hier gelte, daß Gott die Möglichkeiten der Gläubigen in Rechnung stelle.

5. Das Wissen um das Gesetz

Die Sprache des Gesetzes ist der menschlichen Gestaltungskraft entzogen und deshalb das ungeschichtliche Medium, in welchem den Menschen Gottes Gesetz übermittelt wird – und dieses ist ohne rational nachvollziehbaren Zusammenhang mit dem Handeln des Menschen, das es bewertet, ohne daß die Maßstäbe gänzlich sichtbar wären. Woher und auf welchem Weg erfährt der Mensch von den Bewertungen, mit denen er „belastet" ist? Man möchte auf diese Frage kurz und bündig antworten: aus der Offenbarung. Aber diese Antwort ist nicht ausreichend; denn welche Aufgabe bliebe noch für den Verstand? Ist er nicht eine Gnadengabe, mit der der Schöpfer den Menschen von der übrigen Kreatur schied? Dieser Schwierigkeit mußte sich die aschʿaritische Rechtswissenschaft stellen. Auf Dauer genügte al-Ašʿarīs formale Definition des Wissens nicht: „Wissen ist dasjenige, was den, in welchem es subsistiert, notwendigerweise wissend sein läßt". Mit dieser Feststellung hatte al-Aš'arī zwar erreicht, daß das Wissen nicht mehr als Ergebnis einer Aneignung von Kenntnis betrachtet werden mußte. So nämlich lautete im wesentlichen die Meinung der Mu'taziliten: Wahrnehmung und rationale Prüfung erzeugen Wissen. Nach Abū 'Alī al-Ǧubbā'ī mündete der Vorgang des Erwerbs von Wissen in die „Seelenruhe" einer unerschütterlichen Überzeugung betreffs des Gewußten – ein von den frühen Mu'taziliten noch nicht gebilligtes psychisches Element, das dem Wissen einen überrationalen Zug verlieh und den Einwand entkräften sollte, man könne doch auch auf irrige Schlüsse verfallen und folglich zum Gegenteil von Wissen gelangen.[165] Die mu'tazilitische Lehre vom Wissen konnte man so auslegen, daß die Verhaltensnormen des Menschen mittels des Verstandes zu erschließen seien; die Offenbarung wäre dann nichts weiter als eine Art Nachhilfe für die Denkfaulen[166] – für jeden Asch'ariten eine schauderhafte Vorstellung.

Trotzdem wollte sich al-Ǧuwainī nicht dazu verstehen, al-Aš'arīs Lehrsatz zu übernehmen. Denn Wissen, als ein bloßes Akzidens von Gott geschenkt, das war eine Ansicht, die man kaum noch verfechten konnte, wenn man die Methode der Spekulation gegen die Mu'taziliten einsetzen und diese mit den eigenen Waffen schlagen wollte. Zudem war die Frage nach der Rolle des Verstandes beim Erwerb von Wissen nun einmal aufgeworfen worden, und so konnte man ihr auch aus inhaltlichen Gründen nicht mehr ausweichen. Ibn al-Bāqillānī hatte das Problem auf elegante Weise lösen wollen. Er erklärte den Verstand für eine der Arten des Wissens, denn niemand, der Verstand habe, sei bar jeglichen Wissens; der Verstand lasse sich unter die Arten des notwendigen Wissens einreihen, über die jeder Verständige verfüge, und zwar unbeschadet einer etwaigen Beeinträchtigung der Sinne, die ihn am Erwerb nicht notwendigen Wissens – etwa durch das Hören – hindern mag. Das notwendige Wissen, das der Verstand vertrete, sei die Unterscheidung zwischen möglich und unmöglich. Al-Ǧuwainī lehnt diese Lösung mit dem Hinweis ab, es gebe durchaus verstandesbegabte Menschen, die mitunter nicht über möglich oder unmöglich nachdächten.[167]

Die Verquickung von Wissen als einem Ergebnis und Verstand als einem Hilfsmittel zu dessen Erzielung empfiehlt sich also nicht. Al-Ǧuwainī trennt beides voneinander und erörtert zunächst unterschiedliche Definitionen des Begriffes Wissen, darunter solche, die von Asch'ariten vorgeschlagen worden waren, sich aber als untauglich erwiesen hatten. Wissen kann beispielsweise nicht die Erfassung des Wißbaren sein, wie es ist; gälte dies, dann könnte man auch die Wirklichkeit Gottes wissend erfassen. Es kann auch nicht in der Fähigkeit oder Fertigkeit bestehen, etwas zu meistern; Wissen müßte dann die Fähigkeit bedingen, was nach den Grundsätzen der aschʿaritischen Metaphysik undenkbar ist.[168] Al-Ǧuwainī schlägt einen eigenen Weg ein, greift dabei aber Anregungen der Muʿtaziliten auf.

Unwissenheit, schreibt al-Ǧuwainī, sei die Überzeugung betreffs eines Gegenstandes, wie er nicht ist, und das Gegenteil hiervon sei mithin das Wissen; Zweifel und Vermutung schwankten zwischen beidem. Wie aber ist das Wissen um einen Gegenstand, wie er wirklich ist, vom bloßen Fürwahrhalten zu unterscheiden, das die ,,Nachahmer" kennzeichnet, also die große Masse der Gläubigen, die nicht zu eigenständiger geistiger Anstrengung fähig und bereit ist? Beharre ein Nachahmer noch so entschlossen auf seiner Meinung, Wissen sei sie niemals. Der Unterschied zwischen dem Wissen und der übernommenen Ansicht des Nachahmers sei jedem Verständigen klar, aber er sei schwer in Worte zu kleiden – gleich dem Duft des Moschus, der jedem vertraut und dennoch kaum angemessen zu beschreiben sei. Eine Sache glauben, seinen Sinn an sie ,,binden", um das arabische Wort zu nennen, das in diesem Zusammenhang benutzt wird, das eben ist für al-Ǧuwainī ein Anzeichen dafür, daß man nicht um sie weiß. Denn das Wort Wissen bedeutet ,,die Auflösung (derartiger) Bindungen; es stellen sich heitere Gelassenheit, Erquikkung, Vertrauen ein". Wissen ist für al-Ǧuwainī mit dem Empfinden unerschütterlicher Gewißheit gleichzusetzen, und es verlangt demjenigen, der es besitzt, keinerlei Mühsal mehr ab. Anders das Fürwahrhalten, das den Nachahmer ständig die Qual der ,,Bindung" des Sinnes an den geglaubten Gegenstand kostet: Wenn der Nachahmer hört, wie jemand anders diesen Glauben und sein Objekt in Zweifel zieht, muß er sofort selber zweifeln, es sei denn, er stopfte sich die Ohren zu. Sonst nämlich wird er, sobald er eine andere Ansicht vernimmt, erschrecken wie jemand, der aus dem Halbschlaf hochfährt. Der Wissende dagegen kann gar nicht mehr zweifeln, wenn er auch noch so lange einem Kritiker lauscht. Drei Reaktionen des Wissenden sind möglich: Ihm leuchtet sofort die Haltlosigkeit der Bedenken ein; er versteht die Bedenken gar nicht; er erkennt unverzüglich, daß die vorgetragenen Zweifel sich selber widerlegen, ohne daß diese Widerlegung in Worte gefaßt werden müßte, und er wird sein Gegenüber als puren Streithahn und Haarspalter entlarven.[169]

,,Bisweilen kommt einem wirklich Wissenden eine Frage in den Sinn, die einem nachahmerischen Glauben entspringt. Wäre ein solcher Glaube Wissen, müßte ihn diese Frage ständig beschäftigen, ohne daß er sie je abwehren könnte. Wenn nun das, was bereits vorhanden war, Wissen ist, das als zweites Hinzutretende aber dessen Gegenteil, dann kann niemand, der von alledem Kenntnisse besitzt, daran zweifeln, daß jener Glaube nichtig ist. Niemand, der gerecht urteilt, kann dies bestreiten.

Freilich mag der Betreffende aus Vorsicht vor irgendeiner Sache zu feige sein, das, was er glaubt, zu ändern. Als Folge hiervon wird sich sein Inneres wegen des in bloßer Nachahmung bestehenden Glaubens erregen, und das Wissen, das schon davor in ihm war, wird ihn anziehen. Hier liegt nun kein Fall von Zweifel vor – möget ihr zur rechten Einsicht gelangen! – wie oben beschrieben, sondern es handelt sich darum, daß der Betreffende das, was zuerst da war, verdrängen möchte, um weiterhin an der nachahmerischen Glaubensansicht festzuhalten, indem er sich um deren Stabilisierung bemüht. Doch wird nur der von jener (Anfechtung überhaupt) Notiz nehmen, dessen Verstandesgabe schwach ist."[170]

Ein unzerstörbarer Schatz ist das Wissen. Wer ihn findet, hat für immer die Seelenruhe der Gewißheit errungen. Dies hängt nicht zuletzt damit zusammen, daß dieses Wissen nicht eine Kunde von beliebigen Gegenständen ist, sondern die umfassende Kenntnis vom Wesen Gottes und dem Verhältnis der Schöpfung zu ihm – eben jenes Gebiet, das die Theologie auszuloten sucht – und von der Scharia, den göttlichen Normen, die die Grundlage des richtigen Handelns sind. Wissenswert ist nur das, was für das Heil bedeutsam ist, und die Seelenruhe des Wissenden, die al-Ǧuwainī preist, ist zugleich Heilsgewißheit. Schon im Koran steht diese Bedeutung von Wissen ganz im Vordergrund. Abraham gewinnt richtiges Wissen, nämlich über das wahre Wesen Gottes, und er unterstellt sich damit der göttlichen Rechtleitung, die ihm das Heil garantiert.[171] Falsche, nicht auf dieses Ziel gerichtete Kenntnisse – scheinbares Wissen – führen den Menschen zur Selbstüberschätzung und ins Unheil; dies macht der Koran an der Gestalt des Korah deutlich.[172]

Dieser schon im Koran erkennbare Wissensbegriff prägt sich klar in der Rechtsgelehrsamkeit aus, die auf die Überlieferung zurückgreift. Er dient auch zur Abgrenzung dieses Typs der „Scharia-Kunde" von jener Jurisprudenz, die mit dem Namen Abū Ḥanīfas verbunden war. Seine Schule suchte, wie erinnerlich, Verfahren, mit denen der Mensch das göttliche Recht auf die vielfältigen Fragen des Alltags selbständig anwenden konnte – Verfahren, die in den Augen der Gegner natürlich nicht zu „Wissen" führten, sondern bestenfalls zu Meinungen, schlimmstenfalls aber zu Irrtümern, die das Heil gefährdeten. Für die Gelehrten, die die Spekulation verwarfen, ist Wissen „das Licht, das Gott den Menschen ins Herz gesenkt hat". Mit diesem Wissen lenkt Gott die Menschen, die er mit seiner Rechtleitung begnadet, und dieses Wissen ist nicht gleichzusetzen mit der Kenntnis der großen Zahl der Einzelprobleme, ja es ist der Fähigkeit, mit Hilfe von Analogien und folgerichtiger Gedankenführung zu eigenen Einsichten vorzustoßen, weit überlegen. Dies war die Meinung des Abū Ḫaiṯama (gest. 849), eines bekannten Bagdader Fachmannes auf dem Gebiet der Überlieferungen. Wissen hatte zudem für ihn eine stark erzieherische Wirkung; wer „wußte", konnte den gefährlichen Verlockungen der Leidenschaft entgehen und hatte Aussicht, am Jüngsten Tag vor dem gestrengen Richter Gnade zu finden.[173] Ad-Dārimī (gest. 865), einen der weniger berühmten Sammler der prophetischen Überlieferung, schreckte die Gefahr, das Wissen könne verschwinden;[174] denn dann wären die Menschen wieder fern dem Heil, zu dessen Gewinn das Wissen – im Sinne von Gottesfurcht und Gesetzestreue – verhilft. Wir werden sehen, daß auch al-Ǧuwainī von solchen Befürchtungen tief beunruhigt wurde; er war davon überzeugt, daß man alles daransetzen müsse, das Wissen zu bewahren, das in der längst vergangenen Zeit schöpferischen Denkens gesammelt worden sei.[175]

Al-Ǧuwainīs Auffassung vom Wissen ist, wie nicht anders zu erwarten, stark von derjenigen aš-Šāfiʿīs geprägt, der an verschiedenen Stellen seines Werkes Wissen als die umfassende Kenntnis des göttlichen Gesetzes bezeichnet. Dies nötigt ihn, sich der Frage zu stellen, wie man sich dieses Wissens versichert, und er entwirft eine Lehre von den Quellen des Gesetzes und ihrer Handhabung, eine Lehre zudem, die seinem Wissensbegriff genügt. In dieser Beziehung muß aš-Šāfiʿī über die Ansichten der Überlieferer hinausgreifen: Sie mochten sich mit Feststellungen zufriedengeben, in denen Wissen mit dem Licht, das Gott schenkt, verglichen wird. Der Jurist, der aus solchem Wissen ständig Schlüsse zur Beurteilung von Rechtsfällen ziehen muß, darf hier nicht stehenbleiben. Koran, Sunna und dann eben der Consensus der Altvorderen und die subsumierende Analogie sind deshalb bei aš-Šāfiʿī Werkzeuge, deren man sich fortlaufend bedienen muß.[176] Somit wird deutlich: Es ist nicht ausreichend, „Wissen" als einen Garantieschein des Heils bei sich zu tragen; man muß, wenn man diese Anschauung wirklich ernstnimmt, auch verstehen, wo es zu finden ist und wie man es sich für die Entscheidung eines Falles aneignet – und dann ist eben der Verstand mit im Spiel und die schier unlösbare Frage, inwieweit der Mensch den Verstand einsetzen kann und soll. Auch wegen der Logik eines Wissensbegriffes, der stets auf das Gesetz abhebt und sich immer wieder auf die alltägliche Wirklichkeit einlassen muß, ist al-Ašʿarīs oben zitierte Definition völlig ungenügend. Nachdem sich al-Ǧuwainī dazu geäußert hat, was für ihn Wissen bedeutet, muß er deshalb untersuchen, wie es zustandekommt.

Al-Ǧuwainī nennt vielfältige Wege, auf denen man habe zu Wissen gelangen wollen. In der Antike habe man zwischen Erkenntnissen unterschieden, die durch sinnliche Wahrnehmung gewonnen wurden, und solchen, die auf Überlegungen des Verstandes zurückgingen. Die Verfechter eines bloß auf der Überlieferung beruhenden Islams nehmen eine völlig entgegengesetzte Haltung ein: Wissen bestehe allein im Koran, im Ḥadīṯ und im Consensus der Altvorderen. Die Aschʿariten hätten eine Aufgliederung versucht: notwendiges Wissen, auf das die Gedanken der mit Verstand Begabten spontan stoßen – etwa den Axiomen vergleichbar; Wissen, das man mittels Spekulation gewinnt; überliefertes Wissen. Das ,,spontane" Wissen erfasse der Mensch mit Gottes Hilfe; spekulatives erwerbe er dank eigener ihm anerschaffener Kraft. – Alle diese Ansichten seien falsch, behauptet al-Ǧuwainī. Denn es gebe nur notwendiges Wissen, notwendig im Sinn der eben vorgetragenen ascharitischen Meinung. Unvermittelt leuchte es ein, unumstößlich stehe es fest. ,,Der unwiderlegbare Beweis dafür lautet: ,Wessen Überlegungen stichhaltig sind und richtig zu Ende geführt werden, ohne daß irgendeiner der Gegensätze des Wissens weitere Überlegungen hinsichtlich des Gegenstandes erforderte, bei dem stellt sich zweifellos Wissen ein, wobei man sich nicht denken kann, daß er diesbezüglich noch eine Wahl hätte.'"[177]

Das bedeutet, daß Wissen stets den Charakter der Endgültigkeit hat; es ist die Gewißheit, wie al-Ǧuwainī schon vorher erklärt hat. Spekulation ist deshalb für al-Ǧuwainī nichts weiter als ein Hin- und Hergehen zwischen verschiedenen ,,Bereichen und Ordnungen des notwendigen"[178] Wissens – eine etwas merkwürdige Ansicht, die im Widerspruch zu der Behauptung zu stehen scheint, Wissen sei fest, bedürfe im – Gegensatz zum Fürwahrhalten – keiner Anstrengung mehr und lasse auch keine Wahl zu. Was al-Ǧuwainī wirklich meint, wird sogleich klar, wenn man sich vor Augen führt, daß unser Autor hier die Quadratur des Kreises versuchen muß, um allen Erfordernissen gerecht zu werden, die er sich selber auferlegt hat: Wissen als endgültige Gewißheit soll gleich sein dem Wissen als der Erfassung veränderlicher, stets ,,neuer" Gegebenheiten des Alltags. Wenn alles Wissen endgültig sein soll, dann bleibt in Fällen, in denen zwei solchermaßen endgültig gewußte Sachverhalte in einen Widerstreit geraten, allein die Möglichkeit der Über- und Unterordnung, der Hierarchisierung; diese erfolgt nach festen Kriterien und ist mithin vorgegeben, nicht schöpferische Leistung des Menschen. Und ganz ausgeschlossen ist eine Synthese, ein neues ,,erzeugtes" Wissen, das in bis dahin unbekannter Form die beiden widerstreitenden Elemente zu einem Ganzen verschmölze.

Die Hierarchisierung alles Wissens – oder besser: aller einzelnen notwendig gewußten Sachverhalte – hatte ihre Entsprechung in der Lehre von der ,,Belastung", wie al-Ǧuwainī sie vorgeschlagen hatte. Auch dort sollten nicht mehrere Bewertungen zusammenwirken, sondern die jeweils konkretere Bestimmung sollte die allgemeinere außer Kraft setzen.[179] – Alles Wissen ist seinem Wesen nach gleich, nämlich notwendig. Al-Ǧuwainī verwirft deshalb in Bausch und Bogen alle Versuche, auch die der Ascharіten, unterschiedliche Kategorien des Wissens zu erarbeiten, etwa: das Wissen des Menschen um sein Ich und seine Empfindungen; das Wissen um die Axiome; um das Wahrgenommene, und so fort bis hin zum Wissen um gehörte Nachrichten oder ein Handwerk. ,,Wir meinen, daß die Wahrheit weit von diesen Methoden entfernt liegt. Ich glaube, daß die Verfechter dieser Einteilungen sie bloß auf die Übereinstimmung mit rein auf das Äußere bezogenen Überzeugungen gründen, die nicht den Grad der Erquickung und Gewißheit erreichen. Wer dagegen das wahre Wesen des Wissens erfaßt hat und alle Wissensarten für gleich notwendig hält, wird sich nicht einbilden, daß das eine vorangestellt, das andere hintangesetzt werden dürfe. Nicht so freilich die Wege zum Wissen; bei ihnen kann man sich eine Rangordnung denken, und zwar je nach der Gefahr, auf ihnen zu straucheln."[180]

Al-Ǧuwainī nennt drei Wege, auf denen Wissen erworben werden kann: durch den Verstand allein; durch Unterrichtung allein; durch beides gleichzeitig. Nur mit dem Verstand verschafft man sich Gewißheit darüber, daß das Notwendige notwendig, das Unmögliche unmöglich sei usw. Nur durch Unterrichtung weiß man, ob das Mögliche vorgefallen ist oder nicht. Schließlich entsteht Wissen, wenn man nach einer Unterrichtung über einen Sachverhalt diesen unter bestimmten Gesichtspunkten erwägt. So wird die Existenz Gottes mit dem Verstand erschlossen; stellt man hierauf Überlegungen über die Möglichkeit an, Gott im Jenseits zu schauen, muß man auch überlieferte Texte zu Rate ziehen. Wenn der Metaphysiker über einen zuvor ruhenden Körper, der in Bewegung versetzt wurde, sagt, es sei etwas Neues aufgetreten, das es vorher noch nicht gegeben habe, und wenn der Metaphysiker diese Bewegung nun als Akzidens auffaßt und fragt, ob sie möglich sei oder nicht, dann ist er vom ursprünglichen Bereich seines Wissens – dem Auftreten des Akzidens „Bewegung" – in einen anderen übergewechselt, in das Gebiet der Affirmation oder Negation. Dies ist nach al-Ǧuwainī ein Fall des oben genannten Hin- und Hergehens zwischen unterschiedlichen Bereichen und Ordnungen des notwendigen Wissens.[181]

Es macht einige Schwierigkeiten, sich vorzustellen, wie mit Hilfe einiger solcher „Übergänge" schließlich ein vielschichtiger rechtlicher Sachverhalt erfaßt werden kann, zumal alle Denkschritte zu einem eindeutigen Urteil führen sollen, das keinerlei Fragen offenläßt und endgültig ist. Die Hierarchisierung der gewußten Sachverhalte vermag dies in der Tat zu leisten, freilich nur unter zwei Voraussetzungen, deren wichtigste al-Ǧuwainī nicht ausdrücklich nennt. Ihm als einem Kenner der Überlieferung vom Propheten erscheint sie nämlich selbstverständlich. Sie müßte lauten: Es steht eine Fülle von Nachrichten über Muḥammad und seine Gefährten zur Verfügung, ein mittels Unterrichtung zu erlangendes Wissen, das bei statisch aufgefaßten Lebensumständen nicht veraltet.

Das Wissen um die Glaubensordnung werde, sagt al-Ǧuwainī und greift die Lehre von den drei Wegen wieder auf, erstens durch den Verstand verbürgt, der beispielsweise den Sinn der Bewertung „erlaubt" genau bestimme; zweitens durch das Vorhandensein der „wahren Rede" der Offenbarung, um die man einerseits durch Überlegungen des Verstandes, andererseits durch die Nachricht betreffs ihres Wundercharakters wisse; drittens schließlich durch den Inhalt der Offenbarung, sowie der Sunna und des Consensus der Altvorderen. Ganz unbefangen äußert al-Ǧuwainī diese Ansicht allerdings nicht. Er erkennt, daß er den Wundercharakter der „wahren Rede" Gottes nachweisen muß, denn dies ist der Fels, auf dem die an die Überlieferung gebundene Rechtswissenschaft ruht. So versichert al-Ǧuwainī, daß der „Seelenfriede", den der Gelehrte bei der Beschäftigung mit Gottes Wort spüre, nur deshalb eintrete, weil es sich eben um Wissen handele. In diesem Zusammenhang erwähnt al-Ǧuwainī erneut jene Szene, die den Wundercharakter der Offenbarung verdeutlichen soll: Ein König durchbricht in Anwesenheit der Großen seines Reiches seine Gewohnheit und bestätigt auf diese Weise die Behauptung eines Mannes, sein Gesandter zu sein.[182] Nicht mittels eines Analogieschlusses erlangten die Zeugen des Geschehens das sichere Wissen um die Aufrichtigkeit jenes Gesandten, sondern eben spontan mit Notwendigkeit, ohne weitere Spekulation. Und ebenso gewiß und endgültig – „notwendig" – ist das Wissen um die „wahre Rede" Gottes, die uns über den Inhalt seines Gesetzes unterrichtet.[183]

„Die Grundlage alles durch Unterrichtung empfangenen Wissens ist Gottes Rede. Auf sie stützen sich die Worte des Propheten. Gottes Rede gilt uns allein deshalb als erwiesen, weil die Aufrichtigkeit des Propheten durch das Beglaubigungswunder erwiesen ist. Wenn nun der Prophet uns über Gottes Rede unterrichtet, so geht diese Unterrichtung unmittelbar auf Gott zurück, nur daß wir sie von seinem Gesandten entgegennehmen. Ihm vertrauen wir dabei, weil seine Ehrlichkeit erwiesen wurde, auf die eben jenes Wunder hindeutet, und zwar dergestalt, daß es an die Stelle einer ausdrücklichen Beglaubigung tritt.[184] In diesem Zusammenhang gilt der Satz, daß Indizien stets das Wissen unmittelbar nach sich ziehen. Daß unser Wissen um die Tatsache, daß Gott der Ursprung der (prophetischen) Rede ist, bewiesen wurde, geht daraus hervor, daß jeder Wissende unbedingt in seinem Innern eine wahre, ehrliche Stimme vernimmt, die zu ihm von dem redet, was er weiß. Wenn wir den Koran in der Ordnung des durch Unterrichtung empfangenen Wissens nennen, dann deshalb, weil er die Quelle ist. Die Sunna erwähnen wir hier, weil wir über sie (den Inhalt des) Korans aufnehmen, dieser aber die Quelle bleibt. Und auch den Consensus haben die meisten Gelehrten auf den Koran gestützt, indem sie zitierten (Sure 4,115): ‚Wenn jemand wider den Gesandten löckt, nachdem ihm die Rechtleitung klargeworden ist, und einem anderen als dem Pfad der Gläubigen folgt (fällt er der Verdammnis anheim)!'"

Die Rechtswissenschaft verfügt also über einen großen Schatz sicheren Wissens, nämlich Koran, Sunna, einhellige Ansichten der Urgemeinde. Hier nun kommt al-Ǧuwainī auf die zweite Voraussetzung zu sprechen, ohne die sein System keinen Bestand haben könnte. Jener Koranvers, so räumt er ein, ist wahrlich ein schwacher Beleg für eine so grundlegende Behauptung wie die, daß der Consensus, da unmittelbar auf den Koran zurückgeführt, die Merkmale des notwendigen Wissens trage. Das dürfe man aus jenem Vers nicht herauslesen. ,,Der Consensus wird aus Umständen hergeleitet, die in erster Linie mit der Gewohnheit zu tun haben. Denn wenn die Gelehrten einer Zeit über einen Gegenstand der Mutmaßung ein einhelliges Urteil fällen und man weiß, daß sie sich unmöglich hierzu verschworen haben können, dann spricht die Gewohnheit dafür, daß sie ihre einstimmige Auffassung auf eine Überlieferung stützen, deren Inhalt ihnen als gewiß gilt." Die Beurteilung eines Sachverhaltes durch die Gelehrten einer Epoche fließt nicht aus freier Überlegung, sondern muß sich an eine Überlieferung anlehnen. Diese mag nicht so gut verbürgt oder nicht so eindeutig sein, daß sie Wissen darstellt; vielmehr könnte sie zu Mutmaßungen Anlaß geben. Wenn trotzdem eine einheitliche Ansicht zustandekommt, dann gewinnt die an sich mehrdeutige Nachricht den Charakter sicheren Wissens. ,,Nicht der jeweilige Consensus an sich hat Beweiskraft, sondern die Gewohnheit, die dafür spricht, daß er auf eine Nachricht gegründet ist." Ohne diese wäre offensichtlich niemals Einstimmigkeit zu erzielen. ,,Indem man diese Nachricht bejaht, bejaht man zugleich, daß sie zu Gottes Fügung[185] gehört; diese aber ist Teil seiner Rede, und die empfangen wir von seinem Gesandten, und dessen Aufrichtigkeit wurde dadurch bewiesen, daß Gott ihn durch das Wunder bestätigte."

Unter einer Überlieferung, deren Inhalt gewiß ist, will al-Ǧuwainī in seinen Überlegungen eine auf vielen Wegen verbreitete Nachricht verstehen, ,,deren Herkunft und Aussage zweifelsfrei feststehen". Wenn er abweichend hiervon sogar die nur von einer Person bezeugte Überlieferung als durch Unterrichtung erlangtes Wissen klassifiziert, so nicht etwa deshalb, weil sie für sich genommen solches Wissen verbürgt. Sie gilt allein deshalb, weil kraft einer vielfach überlieferten Nachricht und eines sich auf diese stützenden Consensus bestätigt sei, daß eine Einzelüberlieferung Wissen darstelle. Ähnlich verhalte es sich mit dem Analogieschluß; nicht als solcher führe er zu sicherem Wissen, sondern wegen einer zweifelsfreien Überlieferung und eines Consensus, die besagten, daß durch die Anwendung der Analogie Wissen erworben worden sei.[186]

Auf diese Weise kann bei einer verhältnismäßig großen Zahl von Nachrichten, die unterschiedlich ausgelegt werden können, eine Auslegung für verbindlich erklärt werden. Mittelbar entstehen sehr viele rechtlich bedeutsame Aussagen, denen formal der Grad der Gewißheit zugeschrieben wird, selbst wenn Wortlaut und Herkunft nach der Methodik der islamischen Überlieferungswissenschaft nicht hierfür sprechen. Unter diese vielen Aussagen, die nun unumstößliche rechtliche Bewertungen darstellen, lassen sich alle je in der Praxis auftauchenden Sachverhalte subsumieren. Dies jedenfalls ist al-Ǧuwainīs Überzeugung, die er schon in der Einleitung des ,,Buches des Beweises" in die folgenden Worte kleidet: ,,Die Einzelüberlieferungen und die Analogien der Rechtsgelehrsamkeit machen ein bestimmtes Verfahren nicht um ihrer selbst willen verbindlich. Vielmehr muß man ihnen entsprechend verfahren, sobald man mit Notwendigkeit um die Verpflichtung hierzu weiß. Dies aber erfährt man durch die unwiderlegbaren Beweise dafür, daß man beim Vorliegen von Einzelnachrichten oder nach der Durchführung von Analogieschlüssen derart zu verfahren hat." Die auf Unterrichtung zurückgehenden Beweise sind der Koran, die vielfach bezeugten Überlieferungen und der Consensus, die sich alle drei auf Gottes Rede stützen. ,,Rechtsgelehrsamkeit ist das Wissen um die Verbindlichkeit eines Verfahrens, sobald (bestimmte) Vermutungen bestehen."[187]

Vierter Einschub: Die Arbeit der Rechtsgelehrten

Im Frühling des Jahres 1083 schickte der Kalif al-Muqtadī den schafiitischen Rechtsgelehrten Abū Isḥāq aš-Šīrāzī[188] als Gesandten an Malikšāh, um Klage über die Dreistigkeiten des seldschukischen Oberkommandierenden im Irak zu führen. Abū Isḥāq, wir erinnern uns, hatte sich einige Jahre zuvor energisch für die Sache Abū Naṣr al-Qušairīs und gegen die Bagdader Hanbaliten eingesetzt. Nun führte ihn sein Weg nach Osten, in das Heerlager Malikšāhs, auch durch das Städtchen Sāwah, eine Hochburg der Schafiiten.[189] Man bereitete dort dem Gesandten einen überschwenglichen Empfang. Die Handwerker bestreuten seine Sänfte mit ihren Erzeugnissen: die Bäcker mit Brot, die Konditoren mit Süßigkeiten, die Schuhmacher gar mit Kindersandalen. Später, bei Bisṭām, ritt ihm der Sufi as-Sahlakī entgegen, und als Abū Isḥāq hiervon erfuhr, saß er ab, um dem hochverehrten Scheich zu Fuß entgegenzutreten. Als der des Gelehrten ansichtig wurde, stürzte er sich von seinem Reittier und küßte Abū Isḥāq die Hand. Dieser wiederum warf sich nieder, um dem Sufi die Füße zu küssen, und so bezeigten beide einander die Ehre.[190] Und auch in Nischapur nahm man den Gelehrten mit Begeisterung auf. Der berühmteste Mann der Stadt, al-Ǧuwainī, war ihm entgegengezogen und dann vor ihm hergeschritten, die Satteldecke des Gesandten tragend, wie ein niedriger Diener. ,,Darauf bin ich stolz!" soll al-Ǧuwainī gesagt haben.

Dies hinderte al-Ǧuwainī nicht daran, in jenen Tagen mit Abū Isḥāq ein wissenschaftliches Streitgespräch zu führen, wie es üblich war, wenn Gelehrte einander trafen.[191] Das Gespräch wurde aufgezeichnet, und wir wollen einen Teil davon hier wiedergeben. Die Frage lautete: ,,Darf ein Vater seine noch unberührte, aber schon volljährige Tochter ohne ihre Einwilligung verheiraten?" Abū Isḥāq hatte dies bejaht, denn die Jungfräulichkeit sei nach wie vor gegeben, und sie sei die Grundlage jener Bestimmung, die dem Vater das Recht gibt, sich über die Meinung der Tochter hinwegzusetzen,[192] gleich wie bei einer Minderjährigen. Hierauf wandte al-Ǧuwainī ein, sein Gegner habe den Fall selber zur ,,Ursache" des Urteils über diesen gemacht, was nicht statthaft sei; mit anderen Worten: Die Begründung der Entscheidung ist mittelbar schon in der Ausgangssituation enthalten. Abū Isḥāq wehrt sich gegen den Vorwurf methodischer Unsauberkeit; ,,Ursache" seines Urteils sei die Unberührtheit, eine Eigenschaft, über die sowohl Erwachsene als auch Minderjährige verfügen könnten. Sie sei das Bindeglied, welches hier den Analogieschluß von der Minderjährigen auf die Erwachsene ermögliche. Außerdem sei es eine unbeweisbare Behauptung, daß der Fall an sich nicht gleich die ,,Ursache" des Urteils implizieren dürfe; in der Scharia komme so etwas durchaus vor. ,,Verlange von mir doch den Beweis dafür, daß dies nach der Scharia richtig ist!" forderte Abū Isḥāq seinen Gegenspieler heraus. Der sieht sich nun genötigt, die gewünschte Frage zu stellen, und er erhält die folgende Antwort: ,,Sowohl die Überlieferung als auch die Überlegung sprechen für die Richtigkeit dieser ,Ursache'. In der einschlägigen Überlieferung vom Propheten heißt es: ,(Die Eheschließung) einer Witwe wird eher von ihr selbst als von ihrem Vormund bestimmt', wobei eine eheerfahrene Frau gemeint ist, denn der Prophet stellte diese der Jungfrau gegenüber, indem er sagte: ,Und die Jungfrau soll um ihre Ansicht gefragt werden.'[193] Hieraus ergibt sich, daß die nicht eheerfahrene Frau, eben die unberührte, nicht über sich selbst bestimmt. Der beweiskräftigste Weg, eine ,Ursache' zu bestätigen, ist die Anführung der Rede des Gesetzgebers.[194] – Die Überlegung lautet: Es ist unbestritten, daß man eine Jungfrau verheiraten darf, ohne daß sie ein Wort äußert, eben weil sie noch jungfräulich ist.[195] Handelte es sich aber um eine eheerfahrene Frau, wäre dies ohne ihre Äußerung nicht statthaft..."

Al-Ǧuwainī erwidert, diese Überlieferung besitze nicht die Qualität eines eindeutigen Textes, sondern sei interpretierbar; mithin stelle sie kein sicheres Wissen dar. Man könne nämlich meinen, die eheerfahrene Frau könne – im Gegensatz zur Jungfrau – nur nach ihrer mündlich gegebenen Einwilligung verheiratet werden. Es lasse sich zeigen, daß allein diese Interpretation richtig sei und die Gewißheit des Wissens verbürge. Nun verfüge eine erwachsene Jungfrau über soviel Vernunft, daß sie auf einen Vormund verzichten könne; nur bei Schwachsinn oder bei

Minderjährigkeit bedürfe man seiner. Dementsprechend gelte, daß nur mit Billigung der erwachsenen, geistig gesunden Jungfrau ein Vormund zur Erledigung der Formalitäten der Eheschließung bestellt werden dürfe. Diese Auslegung der Überlieferung sei zwingend, denn es werde nicht ausdrücklich gesagt, wer der Vormund sein solle; bleibe dies aber offen, könne auch jemand anders als ihr Vater oder Großvater diese Aufgabe wahrnehmen. Nur diese beiden hätten aber das Recht, sie zu etwas zu zwingen. Im übrigen laute die obige Überlieferung vollständig: ,, ... Und die Jungfrau soll um ihre Ansicht gefragt werden, wobei ihr Schweigen als Einverständnis gilt." Mithin habe der Prophet festlegen wollen, daß die eheerfahrene Frau einer Verheiratung mit Worten zustimmen müsse, die Jungfrau jedoch schweigend einwilligen dürfe.

Demgegenüber macht Abū Isḥāq aš-Šīrāzī geltend, daß der Prophet von Worten oder von einer Rede nichts habe verlauten lassen. Methodisch falsch sei das Argument mit der Vormundschaft des Vaters oder Großvaters; Vormund sei hier allgemein gebraucht, und ein Grund für die Spezifizierung, die für al-Ǧuwainīs Verständnis der Überlieferung entscheidend ist,[196] lasse sich aus dieser selbst nicht herleiten. ,,Wird bei einer Bewertung eine spezifische Eigenschaft genannt, so gilt dies als Feststellung der ‚Ursache'.[197] Eine solche Feststellung der ‚Ursache' höbe (die Überlieferung) in den Rang eines eindeutigen Textes. Damit wäre das Allgemeine in der Tat spezifiziert, wie dies auch mittels einer Analogie geschehen kann." Folglich wende sich das Argument, die Jungfrau dürfe schweigend einwilligen, gerade gegen al-Ǧuwainī; hier sei nämlich eine spezielle Eigenschaft der Zustimmung genannt. Bestünde der von al-Ǧuwainī behauptete Gegensatz zwischen dem Einverständnis mit Worten, das die Witwe gibt, und dem schweigenden der Jungfrau tatsächlich, dann wäre der Zusatz ,,wobei ihr Schweigen als Einverständnis gilt" überflüssig. Nicht aber ein solcher Gegensatz von ausdrücklicher und schweigender Zustimmung mache den Sinn des Prophetenwortes aus, sondern der von Eigenbestimmung und Fremdbestimmung. Al-Ǧuwainīs Interpretation stütze sich allein auf die Analogie mit den übrigen Fällen, in denen eine Vormundschaft vorgeschrieben sei. Eine solche Analogie könne jedoch nicht einen eindeutigen Text überwinden.

Darauf al-Ǧuwainī: Wenn die Überlieferung ein eindeutiger Text wäre, könnte man sie nicht interpretieren. Da dies möglich ist, kann Abū Isḥāq seine Behauptung nicht aufrechterhalten. Ferner kann er nicht einfach sagen: ,,Vormund sind für mich in dieser Überlieferung nur Vater oder Großvater", also die beiden Personen mit elterlicher Gewalt, denen sich die Jungfrau in jedem Fall fügen muß.[198] ,,Denn wird in einer rechtlichen Bewertung eine spezielle Eigenschaft genannt, so handelt es sich nur dann um die Feststellung der ‚Ursache' (dieser Bewertung), wenn diese Eigenschaft in einem (vernünftigen) Bezug zu der Bewertung steht, der die Eigenschaft beigelegt wird, wie etwa die Eigenschaft eines Diebes, die (als ‚Ursache') die Abschlagung der Hand erfordert. Die Eheerfahrenheit steht aber nicht in einem (vernünftigen) Bezug zu der Bewertung, die ihr (in der Überlieferung) beigelegt wird – nämlich zu der Eigenbestimmung." Folglich habe Abū Isḥāq keinen gültigen Analogieschluß ziehen können.

Abū Isḥāq beharrt aber darauf, daß man die Überlieferung nicht interpretieren dürfe, um aus ihr den Gegensatz zwischen ausdrücklicher und stillschweigender Zustimmung herauszulesen. Ferner sei die Feststellung der „Ursache" ohne Ansehung eines vernünftigen Bezuges dem arabischen Sprachgebrauch angemessen. Man sage: „Schlagt dem Dieb die Hand ab!" eben weil er einen Diebstahl begangen hat, und man sagt: „Setzt euch zu den Gelehrten!" eben wegen ihres Wissens. Die Vernünftigkeit des Bezugs, die al-Ǧuwainī fordere, spiele hierbei keine Rolle. Außerdem sei die Analogie sehr wohl gültig. Denn nur bei Geschäften, die nicht in das Eherecht fallen und für die eine Vormundschaft vorgesehen ist, könne auf diese verzichtet werden, sofern die Frau im Vollbesitz ihrer geistigen Kräfte und volljährig sei. Al-Ǧuwainī habe diese Bestimmungen über die Vormundschaft in Vermögensangelegenheiten auf den Fall der Eheschließung übertragen. Diese Übertragung sei lediglich eine Analogie, der obige Überlieferung in der Eigenschaft eines eindeutigen Textes entgegenstehe; das Wort des Propheten regele die Vormundschaft bei der Eheschließung eben anders als bei sonstigen Geschäften. Da diese Überlieferung ein eindeutiger Text sei, bleibe für al-Ǧuwainīs Analogie kein Raum. Im übrigen könne man auch wie folgt argumentieren: Wenn der Grundsatz gilt, daß für ein bestimmtes Rechtsgeschäft ein Vormund notwendig ist, diese Notwendigkeit aber entfällt, sobald die Volljährigkeit und die Klarheit des Verstandes gegeben sind, dann wäre doch auch der Grundsatz wirksam, daß die ausdrückliche Zustimmung nur in Betracht gezogen wird, wenn keine Vormundschaft erforderlich ist; da nun feststeht, daß eine solche Äußerung für die Jungfrau nicht vorgeschrieben ist, muß für sie die Vormundschaft unerläßlich sein. Hierauf entgegnete al-Ǧuwainī, die mit Worten vorgetragene Einwilligung werde auf Grund des eindeutigen Textes der Jungfrau nicht abverlangt. Da triumphierte Abū Isḥāq: „Dies ist eine Bekräftigung (meiner Auffassung)! Denn daß sie auf Grund eines eindeutigen Textes nicht notwendig ist, weist auf die Richtigkeit meiner Ausführungen hin!"[199]

Worum geht es in diesem Streitgespräch? Nun, um die Frage, ob es rechtens ist, eine volljährige, geistig gesunde Jungfrau zu verehelichen, ohne ihren Willen zu berücksichtigen. Die beiden Gegner, Angehörige derselben Rechtsschule und von Hochachtung füreinander durchdrungen, erörtern das Problem auf der Grundlage einer Überlieferung vom

Propheten: „(Die Eheschließung) einer Witwe wird eher von ihr selbst als von ihrem Vormund bestimmt. Und die Jungfrau soll um ihre Ansicht über das, was sie betrifft, gefragt werden, wobei ihr Schweigen als Einverständnis gilt." Ist diese Überlieferung sicheres Wissen und gehört sie deshalb in die Kategorie höchster Autorität, in die Klasse der eindeutigen Texte,[200] dann kann und darf sie nicht interpretiert werden, weder durch die Spezifizierung einer der in ihr enthaltenen „Bewertungen" noch durch eine Analogie. Diesen Standpunkt verficht Abū Isḥāq, und offensichtlich setzt er sich am Ende durch. Die Überlieferung also als klare Vorschrift, in dieser Eigenschaft alle übrigen Gedankengänge, Analogien, Spezifikationen überwindend – und deshalb auch einen Sonderfall der Vormundschaft begründend, nämlich in Eheangelegenheiten, wo diese eben anders zu handhaben ist als sonst!

Dagegen stuft al-Ǧuwainī die Aussage Muḥammads nicht so hoch ein. – Die formalen Kriterien hierfür werden in unserem Protokoll des Streitgespräches nicht erörtert. – Für al-Ǧuwainī enthält die Überlieferung summarische Feststellungen, kann folglich nicht eindeutig sein und verbürgt deshalb kein sicheres Wissen, wie es zur Entscheidung unerläßlich ist. Aus der summarischen Aussage muß erst eine eindeutige gemacht werden, und dies kann man mit verschiedenen Mitteln erreichen. Hier geschieht es mit Hilfe der Analogie zur Vormundschaft in Geschäftsangelegenheiten, die entbehrlich wird, sofern das Mündel volljährig ist und über normale geistige Fähigkeiten verfügt. Damit entfällt auch der Zwang, einer volljährigen Jungfrau für den Abschluß des Ehevertrages einen Vormund an die Seite zu stellen. Zugleich hat al-Ǧuwainī in die Auseinandersetzung mit Abū Isḥāq eine Spezifizierung eingebracht: Nur wenn ein Inhaber elterlicher Gewalt Vormund sei, könne Abū Isḥāq seine Behauptung aufrechterhalten, dieser Vormund dürfe die Jungfrau wider ihren Willen verehelichen. Eine solche Spezifizierung, die wiederum ihren Grund in der Analogie zu den allgemeinen Regeln der Vormundschaft hat, unterstellt er seinem Widersacher Abū Isḥāq. Der aber tappt nicht in diese Falle; denn dieser Unterstellung zustimmen würde bedeuten, die Gültigkeit der allgemeinen Regeln der Vormundschaft auch auf den Fall der Eheschließung auszudehnen – und al-Ǧuwainī den Sieg zu überlassen.

Warum gewinnt Abū Isḥāq das Duell? Es hat den Anschein, als sei in einer Rechtswissenschaft, die ihre Urteile als das sichere Wissen begreift, das auf eindeutigen Texten beruht, von vornherein derjenige im Vorteil, der glaubhaft macht, daß im fraglichen Fall eine einschlägige Aussage der erforderlichen Qualität vorliege. Will der Gegner den betreffenden Text niedriger einstufen, um ihn auszulegen, hat er keine Aussicht auf den Sieg, mögen seine Überlegungen auch klug und sachgerecht sein. Ist nicht al-Ǧuwainīs Analogie zur allgemeinen Vormundschaft einleuchtend? Halten wir nicht auch seinen grundsätzlichen Einwand für richtig, daß die spezifizierende Eigenschaft einer rechtlichen Bewertung nur dann deren ,,Ursache" sein kann, wenn sie auch tatsächlich juristische Aussagekraft besitzt? Daß jemand zum Dieb geworden ist, begründet seine Bewertung als Dieb und die daraus folgende Strafe. Aber ist es sinnvoll, rein formal festzustellen, man setzte sich zu den Gelehrten – den ,,Wissenden", wie man auf Arabisch sagt – weil sie wissend sind?

Das Ziel der juristischen Gedankenarbeit ist die Ermittlung der autoritativen Aussagen über den Fall. Je weniger Denkschritte man benötigt, um den Fall unter eine solche Aussage zu subsumieren, desto besser. Die Rechtswissenschaft ist deshalb mehr ein Abwägen der Autoritätsstufe von Texten in Bezug auf den Fall als eine Untersuchung des Falles, um an seinen konkreten Gegebenheiten Merkmale von allgemeiner Bedeutung zu entdecken, die seine Beurteilung nach den bestehenden Gesetzen ermöglichen. Die Rechtswissenschaft ist – überspitzt gesagt – eine Theorie der Gesetzestexte und eine Kenntnis von Verfahren, um die Gewißheit sicheren Wissens in den vielen Fällen herzustellen, in denen sie nicht sogleich dank einem eindeutigen Text vorhanden ist. Es geht im Streitgespräch also nicht so sehr um die Frage, ob eine volljährige Jungfrau durch einen Vormund zwangsweise verheiratet werden darf, es geht eher um die Autoritätsstufe der diesbezüglichen Aussage.

Der Jurisprudenz als der Wissenschaft von den Gesetzestexten hat al-Ǧuwainī sein großes ,,Buch des Beweises" gewidmet, jenes Werk, in welchem er sich, wie der Biograph as-Subkī (gest. 1370) schreibt, von allen Vorbildern freimachte. ,,Ich nenne es das Rätsel der islamischen Glaubensgemeinschaft, weil es viele Schwierigkeiten enthält; keine Frage läßt der Verfasser aus, weil sie zu verwickelt ist, und er löst sie stets, nachdem er für sich selber eine Entscheidung gefunden und Untersuchungen angestellt hat, die noch nie jemand durchführte."[201] Es ist nicht möglich, dieses umfassende System hier in wenigen Strichen nachzuzeichnen. Nur die beiden Kategorien, nach denen man die Texte des Gesetzes beurteilt, sollen skizziert werden. Diese Aufgabe wird uns durch eine Zusammenstellung der wichtigsten Begriffe erleichtert, die al-Ǧuwainī im ,,Buch der wenigen Seiten" aufzählt und definiert.[202]

Die erste Kategorie wird von den beiden Begriffen ,,allgemein" und ,,besonders" gebildet. ,,Allgemein" ist eine Aussage, sobald sie mehr als eine Person oder Sache betrifft. Eine ,,allgemeine" Aussage kann spezifiziert werden, indem man einen Ausnahmesatz hinzufügt oder eine Bedingung oder indem man dem, was nur allgemein genannt wurde, eine einschränkende Eigenschaft beilegt. In dieser Weise können der Koran durch den Koran oder eine Sunna-Überlieferung, eine Sunna-Überlieferung durch den Koran oder eine andere Sunna-Überlieferung aus dem Allgemeinen in das Besondere überführt werden.[203]

Betrachtet man „allgemein“ und „besonders“ unter dem Blickwinkel der Verwertbarkeit des Textes im juristischen Disput, dann wechselt man von der inhaltlichen Kategorie in diejenige der Autorität über; denn mit einer spezifizierten Aussage über einen Gegenstand wird man in der Regel allgemeinere Formulierungen übertrumpfen. Rein auf die Autoritätsstufe zielend, beschreibt man die schlagkräftigsten Beweise als „eindeutige Texte“. Für al-Ǧuwainī läßt sich die Eindeutigkeit nicht allein aus sprachlichen Kriterien herleiten; es handelt sich vielmehr um Aussagen, die einen eindeutigen Sinn ergeben, der in den Wörtern liegen kann, vielleicht aber auch durch die Begleitumstände gesichert ist, unter denen die Aussage geschah. Es gebe mehr eindeutige Texte, als man gemeinhin glaube, behauptet al-Ǧuwainī, denn er möchte die Möglichkeiten zur Interpretation beschränken.[204] – Dem Eindeutigen nachgeordnet ist das „Offenkundige“, ein Text, der mehrere Deutungen zuläßt, von denen eine am ehesten zutrifft. So kann die sprachliche Form des Imperativs den Befehl, aber auch die Erlaubnis meinen; gemäß dem gewöhnlichen Sprachgebrauch ist jedoch der Befehl wahrscheinlicher. Und das Prophetenwort: „Kein Fasten, ohne in der Nacht zuvor die Absicht zu formulieren!“ kann sowohl heißen: „Es darf nicht gefastet werden...“ als auch „Das Fasten wird nicht als gültig angerechnet...“[205] „Offenkundig“ ist für al-Ǧuwainī in diesem Fall der erste Sinn; das Prinzip der „Knechtung“ verlangt, daß nicht ohne Erklärung der Absicht gefastet werden darf.[206] – „Summarisch“ schließlich sind Sätze, die ohne weitere Erklärung keinen exakten rechtlichen Sinn ergeben. Wenn jemand verkündet: „NN hat ein Anrecht auf einen Teil meines Vermögens“, dann sind sowohl die juristische Aussage – hier: ein Anrecht – als auch der Gegenstand, auf den sie sich bezieht: ein Teil des Vermögens – unbestimmt.[207]

Die beiden Kategorien der Textbeurteilung bilden den Rahmen, in dem das geistige Spiel mit juristisch verwendbaren Aussagen aus dem Koran und der Sunna abläuft. Die Lehre von diesen Texten selbst ist Teil der Wissenschaft von den Quellen des Rechts, von denen die Schafiiten vier anerkennen: den Koran, die Sunna, die, wie die Regeln der Spezifizierung verraten, als dem Koran gleichwertig gilt.[208] Verhältnismäßig gering ist die Bedeutung der dritten Quelle, des Consensus der Gelehrten. Er besagt, daß die Rechtskenner einer bestimmten Epoche über eine rechtliche Bewertung, die unterschiedlich aufgefaßt oder gedeutet werden kann, eine einhellige Meinung vertreten. Nach al-Ǧuwainīs Theorie wird es sich in einem solchen Fall insofern um sicheres Wissen handeln, als die Anstrengungen des bloßen Fürwahrhaltens von den vielen Gelehrten unterschiedlich gut bewältigt würden, so daß Streit aufkommen müßte, wenn das Wissen nicht sicher wäre.[209] Viertens endlich ist der Analogieschluß zu nennen, nach al-Ǧuwainī das Hauptgebiet der

Rechtswissenschaft; wird er den Regeln entsprechend durchgeführt, zeitigt er sicheres Wissen über die Einordnung des jeweiligen Falles unter die rechtliche Bewertung. Der Analogieschluß besteht folglich in der Ermittlung der „Ursache" in dem zu beurteilenden Fall und bei der Bewertung, die der herangezogene Quellentext enthält; stimmen beide überein, ist die Analogie zwingend.[210]

Das Streitgespräch zwischen al-Ǧuwainī und Abū Isḥāq zeigt, daß die geschickte Handhabung der beiden Kategorien der Textbestimmung den gewieften Rechtsgelehrten ausmacht. Das Problem, ob eine volljährige Jungfrau wider ihren Willen verheiratet werden kann, meint nicht einen wirklichen Fall, der der Lösung harrt; es ist vielmehr eine Frage, die sich aus den Texten ergibt, und es geht, wie wir zeigten, um die Erörterung dieses Problems unter Beachtung der Kategorien, die wir eben kennenlernten, und es geht um den Sieg im Streitgespräch. Auch dieser Zug der damaligen Rechtsgelehrsamkeit darf nicht vergessen werden: Sie ist häufig Wettkampf um seiner selbst willen. Im „Buch des Beweises" setzt al-Ǧuwainī dies überall stillschweigend voraus. So rät er beispielsweise am Beginn des Kapitels über die Regeln der Interpretation: „Man darf nicht behaupten, daß mit einem summarischen Text etwas bewiesen werden kann, so daß angenommen werden könnte, derjenige, gegen den er ins Feld geführt wird, müsse ihn nun interpretieren. Wenn also derjenige, der einen Beweis erbringen soll, einen summarischen Text für offenkundig hält, begnügt sich der, gegen den dieser Text zitiert wird, mit der Aufdeckung des summarischen Charakters. Wenn nämlich derjenige, gegen den der Beweis geführt werden soll, sich auf die Deutung jenes Textes einläßt, überschreitet er schon die Grenze der vernünftigen Prüfung, verläßt die Pfade des Disputs und neigt zur Aufweichung (der Regeln). Er begnüge sich also mit der Offenlegung des summarischen Charakters, dann ist die Beweisführung des Gegners schon hinfällig!"[211]

Im Streitgespräch zwischen Abū Isḥāq und al-Ǧuwainī wurde etwas vom Verhaltenskodex der Disputierer sichtbar. Abū Isḥāq war es, der die Behauptung vortrug; al-Ǧuwainī mußte versuchen, sie zu widerlegen. Die Rollen standen fest: Der Verteidiger durfte nicht seinerseits zum Angriff übergehen, darum Abū Isḥāqs Bitte an al-Ǧuwainī, eine bestimmte Frage zu stellen, damit er, Abū Isḥāq, die Gelegenheit zu weiteren Ausführungen erhalte. Al-Ǧuwainī zeigte sich entgegenkommend und ging hierauf ein. Wie wichtig ihm die Regeln – und auch die Kniffe – des juristischen Streitgesprächs waren, belegt seine umfangreiche Abhandlung „Die Ausreichende: über den Disput". Sie ist eine Art Lehrbuch, das den angehenden Juristen in das schwierige und gefahrvolle Gebiet einführen soll, auf dem er höchsten Ruhm erringen kann. Nicht in der stillen Stube des Forschers entfaltet sich das juristische Talent, nein in der Arena, vor dem Publikum!

Im ,,ausreichenden" Lehrbuch schreibt al-Ǧuwainī auch eine Art Manöverkritik seines Wettkampfes mit Abū Isḥāq, gewissermaßen von höherer Warte aus die Standpunkte zergliedernd. Wie ist es nun mit der erwachsenen Jungfrau? Die unmündige unterliegt dem Zwang ihres Vormundes wegen ihrer Unmündigkeit oder ihrer Unberührtheit? Wenn wegen des letzteren, dann muß das auch für die Erwachsene gelten. Wenn der Gegner behauptet: ,,Wegen ihrer Unmündigkeit", dann hat man zwei Möglichkeiten, ihn zu bezwingen. Entweder man beweist, daß doch die Unberührtheit die ,,Ursache" ist, oder man widerlegt, daß es die Unmündigkeit ist. Will man auf das erstere hinaus, ziehe man das Prophetenwort heran: ,,(Die Eheschließung) einer Witwe[212] wird mehr von ihr selbst als von ihrem Vormund bestimmt." Diese Aussage legt nämlich nahe, daß bei einer Jungfrau der Vormund entscheidet. Möchte man den zweiten Weg beschreiten, dann stütze man sich darauf, daß die Erlaubnis zur freien Entscheidung in Eheangelegenheiten an die Eheerfahrung gebunden ist, nicht an die Volljährigkeit. Dies genau war die Position, die Abū Isḥāq eingenommen hatte.

Darf nun der Frager, also al-Ǧuwainī, eine entsprechende Argumentationskette aufbauen, die natürlich zum gegenteiligen Schluß führt, nämlich zu dem Ergebnis, die Mündigkeit garantiere der Jungfrau die Selbstbestimmung? Im Disputierkodex wurde dies dem Frager, der meist ohnehin in der besseren Ausgangslage war, nur ungern zugestanden. Al-Ǧuwainī erklärt, in diesem Fall sei es notwendig, weil sonst das Duell allzu schnell beendet worden wäre. Überhaupt sollten stets beide Gegenspieler die Gelegenheit haben, ihre Gedanken vom ,,springenden Punkt" des Falles her zu entwickeln. Dies solle nicht nur dem Angegriffenen – hier Abū Isḥāq – zugebilligt werden. Denn sonst sei zu befürchten, daß es zu umständlichen Abschweifungen komme, mit denen der Frager seine eigene Sicht des Falles zu begründen suche, weil ihm dies auf geradem Weg verwehrt sei.

Sondiere man den Kern der Frage, dann müsse man den Begriff des Zwangs, der über die erwachsene Jungfrau ausgeübt werden solle, analysieren – was, wie wir sahen, zur Annahme führt, es liege elterliche Gewalt vor, die wegen der Unberührtheit – und mithin Unerfahrenheit in der Ehe – erlaubt ist, also auch gegen die erwachsene Jungfrau geübt werden darf. – Gehe man dagegen von der Eheefahrung und deswegen zugestandenen Selbstbestimmung aus, müsse man argumentieren, daß die Selbstbestimmung eben wegen der Eheerfahrung garantiert sei, entsprechend dem zitierten Prophetenwort. Wenn jetzt jemand fragt: ,,Bloß weil es der erwachsenen Jungfrau an Eheerfahrung mangelt, unterliegt sie schon dem Zwang?" lautet die Antwort: ,,Die Bewertung gilt, wenn die ‚Ursache' vorhanden ist, sei es im positiven, sei es im negativen Sinn." Auf diesen Grundsatz, der von Ibn al-Bāqillānī auch in die Metaphysik eingeführt worden war,[213] war al-Ǧuwainī im Streit mit Abū Isḥāq nicht gekommen; er hätte, wie sich nun zeigt, die Niederlage abgewendet. Denn der Wettstreit hätte sich von hier an wie folgt entwikkeln können:

Entweder die Minderjährigkeit oder die Unberührtheit einer Unmündigen läßt den Zwang zu. In betreff der eheerfahrenen Frau gilt jedoch: Mündigkeit hebt generell den Zwang auf; ist aber die Aufhebung wegen Mündigkeit zu verneinen, kann der Zwang nur deshalb verboten sein, weil die Unberührtheit nicht mehr besteht und Eheerfahrung vorliegt. – Was aber, wenn man nicht zu der Ansicht gelangt, daß die Unberührtheit der Grund für den Zwang sei, sondern die beschränkte Geschäftsfähigkeit der Unmündigen? Dies war al-Ǧuwainīs Position gewesen, auf der er sich hatte geschlagen geben müssen. Hätte er sich aber auf den obigen Grundsatz berufen, wäre die von Abū Isḥāq verfochtene Eindeutigkeit jener Überlieferung nicht mehr zu halten gewesen. Denn die Umkehrung der von Abū Isḥāq behaupteten „Ursache" für den Zwang – die auch im Erwachsenenalter fortbestehende Unmündigkeit einer Jungfrau – müßte dazu führen, daß eine Witwe im Alter einer Unmündigen wie eine Erwachsene zu behandeln wäre, wogegen die übrigen Vorschriften betreffs Volljährigkeit sprechen. Man hätte eigentlich, so schließt al-Ǧuwainī die Betrachtungen, eine dritte „Ursache" für jene Bestimmung suchen müssen, weder Volljährigkeit noch Eheerfahrung, um zu einem klaren Ergebnis zu gelangen.[214]

Nachträglich macht al-Ǧuwainī aus seiner Niederlage ein Unentschieden. Seine Überlegungen gaben wir – freilich in geraffter Form – wieder, um zu belegen, wie sehr die Entfaltung der Argumente von taktischen Erwägungen beherrscht wird. Sie scheinen auch in al-Ǧuwainīs Anleitung zur juristischen Disputierkunst fast das Wichtigste zu sein. Dennoch wollen wir al-Ǧuwainī angesichts des großen Ernstes, von dem seine Werke zeugen, glauben, wenn er dem Schüler einschärft: „Die erste Pflicht des Disputierers ist es, danach zu streben, sich Gott zu nähern und sein Wohlgefallen zu suchen, indem man seinem Befehl gehorcht und das Gute anbefiehlt und das Tadelnswerte verbietet; ferner nicht zur Lüge und zu falschen Aussagen aufzurufen und, soviel als man vermag, um die Darlegung und Aufdeckung der Wahrheit und die Auslöschung der Lüge zu ringen." Nicht Ruhmsucht soll den Disputierer antreiben, auch nicht die schiere Freude am Triumph, „denn dies ist die Gewohnheit der Tiermännchen, des Widders oder des Hahns".[215] Zurückhaltung, ja Demut kennzeichnen den frommen Streiter. „Hüte dich vor den Sitzungen, die mächtige Personen veranstalten. Sie wollen sich mit dem, was sie hören, nur amüsieren, keinesfalls wollen sie Wahrheit von Lüge unterscheiden und den Rat Gottes und seines Gesandten zum Glauben und zur Erläuterung und Erkenntnis der Wahrheit suchen! Das geringste, was dir hierbei zustoßen kann, ist das Zusammensein mit Leuten, die nicht zu frommen Gelehrten passen."[216] – Streng achte man das Rederecht seines Widerparts und fahre ihm nicht in die Parade, selbst wenn er – allem Anschein nach – Unsinn von sich gibt; er wird dann ohnehin nicht mehr weiter wissen! Freilich „zeige dem Gegner nur dann Großmut, wenn er klar erkennen kann, daß dies dir nicht schaden wird! Wie oft hieß es schon: Großmut im Streitgespräch bringt Unheil!"

Manche befürworten, den Gegner statt mit einem triftigen Einwand mit Geschrei oder mit dem Erzählen von Anekdoten aus dem Konzept zu bringen; der feine Mann versucht dies nicht! Er verachtet alle schäbigen Tricks, die al-Ǧuwainī nun enthüllt – dem Anfänger zur Warnung. So mag es dem ausgekochten Streiter nützlich erscheinen, an das Publikum zu appellieren, wenn er in Bedrängnis gerät. Er hört dann seinem Gegenüber ganz ruhig zu und läßt ihn alle Argumente vortragen; sobald der Gegenspieler geendigt hat, beginnt der – augenscheinliche – Verlierer, die Worte seines Gegners zu wiederholen – allerdings in leicht abgewandelter, die Pointe verderbender Form. Der Gegner wird sich um den zum Greifen nahen Sieg betrogen fühlen und erregt den Redner unterbrechen; der wendet sich jetzt entrüstet ans Publikum: „Mir wird Unrecht angetan!" Sollten die Zuhörer hierauf nicht hereinfallen, sondern sogar bestätigen, daß die Argumente des Gegners verdreht wurden, empfiehlt sich eine Art Publikumsbeschimpfung: „Das da sind alles deine Freunde, du hast mit ihnen vorher abgemacht, daß sie falsch für dich zeugen!" Wenn sich der Tumult gelegt haben wird, ist Gelegenheit für einen neuen Anfang.[217]

Oder: „Wenn jemand die Stärke des Arguments seines Gegners bemerkt und ihm klar wird, daß er ihm kaum ... entrinnen wird, dann suggeriert er den Anwesenden die Schwäche der gegnerischen Rede, indem er gar nicht auf sie eingeht, sondern sich nach rechts und links wendet wie jemand, der keine Notiz davon nimmt und in Gedanken ganz mit etwas anderem beschäftigt ist. Oder er beginnt mit jemand anderem ein Gespräch; oder er gibt überdeutlich zu verstehen, daß das Streitgespräch schon zu Ende sei und der Gegner nur noch schwache, dürftige Worte finde, die des Zuhörens nicht wert seien. In den Augen des Gegners wird die eigene Rede schließlich auch unzureichend erscheinen, und es wird ihm vorkommen, als nähmen die Anwesenden nur peinlich berührt an seinen Ausführungen teil, und das wird in ihm den Eindruck wecken, er sei bereits widerlegt." Der raffinierte Gegenspieler, Langeweile vortäuschend, grübelt derweil fieberhaft, wie er doch noch schlagkräftige Argumente finde, und sollten sie ihm einfallen, wird er plötzlich zum Angriff übergehen.[218]

Der Ruhm und die Beliebtheit, die Männer wie al-Ǧuwainī und aš-Šīrāzī genossen, war mit ehrlichen Mitteln erworben. Wer al-Ǧuwainīs

Werke studiert, hat immer wieder Gelegenheit, Scharfsinn und Genauigkeit seiner Gedankenführung zu bewundern. Oft stößt er zu überraschenden Einsichten vor. Immer aber geschieht dies in dem Wunsch, eine gegnerische Anschauung zu widerlegen; dieser Wunsch vor allem treibt ihn voran – nicht so sehr das bohrende Fragen nach einem Sachverhalt um seiner selbst willen. Und die Gewißheit, die er sucht, ist eben auch die Unwiderlegbarkeit im Disput, denn hier gewinnt er das, was wir heute öffentliche Wirkung oder Pulbizität zu nennen pflegen.

6. Das Ringen um die Wirklichkeit

,,Der Analogieschluß ist das Herzstück der Rechtswissenschaften, denn er verhilft dazu, daß man die Einzelheiten der rechtlichen Bewertungen aller Vorkommnisse ermittelt, obschon letztere weder Grenze noch Ende haben. Die Zahl der eindeutigen Texte im Koran und in der Überlieferung ist nämlich beschränkt, und auch die Fälle, in denen Consensus zustandekam, sind zählbar und (einzeln) überliefert. Auf vielen Wegen verbürgte Überlieferungen und Consens-Fälle sind selten, und was einzelne von den Gelehrten (unterschiedlicher) Epochen tradieren, dem gebührt (an Autorität) eben nur die Stufe der Einzelüberlieferungen (der Sunna), und auch dies sind insgesamt nur endlich viele. Wir aber wissen ganz sicher, daß die Vorkommnisse, deren Eintreffen man erwarten kann, unendlich sind. Wir sind ferner ganz entschieden der Ansicht, daß keines dieser Vorkommnisse frei von jeglicher Bewertung durch Gott bleibt, geschöpft aus seinem Gesetz. Das Prinzip, mit welchem alles Geschehen erfaßt wird, ist der Analogieschluß." Jeder Student des Rechts widme ihm deshalb größte Aufmerksamkeit! Die Scharia besteht aus einer beschränkten Zahl von Sätzen, ist aber universell anwendbar, was der ,,scharfsinnige Anfänger für einen Widerspruch halten" mag.[219]

Es kann hier nicht al-Ǧuwainīs Lehre von der Analogie umfassend behandelt werden; beschäftigen soll uns allein jener Widerspruch, den er hier berührt. In der Theorie ist das Verfahren der Analogie ganz einleuchtend. Wie wir schon wissen, lassen sich für einen Teil der rechtlichen Bewertungen, die Gott den Menschen mitgeteilt hat, die ,,Ursachen" herausfinden.[220] Nun müssen analoge ,,Ursachen" in allen nicht unmittelbar von der Scharia geregelten Sachverhalten entschlüsselt werden; danach wird die Einordnung dieser Sachverhalte unter die Vorschriften der Scharia möglich. Eine Weiterentwicklung dieser Vorschriften unter Berücksichtigung ihrer Ziele und ihrer Zweckmäßigkeit verbietet sich für die Schafiiten. Das hat al-Ǧuwainī des öfteren deutlich gemacht, und er ruft es uns hier ins Gedächtnis zurück, denn die Verlokkung, die in einem solchen Verfahren liegt, ist vermutlich groß. Nein, auf Opportunitätsdenken darf man keine Gesetzeswissenchaft gründen. „Wir sagen (daher): Es ist unbestritten, daß die Quellen (der Zahl nach) beschränkt sind; unbestritten ist auch der Satz, daß Gottes Bewertung sich auf alle Ereignisse erstreckt und deren Endlichkeit ist zu verneinen. Man verfährt nun wie folgt: In jeder Art von Bewertungen stehen einander Negation und Affirmation gegenüber. Es gibt keinen Zweifel, daß jeder Sachverhalt, auf den man stößt, sein Gegenteil hat. Es ist nun entweder er selber oder sein Gegenteil unbegrenzt oft zu konstatieren. Dies soll an einem Beispiel erläutert werden: Die Zahl der dem Wesen nach rituell unreinen Dinge ist begrenzt; was nicht unrein ist, dessen Zahl ist unbegrenzt. Alles das, dessen Unreinheit feststeht, unterliegt (der Aussage) des (diesbezüglichen) eindeutigen Textes. In Zweifelsfällen gilt: Sind Gesichtspunkte vorhanden, etwas unter die unreinen Dinge einzureihen, so geschieht dies; fehlt ein derartiger ... Gesichtspunkt, fällt es unter die unbegrenzte Zahl rituell reiner Dinge. Auf diese Weise werden unendlich viele Sachverhalte dieser Art durch Negation und Affirmation in eine Ordnung gebracht.“[221]

Die „Analogie der Ursache“ stützt sich auf den Inhalt der rechtlichen Bewertung; dieser muß in dem zu bewertenden Sachverhalt ebenfalls zweifelsfrei zutage treten. Hierbei unterscheidet al-Ǧuwainī sehr klar zwischen einer Ursachenanalogie, die sich wegen der Umstände des Sachverhalts als naheliegend aufdrängt und somit sachgerecht ist, und einer bloßen Übertragung der Ursache der verbürgten rechtlichen Bewertung auf eine unbekannte Zahl von Fällen, auf die sie formal paßt. Solche Verallgemeinerung hält er für Willkür, die den Zugang zur Wirklichkeit versperrt. Al-Ǧuwainī zitiert ein einprägsames Beispiel, mit dem der aus Buchara stammende al-Ḥalīmī (gest. 1013)[222] den Unterschied zwischen beiden Arten verdeutlicht hatte: „Wenn jemand Rauch sieht und ihm die Vermutung kommt, dort sei ein Feuer, ist er nahe daran, das Richtige zu treffen. Wenn er aber, nachdem er eine Staubwolke erblickt hat, ebenfalls behauptet, dort sei ein Feuer, dann weist das, was er als Indiz anführt, nicht auf den Inhalt seiner Behauptung hin. Die Analogien der Scharia beruhen auf den Indizien für die Bewertungen. Dieser Mann hier verhält sich aber wie jemand, der etwas verallgemeinert.“[223] Nur nach eingehender Prüfung der Begleitumstände und kritischer Würdigung der Indizien darf ein Analogieschluß, der auf der „Ursache“ beruht, gewagt werden; freilich führt er dann auch zu sicherem Wissen, da er den zu beurteilenden Sachverhalt mit einem sicher bezeugten eindeutigen Text verknüpft. Die rein formale Verallgemeinerung der Ursache zeitigt dagegen nicht einmal eine Erkenntnis, die man als wahrscheinlich bezeichnen könnte; sie ist deshalb für die Rechtswissenschaft unbrauchbar.[224]

Im übrigen ist ein auf der Ursache aufgebauter Analogieschluß nicht sehr häufig; für kaum ein Zehntel aller juristischen Probleme steht er zur Verfügung.[225] Man muß sich zu deren Lösung meist mit der ,,Analogie der Ähnlichkeit" zufriedengeben, ein auf den ersten Blick recht zerbrechliches Gebilde, das aber immerhin Wahrscheinlichkeit vermitteln soll.[226] Allerdings gebe es für dieses Verfahren noch nicht einmal eine anerkannte Begriffsbestimmung, ein Mangel, dem al-Ǧuwainī abzuhelfen versucht. Die Ähnlichkeit könne in zweierlei Hinsicht begründet sein: in einer rechtlichen Bewertung oder in der bloßen sinnlichen Wahrnehmung. Das erstere sei der Fall, wenn aš-Šāfiʿī vor jeder Beseitigung einer akzidentiellen Unreinheit die Absichtserklärung verlange – vor der ersatzweise durchgeführten Reinigung mit Erde müsse sie ausgesprochen werden und in Analogie eben auch vor der üblichen Befreiung von Unreinheit,[227] eben weil beide Wege unter dem Blickwinkel der rechtlichen Bewertung ähnlich seien. Auf lediglich beobachteter äußerer Ähnlichkeit beruht Aḥmad b. Ḥanbals Feststellung, das zweimalige Einnehmen einer sitzenden Position im Verlauf des Gebets sei nach dem Ritualrecht notwendig, obgleich nur die letzte der beiden genannten Phasen des Sitzens ausdrücklich als Pflicht bezeichnet ist.[228]

Ibn al-Bāqillānī hatte die ,,Analogie der Ähnlichkeit" als viel zu unsicher abgelehnt. Eine solche Analogie komme dem willkürlichen Verfahren der Verallgemeinerung nahe. In der Metaphysik kenne man auch nur die Analogie der Ursachen.[229] – In der muʿtazilitischen Rechtswissenschaft wollte man die einfache Ähnlichkeit ebenfalls nicht gelten lassen. Dort freilich setzte man einen kausalen Wirkzusammenhang zwischen dem Sachverhalt und seiner rechtlichen Bewertung voraus, und die Ähnlichkeit eines neuen Sachverhalts ,,bewirkte" wiederum die gleiche Bewertung; indem ,,Ähnlichkeit" zu einer ,,Ursache" umgedeutet wurde, konnte diese sehr gängige Form der Analogie doch praktiziert werden.[230] – Al-Ǧuwainī billigt Ibn al-Bāqillānīs Hinweis auf die Metaphysik nicht; im Recht liegen die Verhältnisse anders, denn man ist nun einmal auf diese Form der Subsumierung der Wirklichkeit unter die Bestimmungen der Scharia angewiesen, wenn man den Grundsatz aufrechterhalten will, daß alles durch Gottes Gesetz geregelt ist.

Die ,,Analogie der Ähnlichkeit" hatte laut Ibn al-Bāqillānī den Fehler, daß sie im Gegensatz zur Ursachen-Analogie als Tertium comparationis nicht eine der jeweils vorliegenden rechtlichen Bewertung entsprechende Ursache enthielt, sondern daß man nur annahm, es gebe eine solche, sei sie auch unbestimmbar. Diese Feststellung sei durchaus richtig, räumt al-Ǧuwainī ein, aber die ,,Analogie der Ähnlichkeit" werde nun einmal in den Fällen eingesetzt, in denen der menschliche Verstand den Grund einer göttlichen Bewertung ohnehin nicht erfassen werde[231] – und deshalb begnüge man sich mit dem, was überhaupt erreichbar sei.[232] ,,Ich meine, daß die Ähnlichkeiten, die einen über die bloße Vermutung hinaustragen, zwar nicht den rechtlichen Bewertungen entsprechen mögen, trotzdem aber eine Vergleichbarkeit der Bewertung des zu beurteilenden Sachverhalts mit der Bewertung der verbürgten Aussage implizieren. Das ist der Kernpunkt der ganzen Problematik!" erklärt al-Ǧuwainī

Die Ursache korrespondierte nämlich in einem zu beurteilenden Fall auch dann mit seiner rechtlichen Bewertung, wenn man sich gar nicht auf eine verbürgte Aussage der Scharia beriefe, um diese zur Entscheidung heranzuziehen. Man sei jedoch verpflichtet, eine Aussage der Offenbarung oder Überlieferung zu suchen, weil die Nützlichkeit, die man bei einer von jeglicher Quelle der Scharia unabhängigen Entscheidung als Maßstab zugrundelegen müsse, eben kein Grund für die Scharia sei. – Erwägungen der Zweckmäßigkeit waren von al-Ǧuwainī in Anlehnung an aš-Šāfiʿī schon anderer Stelle zurückgewiesen worden; sie konnten nichts weiter sein als die Bausteine eines von Menschenhand gemachten Rechts.[233] – Den von Gott beabsichtigten Nutzen findet man einzig und allein in den verbürgten Aussagen der Scharia. Die „Analogie der Ursache" wird aus diesem Grunde nie ohne den Bezug auf eine solche Bestand haben, obwohl sie es bei rein formallogischer Betrachtung könnte.

Ganz anders verhält es sich mit der „Analogie der Ähnlichkeit". Für sich allein genommen, begründet sie nie eine rechtliche Bewertung. Wäre die rituelle Waschung zur Pflicht gemacht worden, ohne daß sie in den Quellen der Scharia mit anderen Bestimmungen in Zusammenhang gebracht worden wäre, dann könnte man natürlich aus der Ähnlichkeit zwischen dem Erwerb der Reinheit unter Verwendung von Erde – eine allein wegen der rechtlichen Bewertung gegebene Reinheit – und deren Erwerb nach tatsächlicher Entfernung der Verunreinigung nicht auf die Notwendigkeit einer Absichtserklärung vor letzterer schließen. Wenn das ganze Verfahren der ersatzweisen Reinigung mit Erde festgelegt ist – eben einschließlich der zuvor zu sprechenden Absichtserklärung –, dann muß das Verfahren der normalen Waschung diesem ähneln.

Die „Analogie der Ähnlichkeit" ist für al-Ǧuwainī keineswegs willkürlich; sie gewährleistet vielmehr in hohem Maß die Möglichkeit, den Geist der Scharia-Bestimmungen, so wie die Quellen sie darbieten, in der Erfassung der Wirklichkeit zum Ausdruck zu bringen.[234] Die Scharia ist ein Gefüge von verbürgten Aussagen, die vielfach untereinander verknüpft sind; diese Verknüpfungen sind aber keineswegs immer logischer Natur – diese Annahme war doch der Fehler, den man den Hanafiten vorhielt! – sondern so mannigfaltig, daß sie oft nur mit dem Begriff der Ähnlichkeit bezeichnet werden können. Und deshalb ist das Verhältnis zwischen Wirklichkeit und Scharia eben auch meistens eines der Ähnlichkeit. Sollte, wie in der Minderzahl der Fälle, in der schariatischen Aussage und in dem zu beruteilenden Sachverhalt je ein analoger Kausalzusammenhang zu erkennen sein, darf dieser nicht aus dem Gesamtgefüge der schariatischen Aussage und des Sachverhalts herausgelöst werden. Man kann nicht sagen, das Wasser reinige – und der Essig reinige; und Reinheit sei folglich die von beiden bewirkte ritualrechtliche Bewertung, also dürfe man Essig anstelle von Wasser verwenden. Eine solche reine „Analogie der Ursache" vernachlässigt den Zusammenhang, in welchem das Wasser in den schariatischen Aussagen steht und gelangt deshalb zu einem falschen Ergebnis. Es ist höchst gefährlich, Kausalität zu einem Maßstab zu erheben, mit dem man Scharia und Wirklichkeit aufeinander bezieht. Denn keines von beidem folgt ihm tatsächlich. Dessen waren sich Schafiiten und Asch'ariten gewiß.

Im „Buch des Beweises" entwirft al-Ǧuwainī eine ganze Hierarchie von Analogien, an deren unterem Ende die auf Ähnlichkeit beruhenden stehen. Sie führen nur zu vermutlich richtigen Ergebnissen, und auch diese sind nicht einheitlich, sondern es lassen sich verschiedene Grade der Wahrscheinlichkeit ausmachen. Im übrigen ist nicht immer genau zu ermitteln, ob eine Analogie auf Ähnlichkeit fuße oder ob nicht doch schon eine Ursache greifbar werde.[235] Dies alles hatte Ibn al-Bāqillānī als eitle Spekulation abgetan: Unter den Analogien, die nur zu vermutlich richtigen Ergebnissen führen, besteht keine Rangfolge; sie sind alle gleich, nämlich zufällig. Deshalb könne, wer solche Analogien aufstelle, kein klares Ziel vor Augen haben und folglich sein Denken nicht bestimmen. Dies sei ein schlimmer Fehltritt des Meisters, klagt al-Ǧuwainī, und hätte jemand anders ihn getan, „wären die Pfeile des Tadels von verschiedenen Seiten" auf ihn abgeschossen worden. Wie könne Ibn al-Bāqillānī nur behaupten, es gebe Suche ohne Ziel? Weshalb habe denn der Rechtsgelehrte, der um die Lösung eines Falles ringe, eine Vermutung? Doch nur aufgrund von Hinweisen! Außerdem wisse man, daß die Altvorderen sehr wohl unterschiedliche Lösungsvorschläge gegeneinander abwogen. „Könnte ich nur, und sei es unter größter Anstrengung, diese Meinung (Ibn al-Bāqillānīs) tilgen und löschen, ich würde alles darum geben! Denn sie ist ein Schandfleck in der Methodologie dieses großen Gelehrten!"[236] In aller Deutlichkeit erfassen wir nun, was die Rechtstheorie al-Ǧuwainīs von derjenigen Ibn al-Bāqillānīs abhebt: Rechtswissenschaft kann nicht mit den gleichen Methoden wie Metaphysik betrieben werden! Denn die Rechtswissenschaft hat es mit vielen Einzelfragen des praktischen Lebens zu tun, nicht mit einem abstrakten Wissen über Gott und seine Schöpfung.

Um der wildwuchernden Spekulation zu steuern, die der Schluß vom Offenkundigen auf das Verborgene ermöglichte, hatte Ibn al-Bāqillānī die Forderung aufgestellt, jeder Beweisschluß müsse verallgemeinert und auch umgekehrt werden können.[237] Dies sollte offenbar auch auf dem Gebiet der Rechtswissenchaft gelten. War die ,,Ursache" einer rechtlichen Bewertung entschlüsselt, hieß das zugleich, daß diese Bewertung Bestand hatte, solange diese ,,Ursache" gegeben war und umgekehrt.[238] Freilich hatte schon Ibn al-Bāqillānī selber diese Forderung dahingehend eingeschränkt, daß für den Nachweis einer Ursache die Umkehrbarkeit nicht Bedingung sein müsse; sogar die allgemeine Gültigkeit einer Ursache sei häufig umstritten. Daß zwischen der Methodenlehre und ihrer Handhabung durch die Juristen eine solche Lücke klaffte, versuchte Ibn al-Bāqillānī damit zu entschuldigen, daß die Prophetengefährten das Verfahren der Verallgemeinerung und Umkehrung noch nicht gekannt[239] – und dennoch vorbildlich Rechtswissenchaft getrieben hätten. Al-Ǧuwainī verwahrt sich dagegen, den Altvorderen in diesem Punkte Unwissenheit zu unterstellen; allerdings fällt es ihm schwer, die Verwendung dieses Verfahrens in der islamischen Frühzeit nachzuweisen. Al-Ǧuwainī glaubt, daß es damals zur Ermittlung von Indizien benutzt worden sei, die Aufschluß über den vom Propheten gemeinten Sinn einer Bestimmung gegeben hätten.[240] Ist aber die Umkehrbarkeit wirklich eine notwendige Bedingung für die Gültigkeit der Ursache in einem juristischen Analogieschluß?

Diese Frage gibt al-Ǧuwainī Anlaß zu einer klaren Trennung der Aussagen der Rechtswissenschaft von denen der Metaphysik – und er billigt damit ganz bewußt, was Ibn al-Bāqillānī nur widerstrebend als kaum erträgliche Unregelmäßigkeit hatte eingestehen müssen. Die Ursachen in der Metaphysik haben, so schreibt al-Ǧuwainī, ,,keine Realität", während die Ursachen im Recht, wo sie ja nur aus einer überlieferten Aussage hergeleitet werden können, die Rolle von Wegweisern spielen, die den Frager zum vermuteten Willen des Gesetzgebers führen. Was heißt das? In der Metaphysik sagen wir, eine Tat sei ein Hinweis auf einen Täter; das Fehlen dieses Hinweises deutet aber noch nicht auf das Fehlen des zu Beweisenden hin: ein Täter kann existieren, ohne daß es die Tat – noch – gibt. Rein theoretisch könne man behaupten, für die Wegweiser gelte das gleiche.[241] Man könnte nämlich vereinbaren: ,,Wenn ich dir einen Wink gebe, stehe ich auf!" Der Wink wäre das Indiz für die Absicht, die man natürlich hegen kann, ohne daß man sie in der verabredeten Form ausdrückt. Eine solche Argumentation sei verfehlt, belehrt uns al-Ǧuwainī, denn für den Rechtsgelehrten sei das Vorhandensein des Wegweisers erst die Bedingung für das Erahnen des Willens des Gesetzgebers.[242] Dies besagt nun, daß die Ursache auf dem Gebiet des Rechts, als Wegweiser fungierend, immer auf etwas Konkretes bezogen sein muß, dessen Existenz wir eben wegen des Vorhandenseins des Wegweisers vermuten. – Sicher wissen können wir den Willen des Schöpfers, der durch den Propheten zu den Gläubigen spricht, natürlich nicht. – Der Verstandesbeweis in der Metaphysik dagegen hat nie Bezug zu etwas

Konkretem, er erstreckt sich stets auf das Abstrakte und läßt sich aus den Axiomen entwickeln.[243] Al-Ǧuwainī belegt dies mit der Geometrie, die sich auf wenigen Prämissen aufbaue, etwa dem Satz, daß das Ganze größer ist als seine Teile, oder dem Satz, daß zwei Dinge, die jeweils einem dritten gleich sind, untereinander gleich sind.[244] – Braucht man also die Umkehrbarkeit der Ursache bei rechtlichen Bewertungen? Wenn das Wort ,,Ursache" überhaupt einen Sinn haben soll, dann gewiß, meint al-Ǧuwainī, aber immer müsse man sich vor Augen halten, daß ,,Ursache" hier etwas anderes bedeute als in der Metaphysik, nämlich den Wegweiser.[245]

Ibn al-Bāqillānī hatte nur die ,,Analogie der Ursache" zulassen wollen; die ,,Analogie der Ähnlichkeit" war ihm zu unbestimmt. Er war offensichtlich bestrebt, allen Erkenntnissen auf dem Gebiet des Rechts den gleichen Rang an Gewißheit zu sichern, den man für ,,bewiesene" Aussagen der Metaphysik annahm. Al-Ǧuwainī erkannte, daß dies ein vergebliches Unterfangen war. Er war deshalb bereit, die Trennung von Metaphysik und Rechtswissenschaft zu vollziehen, vor der Ibn al-Bāqillānī augenscheinlich zurückgeschreckt war. Beide Gebiete bleiben eng miteinander verflochten, aber die Ergebnisse des Forschens und Fragens, die erbrachten Beweise sind von unterschiedlicher Natur: sicheres Wissen in der Metaphysik, Vermutungen von unterschiedlichem Grad der Wahrscheinlichkeit im Recht. Dies lehrt uns die eben verfolgte Erörterung der Umkehrbarkeit der Ursachen.

Beruht die Ordnung, die der Islam in dieser Welt geschaffen hat, bloß auf Vermutungen, auf Fingerzeigen des Gesetzgebers, und kann dem Gläubigen darum nicht garantiert werden, daß er den Willen Gottes ganz erfüllt, wenn er sich dieser Ordnung unterwirft? Dies wäre eine schlimme Folge von al-Ǧuwainīs Versuch, den universalen Regelungsanspruch der Scharia mit der Wirklichkeit zu versöhnen. Um einem solchen Schluß vorzubeugen, beruft sich al-Ǧuwainī hier noch einmal auf seine Theorie des Wissens:[246] Es gibt nur notwendiges Wissen, das vollkommen sicher ist. Zwar handelt es sich bei der großen Masse juristischer Erkenntnisse nur um Vermutungen. Aber man kann beweisen, daß man – etwa beim Vorliegen eines Analogiebeschlusses – entsprechend der Vermutung verfahren muß. Und so überbrückt al-Ǧuwainī auf einem Umweg den schwindelerregenden Abgrund, der sich vor ihm aufgetan hatte. Schon der Prophet habe vielfach geäußert, daß einer Analogie zu folgen sei, und auch der Consensus der Gefährten bekräftige dies.[247] Nicht um seiner selbst willen sei das Ergebnis eines Analogiebeschlusses verbindlich, sondern wegen der autoritativen Aussagen, die diese Methode rechtfertigen. – Al-Ǧuwainīs Theorie des Rechts verbindet die Anforderungen, die sich aus aš-Šāfiʿīs starker Betonung der ,,Knechtung" durch das Gesetz ergeben, mit der Notwendigkeit, die Vielfalt der konkreten Fälle nach der Scharia zu ordnen und zu beurteilen. Seine Theorie will die endgültige Sicherheit des Wissens mit der Unsicherheit des Tatsächlichen verknüpfen – nach unserem Empfinden eine unlösbare Aufgabe.

Daß al-Ǧuwainī nicht an ihr verzweifelte, liegt an seinem unerschütterlichen Glauben, die Scharia passe letzten Endes doch auf den Menschen, wie Gott ihn geschaffen hat. Freilich, so vordergründig wie die Muʿtaziliten darf ein Aschʿarit das nicht feststellen; die Scharia ist nicht mit menschlichen Erwägungen über Nutzen oder Schaden zu verstehen. Aber dennoch, sie hat stets einen greifbaren Bezug auf die Natur des Menschen. Sie ist für ihn da, und ihr Ziel ist die Gewährleisutng des Heils dieses Menschen. Auch das unterscheidet die Scharia von der aschʿaritischen Metaphysik, in der der Mensch ohne Belang ist, ohne eigene Kraft und ohne Beziehung zur Schöpfung, weder von ihr beeinflußt noch auf sie einwirkend.

Weshalb beispielsweise soll man sich vor dem Gebet von ritueller Unreinheit befreien? Wir wissen, nach schafiitischer Auffassung kann die Absicht des Gesetzgebers höchstens allgemein erschlossen werden. Hieran hält al-Ǧuwainī auch im ,,Buch des Beweises" fest, aber er billigt es doch, wenn man sich hierüber Gedanken macht,[248] die natürlich für die Theorie des Rechts keinerlei Gewicht bekommen dürfen. Wozu also die Waschungen? Zur Säuberung von allem Schmutz – dies wäre der allgemeine Grund –, aber in ganz bestimmter Form – dies als Ausdruck der ,,Knechtung". Warum dann der Ersatzritus, bei dem Staub statt Wasser verwendet wird? Diese Vorschrift wurde erlassen, um die Gläubigen zu zwingen, sich bei jeder Gelegenheit an die Pflicht der Säuberung zu erinnern, auch auf Reisen, wenn kein Wasser zu finden ist. ,,Denn wenn jemand das Gebet ohne Reinigung und auch ohne Ersatzhandlung vollzöge, übte sich seine Seele in (solcher Nachlässigkeit), und was er ihr wiederholt gestattet, nimmt sie (rasch) als Gewohnheit an. Das aber könnte dazu führen, daß sie ihren eigenen Neigungen nachhängt und sich von den Vorschriften und dem Sinn ‚Belastung' abwendet."[249]

Die Ehe sei vom Gesetzgeber verordnet worden, damit der Unzucht vorgebeugt werde. Warum aber sei die Ehefrau von Rechts wegen gehalten, den sinnlichen Begierden ihres Gatten zu willfahren, während umgekehrt der Mann entsprechende Wünsche seiner Frau nicht befriedigen müsse? Nun, weil er für die Morgengabe und für den Unterhalt aufkommen muß; von der Ehefrau fordert die Scharia als Gegenleisutng nur, auf die Triebhaftigkeit des Mannes einzugehen. – Die Scharia lenkt also die Regungen der menschlichen Natur in vernünftige Bahnen, sorgt für den gerechten Ausgleich und unterstützt die guten angeborenen Bestrebungen in allen Lagen, in denen sie sich nicht unbedingt von selber durchsetzen – nicht vor jedem Gebet mag der Gläubige einen natürlichen Drang zur Reinheit spüren.[250] – Die „Belastung" mit dem Gesetz empfindet die Seele als ständigen Druck, ihrem eigenen Wesen zuwiderzuhandeln; diese Vorstellung ist jedem Gläubigen geläufig. Vielleicht verliert sie etwas von ihrer Bedrohlichkeit, wenn er sich vergegenwärtigt, daß Gesetz und spontanes Handeln des Menschen einander nicht völlig feindlich gegenüberstehen.

In einer muʿtazilitischen Rechtswissenschaft hätten solche Gedanken fruchtbaren Boden finden können; dort zergliederte man alles menschliche Tun in seine Voraussetzungen und Beweggründe. Im Aschʿaritentum mußten derartige Ansätze ohne nachhaltige Folgen bleiben. Jedoch entdeckt al-Ǧuwainī eine andere Möglichkeit, den Zusammenhang von Scharia und Wirklichkeit weiter zu untersuchen – nicht vom Bllickwinkel des einzelnen Gläubigen und seiner Natur aus, sondern unter Beachtung der Erfordernisse der politischen Ordnung der islamischen Gemeinde. Al-Ǧuwainī teilt die Aussagen der Scharia in fünf Kategorien ein. Deren erste bilden alle Vorschriften, deren Sinn insofern begreifbar ist, als sie unerläßlich sind, wenn das Gemeinwesen Bestand haben soll. Hierher gehören die Bestimmungen über Blutrache und Wergeld, die den Schutz des Lebens bezwecken. Gleich notwendig sind alle geschäftlichen Tätigkeiten, die in gültiger Form ablaufen müssen, damit niemand geschädigt werde. Alle Rechtsfälle, die die wesentlichen Grundlagen von Staat und Gesellschaft betreffen, brauchen nicht unter Berücksichtigung der jeweiligen individuellen Umstände geprüft zu werden. Man muß sie vielmehr nach Maßgabe der in den überlieferten Aussagen festgestellten allgemeinen Absicht des Gesetzgebers beurteilen – und diese zielt auf den Fortbestand des Gemeinwesens.

In der zweiten Kategorie faßt al-Ǧuwainī die Rechtsfälle zusammen, „die mit einem allgemeinen Bedürfnis zu tun haben, das aber nicht als unbedingt notwendig bestimmt werden kann". Als Beispiel nennt er das Mietrecht, für das zwei Gesichtspunkte ausschlaggebend sind: der Wunsch, eine Unterkunft zu finden, obwohl man keine als Eigentum erwerben kann, sowie die auf ihren Vorteil bedachten Eigentümer, die ihre Räume nicht kostenlos „ausleihen". Eine Wohnung zu besitzen, ist ein allgemeines Bedürfnis; bei einzelnen Personen kann dieses den Grad der Notwendigkeit erreichen, der, was die Sicherheit der Geschäftsbeziehungen angeht, für alle Menschen und das gesamte Gemeinwesen gilt. Leugnete man, daß das Bedürfnis allgemeiner Natur ist, müßte hieraus den Personen, die Wohnraum nicht als Eigentümer erwerben können, Schaden entstehen, der Rückwirkungen auf das Gemeinwesen haben könnte. Auf diese Kategorie der allgemeinen Bedürfnisse nimmt ein großer Teil der herrscherlichen Maßnahmen Bezug.

Drittens gibt es juristische Probleme, die nicht das ganze Gemeinwesen betreffen, wohl aber alle Glieder als Individuen; es geht um die Wahrung der Würde des einzelnen. Hier will al-Ǧuwainī etwa die Vorschriften über den Erwerb der rituellen Reinheit einreihen. Nur in Form einer Andeutung und zuallerletzt dürfe man zur Lösung eines diesbezüglichen Falles Aussagen der Scharia heranziehen, die das Allgemeinwohl berühren. – Genauso vorsichtig hatte man sein müssen, wenn man die rituellen Gebote mit der natürlichen Veranlagung des Menschen hatte verknüpfen wollen. Hierauf weist al-Ǧuwainī, an seine obigen Gedanken erinnernd, noch einmal hin.

Mit der dritten Kategorie der Bestimmungen der Scharia hat man die Grenze der Gemeinschaftsbezogenheit erreicht. Die vierte enthält Regelungen, deren Befolgung einzelnen Menschen empfohlen wird. Sofern man beispielsweise einen Sklaven besitzt, eröffne man ihm die Möglichkeit, sich freizukaufen. Diese Art von Geschäft weist Elemente auf, die keinerlei Analogie zu allgemeinen Belangen erlauben. Fünftens wären Aussagen zu nennen, als deren Grund weder eine Notwendigkeit, noch ein allgemeines Bedürfnis, noch der Ansporn zur Wahrung der persönlichen Würde zu erkennen ist. Al-Ǧuwainī meint, daß man sich dergleichen nur schwer vorstellen könne; denn wenn einer solchen Bestimmung auch ein speziell gemeinschaftsdienlicher Gesichtspunkt fehlen mag – in irgendeiner Form ist er sicher vorhanden. Die verschiedenen Körperhaltungen, die der Beter einnehmen soll, haben an sich nichts mit der Mehrung des Nutzens des Gemeinwesens zu tun, aber man kann sagen: „Die ununterbrochene Wahrnehmung dieser Pflichten erhält den Menschen die Biegsamkeit zum Gehorchen, und die ständig erneuerte Hinwendung der Gedanken zu Gott verhindert Schändlichkeit und Übel.“[251]

In der aschʿaritischen Metaphysik wurde unter Verwendung der offenbarten Aussagen über Gott mit dem Verfahren der „Zusammenfügung“ eine Verbindung zwischen unserer Erfahrungswelt und dem uns unzugänglichen Inhalt hergestellt, den unsere der Kreatürlichkeit entlehnten Begriffe im Bereich des Göttlichen haben mußten. Die „Zusammenfügung“ verhinderte, daß der Schluß vom „Offenkundigen“ auf das „Verborgene“ zu willkürlichen Ergebnissen führte.[252] Einem vergleichbaren methodischen Ziel dienen diese fünf Kategorien al-Ǧuwainīs: In der „Notwendigkeit“, im „Bedürfnis“ usw. ist jeweils der sachgerechte Gesichtspunkt gegeben, unter dem die Aussage der Scharia und der zu beurteilende Fall zusammengefaßt werden sollen.[253] Es können hier nicht alle Sonderfragen erörtert werden, die al-Ǧuwainī zur näheren Erläuterung seiner Kategorien behandelt. Ein Abschnitt aus seinen Überlegungen zum Mietrecht mag verdeutlichen, wie er sich die Auswirkungen seiner Methode vorstellt: Die Vermietung fällt insofern nicht unter die in der ersten Kategorie geregelten Geschäftsabschlüsse, als letztere im islamischen Recht nur als Austausch materiell vorhandener Güter definiert sind. Wenn man aber berücksichtigt, daß bei einzelnen Personen das Bedürfnis, Wohnraum zu besitzen, den Grad der Notwendigkeit annimmt, kann eben doch eine Analogie zum – als notwendig eingestuften – Güterverkehr aufgestellt werden, allerdings nicht generell, sondern nur speziell. Denn in der Regel gehört der Mietvertrag in die Kategorie der allgemeinen Bedürfnisse, genau wie der Ehevertrag. Das heißt, Vermietung und Eheschluß kann man ohne weiteres in Analogie setzen, Vermietung und Kauf nur unter besonderen Umständen.[254]

So wird alles in ein festes, sicheres Geleis gebracht. Wenn jemand noch vor der Herabsendung der Scharia vermutet hat, ein Gesetz solle den Nutzen des Menschen wahren und die Befriedigung der Bedürfnisse regeln, dann wird er sich im konkreten Einzelfall in einem Wust von einander widerstreitenden Erwägungen über Vor- und Nachteil einer Entscheidung verfangen haben. Klarheit wird ihm erst das göttliche Gesetz bringen, das für die Anwendung der Analogie ein sinnreiches Schema bereithält: die von al-Ǧuwainī entworfenen Kategorien. Die Grundlage des Schemas ist im Bereich des Göttlichen zu suchen, so daß der Verstand sie nicht wirklich erfaßt, sondern sie „dem Schöpfer aller Kreatur anheimgibt".[255]

Al-Ǧuwainī verwarf den Gedanken der Muʿtaziliten, jeden Rechtsfall auf individuelle Begleitumstände und Beweggründe hin zu untersuchen und zu bewerten. Das führt nur zu Unwägbarkeiten; was man braucht, ist Klarheit, Berechenbarkeit der Entscheidung, Gewißheit. Die „Belastung" mit dem Gesetz zielt auf die überprüfbaren äußeren Merkmale menschlichen Handelns.[256] Und der Zwang, die in einer endlichen Zahl von Aussagen bestehende Scharia in zuverlässiger Form auf die Wirklichkeit anzuwenden – die unendlich vielgestaltige Wirklichkeit der Scharia unterzuordnen –, führt zur Schaffung inhaltlicher Kategorien der Analogie, die sich außerordentlich stark nach Gesichtspunkten ausrichten, die dem Gemeinwesen verpflichtet sind. Nicht der Einzelmensch, von der Gemeinschaft abgesondert, lenkt die Aufmerksamkeit der Rechtsgelehrten auf sich; der Einzelmensch kann von den Aussagen der Scharia nur als Glied der Gemeinde der Gläubigen erfaßt werden.

Dieser Charakterzug des islamischen Rechts ist natürlich nicht erst von al-Ǧuwainī erkannt worden. Das Wesentliche an seiner Theorie der Scharia ist jedoch, daß er diese Merkmale zu dem Zweck hervorhebt, eine zuverlässige Handhabung der überlieferten Aussagen zu gewährleisten. Die Jurisprudenz wird dabei auf die Aufgaben beschränkt, die sie wirklich zu lösen vermag. Das Innere des Menschen, seine Gefühle und Gedanken, entziehen sich einer rechtlichen Beurteilung, wie sie etwa Abū Hāšim al-Ǧubbāʾī sich wünschte.[257] Das Recht erscheint in al-Ǧuwainīs Überlegungen als Werkzeug, mit dem ein Bereich der menschlichen Existenz geordnet werden kann – nur ein Bereich, denn die wahre Gottesknechtschaft, der al-Ǧuwainī als Anhänger der ,,neuen Frömmigkeit" zustrebte, blieb außerhalb aller rechtlichen Beurteilung. Das, was stets als eine unauflösbare Einheit galt, die ,,islamische Persönlichkeit", für die Glaube, Gesetz, staatliche Ordnung eine einzige, nicht zergliederbare Lebensmitte sind, formt er zu einer Zweiheit um. Nicht daß sich gläubige Frömmigkeit und ,,Belastung" mit der Scharia nun aus unterschiedlichen Quellen speisen – bestimmt nicht! Aber um die Gewißheit des richtigen Handelns und die Sicherheit des Heilsgewinns zu erringen, muß man jetzt beide Bereiche als inhaltlich voneinander getrennt auffassen – für die islamische Geschichte ein folgenreicher Schritt.[258] Al-Ǧuwainī wagte ihn, vielleicht unbewußt, in einem Augenblick, als das überkommene Gefüge des islamischen Gemeinwesens zerstört wurde. Dies war nicht bloß ein zeitliches Zusammentreffen.

C. Die Macht

1. Das Schwert und das Schreibrohr

Nach der ruhmreichen Herrschaft ʿAḍud ad-Daulas (reg. 949–983) war es seinem Verwandten Šaraf ad-Daula zwischen 987 und 990 noch einmal gelungen, das Gebiet des heutigen Irak und Westirans zu befrieden, ehe die qualvollen Jahrzehnte der Wirren und des Verfalls der Bujidendynastie begannen. Bewundernd vermerkte damals ein zeitgenössischer Chronist, daß Šaraf ad-Daula Handel trieb, selbst in Nischapur ein Warenlager besaß und daß seine Wechsel im ganzen Reich bedient wurden. ,,Wir dagegen sagen: Wie stünde (jener Chronist) da, wenn er unsere Zeit erlebt und dieses machtvolle Herrscherhaus gesehen hätte! Seine Heere und die Truppen seines Königs durchziehen die Welt nach seinem Befehl. Sie stoßen zu den Gestaden des Golfs und den Gestaden des Oxus vor, und nun nähern sich die Streifscharen ... schon dem Nil! Die riesigen Länder, die zwischen diesen drei Zielen liegen, genügen zum Vergleich. Und den Befehlen seines Wesirs ... gehorcht man dort überall, und dank seinen Entscheidungen und Maßnahmen sind die Volksmassen überall ruhig, und die Ehrfurcht zügelt sie alle – dank seiner Führung und Kraft." Welch ein Unterschied zwischen damals und heute! Überdies, der Handel sucht sich immer von allein seinen Weg. ,,Stolz muß man vielmehr deshalb sein, weil die Anordnungen in allen Ländern, die das Schwert dem Schreibrohr vorbereitet hat, befolgt werden. So ist die Königsherrschaft: Bei der Auferlegung der Abgaben trieft das Blut von der Schneide, und dann fließt die Tinte auf das Papier bei der Verteilung der Einkünfte."[1]

Verfasser dieser Betrachtung ist Abū Šuǧāʿ ar-Rūḏrāwarī, von 1091 bis 1093 Wesir des Abbasiden al-Muqtadī (reg. 1075–1094). Er hat sie in eine Darstellung der späten Bujidengeschichte eingefügt, in der er des öfteren die Vorzüge seiner eigenen Zeit rühmt. Gewiß, auch ʿAḍud ad-Daula war ein fähiger Herrscher gewesen; sein Wirken hatte den Ländern des Islams Glück und Ruhe gebracht. Aber hatte es damals einen Mann wie Niẓām al-Mulk gegeben, der alle in den Schatten stellt, der ,,in eigener Erfahrung jeden Wechsel der Zeit auskostete, die Führung des Schwertes und des Schreibrohrs verband, als er die Lenkung der Araber und Nichtaraber übernahm, mit glücklicher Hand beim Herrschen, mit vertrauenswürdiger Gesinnung beim Ratschlag, mit Entschlossenheit ohne Unachtsamkeit, mit einem Charakter ohne Grobheit, einer Einsichtskraft ohne Schwäche; Ehrfurcht gebietend – und doch freundlich; mit Demut – und doch auf höchster Rangstufe. Rät man ihm: ‚Fürchte Gott!' dann gehorcht er ... Seine Taten sind wie die der Gottesknechte, sein Charakter gleicht dem des Asketen – und dies, obwohl ihm das Diesseits zu Willen ist bei allen Maßnahmen und sein Wort bei Untertanen und Soldaten gilt und er an der Tränke seiner Gerechtigkeit Gazellen und Löwen vereint."[2] – Das ist das Idealbild eines Herrschers, und Niẓām al-Mulk, der Wesir der Großsultane Alp Arslan (reg. 1063–1072) und Malikšāh (reg. 1072–1092) verkörpert es für Abū Šuǧāʿ. Herrschen heißt, die Gewalt des Schwertes einsetzen, sich aller Mittel der Unterworfenen bemächtigen – und dann alles neu verteilen, gut und gerecht. Schwert und Schreibrohr sind die Symbole der Herrschaft, beider Aufgaben ergänzen einander. Unter den späten Bujiden war diese Einsicht abhanden gekommen, meint Abū Šuǧāʿ: „Wer glaubt, Herrschaft sei mit Tyrannei aufrechtzuerhalten und die Einkünfte wüchsen durch Unrecht oder das Steueraufkommen steige durch Bedrückung oder Gewaltsamkeit lasse die Milch reichlicher aus dem Euter strömen, der irrt! Nein, bei dem, der den Himmel erbaut hat und das Königtum verleiht, wem er will! Allein bei guter Behandlung und fester Führung, bei Achtung der Elite und Erziehung der Massen, dank Ehrfurcht gebietendem Auftreten gegenüber den Soldaten und Gerechtigkeit gegen die Untertanen gedeiht die gute Herrschaft."[3]

Ähnliche Gedanken äußerte Ānūširwān b. Ḫālid (gest. 1138), auch er ein hoher Staatsbeamter und zuletzt Wesir unter dem Sultan Ġijāṯ ad-Dīn Masʿūd (reg. 1134–1152). Die Ära Malikšāhs und Niẓām al-Mulks war für ihn aus der Rückschau die glücklichste Zeit der seldschukischen Dynastie. Weit ausgreifende Heereszüge unternahm Malikšāh, eroberte Samarkand, drang ein Jahr später bis zum fernen Uzkent vor – und bald darauf traf man ihn in Antiochien, um den Zugriff der Seldschuken auf Syrien zu sichern. „Doch all dieses Glück stellte sich nur dank des Glücks des großen Wesirs Niẓām al-Mulk ein, ... den Gott gleichsam für die Herrscherwürde geschaffen und gestaltet hatte, dem anscheinend der Erfolg im Blute lag, der Triumph in den Schoß fiel ... Er übernahm das Wesirat, als die Ordnung des Reiches verfallen, das Fundament des Glaubens verändert worden war, am Ende der Bujiden- und Beginn der Türkendynastie. Verwüstet war das Reich, als diese aufstieg, jene dahinging. Verödet und leer lagen die Städte, die Feinde hatten sich ihrer bemächtigt, waren erstarkt. Klageweiber bejammerten die Länder, heulten über die Toten: Da brachte er das Reich wieder in Ordnung,[4] den Glauben wieder ins Lot, bestellte die Provinzen, nahm sich des Wiederaufbaus an."[5]

Im Jahre 1055 – Ṭoġrilbeg war zum ersten Mal in Bagdad – wurde Malikšāh geboren. Zu diesem Zeitpunkt war sein späterer Wesir Niẓām al-Mulk siebenundvierzig Jahre alt, hatte vielleicht schon Verbindung zu Alp Arslan, dem er seit etwa 1058 diente. 1072 fiel Alp Arslan einem Attentat zum Opfer, und Niẓām al-Mulk setzte alles daran, daß Malikšāh, noch ein Jüngling, die Würde des Großsultans erbte; erst nach blutigem Kampf gegen andere Mitglieder der Dynastie gelang der Plan. Der mächtige, erfahrene Wesir, nun an der Schwelle des Greisenalters, der Schritt für Schritt mit unverhohlenem Nepotismus – er hatte zehn Söhne und fünf Töchter[6] – sich alle Schlüssel der Herrschaft angeeignet hatte, und der junge Großsultan, aufgewachsen mit dem Trugbild eines immerwährenden heldenhaften Krieges für den Glauben, bis alle Welt unterworfen sein würde – Verstetigung der Herrschaft und solide, fürsorgliche Verwaltung des Erreichten gegen rastlose Erprobung des Schlachtenglücks, konnte das auf die Dauer gut gehen? Sicher hatte Niẓām al-Mulk den Jüngling gefördert, weil er hoffte, ihn nach Belieben zu lenken. In einer undurchsichtigen Affäre wurde dem Wesir kurz vor seiner Ermordung im Jashre 1092 ein Schreiben zugespielt, in welchem sich Malikšāh darüber beklagte, sein Wesir gebärde sich als Teilhaber der Herrschaft und habe alle wichtigen Ämter den eigenen Söhnen und Enkeln zugeschanzt. Der gekränkte Wesir erinnerte daran, daß schließlich er es gewesen sei, der dem jugendlichen Großsultan zur Herrschaft verholfen und die Nebenbuhler ausgeschaltet habe. „Sagt dem Sultan: Wenn ihm die Tiara des Herrschers fest auf dem Kopf sitzt, dann hängt es mit diesem Tintenfaß zusammen. Beider Eintracht bindet alles Wünschenswerte an uns, läßt uns jede Beute finden. Wenn ich dieses Tintenfaß schließe, ist die Tiara dahin!“[7]

Wer verstünde nicht, daß der junge Großsultan gegen die Knebelung aufbegehrte, mit der Niẓām al-Mulk und sein Clan jegliche politische Eigenständigkeit unterbanden? Die Herrschaft mußte verstetigt werden, gewiß; für das Überleben des Seldschukenreiches war dies unerläßlich, wie sich bald zeigen sollte, als keine starke Hand mehr die Eigensucht der türkischen Militärs zügelte. Solange Niẓām al-Mulk die überragende Gestalt der Politik war, blieb Malikšāh letzten Endes nichts anderes als das Schwärmen von gewaltigen Siegen auf dem Schlachtfeld – und ansonsten reichlich Gelegenheit, der Jagdleidenschaft und dem Polospiel zu frönen. Ein allerdings nicht zeitgenössischer Bericht über die militärischen Maßnahmen Malikšāhs deutet an, unter welch gewaltigen Anstrengungen er seine Macht nach allen vier Himmelsrichtungen auszudehnen versuchte: im Norden gegen das byzantinische Reich, im Westen nach Syrien mit der Absicht, Ägypten und Nordafrika zu erobern, im Süden bis nach Aden, im Osten schließlich, wie erwähnt, weit in das Innere Asiens hinein.[8]

In Bagdad betrachtete man den ungestümen Großsultan anscheinend mit gemischten Gefühlen; man litt unter der seldschukischen Besatzung, weshalb al-Muqtadī 1083 eine Gesandtschaft nach Chorasan schickte, um eine Besserung der Verhältnisse zu erwirken. Es handelt sich um eben jene Mission, die von Abū Isḥāq aš-Šīrāzī geleitet wurde und in deren Verlauf das denkwürdige Streitgespräch mit al-Ǧuwainī stattfand.[9] Schon kurz zuvor hatte man in Bagdad allen Grund gehabt, über Vorgänge in der engsten Umgebung Malikšāhs beunruhigt zu sein. Zum ersten Mal war nämlich deutlich geworden, daß die Autorität Niẓām al-Mulks und seiner Familie ins Wanken geriet. Eine längere Zeit der Stabilität schien sich dem Ende zuzuneigen, und es mehrten sich Anzeichen, die auf eine gewisse Unberechenbarkeit und Unausgeglichenheit Malikšāhs schließen ließen. Dies war der Skandal, der solche Befürchtungen nährte: Malikšāh hatte sich einen Hofzwerg gehalten, das Ǧaʿfarchen, das sehr zum Vergnügen der Zechgesellschaft des Sultan den alten Niẓām al-Mulk nachzuäffen verstand. Das blieb nicht geheim. Ǧamāl al-Mulk, der älteste Sohn des Wesirs, Verwalter des Bezirks Balch, erfuhr von den Dreistigkeiten, die man sich hinter dem Rücken seines Vaters erlaubte, begab sich kurz entschlossen nach Isfahan an den Hof, schnappte sich das Bürschchen und ließ ihm die freche Zunge herausreißen. Ǧaʿfarchen überlebte diese Bestrafung nicht. Malikšāh vermied es, sich sofort zu rächen. Zusammen mit seinem Wesir und dessen Sohn begab er sich wegen dringender Regierungsgeschäfte nach Nischapur; nach deren Erledigung kehrte Niẓām al-Mulk allein nach Isfahan zurück. Nun war die Gelegenheit günstig; dennoch traute sich Malikšāh nicht, selber gegen Ǧamāl al-Mulk vorzugehen, sondern fragte den Kommandanten von Chorasan: „Was ist dir lieber, dein Kopf oder der des Ǧamāl al-Mulk?" „Meiner natürlich? Für welche Krankheit auch immer du einen Arzt brauchst, ich bin der beste!" „Wenn du ihn nicht tötest, dann töte ich dich und entlasse dich aus der Statthalterschaft des Lebens!" Der Kommandant sorgte dafür, daß Ǧamāl al-Mulk vergiftet wurde. So jedenfalls ist die Kabale in die Geschichtswerke eingegangen, und so war sie vermutlich auch in Bagdad erzählt worden, wo im Februar 1083 Mu'aijad al-Mulk, ein Bruder des Ermordeten, die Beileidsbekundungen der Spitzen der kalifischen Verwaltung entgegennahm.[10]

Die Ränke, deren Ziel es war, Argwohn und Groll des Großsultans gegen seinen Wesir zu schüren, nahmen kein Ende mehr. Ein Neider Niẓām al-Mulks riet Malikšāh, sich die gewaltigen Schätze zurückzuholen, die sein Wesir und dessen Familie beiseitegeschafft hätten. Niẓām al-Mulk erfuhr von dieser Ohrenbläserei, ließ ein üppiges Gastmahl herrichten, zu dem er den Großsultan lud und versicherte ihm in bewegenden Worten, er habe seinem Vater Alp Arslan und ihm stets treu gedient und all dies Vermögen allein zum Nutzen der Dynastie aufgehäuft. „Alles, was ich besitze, steht dir frei. Ich begnüge mich mit einem Flickengewand und einer Klause!" Malikšāh war offensichtlich beeindruckt und ließ den Ränkeschmied blenden und einkerkern.[11]

War die Amtsmüdigkeit des Wesirs nur geheuchelt? In den folgenden Jahren galt die Aufmerksamkeit Malikšāhs dem irakisch-anatolischen Grenzraum; dort unterwarf er endgültig die arabischen Beduinenfürsten und hielt im Jahre 1087 zum ersten Mal Einzug in Bagdad. Niẓām al-Mulk begleitete ihn und kümmerte sich um die Anknüpfung der offiziellen Kontakte mit dem Kalifenhof, während der Großsultan als erstes die Rennbahn aufsuchte, um Polo zu spielen. Später begab er sich in die Gegend von Nedschef und vergnügte sich mit der Jagd. Viertausend, nach anderen Berichten gar zehntausend Gazellen soll er bei dieser Kampagne erlegt haben. Aus den Geweihen ließ er einen Turm errichten und weil er daran so viel Gefallen gefunden hatte, wiederholte er ein Jahr danach den Spaß in der Gegend von Isfahan. Schließlich kam die Begegnung mit dem Kalifen zustande, der ihm jedoch den Handkuß verweigerte.[12]

Während dieses mehrmonatigen Aufenthaltes in Bagdad und der näheren Umgebung ereignete sich ein merkwürdiger Zwischenfall. Niẓām al-Mulk hatte, anders als der Großsultan, mit seinem Anhang nicht in der Stadt selber Qartier genommen, sondern seine Zelte am Tigrisufer bei az-Zāhir aufschlagen lassen. Wie es heißt, wollte er den Bagdadern die Lasten und Unkosten ersparen, die die Beherbergung so vieler fremder Soldaten für sie bedeutet hätte – eine wohlmeinende Absicht, die übrigens vielen Spekulanten, die beim Herannahen der Truppen voreilig Waren gehortet hatten, das Geschäft verhagelte.[13] Wie einer der Vertrauten[14] Niẓām al-Mulks erzählt, war dem Wesir gestattet worden, nach Mekka zu pilgern, weshalb man bereits die zur Reise notwendigen Dinge auf das Westufer des Flusses gebracht hatte. „Eines Tages", so der Bericht, „wollte ich bei Niẓām al-Mulk eintreten, als ich an der Pforte des Zeltes einen Derwisch erblickte, auf dessen Stirn das Merkmal dieser Leute erstrahlte.[15] Der sprach mich an: ‚O Scheich, hier eine vertrauliche Botschaft an den hohen Herrn! Kannst du sie überbringen?' ‚Gern!' Er händigte mir einen zusammengefalteten Zettel aus. Ich trat ein, ohne den Brief zu öffnen und anzuschauen und wahrte die Vertraulichkeit. Ich legte den Zettel vor dem Wesir nieder, der ihn ansah und dann heftig zu weinen begann. Da bereute ich meine Handlung und dachte: ‚Hätte ich doch vorher hingeschaut! Wenn es etwas gewesen wäre, das ihm hätte Schmerz bereiten müssen, hätte ich den Brief nicht überreicht.' Schließlich trug er mir auf: ‚O Scheich, hole mir den Überbringer!' Ich trat ins Freie, fand ihn aber nicht, suchte ihn, konnte aber seiner nicht habhaft werden. Das berichtete ich dem Wesir, worauf er mit den Zettel gab, auf dem stand: ‚Mir erschien der Prophet im Traum und befahl mir: Geh zu al-Ḥasan (Niẓām al-Mulk) und sag ihm: Wozu willst nach Mekka? Hier ist das Ziel deiner Pilgerschaft! Habe ich dir nicht aufgetragen: Bleib bei diesem Türken und hilf den Notleidenden meiner Gemeinde?' Da kehrte Niẓām al-Mulk (auf das Ostufer) zurück und zog nicht fort. Oft aber sprach er zu mir: ‚Könntest du doch jenen Derwisch noch einmal sehen! Wir möchten teilhaben an seinem Segen!' Eines Tages erblickte ich ihn, wie er am Ufer des Tigris seine wenigen Lumpen wusch. ‚Der hohe Herr verlangt nach dir!' ‚Was habe ich mit ihm zu schaffen? Ich hatte bloß einen Auftrag, und den habe ich erfüllt!'"

Ein frommer Mann war Niẓām al-Mulk! Daß er auf ein Wort des Propheten[17] hörte, ist glaubwürdig. Wir wissen, daß er sich ausgiebig mit der Überlieferung beschäftigte und überall, wo er länger weilte, trat er selber als Tradent auf, und die Gelehrten des Ortes strömten herbei, um nach seinem Diktat zu schreiben – und so wurde sein Name ein Glied in der Kette, die das heilbringende Wissen, das authentische Wort des Gottesgesandten den kommenden Geschlechtern verbürgte.[18] Der Verzicht auf die Pilgerfahrt wird dem Wesir sehr schwer gefallen sein, aber er beugte sich dem, was ihm als der Wunsch des Propheten übermittelt wurde. Noch ein paar Jahre zügelte er jenen „Türken", aber die Spannungen zwischen den beiden so unterschiedlichen Männern müssen ständig zugenommen haben.[19] Wie nicht anders zu erwarten, gewannen die zahlreichen Feinde allmählich die Oberhand gegen den Mann, der die Mitte seines achten Lebensjahrzehnts erreicht hatte. Sie rissen wichtige Ämter an sich, entwanden ihm die Kontrolle über die Finanzen. – Auf Malikšāhs dritter Reise nach Bagdad wurde Niẓām al-Mulk am 14. Oktober 1092 bei Nihawand ermordet, als er sein Wohnzelt aufsuchen wollte. Der Anschlag wurde von einem Dailamiten verübt, den man der isma'ilitischen Splittergruppe der Assassinen zurechnete.[20] Man munkelte, daß der Großsultan höchstpersönlich seine Hand im Spiel gehabt habe. Dies scheint sich mit einer Notiz Niẓām al-Mulks zu decken, die Besorgnis über den Einfluß – ehemaliger? – Schiiten auf Malikšāh andeutet.[21] Der Verdacht, der Großsultan habe den Mord eingefädelt, erhärtete sich in den Augen vieler, weil Malikšāh seinen Wesir nur um wenige Wochen überlebte. Der junge Herrscher starb in Bagdad am 19. November an einer plötzlich auftretenden Erkrankung – „und konnte seine Macht nicht mehr genießen."[22]

„Bleib bei diesem Türken und hilf den Bedürftigen meiner Gemeinde!" dies waren die mahnenden Worte, die Niẓām al-Mulk so tief erschüttert hatten. „Hilfe der Dynastie"[23] lautete einer seiner Ehrentitel, und „Hilfe für die Völker" nannte al-Ǧuwainī eine staatspolitische Abhandlung, die er dem Wesir widmete. Sie besteht aus drei Abschnitten: über das Imamat; über die Verhältnisse in einer Zeit, in der es keinen

Imam gibt; über das Aussterben der Kenner der Scharia. Gegen Ende des zweiten Abschnittes faßt al-Ǧuwainī seine Grundgedanken über das Imamat zusammen: Der Imam ist seinem Wesen nach von den übrigen mit der Scharia „belasteten" Menschen nicht zu unterscheiden; er ist nichts weiter als „ein Werkzeug, mit dem die Menschen an die Scharia gebunden werden. Wenn in einer Zeit zwei für dieses Amt Taugliche vorhanden sind, beendet die Wahl eines der beiden den Streit..., und neben dem Imam (gibt es keinen Träger von Herrschaftsfunktionen) außer dem allwissenden König (d. h. Gott)." Sollte niemand alle Bedingungen für das Imamat erfüllen, dagegen jemand bekannt sein, der über die notwendigen Machtmittel verfügt, so daß die fernsten Länder vor ihm den Nacken beugen, „was erlaubt diesem dann, mit der Gewährung von Beistand weiter zu zögern, wo es sich doch nur um die Ausführung des Befehls des allbezwingenden Königs handelte, wie immer die Sache ausginge?" Der Zweck, dem der Imamat dient, nämlich die Durchsetzung der Scharia, erfordert die Übernahme des Amtes durch den geeigneten Mann, wenn sich kein Imam findet. „Preis sei dem gewaltigen Gott! Denn nun ist deutlich, was ich mit Gewißheit zu erhellen suchte, nun sind die Beweise hierfür klar wie das Frühlicht! Darum geh' voran, o Anführer der Zeit, verschiebe nicht weiter, das anzupacken, wozu dich Gott von Ewigkeit her ausersehen hat!"[24]

Wie soll al-Ǧuwainī diesen geradezu unerhörten Aufruf an den Wesir des Großsultans rechtfertigen? Was der Gelehrte hier vorschlägt, heißt doch nicht mehr und nicht weniger, als daß es keinen zum Imamat Befähigten gibt – mithin daß das abbasidische Kalifat seine ureigene Aufgabe verloren hat! Al-Ǧuwainī ist auf empörte Fragen gefaßt. Wie kannst du es verantworten, wird man einwenden, uns diese undisziplinierte Bande auf den Hals zu holen, diese Türkmenen, die statt Ordnung nur Unruhe und Schaden stiften? Sollte man in solch einer Zeit, in der Betrug an die Stelle der Aufrichtigkeit trat, nicht alles daransetzen, ungeschoren davonzukommen! – So schlimm ist die Lage nicht, entgegnet al-Ǧuwainī; die Zügel der Herrschaft liegen fest in den Händen des Großsultans, und Soldaten haben schon immer Übergriffe verübt. Die Sicherheit von Leben und Eigentum ist gewährleistet, im Gegensatz zu früher![25] Niemand kann in Abrede stellen, daß es die Seldschuken waren, die im Innern des Reiches die unzulässigen, ketzerischen Neuerungen ausgelöscht und die Macht der Ismaʿiliten gebrochen haben, eine Leistung, die die Abbasiden nicht hätten vollbringen können.[26] Der Erfolg der seldschukischen Truppen hat den sunnitischen Islam in neuem Glanz erstrahlen lassen: unter Alp Arslan bekannte sich Mekka wieder zum „Ruf der Wahrheit",[27] und es glückte der große Sieg von Manzikert gegen die Byzantiner!

Diesen Triumph von Manikert, durch Alp Arslam erstritten, feiert al-

Ǧuwainī als ein epochales Ereignis. Die Furcht, von den Byzantinern überrannt zu werden, wurde den Muslimen genommen! Was zählen da ein paar geplünderte Gegenstände? Und ganz grundlos war diese Furcht nicht gewesen; wir erinnern uns, daß man sich während der Bujidenzeit auch in Chorasan ernsthafte Sorgen um den Zustand der islamischen Verteidigungslinie am Südrand Anatoliens gemacht hatte. Die Erfolge des Nikephoros Phokas waren bestimmt noch nicht vergessen, und sicher wußte man auch noch, unter welch unwürdigen Umständen der große Zug opfermutiger chorasanischer Glaubenskämpfer, geführt von dem Schafiiten und Aschʿariten al-Qaffāl aš-Šāšī (gest. 976), gescheitert war.[28] – ,,Wie wäre es", fragt al-Ǧuwainī den Leser, ,,wenn die Byzantiner das Land erobert und die Menschen getötet, die Festungen und Wälle zerstört, den Frauen den Schleier der Keuschheit vom Gesicht gerissen hätten? Wenn der nichtswürdige Abschaum des Volkes zu (den Christen) abgefallen wäre? Wenn die ungläubigen Rüpel sich unter unsere edlen Frauen gemischt, Hurerei und Koketterie deren Gemächer entehrt hätten? Wenn die Moscheen zertrümmert, die Riten und Wallfahrten beendet, Gottesdienst und Gebetsruf unterbrochen, Glocken und Kreuze verbreitet worden wären? Wenn sich freche Übergbriffe und Schändungen gemehrt hätten? Wenn das Land des Islams von der Flutwelle des puren Unglaubens überschwemmt worden wäre?"[29] Kühnheit und Kampfesmut jener seldschukischen Truppen waren nicht zu erschüttern gewesen; der Selbstaufopferung jener Männer verdankt der Islam sein Überleben! Wäre es wirklich besser, wenn es die tapferen Türkmenen nicht gegeben hätte – und den Gläubigen vielleicht ein paar lumpige Habseligkeiten mehr geblieben wären? Nein! Man muß in diesen Leuten einen Gnadenerweis Gottes sehen ,,und wer eine Zeit wünscht, die ganz rein ist von allem Schmutz und jeder Trübung, der verlangt Unmögliches. ,Wer von den Tagen fordert, was wider ihre Natur ist, gleicht dem, der im Wasser ein brennendes Scheit sucht.'"[30]

Mit seiner Ansicht steht al-Ǧuwainī, wie das Beispiel ar-Rūḏrāwarīs lehrt, unter den Zeitgenossen nicht allein: unter den Seldschuken ist vieles besser geworden. Einige Unbequemlichkeiten mußte man in Kauf nehmen. Und daß es bei diesem wenigen blieb, ist einzig und allein das Verdienst Niẓām al-Mulks, behauptet al-Ǧuwainī. Hier ist Schmeichelei im Spiel; aber auch ar-Rūḏrāwarī, der nicht für den Wesir schrieb, sah in diesem die maßgebende Gestalt im Mittelpunkt der seldschukischen Macht, ja, der Sultan, sein zerstrittener Clan und das Heer der Nomaden und Söldner kommen ar-Rūḏrāwarī gar nicht in den Blick, wenn er an die unselige späte Bujidenzeit zurückdenkt. – Selbst die geringfügigsten Leistungen Niẓām al-Mulks könne man kaum in Worte fassen, schreibt al-Ǧuwainī überschwenglich. Auch bei Dürrekatastrophen sei es ausgeschlossen, die Bevölkerung vor allen Schäden zu schützen, aber man müsse stets das vermeidbare Unheil verhindern. Herrschen ist die Kunst und die Verpflichtung, die möglichen Maßnahmen wirklich zu ergreifen.[31]

Wenn nun – in der Gestalt Niẓām al-Mulks – der einzigartige Bewahrer und Mehrer des Reiches die Herrschaft ausübt, darf dieser sich dann, sobald es ihm beliebt, von seinen Amtsgeschäften zurückziehen, um sich ganz dem beschaulichen Gottesdienst zu widmen? Al-Ǧuwainī wirft diese Frage auf und verneint sie enschieden, denn es ist offenbar niemand in Sicht, der über genügend Erfahrung und Klugheit verfügt, und über einen ausreichend mächtigen Anhang.[32] Die Pflicht, unter solchen Voraussetzungen im Amte auszuharren, kann aus der Scharia bewiesen werden, und al-Ǧuwainī will sich hierbei wieder der nüchternen Sprache bedienen, die wir als das Gütemerkmal vieler seiner Werke kennen. Seine Argumentation ist einfach. Sie ist ein Beispiel für die Anwendung seiner Theorie von der Analogie, in der die Wirklichkeit nicht vom Blickwinkel des einzelnen Gläubigen aus erfaßt wird, sondern von den Belangen der islamischen Gemeinde her.[33]

Die Scharia unterscheidet zwischen Individualpflichten, die jeder „Belastete" zu erfüllen hat – etwa das rituelle Gebet – und „Pflichten der ausreichenden Anzahl", gemeinschaftsbezogenen Aufgaben, zu deren Erledigung nicht jedes Mitglied der Gemeinde beitragen muß. Hierher gehört beispielsweise der Kampf gegen die ungläubigen Feinde des Islams. Al-Ǧuwainī bewertet die zweite Kategorie wesentlich höher als die Individualpflichten. Wer die dem Gemeinwesen dienlichen Obliegenheiten wahrnimmt, nützt nicht nur sich selber, sondern allen und darf deshalb auf größerem Lohn im Jenseits hoffen. Nun könnten sich die „Pflichten der ausreichenden Anzahl", die die Scharia nennt, unter bestimmten Umständen in Individualpflichten verwandeln. Hierdurch büßen sie aber nicht etwa an Verbindlichkeit ein, im Gegenteil, sie gewinnen hinzu! Am einfachsten sei dies mit den Vorschriften über den Heiligen Krieg zu belegen. Die Teilnahme an ihm ist freiwillig; aber wenn man sich einmal in die Schlachtreihe eingeordnet hat und die Zahl der Feinde nicht das Zweifache der eigenen Kämpfer übersteigt, muß man ausharren, bis die Schlacht geschlagen ist. Eine solche Individualpflicht, die sich aus den Umständen ergeben hat, wiegt außerordentlich schwer und setzt konkurrierende Rechtsgüter außer Kraft.[34] So bleibt ein entlaufener Sklave, der im Heer der Glaubenskämpfer untergetaucht ist, im Zustand der Widersetzlichkeit gegen Gott und den Eigentümer, bis er in ein Gefecht verwickelt wird; von diesem Augenblick an darf er nicht mehr zur Wiederherstellung der Legalität zu seinem Eigentümer zurückkehren, bevor die Waffen schweigen. – Der hohe Herr nun, der Anführer des Menschengechlechts, von dessen Hinweisen die Entscheidungen aller islamischen Fürsten abhängen, brauchte sich seinen Pflichten nur für einige Tage zu versagen, und „die Erde würde erbeben". Wie also darf er an den Rückzug aus dem politischen Geschäft auch nur denken, wo es einem entflohenen Sklaven unter vielen tausend Glaubensstreitern verboten ist, sich aus der Schlacht zu entfernen? „Ich fordere die Gelehrten der Zeit heraus: Wer meinem Beweisgang widersprechen möchte, tue es und steige vom Pferd zum Kampf Mann gegen Mann!"[35]

Die freiwillig erbrachten Leistungen der Frömmigkeit, mit denen man sich Gott nähern möchte, sind ein weitaus geringeres Rechtsgut als die zur Individualpflicht gewordene Sorge für das Gemeinwesen, stellt al-Ǧuwainī fest. Nun habe sich unlängst das Gerücht verbreitet, der „Anführer der Menschen" wolle die Pilgerreise antreten, ohne daß gewährleistet sei, daß er die Amtsgeschäfte weiterführe. „Gott hat diesen Rufer mit so viel Kenntnis über ‚erlaubt' und ‚verboten' ausgestattet, daß dieser sich genötigt fühlt, über einen solchen Wunsch ein klares Wort zu sagen", rühmt sich der Verfasser und schreibt dann: Alle Riten, das Gebet und auch die Zeremonien in Mekka hat Gott bis ins einzelne festgelegt; aber nicht diese Riten an sich bewirken die Annäherung an Gott, sondern allein die Tatsache, daß sie im Einklang mit Gottes Befehl vollzogen werden.[36] – Die Lehre von der „Knechtung" und die in der aschʿaritischen Metaphysik wurzelnde Theorie der „Belastung" ermöglichen diese Behauptung.[37] – Die Muslime sind einhellig der Meinung, fährt al-Ǧuwainī fort, daß eine Reise nach Mekka auf keinen Fall den Pilger oder ihm anvertraute Menschen gefährden dürfe. Hieran müsse ein Mann wie Niẓām al-Mulk in besonderem Maße denken.

Etwas Kopfzerbrechen macht al-Ǧuwainī ein Einwand der Hanbaliten, der „Ausgeburt der Zeit", die meinten, wer sich an Gottes Wunsch halte, brauche sich um die Folgen nicht zu kümmern; Gott habe doch verheißen, daß seine Ordnung bis zum Ende der Tage bestehen werde! Mit einer solchen Einstellung, entrüstet sich al-Ǧuwainī, hebe man letzten Endes alle Forderungen der Scharia auf und weise jegliche Verantwortung für das Gemeinwesen von sich. Solch ein platter und bequemer Glaube an die göttliche Vorsehung verhindere schließlich sogar das „Befehlen des Guten und das Verbieten des Tadelnswerten". Dabei hätte jeder Gottesgesandte die Menschen angehalten, ihren Nutzen zu mehren und sich selber mit Speise und Trank zu vesorgen, die – gemäß Gottes Gewohnheit, nicht auf Grund eigener Wirkmächtigkeit – den Hunger stillen und den Durst löschen – eine Aufforderung zum selbständigen Handeln, die auch in der „Niẓāmischen Glaubenslehre" erhoben worden war. Trotzdem unterliegen alle Taten der Menchen dem nicht zu enträtselnden Urteil Gottes, das sie nicht verursachen.[38] – Die etwas heikle Position der Aschʿariten, die alle Erwägungen des Zweckes aus der Scharia-Wissenschaft verbannten und überzeugt waren, daß die Menge der dem Menschen möglichen Gehorsamsleistungen nicht von der Scharia erschöpfend erfaßt werde, fällt uns bei diesen Überlegungen des Verfassers wieder ein.[39]

Nicht jetzt schon darf sich Niẓām al-Mulk auf die Wallfahrt begeben, sondern erst wenn die Wege dorthin mit den notwendigen Stationen und Brunnen ausgestattet worden sind und man die räuberischen Beduinen bezwungen hat! Jemandem wie dem Wesir, vor dem sich alle ,,Könige" des islamischen Reiches beugen, wäre die Durchführung dieser Aufgabe ein leichtes, zumal sowohl Syrien als auch Kufa unter seinem Einfluß stehen. Nicht aus Freude an großen Worten ,,habe ich dies niedergeschrieben, ... sondern ich meine, daß die Religion Gottes mir die Erläuterung dieser Dinge auferlegt, und zwar als Individualpflicht. Sollte ich die Grenze der Höflichkeit überschritten haben, so nur, weil ich ehrlich und wahrhaftig sein wollte. Bei Gott, nun habe ich alles in beredten Worten erklärt und den Urteilsspruch Gottes deutlich übermittelt."[40]

Wann wurden diese Zeilen geschrieben? Zwei Ereignisse werden in dem Werk genannt, die sich genau datieren lassen: die Rückkehr Mekkas unter die Botmäßigkeit der Abbasiden und die Schlacht von Manzikert; dieser Feldzug, der mit einer vernichtenden Niederlage der Byzantiner endete, begann in den letzten Monaten des Jahres 1070. Ungefähr im März 1071 unterstellte sich der Scharif von Mekka wieder dem ,,Ruf" des Bagdader Kalifen.[41] Zwei Ereignisse kurz hintereinander, die in der islamischen Welt großen Widerhall gefunden haben müssen – das erste markiert einen eindrucksvollen Wendepunkt im Kampf gegen die Ungläubigen, das zweite einen Prestigeverlust der ismaʿilitischen ,,Ketzer". Alp Arslans und seiner Türkmenen Verdienste hierbei hat al-Ǧuwainī eingehend gewürdigt. Alp Arslan war allerdings schon tot, als der Gelehrte ihn wortreich rühmte, denn er bedenkt ihn mit einem Segenswunsch, wie er für Verstorbene üblich ist.[42]

Mittelbar liefert uns al-Ǧuwainī auch den Terminus ante quem der Abfassung seines Buches. Dem Wesir wird dringend empfohlen, den Besitz der heiligen Stätte und den Weg dorthin zu sichern. Niẓām al-Mulk hatte Ende 1072 nach der Ermordung Alp Arslans dessen Bruder Qawurt, den Mitbewerber um das Großsultanat, durch die rasche Einnahme von Raij aus dem Rennen geworfen. Das Großsultanat wurde für Malikšāh errungen, und 1074 ließ der Kalif al-Qā'im in Abwesenheit des neuen Trägers jener Würde die Einsetzung feierlich bestätigen. In den Jahren 1072 bis 1074, in denen der Streit um das Großsultanat ausgefochten wurde, sah sich Niẓām al-Mulk erheblichen Schwierigkeiten gegenüber. Er mußte den Widerstand der Truppen Malikšāhs brechen, die den Wesir beschuldigten, ihnen den Lohn für den Sieg vorzuenthalten. Um Übergriffe gegen die Bevölkerung zu unterbinden, ließ Niẓām al-Mulk dem Kalifen gehörende Ländereien beschlagnahmen und als Militärlehen vergeben. Die Nachrichten über diese Vorgänge sind leider nur dürftig.

Es scheint zu einer erbitterten Kraftprobe zwischen dem Heer und Niẓām al-Mulk gekommen zu sein, in deren Verlauf es dem Wesir gelang, Malikšāh auf seine Seite zu ziehen. Dieser gab nun dem erfahrenen Mann vollkommen freie Hand in allen Regierungsgeschäften und verlieh ihm den Titel eines „Atabeg", eines „väterlichen Befehlshabers". Die Krise wurde so fürs erste beigelegt, und Niẓām al-Mulk hatte von jetzt an für jedermann erkennbar in allen Dingen das entscheidende Wort zu sagen.[43]

Am Ende des Jahres 466 der Hedschra, im August 1074, traf ein Gesandter Malikšāhs in Mekka ein und überbrachte eine brokatene Umkleidung der Kaaba; wer die Kaaba mit der sogenannten Kiswa bedeckte, machte seine Souveränität über Mekka geltend. Diese Umkleidung nun hatte schon Maḥmūd von Ghazni anfertigen lassen, aber wegen der fatimidischen Oberhohheit über den Hedschas hatte sie nicht übersandt werden können. Sie war im Nischapurer Haus eines Nachkommen des Ibn Baijiʿ, eines berühmten schafiitischen Gelehrten, verwahrt worden; jetzt hatte man sie auf Anweisung von Niẓām al-Mulk nach Mekka geschafft.[44] Das heißt aber, daß der Wesir während jener unruhigen und für ihn sicher unerquicklichen Jahre Vorbereitungen für eine Pilgerfahrt getroffen hatte. Daß er an einen Rückzug aus dem Amt gedacht habe, worauf al-Ǧuwainīs Ausführungen hindeuten, wäre bei einem Mann, der damals auf die Sechzig zuging, verständlich. Der seldschukisch-abbasidische Einfluß im Hedschas war in jener Zeit noch schwach. 1075 fiel Mekka wieder den Fatimiden zu, die die Getreidezufuhr kontrollierten und folglich auf den Scharifen Druck ausüben konnten. In den nächsten Jahren ergriff man, wie al-Ǧuwainī in seinem Buch „Hilfe der Völker" wünscht, Maßnahmen zum Schutz der Straße von Kufa nach Mekka und vertrieb die Fatimiden erneut. Der Großsultan beauftragte seinen kufischen Kommandanten mit der Eskortierung der jährlichen Pilgerkarawane. Der machte alsbald ein einträgliches Geschäft hieraus. Neunzig Dinare Schutzgeld verlangte er für ein Kamel, fünfzehn für jeden, der zu Fuß ging, und wer in Medina das Grab des Propheten besuchen wollte, der mußte noch einmal sechs Dinare drauflegen.[45]

Wir dürfen also vermuten, daß Niẓām al-Mulk in der schwierigen Zeit nach dem Tode Alp Aslans zum ersten Mal den Plan faßte, nach Mekka zu pilgern und sich aus dem politischen Alltag zurückzuziehen. Aber er ließ sich bereden, im Amt auszuharren. Im Frühjahr 1087 – al-Ǧuwainī war schon fast zwei Jahre tot – hätte Niẓām al-Mulk sich endlich seinen Wunsch erfüllen können, die heiligen Stätten zu sehen, an denen der Prophet gewirkt hatte; aber wieder verzichtete der Wesir – die Furcht vor einer ungebändigten Sultansherrschaft war offenbar zu groß, und Niẓām al-Mulk galt immer noch als der mächtigste Mann im

Reich. – Der Großsultan Malikšāh nutzte seinen Jagdausflug in die Gegend westlich von Kufa, um die abziehende Pilgerkarawane des Jahres bei al-ʿUḏaib an der Grenze zur Wüste zu verabschieden.[46]

Die „Hilfe der Völker" al-Ǧuwainīs verfolgte aber nicht bloß das Ziel, Niẓām al-Mulk zum Verbleiben im Wesirat zu ermutigen. Sie wollte vielmehr von Grund auf das Gefüge des islamischen Gemeinwesens neu beschreiben, und zwar unter Berücksichtigung der politischen Lage, wie sie sich nach dem Versagen des abbasidischen Kalifats in den zwei Kernfragen der Zeit, der Abwehr des äußeren Feindes – der Byzantiner – und des inneren – vor allem der Ismaʿiliten – darstellte. Wie wir sehen werden, gab sich al-Ǧuwainī nicht der Träumerei hin, jene Dynastie des ʿAbbās werde einmal ihren alten Glanz zurückgewinnen. Eine Restauration des Vergangenen hielt er für ausgeschlossen. Die Würde, die sich aus der verwandtschaftlichen Bindung an den Gottesgesandten herleitete, war angesichts der politischen Wirklichkeit verblaßt. Ṭoġrilbeg hatte das Kalifat vor einem schmachvollen Ende gerettet, seitdem aber war der Bagdader Hof ein eher geringfügiger Faktor im Spiel der Mächte geworden. Wichtig zum Verständnis der Gedanken al-Ǧuwainīs ist seine Überzeugung, daß trotz allem das islamische Reich nicht untergegangen sei. Er teilt diese Überzeugung mit ar-Rūḏrāwarī, für den sich offensichtlich die politische Landkarte in den Jahrzehnten von ʿAḍud ad-Daula bis zu den Großsultanen – oder besser: bis zu Niẓām al-Mulk – nicht verändert hat; geändert haben sich nur die Machtverhältnisse, die sich aber kaum territorial bestimmen lassen. Ähnlich denkt Ānūširwān b. Ḫālid; es ist kein neues Reich entstanden, sondern Chaos ist durch Ordnung ersetzt worden. Im gleichen Sinn sieht al-Ǧuwainī das islamische Reich fortbestehen, ja wieder aufblühen unter der Herrschaft Niẓām al-Mulks, dessen „Befehl jeder schwierig zu lenkende Gekrönte" sich unterwirft.[47]

Unter den Bujiden war die Einsetzung durch den Kalifen eine Vorbedingung für die Ausübung legitimer Macht durch den Großemir. Von dieser Vorstellung hatte sich al-Māwardī leiten lassen.[48] Für Ṭoġrilbeg war mit dieser Zeremonie die Befriedigung seines frommen Ehrgeizes verbunden; zum „Sultan", dem Inhaber islamischer Macht schlechthin, hatte er sich selber ernannt. Der Kalif folgte mit der Legitimierung des seldschukischen Usurpators dem, was al-Māwardī in seiner staatspolitischen Abhandlung empfahl. Aber es zeigte sich schon, daß dessen Hoffnung, ein Mindestmaß an Einfluß des „Fürsten der Gläubigen" auf die Usurpatoren sicherzustellen, unerfüllbar war. Die Betonung der Rolle, die dem Wesir al-Kundurī zugedacht wurde, macht das deutlich: Dieser trat gewissermaßen als oberster Schreiber neben den Sultan, den Herrn des Schwertes, der den Wesir wie ein „anvertrautes Gut" achten sollte. Indem Ṭoġrilbeg mit dem Schwert umgürtet wurde, empfing er die militärische Zuständigkeit des Imamats, und indem man al-Kundurī ein Stück des Prophetenmantels schenkte, übertrug man ihm die Aufgabe, für die Einhaltung der Scharia zu sorgen.[49] Beide Aspekte kalifischer Herrschaft sind damit von al-Qā'im de facto aufgegeben worden. Nicht mehr der Abbaside, der Nachkomme des Propheten, sondern andere Personen lenken von nun an die Geschicke des Reiches; der Kalif ist nicht einmal mehr der Wahrer der Scharia.[50] Im Einklang mit diesen neuen Gegebenheiten setzt Niẓām al-Mulk schon voraus, daß die sultanische Verwaltung sowohl die Rechtspflege als auch die Durchführung des Gottesdienstes überwacht.[51] Es ist einzusehen, daß die Großsultane sich nicht mehr gedrängt fühlten, gleich nach der Amtsübernahme nach Bagdad zu ziehen und sich vom Kalifen legitimieren zu lassen.

Im Laufe dieser eben skizzierten Entwicklung änderte sich die Auffassung vom Wesen islamischer Herrschaft von Grund auf. Es wurde nicht mehr in jener allumfassenden ,,Rechtleitung" gesucht, die der Prophet der Gemeinde der Gläubigen gewährleistete. Vielmehr gerieten die einzelnen Bereiche in den Blick, in welchen sich islamische Herrschaft in der Praxis verwirklicht und diese Bereiche wurden mit Schwert und Schreibrohr versinnbildlicht. Ähnlich wie sich die Aufgabe der Rechtswissenschaft auf die Bewertung vollzogener Handlungen und ihrer äußerlichen Merkmale verkürzt, verengt sich der ursprünglich sehr weite Begriff islamischer Staatlichkeit auf die bloßen Funktionen, die der Aufrechterhaltung von Gesetz und Ordnung dienen. Im reibungslosen Zusammenwirken von Schwert und Schreibrohr erkannte man nun das Ideal islamischer Machtausübung – die sich nach wie vor einheitlich über das gesamte Reich erstrecken sollte. Sobald man die Funktionen beider zu analysieren begann, löste man diese von der Person ihres Inhabers ab; nicht mehr die Abstammung verbürgte jetzt die ,,richtige" Ausübung der Funktionen. Die Folge hiervon war, daß eine schwer zu begrenzende Fülle von tatsächlichen politischen Verhältnissen als ein Zusammenspiel beider gedeutet werden konnte. Im übrigen hat es den Anschein, als setzten al-Rūḏrāwarī, al-Ǧuwainī und Ānūširwān b. Ḫālid stillschweigend voraus, daß das Schwert dem Schreibrohr untergeordnet sei: Die Kraft muß in Bahnen gelenkt werden.

Islamische Herrschaft ist das Zusammenwirken beider, das bestimmt wird vom Prinzip des ,,Befehlens des Guten und Verbietens des Tadelnswerten", zu dessen Durchsetzung beide als Werkzeug dienen. Der oberste Garant für die Beachtung dieses Prinzips ist der Imam. In einer Zeit aber, in der es keinen Imam – etwa in der Gestalt eines tüchtigen Kalifen – gibt, ist jeder gläubige Muslim zum ,,Befehlen des Guten" aufgefordert. Wer bemerkt, wie jemand anderem Unrecht geschieht, muß dem Bedrängten zu Hilfe eilen, wobei in Kauf genommen werden kann, daß, wenn es hart auf hart kommt, der Verbrecher mit seinem Leben büßen muß. Wenn schon der einzelne bei der Abwehr eines Angriffs auf seine Person oder einen Dritten so weit gehen darf, vielleicht muß, wie sehr ist dann jegliche Art von Abhilfe angebracht und erwünscht, wenn das Gemeinwesen in Gefahr gerät? Sollte dies einmal geschehen und wäre ein Mann da, dem alle notwendigen Machtmittel zur Abwehr des Unheils zur Verfügung stehen, der weise und überlegt seine Anordnungen zu treffen pflegt, dem Schwert und Schreibrohr dienen, dann darf sich dieser Mann nicht dem Ruf der Gläubigen verschließen. Dies gilt auch und gerade für den „Herrn des Zeitalters", den „Anführer der Epoche" erklärt al-Ǧuwainī.[52] Niẓām al-Mulk erfüllt in Wirklichkeit die Aufgaben eines Imams.[53] Das Imamat ist unter diesen Umständen keine Würde, die Gott einer durch verwandtschaftliche Nähe zum Propheten ausgezeichneten Familie anvertaut hat. Es entsteht vielmehr aus der reinen Notwendigkeit, den Islam zu verteidigen. Dies ist ein radikaler Bruch mit der bis dahin vorherrschenden Theorie des Imamats.

Fünfter Einschub: Der Prophet und das Imamat

„Wenn der Himmel sich spaltet! Wenn sich die Sterne zerstreuen! Wenn die Meere zum Abfließen gebracht werden! Wenn die Gräber durchwühlt werden! Dann weiß eine jede Seele, was sie getan und was sie gelassen hat!" (Sure 82,1–5) – „Am Tage, da die Menschen wie verstreute Motten sein werden! Und die Berge wie gerupfte Wollflocken! Wessen Waagschalen dann schwer wiegen, der wird ein angenehmes Leben haben. Wessen Waagschalen aber leicht wiegen, mit dem geht es in den Abgrund!" (Sure 101,4–9) Am Ende der Zeiten kehrt Gott das Unterste zu oberst, zerstört die Ordnung, die seit Beginn der Schöpfung gegolten hat und, einem zweiten Akt der Schöpfung gleich, holt er die Toten aus den Gräbern, erweckt sie zum Leben und hält über sie Gericht. Ganz allein treten sie vor ihn – niemand kann ihnen beistehen. Das ist die Szenerie des Jüngsten Tages in den frühesten Suren. „Es wird in die Posaune geblasen, und alle in den Himmeln und auf Erden sterben außer denen, von denen Gott es nicht will. Dann wird ein zweites Mal geblasen, und plötzlich stehen sie da und schauen. Und die Erde erstrahlt im Licht ihres Herrn. Das Buch wird niedergelegt. Man holt die Propheten und die Zeugen. Gerecht wird zwischen allen entschieden, sie werden nicht übervorteilt." (Sure 39,68 f.) – „Sprich: ‚Gott ruft euch ins Leben, dann läßt er euch sterben, dann versammelt er euch zum Tag der Auferstehung, an dem nicht zu zweifeln ist.' Freilich wissen die meisten Menschen nicht über ihn Bescheid ... Dann wirst du jede Gemeinschaft auf Knien liegen sehen. Jede Gemeinschaft wird zu ihrem Verzeichnis gerufen. ‚Heute wird euch vergolten, was ihr getan habt!'" (Sure 42,26 und

28) – „Am Tage, da wir alle Menschen mit ihrem Imam rufen! Denen dann ihr Verzeichnis in die Rechte gelegt wird, die werden es lesen, und sie werden nicht um ein Fädchen betrogen!" (Sure 17,71). Im mittel- und spätmekkanischen Abschnitt des Wirkens Muḥammads – der Prophet hat mittlerweile Anhänger gefunden – verheißen die Offenbarungen, daß die Menschen am Ende der Geschichte zu Gemeinschaften zusammengefaßt das Urteil Gottes abwarten. Der Prophet und Gründer einer jeden Gemeinschaft sowie andere Männer bezeugen, daß Gott sein Gesetz tatsächlich verkünden ließ, so daß die Angehörigen der Gruppe ihre Sünden nicht mit Unwissenheit entschuldigen können. In der 17. Sure wird in diesem Zusammenhang das Wort „Imam" gebraucht, dessen Deutung hier allerdings umstritten ist. Möglicherweise meint es nur das allgemeine Tatenverzeichnis der Gemeinschaft, vielleicht aber auch schon ihren Propheten als religiös-politischen Führer.[54]

„Gott übervorteilt (am Tag des Gerichts) nicht um das Gewicht eines Stäubchens. Liegt eine gute Tat vor, verdoppelt er (ihren Wert) und gibt seinerseits gewaltigen Lohn. Wie aber wird es sein, wenn wir aus jeder Gemeinschaft einen Zeugen bringen und dich als Zeugen gegen diese hier anführen? An jenem Tag möchten die, die ungläubig waren und sich dem Gesandten widersetzten, sich am liebsten in der Erde verkriechen. Sie können aber Gott gegenüber gar nichts verschweigen." (Sure 4,40–42) Diese Worte wurden in Medina offenbart. Muḥammad wird als der Gottesgesandte und Zeuge der Gemeinschaft der Muslime angesprochen – wären nur die Verstockten nicht aufsässig gegen ihn gewesen, sie müßten dann nicht in die Hölle! – Je mehr die Zahl der Gläubigen zugenommen hatte, desto weiter war die Heilsverantwortlichkeit des einzelnen abgemildert worden, desto stärker wurde der Heilsgewinn mit der Unterwerfung unter die religiös-politische Führerschaft des Propheten verknüpft.[55] Er gewährleistet die „Rechtleitung"; wer seinen Anweisungen, die göttliche Eingebungen sind, folgt, der handelt auf Erden richtig und wird am Jüngsten Tag gnädig beurteilt. In der „Rechtleitung" findet die Prophetenherrschaft ihre Begründung. „(Gott) ist es, der seinen Gesandten mit der Rechtleitung und der wahren Religion geschickt hat, um diese über jede andere Religion obsiegen zu lassen, selbst wenn dies den Heiden zuwider ist." (Sure 9,33) – „Diejenigen, die an das Verborgene glauben und von dem Lebensunterhalt, den wir ihnen geben, spenden und diejenigen, die an das glauben, was dir und was vor dir offenbart wurde und die das Jenseits für gewiß halten, die befinden sich in der Rechtleitung von seiten ihres Herrn. Sie sind die Glückseligen." (Sure 2,3–5).

Die sogenannte Gemeindeordnung von Medina, von Muḥammad zum größten Teil schon 624 niedergelegte Richtlinien für das Zusammenleben der mekkanischen Auswanderer mit den medinensischen Helfern, nennt „Gott und seinen Gesandten" als die höchste Entscheidungsinstanz, an die sich die Gläubigen wenden können. Auch in Suren aus jener Zeit trifft man häufig auf diese Formel: „Wer Gott und seinem Gesandten gehorcht, den wird Gott in Gärten bringen, durch die unten Bäche fließen ... Wer sich aber Gott und seinem Gesandten widersetzt, ... den bringt Gott in ein Feuer, und das auf ewig!" (Sure 4,43 f.) – „Euer Freund ist nur Gott – und sein Gesandter und alle die glauben, das heißt diejenigen, die, sich niederwerfend, das rituelle Gebet verrichten und die Läuterungsabgabe abführen. Wenn sich jemand Gott, seinen Gesandten und die Gläubigen zu Freunden nimmt – nun, die Partei Gottes ist die siegreiche!" (Sure 5,55 f.) – Umfassender kann ein Herrschaftsanspruch nicht sein, nicht in der Forderung nach Gehorsam gegenüber allen Anordnungen, die das Diesseits betreffen, nicht in den Folgen für das Jenseits, die in Aussicht gestellt werden.

Mit dem Tod Muḥammads im Jahre 632 begann ein Abschnitt der Geschichte, der von den Muslimen als die Epoche der „Vier Rechtgeleiteten Kalifen" bezeichnet wird und bis 661, bis zur Ermordung ʿAlīs, dauerte. In diesen knapp dreißig Jahren lenkten die ältesten mekkanischen Kampfgefährten Muḥammads die Geschicke der Gemeinde. Von außen betrachtet, war dies die Zeit der ersten glanzvollen Eroberungen. Im Innern aber führten die Widersprüche und Schwierigkeiten, die mit Muḥammads religiös-politischem Führertum verbunden gewesen waren, zu heftigen Spannungen, deren Folgen von großer Tragweite waren.

Die Botschaft, die der Prophet verkündet hatte, wandte sich an alle Menschen gleichermaßen und mißachtete die Rangunterschiede und Abgrenzungen, die eine Stammesgesellschaft gliedern. Dennoch fühlte sich Muḥammad als Quraišit, als einen Angehörigen jenes Stammes, der seit langem eine besondere religiös-politische Rolle innerhalb Arabiens beanspruchte, weil er das mekkanische Heiligtum verwaltete. Der Prophet gestaltete den heidnischen Kult zu einem neuen, dem islamischen, um und beließ damit den Quraiš ihre althergebrachte Funktion. Die schon im arabischen Heidentum nicht unbestrittene Behauptung, die Quraiš seien dank ihrer Fürsorge für den Götterkult zum Herrschen ausersehen, wurde auf diese Weise unter veränderten Voraussetzungen bekräftigt – und dies, obwohl doch nach der neuen Botschaft alle Menschen gleich geschaffen sind, gleiche Rechte und Pflichten haben. Es entwickelte sich nach Muḥammads Tod die Vorstellung von der Erwähltheit der Quraiš; ihr Vorrang sei von dem einen Gott gewollt – und folglich auch die Befehle, die die Kalifen aus diesem Stamm erteilten. So lautete grob skizziert die Herrschaftsideologie, von der sich das omaijadische Kalifat (660–750) leiten ließ. Unter ʿUṯmān b. ʿAffān (reg. 644–656), dem dritten der „Vier Rechtgeleiteten" Nachfolger des Propheten, waren die

Grundlagen für den Aufstieg dieser Dynastie gelegt worden. ʿUṯmān hatte jenem Zweig der Quraiš angehört, aus dem die Omaijaden hervorgingen, und während seiner Herrschaft hatte er seine engsten Verwandten stark begünstigt.

Schon seit den letzten Lebensjahren des Propheten hatte sich unter Muslimen, deren Stämme in vorislamischer Zeit den Quraiš feindlich gesonnen waren, Opposition gegen einen „quraišitischen" Islam geregt. ʿUṯmāns Handlungen verschärften den Widerstand. 656 fiel der Kalif einem Attentat zum Opfer. Unter seinem Verwandten Muʿāwija I. (gest. 680), der den Ruf nach Rache für ʿUṯmān erhob, sammelten sich die Kräfte, die die quraišitisch-vorislamische Tradition in islamischer Umdeutung unterstützten. Um ʿAlī b. abī Ṭālib, Muḥammads Vetter und Schwiegersohn, scharten sich hingegen alle, die die egalitären Elemente der prophetischen Botschaft verwirklicht sehen wollten. Daß ʿAlī mit diesen Gruppen paktierte, entbehrte nicht einer gewissen Ironie. Denn nach dem Tode Muḥammads hatte er zunächst Abū Bakr als dessen Nachfolger abgelehnt, weil dieser einem wenig angesehenen Zweig der Quraiš angehörte. ʿAlī selber, aus dem bedeutenden Geschlecht der Hāšim, hatte noch zu Lebzeiten des Propheten politische Ehen mit Töchtern mehrerer Anführer von Stämmen geschlossen, die mit den Quraiš verfeindet gewesen waren und an das islamische Gemeinwesen unter dem Quraišiten Muḥammad gebunden werden sollten. Eben jene Stämme rebellierten nun, dreißig Jahre später, gegen das „aristokratische Prinzip" der Politik ʿUṯmāns und wählten sich ausgerechnet den vornehmen Quraišiten ʿAlī zum Führer.[56]

Ein wenig Folgerichtigkeit liegt freilich doch in dieser Konstellation, denn jene Stämme behaupteten von sich, eine viel ältere Tradition der politischen Führung zu besitzen als die Quraiš, in ihren Augen Emporkömmlinge. Die Berufung auf die egalitären Elemente des Islams diente offenbar auch dazu, jene – vermeintlich oder tatsächlich – ältere Tradition gegen die neuartigen islamisch-quraišitischen Ansprüche zu schützen. ʿAlī unterlag Muʿāwija in einem mehrjährigen Bürgerkrieg und starb 661 eines gewaltsamen Todes. Seine Anhängerschaft, die Schia, war alles andere als geschlossen gewesen. Das war schon vor seinem Tod offenkundig geworden, noch während des Kampfes gegen Muʿāwija. Die Gruppierungen, die wirklich die Gleichheit der Gläubigen gemeint hatten, als sie mit ʿAlī in die Schlacht gezogen waren, hatten sich bald von ihm getrennt. Diese später unter dem Namen Charidschiten zusammengefaßten Gemeinschaften verfolgten ihn und die Schiiten fortan mit abgrundtiefem Haß. ʿAlī habe, als er sich mit seiner Gegenpartei zu Unterhandlungen verstanden habe, seine Befugnisse überschritten; denn allein Gott hätte den Streit zwischen ihm und Muʿāwija entscheiden sollen. Die Charidschiten betonten die egalitären Züge des Islams stärker, als es die Schiiten zu tun pflegten, und sie neigten zu anarchistischem Verhalten. Nicht eine Person, sei sie nun Quraišit oder nicht, könne nach dem Tod des Propheten Träger und Sachwalter der „Rechtleitung" der Gläubigen sein, sondern einzig und allein der Koran, das Wort Gottes, erfülle diese Aufgaben.

Ganz anders die Schia, die in ʿAlī – und hernach in Vertretern verschiedener Zweige seiner Nachkommenschaft – ihre „Imame" sahen. In der frühesten Schia, wohl noch zu ʿAlīs Lebzeiten, taucht dieses Wort zum ersten Mal im Sinne von „religiös-politischer Führer und Garant der Rechtleitung" auf. Nach dem Tode des Propheten herrsche nun der Imam über die Gläubigen; denn er kenne, so wird man im 8. Jahrhundert sagen, dank seiner verwandtschaftlichen Nähe zu Muḥammad die richtige Deutung des Korans. Wer die Anwartschaft auf das Heil im Jenseits erwerben will, der flüchte sich unter die unanfechtbare Autorität eines solchen Imams. Bemerkenswert ist, daß diese und ähnliche Argumente in der vielgliedrigen schiitischen Bewegung mit stark chiliastisch geprägtem Gedankengut angereichert werden: Der Gläubige, der sich in dieser Zeit der Unterdrückung – durch die Omaijaden – zum Imam bekehrt und mit der Waffe in der Hand für dessen Triumph streitet, der ficht einen Endzeitkampf. Denn wenn erst der Imam die Herrschaft errungen haben wird, dann wird das Böse, das wider die göttliche Ordnung Gerichtete, endgültig bezwungen sein, und der Imam wird „die Erde mit Gerechtigkeit füllen, wie sie jetzt mit Unrecht angefüllt ist".[57]

Zuletzt, um 700, traten die Sunniten auf den Plan und boten ihr Konzept der „Rechtleitung" an. Erinnern wir uns, daß man um diese Zeit nach Überlieferungen vom normsetzenden Handeln des Propheten zu suchen begann.[58] Nicht ein Imam im schiitischen Sinn verkörpert den Fortbestand der prophetischen Rechtleitung. Muḥammad ist „das Siegel der Propheten" gewesen, und die schiitische Lehre von der Heilswichtigkeit eines Imams schien hiergegen zu verstoßen. Allein die Aussagen und Handlungen Muḥammads, von denen seine Gefährten berichten, verschaffen zusammen mit dem Koran den Muslimen einen festen Grund für den Glauben, für die Riten und das richtige Verhalten. Das chiliastische Element wird im Sunnitentum stark in den Hintergrund gedrängt; es kommt auf die Meisterung des gewöhnlichen Alltags an – irgendwann wird Gott der Geschichte ein Ende setzen, aber das ist hier und heute noch nicht entscheidend.

Der omaijadischen Herrschaftsideologie standen somit drei Möglichkeiten zur Fortsetzung prophetischer Machtausübung in nachprophetischer Zeit gegenüber, die den Anspruch erhoben, dem islamischen Gemeinwesen jene Rechtleitung zu gewähren, die es unter Muḥammad genossen hatte. Die schiitische Konzeption, die die regellose Kraftentfaltung der Charidschiten mied und dennoch wegen ihrer chiliastischen

Züge eine leidenschaftliche Opferbereitschaft zu wecken vermochte, wie sie den Sunniten fehlte, erwies sich in der ersten Hälfte des 8. Jahrhunderts als die erfolgreichste. Eine breite schiitisch geprägte Oppositionsbewegung stürzte die Omaijaden und brachte die Abbasiden an die Macht.[59] Die Herrschernamen der ersten drei Kalifen aus dieser Dynastie, as-Saffāḥ (reg. 750–754), al-Manṣūr (reg. 754–775) und al-Mahdī (reg. 775–785), zeigen noch deutlich den chiliastischen Anspruch: „as-Saffāḥ" ist „der, der mit vollen Händen das Geld unter die Gläubigen streuen wird", um aller Not ein Ende zu bereiten; „al-Mansūr" ist der „siegreiche" Endzeitherrscher; „al-Mahdī" der „Rechtgeleitete", dessen Ankunft vor dem Jüngsten Tag auch in der sunnitischen Überlieferung geweissagt wird.

Ein halbes Jahrhundert später versuchte al-Ma'mūn (reg. 813–833), das chiliastische Gedankengut, durch die Wirklichkeit längst kompromittiert, derart umzugestalten, daß es als Ideologie für eine dem Kalifen ergebene Machtelite taugen konnte. Der Kalif ist nach al-Ma'mūns Lehre der „Imam der Rechtleitung", der die Menschen zur richtigen Gotteserkenntnis führt und zur Beachtung des göttlichen Gesetzes anhält. Der Schöpfer selber habe als Erben und Nachfolger des Propheten die Linie des ʿAbbās erwählt, eine Behauptung, die man mit Sure 42,23 zu begründen pflegte. Dort ist freilich nur allgemein davon die Rede, daß der Prophet von seinen Anhängern als Lohn für die Überbringung der Botschaft eine Zuneigung erwarte, wie sie unter Verwandten üblich sei. „Zuneigung, wie sie die Gläubigen denen schulden, die zur engen Verwandtschaft Muḥammads zählen", lautete die eigenwillige Deutung dieser Worte in der schiitischen Propaganda der späten Omaijadenzeit. An diese Auslegung knüpft al-Ma'mūn an. Nur dank des ererbten Vorrangs könne der „Imam der Rechtleitung" die allgemeine Anerkennung der Gläubigen finden; hätten diese die Aufgabe, jemanden ihresgleichen zu diesem Amt zu bestimmen, gäbe es endlosen Streit. Deshalb stelle die Erwählung der Abbasiden durch Gott einen Akt der Gnade dar. „So sollten ... die Verwandten und die, die dem Ruf des Propheten antworteten, beschützt, so sollten der Vorrang (der Prophetenfamilie) und der unmittelbare Zugang (zu Gott) vollendet werden; beides hatte Gott (seinem Gesandten) zugestanden."[60]

Der „Imam der Rechtleitung" hat, wenn auch auf dem Umweg über seine Verwandtschaft mit dem Propheten und folglich nur in geringem Maß, Anteil an der göttlichen Inspiriertheit. Kraft seiner höheren Einsicht überwacht und lenkt der Imam eine Entwicklung, an deren Ende ein religiös und politisch geeintes allumfassends Gemeinwesen der Gläubigen verwirklicht sein soll. Al-Ma'mūn hoffte, daß mit rationalen Argumenten ausgefochtene Streitgespräche, bei denen er sich die Rolle des Schiedsrichters vorbehielt, zu einem wahren, einheitlichen, von jedermann anerkannten Glauben führen und damit alle Ursachen für Zwist und Aufruhr beheben würden.[61] Die Idee des ,,Imamats der Rechtleitung" ist eng mit dem Aufblühen der Muʿtazila verknüpft. Das Rechtswesen lag vorwiegend in Händen von Schülern Abū Ḥanīfas; einige von ihnen sprachen sich, wie bezeugt ist, klar für die theologischen Ansichten der Muʿtazila aus.[62]

Dagegen waren die Bemühungen einiger Vorgänger al-Ma'mūns, auch Vertreter der im Entstehen begriffenen Überlieferungswissenschaft an den Hof zu binden, fehlgeschlagen. Al-Ma'mūn erblicke schließlich in Männern wie Aḥmad b. Ḥanbal die erklärten Feinde seiner Politik. Denn sie hielten den Anspruch des ,,Imams der Rechtleitung", im Besitz eines höheren Wissens zu sein, für frevelhaft und lehnten ferner den theologischen Rationalismus in Bausch und Bogen ab – eben jenes Instrument, mit dem der Kalif Einheit und Frieden schaffen wollte. Eine Inquisition sollte den Widerstand der Sunniten brechen; sie erwies sich aber als erfolglos und wurde unter al-Mutawakkil (reg. 847–861) aufgehoben. Die Sunniten schienen jetzt das Kalifat in die Hand zu bekommen. Bis zum Beginn der Bujidenzeit verzeichnen die Quellen trotzdem den einen oder anderen Versuch, die Ideen al-Ma'mūns wiederzubeleben; aber sowohl die politische Machtlosigkeit der Abbasiden als auch die Tatsache, daß die rationalistische Theologie der Muʿtazila an Überzeugungskraft eingebüßt hatte und ihr im Aschʿaritentum ein ebenbürtiger Gegner entstanden war, verurteilten solche Versuche zum Scheitern. Seit al-Qādir (reg. 991–1031) waren die Abbasiden eindeutig sunnitisch gesonnen.[63]

Der Schafiit al-Māwardī (gest. 1058), von al-Qā'im wiederholt mit Gesandtschaften betraut, schuf die erste sunnitische Imamatstheorie. Daß der Kalif und Imam aus dem Stamm der Qurais kommen müsse, war für al-Māwardī unbezweifelbar. Aber die Herkunft bedeutete für ihn nur noch einen im Sinne der Scharia rechtmäßigen Erbanspruch. Das Imamat war nun jedem anderen Gut vergleichbar, das nach den Regeln des göttlichen Gesetzes von Geschlecht zu Geschlecht weitergereicht wird. Die Zugehörigkeit zu den Qurais hat keine für die Ausübung des Amtes wesentliche Funktion mehr; sie garantiert kein höheres Wissen, keine übermenschliche Einsicht. ,,Gott hat für seine Gemeinde einen Führer bestellt, durch den er das Prophetenamt fortsetzen läßt, die (muslimische) Glaubensgemeinschaft behütet und dem er die Lenkung (der praktischen Regierungsgeschäfte) anvertraut, damit die Maßnahmen auf der Grundlage der von Gott gestifteten Ordnung getroffen würden und das (herrscherliche) Wort sich in Entschlüssen niederschlage, denen man folgt." Die Ordnung des islamischen Gemeinwesens muß nicht mehr durch Erörterungen von Gelehrten – überwacht und beurteilt vom ,,Imam der Rechtleitung" – geklärt werden; sie ist bereits vorhanden, in der sicher verbürgten, auf der Überlieferung vom normsetzenden Reden und Handeln des Propheten beruhenden Scharia. Das Imamat trägt von jetzt an rein bewahrende Züge; es auszuüben heißt, die zuverlässig bezeugten herrscherlichen Maßnahmen des Propheten immer aufs neue zu ergreifen. Dies ist alles andere als ein Aufbruch zu einem Endzeitkampf.

Al-Māwardī gliederte die Pflichten des Imams in zehn Rubriken. 1. Der Imam soll die Glaubensordnung, wie sie der Consensus der Altvorderen geheiligt hat, gegen Neuerer und Abweichler verteidigen. 2. Er muß Rechtssicherheit auf der Grundlage der Scharia schaffen. 3. Er muß für die Aufrechterhaltung der öffentlichen Ordnung sorgen. 4. Er muß die koranischen Strafen verhängen, mit denen Verbrechen wider die Souveränität Gottes geahndet werden.[64] 5. Die Grenzen zum Gebiet der Ungläubigen müssen gesichert werden, und 6. ist der Heilige Krieg zur Ausweitung des islamischen Reiches zu fördern. 7. Die im Koran festgelegten Abgaben müssen ordnungsgemäß eingezogen und 8. der Scharia entsprechend verwendet werden. 9. Die Verwaltung soll fähigen Männern übertragen werden, der Imam selber behalte sich aber 10. eine strenge Beaufsichtigung aller Regierungsgeschäfte vor.[65] – Mit diesem Aufgabenkatalog ist für al-Māwardī das Wesen des Imamats hinreichend verdeutlicht: Es besteht im konkreten alltäglichen herrscherlichen Handeln, für das der Prophet ein umfassendes und immer gültiges Vorbild setzte.

2. Das Imamat des Tauglichen

„Man erzählt, daß der Sultan[66] Maḥmūd einmal mit seinen Vertrauten und Zechgenossen die ganze Nacht hindurch pokuliert und danach noch den Morgentrunk genommen hatte. ʿAlī Nūštegin und Muḥammad al-ʿArabī, die Befehlshaber seines Heeres waren, hatten diesem Gelage beigewohnt und ebenfalls die Nacht hindurch gezecht. Als der Vormittag anbrach, war ʿAlī Nūštegin berauscht; die Strapazen der durchwachten Nacht und der im Übermaß genossene Alkohol zeigten ihre Wirkung. ʿAlī bat den Sultan, ihn nach Hause zu entlassen. Der wandte ein: ‚Es ist nicht richtig, am hellichten Tag im betrunkenen Zustand aufzubrechen. Ruh dich hier ein bißchen aus, dann kannst du gegen Abend gehen! Denn wenn der Vogt dich so auf dem Basar erblickt, nimmt er dich fest und verpaßt dir die koranische Srafe![67] Dein Ansehen ist dann dahin, und ich werde bekümmert sein!‘ Nun war ʿAlī Nūštegin (dem Range nach) Befehlshaber von 50 000 Berittenen, und man hatte ihn schon gegen eine ganze Tausendschaft eingesetzt. Es war ihm daher unvorstellbar, daß der Marktvogt an so etwas auch nur zu denken wagte. ‚Ich gehe in jedem Fall!‘ beharrte er, worauf Maḥmūd versetzte: ‚Jetzt willst du meinen Rat nicht hören! Dann geh eben!‘ ʿAlī Nūštegin saß auf und machte sich mit seinem großen Gefolge auf den Heimweg. Zufällig lief ihm auf der Basarstraße der Marktvogt über den Weg und weil dieser den Befehlshaber dermaßen betrunken fand, ordnete er an, ihn vom Pferd zu heben. Auch der Vogt selber saß ab, und unverzüglich streckten sie ʿAlī Nūštegin lang auf den Boden hin, und der Marktvogt verabreichte ihm mit eigener Hand vierzig Peitschenhiebe. Soldaten und Diener ʿAlī Nūštegins riefen um Hilfe, aber niemand hatte den Mut, auch nur ein Wort für ihn einzulegen. Dieser Vogt war aber nichts weiter als ein bescheidener türkischer Sklave. Als er ʿAlī Nūštegin bestraft hatte, trug man diesen nach Hause, der unterwegs immer wieder stöhnte: ‚Jedem, der dem Sultan ungehorsam ist, gehe es wie mir!' Als er sich am nächsten Tag beim Sultan einfand, fragte dieser: ‚Wie ist es dir ergangen? Bist du dem Vogt entwischt?' ʿAlī entblößte den Rücken und zeigte Maḥmūd die vielen Wunden. Maḥmūd lachte: ‚Nun gelobe, daß du nie wieder betrunken auf den Markt gehst und nie wieder das Haus verläßt, in dem du gezecht hast!'"

Sollen wir uns über Maḥmūds doppelte Moral entrüsten? In der Öffentlichkeit sieht er auf strenge Einhaltung der Scharia; er selber aber und der Kreis seiner Freunde dürfen sie aufs frivolste verletzen? – Es ist Niẓām al-Mulk, der uns diese Anekdote in seinem „Buch der Staatslenkung" erzählt, in dem er, vielleicht auf Befehl Malikšāhs, die Pflichten des Sultans und die Prinzipien islamischer Herrschaft unter praktischen Gesichtspunkten abhandelt. Und Maḥmūd von Ghazni, auf den er des öfteren zu sprechen kommt, ist für ihn alles andere als ein schlechtes Beispiel. Im Gegenteil! „Da man die Ordnung der Herrschaft und das Fundament der Machtausübung gut und fest gegründet hatte, wurden Islam[68] und Gerechtigkeit in solcher Weise hochgehalten und verwirklicht!"[69] bemerkt Niẓām al-Mulk zum geschilderten Vorfall.

Islamisches Herrschertum erfüllt sich, wie wir schon bei al-Māwardī beobachten konnten, in der Wahrnehmung einer Anzahl von klar umrissenen Aufgaben. Diese sind das Wesentliche, nicht mehr die Person, die die Verantwortung trägt und dafür sorgt, daß die notwendigen Schritte getan werden. Das Amt und sein Inhaber werden als zwei unterschiedliche Gegebenheiten voneinander getrennt. Dies konnte beim Propheten noch nicht der Fall sein; denn seine Anordnungen waren auf göttliche Eingebung zurückzuführen, und die wurde nur ihm zuteil. Auch das „Imamat der Rechtleitung" war an eine bestimmte Person gebunden: den Kalifen aus der Prophetenfamilie. Nur er verfügte über jenes Maß an übermenschlicher Einsicht, die den gläubigen Untertanen die Erlangung der Heilsgewißheit verbürgte. Sobald aber, wie im Sunnitentum, der Heilsanspruch des einzelnen schon durch die bloße Zugehörigkeit zur „einträchtigen Gemeinschaft"[70] gesichert ist, verliert die Frage an Gewicht, wer die Herrschaft über die Gläubigen ausübt. Dem in der Sunna vorliegenden Muster alles herrscherlichen Handelns kann im Prinzip jeder Genüge tun.

Es läßt sich, sobald man diese Folgerung aus einer im Sunnitentum wurzelnden Herrschaftsideologie gezogen hat, ohne weiteres darüber streiten, ob ein bestimmter Machthaber seine Aufgaben gut oder mangelhaft löst. Es können sogar außerislamische Vorbilder Beachtung finden, was vorher kaum vorstellbar war. Denn gegenüber dem Herrschertum des Propheten oder dem ,,Imamat der Rechtleitung" mußte alles, was man sich von Alexander oder Ḫosrau Ānūširwān erzählte, schon dem Prinzip nach unerheblich sein. Nun aber kann sich der Blick weiten; man kann fragen: ,,Wie haben denn jene Großen einer nichtislamischen Vergangenheit Schwierigkeiten gemeistert?" Die Scharia bleibt zweifellos das Kernstück des herrscherlichen Wissens, die Grundlage islamischer Staatskunst. Aber diese Kunst ist nicht mehr Anleitung zum Heilsgewinn, sondern die Umsetzung einer Summe von Kenntnissen in die Praxis, und über ein Wissen um die praktische Handhabung der Macht verfügten auch Alexander oder die Sasaniden. Insofern werden sie den Sultanen vergbleichbar. Deren Ahnenreihe wird über Muḥammad hinaus in die Vergangenheit verlängert, und Berichte über den Makedonier und den alten Iran werden in die sich rasch entfaltende islamische Fürstenspiegelliteratur aufgenommen.[71] So kann Niẓām al-Mulk, dem Sultan einen vertrauten Umgang mit den Gelehrten anratend, betonen: ,,Wenn in einem Sultan, dem ja der göttliche Glanz[72] eignet und die Herrschaft, sich das Wissen mit dieser vereinigt, gewinnt er das Glück beider Welten. Denn er tut nichts ohne Wissen, gibt nie der Torheit sein Einverständnis. Darum schau, wie groß in dieser Welt der Ruhm jener weisen Herrscher ist und welch gewaltige Taten sie vollbrachten! Bis zum Tag der Auferstehung wird man sie preisen: Āfrīdūn,[73] Alexander, Ardašēr,[74] Darius, den Fürsten der Gläubigen ʿUmar und den Fürsten der Gläubigen ʿAlī – Gott habe an beiden Wohlgefallen! – und ʿUmar b. ʿAbdal-ʿAzīz, Hārūn ar-Rašīd, al-Muʿtaṣim, den Samaniden Ismāʿīl b. Aḥmad, (den Ghaznawiden) Maḥmūd b. Sebuktegin – Gott erbarme sich ihrer aller! Ihrer aller Taten sind zugänglich, niedergelegt in Chroniken und Büchern. Man liest sie und preist jene Herrscher!"[75] – Wie weit sind wir hier von al-Ma'mūns Kalifatsidee entfernt! Für ihn konnte der Erwerb von Nachruhm – ,,bis zum Tag der Auferstehung" – nicht der wichtigste Beweggrund des Handelns sein, denn er wollte die Untertanen zum Heil im Jenseits führen. Für den Sultan, den neuen Typus des islamischen Herrschers, ist dagegen der Ruhm das einzige, das seinem Dasein, dessen Flüchtigkeit ihm so entsetzlich erscheint, einen Sinn verleiht.[76]

Schon für al-Māwardī, in dessen Überlegungen sich die Verengung des Imamats auf eine Wahrnehmung bestimmter Funktionen ankündigt, ist die Abstammung von den Quraiš nur noch eine von sieben Bedingungen, die ein Kandidat für das höchste islamische Amt erfüllen muß; und al-Māwardī unterscheidet genau zwischen dieser, die auf der Tradition beruht, und den übrigen sechs, die allesamt die Tauglichkeit des Kalifen zur Führung seiner Herrschaft gewährleisten sollen: Er muß unbescholten, kühn im Kampf, im Vollbesitz seiner geistigen und körperlichen Kräfte sein, muß über politische Klugheit und ein Wissen verfügen, das ihn zu eigenständigen Einsichten befähigt. Die quraišitische Abstammung werde allein deswegen gefordert, weil ein diesbezüglicher „eindeutiger Text"[77] vorliege und ein entsprechender Consensus zustandegekommen sei.[78]

Al-Ǧuwainī geht einen Schritt weiter und löst den Zusammenhang zwischen Amt und Person gänzlich auf: Der Überlieferung, auf die sich noch al-Māwardī berief, gebühre gar nicht jener höchste Grad an Autorität; es sei ein Irrtum, wenn man als gewiß annehme, der Prophet habe das Wort gesprochen: „Die Imame sollen den Quraiš angehören." Denn dieser Satz sei keineswegs von sehr vielen bezeugt worden, sondern nur von einigen Tradenten.

Zwingend ist jene Voraussetzung also nicht. Freilich haben in der Vergangenheit nur Mitglieder des verzweigten Clans der Quraiš nach dem Imamat gestrebt, und selbst jene Fatimiden in Kairo, ruchlos wie sie sind, haben sich einen quraišitischen Stammbaum erlogen.[79] Weshalb also, fragt sich al-Ǧuwainī, beobachten wir in der Geschichte diese Verknüpfung von Imamat und quraišitischer Herkunft, obwohl doch nicht mit Gewißheit behauptet werden kann, so habe Muḥammads Wille gelautet? In der Antwort, die al-Ǧuwainī findet, zeigt sich der weite Abstand zum Denken al-Māwardīs. „Mit dem Verstande erfassen wir nicht, warum das Imamat ... eine (bestimmte) Herkunft zur Voraussetzung hat. Aber Gott hat dieses erhabene Amt ... mit der Familie des Propheten ausgezeichnet – ein Akt der Gnade, den er schenkt, wem er will!"[80] Man lese genau: Nicht die Quraiš werden durch das Imamat ausgezeichnet, sondern umgekehrt die Würde des Imamats wurde dadurch hervorgehoben, daß es die Quraiš wahrnahmen. Das Amt steht über der Person seiner Inhaber, und es wird, wenn diese höchstes, in Muḥammads Prophetentum begründetes Ansehen genießen, um so wirkungsvoller zu verwalten sein. Nicht aus dem bloßen Herkommen wäre das Quraišitentum des Imams zu verlangen, sondern als eine günstige zusätzliche Qualität, die, zumindest in der Vergangenheit, die Amtsführung erleichtert hat.[81] – In einer Zeit der Not, wenn außergewöhnliche Umstände dies erzwingen, kann auch ein Mann wie Niẓām al-Mulk als Imam in Betracht kommen![82]

In al-Ǧuwainīs Theorie wird das Imamat allein unter dem Blickwinkel der Funktionen betrachtet, die es zu erfüllen hat. Dies folgt schon aus dem, was wir gerade hörten. Die Bestimmungen der Scharia, so steht es in der ,,Hilfe der Völker", sind von zweierlei Art: solche, die die Grundlage für die Verordnungen der Herrscher – der Imame und Emire – bilden und solche, die alle ,,Belasteten" betreffen. Diese Unterscheidung hat nichts mit der an anderer Stelle getroffenen Einteilung der Aussagen der Scharia in fünf Kategorien zu tun. Dort ging es um die Schaffung einer Methode, mit deren Hilfe die unerschöpfliche Fülle der Wirklichkeit zur begrenzten Zahl der Bestimmungen des Rechts in Beziehung gesetzt werden konnte.[83] Hier aber soll verdeutlicht werden, daß einem Teil des Gesetzes nur Genüge geschieht, wenn es einen Herrscher gibt, der die notwendigen Anweisungen erteilt.

Nicht auf Grund rationaler Erwägungen gelangen die Gläubigen zur Überzeugung, daß die Berufung eines Imams unerläßlich sei; sondern aus dem Vorhandensein der Scharia sowie aus ihren Bestimmungen über das Imamat folgt die Pflicht der islamischen Gemeinschaft, einen Anführer zu bestellen und ihm zu gehorchen. Anderenfalls griffe Anarchie um sich, das Gemeinwesen zerbräche. Gott hat es nun einmal so eingerichtet, daß die Menschen weit mehr durch die Herrschermacht – oder den Sultan[84] – gezügelt werden als durch den Koran.[85] Erinnern wir uns, daß die Schafiiten dem Menschen die Möglichkeit absprechen, mit Hilfe seines Verstandes Gesetze zu schaffen. Nur die Metaphysik ist laut al-Ǧuwainī mit dem Verstand zu begründen; in den Fragen der Ordnung des Diesseits sind wir auf die Offenbarungen angewiesen, die die Propheten überbracht haben. Denn niemand dürfe voraussetzen, daß Gott stets das Wohl der Geschöpfe im Auge habe und deshalb eine vom Menschen als zwingend notwendig, weil vorteilhaft erachtete Überwindung des Kampfes aller gegen alle der Absicht des Schöpfers entsprechen müsse. So nämlich hatte die muʿtazilitische Lehre gelautet, und die hatte man verworfen. Denn sie erkannte dem Menschen die Gabe zu, zur Mehrung seines Nutzens und zur Abwendung von Schaden Gesetze zu erlassen. – Was aber dem Menschen zum Vorteil gereicht, mag Gott gleichgültig sein oder ihm gar schaden. Gottes Nutzen mit dem der Geschöpfe gleichzusetzen, heißt, die Unerforschlichkeit seines Ratschlusses zu mißachten.[86]

Das Imamat also ist die Institution, die zwangsläufig aus der Tatsache folgt, daß Gott die Menschen mit der Scharia begnadet hat. Diese Erkenntnis ist die Voraussetzung für die Beilegung des Streites, der die islamische Gemeinschaft seit dem Tod Muḥammads erschüttert, nämlich wer ihr Imam sein solle. Das jedenfalls hofft al-Ǧuwainī zuversichtlich und schilt alle, die vor ihm über dieses Thema geschrieben haben, nicht zuletzt die Autoren ,,dieser geistesschwachen Zeit, die sich mit dem

Einteilen" des überlieferten Stoffes in Kapitel begnügen – ein Seitenhieb auch auf al-Māwardī.[87] Alle jene hätten letzten Endes einen völlig falschen Gegenstand erörtert, als sie sich wegen der Frage überworfen hätten, wem der Prophet kraft eines eindeutigen Textes das Imamat zugesprochen habe – dem ʿAlī, dem Abū Bakr oder gar der Nachkommenschaft des ʿAbbās. Ein entsetzliches Mißverständnis ist dies alles, meint al-Ǧuwainī, denn einen solchen Text habe es nie gegeben! Vielmehr lasse sich zeigen, daß die Prophetengefährten die Möglichkeit der freien Wahl des Imams besaßen und von ihr auch Gebrauch machten. Der Beleg hierfür sei der Consensus der Gefährten in dieser Sache. Ein solcher wird, wie wir schon wissen, zu einer Quelle des Rechts, sobald Koran und Sunna zu einem Problem keine eindeutige Aussage treffen. Dem Consensus an sich wohnt keine Beweiskraft inne;[88] er ist das Anzeichen dafür, daß eine – nicht ausdrücklich formulierte – Überzeugung Allgemeingut ist und die vielen Gelehrten, die über die islamische Welt verstreut sind und sich deshalb nicht miteinander verschworen haben können, zu einer übereinstimmenden Ansicht veranlaßt. „Der Consensus deutet auf ein beweiskräftiges Argument hin, das schon vor der Übereinstimmung vorhanden war."[89]

Nun hat al-Ǧuwainī, bevor er zu diesem Schluß gelangte, dargelegt, daß ein Consensus niemals der durch die Religion und das Herrschertum der Gemeinschaft aufgebürdeten Ordnung widerspricht; er ist vielmehr die alleinige Anerkennung einer der Lösungen, die für ein bestimmtes Problem im Rahmen jener Ordnung denkbar sind.[90] Im Consensus der Gelehrten darf man augenscheinlich den einzigen Weg erblicken, auf dem sich das in sich gefestigte religiös-politische Gefüge weiterentwikkeln könnte; hierbei ist schon per definitionem ausgeschlossen, daß die Neuerung eine Erweiterung der Möglichkeiten und Vermehrung der Standpunke zeitigt – und damit die so gefürchtete Ungewißheit. Der Consensus läuft im Gegenteil auf eine Verengung hinaus. Auf die Frage nach der Entstehung des Imamats angewandt, dient dieses Prinzip in der Tat einer Schlichtung des hemmungslosen Parteiengezänks. Al-Ǧuwainī schreibt: Noch ehe die Gefährten Muḥammads Abū Bakr, dem ersten Imam huldigten, galt es ihnen als unbestritten, daß die Gemeinde nur unter einem Anführer gedeihen werde. – Herrschaft an sich ist eben kein dem Islam eigentümliches Phänomen; es gab sie schon vorher. – „Es ist der Brauch, den Herrschenden zu folgen, seien sie im Recht oder im Unrecht. Wenn nun die Herrschaft im rechten Lot ist..., dann mag es sein, daß sie die Untertanen zum Gehorsam zwingt; allesamt fügen sie sich freiwillig oder unter Gewalt und halten es auf keine Art für möglich, sich der Botmäßigkeit zu entziehen. Als aber der erlauchte (Prophet) starb, gab es keinen kühnen, bezwingenden ... Nachfolger. Muḥammad ließ Leute mit stolzen Seelen und edlem, über alle Niedrigkeit und

Unterwürfigkeit erhabenem Sinn ... zurück. Sie hatten selber zu wählen, was sie tun und lassen wollten, und so griffen sie in dieser ihrer wichtigsten und bedeutesamsten Angelegenheit ... (den Brauch) der Huldigung auf. Nicht hierüber waren sie uneins; sie zögerten nur bei der Bestimmung desjenigen, den sie sich wählen wollten." Die Gefährten des verstorbenen Propheten benötigten, weil sie sich an einen überkommenen Brauch hielten, keinen äußeren Druck; erst nach der Wahl, nach der Errichtung des Imamats, ist die Pflicht zum Gehorsam entstanden.[91] Da es die Scharia gibt und da sie mittelbar das Imamat vorschreibt, ist dieses eine notwendige Einrichtung. Es wird aber nicht durch eine Verfügung des Propheten begründet, sondern durch die Wahl, die die Gefährten in übereinstimmendem Willen vollziehen, einem allgemein anerkannten Brauch folgend. Al-Ǧuwainīs Consensus-Theorie unterwirft das Imamat den praktischen Bedürfnissen der Gemeinde und entreißt es den religiös-ideologischen Querelen, die den Muslimen schon so viel Ungemach bereitet haben.

In der politischen Wirklichkeit beanspruchte seit al-Mahdī (reg. 775–785) der Kalif das Recht, den Thronfolger zu bennnen.[92] Seitdem sich die Söldnerführer zu Herren des Hofes aufgeschwungen hatten, bestimmten diese, wer „Fürst der Gläubigen" sein sollte, und die „Leute des Bindens und Lösens," z. B. Richter und Notare, bestätigten mit ihrer Unterschrift Einsetzung oder Amtsenthebung. Die traurige Geschichte vom Ende des Kalifen al-Qāhir vermittelte uns einen Einblick in dieses Verfahren.[93] Die Frage, die die Rechtsgelehrten vor al-Ǧuwainī beschäftigte, lautete: „Wieviele ‚Leute des Bindens und Lösens' müssen zustimmen?" Vielleicht zwei; oder vier, wie sie für die Überführung eines Übeltäters vorgeschrieben sind, der die „Grenzen Gottes" verletzt hat; oder gar vierzig, die Zahl derer, die nach aš-Šāfiʿī an einem Freitagsgottesdienst teilnehmen müssen, wenn er gültig sein soll? Oder sollte man, wie al-Ašʿarī gelehrt hatte, die Berufung in das Imamat als einen gewöhnlichen Vertrag betrachten, der zwischen zweien geschlossen wird – so daß nur ein einziger dem Imam zu huldigen brauchte? Die Ratlosigkeit zeigt, daß die Scharia in dieser lebenswichtigen Frage die Gläubigen im Stich läßt. Al-Ǧuwainī trägt alle diese Meinungen[94] vor und verwirft sie dann als müßige Spekulationen.[95]

Das Imamat ist ja keine dem alltäglichen Leben entrückte rein ideelle Gegebenheit; es ist vielmehr die bedeutendste Institution der islamischen Gemeinschaft, der Inbegriff der verwirklichten Scharia. So wie es einst, nach dem Tode des Propheten durch die Zustimmung seiner Gefährten zur Wahl Abū Bakrs ins Leben gerufen wurde und seinem Inhaber tatsächliche Macht verlieh, so muß es auch jetzt der eine Kristallisationspunkt tatsächlich ausgeübten islamischen Herrschertums sein. „Ich halte dafür, daß bei der (Gültigkeit) der Huldigung zu erwägen ist, ob eine so große Anzahl von Anhängern, Helfern und Parteigängern vorhanden ist, daß mit deren Hilfe überlegene Macht und bezwingende Stärke zustandekommen, so daß, sollte der Widerstand aufflammen, unwahrscheinlich wäre, daß die Anhänger des Imams vernichtet würden. Wenn also die Huldigung abgesichert ist, gefestigt durch Macht, durch Menschen und Material, gestützt und gestärkt durch Kraft, unangreifbar geworden dank der Mittel zur Überwältigung und zur Unterwerfung, dann erst gilt das Imamat und ist beständig, dann erst ist die Machtausübung sicher und von Dauer."[96] Auch das von Ibn al-Bāqillānī aufgeworfene Problem, ob die Huldigenden über die Befähigung zur selbständigen Entscheidungsfindung in Rechtsfragen verfügen müssen, erachtet al-Ǧuwainī für belanglos. Die einzige Bedingung, „die ich an den Huldiger stelle, ist, daß er zu denjenigen zählt, deren Treueid (dem Imam) Stärke und Fähigkeit zur Selbstbehauptung zuführt."[97]

Wie für die Gültigkeit der Huldigung der Zuwachs der Machtfülle des Imams der entscheidende Gesichtspunkt ist, so ist vom Imam selber zu fordern, daß er in jeder Hinsicht tauglich für die Ausübung seines Amtes sei. Eine vornehme Abstammung wurde von al-Ǧuwainī nur deshalb empfohlen, weil sie die Untertanen leichter zum Gehorsam bewegt; gegen einen Herrscher, der aus der Hefe des Volkes aufgestiegen ist, ist eher Widerstand zu befürchten. Im eigentlichen Sinn ist das Quraišitentum aber keine notwendige Qualität des Imams. Dagegen muß er ein Freier sein, erwachsen, männlichen Geschlechts, bei guten Verstandeskräften, tapfer und kühn. Dies sind Eigenschaften, die nicht zu erwerben sind; wer sie hat, mag sie freilich in den Händeln der Welt reifen lassen.

Damit der Imam sein Amt unabhängig vom Sachverstand anderer ausüben kann, soll er sich ein umfassendes Wissen von der Scharia aneignen. Diesen Rat gibt auch Niẓām al-Mulk dem Sultan im „Buch der Staatslenkung"; ein oder zweimal in der Woche möge er frommen Männern Audienz gewähren und sich Koranverse und ihre Auslegung, Berichte über Muhammad und die anderen Propheten und die Herrscher der alten Zeit vortragen lassen; auch möge er gelehrten Disputationen lauschen und nach allem fragen, was er nicht begreife.[98] Nach einiger Zeit werde er Religion und Gesetz gründlich kennen, und „der Pfad der religiösen und weltlichen Angelegenheiten, der Lenkung und des Richtigen" werde sich ihm auftun, so daß kein Ketzer mehr imstande sein werde, ihn, den Sultan, auf Abwege zu locken[99] – eine hellsichtige Bemerkung, in der der greise Wesir zu spüren scheint, von woher ihm tödliche Gefahr droht.[100] – Im übrigen gibt sich Niẓām al-Mulk über die Grenzen der Wißbegierde des Sultans keinerlei Täuschungen hin: Es sei nicht nötig, daß dieser sich der Mühe unterziehe, das Arabische zu lernen, auch wenn es empfehlenswert sei, die Sprache des Korans und des Propheten zu versstehen.[101]

Al-Ǧuwainī, dem Alltag des Regierens ferner stehend, ist viel strenger. Der Imam soll im islamischen Recht so gut bewandert sein, daß er den Grad eines Muǧtahid erreicht, eines Gelehrten, der neu auftauchende Probleme unter Anwendung der Rechtsquellen selbständig löst – und zu diesem Zweck muß man mit arabischen Texten arbeiten. Natürlich könnte der Imam ein ums andere Mal die Meinung der Fachgelehrten einholen; aber die vielen dringlichen Entscheidungen, die ihm abverlangt werden, ließen sich so kaum bewältigen. Und je mehr Spezialisten er in Anspruch nähme, desto unterschiedlicher müßten die Ergebnisse ausfallen. Oberstes Ziel des Imamats aber ist es, gerade dies zu vermeiden und Einheit des Denkens und Wollens der Gemeinde herbeizuführen.[102] Man könnte sagen, „daß die Muslime dank der Prüfung, guten Erwägung, Erforschung und Untersuchung, denen der Imam jeden Fall unterzieht, zu einer Einheit zusammenfinden. Deshalb muß der Imam unbedingt eine Person sein, der man folgt, und er selber darf niemandem folgen."[103] In kurzen Worten weist al-Ǧuwainī auf zwei weitere Eigenschaften hin, die man erworben haben müsse, bevor man zum Imam berufen werden könne: Gottesfurcht und in Erfahrungen geschultes Geschick.[104] Für wirklichkeitsfremd hält al-Ǧuwainī allerdings die Forderung schiitischer Gruppen, ein Imam müsse sündlos bzw. unfehlbar sein. Dies sei schon deswegen unmöglich, weil der Imam das riesige islamische Reich nicht allein regieren könne; er müsse Statthalter und Richter einsetzen und ihnen Befugnisse anvertrauen, und wie wolle man die Unfehlbarkeit dieser Amtsträger gewährleisten?[105] Nein, das Imamat muß seinen Zweck mit gewöhnlichen Menschen erfüllen, und deshalb beharrt al-Ǧuwainī auch darauf, daß der Imam tauglich im ganz alltäglichen Sinn des Wortes sei. „Ihn darf keine Charakterschwäche davon abhalten, jemandem das Haupt abzuschlagen, wenn (diese Strafe) verdient ist; doch darf ihn auch keine Grobheit dazu verleiten, (jemandem) Freundlichkeit und Mitgefühl zu verweigern!"[106] Im übrigen ist al-Ǧuwainī davon überzeugt, daß es Herrschaft ohne Gewaltanwendung gar nicht geben kann. Manche Maßnahmen werden den Imam wie einen Übeltäter erscheinen lassen; damit muß man sich abfinden. Erst wenn sich ein Imam als ein Gewohnheitsverbrecher entpuppt, soll man ihn absetzen.[102]

Der ideale Imam verfügt über alle angeborenen und erlernbaren Fähigkeiten zur Ausübung seines Amtes und stammt von den Quraiš ab.[108] Unter ihm erfüllt sich der Zweck des Imamats ohne jeden Zweifel. Doch leider, klagt al-Ǧuwainī, sind wir von solch glücklichen Verhältnissen weit entfernt. Ein Imam, der sich andauernd Widersetzlichkeiten gegen

Gott zu Schulden kommen läßt, der ruhig zusieht, wie Verrat und Gewalttat um sich greifen und die Grenzfestungen vernachlässigt werden, hat sein Amt verwirkt. Dies ruft al-Ǧuwainī dem Wesir Niẓām al-Mulk ins Gedächtnis. Und alle Mißstände, unter denen die Gläubigen leiden, rühren doch nur von der Unfähigkeit und Charakterlosigkeit des Mannes her, der das Imamat innehat! Größte Eile ist geboten, will man nicht Gefahr laufen, daß das islamische Reich untergeht.[109] – Welch ein Abscheu gegen das abbasidische Kalifat bricht hier hervor! Unter dem Eindruck der schmerzlichen Erfahrungen der späten sechziger und der siebziger Jahre wird al-Ǧuwainī diese Zeilen geschrieben haben. In Bagdad waren die Aschʿariten gegen die im Volk verwurzelten Hanbaliten in die Defensive geraten. Die Beziehungen zwischen der Kalifenstadt und Isfahan, wo der Sultan residierte, waren gespannt; Niẓām al-Mulk hatte den bedrängten Aschʿariten, die freilich an ihrer mißlichen Lage ein gutes Maß an Schuld trugen, nicht helfen können und zur Zurückhaltung mahnen müssen. Von dieser um Ausgleich bemühten Politik blieb Ende der siebziger Jahre nur ein Scherbenhaufen, nachdem man am Kalifenhof Niẓām al-Mulks Pläne kaltschnäuzig durchkreuzt hatte.[110] – Nicht leichtfertig erhebe man sich gegen den Machthaber! Aber trotzdem „sage ich: Wenn es möglich ist, einen Imam einzusetzen, der die gewünschten Eigenschaften hat, die für das Hüten der Herde in Betracht kommen, dann ist es Pflicht, ihn unverzüglich zu wählen. Und wenn er das Imamat übernommen hat und man ihm gehorcht, wie es sich ziemt, dann ist er es, der (seinen frevelnden Amtsvorgänger) in die Schranken weist. Ja, es ist nunmehr klar, daß es zu seinen wichtigen Aufgaben gehört, zuallererst jenen auszuschalten. Sollte sich jener unterwerfen, um so besser! Weigert sich jener jedoch, dann behandle er ihn wie einen Tyrannen und begegne ihm wie einem Bösewicht!“[111]

Ein Imamat gibt es im Augenblick nicht; zumindest aber ist niemand bekannt, der alle Voraussetzungen für dieses Amt mitbringt. Die Bestimmungen Gottes für eine Zeit ohne Imam bilden eines der beiden Hauptthemen der „Hilfe der Völker“.[112] Die theoretischen Erwägungen über das Wesen dieses Amtes und über die Eigenschaften seines Inhabers sind nichts weiter als der Vorspann zu den Gedanken, die al-Ǧuwainī nun ausführen will und die von der Absicht beflügelt werden, Niẓām al-Mulk das Imamat anzutragen. Der Gelehrte ist sich der Ungeheuerlichkeit dieses Ansinnens bewußt: Noch niemals zuvor ist dergleichen überlegt worden, und „ich weise auf Feinheiten hin, deren Wurzel und Verzweigung noch niemandem in den Sinn kamen, der (in dieses Gebiet) eintauchte“.[113]

Schon nach dem Tode des letzten der „Vier Rechtgeleiteten“ wurde das Imamat zum Mittel und Ziel der Machtpolitik und büßte seinen ursprünglichen Charakter zum Teil ein. Dem spontanen Consensus, der, wie al-Ǧuwainī meinte, zur Wahl Abū Bakrs geführt hatte, trat der Wille zur Festigung und Sicherung der Macht an die Seite; es entstand der Brauch, einen Thronfolger zu bestimmen.[114] Für die islamische Staatstheorie stellte sich jetzt das Problem, daß nicht mehr vorausgesetzt werden konnte, daß der auf diese Weise in sein Amt gelangte Imam alle für erforderlich erachteten Eigenschaften besaß. Im allgemeinen habe man sich diese Folgerung nicht eingestanden, sondern das ,,Imamat des an Tugend Übertroffenen" für ungültig erklärt. Al-Ǧuwainī behauptet jedoch, einige Schafiiten hätten sich gegen eine derartige Starrheit der Theorie ausgesprochen. Schließlich war ja die Wirklichkeit ganz anders! Wenn es die Notwendigkeit gebietet, sei auch der ,,an Tugend Übertroffene" als Imam anzuerkennen – etwa wenn er von Leuten gewählt worden sei, die ihm einen außergewöhnlich starken Rückhalt verschafften. Wenn ein Kandidat für seine Frömmigkeit gerühmt werde, ein anderer sich dagegen als glänzender Anführer gezeigt habe, gebühre letzterem das Imamat, selbst wenn es ihm an Gottesfurcht mangele. Je nach der politischen Lage könne es sinnvoll sein, einen tüchtigen Krieger, der die Feinde des Islams zurückzuschlagen wisse, zu wählen oder einen Gelehrten, der Ketzereien aufzudecken vermöge.[115]

Mit diesen Überlieferungen verankert al-Ǧuwainī die Lehre, deren Entfaltung er die ,,Hilfe der Völker" widmet, notdürftig in der historischen Überlieferung:[116] Über das ,,Imamat des an Tugend Übertroffenen" ist in der Vergangenheit schon gestritten worden. Tatsächlich aber versucht al-Ǧuwainī, etwas auf den Begriff zu bringen, das zuvor von Muslimen noch nie in Gedanken gefaßt worden ist, ja gar nicht gedacht werden konnte, da es den Prinzipien ihrer Religion widersprach: Der Islam als politisches Gefüge ist nicht unbedingt deckungsgleich mit dem Glauben – oder anders gesagt, die politische Wirklichkeit der islamischen Welt ist nicht vollständig und bruchlos aus der Offenbarung, die das normsetzende Vorbild des Propheten einschließt, abzuleiten. Eine unerhörte, jedem Gläubigen im Grunde unannehmbare Einsicht, besteht doch der Islam einer bekenntnisartigen Formel zufolge aus ,,Glaube und Staat"! Schon in der Erklärung des Imamats aus dem Consensus über die Wahl hat sich al-Ǧuwainī zu dieser bestürzenden Einsicht vorgetastet. Das Imamat, so wie es nun einmal entstanden ist und sich in der Geschichte entwickelt hat, geht nicht auf eine ausdrückliche Anweisung des Propheten zurück; sich einen Anführer zu wählen, entspricht vielmehr einem Brauch, der unabhängig von der durch Muḥammad überbrachten Botschaft schon immer galt. Natürlich ist der Imam in seiner Amtsführung auf die Scharia verpflichtet; die Möglichkeit aber, daß er überhaupt regieren kann, verdankt er nicht der Religion, sondern einzig der Gewalt, die er einsetzen kann.

Die Entheiligung des Anführers der Gemeinde der Gläubigen ist somit angekündigt, und al-Ǧuwainī vollzieht sie in seinen Gedanken über die Gewichtung der Eigenschaften, die ein Imam besitzen soll. In einer Zeit, in der sie niemand mehr insgesamt in einer Person vereint, liegen solche Erwägungen nahe. Das erste, worauf man verzichten kann, ist die Abstammung von den Quraiš; denn was nützt den Muslimen ein Quraišite, wenn dieser ihr Leben nicht schützen kann? Und was nützt es zum zweiten den Gläubigen, wenn ihr Imam ein hervorragender Kenner des islamischen Rechts ist, geschickt im Auffinden von Lösungen für alle Probleme, wenn er aber nicht weiß, wie er seinen Entscheidungen Anerkennung verschaffen soll? Auch das ,,Wissen" kann dem Imam fehlen; sofern er nur klug und kühn sich im politischen Geschäft durchzusetzen vermag und sein Amt selbständig führt, muß man ihn zum Anführer ,,in den Dingen des Glaubens und des Diesseits" erheben. Seine Anordnungen sind gültig, genau wie diejenigen eines Imams, der über alle Eigenschaften verfügt, die im Idealfall in Betracht kommen. Die Kenner der Religion mögen den wenig Gebildeten ,,auf den rechten Weg weisen, ihn anleiten und von Fall zu Fall die Bestimmungen der Scharia, die problematisch sind, untersuchen". Abstammung, Wissen, Geschick in der Ausübung der Macht, dies ist, nach der Wichtigkeit geordnet, die aufsteigende Rangfolge der Qualitäten des Imams.[117]

Ist das Imamat einmal auf das politische Alltagsgeschäft zurückgeführt, dann erhebt sich die Frage: ,,Gibt es nur einen Imam, oder sind mehrere denkbar?" Denn wenn alles von der faktischen Machtausübung abhängt, stößt das Imamat genau dort an die Grenze, wo die Kraft des Amtsinhabers endet, seine Anordnungen durchzusetzen. Zu dieser doch zwingenden Schlußfolgerung erklärt sich al-Ǧuwainī nicht bereit. Ihn hindert daran der Zweck, den er dem Imamat zugeschrieben hat: die Einheit des Wollens und Handelns der Gemeinschaft aller Gläubigen herbeizuführen und zu bewahren. Al-Ašʿarī und Abū Isḥāq al-Isfarāʾinī hatten es immerhin für möglich erklärt, daß sich Muslime, die in fernen, unzugänglichen Gebieten lebten, einen eigenen Anführer wählten. Al-Ǧuwainī erhebt hiergegen Vorbehalte. Wenn es einen tauglichen Imam gebe, könne jener zweite höchstens den Rang eines Emirs beanspruchen, und sobald die Verbindung zum amtierenden Imam hergestellt sei, müsse man diesem gehorchen. Anders verhalte es sich, wenn in einer Periode des Niedergangs das Reich in mehrere politische Einheiten zerfalle und kein Imam mehr berufen worden sei, dessen Befehle ,,alle Länder und Gottesknechte" erfaßt hätten. Unter solchen Umständen dürfe sich keiner der regierenden Machthaber als Imam betrachten. ,,Ich leugne zwar nicht, daß (diese Machthaber) auf Grund eines Bedürfnisses in ihr Amt gelangten und daß ihre Anordnungen gemäß der Scharia gelten. Gleichwohl handelt es sich um eine Zeit ohne Imam".[118]

Solch eine schlimme Lage, in der die Einheit der Gläubigen, der Hauptzweck des islamischen Gemeinwesens, verfehlt wird, kann nur durch einen Akt der Usurpation zum Besseren gewendet werden. Al-Ǧuwainī spielt die unterschiedlichen Konstellationen durch: der Usurpator kann für das Imamat tauglich sein; sind in diesem Fall keine „Leute des Bindens und Lösens" vorhanden, wird er Imam, sobald er seinen Anspruch geltend macht. Gibt es dagegen Wähler, dürfen diese dem fähigen Usurpator nicht ihre Zustimmung versagen; sie müssen die Wohlfahrt des Gemeinwesens im Auge haben. Allerdings betont al-Ǧuwainī, daß nicht der Wahlakt aus dem Bewerber einen Imam mache; der Sinn eines solchen Verfahrens liege in der Notwendigkeit, die Einheit der Gemeinde zu wahren, falls mehrere taugliche Kandidaten auftauchen sollten. Erhebt nur eine Person Anspruch auf das Imamat, sei diesem Erfordernis ohnehin Genüge getan. Das Imamat verwirklicht sich eben einzig und allein in der an die Scharia gebundenen Ausübung von Macht: „Auf Wahl und Einsetzung ist ein einzelner Mann nicht angewiesen. Unumgänglich ist es aber, daß er sich mit Kraft und Stärke durchsetzt und die Gemeinschaft zum Gehorsam auffordert. In diesem Fall ist er der Imam über die, die ihm zustimmend folgen und über die, die sich ihm widersetzen und verweigern." Stehen dem alleinigen Bewerber nicht die nötigen Machtmittel zu Gebote, muß man ihm trotzdem gehorchen, eben weil er der einzige ist, der nach Führerschaft trachtet; hat er wenigstens einen gewissen Anhang, ist er berechtigt, diesen zur Bekämpfung aller Störrischen einzusetzen. – Wir wissen schon, an wen al-Ǧuwainī hier denkt: Niẓām al-Mulk. Zielstrebig lenkt al-Ǧuwainī die Erörterung auf ihn, ohne ihn zu nennen. In anderem Zusammenhang beschwor er den Adressaten der „Hilfe der Völker", sich doch nicht der angetragenen Würde und Bürde zu entziehen, deren Übernahme wegen der politischen Umstände für den Wesir zu einer Individualpflicht geworden sei. Hier nun argumentiert al-Ǧuwainī von einer anderen Seite her: Der einzige taugliche Kandidat erklärt sich zum Imam; dann müssen sich ihm alle Gläubigen unterwerfen.[119]

Al-Ǧuwainīs Lehre vom Imamat des Tauglichen zieht die Schlußfolgerung aus der Entheiligung des obersten Führers der Muslime, deren Ansätze wir schon bei al-Māwardī aufspürten. Al-Māwardī, selber in den Diensten der Abbasiden stehend,[120] hätte hieran nicht zu denken gewagt. Für ihn muß der Imam noch ein Sproß der Sippe des Propheten sein und empfängt sein Amt aus den Händen der „Leute des Bindens und Lösens", sofern er nicht vom Vorgänger zum Thronfolger ausersehen worden ist. Usurpation läßt al-Māwardī nur auf einer niedrigeren Ebene zu, derjenigen der Emire; in einem formalen Ernennungsakt stellt der Kalif stets die durch den Usurpator – die faktische Macht – gestörte islamische Ordnung wieder her, denn das islamische Gemeinwesen ist nach al-Māwardīs Lehre insofern einig, als alle Befugnisse, wie immer sie sich unterscheiden mögen, durch Delegierung von seiten des Kalifen ausgeteilt werden.[121] Al-Ǧuwainī lehnt diese Theorie nicht geradeheraus ab, er erklärt nur geringschätzig, jenes Buch enthalte nichts als Zitate von alten Autoritäten; es fehle ein deutliches Ziel der Erörterung. Al-Māwardī habe gegen die Methode der Rechtswissenschaft verstoßen und Nachrichten, die den Wert eindeutiger Texte besitzen, nicht klar von weniger verbindlichen Überlieferungen getrennt und folglich mancherlei Verwirrung gestiftet[122] – ein Angriff, mit dem al-Ǧuwainī offenbar noch einmal seine Theorie rechtfertigt, das Imamat sei nicht durch eine Willensäußerung des Propheten begründet worden.

Mit scharfem Blick hat al-Ǧuwainī erkannt, daß auch islamische Herrschaft nicht außerhalb wirklicher Macht bestehen kann. Was ihm aber völlig abgeht, ist das Verständnis für die unvermeidliche Folge dieser Tatsache: nämlich daß die wirkliche Macht nicht gänzlich für islamische Ziele vereinnahmt werden kann. Genau dies aber ist sein Traum; immer wieder kommt er darauf zurück, daß der Zweck der Herrschaft in der Eintracht der Gemeinschaft der Gläubigen beruhe. Dieser Traum ist es, der ihn, den Schafiiten, von den Hanafiten trennt. Diese wußten schon lange, daß den Emiren, den Inhabern der militärischen Macht, die Wahrnehmung gerade der Funktionen kaum streitig gemacht werden konnte, mit denen sich islamisches Herrschertum legitimiert: die Leitung des Gottesdienstes an Freitagen und während der Feste. Die Schafiiten wollten diese Aufgabe den Qāḍīs vorbehalten,[123] die in der Regel nicht über Truppen verfügten.

Auch im islamischen Gemeinwesen entspringt die Macht einer Zusammenballung von Menschen und Material, sie entwächst nicht der Scharia, entsteht nicht durch ein Vermächtnis des Propheten. Das hat al-Ǧuwainī einsehen müssen. Diese Einsicht aber zieht einen beklemmenden Verlust an Sicherheit nach sich und öffnet den Blick für das Wesen der Bedrohung, der die islamische Ordnung schon seit langem ausgesetzt ist. In der Hoffnung auf ein gedeihliches Zusammenwirken von Schwert und Schreibfeder scheint sich die Möglichkeit abzuzeichnen, daß man jenen Verlust rückgängig machen könne. Schwert und Schreibfeder sind aufeinander angewiesen, aber der Feder gebührt die Führerschaft. Das ist al-Ǧuwainīs Überzeugung, mit der er nicht alleine steht. In der „Hilfe der Völker" überführt er das Verhältnis von Schreibfeder und Schwert in eines von Imam zu Emir und setzt seine Erwartungen auf Niẓām al-Mulk, der als tauglicher Imam die Macht auf die Pfade der Scharia lenken soll. Der Wesir aber, selbst wenn er zu Zeiten über eine starke Anhängerschaft verfügte und für Malikšāh das Großsultanat erzwingen konnte, ließ sich auf ein solches Abenteuer nicht ein. Die Rückwirkungen, die eine Beanspruchung des Imamats durch ihn hätte auslösen müssen, waren unberechenbar. Er wußte, daß viel gewonnen war, wenn ein Emir wenigstens nach außen für eine strenge Einhaltung der Scharia sorgte. Der Glaubensstreiter Maḥmūd, von Niẓām al-Mulk als Sultan apostrophiert, ließ sich hierfür gut als Vorbild rühmen.

3. Islamische Staatslenkung

Al-Ǧuwainī ist ein entschiedener Verfechter eines Gewaltmonopols des Imams. Das muß er auch sein, weil er die Einheit des Gemeinwesens als das höchste Ziel islamischer Politik begreift. Dennoch stellt er Überlegungen darüber an, was geschehen müßte, wenn einmal kein Tauglicher das Imamat anstrebe. Dies komme eigentlich nicht vor, schreibt al-Ǧuwainī zuversichtlich, denn es sei schwerlich denkbar, daß ein fähiger Kandidat unterdrückt werde, denn dieser sei ja gerade dank seiner Machtfülle für das Amt qualifiziert. Allein unter der weltfremden Annahme, daß niemand Machtmittel aufhäuft, verschwindet – wie könnte es anders sein – das Gewaltmonopol. Für diesen rein hypothetischen Fall lädt al-Ǧuwainī den Gelehrten die Pflicht auf, in ihrem Wirkungskreis Aufgaben des Imamats wahrzunehmen und beispielsweise Eheverträge für Frauen abzuschließen, die keinen Vormund haben.[124] Hier geht es augenscheinlich um die Wahrung der Rechtssicherheit. Andere Pflichten, die nur nach gutem Brauch[125] den Mächtigen obliegen, etwa die „Abhaltung des Freitagsgottesdienstes, die Kriegsführung gegen die Ungläubigen, den Vollzug der Talio bei Tötung und Verletzung", nehmen die Muslime nun selbständig wahr. Der Gemeinschaft in höchstem Maße dienlich wäre es ferner, wenn in einer Zeit ohne Imam sich Männer zusammenschlössen, um Straßen und Wege gegen Räuber zu schützen. Das preist al-Ǧuwainī als verantwortungsvolles Handeln in Erfüllung der Glaubenspflicht, „das Gute anzubefehlen und das Tadelnswerte zu verbieten". Doch ist es dem einzelnen streng untersagt, zu den Waffen zu greifen, und dieses Verbot sei „eine Art Ansporn, den Weg zu beschreiten, der eher zu Wohlfahrt und Erfolg führt. Denn die Maßnahmen der Staatslenkung, die der Sultan trifft, sind wirkungsvoller und zuträglicher, verhindern eher Eifersüchteleien, vereinen schneller die Meinungen. Wenn man den Untertanen den Vollzug des Blutrechts und den Gebrauch der Waffen anheimstellt, begünstigt man, wie kein Verständiger leugnen wird, mancherlei Art von Wirrnis."[126]

Die Pflicht, das Gute anzubefehlen und das Tadelnswerte zu verbieten, ist den Muslimen als Individuen auferlegt; hieran kann nicht gezweifelt werden. Wenn jemand einem anderen ein winziges Stück des Vermögens entreißen will, hat jener das Recht, den Übergriff mit Worten und Taten abzuwehren; und sollte der Dieb hierbei verwundet werden, bleibt das Gesetz der Wiedervergeltung außer Kraft, eben weil der Verwundete im Begriffe gewesen war, ein Unrecht zu begehen. Was hier auf den einzelnen und sein Recht auf Selbstverteidigung zutrifft, dehnt al-Ǧuwainī auf das islamische Gemeinwesen insgesamt aus und auf die Funktion des Imams.[127] Dieser schützt es vor seinen inneren und äußeren Feinden und gewährleistet die Einhaltung der Scharia durch die Gemeinschaft der Gläubigen, ähnlich wie dies der einzelne tut, indem er einen Angriff auf sein Leben und sein Hab und Gut zurückschlägt. ,,(Die Richtschnur), an die man sich im Hinblick auf die Geknechteten[128] halten muß, ist die Scharia. Diese beruht ihrerseits auf dem Koran, des weiteren auf Erklärungen und Erläuterungen des Gottesgesandten und schließlich auf dem Consensus, der zwischen den zuverlässigen und gläubigen Trägern der Scharia zustandekam. Dies sind die Grundlagen. Alle übrigen Regeln der Glaubensordnung verhalten sich hierzu wie Ableitungen und Unterteilungen. Der Imam aber ist angesichts des verpflichtenden Charakters der Bestimmungen (der Scharia) und wegen der (allgemeinen) Verbindlichkeit des Islams allen übrigen Belasteten[129] gleichgestellt. Er ist nichts weiter als ein Werkzeug, um die Menschen (zur Befolgung) der Scharia zu zwingen. Wenn indessen zu einem Zeitpunkt zwei für das Imamat geeignete Männer zur Verfügung stehen, soll die Wahl den Streit unmöglich machen und gewährleisten, daß (die Befehlsgewalt auf eine Person) spezifiziert und beschränkt wird. Denn neben dem Imam hat niemand etwas zu befehlen – abgesehen (von Gott), dem allwissenden König.“[130]

Die koranische Botschaft droht allen, die Gottes Gesetze übertreten, schwere Strafen an; die Menschen sollen von allen Regungen und Leidenschaften abgebracht werden, die wider Gottes Ordnung gerichtet sind.[131] Doch es ist dem Menschen meist nicht gegeben, selber – von seinem Inneren geleitet – diese Kräfte zu bändigen. Deshalb hat Gott das Sultanat, ja überhaupt jede Form von Herrschaft geschaffen, um von außen seinen Willen den Menschen aufzuzwingen und sie zu zügeln.[132] Al-Ǧuwainī meint, daß die Propheten vor Muḥammad in ihrem Wirken stets von starken Sultanen unterstützt worden seien. Nur die großen Gottesgesandten wie Mose, David und Salomo besaßen selber auch die Macht zur Außenleitung der Menschen. In besonderem Maße gilt dies aber für den Propheten des Islams, den Gott ,,mit dem Schwert umgürtete und zum Imam der Religion und des Diesseits machte“. Das Imamat, die Nachfolgeinstitution des Prophetenamtes, hat demnach die Gesetze Gottes zu verwirklichen; der Hauptzweck des Imamats ist der Triumph des Glaubens. Da nun der Glauben unter den Gegebenheiten des Diesseits obsiegen und fortbestehen soll, sind die Verhältnisse dieser

Welt aller Beachtung wert.[133] Die Aufgaben des Imams verteilen sich demgemäß auf zwei Bereiche, deren erster die unmittelbar zur Förderung des Glaubens dienenden Maßnahmen umfaßt, während der zweite eher als weltlich beschrieben werden könnte. Allerdings verliere man nie aus den Augen, daß der ,,weltliche" Aspekt der Herrschaft des Imams kein Selbstzweck ist, sondern seinen Sinn allein aus der Zuordnung zur Religionspolitik empfängt, ja diese ermöglichen soll!

Die religiösen Aufgaben des Imams gliedert al-Ǧuwainī wiederum in zwei Gruppen: Sicherung der Glaubensordnung im Innern des Reiches; Verbreitung des Islams unter den Ungläubigen. Die schlimmste Störung der inneren Ordnung ist der Abfall vom Islam. Im Recht ist festgelegt, daß Abtrünnige zunächst zur Buße aufgerufen werden sollen. Beharren sie auf ihrem verderblichen Schritt, dann töte man sie ohne Erbarmen! Hart gehe man auch gegen die Verfechter von Neuerungen vor! Solche Leute zersetzen ebenfalls die islamische Ordnung und sind deshalb höchst gefährlich. Kann man dem Unheil, das von hartgesottenen Ketzern ausgeht, nicht mit einem kriegerischen Gewaltstreich ein Ende setzen, mag der Imam auf alle Arten, die ihm ratsam erscheinen, List und Heimtücke üben: dies ist Teil seiner ,,Staatslenkung",[134] und in der Wahl von Strafen und Foltern ist er nicht durch die Scharia eingeengt, sondern verfügt über einen breiten Spielraum des Ermessens. Im allgemeinen möchte al-Ǧuwainī dem Imam oder Sultan bei der Verhängung von Strafen keine freie Wahl gewähren, und er lehnt die von vielen seiner Fachkollegen vertretene Meinung ab, die Verschlechterung der Zeiten rechtfertige eine Verschärfung der Druckmittel.[135]

Im Kampf gegen die Neuerer und Ketzer aber darf es keine Zurückhaltung geben, vor allem, wenn sich diese nicht offen zeigen, so daß man ihnen auch nicht mit den maßvollen Mitteln beikommen kann, die die Scharia nahelegt. Die Agenten der ismaʿilitischen Untergrundpropaganda[136] kann man nun einmal nicht ermahnen, zur Buße auffordern und erst wenn sie sich gänzlich verstockt gebärden sollten, über die Klinge springen lassen; Verstellung und Tarnung sind ihnen zur zweiten Natur geworden.[137] ,,Und wenn sie dem Imam die Gewähr bieten, ihre Ketzereien nicht an die Öffentlichkeit zu bringen, der Imam aber weiß, daß sie im geheimen Werbung treiben und das gemeine Volk mit Bösem verseuchen und wenn sie dies verdeckt tun, dann soll der Imam bestrebt sein, sie nach einer Warnung, die er an sie richtet, zu entlarven, und dann soll er diese Leute auf das härteste bestrafen." Sagen sich die Ketzer ganz unverhüllt von der Gemeinschaft los, dann wiederum ist die Gelegenheit günstig, sich ihrer mit Waffengewalt zu entledigen.[138] Im allgemeinen gelte zwar, daß die Strafen, die der Imam oder Sultan nach eigenem Ermessen festlegen könne, nicht das Maß der koranischen ,,Grenzen"[139] erreichen dürften.[140] Doch bei der Aufdeckung der Ketzerei werde dies nicht immer zu vermeiden sein. ,,Wenn unter den Leuten ein Werber des Irrglaubens auftritt..., ist es richtig, daß (der Sultan) ihn... bedroht. Vielleicht läßt er sich ja einschüchtern. (Der Sultan) setzt... einen Vertrauten (auf den Werber) an..., und sollte dieser doch wieder begehen, was ihm verboten wurde, bestraft der Sultan ihn schwer, beachtet aber die Grenze der Scharia.“ Danach empfiehlt es sich, einen Spitzel in den Bekanntenkreis des Verdächtigen einzuschleusen, der sich als Anhänger jener Lehre ausgibt und um weitere Unterweisung bittet. ,,Sobald (der Agent) etwas äußert, unterrichtet man den Sultan hiervon, der aufs neue eine Züchtigung anordnet. Die Strafen erreichen dann ein Maß, das oberhalb der ‚Grenzen‘ liegt. Der Anlaß für die Strafen ist jedoch allein, daß (der Sultan) den Werber züchtigt, wann immer dieser rückfällig wird... Es heilt seine Haut dann nicht mehr von... den Peitschenhieben der Abschreckung, bis über ihn eine andere Strafe verhängt wird.“[141] Eine grimmige Bemerkung al-Ǧuwainīs! Ḥasanak, der Wesir Maḥmūds, hatte mit dem Leben büßen müssen, als auf ihn der Verdacht der Ketzerei, der hochverräterischen Beziehungen zu den Fatimiden, gefallen war.[142]

Wie schrecklich wühlte doch die Furcht vor einer Auflösung des Islams in al-Ǧuwainī und seinesgleichen. Wie sehr haßte man die unsichtbaren Feinde, die unerkannt überall ihr böses Spiel zu treiben schienen! Unbegründet war diese Furcht nicht, das wissen wir, und wenn al-Ǧuwainī hier die Fassung verliert und der nackten Gewalt das Wort redet, dann ist nicht Roheit des Gefühls der Anlaß, sondern Hilflosigkeit. In allen anderen Fällen rät er strikt zur Wahrung der Legalität. So war man sich unter den Gelehrten uneins, ob Freigeister[143] ihrer Gottlosigkeit abschwören könnten, um wieder in die Gemeinschaft der Muslime eingegliedert zu werden. Al-Ǧuwainī bejaht dies mit dem Argument, die Scharia sehe in diesem Fall die Möglichkeit der Buße vor; auch bei Ungläubigen, die, von islamischen Kämpfern mit dem Tode bedroht, sich rasch zu Allāh und Muḥammad bekehren, sei man sich der Aufrichtigkeit keineswegs sicher.[144] – Die ascharitische Theorie des menschlichen Handelns, die sich nicht um die Motive, sondern nur um die Ergebnisse kümmert, erleichtert fraglos diese legalistische Betrachtung der Dinge. Hinzu kommt aber auch, daß die Freigeister keine politische Gefahr darstellten. Hinter ihnen stand keine Untergrundorganisation, die für die Fatimiden gearbeitet hätte.

Auch Niẓām al-Mulks ,,Buch der Staatslenkung“ weist des öfteren auf die gefährlichen Umtriebe der schiitischen Agenten hin; auch der Wesir fürchtet den verdeckten Feind. Wo liegt der Ursprung dieser unheimlichen Bedrohung, was sind die wahren Ziele der ismaʿilitischen Schiiten? Niẓām al-Mulk glaubt, in Mazdak ihren fluchwürdigen Ahnherrn gefunden zu haben. Jener Mazdak, der unter dem Sasaniden Kavad I. (reg. 488–531) sein Unwesen trieb, habe den Feuerkult der Zoroastrier zerstören und sich zum Herrn über Iran aufschwingen wollen. Prophetische Autorität habe er in Anspruch genommen, und um dies zu rechtfertigen, habe er einen Schwindel ausgeheckt. Dem ahnungslosen Schah, dem Hof und den Priestern sei vorgetäuscht worden, das heilige Feuer habe die Prophetenschaft Mazdaks bezeugt – in Wirklichkeit aber habe der Betrüger einen Gang bis unter jenen Altar ausschachten lassen und dort einen Sklaven versteckt. Dann habe er eine Predigt gehalten und die angebliche Verdrehung der Gedanken Zarathustras angeprangert; man müsse zur richtigen Lehre zurückkehren, und da habe das Feuer plötzlich zu reden angefangen: „Hierin liegt das Heil der Zoroastrier! Mögen die Großen Irans das Wort Mazdaks hören, um das Glück beider Welten zu erlangen!" – Wahrlich eine possenhafte Umgestaltung des islamischen Prophetenwunders! Aber Niẓām al-Mulk nimmt sie für bare Münze und schildert nun die abscheulichen Lehren Mazdaks: Gemeinbesitz der Güter und der Weiber, also völlige Zersetzung der geheiligten Ordnung! Einzig H̱osrau Ānūširwān I. (reg. 531–587), der Sohn Kavads, ließ sich nicht hinters Licht führen. Ihm gelang es, den Scharlatan zu entlarven.[145] Von Mazdaks Ideen aber sind, so glaubt Niẓām al-Mulk, alle jene schiitischen Verschwörungen beseelt, die seit langem die islamische Welt in Schrecken versetzen: die H̱urramiten,[146] die Qarmaten von Bahrain, die im 10. Jahrhundert die Arabische Halbinsel terrorisierten; die heimlichen Parteigänger der Fatimiden. Ihren Aufstandversuchen überall in der islamischen Welt widmet Niẓām al-Mulk mehrere Kapitel.[147]

Der Wesir wußte sehr gut, warum er dem Sultan die Unterhaltung eines wirksamen Geheimdienstes ans Herz legte, der selbst melden sollte, wenn „in einer Entfernung von 500 Parasangen jemand ein Huhn oder einen Sack Stroh entwendet" hatte.[148] Zu eben diesem Thema hatte sich auch al-Ǧuwainī in der „Hilfe der Völker" geäußert, als er die Aufgaben eines von ihm so sehr erhofften Imams namens Niẓām al-Mulk umriß. Wenn alle Übeltäter spürten, daß man ein Auge auf sie habe, würden sie sich hüten aufzumucken, und das Land fände Frieden; zu dieser Ansicht sei er dank einer Anregung gekommen, die ihm der Wesir selber gegeben habe.[149] Al-Ǧuwainī aber erörtert mögliche vorislamische Wurzeln des Übels nicht. Er spricht in der „Hilfe der Völker" von einem gewissen Freidenkertum, das auf viele Leute verlockend wirke und den Nährboden für mancherlei schädliche Strömungen bilde. Solche Zügellosigkeit des Denkens vermag al-Ǧuwainī nur barsch abzulehnen; sie ist der Versuch, sich den festen Regeln des islamischen Lebens zu entziehen. Wohlhabende lassen sich von ihrem Überfluß täuschen, treiben Scherz mit dem Glauben, reden anzüglich von der Scharia, stekken mit ihren Klügeleien andere an. „Es verbreiten sich schließlich unter den einfachen[150] (ungebildeten) Muslimen die Skepsis der Ketzer, das Unheil der Leugner; es vermehrt sich das Geschwätz, mit dem der Glaube kritisiert wird." Man halte Gottesfurcht nicht mehr für nötig, folge den eigenen Begierden, lasse sich nicht mehr von Lohn und Strafe des Jenseits beeindrucken. „‚Bloße Gewohnheit' ist ihre ständig wiederholte Deutung bei den Vorschriften der Scharia, die man auf dem Wege der Überlieferung weitergibt. Sie betrachten sie gleichsam als amüsante Abendgeschichten, die man zum besten gibt oder nicht. Am Rande eines unterspülten Ufers des Verderbens stehen sie! Wenn zu dem Unheil, zu dem sie sich treiben lassen, noch die heimliche, verborgene Werbung hinzukommt, steht als Folge zu befürchten, daß sich die Mehrheit der Ungebildeten aus dem Glauben des erwählten (Propheten) fortstiehlt. Ließe sich diese um sich greifende Anfechtung nicht beseitigen, zwänge dies die Staatsmacht, mit Gewalt durchzugreifen und überaus kräftig zuzuschlagen."[151] Etwas Zersetzendes entdeckt al-Ǧuwainī im Zeitgeist, den er in diesen Worten beschwört. Die heilige Autorität der überlieferten Normen, die der Prophet im Namen Gottes aufgestellt hat, wird mißachtet! Man faßt sie als Brauchtum auf, dem der Verstand nicht unbedingt einen verpflichtenden Charakter zumessen will. Gäbe es doch wieder die intellektuelle Schlichtheit und Bescheidenheit der Altvorderen! – Der Kalif al-Ma'mūn (reg. 813–833) trägt nach al-Ǧuwainīs Meinung die Hauptschuld an allem Verderben, am Aufkommen unterschiedlicher Glaubensansichten. Denn er hatte sich in den Kopf gesetzt, daß alle Richtungen frei ihre Meinung äußern sollten, und „in seinem Irrtum und seiner Eitelkeit erlaubte er schließlich sogar den Muʿtaziliten, ihre Lehren offenzulegen, und er stellte Übersetzer an, um die Bücher der Antike ins Arabische übertragen zu lassen und führte weitere Mißstände herbei, deren geringster schon kaum zu beschreiben ist!"[152] – Da bricht sie sich Bahn, die islamische Urangst vor einer Fülle der Möglichkeiten des Denkens und Handelns, vor jeder Mehrdeutigkeit, deren Folge nichts anderes sein kann als eine Minderung des Heils, als Rückfall auf eine Stufe des Menschseins, die durch Muḥammad und seine Botschaft doch endgültig überwunden sein sollte. „Mit denen, die ihren Glauben gespaltet und sich in Parteiungen zertrennt haben, habe ich nichts gemein. Ihre Angelegenheit ist Gott anheimgegeben. Er wird ihnen (am Jüngsten Tag) vorhalten, was sie taten!" spricht Gott grollend zum Propheten (Sure 6,159).

„Worauf der Imam aus sein soll, das ist die Vereinung allen Volks in der Wesensart der Vorfahren, die lebten, bevor die Leidenschaften aufbrachen und persönliche Ansichten (vom Wahren) abwichen. Denn die Alten hielten es für verboten, sich dunklen Fragen zuzuwenden, sich das Sammeln von Bedenken angelegen sein zu lassen und Antworten zu erkünsteln auf zuvor nie gestellte Fragen. Sie hielten es für besser, die Aufmerksamkeit auf den Ansporn zu Frömmigkeit und Gottesfurcht zu richten, zur Abwendung von Schaden, zu Gehorsam, soweit immer er möglich war. Nicht wegen Unfähigkeit und Beschränktheit nahmen sie Abstand von den Dingen, für die sich die Modernen erwärmen, nicht wegen einer Stumpfheit des Geistes, keineswegs! Sie waren die Geschöpfe mit dem schärfsten Intellekt, der bezwingendsten Sprachgewandtheit. Aber sie waren der Tatsache gewiß, daß man Torheit und Irrtum heraufbeschwört, wenn man sich in Zweifel stürzt. Sie scheuten für die ungebildete Masse der Muslime eben jene Folgen, von denen sie heute heimgesucht... wird. Am heilsamsten ist es, wenn man das gemeine Volk (wieder) dorthin bringen kann. Einst nämlich hatte der Gesandte Gottes gesagt: ,Meine Gemeinde wird sich in dreiundsiebzig Richtungen spalten. Errettet wird von diesen nur eine!'[153] Da baten die Anwesenden, er möge jene errettete Richtung beschreiben, worauf er antwortete: ,Diejenigen, die an dasselbe wie ich und meine Gefährten glauben!' Mit völliger Sicherheit und als notwendige Schlußfolgerung des Verstandes wissen wir, daß (jene Alten) die Befassung mit Subtilitäten und mit den Schwierigkeiten der Wahrheit verschmähten und nicht dazu aufforderten, nach deren Begründung zu forschen. Vielmehr wiesen sie alle energisch zurecht, die Anstalten machten, sich mit diesem Problem abzugeben."

Nur gründlich Geschulte dürfen sich erkühnen, derartig verzwickte Fragen aufzugreifen, und auch der größte Meister der Theologie wird straucheln, es sei denn, Gott bewahre ihn hiervor. Wie aber wird es erst den Ungebildeten ergehen? Sie werden sich unweigerlich in den Fallstricken solcher Themen verfangen. „Darum mache der Imam das, was wir beschrieben, zum Gegenstand seiner größten Sorge! Denn er ist das Heilmittel gegen die Anfechtungen, der Rufer, der die Massen über die Zeit hin auf dem rechten Weg hält. Wenn sich unter den Menschen das Unheil der Neuerungen verbreitet, sie in der Brust Bedenken hegen, die Werber der Irrtümer die Fahnen des Bösen entrollen – und überließe man die Ungebildeten unter dem Eindruck ihrer Zweifel sich selbst, müßten sie abirren und auf Verkehrtes verfallen, erniedrigt und verdreht werden – wenn eine solche Lage eintritt, dann muß der Imam die Werber der Wahrheit unter sie ausschwärmen lassen; er muß denjenigen, die die Wahrheit zu handhaben wissen, befehlen, sich mit Argumenten und Beweisen um die Ausmerzung der Bedenken zu bemühen... und die Verfechter der Irrlehren abzuwehren. Dann wird zur gleichen Zeit die Rede der Abweichler verstummen, der Ruf der Bekenner der göttlichen Einheit obsiegen und der Weg der klaren Wahrheit deutlich werden."[154]

Der Imam hat die Voraussetzungen dafür zu schaffen, daß die Gläubigen die religiösen Pflichten vollziehen, in denen der Charakter des Gemeinwesens augenfällig wird: Der Unterhalt der Moscheen und die Organisierung der Gottesdienste am Freitag, auch zu besonderen Anlässen – denken wir an die Regenbitte[155] – und schließlich die Pilgerfahrt[156] werden von al-Ǧuwainī in diesem Zusammenhang genannt.[157] Diese Aufgaben erscheinen jedoch zweitrangig angesichts der Eindringlichkeit, mit der er vorher betont hat, von welch großem Gewicht die Überwachung der Glaubensansichten der Masse ist. Rufen wir uns ins Gedächtnis zurück, daß die „neue Frömmigkeit" aus dem Gläubigen einen vollkommenen Gottesknecht formen wollte, einen Menschen, der alle seine Gedanken und Regungen bewußt dem göttlichen Willen anheimgibt. Dies aber vermag der Mensch nur, indem er die Scharia aufs genaueste einhält. Die von al-Ǧuwainī getadelten Skeptiker und Freidenker verlangen sich gerade dies nicht ab; sie würdigen das Gesetz zur – durchaus anfechtbaren und daher auch veränderbaren – Gewohnheit herab, sagte er. Eine Verweltlichung der Scharia ist aber eben die Folge, die sich aus der von al-Ǧuwainī so nachdrücklich befürworteten Entheiligung des Imamats ergeben kann. Denn die Machtfülle des Imams soll sich aus politischen Faktoren erklären lassen. Der Zweck dagegen, zu dem sie eingesetzt wird, soll aller menschlichen Spekulation entzogen bleiben. Die Kräfte, die das Imamat tragen, sind gemäß ihrer Natur dem Wandel unterworfen, doch dienen sollen sie dem Ewigen. Gesetze, die dem Wandel Rechnung tragen, darf der Imam nicht erlassen,[158] denn es gilt nur die Scharia, die sich immer gleich gleibt. Welch eine Spannung zwischen dem „Imamat der Tauglichkeit" und der „islamischen Staatslenkung"! Sie ist eine der Erscheinungsformen der Aufspaltung der „islamischen Persönlichkeit", der unvermeidbaren Folge der Beschränkung der Scharia auf die äußerlich sichtbaren Ergebnisse des Handelns.

Ließe sich diese Spannung abbauen, wenn man das Lebensideal der „neuen Frömmigkeit" befolgte? Der Imam wurde entheiligt; der Verlauf der Geschichte erzwang dies. Das unpersönliche Gesetz, das später als das Imamat entstand, lenkte die Sehnsucht nach religiöser Gewißheit auf sich und erwarb die Funktion eines Heilsgaranten. Dieser Prozeß wurde durch die Verdrängung des Wissens um die Geschichtlichkeit des Gesetzes[159] begünstigt. Nach Abschluß dieser Entwicklung muß jede rational geführte Erörterung über den Inhalt des Gesetzes wie ein Frevel erscheinen. Wer den übergeschichtlichen Charakter der Scharia anzweifelt, ihre feste Verankerung in der Theologie in Frage stellt, der untergräbt den wichtigsten Pfeiler des Gemeinwesens! Al-Ǧuwainī war nicht mehr in der Lage, al-Ma'mūns Absichten zu begreifen: durch den Austausch von Argumenten ein rational überprüfbares und allgemein gültiges System des Glaubens und der Gesetze zu schaffen, zu dem sich alle Muslime bekennen, weil sie es kraft des ihnen allen zuteil gewordenen Verstandes als richtig erkennen. Damals war noch in der Person des Kalifen, des ,,Imams der Rechtleitung", eine Garantie des Heilsgewinns gegeben; er konnte in den Gang der Dispute eingreifen, und dank seines – wenn auch geringen – Anteils an der göttlichen Inspiration des Propheten war nicht zu befürchten, daß Gottes Plan verfehlt werden könnte.[160] Al-Ǧuwainī dagegen ist nur noch die Scharia-Besessenheit der ,,neuen Frömmigkeit" geblieben. Ihm hätte niemand mehr für die Richtigkeit seiner Gedanken bürgen können, wenn er das Gesetz hätte fortentwickeln wollen. Und deshalb unterläßt er solche Bemühungen und will es stattdessen als ein geheiligtes, unwandelbares Prinzip verwirklichen. Aber immer treibt ihn die Angst um, dieser Anforderung nicht ganz zu genügen. Deshalb meint er wie die anderen Aschʿariten, daß den Gehorsamsleistungen vor Gott keine Grenze gesetzt sei.[161] Denn schließlich drohte sonst die Gefahr, in die dumpfe Routine des unverstandenen Ritus abzusinken.

Die in der ,,neuen Frömmigkeit" spürbare Anspannung aller Kräfte des Menschen zur Erfüllung und immer besseren Erfüllung dessen, was die Scharia fordert, erscheint wie eine Überkompensierung jener Ungewißheit des Heils, die eintrat, als der Imam seine wesensmäßige Nähe zum Propheten einbüßte. Der Imam, von dem al-Ǧuwainī spricht, soll alles tun, um diese Überkompensierung zu erleichtern, vor allem den Glauben an die Verbindlichkeit der Scharia mit ihrem theologischen Fundament zu bestärken. Deswegen halte sich der Imam aus dem Ringen der Rechtsgelehrten um die *richtige Anwendung* der Scharia heraus! Hier nämlich, wo es um die Vervollkommnung der noch unzulänglichen, vielleicht immer unzulänglichen Glaubenspraxis geht, ist die Vielfalt aufgewiesener Wege sogar ein Zeichen der Barmherzigkeit Gottes, wie ein Wort des Propehten besagt.[162] Anders war es in der Glaubenslehre: Dort hat der Imam die Pflicht, die Menschen auf die eine Wahrheit festzulegen. Gerne ergreift al-Ǧuwainī die Gelegenheit, den Wesir an ein Buch zu erinnern, das er ihm gewidmet hat; darin sei die Theologie der Einheit Gottes richtig – also aschʿaritisch- dargelegt. Vielleicht ist die ,,Niẓāmische Glaubenslehre" gemeint, deren Inhalt uns schon beschäftigt hat.[163]

Wir dürfen sicher sein, daß al-Ǧuwainī mit seinen Warnungen vor der Wühltätigkeit der Feinde bei Niẓām al-Mulk ein offenes Ohr fand. Der Wesir selber sprach sich später im ,,Buch der Staatslenkung" dafür aus, den Gelehrten, die sich mit der Frage des Glaubens beschäftigen, ein Gehalt auszusetzen.[164] Offenbar sollte aus ihnen eine staatstragende Schicht geformt werden; die Rolle der ,,Werber der Wahrheit", wie al-Ǧuwainī es ausdrückte, sollte ihnen übertragen werden. In Nischapur hatte Niẓām al-Mulk 1064 eine neue Freitagsmoschee errichten lassen, was den Wunsch deutlich macht, Rechtgläubigkeit und Staatsmacht zu einer Einheit zu verschmelzen. Das Predigeramt an dieser Neugründung war al-Ǧuwainī übertragen worden. Der Wesir versuchte auch in anderen Städten, die von ihm gebilligte Form des Islams als die einzig verbindliche durchzusetzen.

Zum selben Zweck förderte er den Aufbau eines Netzes von Hochschulen – Medressen –, in denen sunnitische Gelehrte begabte junge Männer in der Jurisprudenz und in der Glaubenslehre unterwiesen und damit in der gewünschten Ideologie heranbildeten.[165] Al-Ǧuwainī selber hatte in der Niẓāmīja-Medresse seiner Heimatstadt über Jahrzehnte seine Wirkungsstätte. Wir können unterstellen, daß sich die Ansichten, die er in der dem Wesir gewidmeten „Hilfe der Völker" äußert, mit dessen politischen Zielen decken. In früheren Zeiten, klagt Niẓām al-Mulk im „Buch der Staatslenkung", sei es immer so gewesen, daß man ein Staatsamt nur gottesfürchtigen Männern edler Herkunft übertragen habe, die sich zur selben Religion und Glaubensrichtung bekannt hätten wie der Herrscher; dieser habe sich deshalb keine Sorge darum machen müssen, daß hinter seinem Rücken Ränke geschmiedet würden. Heutzutage würden solch strenge Gesichtspunkte bei der Auswahl von Staatsdienern mißachtet; auf Juden, Christen, Zoroastrier, ja sogar auf fanatische Schiiten stoße man jetzt unter ihnen. „Zwar ist die Regierung inzwischen vervollkommnet worden, aber ich fürchte den bösen Blick und weiß nicht, worauf alles dies noch hinauslaufen wird!" Einst habe man jeden Bewerber für ein Amt genau ausgeforscht und jedesmal, wenn Ṭoġrilbeg oder Alp Arslan erfahren hätten, ein Emir habe einen Schiiten angestellt, hätten sie dies scharf getadelt. Kein Wunder, bemerkt Niẓām al-Mulk, „daß das Sultanat unter beiden gut organisiert und erfolgreich war und sich kein Unheil ereignete"[166] – Der greise Wesir traut Malikšāh nicht viel Gutes zu und sieht das Werk in Gefahr, das Ṭoġrilbeg und Alp Arslan errichtet haben.

Gelehrte wie al-Ǧuwainī nutzten die Gelegenheit, die ihnen das Wesirat Niẓām al-Mulks bot, und machten sich daran, das Sunnitentum auf der Grundlage der aschʿaritischen Metaphysik als Staatsdogma zu propagieren. Noch nie zuvor, meint as-Subkī, der Biograph berühmter Schafiiten, habe jemand die Gelehrten in solchen Scharen zu sich herangezogen, noch nie hätten sie jemand so viele Schriften gewidmet.[167]

Im einzelnen können wir nicht auf das von Niẓām al-Mulk geförderte oder ihm zugeeignete Schrifttum eingehen. Nur die Sektengeschichte des Schafiiten und Aschʿariten Šahfūr b. Ṭāhir al-Isfarā'inī (gest. 1071), eines Mannes, der in Tus, der Heimatstadt des Wesirs lehrte, sei kurz gestreift, weil sie von anderer Warte aus Licht auf die geistige Prägung der Zeit wirft, in der al-Ǧuwainī arbeitete.

In dreiundsiebzig Richtungen werde der Islam zerfallen, prophezeite das düstere Wort des Gottesgesandten. „Hat sich die Weissagung schon erfüllt?" fragt Šahfūr in der Einleitung seines Werkes. Die Aschʿariten seien sich hierüber noch nicht einig, aber wer in den Geschichtsbüchern forsche, gelange zu dem Ergebnis, daß alle Sekten wohl schon aufgetreten seien. Jedenfalls sei es jedermanns Pflicht, seine Glaubensansichten gegen die Kniffe und Täuschungen der Ketzer zu feien. ,,Denn es zeigten sich in der islamischen Welt Gruppen von Neuerern, die die Ungebildeten hinters Licht führten und deren Glauben verwirrten, sich selber aber den beiden Richtungen der Sunna und einträchtigen Gemeinschaft zurechneten, nämlich den Leuten der Überlieferung und den Leuten der individuellen Einsicht." Anders als bei dem Nischapurer al-Ǧuwainī spüren wir bei Šahfūr nichts von einer scharfen Feindschaft gegen die Hanafiten. Im Gegenteil, Hanafiten, wegen ihrer juristischen Methodologie mit dem Begriff ,,Leute der individuellen Einsicht" genannt, und Schafiiten, ,,Leute der Überlieferung",[168] bilden hier gemeinsam die große Mehrheit der rechtgläubigen Muslime, die den getarnten Angriffen der Ketzer ausgesetzt sind.[169] Šahfūr nennt zweiundsiebzig islamische Richtungen, unter ihnen viele muʿtazilitische und schiitische Gruppierungen, die nach dem Verdikt des Propheten nicht ins Paradies eingehen werden. Das Heil werden nur die ,,Leute der Sunna und der einträchtigen Gemeinschaft" gewinnen, deren Glaube in siebenundvierzig Artikeln zusammengefaßt wird, die die bekannten aschʿaritischen Standpunkte wiederholen.[170] Im 44. Artikel betont Šahfūr die Pflicht jedes Muslims, sich den Inhalt dieses Bekenntnisses mit dem Verstande klarzumachen. Man dürfe diese Lehre nicht einfach von Personen übernehmen, die Autorität aussstrahlen, sondern solle versuchen, alle Punkte wirklich zu begreifen. – In Fragen der Anwendung der Scharia dagegen dürfe man den Entscheidungen eines Fachmannes unbesehen folgen. – Wer nun wirklich verstanden habe, daß diese Glaubenslehre wahr und richtig sei, müsse sie danach offen und uneingeschränkt bekennen, wann immer die Gelegenheit dies notwendig mache, fordert Šahfūr in Artikel 47. Wer sich die Verstandesbeweise für den wahren Glauben angeeignet habe, dem würden die Anschläge der falschen Muslime, die nach außen als Anhänger der Scharia aufträten, und der erklärten Leugner des Islams nichts anhaben. – Schafiiten und Hanafiten stehen zusammen in der Abwehr des Falschen; wieder weist Šahfūr hierauf hin. Dem fügt er aber an, daß leider in der letzten Zeit einige Hanafiten sich der Muʿtazila und dem Schiitentum geöffnet hätten[171] – ein Widerhall der Aschʿaritenverfolgung, die von Nischapur ihren Ausgang genommen hatte?

Gefährlicher als jene falschen Muslime und als die Leugner des Islams sind in Šahfūrs Augen jedoch die Ketzer und Zerstsörer von Religion und staatlicher Ordnung, die im Gewand schiitischer Geheimbündler ihr Unwesen treiben. Unter dieser Rubrik behandelt er Sekten, die man der ismaʿilitischen Schia zuordnete,[172] sowie die Ḫurramiten, deren angeblichen Ursprung unter Ḫosrau Ānūširwān er erwähnt,[173] nicht aber so breit schildert wie später Niẓām al-Mulk im ,,Buch der Staatslenkung". Šahfūr kommt auf die Methoden jener Werber des Bösen zu sprechen, die auch al-Ǧuwainī so ergrimmt verdammte: die Agenten reden den Herrschern und dem gemeinen Volk ein, die Scharia-Gelehrten, deren Wort man achte, seien in Wahrheit dumme Tröpfe. Denn was solle eine Scharia, die bestimme, das Abendgebet bestehe aus drei Niederwerfungen, das Morgengebet aber nur aus zweien. Wo bleibe da die Logik? Und weshalb schlage man einem Dieb die Hand ab, verhänge aber über den Hurer keine analoge Strafe – die Abtrennung seines Geschlechtsteiles –, sondern die Steinigung? Mit diesen und ähnlichen Fragen untergrüben sie das Vertrauen in die Scharia, die sie den Herrschern als ein bloßes Werkzeug zur Unterdrückung der Massen darstellten, während die Regierenden, die Elite, gar nicht der ,,Belastung" unterlägen. – Noch ein Grund dafür, daß al-Ǧuwainī das von aš-Šāfiʿī hervorgehobene Prinzip der ,,Knechtung" immer wieder unterstreicht! – Ganz allmählich, Schritt für Schritt, wird der verwirrte Muslim in den Sumpf des Unglaubens gelockt, aus dem es schließlich kein Entrinnen mehr gibt.[174]

Das Machtgefüge des seldschukischen Sultanats erlaubte es Niẓām al-Mulk nicht, die zwischen Hanafiten und Schafiiten aufgebrochene Feindschaft zu dulden oder gar zuzuspitzen. Šahfūr, der Aschʿarit aus Tus, der nach einem Quellenzeugnis schon früh den Weg zu Niẓām al-Mulk gefunden hatte[175] und von den Nischapurer Ereignissen wohl nicht betroffen gewesen war, hält beide Gruppierungen zusammen für die ,,Leute der Sunna und der einträchtigen Gemeinschaft". Im gleichen Sinn verlangt Niẓām al-Mulk im ,,Buch der Staatslenkung", der Großwesir des Reiches müsse ,,reinen Glaubens" sein und der schafiitischen oder der hanafitischen Rechtsschule angehören.[176] Weder in der ,,Niẓāmischen Glaubenslehre" noch in der ,,Hilfe der Völker" schilt al-Ǧuwainī die Hanafiten. Im Verkehr mit dem Wesir erlegt er sich also Zurückhaltung auf – anders als in seinen Streitschriften zum islamischen Recht.

Gleichwohl brauchen wir al-Ǧuwainīs Verhalten nicht als puren Opportunismus zu deuten. Die Theologie und die Metaphysik betrachtete er als Wissenschaften, die mittels des Verstandes entfaltet werden und schließlich zu unumstößlichen Ergebnissen vordringen. Der gleichen Meinung ist Šahfūr b. Ṭāhir. – Anders die Rechtswissenschaft; sie baut auf überlieferten Quellen auf, und die Ergebnisse, die der Gelehrte erzielt, sind in aller Regel nur wahrscheinlich richtig. Deshalb sind auch mehrere Lösungen für ein Problem denkbar. Völlige Gewißheit besteht nur über die Pflicht, einer solchen wahrscheinlich richtigen Antwort entsprechend zu handeln.[177] Diese Pflicht wiederum ergibt sich für den gläubigen Muslim zwingend aus der Tatsache, daß Gott die Welt erschaffen und ihr eine zeitlose Ordnung auferlegt hat,[178] mithin also aus der Theologie. Wenn letztere ohne Vorbehalte bejaht wird, sind unterschiedliche Ansichten zu einer Frage der Glaubenspraxis erträglich und gefährden nicht die „islamische Staatslenkung". Al-Ǧuwainī berief sich zur Rechtfertigung dieser Meinung auf ein angebliches Propehtenwort: „Die Unterschiedlichkeit meiner Gemeinde ist (ein Zeichen der) Barmherzigkeit (Gottes)."[179]

Dieser Muḥammad zugeschriebene Satz ist ein Zeugnis dafür, daß man sich in schafiitischen Kreisen über das Verhältnis von Glaube, Recht und Staatsgewalt Gedanken gemacht hat. Der erste, der dieses in den kanonischen Sammlungen nicht belegte Wort verwendte, war al-Ḥalīmī (gest. 1013), ein Schulhaupt der transoxanischen Schafiiten. Er hatte erkannt, daß die „Analogie der Ursache", die in der Rechtswissenschaft ohnehin nur selten möglich ist, leicht in die Irre führen kann.[180] – In der Metaphysik dagegen müssen Ursache und Wirkung nicht nur verallgemeinert werden können, beide müssen auch austauschbar sein; hieraus läßt sich nach aschʿaritischer Vorstellung die Gewißheit des Erkannten folgern.[181] – Betrachtet man das vermeintliche Prophetenwort im Zusammenhang mit al-Ḥalīmīs Bemerkung zur Methodologie der Rechtswissenschaft, erscheint es immerhin als möglich, daß al-Ḥalīmī über die Zuordnung von Metaphysik und Recht zu den Befugnissen der islamischen Staatsgewalt nachsann.

Al-Ḥalīmī hatte eine Zeitlang auch in Nischapur gelehrt.[182] Von dort stammte Abū Bakr al-Baihaqī (gest. 1066), ein Schafiit, der während der Aschʿaritenverfolgung unter al-Kundurī mit einem Schreiben zugunsten der Verdächtigen eingetreten war.[183] In diesem berief er sich ebenfalls auf jenen Satz; manche Gelehrte kennten sich im Recht gut aus, andere seien in der Theologie besser bewandert; die Aschʿariten[184] hätten stets beide Gebiete gepflegt. Eine solche Unterschiedlichkeit der Forschungsziele habe der Prophet loben wollen.[185] Unser nächster Zeuge ist al-Ǧuwainī, der den Ausspruch vielleicht von al-Qāḍī al-Ḥusain al-Marwarrūḏī (gest. 1069), einem seiner Lehrer,[186] gehört hat. Al-Ǧuwainī führt die oben erwähnten Meinungsverschiedenheiten, die der Imam nicht beeinflussen solle, auf die Bemühungen der Gelehrten zurück, der Scharia Hinweise zur Subsumierung der unendlichen Fülle der Wirklichkeit unter die beschränkte Anzahl überlieferter Bestimmungen abzugewinnen.[187] Al-Ǧuwainīs Schüler Naṣr b. Ibrāhīm al-Maqdisī (gest. 1096)[188] soll sich dieses Ausspruches ebenfalls bedient haben.[189]

Angesichts dieser Belege kann man sich des Eindrucks nicht erwehren, daß die Gnade der Meinungsunterschiede von den Schafiiten zunächst beschworen wurde, um die gefährdete Stellung ihrer Schule, die im Osten nie das Übergewicht errang,[190] abzusichern. Vielleicht bei al-Ḥalīmī, bestimmt aber bei al-Ǧuwainī, geht es auch um die Eingrenzung der Befugnisse des Imams[191] und zugleich um die Begründung einer herausgehobenen, unantastbaren Stellung der Gelehrten. Der Imam muß für die Beschützung des wahren Glaubens, des Fundaments des Gemeinwesens, sorgen, wobei ihm die Gelehrten mit ihrer Sachkenntnis zur Hand gehen. Die Gestaltung des Alltags der Gläubigen obliegt dagegen völlig den Spezialisten der Scharia; ein tauglicher Imam muß kein „Muǧtahid" sein. Zwar ist es Brauch, daß das Oberhaupt des islamischen Gemeinwesens den Gottesdienst organisiert oder den Vollzug der Blutrache überwacht, aber dies können die Muslime in einer Zeit ohne Anführer sogar selber tun.[192]

Die Sicherung der Glaubensordnung im Innern des Reiches ist die wichtigste religiöse Amtspflicht des Imams. Dem Kampf für die Ausbreitung des Islams jenseits der Grenzen mißt al-Ǧuwainī augenscheinlich geringere Bedeutung bei. Er widmet diesem Thema nur einige knappe Bemerkungen. Gott habe seine Religion einerseits mit beweiskräftigen Argumenten, andererseits mit militärischer Schlagkraft versehen. Der Imam setze gegen die Ungläubigen beides ein, die Waffen freilich erst, wenn alle Versuche, eine Bekehrung mit Worten herbeizuführen, fruchtlos bleiben. Im übrigen zieht al-Ǧuwainī die Möglichkeit in Betracht, manche heidnischen Völkerschaften seien von sich aus dem Islam aufgeschlossen und warteten nur auf Missionare, die sie in der Botschaft unterwiesen. Der Imam solle eine derartige Gelegenheit nutzen und beredte Gelehrte aussenden.[193] In dieser Bemerkung mögen sich die Erfolge widerspiegeln, die seit dem ausgehenden 10. Jahrhundert bei den Türken Zentralasiens erzielt worden waren.[194]

Den religiösen stellt al-Ǧuwainī die weltlichen Aufgaben des Imams gegenüber. Diese überschneiden sich insofern mit den zuvor erörterten, als sie deren Umsetzung in die Wirklichkeit des Alltags ermöglichen. Das religiöse und das weltliche Moment islamischer Staatslenkung stehen nicht nebeneinander, im zweiten ist vielmehr die Konkretisierung des ersten zu erkennen. Sicherheit im Innern und Mehrung des Reiches sind die Überbegriffe, unter die sich die einzelnen Aufgabenbereiche des Imams einordnen lassen.[195] Das Herrschaftsgebiet des Islams ist durch einen ständigen heiligen Krieg auszudehnen. Die Religion, die Gott den Propheten lehrte, ist laut genug verkündet worden, so daß auch die Ungläubigen sie kennen. Nicht anders denn als Verstocktheit kann es gedeutet werden, daß sie immer noch an ihrem überkommenen Glauben festhalten. Also bekämpfe man die Widerspenstigen! Für den einzelnen Muslim ist die Teilnahme an diesem ununterbrochenen Kampf keine Individualpflicht, wohl aber für den Imam, der die Verantwortung für die Erfüllung aller von Gott dem Gemeinwesen auferlegten Gebote und Verbote trägt. Deswegen soll der Imam alles daransetzen, daß der heilige Krieg niemals abflaue.[196]

Der inneren Sicherheit dienen Maßnahmen zum Schutze gegen Räuber und Wegelagerer. Zur Schlichtung von Streitigkeiten ist das Rechtswesen zu unterhalten. Einen eigenen Bereich hierneben bildet die Strafjustiz, die der Imam übt; dank ihrer abschreckenden Wirkung soll sie gewährleisten, daß die Gläubigen sich eines sittlichen Lebenswandels befleißigen. Das Problem der sultanischen Strafen werden wir in anderem Zusammenhang noch einmal streifen. Schließlich hat der Imam Pflichten, die die Wohlfahrt der Untertanen sicherstellen sollen. Hierher gehört nicht nur die Unterstützung Bedürftiger, sondern auch die Übernahme der Vormundschaft für Waisen und alleinstehende Frauen. Damit alle diese Aufgaben wahrgenommen werden können, bedarf es regelmäßiger Einkünfte. Diese zieht der Imam aus der „Läuterungsabgabe",[197] einer festen Steuer, die die Muslime jährlich zu entrichten haben, sowie aus der beweglichen und unbeweglichen Kriegsbeute, von der ihm der fünfte Teil zusteht. Vermögen, für das sich nach dem Tod des Eigentümers kein Erbe findet, und herrenloses Gut fallen auch dem Imam zu. Nach islamischem Recht darf er jedoch nur über einen verschwindend geringen Satz der Einkünfte frei verfügen. Vier Fünftel seines Beuteanteils und das gesamte Aufkommen aus der „Läuterungsabgabe" sind klar umrissenen Verwendungszwecken zuzuführen.[198]

Die Aufgaben des islamischen Staates sind sehr umfangreich. Im übrigen trägt er eine allgemeine Fürsorgepflicht für alle Gläubigen, die ihren Lebensunterhalt nicht mit eigenen Mitteln bestreiten können.[199] Eine langfristige Planung des Haushalts mit dem Ziel, Einnahmen und Aufwendungen einander anzugleichen, galt vielen Gelehrten als unzulässig. Jedes Jahr müsse die Staatskasse restlos geleert werden; so seien schon die „Vier Rechtgeleiteten" verfahren. Al-Ǧuwainī möchte hingegen eine stetigere Finanzpolitik schaffen. Man halte ja auch Truppen unter Waffen, selbst wenn die Ungläubigen einmal keine Kampfeslust zeigen sollten. Gelder zu sparen, heiße, gleichsam eine Mauer um die Grenzposten zu ziehen. Diese Auffassung weise man häufig mit dem Argument zurück, der Imam könne doch im Notfall Mittel requirieren, wo immer er sie finde; mit anderen Worten, es bestehe die Möglichkeit, das Eigentum der Reichen zu beschlagnahmen.[200] Unter dem Vorwand moralischer Entrüstung – Reichtum kann doch nur unredlich erworben sein! – ist dieser Brauch offenbar gern geübt worden. Al-Ǧuwainī verdammt ihn aufs entschiedenste. Die Scharia bietet für derlei Willkür keine Handhabe, und nach der Scharia muß sich die islamische Staatslenkung in jedem Fall richten![201]

Was also tun, wenn die Kasse leer ist und der Feind mit einem Angriff droht? Die Truppen auf eine spätere Besoldung zu vertrösten, wird ihre Kampfkraft lähmen, glaubt al-Ǧuwainī, und die Soldaten mögen wegen schlechter Erfahrungen derartigen Versprechen gegenüber mißtrauisch geworden sein.[202] Daß die Ungläubigen auf das Gebiet des Islams vordringen, darf man auf keinen Fall in Kauf nehmen. Es bleibt nur die Möglichkeit einer Sonderabgabe, die den Wohlhabenden auferlegt werden muß. Wie ist eine derartige unvermeidliche Maßnahme mit der Scharia zu rechtfertigen? Wie die Altvorderen, die auch nicht immer auf fertige Lösungen zurückgreifen konnten, müssen jetzt die Nachgeborenen das göttliche Gesetz schöpferisch auslegen, und das bedeutet in diesem Fall: Wenn ein Imam das Gemeinwesen leitet, muß er begüterte Muslime ansprechen und von ihnen verlangen, daß die die ,,Pflicht der ausreichenden Anzahl" zur Verteidigung des Islams auf sich nehmen und der Staatskasse Gelder spenden. Sollte kein Imam herrschen, müssen die Gläubigen aus eigenem Antrieb Sonderabgaben einziehen. Jedermann ist entsprechend seinem Leistungsvermögen zu belasten.[203] Ist es nur in Ausnahmefällen notwendig, eine Sonderabgabe zu erheben, mag diese als Anleihe betrachtet werden. Muß man aber damit rechnen, daß – etwa wegen der großen Ausdehnung des Reiches und der wachsenden Zahl äußerer Feinde oder wegen eines Anstiegs des Räuberunwesens – der Imam auf unabsehbare Zeit außergewöhnliche Anstrengungen zu unternehmen hat, dann wird es sich nicht mehr um Anleihen, sondern um eine regelrechte Steuer handeln. Al-Ǧuwainī billigt dem Imam eine Steuerhoheit zu, die sich aus dem Grundsatz der Scharia herleitet, der Schutz des Reiches sei eine ,,Pflicht der ausreichenden Anzahl" und müsse in jedem Fall gewährleistet sein.[204]

Dies sind die beiden Fingerzeige, die die Scharia demjenigen gibt, der in der geschilderten Lage dem Staat dringend benötigte Mittel zuführen will. Das von al-Ǧuwainī im ,,Buch des Beweises" beschriebene Verfahren, eine ,,Analogie der Ähnlichkeit" nach Maßgabe der Gemeinschaftsbezogenheit zu bilden,[205] scheint hier angewendet worden zu sein, um ein Recht auf fiskalische Anordnungen zu begründen, die in der Scharia nicht ausdrücklich genannt werden: Regelmäßig von Muslimen erhobene Steuern ,,ähneln" der ,,Läuterungsabgabe", die im übrigen nur für das Wohl der Gemeinde aufgewendet werden darf, nämlich zur Unterstützung der Bedürftigen, für die Besoldung der Amtsträger, für den Heiligen Krieg und den Gewinn neuer Anhänger unter den Ungläubigen.[206] Den Gesichtspunkt der Gemeinschaftsdienlichkeit unterstreicht al-Ǧuwainī am Schluß dieser Erörterung noch einmal, ehe er sich, wie schon vermerkt, gegen willkürliche Enteignungen ausspricht: ,,Ich halte es nicht für richtig, daß der Imam die Hand auf Güter der Muslime legt, um in jeder (beliebigen) Gegend ein Kastell zu errichten, um einen Schatz zu horten und um Ruhm und Prestige zu erwerben, sondern er trifft die genannten Maßnahmen, damit über einen längeren Zeitraum die (erforderlichen) Ressourcen bereitstehen." Sollte die Kriegsbeute ausreichen, kann die Sonderabgabe abgeschafft werden. ,,Erbarme sich Gott des Lesers dieses Kapitels, der es gerecht und ausgewogen beurteilt und weder (blinder) Nachahmung (früherer Ansichten) verhaftet ist, noch es unbesonnen verwirft! Denn was dieses Kapitel enthält, ist der kürzeste Weg ... zur Wahrheit."[207]

Sechster Einschub: Der Gelehrte als Mufti

Die islamische Staatslenkung, die al-Ǧuwainī in der ,,Hilfe der Völker" beschreibt, entsteht aus dem engen Zusammenwirken der Scharia-Gelehrten. Im Idealfall kennt sich der taugliche Imam im göttlichen Gesetz aus; aber auch dann wird er auf die Gelehrten nicht verzichten können. Denn wie sollte er allein die vielfältigen Fragen beantworten, die sich aus der Notwendigkeit ergeben, die Wirklichkeit in Staat und Gesellschaft der Scharia unterzuordnen? Dies übersteigt die Kraft eines Menschen bei weitem. Hier öffnet sich das Tätigkeitsfeld der Gelehrten, die der Imam unterstützen soll, ohne daß er sich in ihre Arbeit einmischen darf. Daß ihre Meinungsverschiedenheiten, ein Gnadengeschenk Gottes an die Gläubigen, zu einer Schwächung des islamischen Staates führen könnte, ist nicht zu befürchten, solange sie bei der Lösung ihrer Probleme der von al-Ǧuwainī aufgezeigten Methode des Analogieschlusses folgen, die die Gemeinschaftsdienlichkeit zum obersten Prinzip jeder Entscheidung erhebt. In al-Ǧuwainīs Lehre von den Analogieschlüssen erkennen wir die theoretische Fundierung der Rolle, die er den Scharia-Gelehrten bei der islamischen Staatslenkung vorbehält. Ohne den Zwang, die Belange des Gemeinwesens zu allererst zu beachten, müßte die dem Alltag abholde Gedankenspielerei, der man ohnehin zur Genüge huldigte,[208] ganz die Oberhand gewinnen.

In einer Zeit, in der der Imam entheiligt und die in der Offenbarung und Überlieferung wurzelnde Scharia zum Garanten der Heilsgewißheit der Muslime geworden ist, in einer Zeit, in der sich die Frommen durch immer neue Gehorsamsleistungen ihrer Anwartschaft auf das Paradies versichern, werden die Fachmänner des göttlichen Gesetzes immer wieder mit den Schwierigkeiten konfrontiert, die aus dem Bestreben der Gläubigen folgen, in allen Lebensfragen die Scharia als alleingültige Richtschnur ernstzunehmen. Es wächst den Gelehrten eine Aufgabe zu, die unter einem Imamat, das als Instanz der Sicherung des Heils diente, in solchem Umfang noch nicht vorhanden war. Sowohl der Herrscher als auch die Masse der Muslime – ,,Ungebildete" – verlangen nach dem Rat der Gesetzeskundigen. Gelehrtentätigkeit wandelt sich von einer Privatangelegenheit zu einem für Staat und Gesellschaft notwendigen Beruf. Al-Ǧuwainī war Zeuge dieses Umbruchs, und er zog Gewinn aus ihm, gehörte er doch zu denen, die sich jetzt der Förderung durch das Sultanat erfreuen konnten. Nicht mehr nur als Richter, der in Streitfällen ein Urteil spricht, war der Scharia-Kenner ein gefragter Mann, sondern auch als Mufti, als Gutachter in den zahllosen Einzelproblemen, die außerhalb aller Gerichtsbarkeit lagen. Noch al-Māwardī hatte im Erteilen eines Gutachtens – eines Fetwas – eine private Tätigkeit erblickt, die im Gegensatz zur Rechtsprechung auch von einem Sklaven vollzogen werden konnte. Zum Lehrvortrag und zum Erteilen von Auskünften verweilen die Gelehrten meist in der Moschee; wird diese vom Staat unterhalten, dann gehört es sich, meint al-Māwardī, daß man sich von zuständiger Seite eine Erlaubnis verschafft, ehe man mit der Tätigkeit beginnt, die augenscheinlich einen inoffiziellen Charakter trägt. Der Richter dagegen sollte einen von der Moschee getrennten Amtssitz haben.[209] – In al-Ǧuwainīs „Hilfe der Völker" rechnen die Muftis neben den Organen der Rechtspflege zu den Empfängern von Gehältern, die aus dem Geld zu zahlen sind, über das der Imam frei verfügen kann.[210] Sie haben also einen offiziellen Status erlangt.

Sobald es ein weithin geübter Brauch geworden war, daß man Gelehrte um etwas anging, entdeckte man natürlich dessen Ursprung schon in der prophetischen Urgemeinde. In den Belegen, die man hierfür zusammentrug,[211] kommt die betreffende Wortwurzel zwar vor, bezeichnet aber ganz allgemein die Belehrung in Angelegenheiten des Glaubens. Im 9. und im frühen 10. Jahrhundert, als die großen Sammlungen der Sunna entstanden, galt das Erteilen von Fetwas – oder besser: von Auskünften – als etwas anrüchig und waghalsig, und man ließ Muḥammad warnen: „Wer unter euch den größten Mut zur Auskunft hat, hat auch den größten Mut zur Hölle!"[212] Ad-Dārimī (gest. 869) hat seinem Buch mit Überlieferungen vom Propheten und von den Gefährten eine Einführung vorangestellt, in der er sich gerade mit diesem Thema auseinandersetzt. Fromme Skrupelhaftigkeit ist es, die dem Gelehrten äußerste Zurückhaltung auferlegt, wenn sich für eine Frage weder Koranvers noch Sunna-Norm auffinden lassen.[213] Bohrendes Forschen habe Muḥammad verabscheut, und dem Gottesfürchtigen zieme es sich, in allen Fällen nicht zu antworten, in denen er kein sicheres Wissen habe. „Warum äußerst du nichts über die Ehescheidung?" fragte man einst Saʿīd b. Ǧubair (gest. 713), einen Kenner der Überlieferung des Rechts. „Ich möchte nicht etwas Verbotenes erlauben und umgekehrt", begründete er sein Schweigen.[214] Eben diese Furcht war es, die die frühen Vertreter der Ḥadīṯ-Gelehrsamkeit dazu trieb, sich mit allen Mitteln, sogar mit der Vortäuschung schwerer körperlicher Leiden, vor der Übernahme eines Richteramtes zu drücken.[215] Man glaubte fest, daß der Koran und die Sunna das ganze Leben des Muslims bestimmen sollten, aber man spürte, daß zwischen dieser Forderung und der Wirklichkeit noch ein Abgrund klaffte, den man nicht zu überbrücken wußte. Eine eigene Entscheidung treffen, über etwas reden, das zuvor noch nie behandelt worden war, das wollte man – im Gegensatz zu den Hanafiten[216] – auf gar keinen Fall.[217] Gerade das hätte man wagen müssen, wenn man sich darauf eingelassen hätte, Auskünfte zu erteilen. Es wird deutlich, welch gewaltige Arbeit aš-Šāfiʿī und seine Schüler leisteten, indem sie Werkzeuge schufen, mit deren Hilfe Offenbarung und Überlieferung so ausgewertet werden konnten, daß der umfassende Geltungsanspruch der Scharia auch verwirklicht werden konnte.

Jetzt, als al-Ǧuwainī schrieb, war diese Arbeit im wesentlichen abgeschlossen; der Mufti konnte seine Tätigkeit aufnehmen, ohne befürchten zu müssen, in den Schlund der Hölle zu stürzen. Im „Buch des Beweises" zeichnet al-Ǧuwainī eine Tradition des Fetwas auf, die von den „Vier Rechtgeleiteten Kalifen" über andere Prophetengefährten bis zu aš-Šāfiʿī reicht. Abū Ḥanīfa wird ausdrücklich ausgeschlossen; er sei des Arabischen nicht mächtig gewesen, habe deswegen keinen unmittelbaren Zugang zu den Quellen gehabt.[218] Hier wird der Abstand zu ad-Dārimī deutlich: Ein Fetwa im neuen, fachspezifischen Sinn ist nicht eine Auskunft, die die persönliche Beurteilung eines Problems wiedergibt, es ist eine den Rechtsquellen unter Befolgung einer bestimmten Methode abgewonnene Aussage, ein der wissenschaftlichen Überprüfung zugängliches Gutachten etwa.

Wie sieht es in der Praxis aus? Ein willkürlich ausgewähltes Beispiel soll dies verdeutlichen. As-Subkīs Vater erhielt einmal die folgende Anfrage: „Was sagt ihr über das Schachspiel? Ist es erlaubt oder verboten? Freilich fragen wir euch nicht nach der bekannten Ansicht eurer Rechtsschule, nämlich daß es nicht verboten ist. Vorurteilslos zu prüfen ist vielmehr der Beweis hierfür, und das Fetwa hernach erkläre, inwiefern ihr (mit eurer Antwort) den Herrn der Welten verehrt! Wir bitten um ausführliche Beantwortung und um Darlegung, ob man unter den Gefährten des Propheten und in der Nachfolgegeneration Schach spielte. Es wird ja überliefert, daß Abū Huraira und andere von ihnen Schach spielten." – Es geht um die Gottgefälligkeit dieses Zeitvertreibs, ein Problem, das die Rechtsprechung nichts angeht, das aber für den Gläubigen, der um die Vermehrung seiner Gehorsamsleistungen ringt, von brennendem Interesse ist. Der alte as-Subkī gab die Anfrage an seinen Sohn weiter, der sie, gleichsam als Übung, bearbeiten sollte und das Ergebnis später stolz in einem seiner Werke zur Geschichte der schafiitischen Rechtsschule zitiert.

As-Subkī junior stellt die nach seiner Ansicht richtige Entscheidung an den Anfang seines Gutachtens: Das Schachspiel ist weder ausdrücklich verboten, noch erlaubt; es ist zu verabscheuen.[219] Dann folgt die Begründung: Wer dieses Spiel für erlaubt hält, stützt sich offenbar darauf, daß es schon in der Frühzeit des Islams betrieben wurde. Die diesbezüglichen Nachrichten entnimmt as-Subkī einer Schrift, die der Literat aṣ-Ṣūlī (gest. 946) verfaßt hat. Auch der uns bekannte al-Baihaqī, der Verteidiger der verfolgten Aschʿariten, wird mit Überlieferungen zitiert; in einer berichtet aš-Šāfiʿī, daß Saʿīd b. Ǧubair diese Kunst „hinter dem Rükken", d. h. „blind" beherrscht habe. As-Subkī spricht diesen Ḥadīṯen ihre Beweiskraft ab, indem er die Überliefererketten bemängelt; insonderheit diejenige, unter der al-Baihaqī über Saʿīd berichtet, sei derart, daß sogar „ein Besessener aufwacht, wenn sie ihm vorgetragen wird". Nach den Befürwortern des Schachspiels kommen die Gegner an die Reihe. Sie führen Aussprüche ʿAlī b. abī Ṭālibs ins Feld: Schach sei dem – im Koran verbotenen[220] – Glücksspiel zu vergleichen. „Was sind das für Bildwerke, mit denen ihr euch so eifrig abgebt?" fragt Gott die Götzendiener in Sure 23,52. Könnten nicht auch die Schachfiguren gemeint sein? Diese Äußerungen enthalten bei genauerem Hinsehen kein Verbot, sondern nur eine Zurechtweisung. Man nimmt Anstoß daran, daß „Fußsoldaten", „Pferde", „Elefanten", die den Bauern, Springern und Türmen des heutigen Spiels entsprechen, Geschöpfen Gottes nachgebildet sind, und hierin spürt man eine Beleidigung des Schöpfers. Schon aṣ-Ṣūlī hatte diesem Tadel die Spitze nehmen wollen, indem er hervorhob, daß man mittlerweile abstrakte Figuren verwende. Einen weiteren gewichtigen Grund bringen die Gegner des Schachspiels bei; mit dem Hinweis auf eine Änderung der Figuren ist er nicht zu entkräften: Der Prophetengenosse ʿAbdallāh b. ʿUmar soll gesagt haben: „Schach ist noch übler als Trick-Track!" As-Subkī bleibt gelassen: Trotz dieses barschen Wortes wissen wir nicht, wie Ibn ʿUmar über das Trick-Track dachte; vielleicht hielt er es sogar für erlaubt! Bei der Frage, ob man Schach spielen dürfe, handelt es sich offensichtlich um ein Problem, das mit eigener Anstrengung zu lösen ist, eben weil ein verbindlicher Quellentext fehlt. Wenn Ibn ʿUmar zum Verbot neigte, so stehen dieser Entscheidung auch gegenteilige Aussagen von Prophetengenossen gegenüber. Laut aš-Šāfiʿī kann bei solcher Lage der Quellen kein Ausspruch eines Gefährten als beweiskräftig gelten. Im übrigen enthält der Vergleich Ibn ʿUmars kein Tertium comparationis und ist deshalb nie dem äußeren Wortsinne nach zu verstehen; er bedarf immer einer Interpretation, also taugt er nicht als Beweis. Schließlich nennen die Gegner ein Wort Muḥammads: „Wenn du bei diesen Leuten vorbeikommst, die Pfeile losen, Schach und Trick-Track spielen, entbiete ihnen nicht den Friedensgruß". Hier ist es wieder die schlechte Überliefererkette, die as-Subkī veranlaßt, es nicht weiter in Erwägung zu ziehen. – Befürworter und Gegner des Schachspiels haben keine Argumente – oder besser: keine Textzeugen –, die nach kritischer Prüfung ein sicheres Urteil ermöglichen. Also ist das Schachspiel zulässig.[221] Da es aber auch nicht eindeutig erlaubt ist und zudem manche Aspekte aufweist, die es mit islamischen Glaubenslehren in Widerstreit bringen können – Verbot des Glücksspiels, Scheu vor der figürlichen Darstellung der göttlichen Schöpfung –, sollte man es meiden, wenn man sich von allem fernhalten möchte, was einen bei Gott in Mißkredit bringen könnte. Sollte man dem Spiel freilich derart verfallen sein, daß man darüber die kultischen Pflichten vernachlässigt, dann ist es in jedem Fall verboten.[222]

Im 14. Jahrhundert, als as-Subkī schrieb, war ein sorgfältig auf den überlieferten Texten aufgebautes Fetwa das Übliche. Einige Bemerkungen al-Ǧuwainīs belegen, daß man zu seiner Zeit noch davor warnen mußte, Gutachten nach bloßen Erwägungen der Nützlichkeit zu verfassen, frei von der Bindung an die überlieferten Quellen. Er mußte für den Grundsatz, Auskünfte seien nach den verbürgten Texten auszuarbeiten, noch werben. Ein andalusischer Rechtsgelehrter, der Schule des Mālik b. Anas angehörig, wurde einst vom Herrscher – gemeint ist vielleicht der spanische Omaijade ʿAbd ar-Raḥmān b. al-Ḥakam (reg. 822–852) – nach der Sühneleistung gefragt, die zu erbringen sei, wenn man im Fastenmonat entgegen dem Gesetz tagsüber die Freuden des Geschlechtsverkehrs genieße. „Ein ununterbrochenes Fasten von zwei Monaten", lautete die Antwort, die gänzlich außerhalb der Scharia lag. Dort wird nämlich die Freilassung eines Sklaven verlangt. Als man den Gelehrten deswegen zur Rede stellte, erwiderte dieser, für einen König sei letzteres eine allzu geringe Buße; da könne er fröhlich sündigen! Ein schmähliches Fetwa, erregt sich al-Ǧuwainī, das seinem Erfinder einen Platz in der Hölle sichert! Hätte jener Malikit seinen Herrscher von frivolem Tun abhalten wollen, hätte er ihm die entsetzlichen Folgen des göttlichen Zorns vor Augen führen sollen. Niemals aber hätte die Scharia mißachtet werden dürfen.[223]

Überhaupt berge die malikitische Auffassung von der Anwendung der Scharia manche Gefahr in sich, meint al-Ǧuwainī. Denn die Malikiten gewährten dem Herrscher bei der Ausübung der Macht zuviel freie Hand. Unter al-Ǧuwainīs Zeitgenossen hatte die Meinung Anklang gefunden, nur nach malikitischem Recht sei es möglich, die Ordnung des Reiches zu festigen, denn nur diese Schule erlaube dem Sultan, Strafen nach eigenem Gutdünken zu verhängen. Man überlieferte ein Wort Māliks: „Dem Imam steht es frei, ein Drittel der islamischen Gemeinschaft zu töten, um zwei Drittel auf den rechten Weg zu bringen." In der Frühzeit des Islams hätten sich die Gläubigen aus innerer Bereitschaft dem Gesetz gefügt; nun, wo diese glücklichen Umstände längst der Vergangenheit angehören, bedürften sie der Zuchtrute.[224] Dieser Gedanke ist im Grunde eine Folgerung aus der Entheiligung des Imamats, und er berührt sich durchaus mit al-Ǧuwainīs Lehre von der Führerschaft des Tauglichen.[225] Wir sahen aber, daß al-Ǧuwainī sich scheut, nach der Verweltlichung der Machtausübung auch die Weltlichkeit ihres Zweckes einzuräumen. Die Folge eines solchen Schrittes wäre natürlich, daß der Islam zu einer Ideologie verkümmern würde und widerspricht deshalb dem unveräußerlichen Grundsatz dieses Glaubens, das Gemeinwesen sei die sichtbare Gestaltung der Religion. Also beharrt al-Ǧuwainī auf der Verwirklichung der gottgegebenen Scharia als dem alleinigen Ziel aller islamischen Machtausübung. Dann aber bleibt das herrscherliche Handeln jenseits aller Nützlichkeit und Zweckmäßigkeit, gleich wie die Scharia nicht aus Zwecksetzungen abgeleitet werden kann, die den Menschen vernünftig erscheinen. Auf diesen Grundsatz, den wir im Kapitel über das Recht erörterten,[226] weist al-Ǧuwainī ausdrücklich hin, nachdem er die malikitische Großzügigkeit bei den Strafen abgelehnt hat.[227]

Die eigenständigen, frei erteilten Auskünfte sind es, die jeder Gelehrte meidet, der erkannt hat, daß die Scharia allumfassend sein muß; denn es wäre kaum möglich, eine deutliche Grenze zu ziehen zwischen Bereichen, die ihr unterliegen, und anderen, in denen der Mensch frei walten kann. Im übrigen würde dies dem uneingeschränkten Herrschaftsanspruch Gottes zuwiderlaufen. Nein, die Scharia ist für jedes Vorkommnis, das sich ereignet hat, zuständig.[228] Das ist der Gesichtspunkt, unter dem al-Ǧuwainī im „Buch des Beweises" den gleichen Streit mit Mālik b. Anas ausficht.[229] Welchen Sinn hätte es überhaupt, einen Mufti in einer schwierigen Angelegenheit zu Rate zu ziehen, wenn dieser einfach seine eigene Ansicht wiedergäbe, nur weil er gerade keinen passenden Koranvers, keine geeignete Überlieferung finden könne? Die Aufgabe des Muftis liegt in der Annäherung des fraglichen Falls an den verbürgten Inhalt der Scharia, und dies geschieht häufig – wir wissen es schon – mit Hilfe der Methoden der Analogiebildung.[230]

Die Beschreibung der Tätigkeit des Muftis ist daher nichts anderes als eine knappe Wiederholung der Lehre von den Autoritätsstufen der Quellentexte: eindeutige Aussagen des Korans; Verse der Offenbarung, deren Inhalt sich nur dem erfahrenen Kenner des Arabischen erschließt; Verse, deren Bedeutung aus einer Bemerkung des Propheten erhellt; die sicher bezeugten Worte und Handlungen Muḥammads; die Handhabung der Analogie, wobei vor letzterer noch der Consensus einzufügen wäre. Aš-Šāfiʿī habe über den Mufti gesagt: „Wer das Buch Gottes kennt, insofern es ein eindeutiger Text ist und insofern etwas erschlossen werden kann, dem gebührt die Führerschaft im Glauben!"[231] Noch deutlicher wird das Verfahren, mit dem der Mufti seine Ergebnisse erzielen soll, in einer Überlieferung bei ad-Dārimī geschildert: Man schaue zuerst nach, ob der Koran eine Lösung biete; wenn nicht, studiere man die Sunna; wenn auch hier keine Bestimmung zu finden ist, überprüfe man, ob der Consensus der Gefährten eine brauchbare Aussage bereithält; ist auch dies nicht der Fall, müsse man sich selber um ein Ergebnis bemühen, was möglich sei, da „erlaubt" und „verboten" bekannt seien.[232] Al-Ǧuwainī lehrte, daß die Anwendung der Analogie die richtige Methode sei, diese letzte Lücke zu schließen.[233]

Wenn der Gelehrte, der jemandem eine Auskunft erteilt, in dieser Weise vorgeht, dann in der Tat muß jedes Fetwa nicht zu mehr Unterschiedlichkeit in der Glaubenspraxis und dem Alltag der Muslime führen, sondern zu mehr Übereinstimmung und Gewißheit – jedenfalls in der Theorie! Der Mufti wird dem höchsten Ziel islamischer Staatslenkung, der Einheit des Handelns, Wollens, Denkens aller Muslime einen unschätzbaren Dienst erweisen. Deshalb mische sich der Herrscher nicht in seine Tätigkeit! Denn die Meinungsverschiedenheiten, mit denen die Rechtsgelehrten noch ringen, sind nur ein Zeichen dafür, daß der Islam in die Zeit seiner Vollendung eintritt: Die Einheitlichkeit ist in den sicher verbürgten Rechtsquellen schon vorhanden, sie ist nur noch nicht sichtbar. „Der kritisch Prüfende möge wissen, daß der Grund für die meisten Streitfälle darin liegt, daß die Forscher mit ihrer Untersuchung haltmachen, ohne sie zu Ende zu führen ... Gelänge es ihnen, die Zielpunkte (auf die eine Frage hinweist) ganz zu erfassen, hätte ihre Meinungsverschiedenheit keinen Sinn mehr", schreibt al-Ǧuwainī einmal im „Buch des Beweises".[234]

4. Das Ende der eigenen Urteilsfindung

Wer ein Gutachten erteilt, wird also keineswegs Unsicherheit und Ungewißheit in das Gefüge des Islams tragen. Das ist al-Ǧuwainīs feste Überzeugung, die er gegen Ibn al-Bāqillānīs Pessimismus setzt. Der hatte behauptet, da kein Analogieschluß sicheres Wissen vermittele, könne man auch nicht einen gegen den anderen abwägen und schließlich einen als die beste Lösung bezeichnen. Al-Ǧuwainī suchte einen derartigen Relativismus mit der Lehre von der Gemeinschaftsbezogenheit der Analogien aufzufangen. Denn Ibn al-Bāqillānīs Bemerkung bringt das ganze Gebäude der „islamischen Staatslenkung" in Gefahr. Sie bliebe ohne wirkliche Bedeutung, wenn man nicht gewährleisten könnte, daß jede ihrer Maßnahmen der Scharia entspricht. Auch die Hoffnung auf in Kürze sich einstellende Einheitlichkeit wäre vergebens, und die Meinungsverschiedenheiten der Gelehrten wären alles andere als Gnade. Wer um die Entscheidung eines Rechtsfalles ringe, habe immer schon ein Ziel im Auge, betont al-Ǧuwainī und meint damit jenen Bezug auf das Gemeinwesen, den er in seiner Theorie der Analogien herausgearbeitet hat.[235]

Wie schon im Streit um das vermeintliche Ende der „Belastung"[236] möchte al-Ǧuwainī die, wie er glaubt, völlig verfehlte Auffassung jenes großen Aschʿariten am liebsten aus den Annalen der Rechtsgeschichte tilgen, denn eigene Urteilsfindung ist möglich, und trotzdem ist ihr Ergebnis nicht beliebig. Die von ad-Dārimī und seinen Gewährsleuten befürchtete Offenheit der Entscheidungen gibt es bei al-Ǧuwainī gar nicht. Dies wird deutlich, wenn al-Ǧuwainī die Fähigkeiten aufzählt, die einen Mufti ausmachen: Er soll die Bestimmungen der Scharia leicht begreifen; deshalb muß er die arabische Lexikographie und die Wissenschaft von der Auslegung des Korans durch Überlieferung beherrschen. Schon im Ḥadīṯ braucht er kein Fachmann zu sein; es genügt, daß er die kanonischen Sammlungen, Früchte einer langen sichtenden Tätigkeit, zu handhaben weiß. Daneben soll er die Lehre von den Rechtsquellen kennen und ein Gespür für das Wesen der Menschen und die juristische Seite des Alltags haben.[237] Von der Fähigkeit, zu Ansichten vorzustoßen, die über das von den Quellen Vorgezeichnete hinausführen, ist nicht die Rede.

An einer anderren Stelle im „Buch des Beweises" bezieht sich al-Ǧuwainī auf aš-Šāfiʿīs Beschreibung des Verfahrens der Entscheidungsfindung; al-Ǧuwainī spricht dabei in anachronistischer Weise schon vom Mufti: „Wenn sich etwas zuträgt und dies denjenigen, der eine eigene Lösung sucht,[238] nötigt (eine Bewertung der Scharia hierfür) zu finden, dann soll er zuerst die eindeutigen Texte des Korans überprüfen. Findet er dort einen Weg, der auf eine Bewertung hinweist, hat er sein Ziel erreicht. Fehlt ihm ein solcher weiterhin, steigt er zu den eindeutigen Texten der von vielen Seiten überlieferten Nachrichten hinab. Entdeckt er ihn dort, ist es gut. Sonst steigt er weiter hinab, zu den Einzelnachrichten. Stößt er dort auf etwas von der gesuchten Bedeutung, ist es gut. Anderenfalls wendet er sich nunmehr den ‚offenkundigen' Textstellen des Korans zu. Wenn er eine derartige (passend) findet, verfährt er ihr entsprechend erst, nachdem er nach spezifizierenden Belegen geforscht hat und wenn ihm ein solcher aufscheint, unterläßt er es, entsprechend dem Inhalt des ‚offenkundigen' Textes zu verfahren. Sollte ihm im Koran kein ‚offenkundiger' Text begegnen, steigt er zu einem solchen in der Gattung vielfach bezeugter Nachrichten hinab (und findet einen Hinweis auf die gesuchte Bewertung) – wiederum vorausgesetzt, die betreffende Überlieferung ist nicht spezifiziert. Und schließlich (mag er) zu den Einzelnachrichten (‚offenkundigen' Inhalts ohne Spezifizierung) gelangen. Findet er das Gesuchte auf keiner dieser Stufen, geht er trotzdem noch nicht zur Analogiebildung über, sondern überprüft zunächst noch die generellen Tendenzen des Gesetzes und ihre allgemeinen Belange." Aš-Šāfiʿī habe in diesem Zusammenhang die Tötung mittels eines schweren, stumpfen Gegenstandes dem Recht der Blutfehde unterworfen, obwohl die überlieferten Bestimmungen es offenlassen, wie jenes Delikt zu bewerten sei und ausdrücklich nur die Tötung mit einem spitzen, scharfen Gegenstand erwähnt. Die Sicherung des Gemeinwohls, hier die Abschreckung gegen Gewalttaten, ist eine generelle Tendenz der Scharia. – Sei auch aus dem allgemeinen Behuf der Scharia keine Bewertung zu gewinnen, müsse der Consensus der Gefährten in Betracht gezogen werden, und erst ganz zuletzt dürfe man zu Analogien übergehen, unter denen wiederum diejenige der Ähnlichkeit den letzten Rang einnehme.[239]

Aus dieser Schilderung der Verfahrensweise eines „selbständig Suchenden" wird ohne weiteres deutlich, daß „eigene Entscheidungsfindung" für al-Ǧuwainī nichts anderes ist als die Subsumierung eines Falles unter die ein für allemal feststehenden Vorschriften der Scharia.[240] Daher also rührt al-Ǧuwainīs Gewißheit, daß die Bemühungen der Rechtsgelehrten letzten Endes ein einheitliches, in sich stimmiges Gefüge von Regeln zu Tage fördern werden, das die Wirklichkeit der islamischen Gemeinschaft endgültig und umfassend ordnen und der Staatslenkung unverrückbare Ziele setzen wird. Wie wir andeuteten, konnte es in einer früheren Phase der islamischen Geschichte eine derartige Vorstellung noch nicht geben; sie war wegen der ganz anders gearteten Auffassung vom Imamat unnötig und wegen der noch nicht vollendeten Umwandlung der Rechtswissenschaft zu einer Textgelehrsamkeit unmöglich. Daß al-Ǧuwainīs Denken auch auf diesem Feld von einem tiefgreifenden geistigen und gesellschaftlichen Umbruch bestimmt ist, zeigt eine Abhandlung, die er dem Problem der „selbständigen Suche" gewidmet hat. Die beängstigende Tatsache, daß nicht alle „Sucher", die sich mit einer Frage beschäftigen, zu ein und demselben Ergebnis gelangen, war schließlich nicht mit einer noch so genauen Festlegung der Verfahrensweise aus der Welt zu schaffen. Welcher „Sucher" hat aber in einem gegebenen Fall recht? An wen soll sich der Gläubige halten, der Rat erbittet?

In den Grundlagen des Glaubens ist „selbständige Suche" unzulässig, erklärt al-Ǧuwainī;[241] andere als die offenbarten Dogmen können nicht gefunden werden; es geht nur darum, sich ihren Inhalt mit dem Verstand klarzumachen. Wer sich zur Suche neuer Lehren erkühnt, spaltet die Gemeinde und verfehlt das Heil. Lediglich in Fragen, deren Lösungen den Grad der Wahrscheinlichkeit nicht zu übersteigen brauchen, also in Fragen der Scharia, ist „selbständige Suche" denkbar. Alle, die die Anwendung der Analogie verwerfen – gemeint sind vermutlich die Hanbaliten, die sich ganz auf die überlieferten Quellen stützen möchten –, lehren, daß nur einer der vielen Sucher bei einem bestimmten Problem das Richtige treffe; die übrigen versündigten sich wegen ihrer Fehlentscheidung. Dies ist eben jene Haltung, die ein Teil der Überlieferungen ausdrückt, die ad-Dārimī gegen das Erteilen von Fetwas zitierte. Unter den Befürwortern der Analogie vertreten natürlich nur wenige eine so schroffe Meinung. Die meisten glauben nicht, daß eine falsche Entscheidung Sünde sei. Damit sich jedoch der „Ungebildete" auf den Rat, den er eingeholt hat, verlassen kann, müßte jede Auskunft insofern richtig sein, als sie einen gangbaren Weg zur Erfüllung der Scharia aufzeigt. Aš-Šāfi'ī hat sich hierzu offensichtlich nicht eindeutig geäußert. Viele seiner Anhänger glauben, er habe gelehrt: „Jeder, der (die Fähigkeit zur) eigenen Suche hat, ist zu ihr verpflichtet und auch dazu, auf die Wahrheit zu stoßen und einen Beweis aufzurichten, der zum Wissen um (die Lösung jener Frage) führt, deren (Entscheidung) ihm auferlegt wurde. Wenn er das Richtige trifft, fällt ihm (im Jenseits) doppelter Lohn zu; verfehlt er es, so wird ihm dies nicht zur Last gelegt, denn der Beweis war ihm verschlossen geblieben."

Andere glauben, ihren Meister so verstanden zu haben: „Es gibt keinen Beweis für das Richtige, der zu (sicherem) Wissen führt, sondern es ist dem Wahrscheinlichen gleich, auf das man unverhofft stößt..." Nach dieser Auffassung hätte jeder, der eigenständig sucht – und auf irgendeiner Stufe der Quellen eine passende Bewertung trifft –, mit seinem Ergebnis recht, und die Anstrengung an sich, die er auf sich lädt, um einen Sachverhalt unter die Bestimmungen der Scharia einzuordnen, wäre schon die Erfüllung der Pflicht, die ihm, dem zur Suche Befähigten, obliegt.[242] Diese Ansicht, wir ahnen es, kommt derjenigen nahe, die al-Ǧuwainī unterstützt.[243] Denn sie allein befreit die Gelehrten der Scharia von der Angst vor dem Irrtum und erhebt sie zugleich zur unangefochten führenden Schicht des islamischen Staates, der vom tauglichen Imam regiert wird; nur wer diese Auffassung anerkennt, vermag im Streit der Scharia-Fachleute, aus dem sich der Imam herauszuhalten hat, ein Zeichen von Gnade zu finden. Al-Ǧuwainī beschwört das Vorbild der Prophetengenossen. Nie hätten sie einander wegen unterschiedlicher Ergebnisse der Suche herabgesetzt oder bekämpft; nur größte Ehrerbietung hätten sie für einander empfunden.[244] Aber al-Ǧuwainī muß noch weiter gehen; es gilt doch auch, dem Frager Beachtung zu schenken! Nicht bloß im Hinblick darauf, daß ein Sucher die Pflicht des Forschens auf sich nimmt, ist er im Recht; dies würde allein den Gläubigen eine Mehrung ihrer Anwartschaft auf das Paradies verbürgen, die zufällig an jemanden geraten sind, der ihnen die richtige Auskunft erteilt hat. Man könne niemals sicher sein, schreibt al-Ǧuwainī, daß ein Sucher wirklich alle in Frage kommenden Belege prüfe und schließlich die Hinweise auf die zu ermittelnde rechtliche Bewertung vollständig durchdenke. Wie wir schon sahen, glaubt al-Ǧuwainī, daß Flüchtigkeit der Grund für die meisten Zwistigkeiten sei. Ein oberflächlicher vorschneller Sucher erfülle aber kaum die Pflicht, die ihm aufgetragen sei, so daß die These, das Suchen selber genüge schon, als irreführend abgewiesen werden müsse. Der Blick richte sich stets auf das Ergebnis der Suche; und damit dieses sorgfältig ermittelt werde, sei der Sucher gehalten, es auch für sich selber als verbindlich anzusehen und es zu befolgen. Dies ist für al-Ǧuwainī anscheinend die entscheidende Voraussetzung, die alle Leichtfertigkeit ausschließen soll. Im übrigen mag die aschʿaritische Deutung alles Diesseitigen – des Ergebnisses der ständig wirkenden Schöpferkraft Gottes – von der Voraussetzung her, daß es ein endgültiges Faktum geworden ist und in sich nicht die Möglichkeit der Weiterentwicklung birgt,[245] einen solchen Standpunkt begünstigen.

Subjektiv muß die Richtigkeit der durch selbständige Suche erzielten Antwort gegeben sein – „nach bestem Wissen und Gewissen“ –, wie wir sagen würden. Wie aber steht es mit der objektiven Richtigkeit der Einordnung eines strittigen Sachverhaltes unter die Bestimmungen der Scharia? Es könnte doch immerhin geschehen, daß einem Gelehrten ein Fehlschluß unterläuft oder daß er das Problem nicht ordentlich durcharbeitet – und so etwas ist schon oft vorgekommen, wie al-Ǧuwainī oben bemängelt hat. Aber sobald man die Forderung, der Sucher müsse sich selber nach der Erkenntnis richten, die er gewonnen hat, gründlich erwägt, erweist sich jene Besorgnis als gegenstandslos. Der Sucher würde sich versündigen und gegen Gott ungehorsam sein, handelte er dem eigenen Ergebnis zuwider. „Dies aber ist die eigentliche Bedeutung der Pflicht (diesem Ergebnis zu folgen): Es gibt niemanden außer Gott, der einem etwas als Pflicht auferlegen könnte! Wie könnte es da wirklich geschehen, daß Gott (dem Sucher) etwas anbefiehlt, mit dessen Unterlassung sich dieser als ungehorsam gegen den Schöpfer erwiese, während gleichzeitig gälte, daß das, was (dem Sucher) anbefohlen wurde, eigentlich verboten sei? Was wäre dies anderes als ein Widerspruch, der für jeden Verständigen auf der Hand liegt?[246] Unsere Gegner wenden nun ein: ‚Eure Auffassung läßt sich dadurch entkräften, daß ein Sucher, wenn er eine Lösung gefunden hätte und ihr entsprechend verfahren wäre, ihm später aber ein Irrtum aufgegangen wäre, dann zwar gemäß dem Ergebnis seiner Suche gehandelt hätte, ihm jedoch klar geworden wäre, daß er einen Fehler beging.‘ Diesen Einwand betrachten sie als das stärkste ihrer Gegenargumente. Wir erwidern darauf: ‚Wenn ein Sucher es an ernsthaftem Bemühen in der Forschung nicht hat fehlen lassen und er trotz allem auf das (endgültig richtige Ergebnis) nicht hat stoßen können, dann ist er Gott gegenüber unbedingt verpflichtet, entsprechend dem Ergebnis (das er erreicht hat) zu verfahren. (Dieser Sucher) gleicht jemandem, dem der Widerruf einer göttlichen Bestimmung nicht bekannt geworden ist, so daß er das Richtige verfehlt, weil er sich noch an das schon Widerrufene hält, und zwar solange, bis er vom Widerruf erfährt.“[247]

Nach Überzeugung der Muslime hat Gott einige seiner Aussagen widerrufen. “Wenn wir einen Vers (aus dem Koran) tilgen oder in Vergessenheit geraten lassen, bringen wir dafür einen besseren oder einen, der ihm gleicht“, verkündet Gott in Sure 2,106. Als Beispiel wird gern Sure

73 genannt.[248] In deren ersten Versen wird der Prophet aufgefordert: „Der du dich eingehüllt hast! Wache die Nacht über, bis auf einen kleinen Rest! Die Hälfte der Nacht oder etwas weniger! Oder etwas mehr! Und rezitiere den Koran in langsam gesetzter Rede!" Im letzten Vers dieser Sure, der später offenbart wurde, mildert Gott seine strenge Forderung ab: „Dein Herr weiß, daß du fast zwei Drittel, die Hälfte oder ein Drittel der Nacht wachst, und auch einige, die mit dir sind. Gott allein teilt Nacht und Tag ein. Er weiß, daß ihr es nicht nachzählen werdet... Darum rezitiert vom Koran soviel, als euch erträglich dünkt!" So wie Gott hier eine Bestimmung durch eine andere ersetzt hat, so auch ist aufzufassen, daß ein richtiges Ergebnis eigenständiger Suche durch ein anderes verbessert werde. Freilich bildet die Theorie von den abrogierten Versen der Offenbarung für die asch'aritische Lehre von der ewig unveränderten „Seelenrede" Gottes ein schwieriges Problem; ließe sich doch aus dem Widerruf auf die Geschichtlichkeit und damit auf die Kreatürlichkeit des Schöpferwortes schließen. Die Muʿtazila hatte es da einfacher:[249] Widerruf ist eben die Aufhebung einer veralteten rechtlichen Bewertung. Dem hält al-Ǧuwainī entgegen, die Abrogierung sei nicht als Aufhebung zu deuten; so etwas kann es angesichts der Ewigkeit des göttlichen Wortes nicht geben. Was die Gelehrten als Abrogierung bezeichnen, sei ebenfalls ewige Offenbarung, die festlege, inwieweit und unter welchen Umständen eine zuvor ergangene Bestimmung gelten solle.[250] Auf die 73. Sure übertragen, müßte das heißen: An den Propheten selber stellte Gott strengere Anforderungen als an die Anhängerschar, die der später offenbarte Vers mit einbezieht; zwischen der Herabsendung der früheren und der späteren Anordnung liegen die Jahre der Gemeindebildung.

Das eigenständige „Suchen" nach einer passenden Bewertung führt mithin zu Ergebnissen, die sowohl den Sucher als auch den ungebildeten Laien, der um Auskunft gebeten hat, fester als zuvor den Bestimmungen der Scharia unterwerfen, jenem Gefüge von Wegemalen, die Gott aufgestellt hat und an denen sich der Mensch orientieren soll, auch wenn er aus sich heraus nicht die Kraft hierzu besitzt.[251] Der Vorgang der Verdeutlichung dieser Wegemale begann mit der Offenbarung und mit dem die Normen stiftenden Wirken des Propheten. Seinen Höhepunkt hatte dieser Vorgang schon unmittelbar am Beginn der islamischen Geschichte. Was Muḥammad nicht mehr vollbringen konnte, ist der Aufweis eines verschwindend geringen Anteils der Gesamtzahl der überhaupt notwendigen Zeichen – der rechtlichen Bewertungen. Von diesem Anteil verdeutlichten Gefährten und – in erheblich kleinerem Maß – die nachfolgende Generation das meiste. Dann kam aš-Šāfiʿī, und nach ihm bleiben ganze achtzehn Fälle, deren Lösung schließlich von al-Muzanī (gest. 878) und Ibn Suraiğ (gest. 918) gefunden worden war. Das System der Wegemale der Scharia ist in der schafiitischen Schule erschöpfend dargelegt worden. So lautete al-Ǧuwainīs Fazit aus der Geschichte des islamischen Rechts;[252] es hat seine Parallele in der Lehre von den Autoritätsstufen der Quellen. Was bleibt für die Spätgeborenen noch zu leisten? Die Suche nach einer eigenen Entscheidung wird, wenn wir al-Ǧuwainī ernstnehmen, nie mehr zum Aufweis eines bislang ungenügend oder gar nicht beachteten Wegemals führen. Es bleibt allein die Notwendigkeit, bei unerwarteten Sachverhalten darzulegen, daß ein schon bekanntes Zeichen zu berücksichtigen ist. Wir sprachen von der Subsumierung des Wirklichen unter die Bewertungskategorien der Scharia. Ist das aber „selbständiges Suchen nach Entscheidungen"? Wenn wir al-Ǧuwainīs Diskurs im „Buch des Beweises" verfolgen, stellen sich Zweifel ein. Die Prophetengefährten, schreibt al-Ǧuwainī anläßlich der Frage, ob es Sachverhalte gebe, die einen Hinweis auf eine Vorschrift der Scharia implizierten, „beschäftigten sich so eingehend mit dem Aufstellen von Bewertungen wie jemand, der darauf vertraut, daß sich diese auf alle Geschehnisse erstrecken, wie jemand, der sich anheischig macht, sie für alles, was ihm in den Sinn kommt, nachzuweisen, wie jemand, der auf das vorausschaut, was sich noch ereignen wird... Wenn man die Bewertungen lediglich aus den eindeutigen Texten und dem Sinngehalt, der aus ihnen folgt, schöpfen dürfte, wäre das Tor der ‚eigentändigen Suche' eng. Denn die eindeutigen Texte und der an sie geknüpfte Sinngehalt sind nicht mehr als eine Hand voll Wasser aus dem Ozean."[253] Im Prinzip ist das Tor der „selbständigen Suche" weit geöffnet, aber die Leistungen der Altvorderen waren so groß, daß den Gelehrten zur Zeit al-Ǧuwainīs alle Arbeit abgenommen ist. – Abū Ḥanīfas stolze Behauptung, er entwickle das Gesetz für künftige Probleme weiter,[254] erscheint bei dieser Sicht der Dinge vermessen. Gleich wie die Alten sich spontan dem Gesetz fügten und den Druck der Herrschergewalt nicht benötigten, so waren sie auch in der Lage, intuitiv Bewertungen der Scharia zu entdecken; den Nachgeborenen ist dies versagt. – Die Prophetengefährten haben niemals zuerst einen Grundsatz aufgestellt, dann dessen Sinn aufgezeigt und hernach das in Frage stehende Ereignis dementsprechend beurteilt, erklärt al-Ǧuwainī. Sie haben sogleich den Sachverhalt erörtert – und den Weg zur Bewertung gefunden, die er in sich barg. Die späteren Geschlechter jedoch dürfen nicht mehr auf diese Art Rechtswissenschaft treiben; das habe schon aš-Šāfiʿī festgestellt, betont al-Ǧuwainī mit Nachdruck. Wenn zum Aufweis einer Bewertung kein Sinngehalt – eines eindeutigen oder „offenkundigen" Textes – zur Verfügung steht, dann muß man sich die Grundintentionen der Scharia ins Bewußtsein rufen. Man muß sich beispielsweise klar machen, welcher Art die beiden Gattungen ritueller Reinheit sind,[255] ehe man zur Bewertung eines ritualrechtlichen Sachverhalts vorzustoßen sucht, die einer kritischen Prüfung hält.[256]

Auch diese Überlegung führt zu der Einsicht, daß ,,selbständiges Suchen" in der Zeit al-Ǧuwainīs eine methodisch andere, viel enger umgrenzte geistige Tätigkeit ist als im frühen Islam. Im ,,Buch des Beweises" beschreibt al-Ǧuwainī recht anschaulich, worin ,,Suche" nunmehr bestehe. Wenn sich zwei Gelehrte über die Gebetsrichtung im unklaren sind und ,,einer von beiden sie findet und sich im Gebet daran hält, dann hat er recht, weil er entsprechend dem Ergebnis seiner Suche verfährt und weil er die Bewertung Gottes (für ein gültiges Gebet) getroffen hat". Sucht er aber und vermutet schließlich die Gebetsrichtung anderswo, muß er in jene ,,andere" Richtung beten, und er hat insofern recht, als er sich dorthin wandte, jedoch unrecht, weil er die Richtung, in der die Kaaba liegt und die das Ziel seines Suchens war, verfehlte.[257]

Das Beispiel mit der Kaaba ist aufschlußreich. Gott rechnet ein rituelles Gebet nur dann an, wenn man sich zum mekkanischen Heiligtum gewendet hat. Diese Vorschrift der Scharia ist längst bekannt und keinesfalls umstritten. Das ,,selbständige Suchen" verfolgt das Ziel, sie in einer unerwarteten Lage zu erfüllen. Das also heißt für die spätgeborenen Geschlechter ,,Suchen". Ein neues Gebiet der Scharia wird nicht erkundet, alle ihre Wegemale sind entdeckt. Im vollzogenen Ergebnis solcher Suche, mag es der Sachlage nach auch nicht völlig korrekt sein, ist dem göttlichen Gesetz Genüge getan. Das vollzogene Ergebnis zählt, die Begleitumstände treten in den Hintergrund;[258] es muß nur gewährleistet sein, daß das Mögliche unternommen wurde.[259]

In der ,,Hilfe der Völker", die vor dem ,,Buch des Beweises" entstanden ist,[260] bestimmt al-Ǧuwainī den eigenen Standort innerhalb der Geschichte des islamischen Rechts, die von den genialischen Zeiten der Urgemeinde zu einer immer stärkeren Verengung der schöpferischen Tätigkeit verlief. Er bespricht die uns schon bekannten Fähigkeiten, die einen Mufti ausmachen,[261] und stimmt dann unversehens eine Klage an: ,,All mein Leid – Gott schütze unseren Herrn (Niẓām al-Mulk)! – rührt von den Emporkömmlingen dieser Zeit her: Sie haben ein wenig Ahnung von den Aussprüchen der Alten, verlassen sich auf bloße ,Nachahmung', spüren nicht den Drang, Gewißheit zu erlangen, Kühle des Herzes zu finden,[262] geschweige denn, daß sie sich ans Forschen wagten, nachfragten oder überprüften! Im Gegenteil, erblicken sie jemanden, der sich gegen die ,Nachahmung' wendet, sicheres Wissen zu erlangen begehrt, den Schmutz des Nichtwissens abzuschütteln versucht, stieben sie davon wie aufgescheuchte Vögel, schnauben wie aufgeschreckte Wildesel. Sie weigern sich, selber Denken und Kritikfähigkeit einzusetzen, und tadeln stattdessen lieber den, der um den wahren Sinn bemüht ist und Schwierigkeiten auf sich lädt. Ihr Gelehrtentum findet darin sein Genüge, daß sie denjenigen zurückweisen, der Wissen sucht, die Torheiten überwinden und nach dem eigentlichen Sinn der Aussprüche fragen möchte!" Das Gelehrtentum ist im Verfall begriffen; möge der hochherzige Wesir erkennen, was zu tun ist![263]

Was sich wie ein Seufzen über die Erstarrung der Rechtswissenschaft liest, ist keineswegs so allgemein gedacht. Es ist ein Hieb gegen die Hanbaliten,[264] die die Analogie, nach al-Ǧuwainī das Haupttätigkeitsfeld des Juristen, verwerfen. Gleichwohl weiß al-Ǧuwainī, daß er in einer Epoche des Übergangs lebt. Einst wirkten Männer, die wahrhaft ,,selbständige Sucher" waren. Diese Zeit ist längst vergangen. Aber es gibt immer noch Leute, die die Lehrmeinungen der einstigen Schulhäupter überliefern. Wer in einer Frage der Scharia Aufschluß erheischt, müßte eigentlich dem letzten, ihm zeitlich am nächsten stehenden Sucher folgen. Die Leistungen der Prophetengenossen sind im Werk aš-Šāfiʿīs zusammengefaßt und vervollkommnet worden.[265] Hinter diesen Stand der Rechtswissenschaft darf man nicht wieder zurückfallen, sei es, daß man wie die Hanbaliten das unbearbeitete Ḥadīt, das Rohmaterial des schafiitischen Gelehrten, für ausreichend erklärt, sei es, daß man wie die Hanafiten es nur ungenügend in Rechnung stellt. – Sollen aber die Gläubigen, die nach aš-Šāfiʿī leben, an minder befähigte Sucher verwiesen werden, nur damit die Regel der Zeitgenossenschaft des Muftis und des Fragers beachtet werde? ,,Ich meine, daß man sich dafür entscheiden muß, dem älteren Schulhaupt zu folgen und die Lehren derjenigen, die an Fähigkeit wie an Zeit nach diesem kamen, zu übergehen, obwohl ich dafür einzutreten pflegte, einen Mufti der eigenen Epoche, wenn sich denn einer findet, ,nachzuahmen'. Denn es ist nicht so schwer, einen lebenden (Sucher) ,nachzuahmen' und ihm die Bewertung der Vorkommnisse anheimzugeben. Doch will man (wirklich) von den Ratsuchern verlangen, sie müßten die Rangstufen der Gelehrten beispielsweise nach aš-Šāfiʿī kennen, wo es doch deren so viele gibt und ihr Rang so unterschiedlich ist, dann ist dies eine (schwere) Forderung, die nur derjenige erfüllen wird, der über reichlich Wissen verfügt."[266] Al-Ǧuwainīs Beschwerde über die Borniertheit der Fachgenossen verleiht zugleich seiner Überzeugung Ausdruck, ein besseres Rechtssystem als das, welches aš-Šāfiʿī ersonnen hat, werde es niemals geben. Alle, die geringen Autoritäten anhangen, sollten sich schleunigst eines Besseren belehren lassen. Wie erinnerlich, war dies auch das Leitmotiv der Abhandlung gegen die Hanafiten.[267] In den Werken der großen Rechtsgelehrten vom Schlage eines aš-Šāfiʿī finden sich zahlreiche Hinweise darauf, wie alle, auch sich neu stellende Probleme zu lösen sind. Den Nachgeborenen ist es übertragen, sich jene Pionierarbeit anzueignen und sich innerhalb der gebahnten Pfade zu bewegen. Der Gelehrte der Spätzeit ,,nimmt gegenüber dem, der um ein Fetwa nachsucht, zwar die Stellung eines selbständig suchenden Anführers ein, der hinsichtlich der erforderlichen Fähigkeiten eines Überlieferers, Zuordners[268] und Verfertigers von Analogien die höchste Stufe erklommen hat. Es ‚ahmt' jedoch der Ratsucher (eigentlich) jenes frühere Schulhaupt nach, das längst in Gottes Gnade und Wohlgefallen aufgenommen wurde, nicht aber den (späten, zeitgenössischen) Gelehrten, der überliefert und die Analogie aufstellt."[269] So lassen sich die Muslime nunmehr in zwei Klassen teilen: „Rechtsgelehrte, die überliefern und auf deren Überlieferung man sich verläßt; Ratsucher, die sich an diese Gelehrten wenden, welche die Lehrmeinungen der Alten überliefern"[270] und anwenden. Alle sind sie „Nachahmer", die einen mittelbar, die anderen unmittelbar!

Dies ist für al-Ǧuwainī kein bedauernswerter Zustand. Im Gegenteil, er ist höchst wünschenswert, weil in ihm doch nichts anderes als der Triumph der Scharia offenbar wird! Ein Gedanke nur beunruhigt al-Ǧuwainī: Was wäre mit der Gemeinde der Gläubigen, wenn eines Tages jene Überlieferer ausstürben? Nicht das vollendete, einer Weiterentwicklung unzugängliche Gefüge wirkt bedrückend, sondern die Befürchtung, es könnte eine Zeit anbrechen, in der dieser Halt schwindet. Wenn nur noch Koran und Sunna greifbar sein sollten, dann müßten diese allein mit logischen Überlegungen, ohne die hilfreiche Tradition der Meister, auf die Wirklichkeit bezogen werden. Jede rechtliche Bewertung ist Affirmation einer Norm und zugleich Negation eines ihr widerstreitenden Handelns oder Sachverhalts, hatte al-Ǧuwainī gelehrt, und auf diese Weise sollte sich, wie er hoffte, das unüberschaubare Leben mit dem begrenzten Regelwerk der Scharia einfangen lassen.[271] Dieser Gedankengang bildet, solange das Werk der großen Meister zugänglich ist, nur das Vorspiel für den Einsatz der vielen Möglichkeiten der Analogie, wie sie im „Buch des Beweises" beschrieben werden. Sollten jedoch die Erkenntnisse der Schulhäupter verloren gehen, wären die Gläubigen gezwungen, mit der Hilfe des eigenen Verstandes aus Koran und Sunna Gottes Gesetz abzuleiten.

Al-Ǧuwainī versucht herauszufinden, wie sich dies auf verschiedenen Gebieten des Rechts auswirken müßte. Wie würde man etwa den rituellen Reinheitsgrad des Wassers ermitteln? Manche halten sich an das Prophetenwort, Wasser, in welches etwas Unreines falle, büße seine reinigende Kraft erst ein, wenn es einen ungewöhnlichen Geruch oder Geschmack annehme. Aš-Šāfiʿī lehrte im Unterschied zu diesem wohl nicht „eindeutigen" Ausspruch, es komme auf die Menge des Wassers an; übersteige sie ein gewisses Mindestvolumen, bleibe es rituell reinigend, ob sich nun Geruch oder Geschmack verändert hätten oder nicht. Wenn man aber von derartigen Einzelheiten nichts mehr wisse, räumt al-Ǧuwainī ein, gelte schlicht der Grundsatz, daß Wasser, welches von Verunreinigungen frei zu sein scheine, verwendet werden dürfe. Denn es sei in jedem Fall wichtiger, der Pflicht, das Gebet in reinem Zustand zu vollziehen, Genüge zu tun, als vor lauter Skrupeln ein Gebot der Scharia zu vernachlässigen. Al-Ǧuwainī bemerkt, daß in diesem Beispiel die islamische Praxis derjenigen nahekäme, die Abū Ḥanīfa befürwortet habe. Dieser hatte den Gewinn der rituellen Reinheit als einen Zweck aufgefaßt, aus dem sich die Regeln zu seiner Erlangung ableiten lassen sollten.[272]

Die schafiitische Lehre, daß die Scharia nicht mit dem Verstand begründet werden kann, weckt die Sorge um eine Zukunft, in der etwas von dem vertan werden könnte, in dessen Besitz sich die Gemeinde der Muslime befindet: des unveränderbaren Regelwerkes des Gesetzes, dessen Befolgung heilswichtig ist. Denn ein dunkles Wort des Gottesgesandten weissagt: ,,Das Wissen wird von euch genommen werden. Zwei Männer werden sich dann um eine religiöse Pflicht streiten, und sie werden niemanden finden, der die entsprechende Bewertung Gottes kennt!"[273] – Erst nach einer langen Zeitspanne sei mit dem Untergang aller Grundsätze der Scharia zu rechnen, macht sich al-Ǧuwainī Mut, aber daß sie einer nach dem anderen in Vergessenheit geraten würden, sei gewiß. – Man stelle sich einmal vor, ein Volk lebe auf einer Insel, abgeschnitten von allem Verkehr mit anderen. Erführe es nun irgendwie vom Eingottglauben und vom Prophetentum, nicht jedoch von den Bewertungen, nach denen Gott alles Diesseitige beurteilt, dann würde der Verstand jener bedauernswerten Geschöpfe ,,nach Meinung der Leute der Wahrheit nicht notwendig zu ,erlaubt' und ,verboten' vordringen. Man könnte sich nicht darauf verlassen, daß er den Sachverhalt der ,Belastung' begriffe!" Sie würden nur an den einen Gott und seinen Gesandten glauben und ihre Seele darauf einstellen, künftig zu ihm hinzustreben, sofern sie auf die Möglichkeit hierzu stoßen. ,,Auch leugnen wir nicht, daß ihr Verstand sie... dazu anspornen wird, Abstand zu nehmen von dem, was Verderben bringt..., aber wir schließen aus, daß Gottes Urteil über sie durch ihren Verstand festgelegt wird. Und nun kommen wir zum Zielpunkt (unserer Erörterung): Wenn Grundlagen und Ableitungen der Scharia geschwunden sein werden und wenn es keine Festung mehr gibt, in die man sich flüchten kann, dann haben auch die ,Belastungen' der Knechte ein Ende, und man wird leben wie jene, die nie ein Ruf erreicht, nie ein göttliches Gesetz gebunden hat."[274] – Wie könnten solche Geschöpfe je ins Paradies eingehen?

5. Rettung und Vollendung

Wie frohlockte al-Ǧuwainī, als er – wie er meinte, ein für allemal – den Beweis für die „Einsheit" Gottes erbracht hatte.[275] Welche Genugtuung bereitete es ihm, die Untauglichkeit muʿtazilitischer Lehren ein ums andere Mal zu enthüllen! Selbst für böswillige Unterstellungen war er sich in seinem Eifer nicht zu schade.[276] Und es machte ihm offensichtlich Freude, Abū Hāšim al-Ǧubbāʾī, al-Ašʿarīs Rivalen, in Verruf zu bringen, ja dem Leser einzuflüstern, daß jener Muʿtazilit sogar ein Ungläubiger gewesen sei.[277] Konnte dieser kaum verdeckte Haß überhaupt mit der wirklichen Bedeutung der Muʿtazila gerechtfertigt werden? Betrieb al-Ǧuwainī vielleicht nur intellektuelles Schattenboxen? Mit der Eroberung von Raij durch Maḥmūd von Ghazni war die letzte Hochburg der Muʿtazila in Schutt und Asche gesunken.[278] Nur noch Chwarizm, südlich des Aral-Sees, ganz am Rande der islamischen Welt gelegen, hatte später, im 12. Jahrhundert, noch einen erwähnenswerten Vertreter dieser Glaubensrichtung hervorgebracht und konnte für die letzte Pflanzstätte der Schule von Raij gelten.[279] Schon al-Balḫī (gest. 930), angesehenes Oberhaupt der Bagdader Muʿtazila, konnte nur wenige Landstriche oder Städte im riesigen islamischen Reich aufzählen, in denen diese Glaubensrichtung vorherrsche. Namen von Tanger im Westen bis Multan in Sind findet man darunter; wichtige Metropolen vermißt man.[280]

Aber daß es sich stets um eine winzige Minderheit gehandelt hat, muß kein Zeichen für geringe Bedeutung sein. Immerhin ließen mit ihrer Unterstützung und im Namen ihrer Lehre al-Maʾmūn und einige seiner Nachfolger die Inquisition gegen die Sunna-Gelehrten wüten. Die Erinnerung hieran hatte sich den Gepeinigten und deren Schülern und Enkelschülern ins Gedächtnis gebrannt. Al-Malaṭī (gest. 987), ein schafiitischer Häresiograph, kennt ebenfalls nur wenige Ortschaften rein muʿtazilitischer Prägung, aber er warnt: „. . . Sie sind eine zahlreiche Gemeinschaft. Sie haben viele . . . Bücher und Narreteien verfaßt. In jedem Ort, in jedem Dorf stößt man auf Muʿtaziliten, kein Land ist frei von ihnen."[281] Zusätzlich aber weist er auf die Verquickung von Muʿtazila und Schiitentum hin, und man findet bei ihm bereits angedeutet, daß sich die Ismāʿīlīja, jene geheimnisumwobene und gefürchtete Gruppierung, der das fatimidische Kalifat entsprossen war, der muʿtazilitischen Theologie bediente.[282] Das nun ist die Mischung, vor der man auch zu al-Ǧuwainī Zeit noch erzitterte. Der wichtigste Ansporn des Denkens und des Erkennens war nach muʿtazilitischer Anschauung der Zweifel;[283] und Zweifel an der Autorität der Sunna-Gelehrten und der Kenner der Scharia säten auch die ismaʿilitischen Werber, wie Šahfūr b. Ṭāhir bezeugte.[284] Mahnend hatte schon al-Malaṭī bemerkt: „Wer sich an die große Mehrheit hängt und das Zweifeln läßt, der wird errettet – so Gott will."

Und nachdem er die Schandbarkeiten der Muʿtazila aufgezählt hat, fügt er an: „Zu alledem meine ich, du sollst dich... an die Offenbarung und die Sunna des Gesandten klammern und an die Sitten der Altvorderen, dann wirst du den rechten Weg gehen, so Gott will... Darum sei auf der Hut, Bruder! Wisse, daß der Gnädige und Kundige ein Auge auf dich hat! Dieses mein Buch (in dem ich die Muʿtazila widerlege) habe ich nur deshalb geschrieben, damit es mir und allen Gläubigen als Festung diene."[285]

Nicht allein in der Imāʿīlīja, der „Richtung des inneren Sinnes",[286] deren Agenten im Untgergrund wühlten, schien muʿtazilitisches Ideengut fortzuwirken.[287] Al-Ǧuwainīs Zeitgenosse Šahfūr b. Ṭāhir verrät uns auch, daß es bei einigen Hanafiten in jenen Tagen Anklang gefunden hatte. – Der Bagdader Hanafit aṣ-Ṣaimarī war schon 1028 gezwungen worden, seinen muʿtazilitischen Neigungen zu widersagen; Ṣaimara im Westen Irans war wegen der Vorliebe seiner Bürger für diese Lehre berüchtigt.[288] – Jene Unglückseligen, fährt Šahfūr fort, leugnen die Schau Gottes im Jenseits und meinen, die Geschöpfe wirkten ihre Taten selber. In jeder Religion habe eine solche Strömung einmal von sich reden gemacht; siebzig Propheten hätten sie schon verfluchen müssen, wie ein Wort Muḥammads bezeuge. In den Islam sei jener schändliche Irrglaube, mit dem sich nun einige Hanafiten eingelassen hätten, durch jüdischen Einfluß gelangt.[289] – Hieran ist immerhin wahr, daß die jüdische Theologie die Willensfreiheit des Menschen verfocht und damals in der islamischen Welt Begriffe verwandte, die der Muʿtazila entlehnt waren.[290]

ʿAlī aṣ-Ṣandalī, der Prediger, der in Nischapur das Volk gegen die Aschʿariten aufwiegelte,[291] verkörperte jene Elemente der Ungewißheit, der Zersetzung des gesicherten Glaubens: Als Hanafit mußte er an die vom Menschen erfaßbare Zweckmäßigkeit und Nützlichkeit der Scharia glauben; die Schafiiten hielten dies für pure Anmaßung; als Muʿtazilit konnte er der Überlieferung von den Prophetengenossen nicht jenen Grad der Verbindlichkeit zuerkennen, den das schafiitische Recht voraussetzte, und er vermochte die fromme Ehrfurcht, mit der die „Leute der Überlieferung" der Mitstreiter Muḥammads gedachten, keinesfalls zu teilen. Warum sollten gerade Abū Bakr und ʿUmar in Sachen des Glaubens und des Rechts besser Bescheid gewußt haben als die Angehörigen späterer Generationen, die schon über verfeinerte theologische Begriffe verfügten? Die Muʿtaziliten des frühen 9. Jahrhunderts, jener Zeit also, in der sich die sunnitische Theorie von den Autoritätsstufen des Überlieferten auszuformen begann, hatten wenig zartfühlend den Finger auf die schwache Stelle dieser Lehre gelegt. Sie fragten nämlich, woher man eigentlich die Gewißheit nehme, daß eine von vielen Seiten verbürgte Nachricht wahr sei; eine Verabredung zu falscher Berichterstattung könne niemals ganz ausgeschlossen werden. Sie pochten auf klare Indizien, die in jedem einzelnen Fall für die Richtigkeit der Überlieferung beizubringen seien.[292] Auch der Consensus der Gefährten des Propheten galt ihnen keinesfalls als Quelle verbindlicher Rechtsnormen. Und in diesem Punkt trafen sich die Muʿtaziliten mit den Schiiten[293] der imamitischen und der ismaʿilitischen Richtung. Auch diese sprachen den Prophetengenossen jede tiefere Einsicht in die Religion ab, ja schmähten sie als Abtrünnige! Denn haben Abū Bakr, ʿUmar, ʿUṯmān und ihresgleichen nicht einem ausdrücklichen Befehl Muḥammads zuwidergehandelt, als sie ʿAlī die unmittelbare Nachfolgeschaft des Propheten verweigerten?[294] Diese Frage warfen die Schiiten immer wieder auf.

Eine Welt voll Feinden hat den wahren Glauben umzingelt. Sie drohen, ihn zu unterminieren, seine Fundamente rissig zu sprengen. Jene zweiundsiebzig falschen Richtungen des Islams, deren Kommen der Gesandte Gottes einst prophezeit hatte – sie sind nun da! Darum stehe man fest zur dreiundsiebzigsten; sie ist die einzige, die errettet werden wird! Das eben sind jene Muslime, die die Einheit Gottes bekennen und ihm doch nicht jede positive Eigenschaft absprechen; die wissen, daß seine Eigenschaften ewig, den unseren unvergleichbar sind, daß wir ihn aber trotzdem dereinst schauen werden; diejenigen, die Abū Bakr, ʿUmar, ʿUṯmān und schließlich ʿAlī in dieser Reihenfolge als Imame anerkennen und im Koran, der Sunna und dem Consensus der Gefährten die Quellen der Scharia sehen; die bezeugen, daß man dem islamischen Herrscher Gehorsam schulde, sofern er keine Widersetzlichkeit gegen Gott fordere. Malikiten, Schafiiten und Hanbaliten gehören zu dieser Richtung, die errettet werden wird, und auch die Hanafiten – wenn sie sich nicht mit der Muʿtazila einlassen, müssen wir hinzufügen. Auch die Vertreter anderer Wissenszweige wie etwa der Philologie werden die Glückseligkeit gewinnen, immer vorausgesetzt, daß sie schiitischer und muʿtazilitischer Neigungen unverdächtig sind. Das gilt auch für die Sufis, für die tapferen Glaubensstreiter an den Grenzen, schließlich für alle, die den Sunna-Gelehrten folgen: sie alle sind ,,des Paradieses Füllsel", ein sufischer Ausdruck, mit dem der Aschʿarit ʿAbd al-Qāhir (1037) die Aufzählung abschließt.[295]

ʿAbd al-Qāhir wirkte in Nischapur bis kurz vor seinem Tode; Mitglieder des Kreises, aus dem al-Ǧuwainī stammte, haben bei ihm gehört. Al-Ǧuwainīs Zeitgenosse Šahfūr b. Ṭāhir benutzte ʿAbd al-Qāhirs Sektengeschichte ausgiebig. Beide Autoren machen deutlich, was die gemeinsame Überzeugung jener dreiundsiebzigsten Richtung des Islams sei: Ihr Glaube ist genau derjenige des Gottesgesandten und seiner Genossen! ,,Wenn ihr Gott liebt und mir folgt, dann liebt euch Gott und verzeiht euch eure Sünden", läßt der Schöpfer seinen Propheten in Sure 3, 31 sprechen. Wie streng und genau jemand dem Vorbild Muḥammads nacheifert, ist der Maßstab, an dem man ablesen kann, wie sehr Gott den Betreffenden liebt, schreibt Šahfūr, und haben nicht die Sunniten Überlieferungen ernster genommen als alle übrigen Glaubensrichtungen?[296] Wer sich auch nur einen Schritt weit von diesem sicheren Grund entfernt, muß in die Irre gehen, wird sich von der wahren Religion abtrennen. ,,Die Leute der Sunna und der einträchtigen Gemeinschaft aber binden sich fest an die Religion mit der Schlinge des Islams, mit dem Seil des Glaubens, sind sich in den Grundlehren einig, ohne sich zu zersplittern. Sie allein und niemand sonst... sind die Leute der Errettung."[297]

Je mehr man sich in solche Worte sunnitischer Selbstgewißheit vertieft, desto deutlicher tritt einem ein eigentümlicher Widerspruch vor Augen. Einerseits wird dem Leser immer wieder der Eindruck aufgenötigt, daß die überwältigende Mehrheit aller Muslime sich zu den Lehren der ,,Leute der Sunna und der einträchtigen Gemeinschaft" bekehrt habe – andererseits scheinen die Verführungskünste jener anderen Richtungen doch so raffiniert und wirksam zu sein, daß ein Abbröckeln dieser Mehrheit ernstlich zu befürchten sei. Eine Ursache für diese merkwürdige versteckte Unsicherheit, die in diesem Widerspruch aufscheint, liegt wohl darin, daß der Sieg des Sunnitentums noch keineswegs feststand, als ʿAbd al-Qāhir, Šahfūr b. Ṭāhir und al-Ǧuwainī schrieben. Wir aber wissen, auf die Geschichte der folgenden Jahrhunderte zurückblickend, daß der intellektuelle Schwung der Muʿtazila erlahmt war und daß das fatimidische Kalifat 1170 unterging, so daß die ismaʿilitische Schia ihren politischen Rückhalt verlor. Das alles konnte al-Ǧuwainī nicht ahnen.

Seine Generation stand noch mitten im Kampf, der an zwei Hauptlinien ausgefochten wurde: Zur Vergangenheit gewandt, versuchte man, den größten und besten Teil der islamischen Geschichte für die eigene Seite zu beanspruchen; je mehr herausragende Gestalten und epochale Leistungen dem Sunnitentum gutgeschrieben wurden, desto nachdrücklicher konnte man behaupten, man verdiene mit vollem Recht die Anerkennung als allein seligmachende Form des Islams.[298] ʿAbd al-Qāhir schreckte nicht einmal davor zurück, ʿAlīs Nachfahr Ǧaʿfar aṣ-Ṣādiq (gest. 765), in dem viele Schiiten ihren sechsten Imam und den wichtigsten Anreger schiitischer Theologie feiern, als Vorläufer des Sunnitentums zu rühmen.[299] Auf die Gegenwart und Zukunft bezogen, rangen die ,,Leute der Überlieferung" um eine klare Abgrenzung gegen alle, die sich nicht zu ihren Lehren verstehen wollten, häufig also gegen Gruppierungen, die sich völlig zu Recht auf Gründergestalten beriefen, die die Sunniten fälschlich für sich reklamiert hatten. Die nach Ǧaʿfar aṣ-Ṣādiq entstandenen Richtungen der Schia bilden das krasseste Beispiel hierfür. Auch Abū Ḥanīfa hatte mit dem aufblühenden Sunnitentum nichts zu schaffen gehabt, selbst wenn er des öfteren Entscheidungen mit Präzedenzfällen aus der Zeit der Urgemeinde rechtfertigte. Nun jedoch vereinnahmt man seine Schule und erteilt allen den Hanafiten schroffe Rügen, die den Prinzipien ihres Meisters treu bleiben und sie mit dem wahlverwandten theologischen Gedankengut der Muʿtazila untermauern.

So nimmt es nicht wunder, daß ein barscher, nicht selten anmaßender Ton das Werk al-Ǧuwainīs durchzieht. Gewiß war al-Ǧuwainī ein sehr selbstbewußter Mann, und nichts lag ihm ferner, als sein Licht unter den Scheffel zu stellen. Angesichts jener Art von gelehrten Disputen, die damals üblich war,[300] wäre alles andere auch töricht gewesen. Al-Ǧuwainī wußte zudem, was er zu leisten imstande war. Knapp und präzise pflegt er die Meinungen seiner Vorgänger und seiner Gegner zu umreißen; dann legt er dar, wie er vorzugehen gedenkt, billigt, weist zurück, verbessert, gelangt schließlich oft zu einer ganz eigenen, neuen Auffassung, die die behandelte Streitfrage einleuchtend – und wie er hofft, endgültig – löst.[301] Und er freut sich seines Erfolgs. Aber dies allein reicht nicht aus, die ständige innere Anspannung zu erklären, die seinen Stil prägt. Sie ist auch nicht nur das Ergebnis der Erziehung, die ihm sein Vater vermittelte. Ihre wahre Ursache ist jene tiefe, uneingestandene Bangigkeit, es könnte vielleicht doch nicht alles so sein, wie man es mit Geschick, Mut und ungeheurer Anstrengung „beweisen" möchte – sich, den eigenen Gefährten, den Feinden. Das Erlebnis der Aschʿaritenverfolgung wird ebenfalls nachgewirkt und einen Stachel in al-Ǧuwainīs Herz zurückgelassen haben. Man hatte sich verkannt gefühlt, hatte empfunden, daß man zu Unrecht angegriffen worden war, und al-Qušairī hatte schmerzlich einsehen müssen, daß mit noch so stichhaltigen Argumenten gar nichts auszurichten gewesen war.[302] In der „Hilfe der Völker" brechen sich die verdrängten Befürchtungen Bahn, wenn al-Ǧuwainī voller Haß den tauglichen Imam auffordert, mit allen Mitteln, auch solchen, die außerhalb der Scharia liegen, gegen die Anhänger des „inneren Sinnes" vorzugehen,[303] gegen jene, die der Festung des sunnitischen Glaubens spotten.

Dieses imposante Bauwerk war, wie wir gleich sehen werden, keineswegs vollkommen, wenn es auch all denen, die sich in seinem Inneren befanden, als vollendet erschien, so daß es nicht mehr verbessert werden könnte. Das Fundament bildete die rationale aschʿaritische Theologie, der es ohne Zweifel gelungen war, die muʿtazilitische Lehre von der Einheit und völligen Jenseitigkeit des Schöpfers mit dem tiefempfundenen Bedürfnis der Gläubigen nach Erfahrbarkeit Gottes zu versöhnen. Der Wunsch, die koranische Auffassung von dem einen Schöpfer, dem nichts Geschaffenes gleiche, im Streitgespräch mit anderen Religionen zu verteidigen, hatte die Muʿtaziliten und ihre Vorläufer dazu getrieben, alle

Aussagen über Gottes Eigenschaften und sein Handeln im übertragenen Sinn zu deuten. Letzten Endes konnte die sehr lebendige Rede von Gott, die wir im Koran vorfinden, nichts anderes mehr meinen, als daß er ist. Mit der Lehre von den ,,Bedeutungs-Eigenschaften" gewann Gott ein Wesen zurück, das für die Gläubigen begreifbar war.[304] Er blieb der ganz andere, ontologisch unterschieden sich seine Eigenschaften grundsätzlich von denen des Geschaffenen, die nur akzidentieller Art sind. Gleichwohl brauchte man sich nicht mehr zu scheuen, ihn als einen wirklich mächtigen, sehenden, hörenden Schöpfer zu denken und zu verehren.

Ja, im Grunde war es jetzt erst möglich, das Bild, das der Koran vom gütigen, allsorgenden Schöpfer zeichnet, mit dem Lehrsatz von der radikalen Jenseitigkeit Gottes harmonisch zu verbinden. Die Offenbarung hebt immer wieder den unüberbrückbaren Abstand hervor, der den Schöpfer von seiner Kreatur trennt. Ein ganz und gar jenseitiger Gott, über den wir nichts aussagen dürfen, weil jede von uns getroffene Aussage an der Begriffswelt des Geschaffenen orientiert ist, kann schwerlich im selben Atemzug als der barmherzige Gott beschrieben werden, der sich ununterbrochen in allen Vorgängen des Diesseits zu erkennen gibt. Irgendwie muß er dann jedenfalls mit der Welt in Berührung stehen – eben vermöge seiner ,,Bedeutungs-Eigenschaften". Die Gewißheit, daß Gott, der ganz andere, doch ständig alles Irdische lenkt, ist aber nur um den Preis zu gewinnen, daß der Schöpfung jegliche eigene Seinsmächtigkeit abgesprochen wird. Nur wenn wir und die Welt immer und ausnahmslos unmittelbar auf Gott angewiesen sind – nämlich wegen der unbedingten Diskontinuität unseres Seins –, können wir sichergehen, daß wir in jedem Augenblick, den wir durchleben, Geschöpfe Gottes und nichts anderes sind.[305] Jede noch so winzige Regung ist allein sein Werk. So entspringt dem rationalen System aschʿaritischer Metaphysik unabweisbar die Vision vom reinen ,,Knechtsein" des Menschen vor Gott.[306]

Alles Nachsinnen über ,,gut" und ,,böse" erscheint nunmehr als das Kennzeichen einer Bewußtseinsstufe des Menschen, die durch den Islam eigentlich überwunden sein sollte. Denn daß wir die Begriffe ,,gut" und ,,böse" verwenden, vermögen wir stets nur in bezug auf uns selbst oder auf andere Geschöpfe zu rechtfertigen, nie aber in bezug auf Gott, dessen Absichten für immer verhüllt bleiben. So besitzt die Festung des islamischen Glaubens ein Fundament, das dem Verstande faßbar ist: die ,,Einsheit" und Jenseitigkeit Gottes, seine ,,Bedeutungs-Eigenschaften" und die Diskontinuität alles Geschaffenen. Die Mauern aber, die Bestimmungen und Bewertungen der Scharia, sind prinzipiell nicht den Spekulationen des Verstandes zugänglich. Scheinbar mögen manchem Gesetz Zweckmäßigkeit und Nützlichkeit unterlegt werden können, aber sie sind keinesfalls der Grund, um dessen willen Gott die Geschöpfe mit ihm

,,belastete". Es ist vermessen, nach dem Sinn eines Gesetzes zu forschen, denn die Scharia insgesamt ist der Inbegriff der ,,Knechtung" des Menschen. Darum unterdrücke er alle Erwägungen über Vorteil oder Schaden, die ihm aus einer Bestimmung erwachsen könnten! Derartige Gedankenspiele treiben nur Menschen, die noch nicht der Gnade der Scharia teilhaftig geworden sind. Wer sich ganz der vom Propheten überbrachten göttlichen Heilsbotschaft geöffnet hat, wird derlei unfruchtbare Grübeleien, die nie zu unanfechtbaren Ergebnissen führen, nicht mehr nötig haben. Bedingungslose Hinwendung zu Gott, so beschreibt der Koran die religiöse Urgeste, mit der der Gläubige sich von allen ichbezogenen Bestrebungen abtrennt und die Gewißheit des Heils findet.[307]

Damit ist das Ziel genannt, das auch das islamische Gemeinwesen einzig und allein anzusteuern hat: den Gläubigen in seiner Hinwendung zum Schöpfer festzuhalten. Denn sie ist keineswegs nur ein individueller Akt der Bekehrung, sondern verdient höchste öffentliche Aufmerksamkeit, weil sie die Eintracht der Gemeinschaft verbürgt. Deswegen gelangt al-Ǧuwainī zu dem auf den ersten Blick überraschenden Ergebnis, daß allein die äußeren Merkmale menschlichen Handelns nach Maßgabe der Scharia beurteilt werden. Dieses Ergebnis ist jedoch in der Lehre von der Unstetigkeit des Seins alles Geschaffenen schon vorweggenommen. Denn ein Geschöpf, das sich Ziele setzt, Beweggründe überdenkt, Nutzen und Schaden gegeneinander abwägt, sich zu einem Entschluß durchringt und diesen womöglich ausführt, verfügt über einen gewissen Grad eigener Seinsmächtigkeit. Auf sie aber hat jedes Glied in der Gemeinschaft der Gläubigen, das zum vollendeten ,,Knechtsein" vor Gott durchgedrungen ist, ganz bewußt verzichtet. Indem es sich dem Schöpfer zuwandte, hat es jegliche Selbsttäuschung über vermeintliche eigene Kräfte abgestreift. Es gibt keine eigenen Bestrebungen mehr, und deshalb kann die reine Tatsächlichkeit einer Handlung zur Grundlage einer Bewertung nach der Scharia gemacht werden.

Dies aber ist die Vorbedingung dafür, daß das Gemeinwesen der Scharia unterworfen werden kann. Denn nun kann man frei von aller Rücksicht auf etwaige Nebenfolgen und Begleitumstände danach Ausschau halten, woher die zur Verwirklichung dieses Zweckes unerläßliche Herrschergewalt zu holen sei. Über deren ,,islamischen" Ursprung braucht man keine Betrachtungen anzustellen, wenn sie nur dem Ziel ,,islamischer Staatslenkung" nutzbar ist. Das Ziel aber ist unveränderlich, vollkommen in sich ruhend: die Ordnung der Gesellschaft nach dem göttlichen Gesetz. Im vollendeten islamischen Gemeinwesen verharrt jeder einzelne in der Gottesknechtschaft; die Staatslenkung schafft und erhält die Voraussetzungen hierzu. Für den einzelnen ist die Spannung zwischen Tun und Reden einerseits und Beweggründen und Bestrebungen andererseits aufgehoben; und für das Gemeinwesen in seiner Gesamtheit ist der Unterschied zwischen Gesetz und Wirklichkeit verschwunden. Dies ist die Vollendung des Islams: Den Gläubigen ist die Bürde eigenen Suchens, das Schrecknis des Zweifels genommen. Die Mauern der Scharia schützen sie vor allen Anfechtungen; das Ungewisse, Unruhe Stiftende bleibt draußen vor dem Tor.

Ganz ist dieser Zustand der Vollendung noch nicht erreicht, aber er ist nahe. Denn kaum etwas bleibt den Mauern der Festung hinzuzufügen, und die „eigene Suche", wenn man ihrer denn bedarf, zeigt genau genommen nur noch auf, daß ein auf den ersten Blick unbekanntes Problem in Wahrheit längst gelöst ist und den Status quo keinesfalls stört. Woher also jene Bangigkeit, jenes Ahnen einer womöglich doch irgendwo lauernden Ungewißheit, die al-Ǧuwainī zu äußerster Anspannung seiner Kräfte treiben und ihm ein Forschen und Argumentieren in heiterer Gelassenheit verwehren? Es ist, so müssen wir fürchten, sein scharfer Verstand, der ihm Ungemach bereitet. Er war sein Wegweiser auf dem schwierigen Gebiet der Metaphysik, seine Sonde, mit der er den Grund des Glaubens erkundete; genauso halte es nach ascharitischer Meinung und nach dem Befehl des Korans jeder Muslim! Er prüfe die Botschaft Gottes kritisch, und sie wird dieser Prüfung standhalten! Sobald es aber um die Scharia geht, hat der Verstand zu schweigen! Er hat nur noch die Gewißheit darüber zu vermitteln, daß die Bestimmungen des göttlichen Gesetzes ohne Wenn und Aber gelten, über den Inhalt muß er sich jedes Urteil versagen. Fundament und Mauern bilden ein Ganzes; daß es das Gesetz geben muß, läßt sich aus dem Glauben ableiten. Dennoch soll der Verstand, mit dem der Mensch durch den Schöpfer vor allen übrigen Wesen ausgezeichnet wurde, ausgerechnet dort ausgeschlossen bleiben, wo sein ureigenes Betätigungsfeld liegen sollte: von der Gestaltung des Diesseits! Welch eine Zumutung! Begreifen soll der Mensch das Höchste, nämlich daß Gott einer ist – und verwehrt wird ihm das Nächstliegende, etwa die Ausarbeitung eines Ehevertrages.[308] Pflicht des Verstandesbegabten ist die Entmächtigung seines Verstandes, indem er die Diskontinuität des Geschaffenen begreift und sie mit all ihren Folgen für sich gutheißt. Dies ist der tragische Zwiespalt, unter dem al-Ǧuwainīs Leben und Werk stehen; er überschattet das Ringen der Ascharitem mit den Muʿtaziliten und den Anhängern des „inneren Sinnes", die vorgeben können, frei von ihm zu sein. Dürfen wir uns wundern, wenn man kolportiert, daß al-Ǧuwainī am Ende seines Lebens an diesem Zwiespalt zerbrach?

Schluß

1. Al-Ǧuwainīs Tod

„Der unausweichliche Ratschluß Gottes ereilte al-Ǧuwainī, nachdem dieser zuvor an Gelbsucht mehrere Tage darniedergelegen hatte. Er war danach genesen und hatte seinen Unterricht und die Erbauungsstunden wiederaufgenommen. Die Bevölkerung, Vornehme und Niedere, hatten ihre Freude über seine Genesung geäußert. Aber kurze Zeit später erkrankte er auf den Tod. Mehrere Tage litt er; die Hitze,[1] die ohnehin schon sein Temperament prägte, hatte ihn überwältigt. Schließlich wurde er ganz schwach, und man brachte ihn nach Buštāniqān, weil dieser Ort ein gemäßigtes Klima und bekömmliches Trinkwasser hat. Al-Ǧuwainī aber wurde immer schwächer, und die Vorzeichen des Todes wurden an ihm sichtbar. Er verschied in der Nacht zum Mittwoch, dem 20. August 1085, nach dem Gebet."

„Noch in derselben Nacht trug man seinen Leichnam in die Stadt, und es erhob sich von allen Seiten Wehgeschrei, und (die Anhänger) aller Gruppen betrauerten ihn in einer Art, wie man es noch nie erlebt hatte. Und zwischen dem Mittags- und dem Nachmittagsgebet[2] des Mittwochs wurde er zum Ḥusain-Friedhof überführt. Die Tore der Stadt wurden (an diesem Tag) nicht geöffnet; und alle (Einwohner) entblößten ihr Haupt, und selbst von den Notabeln und Vornehmen wagte niemand, den Kopf zu bedecken. Nur mit Mühe und Not konnte sein Sohn Abū l-Qāsim das Totengebet sprechen, denn wegen des gewaltigen Menschenauflaufs hatte der Leichnam gegen Abend in das Wohnhaus gebracht werden müssen. Erst nach einigen Jahren wurde er auf den Ḥusain-Friedhof umgebettet. In der Freitagsmoschee des al-Manīʿī[3] wurde al-Ǧuwainīs Predigtkanzel zerschlagen. Tagelang saßen die Leute, um ihr Mitgefühl zum Ausdruck zu bringen, und die Dichter machten viele Trauergedichte auf ihn. Seine Schüler, beinahe vierhundert an der Zahl, zogen in der Stadt umher und wehklagten über ihn, zerbrachen ihre Tintenfässer und Schreibfedern und jammerten und trauerten aufs äußerste."[4]

Manche Berichte vom Ende al-Ǧuwainīs werfen einen Schatten auf das Bild des glänzenden, erfolgreichen und selbstsicheren Gelehrten. Sie wollen wissen, daß er kurz vor seinem Tod die Sündhaftigkeit seines Forschens erkannt und bitter bereut habe. Eine den Aschʿariten freilich wenig wohlgesonnene Quelle zitiert die Aussage eines seiner zahlreichen Schüler! „Ich traf bei ihm ein, als er auf den Tod erkrankt war. Die Zähne fielen ihm aus dem Mund, und Würmer (traten hervor), man konnte den Gestank, der sich aus seinem Mund verbreitete, nicht ertragen. ‚Dies ist die Strafe dafür, daß ich mich mit der rationalen Theologie abgegeben habe. Hüte dich vor ihr!' sprach er."[5] Einen ähnlichen Bericht hat as-Subkī in einem Bagdader Gelehrtenlexikon aus dem 12. Jahrhundert gefunden. Sein Urheber ist ein Schafiit aus Herat, einer Stadt, der Niẓām al-Mulk grollte, weil dort das Hanbalitentum vorherrschte.[6] Dieser Schafiit weiß von den folgenden Worten al-Ǧuwainīs zu erzählen: „Ich studierte fünfzigtausend mal fünfzigtausend (Buchseiten). Danach kehrte ich den Muslimen mit ihrem Islam und den Arten ihres äußeren Wissens den Rücken und befuhr das weite Meer und tauchte ein in Dinge, die den Muslimen verboten sind. Alles dies auf der Suche nach Wahrheit! In der Vergangenheit floh ich vor der ‚Nachahmung'. – Jetzt aber widersage ich alledem und wende mich dem Wort der Wahrheit zu: ‚Haltet euch an den Glauben der alten Weiber! Denn wenn mich nicht die Wahrheit erreicht dank Gottes gnädiger Güte, so daß ich mit dem Glauben der alten Weiber sterbe und mein Leben bei der Abreise mit der Erquickung der Wahrheitsbekenner beende und mit dem Wort der innigen Verehrung: es ist kein Gott außer ihm! – dann wehe dem Sohn des Ǧuwainī!'"

As-Subkī mag diese Geschichte nicht auf sich beruhen lassen. Gehässigkeiten unter verfeindeten Zirkeln der Schafiiten mögen, wie er andeutet, tatsächlich eine Rolle spielen. Al-Ǧuwainī habe sich eben nicht dazu bereitgefunden, einen Glaubenssatz ohne kritische Prüfung zu übernehmen. Die „Nachahmung" habe er verabscheut, weil er dank seiner außergewöhnlichen Geistesgaben imstande gewesen sei, sich ein eigenes Urteil zu bilden. Immer aber sei es ihm um den reinen Islam gegangen, frei von allen Trübungen. Es sei tiefe Frömmigkeit, die ihn zu jener Äußerung hingerissen habe! „Trotz all meiner Gescheitheit bin ich nicht dagegen gefeit, daß Gott mich täuscht. So bleibt mir am Ende nichts als ein unbedingtes, nicht mit dem Verstand zu begründendes Vertrauen auf ihn." Diese Auslegung[7] as-Subkīs ist auf jeden Fall falsch. Denn der Erzähler hatte sehr wohl eine Kritik an einem ihm anstößig dünkenden Rationalismus im Auge, den er für glaubensfeindlich hielt. Er berichtet nämlich auch von einem Erlebnis, bei dem al-Ǧuwainī die Beherrschung verlor, weil er auf eine Frage nicht der aschʿaritischen Lehre gemäß zu antworten wußte. „Der Barmherzige setzte sich auf seinem Thron zurecht", heißt es in Sure 20,5. Al-Ǧuwainī begann seine Deutung dieses Verses mit dem Hinweis, daß Gott schon vor dem Thron existiert habe, verwickelte sich dann aber in Widersprüche, weil er mit dieser Aussage mittelbar eingestanden hatte, daß der Schöpfer in bezug auf einen tatsächlich von ihm geschaffenen Thron „oben", mithin richtungsbezogen sein müsse. Eine solche Behauptung aber ist nach aschʿaritischer Lehre unzulässig, weshalb dem „Thron" ein übertragener Sinn beigelegt werden muß, nämlich derjenige der unnahbaren Majestät.[8] Al-Ǧuwainī hätte nie vom Thron wie von einem geschaffenen Ding reden dürfen. Auf die dringende Bitte des Gesprächspartners hin, doch einen Gedanken zu nennen, mit dem man nun noch die Schlußfolgerung, daß Gott „oben" sei, umgehen könne, habe al-Ǧuwainī zu poltern begonnen und den Frager beleidigt.[9] – Der Bericht von al-Ǧuwainīs Reue dient eben doch der Bloßstellung des aschʿaritischen Rationalismus.

Sollen wir ihn ins Reich der Legende verweisen oder aus ihm nichts weiter als die Boshaftigkeit der Neider herauslesen? – Bekehrungen zu einem Glauben, der nicht mehr von den Spekulationen des Verstandes abhing, hatte es schon öfter gegeben. Ein berühmtes Beispiel war der Wesir aṣ-Ṣāḥib b. ʿAbbād (gest. 995). Er hatte mehreren bujidischen Fürsten gedient und sich stets als großmütiger Förderer des geistigen Lebens hervorgetan. Besonders die Muʿtaziliten, unter ihnen der Qāḍī ʿAbd al-Ǧabbār, hatten lange Zeit seine Unterstützung genossen.[10] Eines Tages aber legte aṣ-Ṣāḥib b. ʿAbbād das Gewand eines Ḥadīṯ-Gelehrten an und bekannte vor Gott, daß er sein bisheriges Tun bereue; Rechtsgelehrte bezeugten die Aufrichtigkeit der Zerknirschung, indem sie ein diesbezügliches Schriftstück unterzeichneten. Nachdem er sich eine Woche in einer eigens zu diesem Zweck eingerichteten „Kammer der Buße" verborgen gehalten hatte, kehrte er an die Öffentlichkeit zurück und ließ ein riesiges Ḥadīṯ-Kolleg veranstalten, bei dem er als Überlieferer auftrat – und reihte sich in die Kette der Bürgen des heilstiftenden prophetischen Wortes ein.[11] Selbst der Qāḍī ʿAbd al-Ǧabbār ließ sich bei diesem Anlaß einige Traditionen übermitteln.[12]

Eine derartige Bekehrung war auch der Anstoß für eines der großen Werke der arabischen Literatur, für al-Maʿarrīs (gest. 1057) „Abhandlung vom Verzeihen". Ein Mann mit zwielichtigem Charakter, Ibn al-Qāriḥ, hatte dem im nordsyrischen Maʿarrat an-Nuʿmān wohnenden berühmten Dichter in einem stilistisch prunkvollen Brief auseinandergesetzt, wie es ihm im Greisenalter endlich vergönnt gewesen sei, den Fängen des verderbten Ismaʿilitentums zu entrinnen und sich zur prophetischen Überlieferung zu flüchten. Al-Maʿarrī antwortete, indem er das Erzählmotiv der Reise durch Paradies und Hölle aufgriff. Ibn al-Qāriḥ sieht sich plötzlich – der Jüngste Tag ist angebrochen – in der großen Schar der Auferstandenen, die in unerträglicher Hitze ihres Urteilsspruches harren. „Das dauert mir zu lange! Im übrigen habe ich die Bescheinigung über meine Buße bei mir, die alle meine Sünden tilgt!" ruft er und begehrt sofortigen Einlaß ins Paradies. Aber die Wächter sind unerbittlich. Schließlich erscheint ʿAlī b. abī Ṭālib und verlangt, einen Blick auf das Dokument zu werfen. Da ist es verschwunden! Aber glücklicherweise läßt sich der Qāḍī auftreiben, der es einst aufgesetzt hat. Doch überqueren kann Ibn al-Qāriḥ die messerscharfe Brücke über den Höllenschlund am Ende nur mit Hilfe einer Dienerin, die Muḥammads Tochter Fāṭima zu ihm sendet.[13] Hier wird die Heuchelei aufgedeckt, die hinter einer solchen Bekehrung verborgen sein mag, und nicht die bescheinigte und besiegelte Buße, sondern die Gnade öffnet die Pforten des Paradieses. Dies ist sicher eine versteckte Kritik am formalisierten Glauben der Rechtsgelehrten. Al-Maʿarrīs Dichtung belegt, daß das Thema der reumütigen Hinwendung zu einer sich an der prophetischen Überlieferung erwärmenden Frömmigkeit die Menschen bewegte. Anscheinend war man im Begriff zu verlernen, zwischen rationaler Durchdringung der offenbarten Glaubenswahrheiten und frivoler Spielerei mit ihnen zu trennen. Als al-Ašʿarī lebte, war man sich der Notwendigkeit bewußt, daß die Fragen, die der muʿtazilitische Rationalismus aufgeworfen hatte, beantwortet werden mußten.[14] Nun aber geriet jegliche Form von Rationalität in den Verdacht der Selbstüberhebung des Menschen: Die Offenbarung als unveränderliche Quelle des Glaubens und der Scharia war doch vorhanden; wozu also noch jenes Spekulieren? Der einzige Sinn, den eine Anstrengung des Verstandes haben kann, ist die Selbstentmächtigung des Verstandes. Dies eben ist, wie wir schon andeuteten,[15] die Paradoxie, auf die auch al-Ǧuwainīs Denken hinausläuft.

An mehreren Stellen in seinem Werk wird dies erkennbar, wenn al-Ǧuwainī es auch nirgendwo offen ausspricht. Wir haben oben erfahren, daß al-Ǧuwainī zeit seines Lebens mit dem Problem der „Zustände" gerungen hat. Ist das Wissen, über das ein Mensch während eines „Zeitatoms" verfügt, Ursache dafür, daß er in diesem Augenblick „wissend" ist? Zuerst hatte al-Ǧuwainī dies bejaht; später war er jedoch zur gegenteiligen Auffassung gelangt. „Daß jemand wissend ist, das eben ist das Wissen an sich", hatte er schließlich formuliert und damit dem Menschen die Möglichkeit abgesprochen, über etwas zu verfügen; denn alles ist unmittelbar zu Gott.[16] Auf das Denken, auf die Operationen des Verstandes übertragen heißt dies, daß es in Wirklichkeit keinerlei durch den Menschen selber erarbeitetes Wissen gibt. Eigentlich liegt diese Schlußfolgerung von Anfang an im Aschʿaritentum begründet. Bundār aš-Šīrāzī hatte sie schon ausgesprochen: Alle Einsicht, deren das Herz, der Sitz des Verstandes, innewird, nimmt nicht dort ihren Ursprung, sondern strömt ihm von Gott zu.[17] Erkenntnis läßt sich nicht erwerben, sondern ist ein Gnadengeschenk. In der Auseinandersetzung mit Widersachern im Glauben mag dieser Gedanke in den Hintergrund treten; denn man sucht nach triftigen Argumenten, bemüht sich, die eigene Position als schlüssig zu erweisen. Wenn aber das System vollendet ist, wird die Vorstellung, es sei der Ausfluß göttlicher Gnade, den Glauben an seine Endgültigkeit bekräftigen.

Eine Entwicklung in diese Richtung bemerken wir, wenn wir al-

Ǧuwainīs Schaffen auf dem Gebiet der Metaphysik überschauen. Das zum Teil erhaltene ,,umfassende" Kompendium der ascharitischen Metaphysik, aus dem das ,,Buch der Belehrung" einen Auszug darstellt,[18] beginnt die Erörterungen über die Erschaffenheit der Welt mit einer ausführlichen Darlegung, was ein Ding, was Essenz und Akzidens seien und begründet ausführlich die prinzipielle Verschiedenheit von Schöpfer und Schöpfung.[19] In der ,,Niẓāmischen Glaubenslehre", die später geschrieben wurde, fehlt eine solche Ontologie. Al-Ǧuwainī stellt selber fest, daß er seinen Gegenstand auf eine neue Weise behandeln wolle: Die Welt, alles Vorhandene außer Gott, ist ihrem Wesen nach nur möglich, im Gegensatz zum Schöpfer, der mit Notwendigkeit existiert. Die Voraussetzung für das Verständnis dieses Katechismus bildet mithin ein Glaubensakt, den ein Anhänger der Lehre von der Ewigkeit der Welt keinesfalls als verbindlich anerkennen würde. Für al-Ǧuwainī jedoch ist nunmehr klar, daß sich die Arbeit des Verstandes im Nachvollziehen und Bestätigen des Offenbarten erschöpft.

Nachdem al-Ǧuwainī in der ,,Niẓāmischen Glaubenslehre" ausführlich das ,,Knechtsein" der Menschen erörtert hat, spricht er das Problem des Gesetzes an. Kein Mensch kann mit seinem Verstand eine Scharia schaffen. Denn das wahre Wesen des Verstandes zeige sich in der Einsicht, daß der Mensch der Knecht eines souveränen Herrn ist.[20] Gäbe es nicht in der Scharia die Androhung von Strafen, wüßte der Mensch nicht, welche Pflichten er hat. Gottes Handeln zielt niemals auf Nutzen oder Schaden des Menschen; dieser aber sucht einen Vorteil, indem er die ,,Belastung" auf sich nimmt. Hierzu verhilft ihm der Verstand.[21] Allein in der Tatsache der ,,Belastung" erschöpft sich aus der Sicht des Menschen sein Verhältnis zu Gott. Menschen untereinander können sich gegenseitig nützen, können einander lieben. Weder die Suche nach Nutzen, noch die Liebe bestimmen die Beziehungen des Menschen zu Gott. Darüber ist der Schöpfer erhaben. ,,Die Liebe Gottes zu seinem Knecht besteht in dem Willen, ihm Gnade zu erweisen; die Liebe des Knechtes zu seinem Herrn zeigt sich in der Beständigkeit des Gehorsams."[22] Nun könnte ein Böswilliger einwenden: Wenn die Furcht vor der Strafe die Verständigen zur Einsicht in die Notwendigkeit führt, dem Gesetz zu gehorchen, kommt dies den muʿtazilitischen Anschauungen nahe, mit dem Verstand könne man im voraus das Urteil Gottes über das Handeln eines bestimmten Menschen ermitteln. Nein, schreibt al-Ǧuwainī, nachdem er Niẓām al-Mulks Begabung für theologische Spitzfindigkeit gepriesen hat, Überlegungen unseres Verstandes verpflichten Gott zu nichts! ,,Die Verstandeswissenschaften habe ich mit großem Eifer auf jedem Gebiet verfolgt. Ich fand, daß keine Gruppe einsichtiger Leute vollkommen von einem der deutlichen Pfade des Verstandes abwich. Zwar gelangten sie rasch zu einer (gemeinsamen) Grundanschauung, begingen aber manchmal in den Einzelheiten Fehltritte. Da es beispielsweise zu den klaren Einsichten des Verstandes gehört, daß unterschiedliche Wesen einen Lenker benötigen, wurde dieser von niemandem geleugnet. Aber man stritt sich über dessen Eigenschaft. Einige Verstandesbegabte nannten ihn ‚die Natur', andere ‚den universalen Intellekt' – bis hin zu Irrtümern, mit denen ich den Sinn unseres Herrn nicht verdrießen möchte. Schließlich fanden die, denen (Gott) Erfolg verlieh, auf den richtigen Weg. Wer lange über die Leistungen des Verstandes nachdenkt, erkennt, daß der Zwist der Verstandesbegabten sich an den Einzelheiten, nicht am Grundsätzlichen entzündet."[23] – Für sich selbst gebraucht, ohne den Rückhalt einer Offenbarung, ohne daß Gott den richtigen Weg zeigt, findet der menschliche Verstand kein sicheres Wissen, sondern erzeugt Irrtümer und Streit. Die Ansichten, über die Einigkeit herrscht, sind, wie al-Ǧuwainīs Beispiel lehrt, zu allgemein, als daß sie den Menschen über den Gewinn des Heils aufklären könnten.

Noch eine weitere Textstelle sei angeführt, an der al-Ǧuwainīs Zweifel an der Nutzbarkeit des Verstandes zu spüren sind. Wenn jemand auf einer einsamen Insel lebt, hat er trotz eines scharfen Verstandes nicht nur keine Möglichkeit, die Gesetze der Scharia zu entdecken, auch zum Glauben an den einen Gott und an das Prophetentum wird er nur unter der Voraussetzung gelangen, daß ihn ein „Ruf" erreicht.[24] Die Offenbarung ist in jedem Fall dem Verstand vorgeordnet. In dem Rahmen, den sie absteckt, soll er sich bewegen; er soll einsichtig machen, was verkündet ist. Etwa einhundert Jahre nach al-Ǧuwainī wird der andalusische Philosoph Abū Bakr b. Ṭufail (gest. 1185) dieses Thema aufgreifen und das Gegenteil zu beweisen suchen: Unser Denken und die Kategorien unserer geistigen Tätigkeit gehören uns an; sie stammen nicht aus fremder Quelle. Sie ermöglichen uns, aus eigenen Kräften Gott und die Geschaffenheit der Welt zu erkennen. Mit der Erzählung vom „Lebendigen, Sohn des Wachen",[25] der fern aller menschlichen Gesellschaft auf einer Insel heranwächst, will Abū Bakr b. Ṭufail seinem Leser dies vorführen. Die Worte, in die Ibn Ṭufail die Erkenntnisse jener Gestalt kleidet, sind die einer rationalen Theosophie, die von sich behauptet, den inneren, nur hervorragend Begabten zugänglichen Sinn des Islams zu erfassen.[26]

Doch mit der Denkfigur einer äußeren und einer inneren Wahrheit, die beide wiederum eins und doch nicht gleich sein sollen, war dem Verstand auf Dauer kein autonomes Reich zu sichern. Abū Bakr b. Ṭufail gehörte einer Minderheit an, die auf verlorenem Posten stritt. Sie argumentierte: Die innere Wahrheit, auf die der Verstandesbegabte stößt, bildet den Kern der Offenbarung, der der Masse verhüllt bleibt. Al-Ǧuwainīs Überzeugung aber lautet: Es gibt keinen inneren, nur dem Verstand zugänglichen Kern des heilswichtigen Wissens; alles ist offenbart worden. Nicht zu tieferer Einsicht, zu vermehrten Kenntnissen führt der ,,richtige" Gebrauch des Verstandes, sondern zu vorbehaltloser Unterwerfung. Nur Rationalität, die die Grenzen aufzeigt, die ihr durch die Offenbarung gesteckt sind, ist dem Heil dienlich. Der ,,Glaube der alten Weiber" ist die köstlichste Frucht aller Verstandestätigkeit. So werden wir von al-Ǧuwainī hingeleitet zu jenem Vexierspiel, als welches sich fortan islamischer Intellektualismus dem fremden Beobachter darstellen wird: logische Schlüssigkeit der Glaubenssätze – als Vorzug des Islams immer wieder gepriesen –, aber nur unter der Voraussetzung, daß die Offenbarung zuvor rückhaltlos bejaht wird; ein oft quälendes Miteinander von folgerichtigen Überlegungen und willkürlichen Aussagen, die hingenommen werden müssen! Und wer dieses Gemenge zu zergliedern trachtet, dem wird zugerufen: ,,Halt! Dies ist frevelhafter Gebrauch des Verstandes!"

Was al-Ǧuwainī anklingen ließ, was sein Schaffen zunichte zu machen droht und was in einigen Berichten über sein Ende kolportiert wird – sein Schüler Muḥammad al-Ġazālī (gest. 1111) wird es offen aussprechen: die Absage an den Rationalismus. In seiner Bekenntnisschrift ,,Der Erretter aus dem Irrtum" wird er Zeugnis ablegen von seiner Bekehrung zu einem Wissen, das jenseits aller Bemühungen des Verstandes zu finden ist. – Ein langer Weg hat ihn zu dieser Einsicht geführt. Zuerst hat er die spekulative Theologie studiert, die Gott geschaffen habe, als unverschämte Neuerer das reine Sunnitentum angetastet hätten.[27] Der Fehler dieser Theologie sei es gewesen, daß sie von ihren Feinden bestimmte Voraussetzungen übernommen habe: ,,Als die Kunst der spekulativen Gottesgelehrsamkeit aufgekommen war..., begehrten ihre Vertreter, die Sunna durch Erforschung der Ontologie zu verteidigen und ließen sich auf eine Erörterung der Essenzen, Akzidenzien und ihrer Bewertungen ein." – Dies ist al-Ǧuwainīs Methode in seinen theologischen Schriften vor der ,,Niẓamischen Glaubenslehre", wie wir gesehen haben. – ,,Da dies aber nicht das eigentliche Ziel ihrer Wissenschaft war, stießen sie hiermit nicht zu ihrem Endzweck vor. Es ergab sich aus alledem nichts, was die Finsternis der Verwirrung, die den Meinungszwist der Menschen erzeugt, aufgehellt hätte..."[28]

Aus Enttäuschung wandte sich al-Ġazālī nun der Philosophie, Naturlehre und Logik zu. Doch was er dort angetroffen habe, sei noch entsetzlicher gewesen: Die Freigeister[29] hätten die Welt für ewig erklärt und ohne einen gezielt handelnden Lenker;[30] andere hätten gelehrt, in allem Geschehen manifestierten sich rational deutbare Naturkräfte, was reiner Unglaube sei, da Gott sich im Koran als den niemals ruhenden Schöpfer zu erkennen gegeben habe; schließlich finde man eine theosophische Strömung, der Avicenna zuzurechnen sei. Diese habe gelehrt, die Welt sei anfangslos ewig; Gott wisse nur das Allgemeine, nicht aber alle Einzelheiten; und am Ende der Zeiten werde es keine Auferstehung der Leiber geben. Blanker Unglaube sei dies alles; al-Ġazālī hat ihn in mehreren Streitschriften, etwa in der „Selbstwiderlegung der Philosophen", bekämpft. Man brauche nicht dem Beispiel Übereifriger zu folgen und alle Ergebnisse dieser Wissenschaften in Bausch und Bogen zu verdammen. Mathematik, Astronomie und Logik seien an sich nicht schädlich, sie seien einfach belanglos angesichts des Prophetenwortes: „Wenn aber Gott sich (einer Kreatur) enthüllt, ist sie ihm unterworfen."[31]

Danach prüfte al-Ġazālī die Lehren der Schiiten, die sich, um allen Anfechtungen zu entrinnen, unter die Autorität eines Imams flüchten, dessen Worte sie vorbehaltlos bejahen. Dabei könne niemand beweisen, daß der Prophet ʿAlī und seinen Nachkommen derartige Vollmachten eingeräumt habe; einen „eindeutigen Text", in dem die Einsetzung der Imame festgelegt werde, suche man umsonst.[32] Endlich versenkte sich al-Ġazālī in die Schriften der Sufis, al-Ǧunaids, aš-Šiblīs und anderer. Da ging ihm allmählich auf, daß er vorher auf der falschen Fährte gewesen sei. „Es war mir deutlich geworden, daß ich das Glück des Jenseits allein in der Gottesfurcht erstreben dürfe und die Seele ihren Trieben abspenstig machen müsse; und daß der Anfang alles dessen darin bestehe, die Bindung des Herzens an diese Welt zu trennen, indem ich mich vom Haus der Verblendung losriß; darin, sich zum Haus der Ewigkeit hinzukehren; darin, sich in tiefstem Ernst Gott zu öffnen; und daß dies nur geschehen werde, wenn ich Ruhm und Geld aufgäbe und allen (irdischen) Beschäftigungen und Beziehungen entflöhe."[33] Diese Krise begann im Jahre 1089; sechs Jahre später gab al-Ġazālī seinen Lehrstuhl an der Bagdader Niẓāmīja-Medresse auf, reiste nach Syrien, Palästina, lebte an den heiligen Stätten des Hedschas, widmete sich der Erziehung und Läuterung seines Herzens. Es wurde ihm zur Gewißheit, daß allein die Sufis den Pfad zu Gott beschreiten, daß ihr Weg der einzig richtige ist, ihre Charakterbildung die reinste. „Sammelte man den Verstand aller Verständigen, die Weisheit aller Weisen, das Wissen aller Gelehrten, die die Geheimnisse des Gesetzes kennen, und (verlangte von ihnen) sie sollten ihre Lebensart, ihren Charakter auch nur ein wenig ändern und durch etwas Besseres ersetzen, sie wären dazu nicht imstande. Alles Tun und Lassen der Sufis aber, im Äußeren und im Innern, ist ein Abglanz der Lichtnische des Prophetentums, und neben dem Licht des Prophetentums gibt es auf Erden kein anderes, das einen erleuchten könnte."[34] Zehn Jahre nach dieser Erleuchtung verspürte al-Ġazālī den inneren Drang, das, was er erfahren hatte, denen mitzuteilen, die nach sicherem Wissen dürsteten – nach einem Wissen, das auf die Methoden des Verstandes, der logischen Beweisführung nicht angewiesen ist, das dem Lichtstrahl gleicht, den Gott dem Gläubigen ins Herz lenkt.[35] „Solches

Wissen kommt nicht durch die verschiedenen Wissenschaften zustande, mit denen sich die meisten Menschen beschäftigen. Gerade (weil sie dies tun) ermutigt sie ihr (erworbenes) Wissen zu immer schlimmerem Ungehorsam gegen Gott. Das wahre Wissen dagegen steigert die Furcht, die Angst, die Hoffnung – und verhindert Akte des Ungehorsams, abgesehen von Nachlässigkeiten, von denen sich der Mensch in keinem Augenblick zu lösen vermag."[36]

Wie bei al-Ǧuwainī wird auch bei seinem Schüler al-Ġazālī der Bezug der Gedanken zu den Übeln der Zeit sichtbar; auch er zweifelt nicht daran, daß es um nichts Geringeres als die Rettung des Islams gehe. Freigeister, Philosophen, Schiiten bedrohen den wahren Glauben. Aber al-Ġazālī blickt noch ein wenig weiter als al-Ǧuwainī: Die Gelehrten selber, die Garanten des islamischen Charakters des Gemeinwesens, halten sich in frevelhaftem Übermut nicht an die Scharia. „Sie essen Schweinefleisch, trinken Wein, treiben Wucher, lügen, verleumden!"[37] Ihr Wissen genügt bestimmten methodischen Anforderungen, aber es ist, für sich genommen, wirkungslos gegen die Triebkräfte der Seele. Nicht ein Wissen, das mit Axiomen und Beweisen, mit Kategorien wie „notwendig" oder „möglich" arbeitet, tut not, sondern das Wissen der Erleuchtung, das den ganzen Menschen durchdringt und läutert. Das ist die Botschaft al-Ġazālīs nach den Jahren der Selbstprüfung. Wahres Wissen ist Licht, und die Würde des Verstandes liegt allein darin begründet, daß er, richtig gebraucht, den Menschen zum bedingungslosen Gehorsam gegen Gott anhält.[38]

Al-Ǧuwainīs Schaffen bezieht die innere Folgerichtigkeit aus der Überzeugung, Rationalität zwinge den Gläubigen, letzten Endes dem Gesetz treu zu bleiben und immer neue Gehorsamsleistungen anzustreben; daß es das Gesetz geben müsse, folgt aus der rational faßbaren Metaphysik. Dem freilich steht die Tatsache gegenüber, daß der Inhalt der Scharia nicht rational abgeleitet werden kann – eine unauflösbare Spannung, die jene erste Überzeugung ins Schwanken bringen mochte! Auch al-Ġazālī litt unter dieser Spannung, und schließlich ließ er sich von ihr überwältigen. Mag manches im „Erretter aus dem Irrtum" auf ein großartiges Bekehrungserlebnis hin stilisiert sein, mögen die Studien des Sufitums al-Ġazālī auch mit Strömungen vertraut gemacht haben, die der ascharitischen Theologie der „neuen Frömmigkeit" fernstanden[39] – ihm jedenfalls wurde bewußt, daß die Bollwerke der Festung des Islams nicht auf einem Fundament des Rationalismus ruhen konnten. Wissen ist Licht, ist Erleuchtung, nicht aber Ergebnis mühevoller Analyse – dies ist die Formel, die der ascharitischen Anthropologie vollkommen entspricht[40] und die jetzt, da das Ende des geistigen Ringens bevorzustehen scheint, alleinige Gültigkeit erlangt. Nicht daß der Einsatz des Verstandes verboten wäre! Gewiß nicht – aber Offenbarung und prophetische Norm bestimmen seinen Einsatz und bilden folglich die wahren Grundmauern. Diese Einsicht müssen sich die Gläubigen nun zu eigen machen. Weshalb sollten sie danach je wieder das Verlangen spüren, die Tore der Festung zu öffnen?

2. Kurzer Ausblick

Das Aschʿaritentum des 11. Jahrhunderts war in Nischapur aufgeblüht; daß es für die gesamte islamische Welt bedeutsam wurde, verdankte es nicht zuletzt dem Umstand, daß Niẓām al-Mulk, die überragende politische Gestalt der frühen Seldschukenzeit, Schafiit gewesen war. Er hatte, wenn auch behutsam, diese Schule gefördert, weil er in ihr eine Waffe im Kampf um ein einheitliches islamisches Reich gefunden zu haben glaubte. Mit der Ermordung des Wesirs im Herbst 1092 und mit dem Tod des Sultans Malikšāh wenige Wochen später stürzte das Sultanat in eine Zeit der Wirren, an denen es schließlich zugrunde gehen sollte. Zwar blieb die Nachkommenschaft Niẓām al-Mulks noch eine Weile ein gewichtiger Partner im mörderischen politischen Spiel, in dem sich die Angehörigen des Herrscherhauses zerfleischten. Allein es fehlte eine machtvolle, ordnende Hand, die die ineinander verkeilten Streiter zum Verfolg eines gemeinsamen Ziels hätte zwingen können. Bis zum Mongoleneinfall in der Mitte des 13. Jahrhunderts dauerte diese elende Periode – und wurde von einer noch elenderen abgelöst. Und bis ins 18. Jahrhundert bleibt dies ein prägender Zug der islamischen Geschichte des Ostens, vom Zweistromland bis nach Innerasien hinein: eine kurzfristige gewaltige Machtentfaltung, meist getragen von mehr oder minder islamisierten Nomaden, dann eine lange, qualvolle Zeit der Zersetzung des gerade Gewonnenen. Doch viel mehr Stetigkeit gab es auch in den westlichen Teilen der islamischen Welt nicht.

Im Winter von 1153 auf 1154 erlitt der Großsultan Sanǧar (reg. 1118–1157), der sich nominell über mehrere Jahrzehnte hatte im Amt halten können, eine schwere Niederlage gegen die Ghuzz; diese waren wie ihre Namensvettern aus dem 11. Jahrhundert türkische Nomaden, hatten Transoxanien verheert und begehrten Einlaß nach Chorasan. Der Weg nach Westen war nun frei; sie wandten sich nach Nischapur, der alten Metropole. Dort flüchtete ein Teil der Bevölkerung in die Freitagsmoschee und wurde erbarmungslos niedergemetzelt. Andere hatten sich in einen Holzbau gerettet, die Moschee des Muṭarriz,[41] die mit einer bemalten Kuppel und hölzernen Säulen verziert war. Die Ghuzz steckten das Gebäude in Brand und plünderten des Nachts beim Feuerschein die Stadt aus, machten Gefangene und folterten sie aufs scheußlichste, um zu erfahren, wo Wertsachen verborgen seien. Mehrere Tage fielen sie immer wieder von neuem über die geschundene Stadt her, und „Chorasan wurde von diesen Unmenschen verwüstet und gab seinen Glanz an Medien" ab.[42] Zwar versuchte man, Nischapur wieder aufzubauen, aber zu allem Unglück loderte unter den Überlebenden der eingewurzelte Parteienhaß empor,[43] der schon die Aschʿaritenverfolgung in Gang gesetzt hatte. Die Stadt erlangte ihre alte Bedeutung niemals zurück.

Der einstige Mittelpunkt Chorasans ist nur ein Beispiel für den Niedergang des Städtewesens, der jene gebildete Schicht, aus der al-Ǧuwainī hervorgegangen war, entscheidend schwächte und ihr eine Veränderung ihrer Geisteshaltung aufzwang. Sicherheit für Leib und Leben – und die Gelegenheit zur Bereicherung – gab es für sie nur noch in der unmittelbaren Umgebung des Herrschers, der gerade in der Lage war, seine Nebenbuhler in Schach zu halten. – Als junger Mann hatte al-Ǧuwainī dies schon einmal erfahren müssen. – Der Herrscher aber, der seinen Aufstieg vor allem seinem Glücksstern zuschrieb, war auf nichts mehr erpicht, als auf die Sicherung seines Nachruhmes. Also zog er alle Kräfte, deren er zu diesem Zweck habhaft werden konnte, an sich: die Baumeister, daß sie seine Residenz zur schönsten ausgestalteten – Isfahan oder Samarkand verdanken ihren Glanz der erzwungenen Sammlung aller Menschen und Mittel auf diesen einen Punkt –; die Dichter, daß sie ihn in bombastischen Versen priesen; die Schreiber, daß sie seine diplomatische Korrespondenz in Wendungen höchsten verbalen Pompes kleideten, vielleicht auch seine Taten in einer Art der Historiographie verherrlichten, der alle Sachlichkeit zuwider war, weil sie in ihm einen neuen Alexander zu feiern hatte; schließlich die Rechtsgelehrten, deren Fetwas seinem Ruhm ein islamisches Gewand umhängten. Auf all diese Aufgaben galt es, sich nun einzustellen. Was aber hätte der Herrscher mit den Subtilitäten der Theologie, der Metaphysik, ja der Philosophie anfangen sollen, vor deren Gefährlichkeit – das wußte man – al-Ġazālī gewarnt hatte? Der Timuride Uluġ Beg (reg. 1447–1449) mit seiner Vorliebe für die Sternkunde ist eine der wenigen rühmlichen Ausnahmen; er hatte tatsächlich wissenschaftlichen Ehrgeiz. – Klöster als Fluchtburgen einer von den Wechselfällen der Politik etwas freieren Gelehrsamkeit gab es nicht.

Ar-Rāwandī, ein Mann in seldschukischen Diensten, klagte in einem zwischen 1202 und 1205 verfaßten Geschichtswerk, die Bevölkerung werde durch ungerechtfertigte Steuern ausgepreßt; Metzger, Gemüse- oder Tuchhändler würden stets zur Kasse gebeten: „Die Verständigen betrachten jene, die in den Städten ohne gesetzliche Grundlage den Muslimen das Vermögen fortnehmen, als Räuber, die Wegelagerei betreiben." Ein gerechter Herrscher unterlasse so etwas, mahnt ar-Rāwandī, dessen Schrift ursprünglich dem anatolischen Seldschukenfürsten Sulaimān II. (reg. 1196–1204) zugedacht war. Nicht einmal vor den Gelehrten mache die Raffgier jener Halt, die sich mit dem Zusammenstehlen hoher Staatseinkünfte beim Herrscher einschmeicheln wollten. Im Jahre 1202 ,,hat man in Medien Bücher wissenschaftlichen Inhalts, Sammlungen der Sunna und Korane mit der Waage abgewogen und für einen halben Dang je Män[44] verkauft. Man überzog die Gelehrten, die Moscheen und Medressen mit Gewalt und Beschlagnahmungen. Wie man von den Juden die Kopfsteuer einzieht, so verlangte man von den Gelehrten in den Medressen Gold."[45] Eigentlich sollten die Gelehrten doch vom Herrscher gefördert werden; dies sei die geeignetste Maßnahme zur Behebung aller Mißstände.[46] Vor allem aber kenne man kein wirkungsvolleres Mittel zur Erhöhung des Nachruhms als die Errichtung von Medressen und Sufi-Konventen, als die Förderung des Abfassens von Büchern und Gedichten,[47] die den künftigen Geschlechtern den Namen des großherzigen Sultans überliefern.

Unabhängiges Gelehrtentum schwindet, eine Entwicklung, die al-Ǧuwainī guten Glaubens in der ,,Hilfe der Völker" empfohlen hatte,[48] die sich nun aber unter Umständen vollzog, die er nicht hatte vorausahnen können. Gewiß, immer wieder haben islamische Herrscher Medressen gestiftet, aber die Wissensgebiete, die in ihnen gepflegt wurden, verengten sich mehr und mehr auf die Jurisprudenz und die Überlieferungskunde.[49] Das Aschʿaritentum, der große Versuch, kritischen Verstand und fromme Sunna-Gläubigkeit miteinander zu versöhnen und auf diese Weise die Vorteile völliger Gewißheit mit denen der Rationalität zu verknüpfen, war von al-Ġazālī verworfen worden. Schon bei al-Ǧuwainī hatte sich abgezeichnet, daß dieser Versuch abgebrochen werden müsse – und könne, zumal das Ziel aller Anstrengungen, die Umwandlung des Islams in eine uneinnehmbare geistige Festung, erreicht zu sein schien. Der Hanbalit ʿAbdallāh al-Anṣārī (gest. 1089) aus Herat, jener Stadt, die Niẓām al-Mulks Religionspolitik abgelehnt hatte,[50] hatte in einer rabiaten Schmähschrift jeden Rationalismus, insonderheit den aschʿaritischen, als ein seit dem Beginn der islamischen Geschichte wirkendes zerstörerisches Prinzip verunglimpft.[51] In Bagdad war man ohnehin hanbalitisch gesonnen und wird froh gewesen sein, als Niẓām al-Mulk, der Gönner der verhaßten Richtung, gestorben war. Der Sultan Masʿūd (reg. 1134–1152), der den Irak und Medien beherrschte, hielt sich im Winter 1143 auf 1144 in der Kalifenstadt auf. In seinem Gefolge weilte ein fanatischer Hanafit aus Nischapur, der Anstoß daran nahm, daß an der Niẓāmīja-Medresse der Name al-Ašʿarīs zu lesen war. Er redete dem Sultan so heftig ins Gewissen, daß dieser den Namen tilgen und denjenigen aš-Šāfiʿīs an die Stelle setzen ließ. Ein Gelehrter, der noch in aschʿaritischer Theologie unterrichtete, wurde aus der Stadt verbannt, weil er Anlaß zum Volkszorn gebe.[52] Der Damaszener Ibn ʿAsākir (gest. 1176), dessen

Rechtfertigungsschrift des Aschʿaritentums wir wertvolle Nachrichten entnahmen, muß sich gegen den Einwand wehren, die Aschʿariten seien eine winzige, folglich nicht der Beachtung würdige Minderheit, die breite Masse aber beschreite den richtigen Pfad.[53] – Zweihundert Jahre vorher hatte der Muʿtazilit al-Balḫī gegen das gleiche Argument kämpfen müssen.

Harmonisierung auf der Grundlage der Überlieferung, so lautete das Gebot der Stunde nach Meinung jenes hanafitischen Predigers. „Sei Schafiit, aber kein Aschʿarit; Hanafit, aber kein Muʿtazilit; Hanbalit, aber kein Verähnlicher! Am meisten muß ich mich über die Schafiiten wundern! Sie haben sich um des Zweiges willen von der (gemeinsamen) Wurzel getrennt!" Mit diesen Worten leitete er zu einem Lobpreis der Gründergestalten der vier Rechtsschulen und zu einer Verurteilung al-Ašʿarīs über.[57] Diese Sätze sind in mehrfacher Hinsicht aufschlußreich. Deutlich umrissene theologische Positionen – die Wahlverwandtschaft zwischen Hanafiten und Muʿtaziliten wird hier noch vorausgesetzt[55] – vermeide man tunlichst! Es gibt sunnitische Grundüberzeugungen. Diesen soll sich jeder verpflichtet fühlen, mag ihr Inhalt auch verschwommen sein. Al-Ǧuwainī dagegen hatte die Klarheit der Glaubenslehre angestrebt. Hier wird dergleichen als ein Festhalten an – minder wichtigen – Ableitungen aus einer gemeinsamen Wurzel mißdeutet. Es tritt nun das Denkschema zutage, mit dem in den folgenden Jahrhunderten eine – man könnte fast sagen, hemmungslose – Harmonisierungssucht das geistige Leben überwuchert und vielerlei Zwist auslöst, der nicht selten von intellektueller Unredlichkeit gekennzeichnet ist. Denn „Wurzel" und „Ableitung" sind letzten Endes willkürliche Gesichtspunkte. Einen Sachverhalt, der für den einen noch dem ersten angehört, mag der Gegner schon dem zweiten zuordnen. Unanfechtbare Kriterien gibt es nicht.

Im 12. Jahrhundert sah es allerdings noch keineswegs nach einem friedlichen Zusammenleben der Rechtsschulen aus, deren Meinungsverschiedenheiten, wie erinnerlich, als ein Zeichen von Gnade angesehen werden sollten. Hanafiten und Schafiiten bekämpften einander erbittert. Dabei waren die Hanafiten im Vorteil, denn sie waren von alters her eng mit den türkischen Völkern verbunden, was schon der Prophet vorausgesehen haben sollte. „Die seldschukischen Sultane haben die Hanafiten groß gemacht, so daß die Liebe zu diesen Gelehrten jung und alt ins Herz geschrieben steht", schreibt ar-Rāwandī.[56] Etwa zur gleichen Zeit, als in Bagdad zur Verbrüderung der Rechtsschulen aufgerufen wurde, entfesselte man in Isfahan eine grausame Schafiitenverfolgung, vor der sich manche nur dadurch retteten, daß sie zum Hanafitentum übertraten.[57] Ar-Rāwandī ermahnt den Sultan, dem er sein Geschichtswerk widmet, er möge alles daran setzen, die Feindschaft zwischen beiden Richtungen zu beenden.[58]

Der politischen Macht standen die Hanafiten damals näher; in der

Rechtstheorie jedoch verlief die Harmonisierung auf ihre Kosten. Sie waren nun emsig darum bemüht zu belegen, daß der Ahnherr ihrer Schule ein hervorragender Ḥadīṯ-Kenner gewesen sei.[59] Überhaupt wollte man den Schafiiten in nichts nachstehen. Der Eifer der Hanafiten nahm bisweilen groteske Formen an. Die Aschʿariten bzw. Schafiiten rechneten einen Ibn al-Bāqillānī und einen Imām al-Ḥaramain zu den Leuchten ihrer Wissenschaft; da entdeckten auch die Hanafiten einen Ibn al-Bāqillānī und einen Imām al-Ḥaramain in ihren Reihen.[60] Eines freilich war schwierig auszugleichen: aš-Šāfiʿīs Abstammung von den Quraiš. Abū Ḥanīfa war doch nur ein bedauernswerter Nichtaraber gewesen und hatte folglich den Ḥadīṯ gar nicht so gut beherrschen können. Da ersann man einen Prophetenspruch: ,,Die Leuchte meiner Gemeinde ist Abū Ḥanīfa!" Als sich die Sonne der Gefährten Muḥammads dem Untergange zuneigte – und die letzten Augenzeugen der islamischen Urgeschichte dahinstarben –, da erschien am östlichen Himmel ein neues Gestirn: Abū Ḥanīfa aus Kufa. Und ar-Rāwandī weiß zu erzählen, wie ein wenig vom honiggleichen Speichel Muḥammads in einer halben Dattel an den irakischen Prophetengefährten ʿAbdallāh b. Masʿūd gelangt sei; schließlich sei dieses Kleinod Abū Ḥanīfa zugefallen, ,,und augenblicklich erstrahlten hunderttausend Lichter in seinem Herzen".[61] Wer wollte da noch zweifeln, daß Abū Ḥanīfa einzig und allein im Sinne des Gottesgesandten gelehrt habe?

Nun wandelt sich die hanafitische Schule zu einer, die wie die übrigen der normsetzenden Überlieferung den Vorrang vor rationalen Erwägungen zugesteht. Der Weg wird frei für die Ausarbeitung von Rechtshandbüchern, in denen hanafitische und schafiitische Anschauungen als ,,in der Wurzel" gleich dargestellt werden. So verdanken wir beispielsweise dem berühmten Hanafiten at-Taftazānī (gest. 1389) ein Werk zur Rechtstheorie, das nach Meinung des Verfassers beiden Schulen gleichermaßen nutzen sollte: ,,Wer in das Meer der Untersuchung, auf welche der Lichterglanz des (von Gott verliehenen) Erfolgs strömte, eintaucht, der wird loben, was ich in diesem Buch niederlegte, dessen Wahrheiten freilich nur die Geschickten unter den Gelehrten beider Richtungen entschleiern werden, dessen Subtilitäten zu erfassen nur den in den Grundlagen beider Schulen Erfahrenen gegeben sein wird."[62] Der Autor erörtert die vier Quellengattungen des Rechts – Koran, Sunna, Consensus, Analogie[63] – und behandelt sie ganz im Sinne einer Lehre von den Autoritätsstufen der Texte, wie sie im Mittelpunkt der schafiitischen Rechtswissenschaft steht.[64]

Al-Ǧuwainī hatte erkannt, daß es in der späten Zeit, in der zu leben sein Schicksal war, nur noch mittelbare oder unmittelbare ,,Nachahmer" geben könne; schöpferisches Gelehrtentum gehöre der Vergangenheit an.[65] Schon im 10. Jahrhundert waren manche Schafiiten zur Einsicht gelangt, daß es eine Epoche geben werde, in der niemand mehr „selbständig suche". Al-Qaffāl aš-Šāšī – wir kennen ihn aus dem chorasanischen Freiwilligenheer gegen Byzanz[66] – hatte diese Meinung vertreten. Laut aš-Šaukānī (gest. 1839), einem der ersten islamischen Gelehrten der Neuzeit, die gegen die „Schließung des Tores" zu Felde zogen, habe schon damals az-Zubair b. Aḥmad b. Sulaimān az-Zubairī, Schulhaupt der Basrenser Schafiiten,[67] dem entgegengehalten, daß die Welt niemals ohne einen Zeugen sein werde, der verbürge, daß Gott den Menschen seine Scharia übermittelt habe; denn anderenfalls würde die „Belastung" nicht fortdauern. Eben diese Zuversicht habe sich später auch Abū Isḥāq aš-Šīrāzī, der gerühmte Bagdader Zeitgenosse al-Ǧuwainīs, zu eigen gemacht.[68] Die Vorstellung von einem Zeugen für die Scharia widerspricht nun freilich keineswegs der Meinung al-Qaffāls. Denn die „Nachahmer", die, der eigenen Suche unfähig, die Lehren der großen Meister bewahren, sind durchaus Zeugen im angedeuteten Sinn. Dies geht auch aus al-Ǧuwainīs Bemerkung hervor, daß erst, wenn alle Erinnerung an die Offenbarung geschwunden sei, die Menschen in den wilden Zustand vorprophetischer Zeit zurückfallen würden.[69] Al-Ġazālī, der vielseitige Gelehrte Faẖr ad-Dīn ar-Rāzī (gest. 1209)[70] und ʿAbd al-Karīm b. Muḥammad ar-Rāfiʿī (gest. 1226), ein Schafiit aus Qazwin, sie alle erklärten, daß es mit der „selbständigen Suche" vorbei sei.[71]

Aš-Šaukānī stellt ihnen eine Reihe ägyptischer Schafiiten gegenüber, die mit Ibn ʿAbd as-Salām (gest. 1262) beginnt und bei dem berüchtigten Vielschreiber as-Sujūṭī (gest. 1505) endet.[72] Diese alle hätten sich gegen die „Nachahmung" geäußert. Des weiteren streicht er die Auffassung der Hanbaliten heraus, die jegliche „Nachahmung" ablehnen. Es wird aber deutlich, daß letztere „Suche" und „Nachahmung" unter einem ganz anderen Blickwinkel sehen. Sie erklären es für unislamisch, sich jemand anderen als den Propheten zum Führer zu wählen. Bei der „Nachahmung" im schafiitischen Sinn ist das jedoch unvermeidlich, denn der Gelehrte, den man in einer Sache um Aufschluß gebeten hat, schiebt sich zwischen einen selber und die Quellen der Scharia und vermittelt sie in einer auf das jeweilige Problem zugeschnittenen Form. Inhaltlich meint „selbständige Suche" bei den Hanbaliten nichts weiter als die Subsumierung des Sachverhaltes unter Koran und Sunna, wobei sogar auf den Analogieschluß verzichtet werden muß.

Aš-Šaukānī, der leidenschaftliche Anwalt einer „Öffnung des Tores", weiß also in Wirklichkeit gar nicht, was selbständiges Forschen heißt – welch eine Tragik! – Er schließt sich offenbar dem hanbalitischen Standpunkt an und gelangt zu der verblüffenden Ansicht, die „selbständige Suche" sei für die Spätgeborenen viel einfacher als für die Altvorderen, eben weil der Koran abschließend kommentiert sei und die Sunna in kanonischen Sammlungen vorliege.[73] Den Verhältnissen angemessener und wahrhaftiger erscheint da doch die Äußerung des Malikiten Averroes (gest. 1198), der gleich im ersten Absatz seines Handbuches des islamischen Rechts erklärt, er wolle Fragen von grundsätzlicher Bedeutung erörtern, damit ein „Sucher", wenn tatsächlich ein noch unbekanntes Problem auftauchen sollte, sich zu orientieren vermöge; die meisten Fälle seien jedoch längst gelöst worden seit den Tagen „der Prophetengefährten bis in die Zeit, in der sich die ‚Nachahmung' ausbreitete."[74]

Daß das „Tor der selbständigen Suche" einst geschlossen worden sei, muß aš-Šaukānī widerwillig zugeben, und in einer Streitschrift, die er diesem Übelstand widmet, wird immer wieder deutlich, welche Überwindung ihn das kostet. Er fühlt sich zudem wie ein Rufer in der Wüste: Wer sich nicht zur „Nachahmung" bekenne, werde von allen Gelehrten gemieden. Eigene Suche gelte als unnütz, und nützlich seien allein die Wissenschaften, die Geld einbrächten – Unterrichtsgebühren, Honorare für Fetwas oder richterliche Entscheidungen. Dies sei die gängige Meinung. Und um das Volk in dem Glauben zu halten, „Nachahmung" sei Pflicht, pflegten die Gelehrten ein aufdringliches Imponiergehabe: „Sie tragen prunkvolle Kleider, winden sich Turbane hoch wie Berge um den Kopf und wenn dann ein Ungebildeter, ein Herrscher oder einer seiner Helfer eine solche ekelhafte Runde anschaut – die vielen Teilnehmer, das feine Gewand, die dicken Hefte – dann bleibt bei ihm kein Zweifel, daß der Scheich und Lehrer dieser Runde der gelehrteste aller Menschen ist. Also nimmt er dessen Wort in jeder Glaubensfrage an, hält ihn der Lösung jeder Schwierigkeit für fähig, erhofft von ihm die Sachwalterschaft der Scharia, nicht aber von einem wirklichen Gelehrten, der in der Kenntnis des Korans, der Sunna und aller übrigen Wissenschaften hervorragt, ohne die die Lehrer nichts verstehen. ... Kurz und gut, ein jeder nimmt dies in seiner Zeit wahr. Wir haben nicht davon erfahren, daß die Bewohner irgendeiner islamischen Stadt sich darauf geeinigt hätten, die ‚Nachahmung' aufzugeben und stattdessen Koran und Sunna zu folgen – weder heute, noch früher seit dem Aufkommen der Rechtsschulen. Vielmehr sind sich alle Menschen der islamischen Länder in der ‚Nachahmung' einig."[75]

Meilenweit sind wir nun von der inneren Not al-Ǧuwainīs entfernt, von den Grübeleien, mit denen sich al-Ġazālī zermarterte und die ihn schließlich zur Verwerfung des Rationalismus trieben. Die Erscheinungsformen der geschaffenen Dinge, ihre Wechselwirkungen und Wandlungsprozesse, konnten und durften den Forschergeist nicht mehr herausfordern. Ein rational deutbares Gefüge des Seienden, eine rationale Beurteilung des menschlichen Handelns gab es nicht mehr. In der wild wuchernden Magie und in der Astrologie fand der Wunsch des Menschen, Ursache und Wirkung der Dinge zu durchschauen, sein ungesetzliches Betätigungsfeld. Die Theologen fluchten diesen Teufelskünsten, nicht erkennend, daß dies alles die Folge des willkürlichen, allsorgenden Gottes war, den sie lehrten. Der Weg zur Erleuchtung, den al-Ǧuwainī fast und al-Ġazālī ganz zu Ende gegangen waren, hätte an so anstößiger Ersatzbefriedigung vorbeigeführt. Aber wann hätte ihn die Masse je gehen können?

Eine Überlieferungs-Frömmigkeit, die sich ihres wahren Grundes nicht mehr bewußt ist, entartet zu leerer Äußerlichkeit, zu einträglicher Posse, zur Tyrannei des verknöcherten Pseudo-Wissens. Solche Erstarrung alles unabhängigen Denkens, solche Vermeidung jedes geistigen Wagnisses, das war sicher nicht al-Ǧuwainīs Ziel gewesen, als er in der „Hilfe der Völker" die Rolle der Gelehrten im islamischen Gemeinwesen hervorgehoben hatte. Die Entheiligung der Herrschaft hatte den Kennern der Scharia eine bedeutende gesellschaftliche Macht in die Hände gespielt. Damit war die Professionalisierung des Gelehrtentums eingeleitet worden; die geschichtlichen Umstände, die das Schicksal der islamischen Welt seit dem 11. Jahrhundert bestimmten, trieben sie rasch voran, bewirkten eine enge Verflechtung von Scharia-Wissenschaft und Herrschergewalt und machten das ungebundene Forscherdasein mehr und mehr zu einer Randerscheinung. Man begann, zwischen brauchbaren und – scheinbar – überflüssigen Wissenschaften zu unterscheiden. Letztere gerieten nicht völlig in Vergessenheit, aber man kümmerte sich nicht mehr viel um sie, sondern gab sich mit dem ab, was für die Erlangung der Heilsgewißheit und die Bewahrung des geistigen und gesellschaftlichen Status quo nützlich erschien.

Darum wird es uns kaum erstaunen, wenn wir feststellen müssen, daß al-Ǧuwainīs Werke, in denen der Autor mit grundsätzlichen Problemen ringt und oft erst nach schwerer Anstrengung eine ihn befriedigende, außerhalb des bisher Dagewesenen liegende Lösung erzwingt, kaum zu vergleichbar ernsthaften Bemühungen angeregt haben. Gerade von jenen Schwierigkeiten, die für al-Ǧuwainī wesentlich und weittragend waren, wollte man immer weniger wissen. Ibn Ḫaldūn (gest. 1406), der scharfsinnige Deuter der islamischen Geschichte, kennt noch sein „Buch der Belehrung", das im islamischen Westen offenbar ziemlich lange studiert worden ist.[76] Er vermag – welch eine Ausnahme!– die ascharitische Theologie sogar noch unbefangen zu würdigen.[77] „Das Buch des Beweises" nennt Ibn Ḫaldūn einen glänzenden Versuch, das islamische Recht auf theologischer Grundlage zu verankern.[78] Bemerkenswert ist übrigens, daß ihm auch al-Ǧuwainīs Aufmerksamkeit für die Mathematik, von der eine Stelle im „Buch des Beweises" zeugt,[79] nicht entgangen ist. Für die Anwendung des verwickelten islamischen Erbrechts benötigte man mathematische Kenntnisse,[80] die ansonsten, wie al-Ġazālī in der

„Selbstwiderlegung der Philosophen" urteilte, überflüssig sind.[81] Das „Buch des Beweises", nach as-Subkī ein einziges Rätsel, wurde im Magreb bearbeitet;[82] im allgemeinen scheint man sich aber kaum der Mühe unterzogen zu haben, die Gedankenfülle dieses Werkes zu erschließen.[83] Da freilich die Handschriftenbestände der islamischen Länder noch völlig unzureichend katalogisiert sind, mag sich dieses Urteil einmal als falsch erweisen. In Anbetracht der geschilderten Entwicklung des islamischen Gelehrtentums überrascht es nicht, daß eines der dürftigsten Schriftchen al-Ǧuwainīs, das „Buch der wenigen Seiten", am häufigsten kommentiert worden ist.[84] An diesem Umstand zeigt sich der Wunsch der „Nachahmer"-Gelehrsamkeit, über kurze und möglichst einfache Einführungen in ihre Gegenstände zu verfügen.

Das Bild al-Ǧuwainīs, des hartnäckigen Denkers und Fragers mit seiner oft verwickelten Ausdrucksweise, verblaßte; al-Ġazālī stellte ihn in den Schatten, aber nicht mit seinen Schriften zur Metaphysik oder zur Theorie des Rechts, sondern mit der „Wiederbelebung der Wissenschaften des Glaubens", einem nach der Bekehrung verfaßten Werk, welches die Erleuchtung, nicht die unablässige und mühevolle, im Ergebnis zudem ungewisse Arbeit des Verstandes zur Quelle des Wissens erhebt. Die Früchte eines solchen erleuchteten Schaffens scheinen leichter eingängig – und sie sind gefährlich, weil sie eben deswegen die Masse der Gläubigen – Generation um Generation – über den steilen und dornenreichen Weg hinwegtäuschen, den man sich zumuten müßte, ehe man mit Fug und Recht diese Früchte genießen dürfte.

Zeittafel I

622	Hedschra
632	Tod des Propheten
632–661	Die „Vier Rechtgeleiteten" Kalifen Nach dem Tod Muḥammads lösen sich vier seiner frühesten Gefährten in der Führung der Gemeinde ab: Abū Bakr (632–634), ʿUmar (634–644), ʿUṯmān (644–656), ʿAlī (656–661). Mit der Ermordung ʿUṯmāns und der Ausrufung ʿAlīs zum Kalifen beginnt 656 der Erste Bürgerkrieg. Er endet mit dem Sieg Muʿāwijas, eines Verwandten ʿUṯmāns.
661–749	Das Kalifat der Omaijaden von Damaskus Muʿāwija I. (reg. 661–680), der Sieger im Bürgerkrieg, wird zum Begründer der ersten islamischen Dynastie. Deren Bestand wird durch Reste der Anhängerschaft ʿAlīs (Schiiten) des öfteren bedroht. Im Zweiten Bürgerkrieg (683–692) fallen der Hedschas und der Irak zeitweilig in die Hände des ʿAbdallāh b. az-Zubair, des Sohnes eines berühmten Prophetengefährten. Seit dem ausgehenden 7. Jahrhundert bilden sich die Anfänge des Schiitentums, dann auch des Sunnitentums, heraus. Letzteres wird unter ʿUmar b. ʿAbd al-ʿAzīz (reg. 717–720) gefördert. In der ersten Hälfte des 8. Jahrhunderts formiert sich eine weit verzweigte Oppositionsbewegung (Hāšimīja), die von unterschiedlichen schiitischen Elementen getragen wird. Sie erzwingt 749 den Sturz der Omaijaden von Damaskus und verhilft den Abbasiden, Nachfahren eines Oheims des Propheten, zur Macht. Das Zentrum des Reiches wird in den Irak verlagert.
749–1258	Das Kalifat der Abbasiden Al-Manṣūr (reg. 754–775), der Gründer Bagdads (760), al-Mahdī (reg. 775–785) und Hārūn (reg. 786–809) konsolidieren die Macht des Kalifats. Sie beschneiden den Einfluß der Schiiten, die ein alidisches Kalifat erhofft hatten. Schüler Abū Ḥanīfas (gest. 767) bekleiden wichtige Staatsämter. Die rationalistische Theologie der Muʿtazila blüht auf und beherrscht in der ersten Hälfte des 9. Jahrhunderts das geistige Leben. Das Sunnitentum, dessen methodologische und theologische Grundlagen etwa zur selben Zeit erarbeitet werden (aš-Šāfiʿī, gest. 820; Aḥmad b. Ḥanbal, gest. 855), wird von al-Maʾmūn und einigen seiner Nachfolger unterdrückt (833–847 Inquisition). Von der Mitte des 9. Jahrhunderts bis zu al-Qādir (reg. 991–1031) schwanken die Kalifen zwischen einer Parteinahme für die Muʿtaziliten oder die Sunniten. Es werden Versuche unternommen, Rationalismus und Überlieferung miteinander auszusöhnen (Ibn Qutaiba, gest. 889; al-Ašʿarī, gest. 932 und andere).

Seit dem frühen 9. Jahrhundert mehren sich die Anzeichen einer Regionalisierung des Reiches (Tahiriden in Chorasan 821–873; Samaniden in Ostiran und Transoxanien 819–1000). Das in Tunesien gegründete schiitische Kalifat der Fatimiden (909–1171) verlegt 969 seinen Sitz nach Ägypten und bedroht, auch mit Hilfe einer Untergrundorganisation, die Abbasiden.
Al-Muʿtaṣim (reg. 833–842) versucht, die Sicherheit des Kalifats durch die Errichtung eines türkischen Söldnerheeres zu erhöhen. Auf die Länge der Zeit hin wird jedoch die Wirtschaftskraft des Reiches ausgehöhlt. Die politische Unstabilität wird verstärkt. Von 936 bis 1055 unterliegt das Kalifat der Schutzherrschaft der Großemire.
Es folgt die Periode der Vorherrschaft der seldschukischen Großsultane, die erst in der zweiten Hälfte des 12. Jahrhunderts endet.
Unter an-Nāṣir (reg. 1180–1225) und seinen Nachfolgern erlebt das abbasidische Kalifat eine Nachblüte. Sie endet, als die Mongolen Bagdad im Jahre 1258 verwüsten.

Zeittafel II

Kalifen und Großemire

Abbasiden	Großemire	
al-Qāhir		
932–934		
ar-Rāḍī	Ibn Rā'iq	
934–940	und andere	
al-Muttaqī	936–945	
940–944		
al-Mustakfī	Die Bujiden:	
944–946	Muʿizz ad-Daula	
	Aḥmad 945–967	
al-Muṭīʿ		Vorstöße der Byzantiner nach Palästina und Gefährdung des Irak (968 Fall von Nisibin)
946–974		
	Baḫtijār	
	967–978	
aṭ-Ṭā'iʿ		Kampf zwischen Baḫtijār und seinem Vetter ʿAḍud ad-Daula um das Großemirat
974–991		
	ʿAḍud ad-Daula	
	978–983	
	+	
	+	
al-Qādir	Bahā' ad-Daula	Seit 990 Einfluß der Fatimiden im Gebiet des Fruchtbaren Halbmondes; 1012 Protokoll über die Unechtheit der fatimidischen Genealogie
991–1031	989–1012	
	Sulṭān ad-Daula	
	1012–1021	999–1030 Maḥmūd von Ghazni, ,,sunnitischer

		Glaubenskämpfer“; Kriegszüge nach Indien
		1014 al-Qādir bestätigt sein enges Verhältnis zu Maḥmud
	Mušarrif ad-Daula 1021–1025	1018 Verkündung der „Qādirīja“
	Ǧalāl ad-Daula 1025–1044	1025–1043 Vorstoß der Ghuzz-Nomaden
		1029 Vereidigung der Richter, Notare usw. auf das Sunnitentum
al-Qā’im 1031–1075		Eroberung Raijs durch Maḥmūd von Ghazni; Zerschlagung der dortigen Muʿtazila und der Ismaʿilija
		1040 der Ghaznawide Masʿūd gibt Chorasan an die Seldschuken verloren
		1042 Erneuerung der „Qādirīja“ durch al-Qā’im
	Abu Kālīǧār 1044–1048	
	al-Malik ar-Raḥīm 1048–1055	1055 der Seldschuke Ṭoġrilbeg zum ersten Mal in Bagdad; Ende des Großemirats

Zeittafel III

Kalifen und Sultane

Abbasiden	Großsultane	
al-Qā'im 1031–1075		1038 Ṭoġrilbeg in Nischapur; Herrschertitel „as-Sulṭān al-Mu'aẓẓam" („höchstverehrte Herrschergewalt")
		1040 Sieg über Mas'ūd von Ghazni; Vorrücken nach Westen
	Ṭoġrilbeg 1058–1063	1055 Ṭoġrilbeg zum ersten Mal in Bagdad; Ende des bujidischen Großemirats
		1058 Krönung Ṭoġrilbegs durch al-Qā'im
		1058 Ṭoġrilbegs Zwist mit Ibrāhīm Inal; Bagdad wird fatimidisch; Gefangenschaft al-Qā'ims
		Winter 1059/1060 Befreiung des Kalifen durch Ṭoġrilbeg
		Seit etwa 1058 Alp Arslan Herr von Chorasan; Beginn des Aufstiegs des Wesirs Niẓām al-Mulk
	Alp Arslan 1063–1072	
		1071 Sieg über die Byzantiner bei Mantzikerd; Beginn der Türkisierung Anatoliens
	Malikšāh 1072–1092	Niẓām al-Mulk erkämpft dem jungen Malikšāh das Großsultanat
al-Muqtadī 1075–1094		Spannungen zwischen Niẓām al-Mulk und Malikšāh
		Spaltung des Sunnitentums in Bagdad
		Versuch Niẓām al-Mulks, größeren Einfluß auf das Kalifat zu gewinnen
		1092 Ermordung Niẓām al-Mulks

Anmerkungen

Einführung

1. Arab. iǧtihād
2. Goldziher, Die Richtung der islamischen Koranauslegung, 329.
3. So z. B. Muḥammad ʿAlī as-Sanūsī (gest. 1859); vgl. N. Ziadeh, Sanusiyah. A Study of a Revivalist Movement in Islam, 80ff.; s. auch unten 365f.
4. Watt/Welch, Der Islam I, 256f.
5. Brunschvig, Problème de la decadence, 30–33; Nagel, Zum Menschenbild im modernen Islam, in: ZDMG, Supplement III/1, Wiesbaden 1977, 559–566.
6. Vgl. hierzu Brunschvig, Perspectives, 19, in: SI 1/1950, 5–21.
7. Wer sich ein Bild von der für uns befremdlichen Gegenwärtigkeit der frühesten islamischen Geschichte für den heutigen Muslim machen will, der lese die vorzügliche Studie von W. Ende, Arabische Nation und islamische Geschichte. Die Umayyaden im Urteil arabischer Autoren des 20. Jahrhunderts. Beirut 1977 (BTS 20).
8. V. Grunebaum, Le concept du classicisme culturel, 1–17. Allerdings hat v. Grunebaum diese Einsicht kaum in seine weitgespannten Untersuchungen zur islamischen Geschichte einfließen lassen. Man vergleiche etwa, was er unter den Begriffen ,,Entpersönlichung" und ,,Humanismus" in ,,Der Islam im Mittelalter" (295–300) schreibt! Maßstab seines Urteils ist ihm offensichtlich, wie getreu das Gedankengut der alten Griechen übernommen wurde – und mit dieser Treue sei es – im Gegensatz zu Europa – eben nicht weit hergewesen. V. Grunebaum läßt völlig außer acht, daß die islamische Kultur durch den späten Hellenismus befruchtet wird, dessen Weltanschauung und Menschenideal z. B. von H. Jonas in ,,Gnosis und spätantiker Geist" ausführlich beschrieben worden sind. In mancher Hinsicht läßt sich der Islam als Fortbildung jenes späten Hellenismus begreifen, und die Auswahl aus der griechischen Überlieferung, die er trifft, ist im wesentlichen vom Späthellenismus vorweggenommen worden. Im übrigen neigt man heute dazu, auch die italienische Renaissance, bei v. Grunebaum ein Beispiel für ,,orthogenetischen Klassizismus", nicht mehr als ein Streben nach reiner Aneignung der Antike zu deuten. ,,Betrachtet man die Epoche nicht durch den Schleier angenehm irritierenden Weihrauchs zu Ehren der Alten, dann zeigt sich, daß die Antike für die Renaissance kein objektgeschichtliches Phänomen war, sondern ein Internproblem der Renaissance selbst." (H. Diwald, Anspruch auf Mündigkeit. Propyläen Geschichte Europas I, Frankfurt/Berlin/Wien 1975, 141).
9. Vgl. Ende/Steinbach (Hrsg.), Der Islam in der Gegenwart, München 1984, 470ff.
10. Arab. tasannun; F. Rahman, Islamic Methodology in History, 85; der Autor hat hierbei nur den sunnitischen Islam im Auge, dem stets die überwältigende Mehrheit der Muslime zuzurechnen gewesen ist. Doch ließe sich fast alles auch auf die Schia übertragen, die sich ja auch an einer autoritativen Überlieferung ausrichtet – an derjenigen, die auf die Imame zurückgeht.
11. Ebd., 96 und 103f.
12. Ebd., 116ff.

13. Ebd., 133 ff.
14. Ebd., 143. Eine ähnliche Auffassung vertritt auch der Tunesier H. Djait, La personnalité et le devenir arabo-islamiques, Paris 1974.
15. Wie W. E. Peuckert (Die große Wende, Hamburg 1948, bes. 477 ff.) gezeigt hat, war die Überwindung des mittelalterlichen Weltbildes in Europa mit der Aufgabe eines gewaltigen Bestandes an „gesichertem Wissen" verbunden.
16. S. unten, 346.
17. Nagel, Staat und Glaubensgemeinschaft im Islam I, 330 ff.
18. Dies war auch im europäischen Mittelalter der Fall. Aber da keine so umfassende, überall verbreitete und allgemein anerkannte Sammlung von Normen vorlag, wie sie die islamischen Ḥadīt̲-Werke darstellen, gab es nicht nur regional erheblich voneinander abweichende Rechtsnormen, sondern auch verhältnismäßig rasche Veränderungen (vgl. O. Brunner, Land und Herrschaft. Grundfragen der territorialen Verfassungsgeschichte Österreichs im Mittelalter, Wien 1965[5], 138 f.).
19. Vgl. Nagel, Rechtleitung und Kalifat, 310 ff.
20. Denn es wären die Willensregungen des Menschen ständig zu kontrollieren und zu regulieren, da es eine unbestrittene Tatsache ist, daß der Mensch gern wider den Stachel löckt (vgl. die Lösung dieses Problems in der „neuen Frömmigkeit", unten S. 105, mit Hilfe der bewußt vollzogenen Unterwerfung unter Gottes Willen die Immanenz des Schöpfers, eine unerwünschte Folge der völligen Entmächtigung des Menschen, zu vermeiden).
21. Nagel, der Koran, 175.
22. S. unten 225 f.
23. Nur zum Schein kam die sunnitische Theologie al-Ǧuwainīs und seinesgleichen dem Bedürfnis der Volksfrömmigkeit nach, konkret über Gott zu reden. Man ließ die koranischen Attribute zu, verlangte aber, daß sie „ohne Wie", d. h. ohne vorstellbaren Inhalt zu verwenden seien.
24. Zum Vorhergehenden s. Nagel, Rechtleitung und Kalifat, und ders., Staat und Glaubensgemeinschaft im Islam.
25. Auch diese Fragen sind in „Rechtleitung und Kalifat" abgehandelt.

Die Macht und das Recht und der Glaube

1. Der Wahrsager Saṭīḥ, eine Gestalt der altarabischen Volksüberlieferung, ist ebenfalls ein mißgestaltetes Wesen (Masʿūdī, Murūǧ II, 160).
2. Buḫārī, Ṣaḥīḥ, Kapitel „Istisqāʾ", Nr. 11.
3. Das von al-Manṣūr (reg. 754–775), dem Gründer, errichtete Palastviertel; Barāt̲ā, ein vorwiegend von Schiiten bewohnter Stadtteil (vgl. Lassner, Topography, 180 f.).
4. Ibn al Ǧauzī, al-Muntaẓam VIII, 63.
5. Ebd., 105.
6. Vgl. EI[2], s. v. D̲jays̲h̲ (II, 507).
7. Ibn al-Ǧauzī, al-Muntaẓam VIII, 55.
8. Hilāl aṣ-Ṣābiʾ, Taʾrīḫ (Teil 8), 438.
9. Ibn al-Ǧauzī, al-Muntaẓam VII, 253.
10. Rūd̲rāwarī, D̲ail taǧārib al-umam, 188.
11. Hilāl aṣ-Ṣābiʾ, Rusūm dār al-Ḫilāfa, 78–91; „maukib" bedeutet nicht nur „Ausritt mit Gefolge", sondern auch „Aufzug des Gefolges" bei der Generalaudienz (Ibn al-Ǧauzī, al-Muntaẓam VII, 289, Zeile 15).

12. Masʿūdī, Murūǧ III, 247.
13. Nagel, Die Abbasiden, in: Geschichte der arabischen Welt.
14. Cahen, L'évolution de l'iqṭāʿ, 243 ff.
15. Miskawaihi, Taǧārib al-umam I, 16; Ibn al-Ǧauzī, al-Muntaẓam VII, 13.
16. Miskawaihi, Taǧārib al-umam I, 36–38.
17. Kennedy, Hugh: The ʿUquailids of Mosul – The Structure of a Beduin Dynasty, Vortrag, gehalten auf dem Kongreß der Union Européenne d'Arabisants et Islamisants, Malaga 1984.
18. Ibn al-Aṯīr, al-Kāmil VIII, 303 und 313.
19. Wörtlich: Emir der Emire.
20. Ibn al-Aṯīr, al-Kāmil VIII, 323.
21. Miskawaihi, Taǧārib al-umam I, 352.
22. Miskawaihi, Taǧārib al-umam II, 85.
23. Ebd., 86 f.
24. Ebd., 314.
25. Ibn al-Ǧauzī, al-Muntaẓam VII, 77.
26. Hamadānī, Takmila, zitiert in Miskawaihi, Taǧārib al-umam II, 269, Anmerkung.
27. Ibn al-Aṯīr, al-Kāmil VIII, 629.
28. Miskawaihi, Taǧārib al-umam II, 405.
29. Ebd., 310 und 313.
30. Ibn al-Aṯīr, al-Kāmil VIII, 651 f., 671 ff. und 689.
31. Miskawaihi, Taǧārib al-umam II, 375.
32. Ebd., 189; vgl. dagegen 196.
33. Ein Beispiel: Miskawaihi, Taǧārib al-umam I, 271.
34. Rūḏrāwarī, Ḏail taǧārib al-umam, 53.
35. Busse, Kalif und Großkönig, 154.
36. Ibn al-Ǧauzī, al-Muntaẓam VIII, 58, 66 und 75.
37. Miskawaihi, Taǧārib al-umam I, 291.
38. Ebd., II 177 ff.
39. Ebd., III 247 ff.; ein weiteres Beispiel ist das Auftreten eines falschen aṭ-Ṭāʾiʿ (Rūḏrāwarī, Ḏail taǧārib al-umam, 305).
40. Miskawaihi, Taǧārib al-umam II, 201 f.
41. Ebd. 222–228 (Vgl. J. Chabbi, ʿAbd al-Ḳādir al-Ḏjīlānī – Personnage historique, über Glaubenskämpfertum in Bagdad um 1100!).
42. Miskawaihi, Taǧārib al-umam II, 303 ff.
43. Ibn al-Ǧauzī, al-Muntaẓam VII, 258.
44. Nagel, Staat und Glaubensgemeinschaft I, 363; vgl. ebd., 355
45. Miskawaihi, Taǧārib al-umam I, 317; von araberfeindlichen Tendenzen an seinem Hof zeugt auch Hamza al-Iṣfahānīs Polemik gegen die arabische Schrift (at-Tanbīh ʿalā ḥudūṯ at-taṣḥīf, EI^2, s. v. Hamza al-Iṣfahānī).
    Vgl. auch Nagel, Quelques réflexions sur le développement du régionalisme en pays d'Islam ...
46. Ibn al-Ǧauzī, al-Muntaẓam VII, 113; vgl. Ibn al-Aṯīr, al-Kāmil IX, 15, 20 und 59! Hilāl aṣ-Ṣābiʾ unterlaufen in seiner Chronik mehrfach iranische Datumsangaben (Hilāl aṣ-Ṣābiʾ, Taʾrīḫ, 371 und 388).
47. Hilāl aṣ-Ṣābiʾ, Taʾrīḫ, 358; vgl. Madelung, The Assumption of the Title Shahanshah by the Buyids, sowie Busse, The Revival of Persian Kingship under the Buyids!
48. Ibn al-Ǧauzī, al-Muntaẓam VIII, 97 f.
49. Nagel, Staat und Glaubensgemeinschaft I, 45 ff.

50. Im Text: „miṣr", „Heerlager" im Sinne eines befestigten Ortes in muslimischer Hand, Māwardī, al-Aḥkām as-sulṭānīja, 103 f.
51. Nagel, Rechtleitung und Kalifat, 257 ff.
52. Lassner, Topography, 122.
53. Ibn al-Ǧauzī, al-Muntaẓam VII, 149.
54. Ebd., 171; über die Bedeutung der Kanzel vgl. Becker, Die Kanzel im Kultus des alten Islam, in: Orientalische Studien, Theodor Nöldeke zum 70. Geburtstag gewidmet, Gießen 1906, Bd. I, 331–351.
55. Ibn al-Ǧauzī, al-Muntaẓam VII, 187.
56. Miskawaihi, Taǧārib al-umam II, 38; Abū Ishāq as-Ṣābi', al-Muḫtār min rasā'il Abī Isḥāq ... aṣ-Ṣābi', 154. Zur frühen Entwicklung des Qāḍī-Amtes s. Dannhauer, Untersuchungen zur frühen Geschichte des Qāḍī-Amtes, phil. diss. Bonn 1975.
57. Ein Beispiel: Hilāl aṣ-Ṣābi', Ta'rīḫ, 372.
58. Ibn al-Ǧauzī, al-Muntaẓam VII, 42.
59. Ebd., VIII, 26; über den Aufwand für das vom Qāḍī zu unterhaltende Personal vgl. ebd., VII, 64! Die Qāḍīs verwalteten sogar eigene Gefängnisse (ebd., VII, 256).
60. Ebd., VII, 226 f. und 270.
61. Ebd., VII, 65.
62. Ebd., VII, 208 f.; vgl. Māwardī, Adab al-qāḍī, 192–219, der sich freilich dagegen ausspricht, daß der Qāḍī in der Freitagsmoschee amtiert.
63. Arabisch „daʿwa", Terminus für den kalifischen Hoheitsanspruch.
64. Ibn al-Ǧauzī, al-Muntaẓam VIII, 82 und 113.
65. Ibn al-Aṯīr, al-Kāmil IX, 455.
66. Miskawaihi, Taǧārib al-umam I, 366 f.
67. Ibn al-Ǧauzī, al-Muntaẓam VIII, 60.
68. Z. B. Sure 3, 151 oder Sure 4, 91.
69. Z. B. Miskawaihi, Taǧārib al-umam I, 345, 349, 351 f. sowie II, 38 und 83.
70. Ebd., I, 418.
71. Hilāl as-Ṣabi', Ta'rīḫ, 339 f. Zum Brauch vgl. auch Ibn al-Ǧauzī, al-Muntaẓam VII, 222
72. Ibn al-Ǧauzī, al-Muntaẓam VII, 222.
73. Ebd., VII, 237 f.
74. Ebd., VII, 254 und 257
75. Z. B. ebd., VII, 276 und 283.
76. Ebd., VIII, 42–45.
77. Ebd., VIII, 141, 145, 149 f.; vgl. 154
78. Nagel, Rechtleitung und Kalifat, Kapitel II,3 und II,4 sowie Kapitel V,5.
79. Vgl. den Vorfall in Rūḏrāwarī, Ḏail taǧārib al-umam, 178 f.!
80. Nagel, Staat und Glaubensgemeinschaft I, 247 ff.; Ibn al-Ǧauzī, al-Muntaẓam VII, 230.
81. Zur fatimidischen Propaganda vgl. Ivanow, The Organization of the Fatimid Propaganda, in IBBRAS XV/1939, 1–35.
82. Ibn al-Aṯīr, al-Kāmil IX, 164 f., 170, 197, 211.
83. Ebd., 223; Ibn Ḫurdāḏbih, al-Masālik, 72; Text der Freitagspredigt bei Ibn al-Ǧauzī, al-Muntaẓam VII, 249.
84. Ibn al-Ǧauzī, al-Muntaẓam VII, 251.
85. Text ebd., VII, 255.
86. Nagel, Rechtleitung und Kalifat, 412 f.

87. Diese waren in ihrer Mehrzahl schiitisch gesonnen, im Gegensatz zu den türkischen Truppenteilen.
88. Ibn al-Ǧauzī, al-Muntaẓam VII, 281 f. Über die erstaunliche Leistungsfähigkeit der damaligen Nachrichtendienste unterrichtet z. B. Rūḏrāwarī, Ḏail taǧārib al-umam, 59 ff. und 69.
89. Al-Ma'mūn hatte dies unter anderen politischen Voraussetzungen versucht, war aber gescheitert (Nagel, Rechtleitung und Kalifat, Kapitel V, 5).
90. Vgl. die Worte, die Rūḏrāwarī, Ḏail taǧārib al-umam, 207 für ihn findet.
91. Ebd., 204 ff.
92. Ibn al-Ǧauzī, al-Muntaẓam VIII, 23; Ibn Kaṯīr, al-Bidāja XII, 19.
93. Ibn al-Ǧauzī, al-Muntaẓam VII, 161 f.
94. Ebd., VII, 289 und VIII, 109–111.
95. Nagel, Staat und Glaubensgemeinschaft I, 328 f.
96. Ibn al-Ǧauzī, al-Muntaẓam VIII, 25; Ibn al-Aṯīr, al Kāmil IX, 527; Subkī, Ṭabaqāt V, 270; s. unten 340.
97. Ibn al-Ǧauzī, al-Muntaẓam VIII, 41.
98. Ebd., VIII, 96; s. unten 146.
99. Vgl. oben 21.
100. S. oben, 51.
101. Ḫaṭīb, Ta'rīḫ Baġdād XII, 43; Ibn al-Ǧauzī, al-Muntaẓam VIII, 146 f. Über die Wundertaten, die man al-Qazwīnī zuschrieb, berichtet Subkī, Ṭabaqāt V, 261 ff.
102. Ibn al-Ǧauzī, al-Muntaẓam VIII, 55.
103. Nagel, Staat und Glaubensgemeinschaft I, 401 f.
104. Nagel, Über die Ursprünge der Religionspolitik der ersten seldschukischen Sultane, 241 f.; Ibn al-Ǧauzī, al-Muntaẓam VII, 52; zum Verhältnis der letzten Samaniden zum Bagdader Kalifen vgl. auch unten 65.
105. Ebd., VIII, 13.
106. 1 Miṯqāl = 4,233 g (Hinz, Islamische Maße und Gewichte, 2).
107. Ibn al-Ǧauzī, al-Muntaẓam VII, 292 f. und VIII, 53. Die muslimischen Soldaten durften die ihnen als Beuteanteil zufallenden Gefangenen als Sklaven behalten oder verkaufen. Da nach großen Siegen die Preise am Sklavenmarkt verfielen, bürdete Maḥmūd seinen Soldaten das Risiko des Wertverlustes sowie die Kosten des Unterhalts auf.
108. Ibn al-Ǧauzī, al-Muntaẓam VII, 287.
109. Ebd., VIII, 2.
110. Ebd., VIII, 16 und 21 f.; Ibn al-Aṯīr, al-Kāmil IX, 340.
111. Zum Unterschied zwischen imamitischer und isma'ilitischer Schia s. Nagel, Staat und Glaubensgemeinschaft I, 184–264; zum Begriff „Ablehner" (Rafiditen) s. ders., Rechtleitung und Kalifat, 157–183.
112. Ibn al-Ǧauzī, al-Muntaẓam VIII, 39 f.
113. Baihaqī, Tārīḫ-e Baihaqī, 386 f.; vgl. Nagel, Über die Ursprünge der Religionspolitik der ersten seldschukischen Sultane, 245 f.

Der Umbruch

1. Baihaqi, loc cit.
2. Hilāl aṣ-Ṣābi', Ḏail taǧārib al-umam, 373 f.
3. Barthold, Turkestan down to the Mongol Invasion, 257 ff.; vgl. auch Hilāl aṣ-Ṣābi', Ḏail taǧārib al-umam, 397.

4. Bosworth, The Ghaznavids, 114 und 167ff.
5. Baihaqī, Tārīḫ-e Baihaqī, 611f.
6. Bosworth, The Islamic Dynasties, 182.
7. Ibn al-Aṯīr, al-Kāmil IX, 377–391; Gardīzī, Zain al-aḫbār, 189–194.
8. Ibn al-Aṯīr, al-Kāmil IX, 479f.
9. Ebd., 458.
10. Ebd., 481.
11. Ibn al-Ǧauzī, al-Muntaẓam VIII, 65; auch in der Frage des Trommelschlagens vor den fünf Pflichtgebeten versuchten die Bujiden, die Bräuche des Kalifenhofs nachzuahmen (vgl. ebd., VIII, 30 und 119!).
12. Der fatimidische Agent al-Mu'aijad, dem die Sorge eines al-Māwardī um die Bewahrung der abbasidischen Kalifenwürde natürlich ganz abgeht, nennt Abū Kālīǧār in seinem Tätigkeitsbericht stets den „Sultan".
13. Ibn al-Ǧauzī, al-Muntaẓam VIII, 116; Ibn al-Aṯīr; al-Kāmil IX, 522.
14. Im Jahre 1047 verschwägerten sich Ṭoġrilbeg und Abū Kālīǧār. Im Zusammenhang hiermit gelang es Ṭoġrilbeg, den Türkenmenenverband des Ibrāhīm Ināl aus der Heimatregion Abū Kālīǧārs herauszuführen und nach Anatolien abzulenken (Ibn al-Aṯīr, al-Kāmil IX, 536 und 546).
15. Ibn al-Aṯīr, al-Kāmil IX, 436, 552 und 591; al-Mu'aijad fī d-Dīn, Sīra, 25ff.
16. Ibn al-Aṯīr, al-Kāmil IX, 556f. und X, 28.
17. Ebd., IX, 548.
18. Ebd., IX, 601–611; Glassen, Der mittlere Weg, 36ff.
19. Ibn al-Aṯīr, al-Kāmil IX, 626f.
20. Sibṭ Ibn al-Ǧauzī, Mir'āt/Sevim, 25f.; Ibn al-Ǧauzī, al-Muntaẓam VIII, 182.
21. Sibṭ Ibn al-Ǧauzī, op. cit., 129.
22. Ebd., 27.
23. Ibn al-Aṯīr, al-Kāmil IX, 641ff.; Biographie des Ibn al-Muslima in Subkī, Ṭabaqāt V, 248ff.
24. Über Abū Bakr b. Fūrak s. Bulliet, The Patricians, 160f.
25. Ibn al-Aṯīr, al-Kāmil IX, 649.
26. Ebd., X, 22.
27. Nagel, Staat und Glaubensgemeinschaft I, 45ff.
28. Vgl. das Beispiel in Ibn al-Aṯīr, al-Kāmil IX, 588.

Der Glaube

1. Ibn an-Naǧǧār, Ḏail ta'rīḫ Baġdād I, 90f.
2. Ibn abī Ja'lā; Ṭabaqāt al-ḥanābila I, 25.
3. Ibn al-Ǧauzī, al-Muntaẓam VIII, 237; Qušairī, ar-Risāla, 406; vgl. unten 175.
4. Subkī, Ṭabaqāt V, 73f.
5. Ibn an-Naǧǧār, Ḏail ta'rīḫ Baġdād I, 93: 18. Muḥarram 419; die hier angegebene Jahreszahl 419 ist ein Schreibfehler, vgl. Subkī, Ṭabaqāt V, 225!
6. Abū Dā'ūd, Sunan, Kapitel „bujū'", Nr. 37; vgl. Buḫārī, Ṣaḥīḥ, Kapitel „iǧāra", Nr. 16.
7. Buḫārī, Ṣaḥīḥ, Kapitel „bujū'", Nr. 15; vgl. Aḥmad b. Ḥanbal, Musnad II, 334 und 357.
8. Subkī, Ṭabaqāt V, 168f.
9. ebd., 74f. und 169. In Betreff der Formel, die im Gebet gesprochen werden darf, s. Handwörterbuch des Islam, 639 und Watt/Welch, Der Islam I, 283.

10. Subkī, Ṭabaqāt V, 170 und 175.
11. Nagel, Über die Ursprünge..., 246 f.
12. Subkī, Ṭabaqāt V, 183.
13. Bulliet, The Patricians, 119.
14. Ebd., 120.
15. Fārisī I/Frye, fol. 88 b.
16. Jāqūt, Iršād V, 124 f.; zu Bušt: Bulliet, The Patricians, 16; die Gegend hieß auch „chorasanisches Arabien" wegen der vielen Dichter und Rhetoriker, die sie hervorgebracht hatte (Jāqūt, Buldān, s. v. Bušt, nach Al-Ḥākim/Frye, fol. 66 b).
17. raʾīs al-balad; über dessen Funktionen in jener Zeit vgl. Havemann, Riʾāsa und qaḍāʾ. Institutionen als Ausdruck wechselnder Kräfteverhältnisse in syrischen Städten vom 10. bis 12. Jahrhundert.
18. Bulliet, The Patricians, 208 ff.; vgl. Halm, Der Wesir al-Kundurī und die Fitna von Nisapur, 230; über die Daten der Karriere al-Kundurīs s. ebd., 209–214.
19. Fārisī I/Frye, fol. 68 b.
20. Bulliet, The Patricians, 236 f.
21. Ibn abī l-Wafāʾ, Ṭabaqāt I, 358.
22. Subkī, Ṭabaqāt IV, 209 f. und III, 391 f.
23. Ebd., IV, 210, Anmerkung.
24. Ehrentitel al-Kundurīs.
25. Subkī, Ṭabaqāt III, 394.
26. Jāqūt, Buldān, s. v. Arrān
27. Nagel, Muḥammads Haltung zu den anderen Religionen, 193.
28. Brunnen im Hof der Kaaba.
29. Halm, Die Ausbreitung der schafiitischen Rechtsschule, 43 f.; Subkī, Ṭabaqāt III, 109 ff.; Ibn al-Ǧauzī, al-Muntaẓam VI, 184.
30. Subkī, Ṭabaqāt III, 275; Ibn al-Ǧauzī, al-Muntaẓam VII, 128.
31. Ibn al-Ǧauzī, al-Muntaẓam VII, 122; Sulamī, Ṭabaqāt aṣ-ṣūfīja, 370 und 479 ff.; Ḫaṭīb, Taʾrīḫ Baġdād IX, 112 f.; Jāqūt, Buldān, s. v. Tīnāt.
32. Sulamī, Ṭabaqāt aṣ-ṣūfīja, 370 f.
33. Aḥmad b. Ḥanbal, Musnad I, 67; über den Begriff „Hiǧra" („Auswanderung") vgl. Nagel, Staat und Glaubensgemeinschaft I, 47 ff.
34. Dārimī, Sunan, Kapitel „ṣalāt", Nr. 136.
35. EI², s. v. Iʿtikāf.
36. Sulamī, Ṭabaqāt aṣ-ṣūfīja, 480.
37. Ibn al-Ǧauzī, al-Muntaẓam VII, 55.
38. Heute ein kleiner Kuppelbau in der Nähe der Kaaba, s. Watt/Welch, Der Islam I, 331.
39. Aṣ-Ṣafā ist ein Hügel in der Nähe der Kaaba; von ihm aus beginnt der rituelle Lauf zur etwa 400 m entfernten Anhöhe al-Marwa; vgl. Watt/Welch, Der Islam I, 334 ff.
40. Zwischen Mekka und Taif; berühmt für den dort gewonnenen Honig.
41. Ibn al-Ǧauzī, al-Muntaẓam VII, 112; Subkī, Ṭabaqāt III, 72 f.
42. Ibn al-Ǧauzī, al Muntaẓam VIII, 130.
43. Subkī, Ṭabaqāt V, 176; Ibn abī d-Dam al-Muẓaffarī, zitiert bei Ǧuwaini, Ġijāṯ/Alex, Vorwort, 11.
44. Subkī, Ṭabaqāt V, 176; Bulliet, The Patricians, 73 (wohl im Anschluß an Ibn al-Aṯīr, al-Kāmil X, 207).
45. Subkī, Ṭabaqāt III, 404 f.; Qušarī, Šikāja, 7–9.
46. Ibn ʿAsākir, Tabjīn, 113 ff.; Halm, Der Wesir al-Kundurī, 214 f.
47. Subkī, Ṭabaqāt III, 405; Qušairī, Šikāja, 8; Halm, op. cit., 218.

48. Ich scheue mich, dieses Wort, wie üblich, mit „Mystiker" wiederzugeben. Wir werden sehen, daß die Frömmigkeit, von der al-Qušairī redet, durch mystische Erfahrungen vertieft sein *kann*; das entscheidende Element ist jedoch, wie deutlich werden wird, das Ringen um die Verwirklichung der Scharia. Dieses Ringen führt zugleich zu einer innigen, nicht über Autoritäten vermittelbaren Gotteserkenntnis.
49. Qušairī, ar-Risāla, 18–22.
50. Ebd. 24 f.
51. Ebd., 25.
52. Vgl. Nagel, Vom „Qur'ān" zur „Schrift"; s. unten, 155.
53. Qušairī, ar-Risāla, 50.
54. Ebd., 173 f.
55. Subkī; Ṭabaqāt III, 402; Qušairī, Šikāja, 3 f.
56. Nagel, Rechtleitung und Kalifat, 283.
57. Halm, Der Wesir al-Kundurī, 226 f.; Subkī, Ṭabaqāt III, 412.
58. Wensinck, The Muslim Creed, 194.
59. Christen, Juden, Zoroastrier sollten sich in der Kleidung deutlich von den Muslimen unterscheiden.
60. Subkī, Ṭabaqāt III, 419; Qušairī, Šikāja, 43 f.
61. Ibn al-Farrā', al-Muʿtamad fi uṣūl ad-dīn, 187, Zeile 2.
62. Ebd., 192 f.
63. Meier, Ḫurāsān und das Ende der klassischen Sufik, 555.
64. Bulliet, The Patricians, 115 f.
65. Meier, op. cit. 559 und 564.
66. Als Träger der ichsüchtigen, gegen die Scharia gerichteten Regungen.
67. Als Sitz der Erkenntnis.
68. Qušairī, ar-Risāla, 428 f.
69. Subkī, Ṭabaqāt IV, 330.
70. S. oben, 55 f.
71. Halm, Der Wesir al-Kundurī, 229.
72. ʿAbd al-Ǧabbār, Faḍl al-iʿtizāl, 300.
73. Ebd., 309 und 345.
74. Ebd., 209.
75. Ebd., 268, 271, 279 ff., 293, 342.
76. Über die religiös-politische Rolle des Rationalismus und den Weg zur Inquisition s. Nagel, Rechtleitung und Kalifat, Kapitel IV und V.
77. zitiert bei Nagel, Rechtleitung und Kalifat, 473 f.; vgl. ebd., 278! Schon vor Ibn Qutaibas Versuch einer Vermittlung zwischen Rationalismus und Überlieferungsgläubigkeit hatte al-Ḥusain b. Muḥammad an-Naǧǧār (gest. ca. 844) ähnliche Anstrengungen unternommen.
78. Ibn al-Farrā', al-Muʿtamad fi uṣūl ad-dīn, 190 (arab.: muwāfāh).
79. Ibn abī Jaʿlā, Ṭabaqāt al-ḥanābila I, 24 ff.; zu Aḥmads Glaubensbekenntnissen s. Laoust, La profession de foi d'Ibn Baṭṭa, XV f.! Vgl. ferner die „Glaubenslehre" des Muḥammad b. ʿUkāša, die sich dieser durch den Propheten selber, der ihm im Traum erscheint, bestätigen läßt (Malaṭī, at-Tanbīh, 16 f.).
80. Das Hanbalitentum und das volkstümliche Schiitentum ähneln einander in religionsphänomenologischer Hinsicht, weil in beiden Richtungen im Islam eigentlich nicht vorgesehene Mittlergestalten die Heilsgarantie übernehmen: hier der Prophet und seine Gefährten, dort der Prophet und die Imame. Die Feindschaft zwischen Hanbaliten und Schiiten war mithin nicht so sehr theologisch begrün-

det, sondern beruhte in einer unterschiedlichen Wertung der frühislamischen Geschichte.
81. Sure 33, 21; Subkī; Ṭabaqāt II, 263.
82. Abū Ṯaur und Abū ʿUbaid; vgl. Halm, die Ausbreitung der schafiitischen Rechtsschule, 16f. und 21f.! S. auch Subkī, Ṭabaqāt II, 273.
83. Abdelkader, al-Junayd, Life, Personality, and Writings, 38; der Vorwurf stammte bezeichnenderweise von einem Hanbaliten. „Liebe zu Gott", das verletzte offensichtlich die unnahbare Majestät des Schöpfers.
84. Abdelkader, op. cit., 5.
85. Qušairī, ar-Risāla, 26f.; vgl. Abdelkader, op. cit., 71.
86. Abdelkader, op. cit., 76ff., arab. Text ebd., 40f.; vgl. unten 154.
87. Über beide vgl. Abdelkader, op. cit., 40 und 42.
88. Sulamī, Ṭabaqāt aṣ ṣūfīja, 170; Subkī, Ṭabaqāt III, 192f.
89. oben 93.
90. zu aš-Šiblī: Abdelkader, op. cit., 44; zu al-Kattānī: Sulamī, Ṭabaqāt aṣ-ṣūfīja, 373.
91. S. oben, 100; das Lehrgedicht Subkī, Ṭabaqāt III, 380f.
92. S. oben, 109; MacCarthy, The Theology of al-Aṣhʿarī, 150f. und 155f.
93. Watt, Islamic Philosophy and Theology, 67f. und 82.
94. Sulamī, Ṭabaqāt aṣ-ṣūfīja, 386f.
95. Ḫaṭīb, Ta'rīḫ Baġdād IX, 113; zum Begriff „Bewertungen" (arab. „aḥkām") s. unten, 140f. und 143f.
96. Subkī; Ṭabaqāt III, 224f.
97. Abū Nuʿaim, Ḥilja X, 385; vgl. auch Māturīdī, Kitāb at-tauḥīd, 102f.
98. MacCarthy, The Theology of al-Aṣhʿarī, arab. Text, 6.
99. Van Ess, Zwischen Ḥadīṯ und Theologie, 1ff.
100. Über das Verhältnis des „Pfades" zum allgemeinen Leben des Muslims s. Nagel, Staat und Glaubensgemeinschaft I, 412ff.
101. Ǧuwainī, aš-Šāmil/Naššār, 273f.
102. Sulamī, Ṭabaqāt aṣ-ṣūfīja, 311.
103. Der offenbarten Verse.
104. Sure 42, 11.
105. Qušairī, ar-Risāla, 28–31; vgl. Massignon/Kraus (Hgg.), Aḫbār al-Ḥallāǧ, Nr. 13 (mit leichten Varianten).
106. Ḫaṭīb, Ta'rīḫ Baġdād VIII, 112.
107. Massignon, La Passion II, 205f.
108. Eine günstige Beurteilung läßt auch ad-Dailamī, Sīrat-e Ibn-e Ḫafīf, 93ff. erkennen, obwohl hier bereits al-Ḥallāǧs Vorliebe für die Zauberei hervorgehoben wird. Vgl. ferner Massignon, La Passion II, 46ff.
109. Massignon, La Passion I, 416ff. Die Erinnerung an sein Ideal der „Gottesknechtschaft" blieb in Bagdad offenbar bis in die Mitte des 11. Jahrhunderts wach. Der sunnitische Wesir Ibn al-Muslima soll der „ḥallāǧischen" Richtung angehört haben (Ibn al-Ǧauzī, al-Muntaẓam VIII, 201), die anscheinend eine vertiefte Frömmigkeit pflegte (vgl. ebd., VIII, 254 und 276; vgl. auch Massignon, op. cit., I, 419 und II, 154ff.).
110. Subkī, Ṭabaqāt III, 150.
111. Ebd., IV, 257.
112. Ebd., III, 369.
113. Al-Qāḍī ʿIjāḍ, Tartīb al-madārik, 590.
114. Ibn al-Ǧauzī, al-Muntaẓam VII, 265; zum Hintergrund: Rūḏrāwarī, Ḏail taǧārib al-umam, 28ff. und 111ff.

115. S. oben, 54! Ibn al-Ǧauzī, al-Muntaẓam VII, 251; al-Qāḍī ʿIjāḍ, Tartīb al-madarik, 601 f.
116. Ibn al-Bāqillānī, al-Inṣāf, 32 f. (statt al-Ḥarīrī lies: al Ǧurairi).
117. Ebd., 52 und 102.
118. Ibn al-Ǧauzī, al-Muntaẓam VIII, 109 f. Makdisi, Ibn ʿAqīl, 309 sieht in der Qādirīja zu Unrecht ein anti-aschʿaritisches Dokument. Die Aschʿariten lehrten ja gerade, daß Gottes Rede unerschaffen sei und dies auch bleibe, wenn sie vorgetragen werde. Genau dies steht in der Qādirīja. Geschaffen sind freilich die Buchstaben, mit denen wir Gottes Rede niederschreiben. Wäre die Qādirīja ein hanbalitisches Schriftstück, wie Makdisi meint, müßte sie eine ganz andere, weit über al-Ašʿarī hinausgehende Position verfechten (vgl. oben, 110 f. und unten, 177 und 234): Auch die Laute des gesprochenen Koranwortes und der geschriebene Buchstabe der Offenbarung sind ungeschaffen. Vgl. auch Ibn al Bāqillānī, al-Inṣāf, 106 ff.!
119. S. oben, 103 f.
120. S. oben, 57.
121. Subkī, Ṭabaqāt V, 260 und 265.
122. Ebd., V, 157.
123. Nagel, Die religionsgeschichtlichen Wurzeln des sogenannten Bilderverbots im Islam, 94 f.
124. Zum Thema „Der Eine Gott im Koran" vgl. Nagel, Der Koran, Kapitel III, 3.
125. MacCarthy, The Theology of al-Ashʿarī, arab. Text 86, § 8.
126. ebd., arab. Text 8, § 8. Möglicherweise stammt dieser „Beweis" aus der Polemik gegen die Dualisten (vgl. Māturīdī, at-Tauḥīd, 90).
127. ʿAbd al-Ǧabbār, al-Muġnī IV, 276 (dort auch die übrigen fünf Voraussetzungen).
128. ebd., 250 f. Im Semitischen gibt es kein Neutrum. Zur besseren Verdeutlichung verwende ich im Deutschen das Maskulinum, wenn von Gott geredet wird, aber das Neutrum, wenn über andere, von ihm verschiedene, aber in irgendeiner Weise auf ihn bezogene Wesenheiten gesprochen wird.
129. Peters, God's Created Speech, 148.
130. Zum Begriff „Essenz" vgl. Goichon, Lexique de la langue philosophique d'Ibn Sina, 134.
131. ʿAbd al-Ǧabbār, al-Muġnī IV, 252; s. unten, 139.
132. ʿAbd al-Ǧabbār, al-Muġnī IV, 254 ff.
133. Ebd., 277 ff.
134. ʿAbd al-Ǧabbār, al-Maǧmūʿ fī l-muḥīṭ, 107 f.
135. Ders., al-Muġnī IV, 280.
136. Ebd., 280 f.
137. Peters, God's Created Speech, 217 ff.
138. Ebd., 273 ff.; vgl. unten, 147.
139. ʿAbd al-Ǧabbār, al-Muġnī IV, 284.
140. Ebd., 281.
141. ʿAbd al-Qāhir, al-Farq, 184 f.; ʿAbd al-Ǧabbār, al-Muġnī IV, 294.
142. Ebd., 301.
143. Ibn al-Bāqillānī, at-Tamhīd, 191 f., § 326.
144. Ebd., 25, § 45.
145. Vgl. z. B. Sure 7, 158 und Sure 9, 116! In Sure 2, 258 wird die Selbstüberhebung eines Tyrannen, der von sich sagt, er lasse leben und sterben, zurückgewiesen, ein Topos, der in der späteren erbaulichen Legendenliteratur sehr beliebt war.
146. Die hier gedachte Substanz bekommt von den beiden Schöpfern nur die Akzidenzien „Bewegung" oder „Ruhe", keine andere wie etwa „schwer" oder „grün".

Nach asch'aritischer Ansicht kann eine Substanz also entweder „Bewegung" oder „Ruhe" aufgenommen haben.
147. Ǧuwainī, aš-Šāmil/Naššār, 352.
148. Ebd., 354.
149. Ibn al-Bāqillānī, al-Inṣāf, 36; vgl. zu dieser Frage unten, 147ff. und 226ff.
150. Ǧuwainī, aš-Šāmil/Naššār, 354–356.
151. Ebd., 357; s. unten, 152ff.
152. Ebd., 359 und 365.
153. Ebd., 359.
154. Ebd., 361.
155. Ebd., 368; eine knappe Zusammenfassung s. Ǧuwainī, al-Iršād, 53ff.
156. 'Abd al-Ǧabbār, al-Muġnī IV, 301, Zeile 14ff.
157. Ǧuwainī, aš-Šāmil/Naššār, 389; vgl. unten 153.
158. Ebd., 394; Anspielung auf den bekannten Gedanken, daß man sich kein Werk ohne den gestaltenden Meister vorstellen könne.
159. Ǧuwainī, aš-Šāmil/Naššār, 392.
160. Ebd., 394f.
161. Ǧuwainī, al-Iršād, 30.
162. Ebd., 32f.; die al-Ġazālī zugeschriebene „Subjektivität von Zeit und Raum" (Behler, Die Ewigkeit der Welt I, München 1964, 167) ist eine Implikation der asch'aritischen Metaphysik.
163. MacCarthy, The Theology of al-Ash'arī, arab. Text §§ 7–48 und §§ 68–81; vgl. Ibn al-Bāqillānī, al-Inṣāf, 23f.
164. MacCarthy, op. cit., arab. Text, §§ 80f.
165. Ibn al-Bāqillānī, at-Tamhīd, 75f., §§ 132–134; vgl. Azar, der Begriff der Substanz in der frühen christlich-arabischen und islamischen Gotteslehre, 158ff.
166. Ibn al-Bāqillānī, at-Tamhīd, 197ff., §§ 335–338.
167. Ǧuwainī, aš-Šāmil/Naššār, 682.
168. S. oben, 124.
169. Ǧuwainī, aš-Šāmil/Naššār, 296.
170. Ebd., 298.
171. Ebd., 302.
172. Ebd., 303.
173. Ebd., 683.
174. Ǧuwainī, al-Iršād, 33ff.
175. Ebd., 61.
176. Arabisch: ṣifāt ma'nawīja.
177. Ǧuwainī, al-Iršād, 61.
178. Frank, Abū Hāshim's Theory of States, 92.
179. Ebd., 99; vgl. unten, 233f.
180. Ǧuwainī, al-Iršād, 81–83; vgl. Gimaret, La théorie des aḥwāl d'Abū Hāšim al-Ǧubbā'ī, IA 258/1970, 47–86.
181. Ǧuwainī, al-Burhān, 1097, § 1108; vgl. unten, 154.
182. S. oben, 57.
183. Ǧuwainī, al-Iršād, 167–185.
184. Ebd., 35, 62ff., 88, 94; vgl. oben, 126.
185. S. oben, 56.
186. Ǧuwainī, al-Iršād, 104f., 109, 128.
187. Ebd., 117f. und 122ff.; al-Ǧuwainī zieht zur Untermauerung seiner Thesen des öfteren zusätzlich die Theorie von den „Zuständen" heran.

188. Vgl. Ǧuwainī, al-Iršād, 35 und 59.
189. Ebd., 1. Ein solches Kompendium stellt sein „aš-Šāmil" dar, das vor dem „Buch der Belehrung" entstand (Ǧuwainī, al-Iršād, 289).
190. Vgl. Klopfer, Das Dogma des Imām al-Ḥaramain al-Djuwainī, 24 ff.
191. Ebd., 37; vgl. unten, 351 f.! Nicht auszuschließen ist, daß es al-Ǧuwainī auch nicht mehr opportun erschien, den aschʿaritischen Rationalismus allzu sehr in den Vordergrund zu rücken (vgl. unten 227 f.).
192. Ǧuwainī, al-ʿAqīda an-Niẓamīja, 11 f.; Klopfer, op. cit., 36 f.; vgl. Ǧuwainī, al-Lumaʿ, 76–80; s. oben, 125 und unten, 149 ff.
193. Ǧuwainī, al-ʿAqīda an Niẓāmīja, 16–25; Klopfer, op. cit., 43–51; vgl. Ǧuwainī, al-Lumaʿ, 92–93. Laut Naṣīr ad-Dīn aṭ-Ṭūsī ist der „Beweis mit der gegenseitigen Hinderung" überflüssig, sobald man mit „notwendig" usw. argumentiert (Ṭūsīs Kommentar, Rāzī, Muḥaṣṣil, 140). Vermutlich kündigt sich in der „Niẓāmischen Glaubenslehre" die von al-Ġazālī vollzogene Hinwendung der Aschʿariten zur Logik an. Der Andalusier Ibn Ḥazm (gest. 1064) wollte, ähnlich wie al-Ǧuwainī, die Glaubenssätze hinnehmen, wie sie von Gott gemeint waren; dies sollte aber nicht mit Hilfe der Metaphysik, d. h. mit Hilfe der schwierigen Analogieschlüsse vom diesseitigen Sein auf das transzendente, bewerkstelligt werden, sondern mit logischen Schlüssen (Goldziher, Gesammelte Werke V, 381–383).
194. Ǧuwainī, al-ʿAqīda an Niẓāmīja, 26 ff., Klopfer, op. cit., 52 ff.
195. Sure 2, 255; vgl. Nagel, Der Koran, 181!
196. MacCarthy, The Theology of al-A<u>sh</u>ʿarī, arab. Text, 37 ff., §§ 82–86.
197. Ǧuwainī, al-Iršād, 190.
198. S. unten, 159 f.
199. Ǧuwainī, al-Iršād, 200 f.
200. Nagel, Der Koran, 269 ff.
201. MacCarthy, The Theology of al-A<u>sh</u>ʿarī, arab. Text, 41 f., §§ 91–93.
202. S. oben, 129 f.! Der physikalische Begriff der Beschleunigung fehlte der hellenistischen und islamischen Naturlehre.
203. Ǧuwainī, al-Iršād, 210, vgl. auch 373! S. auch Gimaret, Théories de l'acte humain, 233.
204. Ǧuwainī, al-Iršād, 217–222; s. oben, 133 f.
205. S. oben, 112 f.
206. S. oben, 145.
207. Vgl. oben, 99.
208. Vgl. oben, 95 ff., 110, 117 f.
209. Ǧuwainī, al-Iršād, 208.
210. Ebd., 381.
211. Ebd., 382 und 386 f.; vgl. oben, 110.
212. Sure 6, 59 und Sure 7, 128.
213. ʿAbd al-Ǧabbār, al-Maǧmūʿ fī l-muḥīṭ, 165 f.
214. Ǧuwainī, aš-Šāmil/Naššār, 126 und 137; vgl. unten, 234 ff.! Zweifellos war die aschʿaritische Lehre mit ihren hier nachgezeichneten Wesenszügen noch nicht von al-Ašʿarī selbst vollendet worden. Seine Theologie, soweit sie in den Zitaten bei Ibn al-Bāqillānī und al-Ǧuwainī erkennbar ist, wies noch eine gewisse Nähe zum Gedankengut Abū Hāšim al-Ǧubbāʾīs auf (vgl. unten, 233); bisweilen wird al-Ašʿarīs Absicht deutlich, sich von diesem klar abzusetzen (unten, 240). Al-Ašʿarīs „Bekehrungserlebnis" liegt in der Erkenntnis, daß man die Deutung der Schöpfung als eines Kontinuums verwerfen müsse, um Offenbarung und

Überlieferung zu retten (vgl. oben, 114 und unten, 168). Die Folgen dieser Erkenntnis wurden offensichtlich erst von der Schule, die sich auf ihn berief, ausgearbeitet.
215. Ǧuwainī, aš-Šāmil/Naššār, 618 f. (Gottes Handeln dient keinem dem Menschen erkennbaren Ziel, vgl. unten, 190 ff.)
216. Ǧuwainī, aš-Šāmil/Naššār, 416 f.
217. Vgl. oben, 141.
218. S. oben, 150 f.; vgl. auch unten, 257 f.
219. Ǧuwainī, aš-Šāmil/Naššār, 658.
220. Ebd., 702 ff.
221. Ebd., 441 und 486.
222. S. oben, 130.
223. Vgl. oben 136 f.! Die Entwicklung des islamischen Verständnisses von Zeit und Raum habe ich im Sommersemester 1984 in einer Vorlesung eingehend behandelt. Ich hoffe, die Ergebnisse bald in Form eines Buches vorzulegen.
224. Peters, God's Created Speech, 129 ff.
225. Ǧuwainī, aš-Šāmil/Naššār, 177 und 183 f.; vgl. oben, 133 f.
226. Ǧuwainī, aš-Šāmil/Naššār, 333; vgl. unten, 238 ff.
227. Ǧuwainī, aš-Šāmil/Naššār, 121. Im Streit mit seinem Vater Abū ʿAlī war Abū Hāšim al-Ǧubbā'ī schon etwas von der ,,Spiegelung" abgerückt; sie sollte nur noch für Eigenschaften gelten, die man sich als zeitlich unbegrenzt denken könne, nicht aber für ,,Ruhe" und ,,Bewegung" oder ähnliche (ebd., 485). Wie im Falle der ,,Zustände", mit denen Abū Hāšim bestimmte Eigenschaften Gottes zu affirmieren hoffte, ohne das muʿtazilitische System in Frage zu stellen, so erscheint er auch hier in eine Entwicklung einbezogen, die in die Richtung der aschʿaritischen Theorien zielte. Vgl. auch unten, 239.
228. Ibn al-Ǧauzī, al-Muntaẓam VIII, 231.
229. Fārisī I/Frye, fol. 77 a.
230. Ibn al-Aṯīr, al-Kāmil X, 31 ff.; Ibn Kaṯīr, al-Bidāja XII, 93.
231. Zitiert bei Ṣafadī, al-Wāfī V, 73.
232. Ibn al-Aṯīr, al-Kāmil X, 35; vgl. Ibn al-Ǧauzī, al-Muntaẓam VIII, 234 f.
233. Ibn al-Ǧauzī, al-Muntaẓam VIII, 238.
234. Subkī, Ṭabaqāt IV, 217.
235. Ibn al-Ǧauzī, al-Muntaẓam VIII, 236 f.
236. Subkī, Ṭabaqāt IV, 313.
237. Ibn al-Aṯīr, al-Kāmil X, 54 und 326; Ibn al-Ǧauzī, al-Muntaẓam VIII, 245.
238. Ibn al-Ǧauzī, al-Muntaẓam VIII, 236.
239. Ebd., 251; vgl. Glassen, Der mittlere Weg, 15, 26.
240. Ibn al-Aṯīr, al-Kāmil IX, 576.
241. S. oben, 35 f.
242. Ḫaṭīb, Ta'rīḫ Baǧdād XI, 43 f.; Ibn al-Ǧauzī, al-Muntaẓam VII, 235; Ibn al-Aṯīr, al-Kāmil IX, 204; Subkī, Ṭabaqāt III, 329.
243. Ibn al-Ǧauzī, al-Muntaẓam VIII, 251.
244. Ibn al-Ǧauzī, al-Muntaẓam VIII, 248 f.; über den Scharifen: Makdisi, Ibn ʿAqīl, 240 ff.; ferner Ibn al-Aṯīr, al-Kāmil X, 106.
245. Bulliet, The Patricians, 161.
246. Ibn al-Ǧauzī, al-Muntaẓam VIII, 248 f.
247. Ibn al-Bannā', Diary, § 142.
248. Ebd., § 31.
249. Al-Ašʿarī, al-Ibāna, 83.

250. Ebd., 20 f. al-Kauṯarī, Herausgeber von Ibn al-Bāqillānīs Kitāb al-Inṣāf, behauptet in der Einleitung (11), leider ohne Quellenangabe, al-Ašʿarī habe das „Buch der Verdeutlichung" unmittelbar nach seiner Bekehrung zum Sunnitentum verfaßt und dem Hanbaliten al-Barbahārī überreicht.
251. Vgl. hierüber Ibn al-Bannā', Diary, § 17.
252. Ibn al-Ǧauzī, al-Muntaẓam VIII, 272.
253. Ibn al-Ǧauzī, al-Muntaẓam VIII, 285; Ibn al-Aṯīr, al-Kāmil X, 91.
254. Ibn al-Bannā', Diary, §§ 108, 110 und 115.
255. Ebd., § 57.
256. Glassen, Der mittlere Weg, 60.
257. Ibn al-Bannā', Diary, §§ 132, 141 f., 152; vgl. z. B. Ibn al-Ǧauzī, al-Muntaẓam VIII, 190 und 323.
258. Ibn al-Ǧauzī, al-Muntaẓam VIII, 305–307; Sibṭ ibn al-Ǧauzī, Mir'āt/Sevim, 186 ff.
259. Ibn al-Ǧauzī, al-Muntaẓam VIII, 316 f. Die Rechtsschule des Mālik b. Anas, die stark auf der Überlieferung beruhte, war seit etwa 800 auch im Iraq sehr beliebt (Ḫaṭīb, Ta'rīḫ Bagdad II, 173).
260. Freilich grenzten beiden den Begriff der Sunna unterschiedlich ab.
261. S. oben, 119.
262. Vgl. die Reaktion des Ibn ʿAqīl auf den Ausbau des Grabmals Abū Ḥanīfas und die Zurechtweisung durch seinen Gönner Abū Manṣūr b. Jūsuf (Ibn al-Ǧauzī, al-Muntaẓam VIII, 245).
263. Gemeint ist die Niẓāmīja.
264. Ibn al-Ǧauzī, al-Muntaẓam VIII, 312; vgl. Subkī, Ṭabaqāt IV, 235.
265. Ibn al-Ǧauzī, al-Muntaẓam VIII, 312 f.
266. Wörtliche Bedeutung von „Niẓām al-mulk".
267. Ibn al-Aṯīr, al-Kāmil X, 109 f.
268. Ibn al-Aṯīr, loc. cit.; Ibn al-Ǧauzī, al-Muntaẓam VIII, 317 f.; Sibṭ ibn al-Ǧauzī, Mir'āt/Sevim, 223; vgl. unten 302.
269. Ibn ʿAsākir, Tabjīn, 308.
270. Ebd., 309.
271. Arab.: ḥašwīja, abwertende Bezeichnung für volksreligiös geprägtes Hanbalitentum; von „ḥašw = Füllsel, überflüssige Rede.
272. Ibn ʿAsākir, Tabjīn, 310 ff. Es könnte sein, daß es dieses Schreiben war, mit dem sich Abū Isḥāq die peinliche Abfuhr einhandelte; denn von Abū Naṣrs zweiter Pilgerreise im Sommer 1078 ist noch nicht die Rede.
273. Ibn Ḥaǧar, Tahḏīb X, 284; Ibn abī Ḥātim, al-Ǧarḥ VIII, 354 f.; Ḏahabī, Mīzān al-iʿtidāl, IV, 173 f.
274. Nagel, Die religionsgeschichtlichen Wurzeln des sogenannten Bilderverbots im Islam, 97.
275. Aḥmad b. Ḥanbal, Musnad V, 243; Ḫaṭīb, Ta'rīḫ Baġdād XI, 214.
276. Ḫaṭīb, Ta'rīḫ Baġdād V, 230.
277. Ebd., IV, 9; ʿUmar b. abī Rabīʿa, Dīwān, 101.
278. Ḫaṭīb, Ta'rīḫ Baġdād V, 443; vgl. oben, 81 f.
279. In seinen nicht erhaltenen „Amālī" hat al-Ǧuwainī nach eigenem Bekunden alles Notwendige über die „Schwätzer" gesagt (aš-Šāmil/Naššār, 120). Im Osten des Reiches, etwa in Nischapur wurde der Anthropomorphismus vor allem von der Karāmīja vertreten (Ǧuwainī, al-Iršād, 42 ff. und 97).
280. Ǧuwainī, al-Iršād, 163 f.
281. Ebd., 157 f.; vgl. ders., aš-Šāmil/Naššār, 547 f.
282. Ǧuwainī, al-Iršād, 159.

283. Ebd., 129f., vgl. oben, 120, sowie unten 228f. und 281, wo sich al-Ǧuwainī gegen einen volksreligiösen Fatalismus zur Wehr setzt.
284. Vgl. oben, 147f.
285. Ǧuwainī, al-ʿAqīda an-Niẓāmija, 21; Klopfer, Das Dogma des Imām al-Ḥaramain al-Djuwainī, 48f.
286. Vgl. Sure 22, 61; 31, 29; 35, 12; 57, 6.
287. Vgl. Sure 3, 120.
288. Ǧuwainī, Eine Predigt, Ms Pet 374, fol. 189b.

Das Recht

1. Vgl. Kamāl ad-Dīn, Šarḥ fatḥ al-qadīr I, 15.
2. Ǧuwainī, Muġīṯ al-ḫalq, fol. 14b; vgl. Ibn Ḫāllikān, Wafajāt V, 180 (Vita des Maḥmūd von Ghazni).
3. Subkī, immer begierig, die Schafiiten herauszustellen, weiß in der Biographie Maḥmūds (Ṭabaqat V, 314ff.) nichts dergleichen. Zu al-Qaffāl al-Marwazī vgl. Subkī, Ṭabaqāt V, 53ff.
4. S. oben, 80ff.
5. Ibn abī Ḥātim, Ādāb aš-Šāfiʿī, 174 und 212
6. Al-Ǧazīrī, al-Fiqh ʿalā l-maḏāhib al-arbaʿa I, 11 und 26. Vgl. auch Baġdādī, al-Milal, 152.
7. Gültigkeit im Sinne der Scharia erlangen zahlreiche Handlungen erst mit einer solchen Absichtserklärung (arab.: nīja), die gewährleisten soll, daß der Gläubige die Handlungen im vollen Bewußtsein seiner Kreatürlichkeit vollzieht, nicht aber bloß mechanisch oder gedankenlos. Dies gilt nicht nur für das Ritualrecht.
8. Kamāl ad-Dīn, Šarḥ fatḥ al-qadīr I, 27f.
9. Ǧuwainī, Muġīṯ al-ḫalq, fol. 13b.
10. Kamāl ad-Dīn, Šarḥ fatḥ al-qadīr I, 61f., mit Bezug auf die von der Weinrebe abgesonderte Flüssigkeit. *Ausgepreßter* Pflanzensaft ist dagegen kein ungebundenes, bzw. kein „Wasser schlechthin" (māʾ muṭlaq).
11. Ǧuwainī, Muġīṯ al-ḫalq, fol. 10b.
12. Kamāl ad-Dīn, Šarḥ fatḥ al-qadīr I, 28.
13. Arab.: taʿabbud.
14. Kamāl ad-Dīn, Šarḥ fatḥ al-qadīr I, 231; vgl. Baġdādī, al-Milal, 152! Auch der Glaube an sich ist nach hanafitischer Ansicht ein einmaliger Akt mit – unaufhebbarer – „Langzeitwirkung".
15. Ḫaṭīb, Taʾrīḫ Baġdād VII, 268f.; Subkī, Ṭabaqāt III, 230ff.
16. Ǧuwainī, ad-Durra al-muḍīʾa, fol. 23bf.
17. ders., Muġīṯ al-ḫalq, fol. 11a; vgl. Kamāl ad-Dīn Šarh fatḥ al-qadīr I, 247.
18. Dārimī, Sunan, Kapitel „ṣalāt", Nr. 36; Tirmiḏī, Ṣaḥīḥ, Kapitel „mawāqīt", Nr. 69.
19. Kamāl ad-Dīn, Šarḥ fatḥ al-qadīr I, 255.
20. Der berühmteste Feldherr des frühen Islam (gest. ca. 641), mekkanischer Quraišit, erst 629 zum Islam übergetreten.
21. Arab.: rukn. S. Watt/Welch, Der Islam I, 282ff.
22. Arab.: iqtiṣād.
23. Ǧuwainī, ad-Durra al-muḍīʾa, fol. 27af.
24. Ebd., fol. 31b.
25. Kamāl ad-Dīn, Šarḥ fatḥ al-qadīr I, 47.

26. Vgl. z. B. Madelung, The Spread of Maturidism and the Turks, 123.
27. Ǧuwainī, Muġīṯ al-ḫalq, vol. 20 a.
28. Sure 5, 6 erwähnt als rituell verunreinigend nur das Aufsuchen des Aborts und den Geschlechtsverkehr.
29. Kamāl ad-Dīn, Šarḥ fatḥ al-qadīr I, 34 f.; Šāfʿī, Kitāb al-umm I, 18.
30. Über Qatāda s. Nagel, Die Qiṣaṣ al-anbijā', 32 ff.! Ḫaṭīb, Ta'rīḫ Baġdād XIII, 348.
31. Vgl. die Lobgedichte auf Abū Ḥanīfa, Ḫaṭīb, ebd., 350.
32. Vgl. oben, 159 f.
33. Ǧuwainī, Muġīṯ al-ḫalq, fol. loa; zur Sache vgl. Šāfiʿī, Kitāb al-umm I, 4 f.
34. Arab.: ẓihār, die Aussage des Ehemannes, seine Frau sei ihm verboten wie „der Rücken (ẓahr) seiner Mutter"; aus vorislamischer Zeit stammende, vom Islam verworfene und deshalb ungültige Formel zur Auflösung der ehelichen Gemeinschaft. Im Islam wird der Ehemann, der sich dieser Formel bedient, mit einer Buße belegt (Schacht, Introduction, 165).
35. Arab.: liʿān. Der Ehemann sagt unter Eid aus, seine Gattin habe Ehebruch begangen. Beschwört sie das Gegenteil, gilt die Ehe als aufgelöst (Schacht, loc. cit.).
36. Vgl. Schacht, ebd., 167.
37. Ǧuwainī, Muġīṯ al-ḫalq, fol. 10 a–11 b.
38. S. unten, 207 ff.
39. Ǧuwainī, Muġīṯ al-ḫalq, fol. 13 a.
40. Sure 2, 178 f.; vgl. Nagel, Der Koran, 322.
41. Ǧuwainī, Muġīṯ al-ḫalq, fol. 13 a; ders.: al-Burhān, 1212 f., §§ 1264 f.; Šāfiʿī, Kitāb al-umm VI, 6.
42. Arab.: zakāt; vgl. Nagel, der Koran, 87 f. und 299 ff.
43. Arab.: maḥall; vgl. oben, 160 ff! (Ein Akzidens kann zu einem gegebenen Zeitpunkt nur einer einzigen Substanz inhärieren).
44. Ǧuwainī, Muġīṯ al-ḫalq, fol. 12 a; Šāfiʿī, Kitāb al-umm II, 80 ff.
45. Ǧuwainī, loc. cit.
46. ders., Muġīṯ al-ḫalq, fol. 13 b, 14 a und 15 a.
47. Hurerei wird nach islamischer Vorstellung deshalb mit Steinigung geahndet, weil sie die Geburt von Kindern zweifelhafter Abstammung zur Folge haben könnte; ein ordnungsgemäßer Vertrag scheint nach Abū Ḥanīfas Meinung diesen Grund aufzuheben.
48. Ǧuwainī, Muġīṯ al-ḫalq, fol. 15 b–17 b.
49. Ebd., fol. 9 a.
50. Arab.: taklīf. S. unten, 214 ff.
51. Arab.: muqallid. S. unten, 337 f.
52. Ǧuwainī, Muġīṯ al-Ḫalq, fol. 5 a.
53. Übersetzung des Konsekutivsatzes nicht gesichert.
54. Zum Begriff s. Nagel, Rechtleitung und Kalifat, 224 ff.
55. Arab.: sunna. S. unten, 207 ff.
56. Ǧuwainī, Muġīṯ al-ḫalq, fol. 6 a.
57. Vgl. Nagel, Staat und Glaubensgemeinschaft I, 147.
58. Bei der Einnahme von Mekka im Jahre 630.
59. Ǧuwainī, Muġīṯ al-ḫalq, fol. 21 a.
60. Lesung nicht gesichert.
61. Ǧuwainī, Muġīṯ al-ḫalq, fol. 20 a–b; die Zuhörer sitzen auf dem Boden, während der Prediger kniet.
62. Ebd., fol. 7 a.
63. Ebd., fol. 8 a.

64. Vgl. Ǧuwainī, al-Burhān, Index, 1443 f.
65. Ibn ʿAbd al-Ḥakam, Futūḥ Miṣr, 121.
66. Ibn Ḥağar, al-Iṣāba II, Nr. 4931 und IV, Nr. 1103 (s. v. Abū Mūsā al-Ġāfiqī).
67. Zu den mit diesem Ausspruch verbundenen Fragen vgl. Juynboll, Muslim Tradition, 108 ff.
68. Vgl. z. B. Abū Dā'ūd, Sunan, Kapitel „ṭahāra". Nr. 88! Die große Unreinheit wird z. B. durch Samenerguß verursacht.
69. Cameron, Abū Dharr al-Ghifārī, 42 ff.
70. Qīrāṭ, ca. 0,195 g (Hinz, Islamische Maße und Gewichte, 27).
71. Ibn ʿAbd al-Ḥakam, Futūḥ Miṣr, 2 und 109.
72. Gabrieli, Die Macht des Propheten, 171.
73. Ibn Saʿd, aṭ-Ṭabaqāt I/I, 86 ff.
74. Hierüber unterrichtet die genannte Studie von Juynboll.
75. Resümee der unterschiedlichen Einstellungen zur Überlieferung bei Juynboll, Muslim Tradition, Introduction.
76. Arab. = Erzählung, Bericht; Fachterminus für die Überlieferungen vom normsetzenden Vorbild Muḥammads und seiner Gefährten.
77. Vgl. Nagel, Staat und Glaubensgemeinschaft I, 55 ff.
78. Vgl. Nagel, Rechtleitung und Kalifat, 67 ff.
79. Vgl. van Ess, Zwischen Ḥadīṯ und Theologie, 72 ff.
80. Ibn ʿAsākir, Tahḏīb ta'rīḫ Dimašq VII, 7; Ibn Ḥağar, Tahḏīb IV, 446.
81. Sure 49, 10 und Sure 5, 4.
82. Ibn ʿAbd al-Ḥakam, Sīrat ʿUmar b. ʿAbd al-ʿAzīz, 105 f.; der von ʿUmar dem zweiten Prophetenwort unterstellte Sinn wird bestätigt durch die Varianten bei Aḥmad b. Ḥanbal, Musnad I, 317 und 329; zum Inhalt des Ausspruchs vgl. auch Ibn Hišām, as-Sīra I, 140 nebst Anmerkung.
83. Muslim, Ṣaḥīḥ, Kapitel „faḍā'il aṣ-ṣaḥāba", Nr. 206; vgl. Nagel, Staat und Glaubensgemeinschaft I, 31 f. und 35, II 62.
84. Aḥmad b. Ḥanbal, Musnad I, 190.
85. Watt, Muḥammad at Mecca, 5, 8, 19.
86. Nagel, Alexander der Große in der frühislamischen Volksliteratur, 103 ff.; ders., Staat und Glaubensgemeinschaft I, 81 ff.
87. Watt, Muhammad at Mecca, 87 ff.
88. Muslim, Ṣaḥīḥ, Kapitel „faḍā'il aṣ-ṣaḥāba", Nr. 205; Buḫārī, Ṣaḥīḥ, Kapitel „kafāla", Nr. 2 (Variante: „in meinem Haus").
89. Vgl. allgemein Muranyi, Die Prophetengenossen, 155 f.
90. Juynboll, Muslim Tradition, 18 ff.
91. Die wichtige Rolle, die Ǧubair in der frühislamischen Geschichte spielte (vgl. die Notizen bei Ibn Ḥağar, Tahḏīb II, 63 f.!), steht in einem bemerkenswerten Gegensatz zu seiner Unwichtigkeit als Tradent. Vgl. im übrigen unten, 240.
92. Nagel, Rechtleitung und Kalifat, 273 ff.
93. Hierzu vgl. Schacht, Origins of Muhammadan Jurisprudence, 163 ff.
94. Zu diesem Thema vgl. auch EI², s. v. Ḥadīth.
95. Arab.: fiqh; faqīh = Rechtsgelehrter
96. Ǧuwainī, al-Burhān, 85, § 4
97. Ebd., loc. cit.
98. Arab.: taklīf.
99. Schacht, Introduction, 121
100. Ṭahānawī, Kaššāf iṣṭilāḥāt al-funūn II, 1255.
101. ʿAbd al-Ǧabbār, al-Maǧmūʿ fī l-muḥīṭ, 1–3.

102. Ǧuwainī, al-Burhān, 101 f., § 26.
103. Ebd., 933, § 912 sowie ebd., 302 f., §§ 212 und 1351, § 1534.
104. S. oben, 161.
105. Vgl. oben 130. Die „Befindlichkeit" wird in der aschʿaritischen Metaphysik jeder einzelnen Substanz in jedem Augenblick von Gott verliehen; sie ist nicht aus der vom Menschen wahrgenommenen Lage der Substanz zu erschließen.
106. Mit diesem Schritt folgt Abū Hāšim der muʿtazilitischen Definition, alles „Gewußte" sei ein Ding – also auch das Gebet, auf das mithin die zehn Kategorien des Aristoteles angewendet werden können, unter diesen auch diejenige der „Befindlichkeit".
107. Ǧuwainī, al-Burhān, 283–286, §§ 195–197.
108. Ebd., 287 f., § 201.
109. Vgl. oben, 183 f. Die Schafiiten verlangen die Absichtserklärung unmittelbar am Anfang des Gebetes. Die Übersetzung des folgenden Nebensatzes ist nicht gesichert.
110. Ǧuwainī, al-Burhān, 286 f., §§ 198–200.
111. Ebd., 289 f., § 202.
112. Ebd., 291 f., § 203.
113. Ebd., 292–302, §§ 204–211.
114. Gimaret, Théories de l'acte humain, 41 ff. Da Gimaret vor allem den theologischen Aspekt im Auge hat, konzentriert sich seine Arbeit auf das Problem, inwieweit Gott und Mensch an ein und derselben Handlung beteiligt sein können, einen Gesichtspunkt, der unsere Fragestellung hier nur mittelbar berührt.
115. ʿAbd al-Ǧabbār, al-Muġnī XVI, 50–57.
116. Ebd., 58.
117. Ebd., 60 f.
118. Ebd., 71.
119. Ebd., 73.
120. Ǧuwainī, al-Burhān, 304, § 213.
121. ʿAbd al-Ǧabbār, al-Muġnī XVII, 23 f. Für die Muʿtaziliten ist Gott selber nicht von Nutzen oder Schaden, die aus einer Handlung entstehen, betroffen, aber er bezweckt mit seinen Geboten stets das Wohl der Geschöpfe. Die Aschʿariten dagegen betonen, daß menschliche und göttliche Absichten inkompatibel sind, gleich wie sie auch die muʿtazilitische Form der Auswertung des Schlusses vom „Offenkundigen" auf das „Verborgene" verwerfen (vgl. oben 157 ff.).
122. Ǧuwainī, al-Burhān, 87 f., § 10.
123. Ebd., 85, § 4.
124. Ebd., 86, § 8.
125. Vgl. oben, 144 ff. und 154 f.
126. Ǧuwainī, al-Burhān, 91 f., § 12.
127. Ebd., 101, § 26; anders der Hanafit al-Māturīdī (gest. 944): für ihn stehen Gebot und Verbot Gottes und Nutzen und Schaden des Menschen in einem engen Zusammenhang (Māturīdī, at-Tauḥīd, 100 f.).
128. Vgl. oben, 152 f.
129. Ǧuwainī, al-Burhān, 102, 105, §§ 27–29.
130. Ebd., 104, § 28.
131. S. oben, 98 f. und 105.
132. Vgl. oben, 144 und 147 f.
133. Ǧuwainī, al-ʿAqīda an Niẓāmīja, 35 f.; Gimaret, Théories de l'acte humain, 124 f.
134. Ǧuwainī, al-Kāfija, 36, § 83.

135. Ǧuwainī, al-Burhān, 169–173, §§ 79–83.
136. Nagel, Al-Ǧuwainīs Kitāb al-burhān und die theologische Begründung der Scharia, Vortrag, gehalten auf dem Kongreß der Union Européenne d'Arabisants et Islamisants, Málaga 1984.
137. Ǧuwainī, al-Burhān, 174 f., § 84.
138. ʿAbd al-Ǧabbār, al-Muġnī XVII, 14–17.
139. Reden ist eine Art des Tuns; der Redende bringt die Worte hervor; vgl. ʿAbd al-Ǧabbār, al-Maǧmūʿ fī l-muḥīṭ, 320 und 422.
140. Ǧuwainī, al-Burhān, 176 f., § 85; vgl. die Problematik der zu freien Deutung des Inhalts der Begriffe bei Ibn Ḥazm (Arnaldez, Grammaire et théologie chez Ibn Ḥazm de Cordoue, 74 ff.).
141. Ǧuwainī, al-Burhān, 199 f., § 115; ders., al-Iršād, 104; das Werk al-Ašʿarīs, auf das er sich bezieht, ist wohl mit Nr. 41 der Liste von MacCarthy, The Theology of al-A<u>sh</u>ʿarī, 220 identisch.
142. arab.: ḥaqāʾiq ḏātīja; auf Gott bezogen, müßte man mutati mutandis von „Bedeutungs-Eigenschaften" sprechen; vgl. oben, 142.
143. Vgl. oben, 120. Die Theorie von der „Seelenrede" ist von Ibn Kullāb (gest. 855) vorgeprägt (van Ess, Oriens 18, 103–107).
144. Vgl. oben, 144.
145. Peters, God's Created Speech, 390 ff.; vgl. Ǧuwainī, al-Iršād, 104 f.
146. Vgl. die kurze Zusammenfassung der „Zustände" bei Rāzī, al-Muḥaṣṣil, 55 ff.
147. Ǧuwainī, al-Burhān, 200 f., § 116.
148. Vgl. ebd., 204 ff., §§ 121 ff. (die mu'tazilitische Lehre vom Imperativ und seinem Zusammenhang mit dem Willen des Sprechers); vgl. ʿAbd al-Ǧabbār, al-Muġnī XVII, 113.
149. Ǧuwainī, al-Iršād, 107.
150. Ders., al-Burhān, 216 ff., §§ 133 ff.
151. Ǧuwainī, al-Burhān, 220 f., § 136; auch al-Ǧuwainīs andalusischer Zeitgenosse Ibn Ḥazm lehnt die Möglichkeit ab, einen bloßen Imperativ unterschiedlich zu deuten und will nur bei vorliegenden Indizien vom eigentlichen Sinn dieser Form abgehen (Ibn Ḥazm, al-Iḥkām, 259 ff. und 336 f.; vgl. Arnaldez, Grammaire et théologie chez Ibn Ḥazm de Cordoue, 50 ff., bes. 60).
152. S. oben, 130 ff.
153. Ǧuwainī, al-Iršād, 114 f.
154. Ebd., 325–330. Die Szene wurde schon von Ibn al-Bāqillānī verwendet (Ǧuwainī, al-Burhān, 148 ff., § 64; s. unten, 247 f.).
155. Vgl. Sure 2, 106! Ohne eine plausible Theorie der Abrogation war der Geltungsanspruch des Islams gegenüber den anderen prophetischen Religionen nur schwer zu halten (vgl. Ibn al-Bāqillānī, at-Tamhīd, 160 ff.).
156. S. oben, 133 f. und 161 f.
157. S. oben, 157 ff.
158. Ǧuwainī, al-Burhan, 254 f., §§ 165 f.
159. Ebd., 270 f., § 180; vgl. im übrigen oben, 162 und Anmerkung 227, S. 385.
160. Ǧuwainī, al-Burhān, 272–275, §§ 181–184.
161. ʿAbd al-Ǧabbār, al-Muġnī VII, 53 f.; Reden ist wie jedes Handeln objektbezogen.
162. Ǧuwainī, al-Burhān, 280 f., § 190.
163. Ebd., 165, § 76; vgl. oben, 201 ff.
164. Ebd., 166 f., §§ 77 f.
165. Bernand, La notion de ʿilm chez les premiers muʿtazilites I, 24 und 35 f.
166. Ebd., II, 44.

167. Ǧuwainī, al-Burhān, 111 f., § 36.
168. Ebd., 155 ff., § 40.
169. Ebd., 120 ff., §§ 42 f.
170. Ebd., 123, § 44.
171. Vgl. Nagel, Der Koran, 289.
172. Sure 28, 76–84.
173. Rosenthal, Knowledge Triumphant, 70–97.
174. Dārimī, Sunan, Einleitung, zitiert bei Rosenthal, op. cit., 76.
175. S. unten, 336 ff.
176. Rosenthal, op. cit., 37 f.; Šāfiʿī, ar-Risāla, 85 ff., §§ 282 ff. (die Sunna betreffend); ders., Ǧimāʿ al-ʿilm. 49 f., §§ 176 ff.
177. Ǧuwainī, al-Burhān, 124 ff., §§ 45 f.
178. Ebd., 126, § 46.
179. S. oben, 223 ff.
180. Ǧuwainī, al-Burhān, 136, § 53.
181. Ebd., 136–141, §§ 54 f.
182. S. oben, 236 f.
183. Ǧuwainī, al-Burhān, 146–151, §§ 60–64.
184. S. oben, 236 f.
185. Vgl. Nagel, Der Koran, 330.
186. Ǧuwainī, al-Burhān, 148–154, §§ 64 f.
187. Ebd., 84 ff., §§ 4 f.
188. S. oben, 169 ff.
189. Jāqūt, al-Buldān, s. v. Sāwah.
190. Ibn al-Aṯīr, al-Kāmil X, 126.
191. So lehrte al-Ḥalīmī, der ebenfalls als Gesandter des Kalifen 995 in Nischapur weilte, dort während seines ganzen Aufenthaltes (Subkī, Ṭabaqāt IV, 333); Subkī Ṭabaqāt IV, 120–122.
192. Erst wenn Erfahrung mit der Ehe vorliegt, kann der Frau die Wahl des passenden Ehepartners zugetraut werden.
193. Ein Beispiel: Aḥmad b. Ḥanbal, Musnad I, 219.
194. D. i. der Prophet, durch den Gott spricht.
195. Sie ist zu schüchtern und unerfahren, um sich eine eigene Meinung zu bilden und diese zu äußern.
196. Nur wenn man „Vormund" auf Vater oder Großvater einengt, ist die Jungfrau gezwungen, dem Willen dieses Vormundes zu folgen. Al-Ǧuwainī benötigt diese zugespitzte Auslegung des Satzes, um sie zurückzuweisen und mit ihr zugleich auch die Auffassung, eine erwachsene, geistig normale Jungfrau brauche überhaupt einen Vormund.
197. Wäre z. B. in unserer Überlieferung wirklich der Vater als Vormund genannt, wäre damit gleichzeitig gesagt, weswegen das Wort dieses Vormunds entscheidend ist: wegen der väterlichen Gewalt.
198. Al-Ǧuwainī will nur ein generell geltendes Vormundschaftsrecht anerkennen und gelangt deshalb zu dem Schluß: Wenn ein Vormund die Jungfrau zur Heirat zwingt, kann dieser nur Vater oder Großvater sein.
199. Subkī, Ṭabaqāt IV, 252–256; ebd., V, 214–218.
200. Arab.: naṣṣ.
201. Subkī, Ṭabaqāt V, 192.
202. Kitāb al-waraqāt; im Gegensatz zum schwierigen „Buch des Beweises" ist dieses Schriftchen sehr oft kommentiert worden (Brockelmann, Gal G I, 389 und S I,

671). Das ganze im folgenden skizzierte System der juristischen Textbewertung baut auf Überlegungen von aš-Šāfiʿī auf (Šafiʿī, ar-Risāla, 357 ff., §§ 961 ff.).

203. Ǧuwainī, al-Waraqāt, fol. 10b f.; ders. al-Burhān, 426 ff. §§ 327 ff.; ders., al-Kāfija, Definitionen 115 und 116.
204. Ǧuwainī, al-Burhān, 413, § 314; vgl. auch ders. al-Kāfija, Definition 113! Man beachte die gleichgelagerten Bemühungen seines Zeitgenossen Ibn Ḥazm (Arnaldez, Grammaire et théologie chez Ibn Ḥazm de Cordoue, Kapitel II).
205. Ǧuwainī, al-Burhān, 417 f., § 318; ders., al-Waraqāt, fol. 11 a; ders., al-Kāfija, Definition 114.
206. Ǧuwainī, al-Burhān, 304 ff., § 214 sowie 524 ff., §§ 442 ff.
207. Ebd., 419 ff., §§ 320 ff.; ders., al-Kāfija, Definition 117.
208. Vgl. oben, 247.
209. Ǧuwainī, al-Burhān, 679 ff., §§ 627 f.; ders., al-Waraqāt, fol. 12 a.
210. ders., al-Waraqāt, fol. 12 b.
211. Ders., al-Burhān, 511 f., § 424.
212. Der Text hat hier „bint" (Tochter), was aber nicht dem Sinn entspricht und in den Ḥadīṯ-Sammlungen auch nicht belegt ist.
213. Al-ʿilla muṭṭaridatan munʿakisatan; vgl. oben, 159.
214. Ǧuwainī, al-Kāfija, 372–374.
215. Ebd., 529.
216. Ebd., 531.
217. Ebd., 533, 535, 538 und 544.
218. Ebd., 546.
219. Ders., al-Burhān, 743 f., §§ 676 ff.
220. S. oben, 196 f.
221. Ǧuwainī, al-Burhān, 805 f., § 763.
222. Subkī, Ṭabaqāt IV, 334.
223. Ǧuwainī, al-Burhān, 793 f., § 749.
224. Ebd., 861 f., § 828.
225. Ebd., 871 f., § 841.
226. Vgl. ebd., 861 f., § 828.
227. Vgl. oben, 182 f.
228. Ǧuwainī, al-Burhān, 860 ff., §§ 826 f.
229. Ebd., 870 f., § 840.
230. ʿAbd al-Ǧabbār, al-Muġnī XVII, 330 f. und 353.
231. Vgl. oben, 191 ff.
232. Ǧuwainī, al-Burhān, 865, §§ 832 f.
233. S. oben, 195 ff.
234. Ǧuwainī, al-Burhān, 876, § 845.
235. Ebd., 877–883, §§ 847–855.
236. Ebd., 889 f., § 864; für al-Ġazālī ist „kalām" für den „faqīh" irrelevant; diese Ansicht scheint er erst nach seiner Bekehrung (unten, 358 f.) propagiert zu haben. In seinem „al-Mustaṣfā", das von al-Ǧuwainīs „al-Burhān" abhängt, vertritt er diese Meinung noch nicht (Fazlur Rahman, Functional Interdependence of Law and Theology, 91 ff., in: Second Giorgio Levi della Vida Biennial Conference, Wiesbaden 1971, 89–97).
237. S. oben, 150 und 159.
238. Ǧuwainī, al-Burhān, 835 f., § 797.
239. Ebd., 837, § 800.
240. Ebd., 840 f., § 804.

241. Ebd., 842 f., § 806.
242. Ebd., 851 f., §§ 814 f.
243. In der Metaphysik kann es deshalb mehr als eine Ursache für etwas geben, das bewiesen werden soll; nicht so im Recht, wo jede „Ursache" ein Zeichen für etwas ganz Konkretes ist (ebd., 1124 f., § 1145; vgl. auch ebd., 1097, § 1108).
244. Ebd., 848, §§ 811 f.
245. Ebd., 854 f., § 818.
246. Ebd., 847, § 810.
247. Ebd., 766 ff., §§ 714 ff.; in betreff der Einzelnachricht ebd., 600 ff., § 540; vgl. oben, 247 f.
248. Ebd., 912, § 890.
249. Ebd., 912 f., § 891.
250. Ebd., 913 ff., § 892.
251. Ebd., 923–927, §§ 901– 905.
252. S. oben, 141 und 158 f.
253. Ǧuwainī, al-Burhān, 927 ff., § 906 und 930 f., § 909.
254. Ebd., 931 f., § 910.
255. Ebd., 933 f., § 912.
256. S. oben, 223.
257. S. oben, 217 ff.
258. Der Zerfall der Gemeinschaft der Gäubigen in „Leute des Gesetzes" und „Erleuchtete" wird jetzt denkbar. Er wird jedoch im Sunnitentum dadurch verhindert, daß man darauf beharrt, allein das Wissen um die Offenbarung, das im Prinzip von jedermann vollständig erfaßt werden kann, sei wesentliches Wissen. Vgl. unten 345 f., 356 ff.

Die Macht

1. Rūḏrawarī, Ḏail taǧārib al-umam, 138 f.
2. Ebd., 8.
3. Ebd., 274.
4. Anspielung auf den Namen „Niẓām al-mulk", d. h. „Ordnung des Reiches".
5. Bundārī, Ta'rīḫ daulat āl Salǧūq, 57–60.
6. Vgl. die Genealogie in Islam Ansiklopedisi, s. v. Niẓām ül-Mülk.
7. Ibn al-Aṯīr, al-Kāmil X, 205.
8. Bundārī, op.cit., 71.
9. Ebd., 75.
10. Ebd., 73–75; Ibn al-Aṯīr, al-Kāmil X. 123 f.
11. Ibn al-Aṯīr, al-Kāmil X, 131; über weitere Intrigen s. Schabinger von Schonwingen, Niẓāmulmulk, 74 f.
12. Ibn al-Aṯīr, al-Kāmil X, 156; Sibṭ Ibn al-Ǧauzī, Mir'āt/Sevim, 241 ff.
13. Sibṭ Ibn al-Ǧauzī, loc. cit.; az-Zāhir liegt am Ostufer des Tigris (vgl. Saʿīd b. ʿArīb al-Qurṭubī; Ṣilat ta'rīḫ aṭ-Ṭabarī, 154, Zeile 8; Lassner Topography, 280).
14. (Abū) ʿAbdallāh as-Sāwaǧī; vgl. Subkī, Ṭabaqāt IV, 319 f.
15. Gemeint ist die Schwiele, die auf die vielen Niederwerfungen im rituellen Gebet zurückzuführen ist.
16. Ibn al-ʿAdīm, Nizām al-Mulk, 237 (11) f. Schabinger von Schowingen (Nizamulmulk 69 f.) datiert diese Episode wohl falsch. Bei Niẓām al-Mulks zweitem Aufenthalt in Badgad ist nicht mehr von einem Zeltlager am Tigris die Rede. Viel-

mehr ging man daran, in Bagdad feste Unterkünfte – nebst einer Freitagsmoschee – für den Großsultan und seine höchsten Würdenträger zu errichten (Ibn al-Aṯīr, al-Kāmil X, 200).
17. S. oben, 92 f.
18. ein Beispiel: Ibn al-ʿAdīm, Niẓām al-Mulk, 231 (5); vgl. Ibn al-Ǧauzī, al Muntaẓam IX, 66.
19. Schabinger von Schowingen, Nizamulmulk, 63 f. und 66 ff.
20. Ebd., 75 f.
21. Ebd., 67 und 69; vgl. auch Subkī, Ṭabaqāt IV, 324 f.
22. Subkī, Ṭabaqāt IV, 327.
23. D. h. der Abbasiden, arab.: Ġijāṯ ad-daula.
24. Ǧuwainī, Ġijāṯ/Alex, 245 f.; ders., Ġijāt/Kairo, §§ 487–491.
25. Ebd., 247 f.; §§ 493 f.
26. Ebd., 250 ff.; §§ 496–499.
27. Ibn al-Aṯīr, al-Kāmil X, 61; vgl. ibn al-Ǧauzī, al-Muntaẓam VIII, 294.
28. S. oben, 36 f.
29. Ǧuwainī, Ġijāṯ/Alex, 254; ders., Ġijāṯ/Kairo, § 499.
30. Ebd., 256; § 500.
31. Ebd., 257; §§ 501–504.
32. Ebd., 259; §§ 505–507.
33. S. oben, 260 ff.
34. Vfl. oben, 217 ff. die von al-Ǧuwainī diskutierte Hierarchie der „Belastungen".
35. Ǧuwainī, Ġijāṯ/Alex, 260–264; ders., Ġijāṯ/Kairo, §§ 508–516.
36. Ebd., 265; § 519.
37. S. oben, 224 f.
38. Ǧuwainī, Ġijāṯ/Alex, 267; ders., Ġijāṯ/Kairo §§ 522 f.
39. S. oben, 103 f. und 227 ff.
40. Ǧuwainī, Ġijāṯ/Alex, 268–270; ders., Ġijāṯ/Kairo, §§ 525–529.
41. Ibn al-Ǧauzī, al-Muntaẓam VIII, 294; Ibn al-Aṯīr, al-Kāmil X, 61; Sibṭ Ibn al-Ǧauzī, Mir'āt/Sevim, 143 und 174.
42. Ǧuwainī, Ġijāṯ/Alex, 253; ders., Ġijāṯ/Kairo § 499.
43. Ibn al-Aṯīr, al-Kāmil X , 78 ff. und 90; Sibṭ Ibn al-Ǧauzī, Mir'āt/Sevim, 168.
44. Sibṭ Ibn al-Ǧauzī, Mir'āt/Sevim, 170.
45. Ebd., 191 f. und 198 f.
46. Bundārī, Ta'rīḫ daulat āl Salǧūq, 70; Ibn al-Aṯīr, al-Kāmil X, 156.
47. Ǧuwainī, Ġijāṯ/Alex, 268; ders., Ġijāṯ/Kairo § 525.
48. S. oben, 39.
49. S. oben, 34 f. und 72.
50. Vgl. oben, 42 ff.
51. Niẓām al-Mulk, Sijāsat-nāme, Kapitel 7 und 8.
52. Ǧuwainī, Ġijāṯ/Alex, 240 ff.; ders., Ġijāṯ/Kairo, §§ 477–484.
53. Ebd., 271; §§ 532 ff.
54. Paret, Der Koran – Kommentar und Konkordanz, 304.
55. Nagel, Vom „Qur'ān" zur „Schrift", 143–165.
56. Ders., Some Considerations Concerning the Pre-Islamic and the Islamic Foundations of the Authoritiy of the Caliphate, passim; ders., Staat und Glaubensgemeinschaft I, 55 ff.
57. Ebd., ., 153 ff.; ders., Rechtleitung und Kalifat, 184 ff.
58. S. oben, 207 ff.
59. Nagel, Untersuchungen zur Entstehung des abbasidischen Kalifats, 87 ff., 170 ff.

60. Ders., Rechtleitung und Kalifat, 142; unter „Verwandten des Propheten" verstand man hier die Nachkommen des Hāšim, des Großvaters von Muḥammad; Hāšims Bruder ʿAbd Šams war der Ahnherr des quraišitischen Klans, aus dem die Omaijaden hervorgingen. Die Bezugnahme auf die „Prophetenfamilie" soll die vermeintliche Illegitimität des omaijadischen Kalifats unterstreichen.
61. Nagel, Rechtleitung und Kalifat, 400ff.
62. Ebd., 342ff.
63. S. oben, 53ff.
64. S. oben, 44.
65. Nagel, Staat und Glaubensgemeinschaft I, 349ff.
66. Niẓām al-Mulk bezeichnet Maḥmūd stets als Sultan und behauptet, der Ghaznawide habe als erster diesen Titel getragen (Sijāsat-nāme, 50). Offiziell durch den Kalifen verliehen war dieser Titel jedoch nicht (vgl. oben 68 und 75).
67. Vierzig Stockhiebe; zum Weinverbot im Koran vgl. Paret, Der Koran. Kommentar und Konkordanz, 46.
68. Text: mosalmānī.
69. Niẓām al-Mulk, Sijāsat-nāme, 45f.
70. Arab. ǧamāʿa; s. Nagel, Rechtleitung und Kalifat, 257ff. und 289ff.
71. Nagel, Staat und Glaubensgemeinschaft II, 49ff. und 92ff. Zur Fürstenspiegelliteratur vgl. vor allem G. Richter, Studien zur Geschichte der älteren arabischen Fürstenspiegel, Nachdruck Leipzig 1968 (Leipziger semitistische Studien III) und F. R. C. Bagley (Übers.), Counsel for Kings, London 1964.
72. Farr-e elāhī; ein aus der altiranischen Königsideologie stammender Begriff (Widengren, Die Religionen Irans, 58f. und 312f.).
73. Heros und Drachentöter der altiranischen Sage (Widengren, op. cit., 50).
74. Gründer der Sasanidendynastie, regierte 226–241.
75. Niẓām al-Mulk, op. cit., 63; „Erbe des Reiches Alexanders" war einer der zahlreichen Titel des Rum-Seldschuken Ġijāṯ ad-Dīn Kai Ḫosrau I (reg. 1192–1210) (Rāwandī, Rāḥat aṣ-ṣudūr, 113).
76. Niẓāmī-e ʿArūżī, Čahār maqāle, Kapitel über die Dichtkunst.
77. S. oben, 255.
78. Māwardī, al-Aḥkām as-sulṭānīja, 6.
79. S. oben, 54.
80. Ǧuwainī, Ġijāṯ/Kairo, 80f., §§ 106–109; Ġijāṯ/Alex, 64.
81. Insofern kann auch al-Ǧuwainī, wie schon al-Māwardī, die These Ḍirār b. ʿAmrs (gest. 815) zurückweisen, jedermann könne das Imamat ausüben.
82. S. oben, 281.
83. Ǧuwainī, Ġijāṯ/Kairo, 15f., §§ 8–10; Ġijāṯ/Alex., 10f.; vgl. oben, 268ff.
84. Mit der auf eine Person bezogenen Bedeutung des ursprünglichen Abstraktums „sulṭān" haben wir in der 2. Hälfte des 11. Jahrhunderts zu rechnen (vgl. oben 68).
85. Ǧuwainī, Ġijāṯ/Kairo, 22ff., §§ 15–20; Ġijāṯ/Alex, 16f.
86. Ebd., 24–26, §§ 21–25; 18; vgl. oben das Kapitel über die „Belastung".
87. Ǧuwainī, Ġijāṯ/Kairo, 39, § 45; Ġijāṯ/Alex, 29; s. unten, 305.
88. S. oben, 248.
89. Ǧuwainī, Ġijāṯ/Kairo, 53, § 61; Ġijāṯ/Alex, 41.
90. Ebd., 50f., § 59; 39f.
91. Ebd., 57, §§ 66; 44f. Von diesen Ansätzen aus ließen sich die Rolle und die theoretische Verankerung des „Brauchs" im islamischen Recht entwickeln.
92. Nagel, Rechtleitung und Kalifat, 297; ders., Untersuchungen zur Entstehung des abbasidischen Kalifats, 166ff.

93. S. oben, 34.
94. Vgl. auch Māwardī, al-Aḥkām as-sulṭānīja, 6f.
95. Ǧuwainī, Ġijāṯ/Kairo, 67f., §§ 82–85; Ġijāṯ/Alex, 52f.
96. Ebd., 70f., § 87; 55f.
97. Ebd., 72, § 91; 57.
98. Al-Ǧuwainī dagegen mochte an die Ernsthaftigkeit des Lerneifers der Herrscher nicht recht glauben (oben, 258).
99. Niẓām al-Mulk, Sijāsat-nāme, 61.
100. S. oben, 277.
101. Niẓām al-Mulk, Sijāsat-nāme, 63.
102. Ǧuwainī, Ġijāṯ/Kairo, 84f. und 89, § 113 und § 116; Ġijāṯ/Alex, 66f.
103. Ebd., vgl. ders. ad-Durra al-muḍī'a, f. 222a (masā'il adab al-qāḍī Nr. 1).
104. Ǧuwainī, Ġijāṯ/Kairo, 88f., §§ 117f.; Ġijāṯ/Alex, 69.
105. Ebd., 94, § 132; 72.
106. Ebd., 90, § 120; 69.
107. Ebd., 101, § 144; 77.
108. Ebd., 91, § 122; 69.
109. Ebd., 105ff., §§ 151–153; 80ff.
110. S. oben, 168ff. und 171ff.
111. Ǧuwainī, Ġijāṯ/Kairo 109, § 155; Ġijāṯ/Alex, 82f.
112. Ebd., 108, § 153; 82.
113. Ebd., 127, § 184; 96.
114. Ebd., 138f., § 206; 103. Vgl. auch al-Ǧuwainīs Diskussion des Rechtsinstituts des „Anbauvertrages" (musāqāh) in al-Burhān, 906f., §§ 882–885.
115. Ǧuwainī, Ġijāṯ/Kairo, 164ff., §§ 242–251; Ġijāṯ/Alex, 121ff.
116. Ebd., 305, § 435; 223.
117. Ebd., 308ff., §§ 437–449; 225ff. Vgl. Nagel, Gab es in der islamischen Geschichte Ansätze einer Säkularisierung?
118. Ǧuwainī, Ġijāṯ/Kairo, 172ff., §§ 252–259; Ġijāṯ/Alex, 126ff.
119. Ebd., 316–324, §§ 451–465; 231ff.
120. S. oben, 47, 68.
121. Nagel, Die Abbasiden, in: Geschichte der arabischen Welt.
122. Ǧuwainī, Ġijāṯ/Kairo, 141, § 209 und 205f., § 303; Ġijāṯ/Alex, 104f. und 152.
123. Māwardī, al-Aḥkām as-sulṭānīja, 33.
124. Nach islamischem Recht muß in einem solchen Fall der Imam bzw. dessen Stellvertreter als Vormund eintreten.
125. Arab. adab; hier zeigt sich wieder, wie erstaunlich weit bei al-Ǧuwainī die rein funktionelle Betrachtung islamischer Herrschaft geht.
126. Ǧuwainī, Ġijāṯ/Kairo, 385ff., §§ 551–558; Ġijāṯ/Alex, 279ff.; vgl, ebd., 335, § 485; 244 und ferner 238, § 344; 176.
127. Ebd., 329ff., §§ 476–481, 240f.
128. S. oben, 179ff.
129. S. oben, 214ff.
130. Ǧuwainī, Ġijāṯ/Kairo, 336f., §§ 487f.; Ġijāṯ/Alex, 245.
131. Nagel, Der Koran, 242ff. und ders., Staat und Glaubensgemeinschaft I, 163ff. und 312ff.
132. Vgl. Nagel. Staat und Glaubensgemeinschaft II, 66ff.
133. Ǧuwainī, Ġijāṯ/Kairo, 182f., §§ 266–268; Ġijāṯ/Alex, 134.
134. Ebd., 184ff., §§ 269–277; 135ff.
135. Ebd., 219, §§ 331f.; 168f.

136. S. oben, 53 ff.
137. Über die schiitische Pflicht zur „Verstellung" (taqīja) vgl. Nagel, Staat und Glaubensgemeinschaft I, 206 ff.
138. Ǧuwainī. Ġijāṯ/Kairo, 215 f., § 316; Ġijāṯ/Alex, 159 f.
139. S. oben, 43 f.
140. Ǧuwainī, Ġijāṯ/Kairo, 219, § 321; Ġijāṯ/Alex, 169 f.
141. Ebd., 227 f., § 331; 169 f.
142. S. oben, 61.
143. Arab. zindīq; das Wort bezeichnete damals jemanden, der an die Ewigkeit der Welt glaubte und meinte, es gebe auch keinen Gott als Lenker des Weltgeschehens (unten, 357).
144. Ǧuwainī, Ġijāṯ/Kairo, 230 f., §§ 335 ff.; Ġijāṯ/Alex, 171.
145. Niẓām al-Mulk, Sijāsat-nāme, 206 ff.; über die historische Mazdak-Bewegung unterrichtet O. Klima, Mazdak. Geschichte einer sozialen Bewegung im sassanidischen Iran. Prag 1957.
146. S. oben 54.
147. Niẓām al-Mulk, Sijāsat-nāme, 225–260.
148. Ebd., 66.
149. Ǧuwainī, Ġijāṯ/Kairo, 377 ff., §§ 538 f.; Ġijāṯ/Alex, 273.
150. „ʿawāmm al-muslimīn"; im Sprachgebrauch al-Ǧuwainīs ist ein „ʿāmmī" ein Muslim, der nicht in Theologie und Rechtswissenschaft bewandert ist (ad-Durra al-muḍīʾa, f. 222 a ff., adab al-qāḍī; darf ein „ʿāmmī" als Qāḍī fungieren?).
151. Ǧuwainī, Ġijāṯ/Kairo, 381 ff., §§ 544 f.; Ġijāṯ/Alex, 273. Im 10. Jahrhundert schrieb al-ʿĀmirī, es sei durchaus denkbar, daß sich ein Muslim zur Gottlosigkeit bekehre, wenn er mit der auf der sinnlichen Wahrnehmung basierenden Weltdeutung der „Ketzer" vertraut gemacht werde (ʿĀmirī, al-Iʿlām bi-manāqib al-islām, ed. Ghorab, Kairo 1967, 168).
152. Ǧuwainī, Ġijāṯ/Kairo, 193 f., § 283; Ġijāṯ/Alex, 142.
153. Aḥmad b. Ḥanbal, Musnad II, 332; Abū Dāʾūd, Sunan, Sunna 1.
154. Ǧuwainī, Ġijāṯ/Kairo, 192 f., § 282; Ġijāṯ/Alex, 142.
155. S. oben, 19 f.
156. S. oben, 282 f.
157. Ǧuwainī, Ġijāṯ/Kairo, 197 ff., §§ 287 ff.; Ġijāṯ/Alex, 146 ff.
158. S. oben, 205.
159. S. oben 131 ff. und 237.
160. Nagel, Rechtleitung und Kalifat, 400 ff.
161. S. oben, 101 ff. und 120.
162. In den kanonischen Sammlungen nicht zu belegen, vgl. unten 318 ff.
163. Ǧuwainī, Ġijāṯ/Kairo, 189 f., §§ 277 f.; Ġijāṯ/Alex, 140; vgl. oben 147 f., und 227 f.
164. Niẓām al-Mulk, Sijāsat-nāme, 61.
165. Makdisi, The Rise of Colleges, 31 f.; eine Übersicht der von Niẓām al-Mulk gegründeten Medressen findet man auch bei Köymen, Alp Arslan zamanī selcuklu müesseseleri, in: Selcuklu Araştīrmalarī Dergisi IV/1975 (75–125), 78 ff., und 89 ff. Vgl. ferner Subkī, Ṭabaqāt IV, 313 und Schlußteil, Anm. 3.
166. Niẓām al-Mulk, Sijāsat-nāme, 171 f.
167. Subkī, Ṭabaqāt IV, 313.
168. S. oben, 84.
169. Šahfūr b. Ṭāhir, at-Tabṣīr fī d-dīn, 22.
170. Ebd., 135 ff.
171. Ebd., 162 und 164 ff.

172. Ebd., 108 ff.
173. Ebd., 118 f.
174. Ebd., 127 ff. Bei der Darstellung der isma'ilitischen Werbung, sowie überhaupt bei der Schilderung dieser Sekten, hängt Šahfūr stark vom Werk des Schafiiten und Asch'ariten 'Abd al-Qāhir al-Baġdādī (gest. 1037) ab (Baġdādī, al-Farq baina l-firaq, 294 ff.), der bis kurz vor seinem Tode in Nischapur wirkte (Subkī, Ṭabaqāt V, 136 ff.).
175. Šahfūr b. Ṭāhir, at-Tabṣīr fī d-dīn, 10.
176. Niẓām al-Mulk, Sijāsat-nāme, 187.
177. S. oben, 164 ff.
178. S. oben, 156 und 237 f.
179. S. oben, 315; Ǧuwainī, Ġijāṯ/Kairo, 189, § 277; Ġijāṯ/Alex, 140.
180. S. oben, 261 f.
181. S. oben, 159 ff.
182. Subkī, Ṭabaqāt IV, 333 ff.
183. S. oben, 85 ff. und 96 ff.
184. Kühn bezieht al-Baihaqī hier ein auf die Ahnen al-Aš'arīs gemünztes Wort des Propheten auf die asch'aritische Schule.
185. Ibn 'Asākir, Tabjīn, 106.
186. Subkī, Ṭabaqāt IV, 357.
187. Ǧuwainī, Ġijāṯ/Kairo, 189, §277; /Alex, 140; zu diesem Problem vgl. auch oben, 260 f.
188. Subkī, Ṭabaqāt V, 351 ff.
189. Ǧuwainī, Ġijāṯ/Alex, 140, Anm. 652.
190. Halm, Die Ausbreitung der schafiitischen Rechtsschule, 25.
191. S. oben, 118.
192. S. oben, 307 f.
193. Ǧuwainī, Ġijāṯ/Kairo, 195 f., § 285 f.; Ġijāṯ/Alex, 144 f.
194. Die Missionierung der zentralasiatischen Türken ist weitgehend das Verdienst der Hanafiten (Madelung, The Spread of Maturidism and the Turks, 117 ff.).
195. Ǧuwainī, Ġijāṯ/Kairo, 201 ff., §§ 293 f.; Ġijāṯ/Alex, 148.
196. Ebd., 207 ff., §§ 304–308; 153 ff.
197. Nagel. Der Koran, 299 ff.; Handwörterbuch des Islam, s. v. Zakāt.
198. Ǧuwainī, Ġijāṯ/Kairo, 202 ff., §§ 302 f.; Ġijāṯ/Alex, 149 ff.
199. Ebd., 233, § 338; 173.
200. Ebd., 248–251, §§ 357–360; 184 ff.
201. Ebd., 287 ff., §§ 409 f.; 211 f.
202. S. oben, 37 f.
203. Ǧuwainī, Ġijāṯ/Kairo, 268–273, §§ 380–388; Ġijāṯ/Alex, 197 ff.
204. Ebd., 268, § 380 und 274–283, §§ 385–403 und 288, § 410; 197, 199 ff., 211 f.
205. S. oben, 268 f.
206. Ǧuwainī, Ġijāṯ/Kairo, 244, § 351; /Alex, 181; Sure 9, 60. Im Koran werden desweiteren der Freikauf von Sklaven und die Unterstützung von Personen genannt, die durch die Auswanderung nach Medina, wo sie sich dem Befehl des Propheten unterstellten, mittellos geworden waren.
207. Ǧuwainī, Ġijāṯ/Kairo, 286 f., §§ 407 f.; Ġijāṯ/Alex., 210.
208. S. oben, 249 ff.
209. Māwardī, al-Aḥkām as-sulṭānīja, 65 und 188; ders., Adab al-qāḍī, 204 ff. und 629.
210. Ǧuwainī, Ġijāṯ/Kairo, 246, § 352; Ġijāṯ/Alex, 182.

211. Vgl. die Textstellen bei Tyan, L'Organisation judiciaire, 219 ff.
212. Dārimī, Sunan, Muqaddima, 20.
213. Ebd., Muqaddima, 17.
214. Ebd., Muqaddima, 19.
215. Nagel, Rechtleitung und Kalifat, 111 ff. und 346.
216. S. oben, 190.
217. Dārimī, Sunan, Muqaddima, 17 f.
218. Ǧuwainī, al-Burhān, 1333 ff., §§1494–1501.
219. S. oben, 215.
220. Sure 2, 219; 5, 90.
221. S. oben, 261.
222. Subkī, Ṭabaqāt IV, 340 ff.
223. Ǧuwainī, Ġijāṯ/Kairo, 222 ff., §§ 326 f.; Ġijāṯ/Alex, 166.
224. In dieser malikitischen Anschauung liegt eine der Wurzeln der Geschichtsdeutung Ibn Ḫaldūns (Nagel, Staat und Glaubensgemeinschaft II, 61 ff.).
225. Vgl. oben, 308.
226. S. oben, 193 ff. und öfter.
227. Ǧuwainī, Ġijāṯ/Kairo, 219 ff., §§ 321–325; Ġijāṯ/Alex, 163 ff. Vgl. ders., al-Burhān, 1132, §§ 1154 f.
228. S. oben, 260. Auf Ereignisse, die zwar in Gedanken konstruiert werden können, deren Eintritt jedoch nicht zu erwarten ist, darf sich die rechtswissenschaftliche Diskussion nicht erstrecken. Wirklichkeitsfremde Spekulation verwirft al-Ǧuwainī (al-Burhān, 463, § 368: keine Rechtsnormen ohne konkretes Ziel; ferner ebd., 1206, § 1256). Vgl. auch oben, 222 ff.
229. Ǧuwainī, al-Burhān, 1116, § 1133.
230. Ebd., 1120 ff., §§ 1140–1142; vgl. oben, 260 ff.
231. Ǧuwainī, al-Burhān, 161 f., §§ 72 f.; die Sache der Entscheidungssuche gibt es bei aš-Šāfiʿī natürlich schon, ein Mufti-Amt findet man bei ihm selbstverständlich noch nicht. In der „Risāla", auf die sich al-Ǧuwainī hier bezieht, scheint das Wort gar nicht vorzukommen (Šāfiʿī, ar-Risāla, Index, s. v. „muftī" wird auf „ūlū l-amr" verwiesen; der Herausgeber führt schließlich einen Beleg aus dem „Kitāb al-umm" an, das nicht von aš-Šāfiʿī selber redigiert wurde, Risāla, 157, 157, zu § 433).
232. Dārimī, Sunan, Muqaddima, 20.
233. S. oben, 260 ff.
234. Ǧuwainī, al-Burhān, 355, § 257.
235. Ebd., 889 f., § 864.
236. S. oben, 219.
237. Ǧuwainī, al-Burhān, 1332 f., § 1492; über die Unterschiede zwischen Rechtswissenschaft und Ḥadīṯ-Gelehrsamkeit vgl. ebd., 641 ff., §§ 585 ff.
238. Arab. muǧtahid.
239. Ǧuwainī, al-Burhān, 1336 ff., §§ 1502–1504.
240. Vgl. oben, 196 und 255.
241. Ǧuwainī, Iǧtihād, f 99 a; vgl. ders., al-Burhān, 1316, § 1456.
242. Ǧuwainī, Iǧtihād, f 99 a f.
243. Ebd., f. 101 b und 103 a ff.
244. Ebd., f 103 b f.
245. S. oben, 132 ff. und 151 f.
246. Nach aschʿaritischer Sicht ist das Böse, das der Mensch tut, von Gott gewirkt, aber Gott macht natürlich nicht das Böse zur Pflicht. Denn dann verlöre die Scharia ihren Sinn (vgl. oben, 225).

247. Ǧuwainī, Iǧtihād, f 104a–105b.
248. Watt/Welch, Der Islam I, 168f.
249. S. oben, 237ff.
250. Ǧuwainī, al-Burhān, 1293ff., §§ 1412–1419. Auch in diesem Fall gelingt es al-Ǧuwainī, eine Formulierung Ibn al-Bāqillānīs zu verbessern und genauer mit dem aschʿaritischen System der Metaphysik und der Scharia abzustimmen.
251. S. oben, 154ff.
252. S. oben, 203.
253. Ǧuwainī, al-Burhān, 1116f., § 1133.
254. S. oben, 190.
255. S. oben, 188ff.
256. Ǧuwainī, al-Burhān, 1118, § 1136 und 1122, § 1142.
257. Ebd., 1325f., § 1473; dieses Beispiel schon bei Šāfiʿī, Risāla, 497, § 1433.
258. S. oben, 132 und 219.
259. S. oben, 226.
260. Ǧuwainī, al-Burhān, 937, § 916. Vielleicht sind auch die Bemerkungen in der „Hilfe der Völker" (Ġiyāṯ/Kairo, 526, § 845, Ġiyāṯ/Alex, 379), wo von einem Buch die Rede ist, in welchem gezeigt werde, wie der Verstand für die Rechtswissenschaften einzusetzen sei, auf das „Buch des Beweises" zu beziehen. Dieses wäre dann ebenfalls auf Anregung Niẓām al-Mulks in Angriff genommen worden.
261. S. oben, 330.
262. Bild für die Ruhe, die einem ein gesichertes Wissen verschafft.
263. Ǧuwainī, Ġiyāṯ/Kairo, 407f., §§ 590f.; Ġiyāṯ/Alex, 293.
264. S. oben, 171ff.
265. Ǧuwainī, Ġiyāṯ/Kairo, 410f., § 597; Ġiyāṯ/Alex, 296; vgl. oben, 198ff.
266. Ǧuwainī, Ġiyāṯ/Kairo, 417–419, §§ 611–617; Ġiyāṯ/Alex, 300ff.
267. S. oben, 200ff.
268. Gemeint ist die Zuordnung von Sachverhalten zu eindeutigen Textaussagen, letzten Endes also eine Vorform des Analogieschlusses (Ǧuwainī, Ġiyāṯ/Kairo, 425, § 628; Ġiyāṯ/Alex, 304).
Ebd., 427, § 633, 308.
270. Ebd., 422, § 623; 305.
271. S. oben, 261.
272. S. oben, 182 und 191; Ǧuwainī, Ġiyāṯ/Kairo, 435–443, §§ 650–672; Ġiyāṯ/Alex, 313–319.
273. Vgl. Dārimī, Sunan, Muqaddima, 26.
274. Ǧuwainī, Ġiyāṯ/Kairo, 523ff., §§ 838–844; Ġiyāṯ/Alex, 377ff.
275. S. oben, 134.
276. S. oben, 160.
277. S. oben, 219f. und 223f.
278. S. oben, 62.
279. Vgl. Enzyklopädie des Islams, alte Ausgabe, s. v. az-Zamakẖsẖarī! Vgl. ferner ʿAbd al-Ǧabbār, Faḍl al-iʿtizāl, 137ff.
280. Balẖī, Ḏikr al-muʿtazila, 108ff.
281. Malaṭī, at-Tanbīh, 40.
282. Ebd., 32.
283. S. oben, 162.
284. S. oben, 318; im Anschluß an Baġdādī, al-Farq baina l-firaq, 294ff.
285. Malaṭī, at-Tanbīh, 40f., 43.

286. S. oben, 62.
287. Muʿtazilitisch beeinflußt war vor allem die Lehre von der absoluten Transzendenz des Schöpfers (M. Kāmil Ḥusain, Diwān al-Mu'aijad fī d-dīn, 89 f.): doch mag diese Lehre bei ihnen andere Wurzeln als bei den Muʿtaziliten haben (Māturīdī, at-Tauḥīd, 95). „Glaube" als ein das bloße Bekenntnis zum Islam übersteigendes Handeln erinnert an die Lehre von der Willensfreiheit, hat aber im schiitischen Zusammenhang andere Wurzeln (Nagel, Staat und Glaubensgemeinschaft I, 230 ff.).
288. S. oben, 56; Balḫī, Ḏikr al-muʿtazila, 111; Malaṭī, at-Tanbīh, 40.
289. Wolfson, The philosophy of Kalam, 82 ff.; Vajda, Le Kitāb al-muḥtawī de Yūsuf al-Baṣīr, 151 ff. und 397 ff.
290. Šahfūr b. Ṭāhir, at-Tabṣīr fī d-dīn, 133.
291. S. oben, 87.
292. Ǧuwainī, al-Burhān, 574 ff., §§ 502–507; vgl. Van Ess, Das Kitāb an-Nakṯ des Naẓẓām, 113 ff.
293. Ǧuwainī, al-Burhān, 676, § 623.
294. Vgl. oben, 51 und Nagel, Rechtleitung und Kalifat, 157 ff.
295. Baġdādī, al-Farq baina l-firaq, 313–318.
296. Ebd., 318; Šahfūr b. Ṭāhir, at-Tabṣīr, 167.
297. Šahfūr b. Ṭāhir, at-Tabṣīr, 169.
298. Die Fiktion, es habe das Sunnitentum – als den Glauben der Prophetengenossen – schon „von Anfang an" gegeben und alle anderen Richtungen seien im Laufe der Geschichte von ihm abgespalten, erleichtert die Begründung solcher unhistorischen Ansprüche.
299. Nagel, Staat und Glaubensgemeinschaft I, 333.
300. S. oben, 249 ff.
301. S. oben, 134 oder 214 ff. oder 260 ff.
302. S. oben, 95.
303. S. oben, 309 ff.
304. S. oben, 142 ff.
305. S. oben, 151 ff.
306. S. oben, 101 ff.
307. Nagel, Der Koran, 285 und 294.
308. S. oben, 192.

Schluß

1. Hitze hier im Sinne einer der vier Eigenschaften (Hitze, Kälte, Feuchtigkeit und Trockenheit), deren ausgewogenes Verhältnis die Gesundheit des Menschen ausmacht.
2. Wörtlich: zwischen den beiden Gebeten; meine Deutung ist nicht gesichert.
3. Al-Manīʿī, ein Mann aus Marw ar-Rūḏ, war von Niẓām al-Mulk als „Scheich des Islams" in Nischapur eingesetzt worden, eine Maßnahme, die offensichtlich der Durchsetzung einer vereinheitlichenden Religionspolitik dienen sollte. Nach ihm wurde die 1064 errichtete neue Freitagsmoschee genannt, an der al-Ǧuwainī das Amt eines Predigers bekleidete (Bulliet, Patricians, 7, 65, 124).
4. Subkī, Ṭabaqāt V, 180 f.
5. Ibn al-Ǧauzī, al-Muntaẓam IX, 20.
6. Subkī, Ṭabaqāt V, 328.

7. Ebd., V, 185 f.
8. Vgl. hierzu Qušairī, Laṭā'if al-išārāt II, 78 (zu Sure 10,3) und II, 446 (zu Sure 20,5)! Al-Ǧuwainī hat diesem Problem eine kleine Abhandlung gewidmet (Brockelmann, GAL GI, 389, Nr. VI).
9. Subkī, Ṭabaqāt V, 190 f.
10. Über aṣ-Ṣāḥib b. ʿAbbād vgl. EI², s. v. Ibn ʿAbbād.
11. Vgl. oben, 90 ff.! Auch Niẓām al-Mulk pflegte aus diesem Grunde als Überlieferer zu wirken (Ibn al-ʿAdīm, 231 f. und Subkī, Ṭabaqāt IV, 318).
12. Ibn al-Ǧauzī, al-Muntaẓam VII, 180.

13. Nagel, The Risālat al-ghufrān and the Crisis of the Certainty of Faith, in: Union Européenne des Arabisants et Islamisants, loth Congress, Edinburgh, Proceedings, ed. R. Hillenbrand, Edinburgh 1982, 55–60.
14. S. oben, 111 ff.
15. S. oben, 347 f.
16. S. oben, 144 f. und 154 f.
17. S. oben, 115.
18. Vgl. oben, Kapitel „Der Glaube“, (Anm. 189).
19. Ǧuwainī, aš-Šāmil, 123 f.
20. Ders., al-ʿAqīda an-Niẓāmīja, 44.
21. Nagel, Staat und Glaubensgemeinschaft I, 190 f.
22. Ǧuwainī, al-ʿAqīda an-Niẓāmīja, 45; vgl. oben, 106 ff.
23. Ǧuwainī, al-ʿAqīda an-Niẓāmīja, 46.
24. S. oben, 339.
25. Die Gestalt ist eine Erfindung Avicennas (gest. 1037); bei ihm lebt sie aber noch nicht auf einer Insel. Der Sinn, den Avicenna ihr gab, unterscheidet sich erheblich von Ibn Ṭufails Deutung (A.M. Goichon, Ei², s. v. Ḥayy B. Yaḳẓān).
26. Abū Bakr b. Ṭufail, Risālat Ḥaij b. Jaqẓān, ed. Nader, Beirut 1968.
27. Diese Aussage setzt das oben besprochene sunnitische Geschichtsbild voraus.
28. Ġazālī, al-Munqiḏ, 16.
29. Zanādiqa, vgl. oben, 310.
30. S. oben, 116 f.
31. Ġazālī, al-Munqiḏ, 19–27; vgl. Nasāʾī, Sunan, kusūf, 16!
32. Ġazālī, al-Munqiḏ, 32 ff.; vgl. oben, 297 f.
33. Ġazālī, al-Munqiḏ, 36.
34. Ebd., 39.
35. Ebd., 12 ff. Damit erklärt al-Ġazālī zugleich sein Bestreben für sinnlos, mit Hilfe der Logik, eine Teildisziplin der Philosophie, die Glaubensseite abzusichern. (vgl. oben S. 384, Anm. 193).
36. Ebd., 55.
37. Ebd., 54.
38. Ġazālī, Iḥjā' ʿulūm ad-dīn I, 13 ff. und 73 ff.; vgl. Rosenthal, Knowledge Triumphant, 155 ff.
39. Man lese das Kapitel über das „Wissen“ in Abū Ṭālib al-Makkīs Qūt al-qulūb (Ed. Kairo 1932, Bd. I, 17 ff.)! Al-Ġazālī hat, wie er im „Erretter“ schreibt, dieses Werk studiert (al-Munqiḏ, 35).
40. Vgl. oben 99, 115, 207, 240 ff., 354.
41. Bulliet, Patricians, 77, eine Hochburg der Schafiiten in Nischapur.
42. Ibn al-Aṯīr, al-Kāmil XI, 176 ff.; Rāwandī, Rāḥat aṣ-ṣudūr, 181.
43. Rāwandī, ebd., 182.

44. 1 Dang entspricht dem sechsten Teil eines Dirhams; 1 Män, in Täbriz ca. 2,9 kg.
45. Rāwandī, Rāḥat aṣ-ṣudūr, 32 f. Übrigens schreibt ar-Rāwandī, extreme Schiiten und Aschʿariten seien jene Schreiber, die immer neue Steuern erfänden. ,,Aschʿariten" ist für ihn fast schon ein Schimpfwort. Vielleicht steckt hierin auch noch die Erinnerung, daß der Aschʿarit al-Ǧuwainī dem Sultan eine Art Steuerhoheit zugesprochen hatte (oben, 321 f.).
46. Rāwandī, ebd., 38 ff.
47. Ebd., 60.
48. S. oben, 313 ff.
49. Makdisi, The Rise of Colleges, 187 ff.; vgl. Eche, Les Bibliothèques arabes, 289 und 298; Ghanem, Imad E.: Zur Bibliotheksgeschichte von Damaskus 549–922/1154.1516, (phil.diss) Bonn, 1969, 190 f.
50. S. oben, 352.
51. Al-Anṣārī al-Harawī, Kitāb ḏamm al-kalām, Brockelmann, GAL GI, 433 und SIi 774.
52. Ibn al-Ǧauzī, al-Muntaẓam X, 107 f.
53. Ibn ʿAsākir, Tabjīn, 331.
54. Ibn al-Ǧauzī, al-Muntaẓam X. 106.
55. Die Theologie des Hanafiten als-Māturīdī (gest. 944) aus Samarkand geht wie die aschʿaritische davon aus, daß der Rationalismus der Muʿtazila nicht in der Lage gewesen sei, den Islam wirkungsvoll zu verteidigen (Schacht, Sources nouvelles concernant l'histoire de la théologie musulmane, in: La Nouvelle Clio, V/1953, 425), ist im übrigen aber von völlig anderem Charakter als diejenigen al-Ašʿarīs. Die irreführende Behauptung von Ḫulaif, dem Herausgeber von al-Māturīdīs ,,Kitāb at-tauḥīd", in der ,,Wurzel" bestehe Übereinstimmung zwischen beiden (Māturīdī, Kitāb at-tauḥīd, ed. Ḫulaif, Beirut 1970, Einleitung, 10 ff. und besonders 19), ist ein Beispiel für unsinnige Harmonisierung. Im übrigen hatte al-Māturīdīs Lehre weniger Einfluß auf die Hanafiten als al-Ašʿarīs auf die Schafiiten.
56. Rāwandī, Rāḥat aṣ-ṣudūr, 17 f.
57. Ebd., 18; Bundārī, Taʾrīḫ daulat āl-Salǧūq, 178.
58. Rāwandī, Rāḥat aṣ-ṣudūr, 84.
59. Ibn abī l-Wafāʾ, al-Ǧawāhir II, 472.
60. Ebd., 436 f.
61. Rāwandī, Rāḥat aṣ-ṣudūr, 15 f.; vgl. Māturīdī, Kitāb at-Tauḥīd 202, Zeile 15.
62. Taftazānī, at-Talwīḥ I, 18.
63. Ebd., 54 und 108 ff.
64. Handbuch der Orientalistik, Ergänzungsband ,,Orientalisches Recht", Leiden/Köln 1964.
65. S. oben, 338.
66. S. oben, 37.
67. Subkī, Ṭabaqāt III, 295 f.
68. zitiert bei Šaukānī, Iršād al-fuḥūl, 223.
69. S. oben, 338 f.
70. Brockelmann, Gal SI, 920.
71. Šaukānī, loc, cit.
72. Ebd., 224; weitere Glieder in dieser Kette: Ibn Daqīq al-ʿĪd (gest. 1302); Ibn Saijid an-Nās (gest. 1334); Zain ad-Dīn al-ʿIrāqī (gest. 1404); Ibn Ḥaǧar al-ʿAsqalānī (gest. 1449). Aš-Šaukānī scheint sich hierbei allein auf ein Urteil az-Zarkašīs (gest. 1392) über Ibn ʿAbd as-Salām zu stützen und für diesen eine Schülerreihe berühmter Schafiiten zu konstruieren.

73. Šaukānī, ebd., 223; ders., al-Qual al-mufīd, 138 ff.
74. Ibn Rušd, Bidājat al-muǧtahid, 15.
75. Šaukānī, al-Qaul al-mufīd, 132–134.
76. Die erste Edition des „Buches der Belehrung" (el-Irchad par Imam al-Haramein, ed. et trad. J.-D. Luciani, Paris 1938) stützte sich – neben einer Pariser – auf Handschriften aus Algier und Tunis.
77. Ibn Ḫaldūn, Muqaddima III, 51.
78. Ebd., III 28.
79. Ǧuwainī, al-Burhān, 849, § 812; der Titel des dort genannten Werkes über die Mathematik ist vom Herausgeber der „Kitāb al-burhān" entstellt worden, vgl. Sezgin, GAS V, 103.
80. Ibn Ḫaldūn, Muqaddima III, 21, 129.
81. Nagel, Staat und Glaubensgemeinschaft II, 45.
82. Brockelmann, GAL GI, 389; SI, 671 f.
83. Die Gelehrten, die al-Ǧuwainīs Ideen aufgegriffen, findet man bei Ibn Ḫaldūn, Muqaddima III, 28 f. genannt.
84. Brockelmann, GAL, GI, 389; SI, 671 f.

Literaturverzeichnis

ʿAbd al-Ǧabbār b. Ahmad al-Asadābādī, al-Qāḍī: al-Muġnī fī abwāb at-tauḥīd wal-ʿadl. edd. Tāhā Ḥusain u. a., Kairo o. J. (etwa ab 1960) (nur Bd. 4–9, 11, 13–17, 20).

Ders.: al-Maǧmūʿ fī l-muḥīṭ bit-taklīf, bearbeitet von Abū Muḥammad b. Mattawaih, edd. Houben und Gimaret, 2 Bde., Beirut 1962 und 1986.

Ders.: Faḍl al-iʿtizāl, in: Fu'ād Saijid (Hg.), Faḍl al-iʿtizāl wa-ṭabaqāt al-muʿtazila, Tunis 1974.

Abdel-Kader: al-Junaiyd. Life, Personality, and Writings, GMS New Series XXII, London 1962.

Abū Dā'ūd Sulaimān b. Ašʿaṯ: Sunan, ed. Abd al-Ḥamīd, 4 Bde., Kairo² 1950.

Abū Isḥāq Ibrāhīm aṣ-Ṣābi': al-Muḫtār min rasā'il Abī Isḥāq Ibrāhīm b. Hilāl aṣ-Ṣābi', ed. Šakīb Arslān, Beirut o. J.

Abū Nuʿaim, Aḥmad al-Iṣfahānī: Ḥiljat al-aulijā', 10 Bde., Kairo 1932–1938.

Aḥmad b. Ḥanbal: al-Musnad, 6 Bde., Kairo 1313.

Arnaldez, Roger: Grammaire et théologie chez Ibn Ḥazm de Cordoue, Paris 1956.

al-Ašʿarī, Abū l-Ḥasan ʿAlī b. Ismāʿīl: al-Ibāna ʿan uṣūl ad-dijāna, Kairo 1977.

Azar, Raymond: Der Begriff der Substanz in der frühen christlich-arabischen und islamischen Gotteslehre, phil.Diss., Bonn 1967.

al-Baġdādī, ʿAbd al-Qāhir: al-Farq baina l-firaq, ed. Muḥammad Badr, Kairo 1328.

Ders.: Kitāb al-milal wan-niḥal, ed. Nader, Beirut 1970.

Baihaqī, Abū l-Fażl: Tārīḫ-e Baihaqī, ed. Faijāż. Meschhed 1971.

al-Balḫī, Abū l-Qāsim: Ḏikr al-muʿtazila, in: Fu'ād Saijid (Hg.), Faḍl al-iʿtizāl wa-ṭabaqāt al-muʿtazila, Tunis 1974.

Barthold, Wilhelm: Turkestan down to the Mongol Invasion, Third Edition, GMS New Series V, London 1968.

Bernand, Marie: La notion de ʿilm chez les premiers muʿtazilites, in: SI XXXVI, 23–45 und SI XXXVII, 27–56.

Bosworth, Clifford E.: The Ghaznavids, Edinburgh 1963.

Ders.: The Islamic Dynasties, Edinburgh 1967 (Islamic Surveys 5).

Brockelmann, Carl: Geschichte der arabischen Literatur, zweite, den Supplementbänden angepaßte Auflage, 2 Bde. und 3 Supplementbände, Leiden 1937–1949.

Brunschvig, Robert: Le problème de la décadence, in: Brunschvig/v. Grunebaum (Hg.), Classicisme et déclin culturel dans l'histoire de l'islam, Paris 1957, 29–46.

al-Buḫārī, Muḥammad b. Ismāʿīl: aṣ-Ṣaḥīḥ, ed. Krehl, 4 Bde., Leiden 1862–1908.

Bulliet, Richard W.: The Patricians of Nishapur. A Study in Medieval Islamic Social History, Cambridge/Mass. 1972.

al-Bundārī, al-Fatḥ b. ʿAlī: Ta'rīḫ daulat Āl Salǧūq (Zubdat an-nuṣra), Beirut² 1978.

Busse, Heribert: The Revival of Persian Kingship under the Buyids, in: Richards (Hg.), Islamic Civilisation 950–1150, Oxford 1973, 47–70.

Ders.: Kalif und Großkönig. Die Buyiden im Iraq 945–1055, Beirut 1969 (BTS 6).

Cahen, Claude: L'évolution de l'iqṭāʿ du IXᵉ au XIIIᵉ siècle, in: Cahen, Cl., Les peuples musulmans dans l'histoire médiévale, Damaskus 1977 (IFD), 231–269.

Cameron, A. J.: Abū D̲h̲arr al-G̲h̲ifārī. An Examination of his Image in the Hagiography of Islam, London 1973.
Chabbi, Jaqueline: ʿAbd al-Kādir al-D̲jilānī – personnage historique, in: SI XXXVIII, 75–106.
Classicisme et déclin culturel dans l'histoire de l'islam. Actes du symposium international d'histoire de civilisation de l'islam, Bordeaux (25.–29. 6. 56), edd. Brunschvig/v. Grunebaum, Paris 1957.

aḏ-Ḏahabī, Muḥammad b. Aḥmad: Mīzān al-iʿtidāl, ed. al-Baǧawī, 4 Bde., Kairo 1963.
ad-Dailamī, ʿAlī b. Muḥammad: Sīrat-e Ibn-e H̲afīf, ed. A. Schimmel, Ankara 1955.
ad-Dārimī, ʿAbdallāh b. ʿAbd ar-Raḥmān: Sunan, ed. Hāšim al-Jamanī, Medina 1386.

Eche, Youssef: Les bibliothèques arabes, Damaskus 1967 (IFD).
EI = Enzyklopädie des Islam, 4 Bde., Leiden 1913–1934.
EI² = The Encyclopedia of Islam, New Edition, Leiden/London 1960 ff.
van Ess, Josef: Das Kitāb an-nakṯ des an-Naẓẓām, Göttingen 1972 (Abh. d. Akad. d. Wiss. Göttingen, phil.-hist. Klasse, 3. Folge, Nr. 79).
Ders.: Zwischen Hadīṯ und Theologie, Berlin/New York 1975 (Studien zur Sprache, Geschichte und Kultur des islamischen Orients, Neue Folge 7).

Fārisī = Frye, Richard (Hg.): The Histories of Nishapur, Cambridge/Mass. 1965.
Frank, Richard M.: Abū Hās̲h̲im's Theory of „States", in: Actas do IV congresso de estudos árabes e islâmicos (Coimbra-Lisboa 1968), Leiden 1971, 85–100.

Gabrieli, Francesco: Die Macht des Propheten, München 1968.
Gardīzī, ʿAbd al-Ḥaij: Zain al-aḫbār, ed. Ḥabībī, Teheran 1347.
al-Ġazūlī, Muḥammad: al-Munqiḏ min aḍ-ḍalāl, ed. und trad.Jabr, Beirut 1959
al-Ǧazīrī, ʿAbd ar-Rahmān: al-Fiqh ʿalā l-maḏāhib al-arbaʿa, Teil I, Istanbul 1975.
Gimaret, Daniel: Théories de l'acte humain en théologie musulmane, Paris 1980.
Glassen, Erika: Der mittlere Weg, Wiesbaden 1981 (Freiburger Islamstudien 8).
Goichon, A.-M.: Lexique de la langue philosophique d'Ibn Sina, Paris 1938.
Goldziher, Ignaz: Die Richtungen der islamischen Koranauslegung, Nachdruck Leiden 1970.
v. Grunebaum, Gustav: Le concept des classicisme culturel, in: v. Grunebaum/Brunschvig (Hgg.), Classicisme et déclin culturel dans l'historie de l'islam, Paris 1957.
Ders.: Der Islam im Mittelalter, Zürich/Stuttgart 1963.
al-Ǧuwainī, ʿAbd al-Malik b. ʿAbdallāh: aš-Šāmil fi uṣūl addīn, ed. H. Klopfer, Kairo 1959 (nur Teil I/1).
Ders.: aš-Šāmil fi uṣūl ad-dīn, ed. Naššār, Alexandrien 1969.
Ders.: al-Iršād ilā qawāṭiʿ al-adilla fi uṣūl al-iʿtiqād, edd. M. J. Mūsā und ʿAbd al-Ḥamīd, Kairo 1950.
Ders.: al-ʿAqīda an-Niẓāmīja, ed. al-Kauṯarī, Kairo 1947.
Ders.: Lumaʿ al-adilla fi qawāʿid ʿaqā'id ahl as-sunna wal-ǧamāʿa, ed. F. Ḥusain Maḥmūd, Kairo 1965.
Ders.: Šifā' al-ġalīl, fī t-tabdīl und Lumaʿ fi qawāʿid ahl as-sunna = Alard, Michel: Textes apologétiques de Ǧuwainī, Beirut 1968.
Ders.: Muġīṯ al-ḫalq fī bajān al-aḥaqq, MS British Museum Suppl. 1221.
Ders.: Kitāb al-burhān fī uṣūl al-fiqh, d. ad-Dīb, Kairo² 1400, 2 Teile.

Ders.: Kitāb al-waraqāt, MS Berlin 4358.
Ders.: Risāla fī l-iğtihād wat-taqlīd, GAL SI 673 XVII.
Ders.: al-Kāfija fī l-ğadal, ed. F. Ḥusain Maḥmūd, Kairo 1979.
Ders.: ad-Durra al-muḍī'a fī-mā waqaʿa fī-hī l-iḫtilāf baina š-Šāfiʿīja wal-Ḥanafīja, MS British Museum Or. 7574.
Ders.: Ġijāṯ al-umam fī 'ltijāṯ aẓ-ẓulam, edd. ʿAbd al-Munʿim und Ḥilmī, Alexandrien 1979.
Ders.: Ġijāṯ al-umam fī 'ltijāṯ aẓ-ẓulam, ed. ad-Dīb, Kairo² 1401.
Ders.: eine Predigt, MS Berlin Pet. 374.

al-Ḥākim = Frye, Richard (Hg.): The Histories of Nishapur.
Halm, Heinz: Der Wesir al-Kundurī und die Fitna in Nisapur, in: Die Welt des Orients VI/1971, 205–233.
Ders.: Die Ausbreitung der schafiitischen Rechtsschule von den Anfängen bis z um 8./14. Jahrhundert, Wiesbaden 1974 (Beihefte zum Tübinger Atlas des Vorderen Orients, B 4).
Handwörterbuch des Islam, Herausgegeben von Wensinck und Kramers, Leiden 1941.
al-Ḫaṭīb, Abū Bakr Aḥmad al-Baġdādī: Ta'rīḫ Baġdād, 14. Bde., Kairo 1931.
Havemann, Axel: Ri'āsa und Qaḍā'. Institutionen als Ausdruck wechselnder Kräfteverhältnisse in syrischen Städten vom 10. bis 12. Jahrhundert, Freiburg 1975 (Islamkundliche Untersuchungen 34).
Hilāl aṣ-Ṣābi': Rusūm dār al-ḫilāfa, ed. Auwad, Bagdad 1964.
Ders.: Ta'rīḫ Hilāl aṣ-Ṣābi' (Teil 8), edd. Amedroz und Margoliouth, Kairo 1919.
Hinz, Walter: Islamische Maße und Gewichte, Köln/Leiden 1970 (Handbuch der Orientalistik, 1. Abt., Erg.-Band 1, Heft 1).

Ibn ʿAbd al-Hakam, ʿAbd ar-Raḥmān: Sīrat ʿUmar b. ʿAbd al-ʿAzīz, ed. Aḥmad ʿUbaid, Damaskus 1966.
Ders.: Futūḥ Miṣr, ed. Ch. Torrey, New Haven 1922 (Yale Oriental Series Researches III).
Ibn abī Ḥātim ar-Rāzī: Ādāb aš-Šāfiʿī wa-manāqibuhū, ed. ʿAbd al-Ḫāliq, Kairo 1953.
Ders.: Kitāb al-ğarḥ wat-taʿdīl, 9 Bde., Haidarabad 1952.
Ibn abī Jaʿlā: Ṭabaqāt al-ḥanābila, ed. Fiqī, Kairo 1952, 2 Bde.
Ibn abī l-Wafā': al-Ǧawāhir al-muḍī'a fī ṭabaqāt al-ḥanafīja, Haidarabad 1332, 2 Bde.
Ibn al-ʿAdīm: Niẓām al-Mulk = Zakkar, Suhayl (Hg.): Biographie de Niẓām al-Mulk de Kamāl ad-Dīn Ibn al-ʿAdīm in: BEO XXIV/1971, 227–248.
Ibn ʿAsākir, ʿAlī b. al-Ḥasan: Tabjīn kaḏib al-muftarī, Reprint Beirut 1979.
Ders.: Tahḏīb ta'rīḫ Dimašq, bearbeitet von ʿAbd al-Qādir Badrān, 7 Bde., Beirut 1979.
Ibn al-Aṯīr, ʿIzz ad-Dīn: al-Kāmil fī t-ta'rīḫ, 13 Bde., Beirut 1965–1966.
Ibn al-Bannā': Diary = Makdisi, George (Hg.): Autograph Diary of an 11th Century Historian of Baghdad, in: BSOAS XVIII/1956, 9–31 und 239–260; XIX/1957, 13–48, 281–303, 426–443.
Ibn al-Bāqillānī, Muḥammad b. aṭ-Ṭaijib: Kitāb at-tamhīd, ed. MacCarthy, Beirut 1957.
Ders.: Kitāb al-inṣāf, ed. al-Kauṯarī, Kairo 1963.
Ibn al-Farrā', Abū Jaʿlā: al-Muʿtamad fī uṣūl ad-dīn, ed. Ḥaddād, Beirut 1973.
Ibn al-Ǧauzī, ʿAbd ar-Raḥmān Abū l-Faraǧ: al-Muntaẓam, Haidarabad 1357 (nur Bd. 5–10).
Ibn Ḥağar al-ʿAsqalānī: al-Iṣāba fī tamjīz aṣ-ṣaḥāba, 4 Bde., Kairo 1327–1328.

Ders.: Kitāb tahḏīb, at-tahḏīb, 12 Bde., Haidarabad 1325–1327.
Ibn Ḫaldūn: Muqaddima = Rosenthal, Franz (Übers.): Ibn Khaldūn-The Muqaddimah, 3 Bde., New York 1958.
Ibn Ḫallikān: Wafajāt al-a'jān, ed. I. 'Abbās, 8 Bde., Beirut 1978.
Ibn Hazm al-Andalusī: al-Iḥkām fī uṣūl al-aḥkām, ed. Šākir, 8 eile, Kairo o.J. (ca. 1945).
Ibn Hišām: as-Sīra an-nabawīja, edd. as-Saqqā' u. andere, 4 Bde., Kairo 1355.
Ibn Ḫurdāḏbih, 'Ubaidallah b. 'Abdallāh: al-Masālik wal-mamālik, ed. de Goeje, Nachdruck Leiden 1967 (BGA VI).
Ibn Kaṯīr: al-Bidāja wan-nihāja, 14 Bde., Kairo 1932 ff.
Ibn an-Naǧǧār al-Bagdādī: Ḏail ta'rīḫ Bagdād, 3 Teile, Haidarabad 1978–1982.
Ibn Rušd (Averroes): Bidājat al-muǧtahid wa-nihājat al-muqtaṣid edd. 'Abd al-Ḥalīm und Ḥasan Maḥmūd, Kairo 1975.
Ibn Sa'd: Kitāb aṭ-ṭabaqāt al-kabīr, edd. E. Mittwoch u. andere, 9 Bde. in 16 Teilen, Leiden 1905–1928.
Islam Ansiklopedisi, Bd. 1 ff., Istanbul 1950 ff.

Jāqūt b. 'Abdallāh: Kitāb mu'ǧam al-buldān, 4 Bde., ed. Wüstenfeld, Leipzig 1924.
Ders.: Iršād al-arāb ilā ma'rifat al-adīb, ed. Margoliouth, 7 Bde., London 1907 ff. (GMS VI).
Juynboll, G.H.A.: Muslim Tradition. Studies in chronology, provenance, and authenticy of early ḥadīṯẖ, Cambridge 1983.

Kamāl ad-Dīn Muḥammad b. 'Abd al-Wāḥid: Šarḥ fatḥ al-qadīr, 8 Bde., Beirut o.J.
Kāmil Ḥusain, Muḥammad (Hg.): Dīwān al-Mu'aijad fī d-Dīn, Kairo 1949.
Klopfer, Helmut: Das Dogma des Imam al-Haramain al-Djuwaini, Kairo/Wiesbaden 1958.

Lassner, Jacob: The Topography of Baghdad in the Early Middle Ages, Detroit 1970.
Laoust, Henri: La profession de foi d'Ibn Baṭṭa, Damaskus 1958 (IFD).

MacCarthy, Richard S.J.: The Theology of al-Ash'arī. The arabic texts of al-Ash'arī's Kitāb al-luma' and Risālat istiḥsān al-ḫauḍ fī 'ilm al-kalām, with briefly annoted translations, Beirut 1953.
Madelung, Wilferd: The Spread of Maturidism and the T urks, in: Actas do IV congresso de estudos árabes e islâmicos (Coimbra/Lisboa 1968), Leiden 1971, 109–168.
Ders.: The Assumption of the Title Shahanshah by the Buyids, in: Ijnes XXVIII/1969, 84–108.
Makdisi, George: Ibn 'Aqīl et la résurgence de l'islam traditionaliste, Damaskus 1963 (IFD).
Ders.: The Rise of Colleges. Institutions of Learning in Islam and the West, Edinburgh 1981.
al-Malaṭī, Muḥammad b. Aḥmad: Kitāb at-tanbīh war-radd 'alā ahl al-ahwā' wal-bida', ed. al-Kauṯarī, Bagdad 1968.
Massignon, Louis: La passion d'al-Hosayn b. Mansour al-Hallaj, martyr mystique de l'islam, 2 Bde., Paris 1922.
Massignon, Louis/Kraus, Paul (Hg.): Aḫbār al-Ḥallāǧ, Paris 1936.
al-Mas'ūdī, 'Alī b. al-Ḥusain: Murūǧ aḏ-ḏahab, 4 Bde., Beirut 1965.
al-Māturīdī, Abū Mansūr Muḥammad: Kitāb at-tanḥīd, ed. Kholeif, Beirut 1970.
al-Māwardī, 'Alī b. Muḥammad: al-Aḥkām as-sulṭānīja, Kairo 1960.

Ders.: Adab al-qāḍī, ed. Hilāl as-Sarḥān, 2 Bde., Bagdad 1971–1972.
Meier, Fritz: Ḫurāsān und das Ende der klassischen Sufik, in: La Persia nel medievo, Rom 1971 (Accademia Nazionale dei Lincei, Atti del convegno internazionale 31. 3.–5. 4.70), 545–572.
Miskawaih, Aḥmad b. Muḥammad: Taǧārib al-umam, ed. Amedroz, 2 Bde., Kairo 1914–1915.
al-Mu'aijad fī d-Dīn: Sīrat al-Mu'aijad fī d-Dīn, ed. Kāmil Ḥusain, Kairo 1949.
Muranyi, Miklos: Die Prophetengenossen in der frühislamischen Geschichte, phil. Diss, Bonn 1973.
Muslim b. al-Ḥaǧǧāǧ: Ṣaḥīḥ Muslim, 8 Teile in 4 Bden., Istanbul 1329–1333.

Nagel, Tilman: Die Qiṣaṣ al-anbiyā'. Ein Beitrag zur arabischen Literaturgeschichte, phil.Diss., Bonn 1967.
Ders.: Über die Ursprünge der Religionspolitik der ersten seldschukischen Sultane, in: ZDMG, Supplement II, Wiesbaden 1974, 241–248.
Ders.: Rechtleitung und Kalifat. Versuch über eine Grundfrage der islamischen Geschichte, Bonn 1975.
Ders.: Quelques réflexions sur le développement du régionalisme en pays d'islam, particulièrement au Khorasan, in: Actes du 8me congres de l'Union Européenne des Arabisants et Islamisants (Ais-en-Provence, September 1976), Aix-en-Provence 1978, 173–180.
Ders.: Alexander der Große in der frühislamischen Volksliteratur, Walldorf/Hessen 1978 (Beiträge zur Sprach- und Kulturgeschichte des Orients 28).
Ders.: Vom „Qur'ān" zu Schrift – Bells Hypothese aus religionsgeschichtlicher Sicht, in: Der Islam LX/1983, 143–165.
Ders.: Gab es in der islamischen Geschichte Ansätze einer Säkularisierung? in: Studien zur Geschichte und Kultur des Vorderen Orients, Festschrift B. Spuler, Leiden 1981, 275–288.
Ders.: Muḥammads Haltung zu den anderen Religionen, in: Theologische Quartalschrift 161/1981, 192–200.
Ders.: Die religionsgeschichtlichen Wurzeln des sogenannten Bilderverbots im Islam, in: Klimkeit, Hans-Joachim (Hg.): Götterbild in Kunst und Schrift, Bonn 1984, 93–114.
Ders.: Der Koran. Einführung, Texte, Erläuterungen, München 1983.
Ders.: Die Abbasiden, in: Haarmann, Ulrich (Hg.): Geschichte der arabischen Welt, München 1987.
an-Nasā'ī, Aḥmad b. ʿAlā: Sunan an-Nasā'ī, 8 Teile in 4 Bden, Kairo 1930.
Niẓām al-Mulk: Sijāsat-nāme, ed-Köymen, Ankara 1976 (Dil ve tarih-cografya fakültesi yayinlarindan No. 268).
Nizāmī-e ʿArūżī: Čahār maqāle, ed. Ḥaṣūrī, Teheran 1343.

Paret, Rudi: Der Koran. Kommentar und Konkordanz, Stuttgart 1971.
Peters, J.R.T.M.: God's Created Speech. A Study in the Speculativ Theology of-...ʿAbd al-Jabbār, Leiden 1976.

al-Qāḍī ʿIjāḍ b. Mūsā al-Jaḥṣubī: Tartīb al-madārik wa-taqrīb al-masālik li-maʿrifat aʿlām maḏhab Mālik, ed. Bakīr Maḥmūd, 4 Teile in 2 Bden., Beirut/Tripolis 1967.
al-Qušairī, ʿAbd al-Karīm: ar-Risāla al-Qušairīja, ed. ʿAbd al-Ḥalīm Maḥmūd und Ibn aš-Šarīf, Kairo 1965.
Ders.: Latā'if al-išārāt, ed. Basjūnī, 3 Bde., Kairo[2] 1981.

Ders.: Šikājat ahl as-sunna, in: Muḥammad Ḥasan (Hg.): ar-Rasā'il al-Qušairīja, Islamabad o. J.

Rahman, Fazlur: Islamic Methodology in History, Karatschi 1965.
ar-Rāzī, Faḫr ad-Dīn: Muḥaṣṣil afkār al-mutaqaddimīn wal-muta'aḫḫirīn min al-hukamā' wal-mutakallimīn, Kairo 1323.
ar-Rāwandī, Muḥammad b. ʿAlī: Rāḥat aṣ-ṣudūr, ed. Iqbal, London 1921 (GMS).
Rosenthal, Franz: Knowledge Triumphant, Leiden 1970.
ar-Rūḏrāwarī, Muḥammad b. al-Ḥusain: Ḏail taǧārib al-umam, ed. Amedroz, Kairo 1916.

aṣ-Ṣafadī, Ḫalīl b. Aibak: al-Wāfī bil-wafājāt, Bd. 1 ff., Wiesbaden 1949 ff. (Bibliotheca Islamica 6).
aš-Šāfiʿī, Muḥammad b. Idrīs: Kitāb al-umm, ed. an-Naǧǧār, 8 Bde., Kairo 1961.
Ders.: ar-Risāla, ed. Aḥmad Šākir, Kairo 1940.
Ders.: Kitāb ǧimāʿ al-ʿilm, ed. Aḥmad Šākir, Kairo 1940.
Šahfūr b. Ṭāhir al-Isfarā'inī: at-Tabṣīr fī d-dīn, ed. al-Kauṯarī, Kairo 1955.
aš-Šaukānī, Muḥammad b. ʿAlī: al-Qaul al-mufīd fī adillat al-iǧtihād wat-taqlīd, Kairo 1979, 109–179.
Ders.: Iršād al-fuḥūl ilā taḥqīq al-ḥaqq min ʿilm al-uṣūl, Kairo 1930.
Schabinger von Schowingen: Nizamulmulk, Sijasatname. Gedanken und Geschichten. Zum ersten Mal aus dem Persischen ins Deutsche übertragen, Freiburg/München 1960.
Schacht, Josef: The Origins of Muhammadan Jurisprudence, Oxford 1950.
Ders.: An Introduction to Islamic Law, Oxford 1964.
Sibṭ Ibn al-Ǧauzī: Mir'āt az-zamān, ed. Ali Sevim, Ankara 1968.
as-Subkī, Tāǧ ad-Dīn: Ṭabaqāt aš-šāfiʿīja al-kubrā, ed. aṭ-Ṭanāḥī und Muḥammad al-Ḥilw, Bd. 1 ff., Kairo 1964 ff.
as-Sulamī, Abū ʿAbd ar-Raḥmān Muḥammad: Ṭabaqāt aṣ-ṣūfīja, ed. Šuraiba, Kairo² 1969.

at-Taftazānī, Masʿūd b. ʿUmar: Kitāb at-talwīḥ, 3 Bde., Kairo 1904.
at-Tahānawī, al-Maulawī Muḥammad: Kaššāf iṣṭilāḥāt al-funūn, edd. Sprenger und Nassau Lees, 2 Bde., Kalkutta 1853–1862 (Nachdruck Osnabrück 1980).
at-Tirmiḏī, Muḥammad b. ʿĪsā: al-Ǧāmiʿ aṣ-ṣaḥīḥ, ed. Aḥmad Šākir, 2 Teile, Kairo 1937.
Tyan, Emile: L'organisation judiciaire en pays d'islam, Leiden 1960.

Vajda, Georges (Hg. u. Übers.): Le kitāb al-muḥtawī de Yūsuf al-Baṣīr, ed. Blumenthal, Leiden 1985 (Etudes sur le judaisme médiéval XII).

Watt, W. Montgomery: Muḥammad at Mecca, Oxford 1953.
Watt, W. Montgomery/Welch, Alford: Der Islam I, Stuttgart 1980.
Watt, W. Montgomery: Islamic Philosophy and theology, Edinburgh 1962 (Islamic Surveys 1).
Wensinck, A.J.: The Muslim Creed. Its Genesis and Historical Development, Cambridge 1932.
Widengren, Geo: Die Religionen Irans, Stuttgart 1965.
Wolfson, Henry Austryn: The Philosophy of the Kalam, Cambridge/Mass. und London 1976.

Personenindex

Sachindex

Tabelle der Umschrift arabischer Wörter

ا		tritt nur bei Verlängerung von a zu ā in der Umschrift in Erscheinung
ب	b	wie deutsches b
ت	t	wie deutsches t
ث	ṯ	wie stimmloses th im Englischen
ج	ǧ	wie stimmhaftes dsch
ح	ḥ	tief in der Kehle hervorgepreßtes h
خ	ḫ	wie ch in Bach
د	d	wie deutsches d
ذ	ḏ	wie stimmhaftes th im Englischen
ر	r	Zungen-r
ز	z	wie s in See
س	s	wie s in ist, auch am Wortanfang stimmlos
ش	š	wie sch
ص	ṣ	am Obergaumen gebildetes emphatisches stimmloses s
ض	ḍ	ebenso gebildetes d
ط	ṭ	ebenso gebildetes t
ظ	Ẓ	ebenso gebildetes stimmhaftes s
ع	ʿ	gepreßter Kehllaut
غ	ġ	Gaumen-r
ف	f	wie deutsches f
ق	q	dumpfes gutturales k
ك	k	wie deutsches k
ل	l	wie deutsches l
م	m	wie deutsches m
ن	n	wie deutsches n
ه	h	wie deutsches h, jedoch auch am Ende einer Silbe deutlich als Konsonant gesprochen
و	w	wie englisches w
ى	j	wie deutsches j
ء	ʾ	Stimmeinsatz wie im Deutschen, z. B. ʾEi